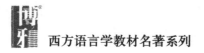西方语言学教材名著系列

Toward a Cognitive Semantics
(Volume I)
Concept Structuring Systems

认知语义学

(卷I)

概念构建系统

[美] 伦纳德·泰尔米（Leonard Talmy） 著

李福印　任龙波　张洋瑞　译
丁　研　贾红霞　胡志勇

著作权合同登记号　图字：01-2010-1791
图书在版编目(CIP)数据

认知语义学. 卷Ⅰ：概念构建系统 /（美）伦纳德·泰尔米（Leonard Talmy）著；李福印等译. —北京：北京大学出版社，2017.10
（西方语言学教材名著系列）
ISBN 978-7-301-28744-6

Ⅰ. ①认… Ⅱ. ①伦… ②李… Ⅲ. ①认知语言学—语义学 Ⅳ. ① H0-06 ② H030

中国版本图书馆 CIP 数据核字 (2017) 第 221151 号

Toward a Cognitive Semantics (Volume I): Concept Structuring Systems
by Leonard Talmy
© 2000 Massachusetts Institute of Technology

Simplified Chinese Edition © 2017 Peking University Press
Published by arrangement with the MIT Press through Bardon-Chinese Media Agency

All rights reserved.

书　　名	认知语义学（卷Ⅰ）：概念构建系统 RENZHI YUYIXUE（JUAN Ⅰ）：GAINIAN GOUJIAN XITONG
著作责任者	［美］伦纳德·泰尔米 (Leonard Talmy) 著　李福印 等 译
责任编辑	唐娟华
标准书号	ISBN 978-7-301-28744-6
出版发行	北京大学出版社
地　　址	北京市海淀区成府路 205 号　100871
网　　址	http://www.pup.cn　新浪微博：@ 北京大学出版社
电子信箱	zpup@pup.cn
电　　话	邮购部 62752015　发行部 62750672　编辑部 62767349
印 刷 者	北京虎彩文化传播有限公司
经 销 者	新华书店
	720 毫米 ×1020 毫米　16 开本　36.75 印张　602 千字 2017 年 10 月第 1 版　2023 年 2 月第 5 次印刷
定　　价	98.00 元

未经许可，不得以任何方式复制或抄袭本书之部分或全部内容。
版权所有，侵权必究
举报电话：010-62752024　电子信箱：fd@pup.pku.edu.cn
图书如有印装质量问题，请与出版部联系，电话：010-62756370

This Chinese translation of the original is dedicated to Leonard Talmy

谨将此汉语译本献给伦纳德·泰尔米

李福印

My immense thanks to Li Fuyin for undertaking the translation of this work, and for taking such care with all of its aspects. My interactions with him in the process have been a real pleasure.

Leonard Talmy

目 录

译者前言　1
体例说明　1
序　　言　1

第一部分
语言中概念构建的基础

第 1 章
语法与认知　3

第二部分
构型结构

第 2 章
语言与"感思"中的虚构运动　79

第 3 章
语言如何构建空间　145

第三部分
注　意

第 4 章
语言中的注意视窗开启　225

第 5 章
语言中的焦点与背景　272

第 6 章
连接事件的结构　306

第四部分
力与因果关系

第 7 章
语言与认知中的力动态　375

第 8 章
因果关系语义学　434

英汉术语对照表　522
参考文献　540

译者前言

本译者前言共五部分,前四部分分别介绍原著、作者、译者及译校,第五部分为致读者。

1. 原　著

英文原著共两卷,书名分别为 *Toward a Cognitive Semantics*(Volume Ⅰ): *Concept Structuring Systems*(《认知语义学(卷Ⅰ):概念构建系统》)以及 *Toward a Cognitive Semantics*(Volume Ⅱ): *Typology and Process in Concept Structuring*(《认知语义学(卷Ⅱ):概念构建的类型和过程》)。两卷书于 2000 年由 MIT 出版社出版。本书为认知语言学创始人、美国认知科学家、语言学家 Leonard Talmy 倾尽毕生之心血撰写而成。本书奠定了认知语义学的基础,是认知语言学领域研究者必读之作(Ibarretxe-Antuñano 2005,2006)。本书内容丰富翔实,不仅对语言学的分支(尤其是语义学、句法学、类型学等)具有方向性的引领作用,而且对人类学(Bennardo 2002;Farrell 2002)、文学(尤其是叙事学)、心理学、哲学、文化研究、神经科学、人工智能等学科中的话题也有重要影响。此书的出版使作者一举成为国际公认的认知语言学创始人之一(Turner 2002)。

原著作者 Talmy 于 1972 年完成博士论文,论文题目为: *Semantic Structures in English and Atsugewi*(《英语及阿楚格维语中的语义结构》)。此后,他以博士论文为基础逐步拓展研究范围,深化研究内容。2000 年,他将此前发表的论文经过修订收录到两卷本巨著《认知语义学》中出版。卷Ⅰ主要研究概念的构建,卷Ⅱ主要描述概念构建过程中呈现的类型学和结构特征。关于本书的汉语译名,笔者经过与作者充分商讨,定为《认知语义学》。Talmy 认为，英文书名中的第一个词"toward"表示一个过程，他希望其他学者将来能提出更好的语义学理论，本书只是一个铺垫，一个基础。这当然是作者的自谦，也是对未来的期盼(李福印 2012a, 2012b)。

全书的核心内容是"概念构建系统"。作者两卷书的副标题中均使用了"structuring"一词，该词既可以表示静态的结构，又可以表示形成这个静态系统的动态认知过程，即"构建"。卷Ⅰ包括四个部分，共 8 章；卷Ⅱ 三个部分，也是 8 章；两卷书共计 16 章。为了方便读者阅读，我们沿用原著中的体例，例如 I-1 表示卷Ⅰ第 1 章，Ⅱ-8 表示卷Ⅱ第 8 章，以此类推。

全书内容贯穿着作者深刻的语言哲学思想，在此仅略举一二(李福印 2015)。首先，作者把语言看作一种认知系统(Talmy 2015)。这种认知系统和其他认知系统既有联系也有交叉。其他主要的认知系统包括感知系统、推理系统、情感系统、注意系统、文化系统、运动控制等，作者进一步提出了系统交叉模型(overlapping system models)这一概念。由于语言认知系统和其他认知系统的交叉，语言既具有其独特的图式系统特征，又与其他系统有交叉之处。作者的大部分研究可以归入五个图式系统。表 1 是全书内容和这些图式的对应关系。

语言是一个认知系统，这是贯穿整个著作内容的主线之一，也是 Talmy 的一个重大的哲学思想(Marchetti 2006)。语言之外还有其他非语言认知系统。语言表达本身是认知系统的表层表现(最主要的是语言认知系统的表现)，是整座冰山浮在水面以上的部分。认知系统则是这些语言表达的深层理据，是冰山隐没在水面以下的部分，是根基所在。这些语言表征反映的是同一个主题、同一个目的、同一种本质，那就是，用 Talmy 多次在不同场合跟笔者交流中用到的话说"how the mind works"，即"心智的工作机制"。正如 Bennardo 所言，这两卷书中的每一章，都有两个主角，一个是语言，一个是心智(In each chapter of these two volumes there are two principal actors, human language and human mind)(Bennardo 2002:89)。二者相互交织，互相映现，了解这些对于读者充分理解原著大有帮助。作者也正是为了强调认知在语言中的作用，在两卷书的副标题中均使用动态的"structuring"，而不是静态的"structure"。

表 1　语言作为认知系统

	图式系统	章节及内容
语言认知系统 (Language Cognitive System)	语言中概念构建的基础 (Foundations of Conceptual Structuring in Language)	I-1：语法与认知
	构型结构图式系统（Ma 2014） (The Schematic System of Configurational Structure)	I-2：语言与"感思"中的虚构运动
		I-3：语言如何构建空间
	注意图式系统（Lampert 2013） (The Schematic System of Attention)	I-4：语言中的注意视窗开启
		I-5：语言中的焦点与背景
		I-6：连接事件的结构
	力动态图式系统（Huumo 2014） (The Schematic System of Force Dynamics)	I-7：语言与认知中的力动态
		I-8：因果关系语义学
	事件结构框架（Li 2013） (The Framework for Event Structure)	II-1：词汇化模式
		II-2：词汇化模式概览
		II-3：事件融合的类型
		II-4：语义空间的借用：历时混合
	概念加工 (Conceptual Processing)	II-5：语义冲突与解决
		II-6：交际目的和手段：二者的认知互动
	视角图式系统（Batoréo 2014） (The Schematic System of Perspective)	主要在 I-1 中
	认知状态图式系统（Lampert 2013） (The Schematic System of Cognitive State)	主要在 I-2 以及其他章中

续表

	图式系统	章节及内容
非语言认知系统（Nonlanguage Cognitive System）	文化认知系统（Bennardo 2002）（The Cognitive Culture System）	II-7：文化认知系统
	模式形成认知系统（Pattern-forming Cognitive System）	II-8：叙事结构的认知框架
	其他认知系统（包括感知、推理、情感、注意、记忆及运动控制等）Other Cognitive Systems (including perception, reasoning, affect, attention, memory, and motor control)	与语言认知系统的交叉体现在语言的各个图式系统中

贯穿全书的另一个重要思想是深层结构和表层表达之间的关系。这反映了 Talmy 的另一个重要哲学思想，或者说语言假设，也是他遵循的语言普遍性假说。书中虽然没有专辟章节论述，但是这一思想贯穿始终。这一假说可以表述为：人类具有相同的心智工作原理，不同语言具有相同的深层表征，尽管它们的表层表达各异，呈现为不同语言中不同的语义结构。理解这一思想，对于读懂原文也大有裨益。下面引原文来说明：

以下是卷 I-8 章前言中的一段原文：

> Although English is the main language tapped for examples, the semantic elements and situations dealt with are taken to be fundamental, figuring in the semantic basis of all languages—that is, taken to constitute a part of universal semantic organization, deeper than those respects in which individual languages differ from each other. For the semantic notions brought forth in this study, such differences would involve mainly where, how explicitly, and how necessarily the notions are expressed at the surface.
>
> （Talmy 2000a：471）

笔者就上面这段原文给 Talmy 提出以下问题：

Li（李）：

Question 1: "Deeper than those respects in which individual languages differ from each other", in what way is it deeper? The topic here is "the semantic elements and situations", then putting them together would be "the semantic elements and situations are deeper than those respects in which individual languages differ from each other". If this is the case, what does "deeper" mean?

Question 2: "Such differences would involve mainly where, how explicitly, and how necessarily the notions are expressed at the surface." Here "such differences" would just refer to individual language differences. Do you mean languages share something at a deeper level, but at surface level, they only differ at where, how explicitly, and how necessarily these notions are expressed?

以下是 Talmy 对以上问题所做的答复：

Talmy:

I presuppose the existence across languages of a distinction between deep and surface semantics. Deep semantic organization is universal—hence, it is present at the foundation of all languages. I presume that the causation-related semantic elements and situations that I set forth in this paper are of this universal type. But languages can differ as to how they treat these otherwise universal causative aspects. For example, the distinction between intentional agency and unintentional "authorship" (my term) could be represented by a verb suffix in one language and by an adverb in another language (＝where). It could be overtly marked in one language, or covertly represented in another—for example, by word order, or as one option within a set of ambiguous alternatives (＝how explicitly). And it might be obligatorily expressed in one language, but only optionally in another (＝how necessarily).

基于 Talmy 的解答，我们将上面那段原文翻译如下：

尽管我们使用的例句主要来自英语，但是我们讨论的语义元素和语义情景是基本的,是所有语言语义基础的重要部分。即,它们构成普遍语义结构的一部分,和具体语言之间的差异相比,属于深层语义学。就本研究中提出的语义概念而言,这些差异主要体现在这些深层概念在表层表达中的位置、明晰度及必要性上。

以上内容充分反映了作者持有的语言普遍性的思想。这些思想不仅使全书内容独树一帜,自成系统,又不同于认知语言学的其他理论体系,而且使本书内容与其他学科尤其是心理学以及认知科学中的其他学科有机衔接。

2. 作　者

笔者痴迷于书中原创理论的同时,从未忘记从作者的经历和人格魅力中去探究这种原创性的根源。在翻译过程中,笔者常常夜半醒来,或叹服 Talmy 理论构思的缜密和理论本身的绝妙,或为自己找到了恰当的翻译而兴奋不已,难以入眠。笔者也常常向作者抱怨书中语言晦涩难懂。其他认知语言学创始人的奠基性著作已经翻译成十余种甚至几十种语言。Talmy 的两卷书,到目前为止,此汉语译本是唯一的翻译版本。换言之,这两卷书原著为英语,目前只翻译成汉语。记得笔者在伯克利访学的时候,曾向作者当面抱怨:It took me a whole day to finish just one paragraph (花了我一整天时间,才完成一段)。Talmy 的回应则是:Sometimes I was pondering on a term for several days(有时好几天我都在琢磨一个术语)。

原著作者 Leonard Alan Talmy（1942—　）,美国公民,1959 年入读芝加哥大学数学专业,1961 年转入加州大学伯克利分校学习语言学,1963 年在该校获得语言学学士学位,并于 1972 年获得博士学位。Talmy 在 1978—1980 年期间,在加州大学圣迭戈分校做过博士后研究。1972—1990 年期间,Talmy 在加州大学伯克利分校、斯坦福大学等高校担任过多个教学和研究职位,与 Paul Kay, Joseph Greenberg, Charles Ferguson, Donald Norman, David Rumelhart 和 Jay McClelland 等著名学者都有过合作。Talmy 于 1975 年及 1990 年两次以富布莱特学者身份,分别在罗马和莫斯科任教。1990 年至 2004 年,Talmy 任纽约州立大学布法罗分校语言学系及认知科学研究中心教授,直至退休,两卷原著正是在此期间出版的。目前 Talmy 常住加州伯克利家中,仍在潜心研究。

作者知识渊博,这可以从原著得到印证。原著核心内容是关于语言中的概念结构,属于认知语言学领域,但是著作直接运用了来自以下学科的理论:语言学领域中的其他各学科及学派(例如:心理语言学、生成语言学等)、心理学、认知科学中的其他学科、哲学、数学、拓扑学、人类学、物理学、文化学等等。笔者经常就本书原创性的根源与作者交流。以下是作者的回复：

> To address your question seriously, I don't think any particular influences gave rise to whatever insight I have into language. I always gave my professors a hard time. It just seems to come from inside.
>
> （认真回答您的问题，我认为我对语言的感悟不是来自什么具体影响。我经常把教授问得无言以对。我对语言的感悟似乎来自内心。）

原创源于独立思考和感悟！

笔者曾多次造访伯克利。作为语言学系的访问学者，笔者有机会参加心理学系、认知科学系、人类学系等其他学系的讲座。心理学系每周的讲座，Talmy本人每次必到，尽管双目失明，却风雨无阻。每次都会看到Talmy拄着他的探测拐杖，慢慢穿过校园，走进心理学系的背影。参加讲座的人数每次不定，少则十余人，多则三四十人。讲座之后，大家一边享受着举办者准备的茶饮及午餐，一边热烈讨论。值得一提的是，Eleanor Rosch——另一位对认知语言学有原创贡献的学者——是心理学系的教授，2010年笔者拜访她的时候，她尽管年事已高，却依然在心理学系任教。原创源于宽松的学术氛围！

欲寻Talmy学术原创根源，伯克利大学周边的咖啡馆不得不提。这些咖啡馆是大学的延伸，与大学融为一体，在咖啡馆即可登录大学网络。Talmy每天下午四五点钟都会去几间咖啡馆会见朋友。他们各自买一杯咖啡，找个位置入座，然后自由地和任何人交谈。笔者与Talmy在咖啡馆的多次交谈中，曾经偶遇George Lakoff, Dan Slobin等学者。讨论书稿的过程中，也曾被陌生的数学教授打断，并参与我们的讨论。原创源于自由交流！

提起伯克利的咖啡馆，笔者不得不提及一位咖啡馆的常客。她就是高贵的另类"街头达人"(street person)——伯克利女诗人Julia Vinograd。

去过伯克利的人，大致都能有机会看到如下这一幕情景。在Telegraph及Dwight大街上，人们经常看到一位装着假肢的年迈妇女。她常常面带微笑走进咖啡馆，买一杯咖啡，找个座位坐下。说她高贵，笔者认为她这不是真正的乞讨。但是她的行为的确是在乞讨。我们姑且称为"高贵的乞讨"吧，因为她用另类方式兜售自己的诗作。一般图书价格大致在五六十美元、上百美元。她的诗集只售五美元、十美元不等。客人如果喜欢她写的诗,甚至可以买一杯咖啡与她交换。她就是伯克利诗人 Julia Vinograd。请看以下这段介绍:

> While leisurely sipping my almost-daily cafe au lait at Peet's Coffee on Telegraph and Dwight Way, I'm fairly certain that I'll see Julia Vinograd making her way slowly along the Avenue; she limps because of a brace on her leg. Immediately recognizable for her black and gold cap and loose flowing robe bearing the emblem of a human skull and the teeth of her dead friend Gypsy Canto, Julie is well known as the unofficial poet laureate of Berkeley. For nearly 30 years she has written lyrically about the lost, the misfits, the downtrodden, the abandoned, the wild and the free. Her latest book, "Skull and Crosswords" is her 50th volume of poetry.
>
> (Snodgrass 2011)

笔者和 Julia Vinograd 也有过多次交谈。她是美国著名生物化学家 Jerome Vinograd(1913—1976)的女儿。她的父亲曾经获得诺贝尔奖提名,但尚未领奖就因病去世。因为诺贝尔奖不授给已过世的人,她的父亲生前未能有幸获此殊荣。回到我们的主题,原创源于伯克利的社会环境!

笔者翻遍了 Talmy 的简历,期盼能从这位大理论家的成长经历中寻找可供我们借鉴的"原创之秘诀"。同时,笔者反观中国高校的学术评价体制,思考人文学科教授的研究。笔者任教于一所用国人熟悉的话来说的"211"兼"985"高校,也是现在的双一流大学。国内大多数高校,尤其此类高校,在学术评价中,十分强调在 SSCI、SCI、A&HCI 等检索的国外期刊上用英文发表的论文。用汉语撰写并在国内期刊上发表的被 CSSCI 检索的期刊论文,在评价上不被看重,更不用提汉语译著。但是汉语是我们的母语,汉语语言蕴藏着深厚的文化。如果我们再一次追寻 Talmy 理论原创之根源,我会毫不迟疑地说,根源之一是美国宽松、务实、非程式化、以内容为主的学术评价体系。

毫无疑问,Talmy 本人对研究的热爱及长时间的投入,也是其重要的原创源泉之一。据他本人讲,上个世纪 60 年代的最初几年里,每年夏天他都在做数据搜集等实地调查工作,比如在加州的一些偏远地区采访会说阿楚格维语的土著人。

既然这一部分笔者谈的是作者本人,请允许笔者再次回到这一主题。

十余年来，刻在笔者脑海中对Talmy最深的印象是：一位学识渊博、造诣高深的大理论家；一位谦虚友善、有求必应、做事低调的朋友；一位年过七旬、有视力障碍却在世界各地行走自如的长者；一位坚强乐观、心态坦然、谈吐幽默的犹太人；一位及时准确回复邮件、有西方学者风范的大学教授；同时，他也是一位坦然面对生死的勇者（他把自己已经完成但尚未发表的文稿（Talmy自称为保险手稿（safe drafts）存在笔者这里，嘱托一旦他没有机会发表，让笔者传于后世）。Talmy的学术贡献和人格魅力，使他当之无愧成为每一位学人的楷模。

3. 译　者

这项翻译工程始于2003年春。时值笔者刚刚在香港中文大学获得博士学位，开始在北京航空航天大学任教。笔者在给语言学方向的研究生开设的"认知语言学"课程中，开始系统讲授Talmy的认知语义学。正是此时，笔者开始了此书部分章节的汉译工作。2004年，笔者受聘于北京外国语大学（时任校长为陈乃芳教授）任兼职教授，给北外的研究生也开设了同一门课程。在讲授Talmy理论的过程中，笔者再次切实感受到国内学界对Talmy理论热爱之深切，但同时对该理论体系理解之不甚完善。为了达到全面、系统、透彻地把握整个理论体系的目的，汉译工作是必须的。两卷书初稿的翻译工作，在教学过程中由北航和北外两所大学选课的研究生完成，名单如下（按照承担章节内容的顺序）：

卷Ⅰ：

北京外国语大学2005年入学的语言学专业硕士研究生：

高秀平、王强、姜涛、赵韵、李欣、张敬叶、粟向莹、杨玲玲、吴力、徐秋云、陶鑫、刘景珍、芦欣、辛杨、杨碧莹、那晓丹、张会、金月、霍青、刘艾娟这20位同学。

北京外国语大学2005年入学的翻译专业硕士研究生：

周晓亮、孔德芳、刘显蜀、郝娟娣、黄秀丽、高洺木、薛妍、张晓丽、蔡金栋、刘宏、刘坤、林虹、韩玲、张伟平、文超伟、翟志良、邹贵虎、洪一可这18位同学。

卷Ⅰ正文549页，前言18页，由以上38位同学完成。

卷Ⅱ：

北京航空航天大学2004年及2005年入学的语言学专业硕士研究生：

安虹、丁研、贾丽莉、贾巍、李慧锋、李妙、李银美、刘俊丽、申淼、盛男、王小川、王坛、张迪、张连超、张晓燕、周楠、李占芳、吴珊这18位同学。

卷Ⅱ正文495页，由以上18位同学完成。

丁研和张炜炜分别对卷Ⅰ和卷Ⅱ做了全面系统的补漏及初步校译工作，分别形成卷Ⅰ和卷Ⅱ的第二稿。此后每整体校对一次，称为"第×稿"。卷Ⅰ第三稿和第六稿及终稿由笔者完成，第四稿由任龙波完成，第七、第八稿分别由张洋瑞和贾红霞完成。卷Ⅱ第三稿和终稿由笔者完成，第四稿由任龙波（1—3章）和胡志勇（4—8章）完成，第六稿由胡志勇完成，第七、第八稿由张洋瑞和贾红霞完成。两卷书稿的定稿由笔者最终审校完成。各阶段参与人员见表2。

表2 翻译及译校人员

	初稿	第二稿	第三稿	第四稿	第五稿	第六稿	第七稿	第八稿	终稿
卷Ⅰ	38人	丁研	李福印	任龙波	集体	李福印	张洋瑞	贾红霞	李福印
卷Ⅱ	18人	张炜炜	李福印	任龙波（1—3章）胡志勇（4—8章）	集体	胡志勇	张洋瑞	贾红霞	李福印

关于两卷书的第五稿集体校对，过程如下：

卷Ⅰ完成第四稿后，我们打印装订成册，在2014年北航秋季研究生的"认知语言学"教学中，我们使用卷Ⅰ原著作为教材，将第四稿汉译本作为参考译文，同时进行了集体校对。这次集体校对由笔者指导的博士生、硕士生以及访问学者完成。他们分别是邓宇、杜静、胡志勇、贾红霞、李金妹、廖逸韵、刘婧、牛晨熹、任龙波、王晓雷、徐萌敏、汪丹丹、俞琳、张洋瑞这14人。他们分别阅读了卷Ⅰ的第1章至第8章的汉译稿件。笔者于2014年寒假至2015年8月间，认真审阅并消化吸收反馈意见，形成第六稿。此后先由张洋瑞按照项目组"定向校对"要求，专门校对术语、例句等指定部分，由笔者确定是否接受，形成第七稿。此后由贾红霞按照第七稿的要求重复这一过程，由笔者确定是否接受新的修订，此为第八稿。最后，笔者再审阅全文，形成阶段性"终稿"。

完成卷Ⅱ的第四稿之后，我们同样是打印装订成册，在2015年春季北航博士研究生的"认知语义学研究"课程中，我们使用卷Ⅱ作为教材，汉译本为参考书，进行了集体校对。参加人员有：胡志勇、李金妹、刘婧、牛晨熹、王晓雷、徐萌敏、俞琳、张洋瑞等人。这些同学校对后的稿子为第五稿。胡志勇完成对大家的反馈意见的消化吸收及整理工作，并形成第六稿。此后程序和卷Ⅰ相同，先由张洋瑞按照项目组"定向校对"要求，专门校对术语、例句等指定部分，由笔者确定是否采纳这些修订，形成第七稿。此后由贾红霞按照要求重复这一过程，由笔者确定是否采纳新的修订，此为第八稿。最后，笔者再审阅全文，成为阶段性"终稿"。

两卷书例句中的图表及插图由杜静设计完成。在两卷书的集体校对过程中，王晓雷负责了所有文档的整理工作。

以上出现的所有名字，均为译者。

译者代表在本书封面的署名方式如下：

卷Ⅰ：李福印、任龙波、张洋瑞、丁研、贾红霞、胡志勇；

卷Ⅱ：李福印、胡志勇、贾红霞、张炜炜、张洋瑞、任龙波。

笔者首先向以上各位同仁致以最诚挚的感谢！翻译初稿的完成，给了我们继续完成此项工作的巨大信心。没有初稿，我们没有进入第二稿的决心。至于目前最终的译文，在多大程度上保留了第一稿的文字，完全是另一回事。笔者要特别感谢丁研和张炜炜对初稿的全面整理和补漏工作，胡志勇、任龙波中期的参与，以及张洋瑞、贾红霞后期的参与，他们伴我走过了这段"天路译程"。没有他们的投入，这部译著不可能完成。丁研和张炜炜是笔者在北航指导的硕士研究生，丁研在香港大学获得博士学位，目前在北京交通大学任教，张炜炜师从认知语言学国际领军学者 Dirk Geeraerts，在欧洲鲁汶大学获得博士学位，目前在上海外国语大学任教。胡志勇、任龙波、贾红霞是笔者在北航指导的博士研究生。张洋瑞为笔者指导的访问学者，于2014—2015期间在北航学习。笔者感谢以上各位参加集体校对的人员，他们在最后关头发现了不少错误，为提高译文的质量做出了重要贡献。在翻译校对的不同阶段，不少国内学者也曾提出过反馈及修改意见，包括高航、李雪、蓝纯、毛继光、史文磊、席留生、祖利军等人，在此一并致谢。

北京大学出版社完成排版之后，我们在排版打印稿上校对分工如下：

表3　卷Ⅰ和卷Ⅱ终校名单

卷Ⅰ	Ⅰ-1	Ⅰ-2	Ⅰ-3	Ⅰ-4	Ⅰ-5	Ⅰ-6	Ⅰ-7	Ⅰ-8	其他
一校	张炜炜	马赛	任龙波	张洋瑞	丁研	张洋瑞	胡志勇	贾红霞	李福印
二校	贾红霞，张洋瑞，李福印								
三校	张炜炜	马赛	任龙波	张洋瑞	张洋瑞	丁研	胡志勇	贾红霞	李福印
四校	张炜炜	马赛	任龙波	张洋瑞	张洋瑞	丁研	胡志勇	贾红霞	李福印

续表

卷Ⅰ	Ⅰ-1	Ⅰ-2	Ⅰ-3	Ⅰ-4	Ⅰ-5	Ⅰ-6	Ⅰ-7	Ⅰ-8	其他
五校	张炜炜	马赛	任龙波	张洋瑞	张洋瑞	丁研	胡志勇	贾红霞	李福印
六校	张炜炜	马赛	任龙波	张洋瑞	张洋瑞	丁研	胡志勇	贾红霞	李福印
终稿	李福印								
卷Ⅱ	Ⅱ-1	Ⅱ-2	Ⅱ-3	Ⅱ-4	Ⅱ-5	Ⅱ-6	Ⅱ-7	Ⅱ-8	其他
一校	张洋瑞	张炜炜	贾红霞	任龙波	胡志勇	胡志勇	张洋瑞	张洋瑞	李福印
二校	贾红霞,张洋瑞,李福印								
三校	张洋瑞	张炜炜	贾红霞	任龙波	张洋瑞	张洋瑞	丁研	胡志勇	李福印
四校	张洋瑞	张炜炜	贾红霞	任龙波	胡志勇	胡志勇	丁研	胡志勇	李福印
五校	张洋瑞	张炜炜	贾红霞	任龙波	任龙波	任龙波	丁研	胡志勇	李福印
六校	张洋瑞	张炜炜	贾红霞	任龙波	任龙波	任龙波	丁研	胡志勇	李福印
七校	张洋瑞	刘娜	贾红霞	任龙波	任龙波	任龙波	丁研	刘娜	李福印
八校	刘娜								
终稿	李福印								

以上人员负责全面校对各自负责的章节,笔者对每人的修改作全面修订,逐句审订各章内容以及决定是否采纳每章所做的修改,之后形成下一稿。全书付梓之前,笔者再次通读了全部书稿,此为在排版打印稿上的第六次校对,形成最终的"终稿"。

以下人员参加了卷Ⅰ和卷Ⅱ的部分章节校对工作:邓巧玲、杨婷、葛红、郭宁、夏晓琳、杨珺、刘婧、姜莹、季海龙、张若昕、薛文枫、靳俊杰、孙方燕、张翠英、李艳等。

4. 译 校

以上第三部分虽然以"译者"为题目,但是翻译和校对都是交织进行的,很难分清译者和译校。以下几件事是和整个翻译及译校密不可分的。先谈第一件事:为了准确理解 Talmy 全书的内容,2007 年 10 月笔者邀请了 Talmy 来北航讲学。Talmy 作为"第四届中国认知语言学国际论坛"(http://cifcl.buaa.edu.cn/)的主讲专家来京做了十场讲座。事实上,Talmy 的这十场讲座,正是用课堂教学形式全面讲授了两卷书的核心内容。讲座给译者提供了和作者面对面交流的机会,也是"翻译主体间性"的一种践行。笔者认为,面对这项巨大的工程,这种交流是十分必要的。

后来这十讲内容作为《世界著名语言学家系列讲座》系列图书中的一种，2010 年由外语教学与研究出版社正式出版，书名为《伦纳德·泰尔米认知语义学十讲》(李福印，高远 2010)。

第二件事,《认知语义学》两卷书原著在中国出版。该书是外研社"当代国外语言学与应用语言学文库"的一种正式引进。2008 年，正值翻译进行到第三稿，笔者开始为这两卷书影印本撰写汉语导读，至 2012 年，两卷带汉语导读的原著在外研社出版。笔者撰写汉语导读耗时四年时间。这期间，为了"浓缩"出每章的汉语导读，笔者结合全书的翻译，对术语进行了再三梳理和确认。最后每卷导读篇幅大致缩减到三万字左右。影印版的出版对 Talmy 理论在中国的普及起到了推动作用。

最后一件事是笔者 2010 年以高级访问学者身份访美。此次出访的邀请人和导师是加州大学伯克利分校的 George Lakoff 教授，但是访问的重要目的之一却是和 Talmy 就两部书的很多细节进行交流。此时 Talmy 已经退休，长住伯克利小镇。加州大学伯克利分校的大学南门，叫作 Sather Gate。南门正对的大街叫 Telegraph Avenue。这条街的 2629 号是个咖啡馆，有个法文名字叫"Le Bateau Ivre"(取自诗人 Rimbaud 的一首诗的名字，英文是"The drunken boat")，这正是笔者和作者交谈的地方。每次面谈，咖啡馆老板娘都会端上我们各自喜爱的咖啡，以至于数年后的今天，翻开书稿，仿佛仍然能闻到当时咖啡的味道。但是这六个月的访问让笔者对全书翻译进度产生了深深的恐慌和不安，因为六个月过去了，竟然连卷 I 第一章的翻译(准确地说是译校)都没完成！那时，笔者深感这两部书理论的深厚博大，以及笔者自身知识的缺乏。那时的状况就恰如一个不会游泳的人，本以为能卷起裤腿过河，未曾想人未到河中央，水面已经淹没脖子，脚已经踩不到水底了。此时是继续往前游，还是退回岸边，成了进退两难的问题。当时，笔者最担心的是此生是否有能力完成这项工作。

离开伯克利之后，Talmy 的邮件及电话给了笔者莫大的精神上的支持。无论笔者何时从国内打电话咨询，他都能耐心倾听并解答。电子邮件是我们交流的主要手段，Talmy 本人能及时准确地回复每封邮件，解答笔者针对某章某页某个句子的各种疑问，这的确是个谜！因为 2000 年他的两卷本在 MIT 出版社出版之前，他已经双目失明。笔者将这两卷巨著汉译本献给 Talmy 本人，是出于对他由衷的感激。如果没有 Talmy 数年来的强大支持，完成这项工作绝无可能，译稿也毫无准确性可言。对于那个不识水性、涉水过河的冒险者来说,Talmy恰如一艘救命之船。

5. 致读者

笔者感谢上面提到或未提到名字的所有为本书翻译做出贡献的学人。同时,笔者也要感谢本译著的读者。尽管我们已经竭尽全力,力图用汉语再现原著思想,但由于各种局限,错误及不当一定存在。所有可能的译误由笔者一人负责,恳请读者反馈您的宝贵建议。

同时,我们对北京大学出版社责任编辑唐娟华女士在本书翻译过程中所付出的巨大劳动,及给予我们的指导,表示最真诚的谢意。

最后,对始终安静伴我左右,并时时给予我各种帮助的太太李素英女士表示由衷的感谢!

李福印(教授)
邮编:100191
北京市海淀区学院路37号,北京航空航天大学外国语学院
邮箱:thomasli@buaa.edu.cn;thomaslfy@gmail.com
手机:(86)13811098129(限短信)
微信:thomasli1963

参考文献

李福印,2012a,"汉语导读"《认知语义学》(卷Ⅰ)*Toward a Cognitive Semantics*(Volume Ⅰ):*Concept Structuring Systems*(原著 Leonard Talmy,2000. Cambridge,MA:MIT Press),北京:外语教学与研究出版社。

李福印,2012b,"汉语导读"《认知语义学》(卷Ⅱ)*Toward a Cognitive Semantics*(Volume Ⅱ):*Typology and Process in Concept Structuring*(原著 Leonard Talmy,2000. Cambridge,MA:MIT Press),北京:外语教学与研究出版社。

李福印,2015,Leonard Talmy 的语言哲学思想,《中国外语》,第 6 期,41—47 页。

李福印、高远(主编),2010,《伦纳德·泰尔米认知语义学十讲》(附带 DVD 录像),北京:外语教学与研究出版社。

Batoréo, Hanna Jakubowicz. 2014. Leonard Talmy's Schematic System of Perspective. *International Journal of Cognitive Linguistics* 5(1):53—54.

Bennardo, Giovanni. 2002. Cognitive Semantics, Typology, and Culture as a Cognitive System: The Work of Leonard Talmy. *Journal of Linguistic Anthropology* 12(1):88—98.

Farrell, Patrick. 2002. *Toward a Cognitive Semantics*. Volume Ⅰ:*Concept Structuring Systems*. Volume 2:*Typology and Process in Concept Structuring* by Leonard Talmy. *Anthropological Linguistics* 44(2):201—204.

Huumo, Tuomas. 2014. Leonard Talmy's Schematic System of Force Dynamics. *International Journal of Cognitive Linguistics* 5(1):1—2.

Ibarretxe-Antuñano, Iraide. 2005. Leonard Talmy. A Windowing to Conceptual Structure and Language Part 1: Lexicalization and Typology. *Annual Review of Cognitive Linguistics* 3:325—347.

Ibarretxe-Antuñano, Iraide. 2006. Leonard Talmy. A Windowing onto Conceptual Structure and Language Part 2: Language and Cognition: Past and Future. *Annual Review of Cognitive Linguistics* 4:253—268.

Lampert, Guenther. 2013. Leonard Talmy's Schematic System of Cognitive State. *International Journal of Cognitive Linguistics* 4(2):161—162.

Lampert, Martina. 2013. Leonard Talmy's Schematic System of Attention. *International Journal of Cognitive Linguistics* 4(2):89—90.

Li, Thomas Fuyin. 2013. Leonard Talmy's Framework for Event Structure. *International Journal of Cognitive Linguistics* 4(2):157—159.

Ma, Sai. 2014. Leonard Talmy's Schematic System of Configurational Structure. *International Journal of Cognitive Linguistics* 5(1):75—78.

Marchetti, Giorgio. 2006. *A Criticism of Leonard Talmy's Cognitive Semantics*. www.mind-consciousness-language.com.

Snodgrass, Dorothy. 2011. Julia Vinograd: Berkeley's Poet Laureate. In *The Berkeley Daily Planet*. (http://www.berkeleydailyplanet.com/issue/2011-06-15/article/37985?headline=Julia-Vinograd-Berkeley-s-Poet-Laureate 访问日期:2014 年 3 月 5 日)

Talmy, Leonard. 1988. Force Dynamics in Language and Cognition. *Cognitive Science* 12: 49—100.

Talmy, Leonard. 1995. The Cognitive Culture System. *The Monist* 78: 80—116.

Talmy, Leonard. 2000a. *Toward a Cognitive Semantics*. Volume Ⅰ: *Concept Structuring Systems*. Cambridge, MA: MIT Press.

Talmy, Leonard. 2000b. *Toward a Cognitive Semantics*. Volume Ⅱ: *Typology and Process in Concept Structuring*. Cambridge, MA: MIT Press.

Talmy, Leonard. 2015. Relating Language to Other Cognitive Systems: An Overview. *Cognitive Semantics* 1(1): 1—44.

Turner, M. 2002. Review on the Book *Toward a Cognitive Semantics*. Vol. 1: *Concept Structuring Systems*. Vol. 2: *Typology and Process in Concept Structuring* by Leonard Talmy. Cambridge, MA: MIT Press. *Language* 78(3): 576—579.

体例说明

1. **整体体例**

   在汉译本中,我们保留原著的所有体例。这里的"体例"是指章节编号、例句编号、上标号、下标号、注释顺序等等。

2. **例句的翻译**

   我们保留了原著中的例句,并在括号中给出了参考译文。

3. **未翻译之处**

   对于句法及语义公式,我们未做翻译。

4. **原著中的印误**

   在翻译过程中,我们跟原著作者 Talmy 确认了原著中的个别印误,并直接按照正确的内容进行了翻译,并未在译文中注释。

5. **注　释**

   按照以上第 1 条,原著各章中本身的注释,我们照译。因为需要另外注释说明的问题太多,也是为了不和原著中的注释混淆,我们未在译本中另加译者的注释。在翻译过程中,我们和原著作者 Talmy 有过大量的交流,这些交流将编辑成书,待日后出版,书名暂定为 A Companion to Toward a Cognitive Semantics,即《认知语义学手册》(卷Ⅰ,卷Ⅱ)。我们希望在此书中对更多细节问题作出说明。

6. **术　语**

   我们共翻译了 1200 个左右的术语,以英汉术语对照表的形式在书后列出。这些术语涵盖了原著正文中黑体部分的术语、正文中部分斜体的术语、书末附录中的术语以及我们认为有必要添加的术语等几个部分。翻译过程中,参考了一些专业性词典、非专业性的普通词典以及相关论著。下面仅列出参考过的主要英汉及英英语言学专业词典。

语言学词典目录

Aitchison, Jean. 2003. *A Glossary of Language and Mind*. Edinburgh: Edinburgh University Press.

Cruse, Alan. 2006. *A Glossary of Semantics and Pragmatics*. Edinburgh: Edinburgh University Press.

Evans, Vyvyan. 2007. *A Glossary of Cognitive Linguistics*. Edinburgh: Edinburgh University Press.

Matthews, Peter. H. 2014. *The Concise Oxford Dictionary of Linguistics* (3rd edition). Oxford: Oxford University Press.

Murphy, M. Lynne and Anu Koskela. 2010. *Key Terms in Semantics*. UK: Continuum.

布斯曼, H. 编, 2000,《语言与语言学词典》, 北京: 外语教学与研究出版社。

戴炜华等, 2007,《新编语言学词典》, 上海: 上海外语教育出版社。

第二届心理学名词审定委员会, 2014,《心理学名词》, 北京: 商务印书馆。

黄长著, 林书武等(译), 1981,《语言与语言学词典》, 上海: 上海辞书出版社。

克里斯特尔, D. 编, 沈家煊(译), 2007,《现代语言学词典》, 北京: 商务印书馆。

劳允栋, 2004,《英汉语言学词典》, 北京: 商务印书馆。

里查兹, J.C. 等编, 管燕红, 唐玉柱(译), 2005,《语言教学与应用语言学词典》, 北京: 外语教学与研究出版社。

马修斯, P.H. 编, 杨信彰(译), 2006,《牛津英汉双解语言学词典》, 上海: 上海外语教育出版社。

王寅, 1993,《简明语义学辞典》, 济南: 山东人民出版社。

语言学名词审定委员会, 2011,《语言学名词》, 北京: 商务印书馆。

赵忠德等, 2004,《英汉汉英语言学词汇手册》, 沈阳: 辽宁教育出版社。

序 言

　　本卷及其姊妹卷的中心议题是概念结构的语言表征。尽管语言中这类概念组织的研究以前没有得到足够的重视，然而，过去二三十年来，对这一领域的关注不断增加。现在我们一般称为"认知语言学"的这一语言研究范式，是一个正在发展的、比较年轻的语言学领域。认知语言学已经发展成与其他语言研究范式相互补充的一种不同的语言研究范式。两卷书中的研究成果是日益增多的认知语言学研究成果的一部分，为认知语言学学科的形成做出了贡献。两卷书统称为《认知语义学》，收录了迄今为止我发表的绝大多数论著。此外，我对全部内容进行了修订和扩展，补充了一些尚未发表的材料，并按主题进行了分类。第Ⅰ卷，即本卷，称为《概念构建系统》，重点阐述语言构建概念所遵循的基本系统。第Ⅱ卷，称为《概念构建中的类型和过程》，重点阐述语言概念构建的类型及过程。

　　我觉得有必要在卷首描述认知语言学的本质以及确立认知语言学的必要性。为此，我把认知语言学置于一个更大的语言分析范式框架内来探讨。为便于初步对比，我把与语言内容相关的研究（暂且不提音系）分为三种研究范式，并给这三种范式各取一个简单的名称：形式研究范式、心理学研究范式和概念研究范式。具体的研究传统基本上以上述其中一种研究范式为基础，同时关注另外两种范式所涉及的议题（当然成就大小有异）。下面将概述这些研究范式之间的关系。

　　形式研究范式主要研究语言表达形式的显性方面所呈现出来的结构模式。这些结构模式大部分脱离相关语义抽象而来，或者被认为是自主的，与相关语义无关。因此，这一类研究包括对形态结构、句法结构及词汇结构的研究。举一个显而易见的例子，过去四十多年，生成语法研究的核心内容就理所当然属于形式范式领域。但是，形式范式与另外两种范式的关系非常有限。生成语法一直以来都提及要重视语法和语义之间的关系，而且也的确对语义的诸多方面做出了很多重要贡献。但是，总体而言，这一领域没有研究语言的普遍概念结构。生成语法传统下的形式语义学，只涉及那些符合生成语法传统主流所关注的形式范畴和操作的语义内容。生成语言学只是将心理学的认知结构和加工过程用于形式语义学的范畴划分和语义运算上。

第二种范式，即心理学范式，是以相对普遍的认知系统为出发点来研究语言的。心理学领域长期以来的传统是从感知、记忆、注意以及推理的角度研究语言。此外，该领域还研究上文提到的另外两种范式所关注的一些话题。因此，该领域既探讨语言的形式特征，也关注语言的概念特征。后者包括语义记忆分析、概念的关联性、范畴结构、推理生成以及语境知识。但是，这些研究大都局限在有限的领域之内。因此，心理学传统对那些处于概念方法研究中心地位的各种结构性范畴关注不够，这一点，下文将会进一步描述。此外，心理学传统对图式结构的整体综合系统的关注也不够，而语言恰恰是根据图式结构来组织语言所要表达的概念内容的。图式结构的综合系统本身也许正是概念方法所要研究的主要对象。

我们所讨论的研究语言的第三种范式是概念方法。它所关注的是语言组织概念内容的模式及过程。"构建"（structure）这一术语既可以指模式，也可以指过程。因此，简而言之，概念方法研究语言如何构建概念内容。认知语言学这一较新的研究领域，其核心指向就是概念范式。因此，认知语言学主要对一些基本概念范畴的组织结构进行探讨，例如，空间和时间、场景和事件、实体和过程、运动和位置、力和因果关系等等。此外，认知语言学还研究一些与认知主体相关的基本概念范畴和情感范畴的语言结构，比如注意和视角、意志和意向、期望与情感等。认知语言学还研究形态形式、词汇形式以及句法模式的语义结构，也研究概念结构之间的内在关系，比如隐喻映射中的概念结构、语义框架中的概念结构、文本和语境之间的概念结构以及概念范畴如何构成更大的结构系统。总体而言，或者说最重要的是，认知语言学的研究目的就是探知语言中协调统一的整体概念构建系统。

再进一步讲，认知语言学探讨另外两种研究范式所关注的内容。首先，认知语言学从概念视角考察语言的形式特征。因此，它力图通过考察语法在概念结构表征中的功能来解释语法结构。

其次,作为认知语言学最显著的特点之一,认知语言学力求将其研究成果与研究心理学范式中的认知结构相关联,并致力于从心理结构视角解释语言中概念现象的特点;同时,在详细考察语言如何构建概念结构的基础上,也尝试解释这些心理结构的特点。因此,认知语言学的传统是在努力挖掘与概念内容相关的既涵盖心理学中已知认知结构、也涵盖语言学中已知认知结构的更普遍的认知结构。正是这种试图整合心理学研究范式的思路,促使我们在这一语言学研究传统中使用"认知"这个术语。本卷以及姊妹卷书名中的"toward"一词所指的,其实就是我们的研究传统所形成的一条宽广的轨迹:整合语言学和心理学对认知机制的研究,为人类的概念结构提供统一的认识。

认知语言学对心理结构的青睐,也正是其总体区别于语义学研究传统的地方。与认知语言学一样,在语义学研究传统中,语义学的研究对象也是概念内容在语言中的构建模式。但是,与认知语言学不同的是,语义学未能系统地将其研究发现与更普遍的认知范畴和认知过程相联系。

在本概述中,我们可以把认知语言学看成是对其他两种语言研究范式的补充。因为它直接考察了一个语言现象的领域,而其他两种研究范式对这个领域的分析要么不够充分,要么是间接的。因此,认知语言学的发展是我们语言理解必不可少的一个环节。

尽管"认知语言学"这个术语已经被大家接受,用来指上文所描述的研究范式,不过,至少我对于自己的整部著作,还是使用"认知语义学"的名称。在这个新名称中,"语义学"一词的优点是可以表示特定的研究方法,即概念方法。本书的研究正是以这一视角为基础的,也是从这一视角出发来考察其他研究范式所关注的问题。这一术语之所以有这种含义,正如前文所述,是因为语义学具体关注语言的概念组织形式。[1]

为了更明确这一用法,需要进一步论述我对语义学的看法。简言之,语义学就是根据概念内容在语言中构建的本来面目来考察概念内容。所以,"语义"一词就是从语言形式的角度指"概念"这一更抽象的概念。因此,整体认知,即思想,在更广泛的范围内涵盖了语言意义。很明显,语言意义(无论是由某种具体语言来表达,还是由人类语言整体来表达)需要从整体概念化中选取内容,并限制整体概念化;而语言意义仅是整体概念化的一部分。因此,认知语义学研究就是对概念内容及其语言组织形式的研究,即研究概念内容的本质以及普遍组织形式。在这一描述中,概念内容不仅包括概念内容本身,还包括情感和感知在内的任何经验内容。

认知语义学研究围绕概念结构即意识内容展开。这就引出了方法论这一话题。也就是说，对认知语义学而言，其主要研究对象本身是存在于意识中的定性的心智现象。因此，认知语义学是现象学的一个分支。具体来说，它是概念内容及其在语言中的结构的现象学。那么，什么方法才能探究这样的目标呢？事实上，唯一可以触及现象内容及意识的结构的方法就是内省法。

任何认知系统都是如此，语义系统中的不同方面对意识的可及性程度不同。例如，我们对于自己听到的一个词的具体语义会有强烈的意识，而对于该词的一词多义或同形异义的范围，我们的意识却非常弱，甚至完全没有意识。可见，词语的两个不同的语义方面（当下的具体语义和语义范围）对意识的触及性不同。总体而言，意识更易触及的语义系统诸方面更适宜用内省法进行直接判断。与此形成互补，意识不易触及的语义系统诸方面，只能通过传统的间接法，如对比和抽象，才能在一定程度上得以确定。然而，即便是后者，研究者仍须从最初的概念内容开始，这只有通过内省法才能达到。原因是，为了从意识内容的组织模式中抽象出概念结构的较少意识部分，我们必须从对比意识中的概念内容入手。

与任何其他科学研究方法一样，内省法必须遵循严格程序。内省法必须包括这样一些步骤，例如，对其意义正被评判的语言材料进行可控操作。此外，使用内省法得到的发现必须与其他方法所得到的发现相关联。此类其他方法包括：对他人的内省报告分析、话语和语料库分析、跨语言和历时分析、语境及文化结构的判断、心理语言学的观察和实验技术、神经心理学的损伤研究、神经科学使用大脑扫描机械的探索。关于最后一种方法，从长远来看，神经科学对人类大脑功能的理解或许将解释内省的发现。但是，即使到那个时候，内省法仍然是一种必需的方法，以确保神经科学对人类大脑的描述和心智中存在的主观内容的一致性。因此，内省法将继续作为一种必需的方法，用于考察意识的主观内容。

内省这种方法，与所有其他科学研究中既定的方法一样，拥有其合理性。在任何科学研究中，研究者都必须寻找其相关数据来源。比如，如果一个人的研究领域是地质学，他就必须去考察地球。这里，"去数据所在地"意味着去地质现场进行实地考察。同理，如果一个人的科研领域是语言的意义，他就必须探抵意义的来源。意义存在于意识的体验中。对这种主观数据而言，奔赴"数据来源"就包括内省。

内省法在认知语义学中的地位尚需确立。然而，即便在语义学之外的大多数语言学研究中，它也早已成为必要的组成部分。因此，对句法的形式语言学研究，最终也是建立在个体对句子合法性或者逻辑推理特征的一系列判断之上。这些判断完全是内省的结果。

其实，如果更概括地说，多数关于人类心理的理论归根到底都建立在对某种意识形式的预设或内省法的效验之上，这一点无论是否曾经明确指出过。在心理学实验中，典型的受试被认定能理解实验要求，并愿意根据其理解来操作。这种理解以及实验过程中的配合就是与意识相关的现象。

因此，对认知科学中的受试来说，意识通常是一种必不可少的伴随状态。不过，有人可能还会说，对研究者而言，意识同样是必不可少的，在所有的研究活动中都是如此，无论该科学研究多么客观。因此，即便是在技术性要求最强的科学实验中，当显示器屏幕上显示了所有图表，当所有数据输出都已完成，当所有的测量仪器显示出具体数值，即使如此，某个研究者仍然需要对这些记录事项进行判断，并在其意识状态下理解这些含义。Dennett（1991）曾尝试用他的关于异现象学（Heterophenomenology）的思想以客观科学的方法研究现象学这一学科。在他的这一研究中，个体受试将各自假定的经验以书面形式记录下来，然后将这种书面记录当作客观世界中所有其他实体一样来对待。但是，从目前的角度看，Dennett的这种做法遗漏了非常重要的一点：一个拥有自己现象观的人，依然必须阅读这些文字记录以便依次理解它们的含义；否则这些文字记录只是写在纸上的一组符号（或者是计算机里面的一系列的状态）。

总而言之，内省法作为一种恰当的、可以说是必要的方法，必须得到认可，并和其他获得普遍接受的方法一样在认知科学中使用。

下面转入本卷及其姊妹卷的结构和内容。这两卷书收集了我在认知语义学以及认知科学相关领域的绝大多数作品，时间跨度为过去二十年左右。而且，两卷中的所有文章都进行了重新修订和更新。几乎所有的论文都得到扩充，加深了分析的深度，拓宽了分析的广度。大多数文章的修改幅度较大，有几篇文章整体重写。此外，此前未发表的作品也收录进了已经发表的作品中。由于上述修订、扩展、增编，两卷中的很大一部分资料都是全新的。[2]

由于书中材料本身的更新及安排上的调整，两卷书的内容更加浑然一体。因此，修订过的文章可以在一个连贯的理论框架内，更加清晰地表述它们的思想。而且，这些文章中使用的术语都得到了统一。所有论文都分别编为这两卷书中独立的章节,其排列顺序的依据是主题内容,不是发表时间。

因此,在第一卷中,第一部分即第一章为全书两卷构建了概念结构方面的理论起点,并介绍了全面整合的"图式系统"(schematic system)的概念。卷一的其余三个部分所含的章节,分别介绍三个图式系统。在第二卷中,第一部分的各章节考察某些概念结构所映射出来的类型模式(typological patterns)。这部分所收集的作品主要考察事件结构(event structure),其部分内容把语义结构的考察范围从事件的某些方面扩展到事件整体。以上各章已经考察了静态和动态的认知过程,接下来第二部分的章节跨出这个范围,集中研究多种因素实时交互的过程。前面各章从概念及认知角度对语言进行分析,在第三部分的各章中,这些内容扩展到其他认知系统,即,解释文化和叙事的认知系统。其实,最后一章的末尾关于叙事结构的介绍,总体而言是用更概括的形式探讨卷一第一章所介绍的概念结构。因此,我们可以发现,这两卷书的总体安排所遵循的路线是从语言概念结构的核心部分开始,最后又回到非语言认知系统中的概念结构。

两卷书中每卷都是遵循这个总体顺序来组织各自的主题内容。卷一阐明了语言组织概念系统的模式,并详细考察了几种图式系统。具体而言,第二章和第三章阐述"构型结构"(configurational structure)图式系统,第四章至第六章阐述"注意分配"(distribution of attention)图式系统,第七章和第八章讨论"力与因果关系"(force and causation)图式系统。所有这些图式系统共同构成语言的基本概念结构系统。第一卷的组织思路就是总体介绍这个基本系统。

第二卷通过考察概念构建的类型和过程,进一步分析语言中的概念结构。卷二阐明了组织概念所依据的类型和过程。认知过程可以初步理解为在三个时间量级上发挥作用。短时量级维度是关于当前即时进行的概念加工;中间量级维度是发生在个体成长过程中某阶段的认知发展;长时量级维度是发生在个体的实时判断的累加,以及该个体的判断与他人的判断之间的互动关系,正是这些判断最终保存了语言和文化的各个方面,或导致语言和文化各方面的逐步变化。在一至四章,类型模式涉及第三类长时量级的概念加工。因此,这几章讨论语言如何从一个小型的普遍模式中选择并保持一个特定的类型范畴,以及各个类型范畴之间的历时转换。在长时量级方面,第四章还介绍了混合(hybridization)的过程,通过该过程,一种语言可能会呈现在两种语言类型的历时转换之中。第七章考察中间量级加工,提出存在一个认知系统的假设,即该认知系统管辖儿童习得文化模式的过程。短时量级过程在第五章和第六章中有所论述;其中,第五章介绍解决语义冲突的即时方案,第六章讨论同时控制当下交流目的和途径的办法。第八章进一步探讨短时量级,该章描述了叙事者和接受者如何组织、整合该叙事整体结构所依据的认知因素。

我想有必要介绍一下本论著的主题的特点、发展脉络、最初出处及其在这两卷书中的使用情况。总体而言,这两卷书从一开始就是围绕语义/概念结构,考察该结构的形式和过程。上文所列的具体议题,即认知语言学的研究对象,正是贯穿我整部著作的中心主题。下面是一些具体介绍。其中,以前已经发表的论文在参考文献中标注为"T-",本书第一卷和第二卷中的各章节分别标注为"Ⅰ-"和"Ⅱ-"。

对事件结构的考察这一主题从我的博士论文贯穿至今。我一直关注与运动相关的一类事件结构。在分析中,该结构的总体形式包含一个基本的"运动事件",即关于运动或位置的事件,以及一个与其相关的"副事件"作为运动事件的方式或原因。"运动事件"和"副事件"两者共同存在于一个更大的"运动情景"之中。该分析首次出现在我的博士论文中,为 T-1972,并在 T-1985b 中得以扩展。文章经充分修订,分别为Ⅱ-1 和Ⅱ-2。

在研究运动事件的同时,我研究了空间和时间的整体图式结构、时空中的物体及运动过程。在最直接的研究中,关于空间结构的分析首次出现在 T-1972/1975b 中,并在 T-1983 中进一步展开,修订版为本书的 I-3 章。关于时间结构的直接分析首次出现在 T-1977/1978c 中,在 T-1988b 中进一步展开,修订版为 I-1。应该指出的是,几乎所有章节都涉及语言如何根据时空构建运动事件。比如,I-2 章描述了虚拟运动的概念化;而 I-4 章则描述了运动事件不同阶段中的注意视窗的选择。

然后,运动情景及其所包含的事件复合体的思想被抽象概括出来。该思想包括"框架事件"(framing event)这一概念,框架事件与副事件相关,归属于一个更大的"宏事件"(macro-event)。宏事件不但包括运动情景,而且包括"体相"(temporal contouring)、"状态变化"(state change)、"行为关联"(action correlating)及"实现"(realization)。该总结首次出现在 T-1991 中,其扩展版本成为Ⅱ-3 章。此外,如前文所述,副事件作为运动事件的方式或原因与运动事件相关,副事件与框架事件之间各种不同的关系(我称之为"支撑关系"(support relations))远远比原来了解的多,正如Ⅱ-1和Ⅱ-3两章所示。

我的著作还详细分析了另一类与因果关系有关的事件结构。具体而言,该分析所依据的思想是,一个使因事件与一个受因事件在一个更大的致使情景中发生联系。但是,该分析进一步的目的是确定这些致使情景背后的概念基元,研究这些概念基元的一系列的类型,从最基本的到最复杂的。在这些变量中,致使情景包括"施事性"(agency),该认知范畴进一步依赖于"意向"(intention)和"意志"(volition)这两个不同的概念。这个关于因果关系的分析首次出现在 T-1972 中,在 T-1976b 中进一步展开,经过较大的修订后为本书 I-8 章。关于语言因果关系的进一步的讨论出现在 T-1985b(Ⅱ-1 章)和 T-1996b(Ⅰ-4 章)中。在这两篇论文中,前一篇描述了不同致使类型与不同体类型之间相互作用的词汇化模式;此外,这篇文章还讨论了语法手段是如何允许这些致使类型相互转化的。后一篇描述了因果链中语言的注意视窗开启,尤其是在普遍注意模式和语言表征的相关性中,因果链的中间部分是如何常常从注意中被省略掉的。

正如上文所述,运动情景可概括为宏事件;同样,与因果相关的事件结构复合体(event structure complex)可概括为"力动态"(force dynamics)。力动态涵盖了两个实体之间在力方面一系列的关系。这些关系包括一个实体内在的力趋向、第二个实体对这个趋向的反抗力、第一个实体对该反抗力的阻力以及第二个实体对该阻力的克服。此外,第二个实体对第一个实体的内在动力趋向会产生阻力,力动态也谈及该阻力的存在、消失、实施和克服等情况。于是,在力动态中,因果关系被纳入一个更大的概念框架中,与其他概念形成系统关系,比如"允许与阻止""帮助与妨碍"等。关于力动态的一些基本思想渊源可以追溯到 T-1972,并在 T-1976b(本书 I-8 章)中进一步展开,在 T-1985a/1988a(经进一步修订后收入本书 I-7 章)中进行了更加详细的论述。

如前文所述,我关注的焦点之一就是事件复合体的结构,该复合体包括构成事件及事件之间的关系。因此,如前所述,在运动情景及其向宏事件概括时,副事件与框架事件可以构成任何一种支撑关系。在致使情景及其向力动态概括时,一个组成部分与另一个组成部分通过力连接,包括两个组成部分本身都是事件的情况。以类似的方法,我在两方面进一步考察了事件复合体的结构:构成事件之间的焦点/背景关系或从属/并列关系。T-1972 论述了物理因素中的焦点/背景关系,这种关系后来又概括并应用于其他各种实体,包括事件。因此也适用于如下的例子,即处于一个更大的事件复合体中的两个事件,其中一个事件是焦点,另一个事件是背景。这一扩展应用首次出现于 T-1975a/1978a 中,现经修订编入 I-5 章(下文将继续论述焦点与背景)。然后,一个更大事件复合体中的一个事件与另一个事件的从属或并列关系被分析为一整套"交叉事件关系"(cross-event relations),包括时间关系、条件关系、基于推理的关系、让步关系(concessive)、附加关系(additive)以及替代关系(substitutional)。关于事件复合体结构的详细论述出现在 T-1978b 中,现全部重写后为本书 I-6 章。

本书内容中与事件复合体极为相关的一点是关于这些复合体的语言显性表征模式。因此,本书极为关注在焦点/背景或从属/并列关系中事件的句法表征,详见 I-5 章和 I-6 章。当然,颇为有趣的是,在概念层面上由两个事件及二者关系构成的复杂结构,通常由单个完整的句法成分表征,我们就将这种压缩方式称为"词化并入"(conflation)。这种将一个复合体的概念结构合并到一个单句中的现象广泛出现在运动情景以及致使情景的表征中。T-1972 首次分析了这些情景的合并模式,T-1976b/1985b/1991 进行了详细论述;这些内容经修订编入本书,其中 I-8 章主要是因果关系,II-1 至 II-3 章为运动事件及其扩展。

因此,通过将概念层面与形式层面相结合,我集中考察了一些具体模式。在这些具体模式中,概念复合体中的具体语义成分通过句子中的具体句法成分来表征。换句话说,这些模式是关于什么内容出现在什么地方的。在前面介绍的关于事件类型的文章中,以符号和/或图表的方式表现了这种"意义–形式的映射"(meaning-form mapping)模式。这些事件类型包括焦点/背景、从属/并列、因果关系以及运动。尤其在运动情景中可以发现,不同语言非常明显地采用不同的意义–形式的映射模式。以此为基础,不同的语言可以归入不同的类型(见下文关于类型及其普遍性的详细论述)。

接下来,我在词汇语义学分析中常采用这种意义–形式映射视角。可以确定的是,我对词汇语义学的分析涵盖了很多关于具体语素的语义基础结构。不过,这些分析的主要篇幅是考察某些语义范畴单独出现或者合并成不同类型的语素出现时的系统模式。(意义合并在一个语素中的现象也称作"词化并入",这是该术语的另一用法。)我一直把后一种词汇语义学当成形式和意义映射必不可少的一部分,与整个句子中整个概念复合体有关。因此，在我的分析中，某类语素所呈现出来的词汇化模式与该类语素所适用的句子结构的句法模式是相互对应的。我对意义-形式映射以及系统词汇语义学的写作过程以及该内容在本书中的安排，与上文所列一致。

上文这些话题的研究形成了"图式系统"这一概念。首先，通过观察空间及时间的认知结构（尤其是两者之间的平行性）可以得出这样的结论：这两种形式的结构可以综合成为一个更概括的图式系统，即"构型结构"。进一步研究发现，关于构型结构的图式系统还包含时间和空间之外更多语域的语言表征，比如性质特征域（the domain of qualitative properties）。

另外，除了构型结构，本书还发现了另外一些大的图式系统。其实，在一定数量的大型图式系统下，我们就可以理解所有受语言形式影响的概念结构的整体轮廓。因此，正像在一段话语中，某些语言形式通过构型结构来组织一个参照情景；这样，其他语言形式也可以引导我们确定自己的视角，从该视角出发来认识新组织起来的参照情景。这些特点构成第二个图式系统，即"视角点位置"（location of perspective point）。此外，还有一些语言形式可以进一步明确具体的注意分布，人们根据该注意分布从自己所选择的视角来理解一个结构情景。这种特性构成第三种大型图式系统，即"注意分布"。第四种大型图式系统为"力动态"。力动态关系到一个结构情景中具体实体之间力的互动及因果关系的语言表征。这四种图式系统，即构型、视角、注意和力，是到目前为止我的研究所讨论的主要系统。但是，还有更多的图式系统，有待未来的详细研究。关于这些图式系统的思想最初出现在 T-1983 中，在 T-1988b 中进一步展开，现在为 I-1 章，以及卷 I 的第二、三、四部分。

再深入分析，可以看到注意图式系统包括几种不同的注意分布模式，这些模式在我的著作中都有单独讨论。其中之一即"中心/边缘"模式。这种模式的一个例子就是"焦点/背景"组织结构，我对其最初的分析就是用来统一心理范畴和语言范畴的首次尝试。在焦点/背景组织中，起焦点作用的实体吸引中心注意，这一实体的特点及发展正是要关注的。背景实体处于注意的边缘，起到参照实体（reference entity）的作用，用于表现关注点的焦点性特征。T-1972 首次探讨焦点/背景结构中运动及致使情景中物体之间的关系。如前所述，这一内容在 T-1975a/1978a 以及 T-1978b（即 I-5 和 I-6 章）中进一步拓展，用于解释更大事件复合体中构成事件之间的内在关系。后来发现，中心/边缘模式在力的相互作用领域中也具有解释力，其作用形式为两个题元角色，即"主力体"（agonist）与"抗力体"（antagonist）。这两种角色出现在上文所述的力动态中。

本书也研究了注意分布的其他模式。因此，在"注意层次"（level of attention）的模式中，语言形式要么将一个人最大的注意指向所指情景的某个方面的构成要素的层面，要么指向包含这些构成要素的整体层面。T-1978c/1988b 首次提出了这种模式，在本书中为 I-1 章。注意结构的第三种模式是注意"视窗开启"（windowing）。在这种模式中，语言形式可以有选择地将最大注意指向所指情景的具体部分，或者从所指情景的具体部分收回注意。这种模式首次出现在 T-1996b 中，在本书中为 I-4 章。

除了分析上述概念域以及概念结构系统，我在研究中还提出了在这些域和系统中起作用的一些基本组织原则。其中一项原则即图式结构的中心性。这一思想是指，语言形式的结构特点一般以如下方式概念化：抽象化的、理想化的以及具体关系之间的虚拟几何描述。T-1972 含有对这些穿越空间的运动路径图式以及因果作用的描述。这篇论文还用图表展现了这些图式，并标注了图表结构的相关组成部分。后来，这些图表用于表示阿楚格维语（Atsugewi）中用卫星语素表征的一系列因果事件的图式结构；这些表格放在 II-2 章中。虽然我的大部分论文都很重视图式结构，但若论其最完善的形式，也许是 T-1977 及 T-1983（现修订为 I-1 和 I-3 章）对构型结构的描述，以及 T-1985a/1988a（现修订为 I-7 章）对力动态的描述。

第二条组织原则是，语言中的封闭类系统是语言中最基本、最全面的概念结构系统。也就是说，整体而言，语言中整个封闭类形式为概念内容提供结构，其构建过程是通过具体的图式系统进行的，这些图式系统，我们另有详细讨论。这种对整体系统的研究可以称为"封闭类语义学"或者"语法语义学"。我认为可以在更高层面上建立一个涵盖各封闭类的研究方向，这个想法最初出现在 T-1978c 里，经过了较大扩展，成为 T-1988b，现在修订为 I-1 章。

与语言的概念结构系统直接相关的第三条组织原则是：总体来讲，相同的复杂概念体系可以用不同的概念化来表征。所以，说话人一般可以选择某一种或者其他几种概念化来表达他们当下想表达的概念复合体。我把这种通过一系列不同的途径识解复杂概念体系的认知能力称为"概念可选性"（conceptual alternativity）原则。说话人系统地选择不同的概念化，这个观点最初是我在T-1977/T-1978c/T-1988b系列论文中提出来的，如今修订为I-1章。这一思想在T-1983和T-1996b中扩展到其他语义范畴，在本书中分别修订为I-3和I-4章。

第四个组织原则是空间结构和时间结构在语言表征上的平行性。很多概念结构，其相同形式存在于时间和空间表达中，存在于事物和过程中，从而存在于分别用来表达事物和过程所指的名词和动词这两类原型性语言形式中。对这种平行性的研究首次出现在T-1977，在T-1978c中得以扩展，在T-1988b中进一步得到完善，修订后现为I-1章。

最后，本书用较长的篇幅探讨语言的一些普遍性质。首先是认知动态性(cognitive dynamism)。它包括处理语言其他概念结构的过程系统，如果没有这个系统，这些概念结构就是静止的。如前文所述，第二卷包括与类型保持和类型变化相适应的长时量级过程维度，与发展变化相适应的中间量级维度，以及与即时认知过程相关的短时量级维度。关于这种短期加工过程，我最早的论述出现于T-1976b和T-1977，现修订为Ⅱ-5章和Ⅱ-6章。其中第一篇论述的是说话人同时有数个不同交际目的，现有的交际手段能同时满足这些实际目的的认知过程。第二篇论述同一段语篇里两个语言形式之间的语义冲突，以及解决冲突的一系列过程。这些过程包括"转移"、"整合"、"并置"、"曲解"和"阻碍"等。另外，T-1978c/T-1988b现修订为I-1章，发展了如下这一思想：封闭类形式触发控制概念结构的认知操作。然后，T-1983修订为I-3章，该章第四节讨论了一些认知过程，通过该过程，语言中一个数量有限的(确实相对比较小的)语素清单可以被用来(或者至少有这种潜势)表征无限制的意识内容。T-1995b修订为本书Ⅱ-8章，概括了一个人进行叙述或者理解叙述时需要交互使用的一些概念参数和层面。除了动态的认知加工形式外，语言对动态概念的偏爱，即喜欢用动态行为来表达静态概念，该内容在T-1996a中谈到，现修订为I-2章。

第二，我的著作广泛讨论了语言的类型学和语言的普遍性质。事实上，我的论文几乎没有仅为讨论某一种语言而讨论该语言的一些现象。我研究某个语言现象是因它揭示了一个类型学的或一个普遍性的问题。我关于类型学的主要发现都放在了第二卷的第一至第四章，它们分别由T-1982、T-1985b、T-1987以及T-1991改编而成。第一卷的第六章里讨论了其他的一些类型学发现，这部分根据T-1978b修订而来。Ⅱ-2章具体列出了在词汇模式中可以观察到的大量的类型学和语言的普遍特征。

实际上，几乎所有的其他内容都具有普遍意义。进一步讲，就连类型学的分析都能提供关于普遍性的证据。这样，我在分析这些内容时发现，每一种类型中的变体都是一个基本模式（这种基本模式本身就具有普遍意义）中的不同元素的组合。因此，贯穿全书的主线就是弄清语言中概念组织的一般特征。

在过去的研究中，我持续关注了语言（以及语言领域之外）的另外一种普遍存在的组织特征，并提出了认知组织中的"系统交叉模型"（overlapping systems model），该模型将引导我日后的研究。在这个模型中，人类的认知能够理解某些相对明显的主要认知系统。这些认知系统包括语言、感知、推理、情感、注意、记忆、文化结构以及运动控制。主要发现表明，每一种认知系统都有属于该系统本身的独特的结构特征，同时和其他一种或几种认知系统也有相同的结构特征，甚至和所有的其他认知系统共有一些基本的结构特征。这些系统特性之所以称为"系统"，是因为它们在结构上相互重叠，共同构成一个认知结构，而不是 Fodor 提出的"自主结构"。

到此为止，我在著作里研究了语言和其他几个主要或次要认知系统之间在结构上的相似点及不同点，尤其是概念结构。这些系统包括视觉感知、动觉感知、注意、理解/推理、模式融合（如在叙事中）、文化结构、情感及运动控制。在著作中，我还研究了所有这些系统共有的结构特征。

我近期发表的三篇论文主要探讨了其他几个认知系统。T-1996a（Ⅰ-2）详细地探讨了视觉感知和语义结构的平行性。这一研究还把传统上被视为两个截然不同的系统——"感知"（perception）系统和"概念"（conception）系统——概括为一个统一的"感思"（ception）系统。T-1995a（Ⅱ-7）提出，人类有一套认知系统，它进化到目前的状态，能够用来习得、展现、传承文化结构。这套认知系统和我们所理解的语言的认知系统类似。T-1995b（Ⅱ-8）提出，人类有一个能够连接各种心理体验并使之成为一个统一的概念模式的认知系统。特别是，这个系统能够将一段时间内认知的一系列经验融合为一个模式，而这个模式又被理解为一个故事、一段历史或者人的生平。也就是说，总体上理解为一段叙事。在其"参数"部分，进一步讲述迄今为止我发现并全面分析过的、存在于所有认知系统中的基本结构特征。这一分析主要是参考了决定叙事结构的认知系统，但旨在涵盖全部的认知结构系统。

接下来是对几章内容的介绍。这几章把语言中的概念结构与其他认知系统的概念结构进行对比，或者与所有其他认知系统的概念结构进行对比，这些认知系统与认知组织的系统交叉模型相一致。I-1 至 I-3 章对比语言结构与视觉感知结构。I-7 章对比语言结构与动觉感知结构。I-4 至 I-6 章对比语言结构与注意系统。I-1 和 I-7 章对比语言结构与理解和推理系统。II-8 章对比语言结构与支配叙事模式的融合系统。I-2 和 II-7 章对比语言结构和文化认知系统。I-1 章对比语言结构和情感系统。II-8 章分析普遍贯穿于各种认知系统的结构构建原则。

总之，我认为这两卷书中的研究和其他认知语言学家以及其他认知科学家完成的研究工作一起，共同构成认知科学事业的一部分。这个事业的最终目标是要弄清楚人类认知中概念结构的普遍特征。

接下来是本卷书中的排版格式和标示方法。在章节的讨论中，新出现的术语用半黑体。语言形式示例用斜体标出。斜体还用来表示强调。单引号包括所有引用的语义成分。例如，单引号表示非英语表达形式的字面翻译。双引号除了用来表示它平常的用法以外，还用来表示非英语语言形式的非正式或者口语体形式。

在此，我要感谢国家科学基金及美国学术协会委员会的资助，使我能在 1996 年到 1997 年的学术休假期间完成此书。

我要感谢在构思本书过程中所有帮助过我的人，感谢他们所做的工作，感谢与他们的讨论。我在相应章节里列出他们的名字逐一致谢。但是在这里，我要向 Kean Kaufmann 和 Stacy Krainz 致以特别的谢意，没有他们的帮助和审议，我不可能完成本书。

我将本书及其姊妹卷献给已故心理学家，我的朋友，也是我的导师，同时也是一位世界级的天才 Theodore Kompanetz 先生。他思想博大而深邃，遗憾的是他未能给这个世界留下任何论著。

注　释

1. 我认为，把"认知"两个字加在"语义学"前面，显得有点多余。因为语义学本质上就是关于认知的。我之所以冠以"认知"这个限定词，主要是由于有人认为语义可以独立于人的心智而存在。
2. 已发表的论文只有一篇未收录，即 Talmy(1975b)。因为其中的大部分内容都在后来的几篇论文中得以修订和扩展，其保留部分已经贯穿在本书各章节中，因而略去未收录。
关于我的博士论文，即 Talmy(1972)，本书收录时唯一接近原文的是第 II 卷第 2 章描述阿楚格维语形式的部分。其他部分都经过修订收录到这两卷的其他章节中。需要指出的是,虽然博士论文有些内容由于字数限制没有收录,但仍然有其参考价值。它们讨论的语料在本书里没有涉及,或者讨论语料比本书更为详细。举一个例子,博士论文的10.4就"alpha-,beta-,and gamma-order"为配价置换(valence permutations)展示了一种跨语言模式。

第一部分

语言中概念构建的基础

第 1 章 语法与认知

1 引 言

语言的一个基本结构特征是它具有两个子系统,可分别称为语法子系统和词汇子系统(如下文所述)。原则上讲,我们可以认为语言只有一个系统,即词汇系统。那么为什么普遍存在这两个分支呢?本章认为这两个子系统具有截然不同的语义功能,二者互相补充,缺一不可。[1] 若想进一步阐述这一内容,我们首先必须注意这一点,我们使用句子(或者语篇的其他部分)的目的是在听者那里唤起一种体验复合体的概念,这里称为**认知表征**(**cognitive representation**),或者 CR。[2] 句子中的语法子系统和词汇子系统大体上表达 CR 的不同部分。句子中的语法成分共同决定 CR 的大体结构,而词汇成分一起构成 CR 的大体内容。句中语法成分构建概念框架,或者形象地说,语法成分是词汇所表达的概念材料的骨架或脚手架。

概括来讲,纵观各种语言,其语法成分汇总起来构成一个关键概念集合。这一集合的成员很有限:如下文所示,它只包括一些特定的概念,其他概念则不在其中。本章将论述这些语法概念如何共同构成了语言中最基本的概念结构系统。也就是说,这些广泛存在于各种语言中的语法概念为语言认知系统中的概念组织提供了基本图式。

因此,从广义上讲,语法决定语言这个认知系统中的概念结构。正因如此,本章的主要研究对象是语法。但是,这一研究可以直接延伸到更广泛的其他认知系统中去,例如,视觉感知、推理以及其他一些更为宽泛的类似系统。这些内容将在本卷其他各章及姊妹卷里展开讨论。因此,本研究的最终目的，也是更大的议题，就是研究人类认知中概念结构的普遍特征。

就其研究内容而言，本研究属于**语法语义学**（semantics of grammar），或**封闭类语义学**（closed-class semantics）。本研究延续了以往此类的研究内容。这些研究大都是对某种语言的某一语法成分（或一类成分）进行深入的语义分析，比如 Slobin and Aksu（1982）对土耳其语传信后缀-*miş* 的研究；或对某种语言内的所有语法成分的语义和功能的阐释，如 Dixon（1972）对于澳洲迪尔巴尔语（Dyirbal）的研究；或对具有某一语义功能的不同的语法成分进行跨语言的类型学研究，如 Ultan（1978）对疑问义的语法研究。另外，此前的许多文献也对语法意义进行过较为广泛的研究（Sapir 1921，Boas 1938，Whorf 1956，Jakobson 1971）。但是本章中的研究或许是第一个从高级层面上来分析语言中的语法表达的，目的在于研究语法作为语言整体的结构成分在语义和认知上的特点及功能。[3]

此处使用的两个术语，**词汇类**（lexical）和**语法类**（grammatical），需要详细解释。本书按照传统语言学的观点，将语言中所有词语从形式上（即没有考虑其语义）进行了区分，划分为"开放类"（open-class）和"封闭类"（closed-class）。如果一类语素数目庞大且相对于其他类别的语素来说其成员易于增加，那么我们称其为开放类；如果一类语素数量较少且成员相对固定，那么我们称其为封闭类。

接下来，我们考察哪些语类属于这两个类型。各种语言中最常见的开放类成分，也就是上文提到的词汇类，包括名词词根、动词词根及形容词的词根。一些亚非语言中存在的丰富的象音成分系统，或称"表达形式"（expressive forms）系统，也可以归为开放类的一种。开放类还包括基本成分层次之上的一个层次，称为**词汇复合体**（lexical complexes），也就是固定搭配，如英语中 *spill the beans*（'不经意间泄露共同保守的秘密'）或 *have it in for*（'对某人怀恨在心'）等。规则副词不包括在内，因为似乎在所有语言中，副词都是由名词、动词或者形容词派生而来（比如英语中的副词是由形容词加上-*ly* 派生而来），而不是由本质上属于开放类的副词词根组成。除了词汇复合体之外，并不是上文提到的每种开放词类都必然存在于所有语言之中。这些开放词类组成一个普遍集合，每种语言都从中选取各自的子集。即，所有语言都有词汇复合体这一开放词类，但这些语言可能缺少一种或几种上面所列的其他词类，即含有象声词、形容词、动词或名词等的词根的词类。

除了这些开放词类形式，其他所有的语言形式都属于封闭类，我们可以称之为广义的"语法类"。这些语法形式包括两种：显性类和抽象类（或称为隐性类）。其中显性类可以是黏着的，也可以是自由的。显性黏着形式包括屈折形式、派生形式和词缀。显性自由形式包括限定词、介词、连词和小品词（此处小品词包括诸如英语中的 even 和 again 之类，通常宽泛地称为"副词"）。如果某种语言的语调可以划分为不同的模式，数目相对较少且成员固定，那么语调模式等超音段特征也可以归于显性类。

封闭类中抽象的或者隐性的形式（那些没有语音形式的）包括主要语法范畴（如"名词""动词"）、语法子范畴（如"可数名词""不可数名词"）、语法关系（如"主语""直接宾语"）、语序模式或者还可能包括零形式（zero forms）等。[4] 各种语法范畴以及上述抽象形式构成封闭类，这是语言明显的结构特征，不是想当然的。我们可以设想一种语言原则上可能拥有包括许许多多不同具体成员的开放类的语法范畴。的确，在研究中我们发现，某一种语言包含的语法范畴可能会比我们想象的要多，例如多式综合动词中不同语素的位置这一范畴。然而，任何语言中的语法范畴都是数量相对较小且成员不易增加的系统。

最后，某些**语法复合体**（grammatical complexes）或许也应该包含在封闭类中，例如语法构式、句法结构、补语结构等。这些语法复合体由简单的封闭类形式组成，其中的封闭类形式可以完全是抽象的，也可以完全是显性的，还可以是两者兼用（有时还可以进一步与某些特定的开放类形式结合）。通常每一个语法复合体与某个单纯的封闭类形式功能相似，因为它代表具有结构构建功能的抽象图式。然而，将语法复合体归为封闭类存在以下问题。首先，我们并不是总能确定哪些单纯的封闭类形式的集合可以视为一个独立的内部逻辑连贯的语法复合体。其次，关于一种语言中的构式复合体，其整体是否在任何时候都可以成为封闭类范畴尚存疑问，构式复合体的数目可能很大而且容易增加（参见 Fillmore and Kay，即将出版的 Construction Grammar approach）。为了避免这些问题，本研究不使用语法复合体作为示例，只有当一个复合体的语义功能与存在于某些语言中的某些单纯的封闭类形式对等的时候才会使用。

2　语法概念的本质

本部分我们详细探讨前面提到的语法子系统和词汇子系统的两个本

质差异。这些差异在于,语法形式所能表达的语义有限,而词汇形式基本上不受语义的限制;语法形式的基本功能是构建概念框架,而词汇形式的基本功能是为之提供概念内容。

2.1 语法语义的限制

我们用一个简单的示例来说明由语法形式表达的概念在两方面都受到限制:范畴及其成员。第一个方面的限制是指,在许多语言中,都存在与名词结合的封闭类形式来表示名词所指对象的"数"(number)的概念。例如,用来表示名词所指对象'单/复数'的名词屈折形式,如英语中的∅或-s。与此相对,没有哪种语言中存在表明名词所指事物"颜色"的屈折形式,如'红色''蓝色'等。当然,"颜色"范畴可以由属于开放类的形式描述,如英语的 red 和 blue。(此处用双引号表示概念范畴,单引号表示范畴成员。)

第二个方面的限制是指,即使是在语法形式可以表达的概念范畴内,对具体范畴成员的表述也存在很大的限制。因此,由黏着封闭类形式表达的"数"这个概念范畴也只包括诸如'单数'(singular)、'双数'(double)、'三数'(trial)、'复数'(plural)、'几个'(paucal)和'单数成分'(singulative)。自由封闭类形式能够表达其他几个概念,如英语中的'无'(no)、'一些'(some)、'很多'(many)、'大多数'(most)以及'全部'(all)。但是,显然封闭类的形式无法表示"数"范畴中的'偶'(even)、'奇'(odd)、'一打'(dozen)或者'许多'(numerable)等概念。相比之下,这些概念能够由开放类的形式表达,以上几个例词已经表明了这一点。

2.1.1 允许拓扑性所指而非"欧几里得"所指的限制

由于存在对语法概念的这种限制,我们立刻就能够发现决定这样一些限制的更普遍的原则。其中一个普遍原则是,语法表达的所指对象一般具有**拓扑性(topological)**,而不具备"欧几里得"几何学的性质。研究这些拓扑性质,不妨从英语的指示代词如 This/That chair is broken(这/那把椅子坏了)中的 this(这)和 that(那)入手。这种类型的封闭类形式表示所指事物的位置是处于空间概念切分中(或者时间,或者其他定性语域)说话人这一边还是非说话人那一边。上文这个整体性的说明可以分析为下文(1)中引号内的概念组成部分。

(1) (a,b) 把空间分割成'区域'/'侧面'的'切分'
  (c-e) '点'(或可被理想化成点的物体),在区域'内部'的'位置'

(一种具体的关系)

(f,g) 与……'相同'或'相异'(的一侧)

(h,i) '当下所指'的对象和'当下交流'的实体

初看也许认为这类指示代词能够区分其他如距离、大小等概念,但是下面例(2)的两个句子证实不可以。

(2) a. This speck is smaller than that speck.
(这个污点比那个小。)

b. This planet is smaller than that planet.
(这颗行星比那颗小。)

(2a)和(2b)所指的情景区别很大,一个是相距几毫米的微小的物体,另一个是相距数光年的巨大天体。然而,两句只有词汇差异,并无语法区别。所以,尺寸之大小、距离之长短等方面的场景差别一定产生于开放类成分,不能归因于句中的指示代词(或者其他封闭类成分)。也就是说,this 或者 that 表达的概念与物体大小的细节无关,在这一意义上完全是拓扑性的。它们对于概念切分的图式表征是固定的,但是切分的距离可以无限"延伸"(stretched),并不与指示代词的语义限制相冲突,这在拓扑学上可以描述为"橡胶板几何形状"的特征。因此,这些指示代词,也就具有与**量值无关**(**magnitude neutral**)的拓扑几何特征。

另一个在空间上表现出这种拓扑特征的封闭类形式是英语介词 across。这个词可以指任何一段长度的路径,不论是几英寸(如 The ant crawled across my palm (蚂蚁爬过我的手掌))还是几千英里(如 The bus drove across the country (汽车穿越这个国家))。这个封闭类形式表示的是一个图式,该图式可以被理想化为一个点在两条平行线之间作垂直运动的轨迹,该轨迹与图式的量值无关。此外,同样的拓扑性质也可表现在指代时间的封闭类形式上。因此,英语的过去时标志 -ed,用在"Alexander died, with dignity"(亚历山大体面地离世了)中,既可以指去年一个熟人辞世,也可以指两千多年前亚历山大大帝逝世。如前文所述,-ed 这个封闭类形式指的是时间上的一个具体的图式性排列,即以理想化的形式描述了一个位于延续到此刻为止的时间轴上的一个点,这个点与时间的长短无关。上文关于两个指示代词、一个介词以及时态标志的讨论让我们思考,是不是任何语法形式都具有量值无关性。在继续研究了英语以及其他一些语言中更多的封闭类形式以后,我们发现,虽然语

言中有一些可以表达相对大小的语法形式,⁵ 但是很可能语言中没有可以表达绝对大小或者量化范围的语法形式,无论是大小、距离、时间间隔,还是其他参数。因此,我们可以暂下结论:封闭类形式所表达的对象总体上具有与量值无关的拓扑几何特征。

另一种拓扑性由一类附置词呈现。对于移动的物体来说,这类词表达路径以及参照点或参照框架的特征。例如,I walked through the woods(我穿过树林)中的 through,在这种用法中,through 大致表示'在某种媒介中沿一条直线所作的运动'。这里包含下面几个组成概念,如(3)所示。

(3) (a) '运动'
  (b-e) 可以看作是'空间'中的'邻近'点和'时间'中邻近点之间'一对一的对应关系'
  (f) 轨迹为'直线'(即,'直线范围')的运动
  (g) 直线在'媒介'中的位置
  (h, i) 媒介,即三维空间内某一区域范围,由其中具有某种'分布模式'的'物质'划分而成,该物质的性质及变化范围待定

我们可以从例(4)中的两个句子看到,through 一词描述的概念不受物体运动路径的轮廓或者形状的影响。这一点在这里表现得很明显,因为两句话只有词汇上的区别,没有语法差异,即它们都使用 through,但是描述的路线各不相同。另一项对封闭类的跨语言研究表明,封闭类成分几乎都具有与**形状无关**(shape neutral)的拓扑性质。⁶

(4) a. I zigzagged through the woods.
  (我沿着 Z 字形路线穿过树林。)
  b. I circled through the woods.
  (我沿着环状路线穿过树林。)

前文已经展示,英语介词 across 的用法与量值无关。现在可以看到,across 的用法与形状也没有关系,因为它可以用在 I swam across the lake(我游过这个湖)这样的句子中。此句中湖岸的边界和我游泳的轨迹都非常不规则,它与前文描述的 across 的理想化图式相比,现在两条平行线变得弯曲并相交,组成一个不规则的环,而它们之间的垂直路径本身也变得倾斜弯曲。⁷

为了探讨这些语法概念的共同特征,我们将前面详细讨论过的概念都放在(5)中。为了便于直观理解,我们暂且将这些概念按照它们与拓扑

学的关系分为两类。(a)组包括属于特定数学拓扑系统的概念以及那些直觉上与其有可比性且可能属于语言拓扑系统的概念。语言拓扑系统可能成为一种构建新的类拓扑数学系统的模型。(b)组里的概念不带有任何常规的拓扑性概念。(a)组里有十四个概念,(b)组里有六个概念,这说明语法类成分具有表达准拓扑概念(quasi-topological notion)的强烈倾向。如果考虑到(b)组里的几个概念(即最下面的三个)主要涉及的是数值之间的相对关系而非绝对的固定数值,因而可以被当作是类似拓扑性的概念,那么朝拓扑性方向发展的语类所占的比例就进一步增加了。

(5) **由语法元素表达的概念**

  a. 拓扑性或类拓扑性　　　　　　　　**b. 非拓扑性**

点	单数	物质
线形范围	复数	空间
位置关系	相同	时间
在……内	相异	运动
区域	点的"相邻近性"	媒介
侧面	一一对应	当下表达或交流的实体
分界	分布模式	

作为互补,我们在(6)中列出了上述不由语法概念表达的概念范畴,以便确定语法范畴所排除的特征。这些概念既不是拓扑性的,也不是类拓扑的,也不是相对的,它们涉及"欧几里得"几何学的概念,例如固定的距离、大小、轮廓以及角度,以及可以量化的度量值和度量值的特征。总之,这些概念表达的都是固定的或者绝对的性质。

(6) **一些从不或者很少由语法概念表达的范畴**
  绝对的或量化的量值(如距离、尺寸等)
  线段的轮廓/形状
  颜色

从这些发现中我们可以暂且得出结论:如果语法特征大致和(语言)认知结构相对应,那么认知结构的本质在很大程度上是相对的、拓扑性的、定性的、近似的,而不是绝对的、"欧几里得"几何学的、定量的或者精确的。

封闭类成分对各种概念无关性(conceptual neutralities)的苛刻要求与开放的词汇类的自由指称形成鲜明的对比。词汇不仅可以表达结构上的抽象概念,而且可以表达广泛的具体特征。例如,*inch*(英寸)、*yard*(码)、*mile*(英里)、*pint*(品脱)、*gallon*(加仑)、*hour*(小时)、*month*(月)以及 *year*(年)等名词可以表达各种量的数值;*square*(正方形)等名词、*straight*(直线的)等形容词以及 *ricochet*(弹飞)等动词可以表达形状。

　　这些研究成果的意义在下文的讨论中会更加明显。大家不妨再想一下前面讲的"蚂蚁爬过我手掌"和"汽车穿越国家"的例子。显然,我们有一系列的认知系统可以识别和处理两种情形的区别。我们记忆蚂蚁爬行这一事件的事实只需要片刻的注意,但是记忆汽车行驶事件则需持续多天,而且必须在回忆中重建。我们运用瞬间的感知就能加工蚂蚁爬行这一事件,但我们加工处理汽车行驶事件就远远超越瞬间感知,并且需要将许多瞬间感知在记忆中连接起来。我们的认知能力让我们可以认识到蚂蚁事件是一个单一的场景,而汽车事件是一连串不断变换的场景。我们知道蚂蚁六条腿交替着爬行和汽车转着四个轮子行驶方式之间的差别。我们能够体会我们站立着看蚂蚁爬行的过程和某人坐在车里走过坑洼道路颠簸的车程给个人运动感官带来的不同。然而,尽管不同的认知系统对其进行了丰富的加工处理,但没有一点进入封闭类形式 *across* 的语义中去。Across 这个语法形式的所有功能仅仅是表征从各种认知表征中抽象而来的图式,该图式的抽象过程遵循特定的抽象原则,比如拓扑性原则。我们可能会认为,一种语言很容易包括至少两种或两种以上的语法形式分别用来指代几何图式相同但数值差异很大的情况,比如,一个语法形式专指在小型咖啡杯大小的物体'里面',而另外一个专指在海洋盆地大小的事物'里面'。但是,或许除了少数有争议的特例之外,一个重大的发现就是各种语言似乎都避免在封闭类子系统中进行这种区分。因此,作为语言的结构特征,封闭类次范畴作为语言的一个组成部分,致力于表达某种抽象的概念结构。

　　如前文所述,拓扑学在语言具体形式上的体现有一些属性跟数学上的拓扑学不同。要研究这些区别,我们可以考察英语的介词 *in*。该词的主要用法之一就是指一个平面经弯曲而构成的空间范围。首先,从数学拓扑学性质来看,这个语素的所指对象与大小无关:*in the thimble/volcano*(在顶针/火山口里),也与形状无关:*in the well/trench*(在井/沟里)。

　　但是像 *in* 这样的形式又与数学拓扑学不同:它可以更抽象,也可以更具体。更抽象在于它的所指对象与**闭合度无关**(**closure neutral**),即不论弯曲的平面是否留有开口还是完全闭合,都可以用 *in*:*in the bowl*(在碗里）和 *in the ball*（在球里）。它还与**非连续性无关**（**discontinuity neutral**），不管弯曲的平面是连续的（如玻璃钟罩）还是间断的（如鸟笼子），也都可以用 *in*：*in the bell-jar*（在玻璃钟罩里）和 *in the birdcage*（在鸟笼里）。最后这两个特征是语言拓扑系统特有的一部分，却被数学拓扑学严格地排除在外。

关于语言比数学拓扑更具体的情况，让我们再来看一下介词 *across*，如 *I swam across the lake*（我游过这个湖）。按照这个介词的标准含义，"我"是沿直线游过湖面的，"我"的轨迹将湖面切割成大致相等的两半。但是现在，假设在岸边起点不变的情况下，有若干条游泳路线依次逐渐向左偏转，那么最后几条线路的其中一条的终点可能不会直接落在湖对岸，而是落在离出发点不太远的地方。这样一条线路将把湖面切割成面积相差悬殊的两部分，左边部分小，右边部分大。对于这条线路，再说 *I swam across the lake* 就不合适了。从数学拓扑学的角度看，却没有什么不同。但是从语言角度来说，需要对图式附加一条规定：这个图式的组成部分必须在量值上具有可比性。因此，尽管一个图式从整体上说是与量值无关，但它的组成部分却要受到相对量值的影响。事实上，组成部分的量值必须具有可比性。这里，*across* 的理想化图式是：在两条平行线之间画一条垂直的线，线两边部分的面积相当。

再看下面一个例子。设想"我"站在一张狭长桌子的一端，桌上距"我"20英尺远的地方放着一杯水，距"我"21英尺远的地方放着一杯白葡萄酒。虽然"我"可以说 *The closer glass is water and the farther glass is wine*（离我近的杯子里是水，离我远的是葡萄酒），可是"我"却不能用指示词 *this*（这）和 *that*（那）来说 *This glass is water and that glass is wine*（这个杯子是水，那个杯子是葡萄酒）。对这种现象的解释是：这里 *this* 和 *that* 图式内部的组成成分不成比例。对于 *this* 图式来说，由于这句话中指示语的对比，它的概念分界线应当处于两个杯子之间。但是由于这条分界线与图式的所指对象（即水杯）的距离远远小于其与说话人（我）之间的距离，*this* 图式无法成立。距离的可比性是使图式成立的条件。

总之，如前文所述，封闭类形式所展示的拓扑学特征应为语义限制系统的一部分。关于它们的拓扑学性质，重要的不是封闭类形式的变化不受诸如大小和形状等方面因素的限制（很多开放类形式也不受这样的限制），而是它们无法表达任何有关量值或形状等因素的"欧几里得"几何特征。开放类形式则不受这些限制，它们可以在拓扑学与"欧几里得"几何二者之间的区域内自由指称。换句话说,重要的发现不是封闭类形式的语义具有拓扑学特征,而是它们只具有拓扑学特征,而非"欧几里得"几何特征。

2.1.2 其他无关性

这里某因素的**无关性**(**neutrality**),指的是无法对该因素进行具体描述。前面已经展示,封闭类形式的两种无关性与数学拓扑学类似,因此,称其为封闭类形式的拓扑学性质。事实上,封闭类形式的无关性还体现在更多方面,无穷无尽。这是由于封闭类形式无法表达内容丰富的概念,比如备餐、体操、民间药方等。但是在所有这些无关性里面,有些具有结构上的意义,或者因为这些因素在其他认知系统里起着主导作用,或者因为另外与之紧密相关的因素可以借封闭类形式表述出来。下面介绍几种具有这种意义的无关性。

首先,与先前讨论的拓扑学特征密切相关的一个事实是:封闭类形式的所指对象通常也与**形体无关**(**bulk neutral**)。也就是说,封闭类图式描绘的是一种从空间的形体(以及其他领域实体的延伸)中抽离出来的理想化几何状态。换一种方式理解,这些形体在认知上被压缩或"浓缩"成了点、线、面等等。因此,英语介词 *along* 的图式所包含的仅仅是一条路径,这条路径临近另一条线,并与该条线平行运动,但与该条线形成的形体特征无关。下面的实例体现了这种特征:不管线状物体的延展程度如何,我们都可以使用 *along*,即如在下面句子中的用法:*The caterpillar crawled up along the filament/the flagpole/the redwood tree*(毛毛虫沿着线绳/旗杆/红杉树向上爬)。在 I-2 章我们谈到,语言的封闭类系统与形体无关,这一特征的意义在于:它可能与视觉感知的一个显著结构特征有关,即形体内部的结构感。

封闭类形式所指对象的另一个限制是**标记无关**(**token neutral**)。也就是说,封闭类形式通常指的是现象的类型(type)或范畴,不能指称范畴或类型下任何具体的标记。我们可以将标记解释为一种特定的在时空上限定的现象。相比之下,名词既可以与标记无关,也可以专指个体标记。在传统术语中,前者是普通名词,如 *cat*(猫),后者叫专有名词,如 *Shakespeare*(莎士比亚)和 *Manhattan*(曼哈顿)。因此,语言中虽然有专有名词,却没有像"专有介词"这样的东西。不过我们能够想象出专有介词可能的特征。比如表述一条因为只被使用过一次而成为时空上独一无二的路径。为了让大家更清楚地了解这种词项是什么样子,(7)中的两个句子都使用创造出来的介词(词首大写以显示其专有性)来表述历史上独一无二的路径。然而,在标记无关性的限制下,这样的形式并不存在。[8]

(7) a. Jesus walked Astation the hill named Calvary.
(耶稣走过名叫卡瓦里的山。)

b. Moses walked Amatzah the Red Sea.
(摩西走过红海。)

我们发现的最后一个限制是:封闭类形式的意义与**物质无关**(**substance neutral**),也就是说,它们一般不能指代特定类别的物质。因此,英语介词 through 适用于下面句子中的每一样东西:*A bubble passed through the water/milk/mercury*(一个气泡穿过水/牛奶/水银)。我们之所以把这种限制单独提出来,是因为封闭类形式可以和一种因素密切相关,即物质形态。因此,阿楚格维语(Atsugewi)(见 I-3 章)中的封闭方位语素具有一套语法形式,这些形式能够更细致地表达英语中 *into*(进入)的概念内容,它们能够区分下面这些不同的物态:'进入固体'、'进入液体'、'进入火'以及'进入空旷的空间(空气)'。

2.2 语法子系统和词汇子系统显示其结构/内容差异的两种场合

前面我们提出,作为语言表达式的结构特点,语言有两个功能互补的子系统。一个是开放类,也叫词汇子系统,表达概念内容;另一个是封闭类,或称语法子系统,表达概念结构。现在我们进一步探讨这两种互补功能在以下两种场合中出现的情况:在任何一段具体语篇中,如句子;在普遍的语言系统中或某一具体语言中。

2.2.1 在一段语篇中

我们先来看第一种场合,即在部分语篇中。为了对比这种场合封闭类形式和开放类形式的功能,我们考察在一个完整句子中这两种要素类型充分互补的情况,如从例(8)中选择出来的成分。

(8) A rustler lassoed the steers.
(一个偷牲畜的贼套走了几头阉牛。)

我们首先列出这句话里出现的封闭类形式及它们的含义,见(9)。

(9) a. -ed　　　　　　　　　　'发生于当前交流之前某一个时间点'
　　b. the　　　　　　　　　　'说者认为听者可以辨认所指对象'
　　c. a　　　　　　　　　　　'说者认为听者不能辨认所指对象'
　　d. -s　　　　　　　　　　'多个具体物体'
　　e. a…∅　　　　　　　　　'单个具体物体'
　　f. -er　　　　　　　　　　'特定行为的执行者'
　　g. 语法范畴，lasso(用　　　'事件性'
　　　 套索套捕)为"动词"
　　h. 语法范畴，rustler　　　'物体性(一种可能)'
　　　 (贼)/steer(阉牛)
　　　 为"名词"
　　i. 语法关系，rustler　　　 '施事者/受事者(多种可能之一)'
　　　 (贼)/steer(阉牛)
　　　 为"主语"/"宾语"
　　j. 主动语态　　　　　　　'站在施事者视角'
　　k. 语调、词序、　　　　　'说者知道该情况为真,并告知听者'
　　　 助动词特征

对句中开放类形式的特征描述见(10)。

(10) a. rustle(偷牲畜)　　　财产所有权、非法性、偷窃、家畜
　　　　　　　　　　　　　　特定行为模式
　　 b. lasso(套走)　　　　末端抓在手里,前端系成圆圈的绳索
　　　　　　　　　　　　　　绳圈旋转抛出,套于牲畜颈项,收紧,用力
　　　　　　　　　　　　　　伴随产生的认知现象为意图、指向与监控
　　 c. steer(阉牛)　　　　具有特定外观、物质结构等的实体等
　　　　　　　　　　　　　　与动物界的关系
　　　　　　　　　　　　　　阉割
　　　　　　　　　　　　　　为人类消费而存在的饲养习俗

从这两个列表我们可以发现如下差异:语法成分数量更多,其特征相对较少、形式更简洁、功能上更偏重结构性。综合起来,这些特征似乎构建了场景结构以及该句子所激发的认知表征的交际背景。词汇成分在数量上相对较少,但是它们的特征相对较多,且更复杂。它们在功能上更偏

重于内容而不是结构。与语法成分相比,词汇成分:(1)具有更多的总体信息;(2)其信息量级别更高;(3)总体信息多样性更强。整体看,词汇成分构成了这句话所引发的认知表征场景的大部分概念内容。

通过保持一种成分不变,逐一改变另一种成分会使这种语法词汇的差异变得更为显著。如果只改变(8)中的封闭成分,如(11)所示,那么所指事件的场景结构和话语特征都发生了变化,但基本内容未变:我们依然在西部牛仔领地上,参与者和他们进行的活动不变。

(11) Will the lassoers rustle a steer?
（套索者要偷走阉牛吗?）

相反,如果只改变(8)中的开放成分,如(12)所示,那么呈现在我们面前的将是一幅全新的场景,也许是个现代写字楼,而场景的基本解析和交际背景保持不变。

(12) A machine stamped the envelopes.
（机器给信封盖上邮戳。）

提及词汇子系统和语法子系统在一段语篇里的功能差异,我们注意到,开放类形式和封闭类形式能够相互涵盖对方所指类型,但是在此过程中它们常常会把这些所指对象同化为本系统的类型。首先,为了更清楚地表明这两种表述的差异,让我们想象这样一种情况:同一个概念既可以用封闭类形式表征,也可以用开放类形式来表征。如(13a)所示,英语时态的典型表现形式是在限定从句的动词上附加封闭类形式,用 -ed 表示过去,用 -s 或 will 表示将来。但是介词短语里的名词却不能以这种方式表示时态。如果需要表达相关时间,就需要求助于开放类形式,例如(13b)中,用形容词 previous（先前的）表示过去,upcoming（即将来临的）表示将来。

(13) a. i. When he arriv*ed*, ...
　　　　　（当他到达时,……）
　　　　ii. When he arrive*s*/*will* arrive, ...
　　　　　（当他要到达/将要到达时,……）
　　b. i. On his *previous* arrival, ...
　　　　　（在他上一次到达时,……）

ii. On his *upcoming* arrival, ...
（在他下一次到达时，……）

　　这里的认知倾向是：当'过去'和'将来'的概念由封闭类形式表征时，如(13a)，它们的功能是概念构建；而当由开放类形式表征时，如(13b)，它们是在概念内容的基础上附加信息。

　　下面让我们考虑这样的例子，即某个含有通常是由封闭类形式来表达的结构类型语义要素的开放类。开放类形容词 *pregnant*，除了具有语义要素'怀孕状态'以外，还包含一个'非此即彼'的要素，表示这种状态在现实中要么全是要么全不是，用传统术语来说，*pregnant*（怀孕）是"不可分级"的形容词。然而，在 She is somewhat *pregnant*（她似乎怀孕了）这句话中，这个形容词可以与封闭类形式 *somewhat*（似乎）放在一起，而 *somewhat* 指的是'某个梯度上的中间环节'。这样一来，*pregnant* 的'非此即彼'语义和 *somewhat* 的'梯级'语义之间就产生了语义冲突。对于这个冲突，听者可能采用的一种认知过程是主动将不相容的概念保持在平等的地位，这个过程在本书第二卷第五章中称作"并置"（juxtaposition）。这种过程会产生像幽默这种"不协调效应"（incongruity effect）。听者也可能采用另一种认知过程，这种认知过程会把一个成分里面引起冲突的语义因素转移出去，从而使其与另一成分达成和谐。我们将这种冲突解决的过程称为"转移"（shift），在这种解决过程中大多数情况下是开放类形式对封闭类形式做出让步。例如，在上面这个例子中，开放类形容词 *pregnant* 的'非此即彼'要素就服从于'梯级'意义，从而产生了 *pregnant* 的一个新的含义：'在怀孕过程中的某阶段'。但是封闭类形式 *somewhat* 就一定不会让步于形容词而产生'完全'之类的含义。由此我们可以看出，在大多数语义冲突中，最终决定概念结构的是封闭类形式。但这可能正是因为封闭子系统的语言功能就是建立概念结构。与此相似，在其他场合下，具有结构特性的开放类形式很可能事实上更侧重于认知内容。

　　最后，考虑一种相反情况，某个封闭类形式含有内容型的语义要素，这个语义要素在其他情况下一般是由开放类形式来表示的。此处我们可以比较一下(14a)和(14b)，这两个句子从形式上看只有介词不同。然而从语义角度看，(14b)与(14a)的不同不仅在于其所呈现的路径图式不一样，还在于(14b)包含一个更具内容型的概念，那就是'攻击'。所以我们通常认为(14b)里的 *them*（他们）指的是某类敌人。

(14) a. We marched/rode/sailed/advanced/... toward/past them.
（我们行进/骑马/航行/前进……朝他们走去/走过他们。）
b. We marched/rode/sailed/advanced/... upon them.
（我们行进/骑马/航行/前进……攻击他们。）
c. We attacked them.
（我们攻击了他们。）

由于唯一的不同点是介词 upon，因此它一定是造成'攻击'概念出现的主要原因。但是这个概念在这句话里的表现与其在由开放类形式表述时的典型表现不一样。首先，英语使用者虽然能够明确辨认（14b）中'攻击'概念的出现，但是他们一般不会认为这是 upon 造成的，他们通常会把该概念的出现联系到动词的选择上，比如 march（行军），尽管这些动词与其他介词搭配时不会出现'攻击'的意思。其次，与用开放类形式表达相比，'攻击'概念在这句话里（如直接使用 attack，见 14c）似乎被有意背景化。第三，人们也许会认为，用 upon 表达的'攻击'概念失去了它原本的内容上的特点，而与 upon 原先前景化的路径概念发生同化，就仿佛是让这里的'攻击'概念在某种程度上被"空间化"了。因此，一个原本属于内容型的概念，当用封闭类形式表达时，会变得模糊、背景化及结构化。总之，一个概念的表达形式，即它是由开放类形式表达还是由封闭类形式表达，决定了它所体现的功能是内容上的还是结构上的。

2.2.2 在语言系统中或在某一种具体语言中

下面我们讨论具有普遍特征及其限制条件的语言认知系统。开头部分提到的那些发现使我们得出这样一个假设：所有语言中存在的封闭类形式，或可能存在于所有的语言中的封闭类形式，在语义上都是一个特殊集合，仅限于表征特定的概念范畴，而且只表征这些范畴里的特定概念。换句话说，所有语言共有一个普遍的、概念成员有限的以及可用语法表征的概念范畴**清单**（**inventory**）。当然，这个清单的成员以及界限不是完全固定的。在语言或认知的每个结构和内容方面，似乎没有什么事物是绝对的。相反，几乎任何事物在某种程度上都是模糊的、灵活的。尽管如此，我们还是要假定存在这样一个可以由语法形式表征的清单，即便它有些含糊不定；而表达相应概念的词汇清单并不存在，因为开放类形式在多数情况下可以指代整个意识范围内的任何潜在内容。

目前，不存在解释语法清单中成员特征的普遍原则。我们能观察到的只有几个因素,每个因素只含有一种已知的限制类型,这种限制只能解释清单中包含某些成员以及不包含某些成员的原因。我们已经讨论过其中的一个因素:即封闭类形式具有类似拓扑学的无关性,而没有"欧几里得"几何特性。另一个因素将在第五章和第六章中进行讨论:即根据格式塔原则,封闭类形式可能会将焦点事件联系到背景事件上,但是不会把背景事件联系到焦点事件上。本书还会提到更多这样的限制因素,但就目前而言,似乎没有一个总的原则可以囊括这些限制因素。

我们目前还不清楚所提出的这种清单的根源,很有可能至少部分是内在固有的。在所有主要的认知系统中,语言系统和文化系统(见Ⅱ-7章)是最晚形成的。在形成的过程中,它们可能会复制其他早已存在的主要认知系统,如视觉、运动控制、推理等系统,或者与这些机制建立联系。如果是这样的话,那么语言系统可能包含一些已经存在的构建机制。但是它不会把其他认知系统的机制全部整合进来,它选择的整合可能既不是整体系统上的,也不是整体功能上的(即基于功能主义观点)。这种可能性可以解释为什么没有一个总的原则可以囊括我们提出的清单中的所有因素。

我们提出的这个普遍清单还有**级差性**(graduated)。其下属概念和范畴依据它们在各种语言中的表征程度而构成一个渐变群。所以,处于这个渐变群顶端的部分项目很可能是各语言中普遍存在的。占据这个顶端位置的成员有可能包括"极性"这个范畴,它含有'肯定'和'否定'两个下属概念;还可能包括"说者—至—听者立场"(speaker-to-hearer stance)范畴,该范畴含有'判断'和'疑问'两个下属概念。清单的其他一些成员可能分布很广但不是普遍存在的,比如"数"这个范畴。还有一些成员可能数量很少但也不是完全不存在。例如,只有几种语言有"速度"这个范畴的封闭类表达,包含'快''慢'等下属概念。最后,还有些概念范畴或具体概念完全处在清单之外。就像我们开头讨论的那样,"颜色"范畴很可能就是其中之一。即便"颜色"包含在其中,"体操"这一范畴肯定不在封闭类表征及清单中。

在其他方面,层级清单对于语法化理论具有很多启示意义。这些语法化的各种理论通常把重点放在语法化的起点上,即放在语义不断削弱的一些词汇形式的最初的实际例子和它们的类型上。但是这些理论普遍缺乏对这种过程结束点的描述,换句话说,缺乏对于那些语义削弱后语法语义类型和实例的描述。我们提出的这个语法概念的普遍清单就能填补这些理论空白。简言之,实义词经削弱后会成为清单成员。

以英语规则动词 *keep*（保持）和 *hate*（憎恶）为例,如 *I keep skiing*（我一直在滑雪）和 *I hate skiing*（我讨厌滑雪）。大家一般认为:如果这两个动词中有一个会发生语法化（如变为助动词）并同时保留其核心意义,那么这个动词应该是 *keep* 而不是 *hate*。现在我们可以这样来解释这种现象:*keep* 的核心意义是针对时间结构,具体讲,是重复性。这一点符合"体"（aspect）的范畴要求以及其下属概念'习惯性'的要求。"体"范畴在我们的层级中占据较高的位置。相比之下,*hate* 符合的范畴是"情感"（affect）,它在层级清单中的地位较低。可能没有任何一种语言会用一套封闭类形式将"情感"进行细分,如同英语介词对"依参照物而进行的路径"这一范畴进行系统地细分,或英语情态动词对"力动态"这一范畴进行细分一样。相反,各种语言中表示"情感"范畴的语法标志仅有零散的几例。它们之中使用最广泛的可能是表示'喜爱'之情的指小屈折变化（diminutive inflection）和表示'厌恶'之情的轻蔑语屈折变化（pejorative inflection）。其他情况包括表示'盼望'（wish）的祈求语气、表示'希望'（hope）的祈愿语气、表示'不快'的受事者构式（如英语 *My plants all died on me*（我的植物死了,我很难受）以及如表示'关心'（concern）的英语连词 *lest*（唯恐）等。此外,在这个本来就不丰富的"情感"范畴中,'憎恨'（hate）这一具体概念几乎或根本不用语法形式表达。因此,英语动词 *hate* 不大可能会语法化成一个表示'憎恨'的助动词。所以,似乎是我们这里提出的这个普遍语法清单,一个具有特定内容和等级的由语法概念构成的清单,在控制语义削弱及语法化过程。

我们总体上讨论了结构子系统和内容子系统在语言系统中的角色,下面我们讨论二者在具体语言中的角色。我们提出的那个语法范畴和语法概念清单是对各种语言都普遍适用的,但是并不是都能普遍实现。因为每一种语言所具有的封闭类形式只是从该清单中选取的一个子集。我们前面说过,在整个语言系统中,由封闭类形式表达的概念清单是语言的概念结构子系统,这与开放型子系统提供概念内容的功能是相对的。与此类似,在每种语言内,词汇中的封闭类组成该语言的概念结构子系统,而词汇中的开放类则组成概念内容子系统。关于是否有一些原则可以限定某一特定语言如何从整个清单中选取一部分,目前仍有待研究。这些原则中应该有一些是关于所选取成员的数量及代表性。

总而言之,语言作为认知系统有两套子系统,其功能互补:一个提供概念内容,一个确定概念结构。结构子系统是一个由概念范畴及下属概念构成的大致封闭的有级差的清单。在每种语言中的词项中,都有一部分是封闭类形式,用以表达从普遍清单中选取的概念,而其余则是概念上不受限制的开放类形式。在每种语言的任何一段语篇中,封闭类形式在很大程度上决定了该语篇表达的概念复合体的结构,而开放类形式则决定了该语篇的大部分内容。鉴于封闭类形式在语篇、具体语言和语言系统中所起的这种作用,我们认为封闭子系统是语言中基本的概念结构系统。

3 语法概念的范畴

通过前面对语法成分的初步探讨,我们得到一组概念,这组概念有助于发现普遍语义特征。但是,这些概念数量较小,且没有组织结构。经过更广泛系统的考察,这些概念的组织结构得以显现。语法概念在特定的概念范畴内形成模式。这些概念范畴可被称为**图式范畴**(schematic categories)。进而,图式范畴在更为广泛、完整的概念结构系统中类聚,这些系统叫作**图式系统**(schematic systems)(之前称为"意象系统"(imaging systems))。

这些图式系统在内容上相对独立,每一个都在其他的基础上附加一个新的概念维度,但是它们的作用有时会由单独的语法类形式协调联系起来。本章将介绍三个图式系统:构型结构(configuration structure)、视角(perspective)和注意分配(distribution of attention)。此外,还有其他一些图式系统,包括力动态(force dynamics)系统(其中包括因果关系(causation))及认知状态(cognitive state)。实际上本卷中的后三个部分专门讨论这些图式系统,包括分别介绍构型结构、注意和力动态的章节。

在图式范畴和图式系统内出现的概念模式呈现出一定的组织原则。我们将详细介绍以下这些原则。第一个原则是关于空间和时间表征的广泛对应关系。这里要介绍的第一个图式范畴是**域**(domain),它包含时空区别,并在很大程度上贯穿后面介绍的那些范畴。这些范畴的大部分都兼及时间和空间,每个域的相应示例将会放在一起进行对比。

另一个组织原则是:在一种语言中的任何图式范畴里,往往每一个下属概念至少会被整合到某些实义词里。相应地,语言中常常会包括一些语法形式,这些形式与每一种词汇化(lexicalization)类型相互作用,从而产生范畴内的另一概念。这种相互作用可以被看作是一种认知加工,它将一个概念的表征转化成同一范畴内另一概念的表征。这个原则可以称为**范畴内转换**（intracategorical conversion）。

由此必然推出另外一个原则：如果一种语言中存在将概念 A 向概念 B 转化的语法形式，那么这种语言往往也具有向相反方向转化的语法形式，也就是说，它同样可以引发相反的认知加工。这个原则叫作**逆向可转换性**（reverse convertibility）。多数情况下，一种语言会偏重某一方向的转化。比如，如果从概念 A 到概念 B 具有较多的词汇化过程和简单语法手段，而倒过来从概念 B 到概念 A，就会有较少的词汇化过程和复杂的语法形式。不同语言偏重的方向也不同，这个问题不在这里讨论，将在 II-1 章详细论述。

语言中的一些语法形式专门负责具体的转换运作，另外一些形式则负责当与相邻词汇发生语义冲突时从结构上提供语义。后者，如前文所述，其基本模式是语法形式的含义优先，并在词汇的所指对象上引发"转移"操作，使之与语法含义相协调。这种转移实际上是一系列"调和过程"的一种。这种调和过程还包括合并、并置、图式竞争、阻碍等。引发这种调和过程的起因是具有互不兼容的结构特点的语法成分和词汇成分被联系到一起。在非转移过程里，语法含义并不优先于词汇含义，而是与其地位平等。在所有这些过程中，本章将主要介绍转移，其他过程将在 II-5 章讨论。

4　域

域（domain）的图式范畴有两个主要下属概念：'空间'和'时间'。下面用到的术语如下：空间中存在的量，一般说为'物质'（matter），其中连续的叫'物量'（mass），分离的叫'物体'（objects）；在时间中存在的量，总的叫作'行动'（action），其中连续的叫'活动'（activity），分离的叫'行为'（acts）。这里的术语与动作是静止的还是变换的，是自发的还是受外力作用的都无关。它们之间的关系见（15）。

（15）　域　　　　　连续　　　　　　分离
　　　　空间：　　　物量　　　　　　物体
　　　　时间：　　　活动　　　　　　行为

域这个范畴与大家公认的另一个更确切的范畴即**进行状态**（state of progression）相互关联，或者仅包含了后者的特征。进行状态有两个主要的下属概念：**进行**（progression）和**静止**（staticity）。'进行'这一概念涉及一个连续体，在这个连续体中，某一所指并非全部因素同时存在或者立刻被认知。'静止'这一概念则涉及一个不变的固定状态,在这个状态中一个所指的全部因素都处于某种关系模式而共现,且同时被认知。在所有的域中,独有时间域从根本上与'进行'有关。其他所有的域基本上都与'静止'相关。但是我们也会经常见到所指对象从进行范畴的一个概念转移到另一个概念的情况。本卷中将有大量的这种例子(比如 I-2 章中的虚构运动和虚构静止问题)。下面,我们将介绍一下域范畴内的转换。

4.1　"域"范畴成员'时'和'空'概念转换

下面的范畴将讨论空间和时间在语言构建上的同源性。这里我们只讨论域范畴中时、空这两个最重要的成员之间的转换运作,即,我们将展示"域"范畴内的可转换性。因此,把行为或活动词汇化为时间量的动词词根,可以与包括名词化在内的许多表达认知加工**具体化(reification)**的语法形式相联系。通过认知加工的语义影响,所指对象被概念化为一个物体或物量。物体或物量作为实体,可以参与许多活动,如例(16)中的给予或获得:

(16)　一个行为　　　　　　　　具体化为一个物体
　　　John called me.　　　　　John gave me a call.
　　　(约翰打电话给我。)　　　(约翰给我打了个电话。)
　　　I was called by John.　　I got a call from John.
　　　(我接了约翰打来的一个电话。)　(我接到约翰的一个电话。)
　　　活动　　　　　　　　　　具体化为物量
　　　John helped me.　　　　　John gave me some help.
　　　(约翰帮了我。)　　　　　(约翰给了我一些帮助。)
　　　I was helped by John.　　I got some help from John.
　　　(我得到约翰的帮助。)　　(我从约翰那里得到一些帮助。)

对于例句中观察到的语义功能可作如下详细说明,该说明适用于上面的非连续型的例句,也适用于下面的连续型的例句。最初的结构将一次'行为'表征为施事影响受事,动词表征了这个行为并承载了'影响'的核心概念。在新的结构中,行为被浓缩为一个空间焦点,整个结构的意义被重新概念化为浓缩点的空间转换,始源施事转换为目标受事。此过程中从动词派生出来的名词将浓缩点表征为一个'物体'。[9]

此外,在这个由行为至物体的再概念化过程中,我们还可以观察到另一层关系。在最初的行为概念化过程中,不仅是施事影响受事,受事被施事的行为所影响,而且受事可以独立地实施这个行为。相应地,在具体化的再概念化过程中,不仅是施事给予受事某个具体的行为,受事从施事那里得到具体的行为,而且受事也可以独立地"拥有"("have")具体的行为。为了表征这个"中间"形式,英式英语把动词 *have*(拥有)和从动词派生出来的名词搭配使用,而美式英语却一反常规地倾向于使用动词 *take*(采取)。例(17)展示了动名词转换的对应关系:

(17) 一个行为　　　　　　　　具体化为一个物体

　　 She bathed the child.　　　　She gave the child a bath.
　　 (她给孩子洗澡。)　　　　　　(她给那个孩子洗了澡。)
　　 The child was bathed by her.　The child got a bath from her.
　　 (那个孩子被她洗了个澡。)　　(那个孩子被她洗了个澡。)
　　 The child bathed (himself).　 The child had/took a bath.
　　 (那个孩子(自己)洗澡。)　　　(那个孩子洗了个澡。)

　　一旦被具体化,行为的概念就可由许多与物体/物量相联系的表示空间中路径和操作的概念来表达,而不仅仅是从给予方到接受方的简单空间转换。我们可以从如下英文表达中看到这一点: *She transferred/redirected/rerouted/forwarded John's call to me*(她把约翰的电话转/转接/转联发送/传达给我); *I returned his call*(我回了他的电话); *We exchanged calls*(我们互通了电话)。此外,具体化的行为概念还可以使用许多其他适用于实体的认知加工,可用复数化(pluralization)、修饰(modification)、量化(quantification)等语法形式来表征,如例句 *He gave me three business calls*(他给我打了三个电话谈公事)。

　　有些概念具有更广泛的概念加工。例如,当概念'专心于'(attending)被概念化为行为并通过动词表达时,英语语法所提供的表达方式回旋余地不大,几乎仅限于 *I attended to the music*(我专心于听音乐)和 *She had me attend to the music*(她让我专心于听音乐)。但是当这个行为通过名词 *attention*(注意)被概念化为一个实体时,我们就有很多选择余地。通过具体化而得到的实体可以成为静态或动态的焦点,充当句子的主语,如 *My attention was fixed on the music*(我的注意集中在音乐上);*My attention gradually wandered away from the music and on to the events of the day*(我的注意渐渐地从音乐转到当天发生的事件上)。它还可以作为焦点,充当句子的直接宾语,如 *The story caught/riveted my attention*(这个故事引起/吸引了我的注意);*The noise attracted/drew my* attention away from the book I was reading(噪音把我的注意从正在读的书上引开);I directed/redirected my attention toward/away from the statue(我把/重新把我的注意引向/引离那个雕塑);She directed/drew/called my attention to the painting on the far wall(她把我的注意引向/吸引到远处那面墙上的壁画)。它还可以作为背景,充当句子的间接宾语,如 The sound was now (squarely/firmly) in (the centre of) my attention(那个声音现在(清晰地/深深地)占据了我的注意(中心));The matter was (well) out of my attention(那件事(根本)不在我的注意之内);The report eventually came to my attention(那个报告最终引起了我的注意)。

即使表达范围扩大,行为的概念具体化仍然存在局限性,且面临基于行为本身的制约。Call(打电话)就是体现这种局限的一个例子,这个具体化的概念还不能完全像真正的物质实体概念一样,所以英语中没有 *John threw/pushed/thrust/slid a call to me(*约翰扔/推/插/滑一个电话给我)这种表达方式。此外,即便具有路径卫星语系统及介词系统的语言,如英语,也可以通过表征最初概念行为的动词来表达空间路径。其中有些有对应的具体化形式,例如,We called back and forth to each other(我们互相来回打电话)的对等句为 We exchanged calls(我们互通了电话)。但是有些结构则没有对应形式,像 I called around to set up the meeting(我四处打电话筹备会议)就没有类似 *I circulated the calls to set up the meeting(*我周转电话筹备会议)的对等句。I called ahead to let them know we were coming(我提前打电话让他们知道我们要来)也没有类似 *I sent a call to let them know we were coming(*我发出了一个电话让他们知道我们要来)的对等句。但是,总体来说,对行为的具体化允许更大范围的概念加工,原因是它能运用开放类动词来表征概念加工。相比之下,用动词来表征行为则倾向于依赖封闭类中的卫星语素和介词来表征进一步的概念加工,而这类封闭类的表达方式相对较少。[10]

语言中也存在与具体化相反的再概念化现象。指代物体或物量的名词可以与包括动词派生词在内的、表达**行为化**(actionalizing)认知加工的语法形式相结合。通过这种结合,具体所指对象就融入它所参与的活动之中,由此产生的语义效果就是所指对象的大部分具体特性被背景化,并从属于对行为发生过程的概念化,如例(18)所示:

(18)　　　　　物体/物量　　　　　　　　　　　行动化

a. Hail (stones) came in through the window.　　It hailed in through the window.
   （冰雹从窗户砸进来。）　　　　　　　　　　　（窗户里砸进了冰雹。）
b. Ice is forming over the windshield.　　　　　It is icing up over the windshield.
   （冰结在了挡风玻璃上。）　　　　　　　　　　（挡风玻璃上结了冰。）
c. I removed the pit from the cherry.　　　　　I pitted the cherry.
   （我把樱桃核去掉。）　　　　　　　　　　　　（我把樱桃去核。）
d. He has blood coming from his nose.　　　　　He is bleeding from his nose.
   （血从他的鼻子里流出来。）　　　　　　　　　（他的鼻子正在流血。）
e. She ejected spit into the cuspidor.　　　　　She spat into the cuspidor.
   （她把痰吐在痰盂里。）　　　　　　　　　　　（她吐痰在痰盂里。）
f. Crowds of people went to the fair.　　　　　People thronged to the fair.
   （成群的人去集市。）　　　　　　　　　　　　（人们成群结队地去集市。）

以上对域范畴中时间和空间成员及其互相转换的分析引出一个可能存在的类型学话题。语言可根据指代实体物和物质所用词汇化典型形式的不同分成两种主要类型：倾向于使用名词的语言，是**事物主导型语言**（**object-dominant language**），大多数语言属于这一类；倾向于使用动词的语言是**行动主导型语言**（**action-dominant language**）。英语明显是一种事物主导型语言，因为它倾向于使用名词来指称物理实体可触及的物质性。但是通过前面的一组例子我们也可以看出，英语同样具有使用动词将所指对象进行行动化的能力，即在动态行为的概念化中包含物体。这种情况主要发生在由名词派生出的动词中，但是在某种程度上，简单动词也已经在词汇化过程中吸收了对实体的指代成分。例如，(to) flow（流动）这个词，指的是流动的物质沿着一条路径移动。

与之相比，阿楚格维语（Atsugewi），加利福尼亚北部的一种霍卡语言，就是一种行动主导型语言。这种语言指称实体物和物质最典型的方式是使用动词词根（以及一些和动词词根连用的词缀）。例如 -swal- 指'柔软的线性物体的移动/定位'，-qput 指'松散干燥的灰尘移动/定位'（参见 II-1 章和 II-2 章）。英语中以 There's a rope lying on the ground（地上放着一条绳子）描述的场景，在阿楚格维语中只用一个多语素合成动词形式 woswalaka 就可以表示。这个动词形式包括动词词根 -swal-、随后的路径＋背景后缀 -ak·（在地上）和最前面表起因的前缀 uh-（由于重力的影响/由于物体本身的重量)。这个动词形式的词头和词尾的词形变化标志了第三人称主语和现实语气。总而言之,这个动词形式可以大致对应为'一个柔软的一线性物体一在地上一由于重力的作用'。但是为了表明这种语言对名词的排斥性,我们也许可以把 *woswalak·a* 对应为英语的"it gravitically-linearizes-aground"(它受重力作用一线性化一在地面上)。在本例中,阿楚格维语没有使用任何名词就指称了两种客观实体:一种类似绳子的物体以及脚下的地面。与英语不同的是,阿楚格维语在某种程度上也有简单名词可以直接指代实体物体或物质,比如 *naha* 指'人的头部"。但是阿楚格维语中的大多数名词形式,即使是那些我们认为用来指称最基本实体的,也是从动词派生出来的。比如表示'太阳/月亮'的名词 *ćnehwu·* 就是动词词根 *-hw̓"-* 的名词化形式,意为'描述横跨天幕的一道弧',可以指某人抬头看到一个孩子从一棵树跳到另一棵树上。[11]

4.2 "域"范畴的其他成员

我们发现域范畴还包括除了时间和空间之外的其他成员。例如,我们在第二部分讨论过的 *this*(这)和 *that*(那)可对空间进行划分(同时它们也可以从时间上进行划分),表示所指对象是与说话人处在同一侧还是另一侧。现在让我们来看一下英语代词 *you*(你)和 *they*(他们)的不定指代用法(与德语的 *man* 和法语的 *on* 相近)。这两个代词同样表示区域划分,但是这个区分是在一个新的概念域,即**身份空间**(**identificational space**)中进行的。这两个代词分别指'普通人'是否与说话人在某些方面上一致,即普通人是否与说话人处于身份域的同一侧。

因此,当一个身处新社区的消费者想买有机食品时,会使用 *you* 向路人询问在哪儿购买有机食品,而用 *they* 询问哪里销售有机食品。

(19) a. Where can you buy organic food around here?
(你在附近哪里能买到有机食品?)
b. Where do they sell organic food around here?
(他们在附近哪里卖有机食品?)

但是一个正在寻找地点、打算开一家有机食品杂货店的人向社区商业咨询人士询问同样的两个关于购买和销售问题时会颠倒使用 *you* 和 *they*。

(20) a. Where can you sell organic food around here?
（你在附近哪里可以卖有机食品？）
b. Where do they buy organic food around here?
（他们在附近哪里买有机食品？）

5 构型结构

我们首先考察的图式系统是**构型结构**（**configurational structure**）。这个系统包括了可以由封闭类形式表达的空间、时间以及其他定性域内的图式结构或几何轮廓。封闭类形式可以把这种结构归于整个所指场景，并由此把场景切分为若干具有特定关系的实体，也可以把该结构归于各个实体本身，或归于当实体间关系随时间发生变化时这些实体所勾勒的路径。关于封闭类形式，构型系统包括了由时间或空间附置词、从属连词、指示词、体态/时态标志、数的标志等所表达的图式的大部分内容。

本节将讨论构型系统内的七个图式范畴以及前三个图式范畴的相互关系。此外，本卷第二部分的各个章节将讨论构型系统的其他特点。具体来说，本卷第三章将考察由附置词系统如英语封闭类介词等所表征的空间关系类型。本节对此问题暂不讨论。

5.1 量 级

量级（**plexity**）这个范畴表示一个整体的量按照其自然状态分为若干个相等的组成部分时所处的状态。当只有一个组成部分时，量为**单元体**（**uniplex**），有多个组成部分时，量为**复元体**（**multiplex**）。当量为物质时，这里的量级就等同于传统语言学中"数"的范畴，包括'单数'和'复数'等下属概念。但是这些概念旨在把传统仅局限在物质上的数的概念扩展到行为。虽然传统语法中有"单次"（semelfactive）和"反复"（iterative）分别指发生一次和反复发生的事件，但是传统的"数"概念在时间上没有对应。"体"（aspect）包括了关于行动的时间结构的太多其他成分。无论如何，没有一个传统术语能同时涵盖时间域和空间域。

词汇和语法元素都可确定量级的语义，当二者都涉及时，彼此相互影响。例如，英语词汇 *bird*（鸟）和（*to*）*sigh*（叹气）可分别表达物质和行动所指的单元量。它们可以和语法成分同时出现来表达单元状态，如例句（21a）斜体部分所示（很多其他语言具有比英语更规则、更显性的标志系统),也可以和语法成分结合起来表达复元量的概念,如例(21b)。基于这种联系,这些成分引发了一个具体的认知加工,即**复元化(multiplexing)**。通过这种操作,原来单一的所指对象事实上被复制到时间或空间的若干点上。

(21)　　　　　　　物质　　　　　　　　　行动
a. 单元体　A bird flew in.　　　　He sighed (*once*).
　　　　　(一只鸟飞进来了。)　　(他叹了一口气。)

b. 复元体　Bird*s* flew in.　　　　He *kept* sigh*ing*.
　　　　　(鸟儿飞进来了。)　　　(他不停地叹气。)

上述由语法成分激发的复元化操作产生了一个无界的复元体(参见 5.2 节)。但是我们只知道语法成分引发了复元化的过程,却并不清楚语言中是否有语法形式可以直接表示有界的复元体特性(multiplexity)。理论上,这种语法形式可以把名词的所指对象如'a bird'(一只鸟)转换成'a flock'(一个鸟群),把'a tree'(一棵树)转换成'a grove'(一片小树林),把'a kinsperson'(一个亲族成员)转换成'a family'(一个家庭),或是把动词的所指对象如'to sigh'(叹气)转换成'to produce a spate of sighs'(发出一阵叹息)。

上述模式的相反模式也可以在语言中找到。首先,有一些词项本来就表达复元量的概念。如英语中指物质的 *furniture*(家具)或 *timber*(木材)和指行动的 *breathe*(呼吸),见例(22a)。与此相关,也存在如(22b)与复元化操作相反的语法形式,可以称为**单元抽取(unit excerpting)**。通过这一操作,从所指中单独抽出单一个体置于注意前景中。

(22)　　　　　　　物质　　　　　　　　　　　行动
a. 复元体　Furniture overturned in　　　She breathed with full
　　　　　the earthquake.　　　　　　　concentration.
　　　　　(家具在地震中翻倒了。)　　　(她全神贯注地呼吸。)

b. 单元体　A *piece of* furniture　　　　She took *a* breath/breathed *in*
　　　　　overturned in the earthquake.　with full concentration.
　　　　　(一件家具在地震中翻倒了。)　(她全神贯注地做了一次深呼吸。)

上例中引发复元化的英语语法形式,如复数词缀-*s* 和 *keep* -*ing*,只包含明确的语素。另一方面,激发单元抽取的形式也包括抽象成分,即某些特定的语法范畴要求插入某一类词汇中的某一个成员,见例(23c,d)。此外,这些形式可以包含两个或两个以上的独立成分。这些形式是**语法复合体**(grammatical complexes),与其他语法结构式或词汇复合体(搭配)相似:它们由不同的成分组合而成,具有整体结构和统一的语义功能。

然而事实上,还有一种分析视角认为,所有的语法形式都是复合体,不过是复合程度不同而已。在这种分析中,语法形式不仅包括明确的普通成分,还包括其输入和输出形式的语义和句法范畴成员,如例(23)所示。因此,例(23a,b)中的英语复元形式只不过位于一个连续体中更简单的一端。

(23) a. $[[\underline{\quad}]N_{upx}+\text{-}s]N_{mpx}$

例如,*bird*(鸟):*birds*(鸟儿们)

b. $[\text{keep}+[\underline{\quad}]_{v_{upx}}+\text{-}ing]_{v_{mpx}}$

例如,*sigh*(叹气):*keep sighing*(不停地叹气)

c. $[N_{unit}\text{ of}+[\underline{\quad}]N_{mpx}]N_{upx}$

例如,*furniture*(家具):*a piece of furniture*(一件家具)

d. $[V_{dummy}+[[\underline{\quad}]_{v_{mpx}}+\text{DERIV}]N_{upx}]V_{upx}$

例如,*breathe*(呼吸):*take a breath*(做一次呼吸)

d'. $[[\underline{\quad}]V_{mpx}+\text{PTC}]V_{upx}$

例如,*breathe*(呼吸):*breathe in*(呼入)

我们还可以证明,一种语言中更为复杂的语法复合体与另一语言中有相同语义功能且更为简单的形式,二者在语义上是一致的。例如,英语中非常复杂的名词单元抽取复合体(unit-excerpting complex)在功能上与依地语(Yiddish)的简单词缀-*l* 或者-*ele*(在其他场合可为指小词尾)类似,如(24)所示。

(24) zamd'sand'(沙): zemdl'grain of sand'(沙粒)
　　 groz'grass'(草): grezl'blade of grass'(草叶)
　　 shney'snow'(雪): shneyele'snowflake'(雪花)

同样复杂的英语动词单元摘取复合体在俄语中有一个非常简单的对等结构,即动词词缀-n(u)-。例如,无标记的非完成体形式 *čix-at'* 的意思是'打很多次喷嚏',加-n(u)-词缀之后,便形成了 *čix-nu-t'*,意为'打一次喷嚏'。

5.2 界 态

构型结构系统内的另一个范畴是**界态**(state of boundedness),由**无界**(**unboundedness**)和**有界**(**boundedness**)两种下属概念构成。无界量是连续的、不定的,不带有内在的限定特征。有界量为一个独立的单元实体。**边界**(**boundary**)的概念蕴含在界限范畴中,但是在概念上可与之分离。在典型的概念化过程中,边界构成了一个有界量的最外面的部分。由此,边界"包围"了有界量,或者说有界量位于边界之"内"(within)。无论是空间中的物体还是时间中的行为,典型的边界都比它所包围的有界量在维度上低一级,因此形体的边界是平面,平面的边界是线,线的边界是点。部分有界量的概念,比如只有一端有边界的一条线,也在语言结构中占有显著位置,但是这里暂不讨论(参见 I-3 章 2.8 节"运动体公式")。与之相对,无界量被认为是没有边界的。

界态在名词上的应用主要与传统语言学中"不可数"(mass)和"可数"(count)的划分相对应。用于动词上则与"未完成式"(imperfective)和"完成式"(perfective)相对应(对应程度因传统术语的不同用法而异)。但是,与量级一样,界态这个新术语概念旨在寻求空间域和时间域的共同点,并对两域各自的特点进行归纳概括。

在英语词汇中,*water*(水)和(*to*) *sleep*(睡觉)基本上表示无界量,而 *sea*(海)和(*to*) *dress*(穿衣)基本上是有界量。我们可以通过观察一个词是否能放在语法复合体"*in* NP时间段"中来证实它是有界量还是无界量,因为该语法复合体本身就界定了有界性,如例(25)所示。

(25)   **物质**   **行动**

a. **无界**   * We flew over water in one hour.   * She slept in eight hours.
        (*我们用了一个小时飞过水域。)   (*她在八小时内睡觉。)

b. **有界**   We flew over a sea in one hour.   She dressed in eight minutes.
        (我们用了一个小时飞过大海。)   (她在八分钟内穿好衣服。)

与量级一样,特定语法成分与词汇搭配可改变其界态。在无界类型词汇基础上进行上述加工会激活**有界化**(**bounding**)的认知加工或**部分抽取**(**portion excerpting**)。通过这种加工,部分特定的无界量被分离出来置于注意最显著的位置。英语中此类的语法形式如(26)所示。值得注意的是,虽然英语中缺少用于单元抽取的简单语法形式,使我们不得不在其他语言中选取例子，但是英语中的确有一个简单的语法形式，即 some（一些），用来表示时空中实体的部分抽取。

(26) a. **物质**

$[N_{有界量}\ of + [\_\_]N_{无界}]$

例如，water（水）:body of water（水域）

另一形式:some water（一些水）

b. **行动**

$[[\_\_]V_{无界} + for\ N_{时间段}]V_{有界}$

例如，sleep（睡觉）:sleep for an hour（睡一个小时）

其他形式:sleep from 3:00 a.m. to 4:00 a.m.（从凌晨3点睡到4点）；

sleep for a while/sleep some（小睡一会儿/睡一阵）

当语义上无界的名词进行上述语法操作时，我们得到的语法形式可指代有界对象，并似乎可以放在"in NP$_{时间段}$"的结构中，如例句 We flew over a body of/some water in one hour（我们在一小时内飞过一片水域）。

上述模式的相反模式同样存在。英语名词 shrub（灌木丛）和 panel（镶板）本身是指有界的实体。但是我们可以在这两个词后分别加上 -ery 和 -ing 两个语法成分，于是就产生了两个指代无界量的形式 shrubbery（灌木林）和 paneling（（总称）嵌板；镶板）。事实上，语法成分激发了**无界化**的认知加工，之前的有界量在认知过程中被无限地延伸。

但是在英语中，这样的语法成分适用范围不大。比如，这些成分不能和 sea（海）搭配产生'pelagic water'（公海）的意思，也不能和 (a) tear（一滴眼泪）搭配产生'lachrymal fluid'（泪腺流体）的意思。如例(27)所示，在很多情况下，包括上述 tear 一例，使用的是变成复数的方法。

(27) Tears flowed through that channel in Hades.

（眼泪流过地狱的沟渠。）

从有界量到无界量似乎涉及一系列的认知加工。我们姑且推测有界量首先被视为一个单元实体，然后被复元化，生成的实体被理解为在空间中并置，最终它们的边界被消除，产生一个新的无界的连续体。

另外一个适用于名词的无界化的机制是把名词的语法范畴从可数转

为不可数。使用这一方法的结构包括把原先所指对象进行变形,正如英语中著名的例子 There is cat all over the driveway（车道上四处是猫）。但是在另一类型结构中,原来有界物体的物理完整性被保留下来。此外,这个结构可能会包括某一特定维度的度量单位,从而只激发在原来物体的一至两个维度范围内的无界化。例如,在句子 There are probably (10) miles of pencil in that stationery store（在那家文具店里有大约(10)英里长的铅笔）中,"英里"是一个一维的度量单位,铅笔的概念在物理上被完整地保留下来,只是在长轴上得以无界化,并可能会唤起大量铅笔相互连接的意象（尽管同样的句子换成 10 miles' worth of pencil（10 英里长的铅笔）可能仅仅唤起将每只铅笔长度相加的意象）。二维度量单位 acre（英亩）与之类似,正如例句 There are probably (10) acres of movie screen in that old film studio（那个老电影制片厂的电影屏幕大约有 10 英亩）所示,屏幕的概念在平面上被去除了有界性。

以上讨论的一系列构式表明无界化的概念包含若干概念分支。在"cat"（猫）这类构式的无界化过程中,原来的有界实体通过变形被延伸。而在"shrubbery"（灌木丛）这种类型的构式中,原来的有界实体的边界被去除,然后通过加入相同的材料向外延伸。在"tear"（眼泪）这类构式中,原来的有界实体通过类复元化得以延伸,部分边界被去除。在"pencil"（铅笔）这类构式中,有界实体由于复元化而得以延伸,其物理概念得以完整保留,但是它们被排成一条直线并布满整个排列范围。

虽然我们还不清楚为什么语言似乎缺少可以与动词结合的语法形式,把有界的行为无界化,但是这样的无界化是很容易想象的。如果动词 (to) dress（穿衣）指的是'穿上一整套衣服'的有界行为,那么它经无界化之后就应该指'穿上越来越多的衣服'。后一种措辞实际上是一种无界化,就像 As punishment through eternity, the demon had to put on more and more/ever more clothing（因为永恒的惩罚,魔鬼得穿上越来越多的衣服）所表达的一样。但是为了表达这个无界化的意义,动词 dress 本身可以建构一些或勉强可以接受或基本不太被接受的表达,如？As punishment through eternity, the demon had to keep dressing/dress on and on/dress and dress（因为永恒的惩罚,所以魔鬼得不停地穿衣服）。也许这种无界化的意义最好的表达形式是 dress without end/without a stop（没有止境地穿/穿个不停）,但是此表达依赖词汇而不是语法手段。

为了进一步考察时间范畴内某种行为的界态范畴,如上所述,我们关于有界的概念既涉及行动起始点的边界,也包括行动终点的边界。因此,该行动被理解为占用一定时间的量,从而可以与具有体性质的 in(在……之内)短语连用,因为 in 引导的介词短语也表示两端有界的一定时间量。请注意,正是由于这个原因,我们这里用的是"有界"(bounded),而不是"终结"(telic)。"终结"这一术语已广泛出现于其他语言学著作中,仅用来指事件终点的边界。总之,行动的有界性涉及这样一个限定性的实体:该实体越来越多地受到行动的影响,直到最终全部如此。这样最终积累到全部受影响可以包含穷尽的含义,如下列非施事句 *The log burned up in 10 minutes*(原木十分钟之内烧光了)和施事句 *I ate the popcorn up in 10 minutes*(我十分钟之内把爆米花吃光了)所示;也可以包含完成的含义,如非施事句 *Water filled the tub in 10 minutes*(浴盆里的水十分钟之内装满了)和施事句 *I dressed in 10 minutes*(我十分钟之内穿好了衣服)所示(后一个例子指依次穿上一整套衣服的每一件,直至完全覆盖全身)。与此相关的是,无界的状态无需任何限定性的实体。如果有实体逐渐受到行动的影响,那么该实体会被认为是非限定性的。

值得注意的是,有界和无界的区分只适用于受行动影响的实体。行动本身和行动发生的时间不管在有界的状态还是无界的状态都是有界量。因此,在体态无界的句子 *I ate popcorn for 10 minutes*(我吃了十分钟爆米花)中,爆米花是受行动影响的实体,在概念化过程中失去了具体的限定。然而"吃"这个行动本身是一个确定的有界量,该行动所花费的时间是有限的十分钟。

当这些概念被应用于所指对象在空间中的路径时,它们具有特定的表达形式。相对于路径而言,这里有界和无界的区分只适用于所指物体。路径本身和路径花费的时间都是确定的有界量。特别值得指出的是,包含 *in* 或者 *for* 类型时间短语且表示运动的句子表达如下语义:有起始点和终点的一段时间被消耗在运动上,该运动发生在从起始点到终点的一段空间路径内,时间和空间的起始点和终点沿着时间轴一一对应。我们可以从有界体的句子 *I walked through the tunnel in 10 minutes*(我用了十分钟步行穿过隧道)和无界体的句子 *I walked along the shore for 10 minutes*(我沿着海岸走了十分钟)看到这一点。在这两个句子中,时间是一样的,都是十分钟,移动路径都是有界的、确定的(甚至可能是同样的长度),并且时间的推进和覆盖的路径紧密相连。这两种有界状态类型的主要区别在于,*in* 类时间短语的句子表明所指对象相对于运动路径有一个物理的或概念的边界,且与路径的起始点和终点重合。然而,*for* 类时间短语的句子则没有这样的重合。事实上,此类型中所指对象的延伸范围超越了路径的终点,这被称为决定界态的**界限重合**(**boundary coincidence**)原则。正如语言中常见,这两种类型的表达是对同一个所指对象的概念化,因而同一个所指对象可以有两种描述方式。*I walked through the tunnel for 10 minutes*(我在隧道内走了十分钟)和 *I walked through a portion of the tunnel in 10 minutes*(我十分钟走过了隧道的一段)两个句子都可以指同一事件中隧道内一段有限的路径。但是前一句突出了隧道延伸至路径之外,后一句却指一个认知实体,即隧道的"一部分",这部分确实具有一个(虚构)边界,并与路径的边界重合。

5.3 离散性

离散性(**state of dividedness**)范畴指的是量的内部分割。如果一种量在概念化的过程中,其组合过程有中断或中止,那么这种量就是**复合的**(**composite**)或(内部)**离散的**(**discrete**)。否则,这种量就概念化为(内部)**连续的**(**continuous**)。

目前讨论的离散性范畴可能会与上面讨论的界态范畴混淆。造成这种混淆主要是因为通常意义下"连续"(continuous)覆盖了'无界'(boundlessness)和'内部无间断'(internal seamlessness)两个含义。然而,这两个范畴可以相互独立,且互不相同。在之前章节的讨论中,无界状态的词项,如 *water*(水)和 *sleep*(睡觉)恰巧是内部连续的。但是无界状态的词项也可以是内部离散的,如 *timber*(木材)和 *breathe*(呼吸)。

词汇成分和语法成分在具体化过程中都对这一范畴进行了区分。但是似乎没有语法成分仅仅确定量的离散性或连续性,也没有语法成分能改变一个量在词汇上所表明的离散性。如果后一类语法形式确实存在,我们可以描述它们是如何运作的。此类语法形式加在连续型词项上,将会激发**离散化**(**discretizing**)操作,原先连续的所指对象会被概念化为分散成分的集合体。相反,如果此类语法形式用在分离型词项上,会引发**认知合并**(**melding**)的操作,原先所指对象的分散成分将被概念化为一个融合的连续体。

尽管语言中似乎没有上述那种语法形式,与其功能类似的间接或隐性的机制确实存在。例如,当名词 *water*(水)与复合形式 *particles of* 连用时,*water* 所具有的内部连续性会被再概念化成内部离散性。如,例句

Water/Particles of water filled the vessel(水/水的粒子充满了容器)所示。但是这个复合形式并没有直接表达这种转换，而是控制其他多阶段认知加工的顺序。特别值得指出的是，这里唤起连续体离散操作的词汇形式 *particle* 用的是复数，从而复元化了那种单元概念，而得到的复元体被认为是并置在原连续体内部，与之共存。但是这一结构利用了复数可数名词的独立存在能力来表示合成体。这里没有一个简单语法形式可以直接表示带来内部合成性的再概念化过程，这样的形式也许不具备语言的普遍性。

反之，或许没有一个简单的语法形式可以直接激活一个原先合成的指称对象的再概念化，将其变成内部连续的。在英语中，即使想找出能产生这种效果的复杂形式也很困难。最接近的例子为 *a mass of/masses of leaves*(一团/一团团的树叶)中的 *a mass of/masses of*(一团/一团团的)。但问题是，*a mass* 的所指对象是一个有界指称物，*masses of* 是复数形式，两种表达都暗示了其数量之大。

另一方面，似乎存在这样一种普遍概念倾向：复合型词根的所指对象会自发地进行某种程度上的合并，而这种自发合并不需要添加任何显性的语法形式。因此，具有内部离散性的物体名词，例如，单数形式的集合名词 *foliage*(树叶)，*timber*(木材)和 *furniture*(家具)，往往在其所指对象的概念化中将其组成成分进行一定程度的融合和模糊。这就与 *leaves*(树叶)，*trees*(树)和 *pieces of furniture*(多件家具)等复数形式的单数名词形成了对比，这些名词保持了组成成分的独立性。动词的所指对象也存在自发合并现象。如果我们用动词 *walk*(走)来表示一步一步重复组成的过程，并且用动词 *step*(迈步)来表示过程中的一步，那么 *walk*(走)看起来就比 *keep stepping*(不断地迈步)可以引起更大程度的合并，因为后者很明显标志了每一步的重复。同理，动词 *breathe*(呼吸)也比 *take breaths*(呼吸)显示了更大程度的呼吸循环交替。

概念合并的程度实际上是一个梯度，从完全保留各个成分的独立性到完全融合。以上两种程度不同的合并可以看作是梯度上的两点。靠近独立性那端的结构会将合成体中各个组成成分加以表述，例如，*This tree and that tree and that tree are mature*(这棵树、那棵树、还有那棵树已经成材了)。一般的复数形式可以将各组成成分合并得更紧密一些，例如，*Those trees are mature*(那些树已经成材了)。合并程度更强一些的是那些语法上要求复数一致的名词单数形式，例如，*Those cattle are mature*

（那些牛已经长成）。最后，各组成成分之间合并程度最强的结构要属语法要求单数而其本身又是单数形式的名词了，如 That timber is mature（这片林子成材了）。当然，一开始就完全连续的所指对象，如 This wine is mature（酒已经酿好了）中的 wine（酒），不在此类合并之列。同样，类似的梯度也可应用于由动词表示的行动。行动的各个组成成分比较独立的如 The shaman stepped once, stepped again and stepped once more across the coals（这个萨满教巫医迈了一步，又迈了一步，然后又迈了一步跨过了煤堆）；行动的各个组成部分合并得较紧密的如 The shaman continued stepping across the coals（这个萨满教巫医不断地迈步跨过了煤堆）；而行动的各个组成部分合并得更紧密的可见 The shaman walked across the coals（这个萨满教巫医走过了煤堆）。而 I slid across the patch of ice（我滑过一片冰）这句中的行动从一开始就是内部连续的。如果此处提出的梯度概念适用的话，那么本节探讨的范畴最好改为"离散度"（degree of dividedness）。

总体说来，语言中区分界态的语法现象要多于区分离散性的语法现象。例如，所指对象无界的那些词，不论它们的所指对象是连续的还是合成的，都会有许多相同的语法特征。因此，在物质领域内，所指对象无界的两种形式（即所指对象为延续或合成的不可数名词和所指对象通常为合成的复数可数名词）具有许多相同的句法特征，而这些句法特征与所指对象有界的单数可数名词所具有的句法特征截然不同。如（28）所示，大多数限定词要么只能搭配单数可数名词，要么只能搭配不可数名词和复数可数名词。

(28) a. ____book（书，单数）/ * ink（墨水）/ * books（书，复数）：
a/each/every/either/neither

b. ____ink（墨水）/books（书，复数）/ * book（书，单数）：
all/a lot of/more/most/*unstressed* some/*unstressed* any
∅ 'generic'（类属的）(*In my work, I use ink/books/ * book.*)
（在工作中，我使用墨水/书（复数）/ * 书（单数且前无限定词））
∅ 'progressively more'（越来越多地）(*For an hour, the machine consumed ink/books/ * book.*)
（这机器消耗了一个小时的墨水/书（复数）/ * 书（单数））

同样，在行动域内，指无界对象的形式，不管其所指对象是连续的（持续的）还是分离的（反复的），都具有许多相同的句法特征，而这些句法特征是那些有界所指对象的形式所不具备的。如，*He slept/kept sneezing/ *sneezed once/ *arrived... for hours/until midnight*（他睡/不停地打喷嚏/*打了一次喷嚏/*到达……几个小时了/直到深夜）。

无论是时间域还是空间域，这种模式都可以解释为：如果所指对象没有外边界，那么不管其内部是连续的还是分离的，它所接受的句法形式涉及的量的概念化过程是以分割单位进行的；而具有外边界的所指对象接受的句法形式所涉及的量的概念化过程则是以单元量为单位进行的。

由于离散性范畴本身限制了其实现形式，我们在下一节将它与其他范畴结合起来进行讨论。

5.4 量的配置：范畴之间的交集

上文提到的四个范畴（域、量级、界态、离散性）的特性可同时应用于一个量。这些特征加在一起构成了一个特征复合体，而这个特征复合体可以被称为量的**配置**(**disposition**)。这些范畴的交集形成了一个排列，可用(29)中的图式表示：

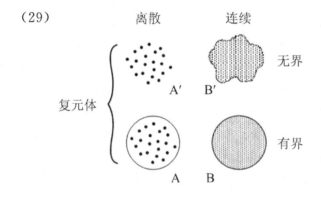

+上图所有各项均包含**物质**和**行动**的区别

如果要在一维的时间轴上将行动图式化，那么我们可以改动表示时间域发展方向的常规表达，将(29)中二维的格式改为一维格式。

(29)中出现的每个特征交集都可用不同的词汇来表达（尽管表示行动有界的复元体在英语中较少）。(30)为每个交集提供了一到两个例子（大部分例子均已在前面出现）。[12]

(30) A′: timber/furniture(木材/家具)
　　　　(to) breathe(呼吸)
　　　A: (a) grove/family(树林/家庭)
　　　　(to) molt(脱毛)
　　　　(The bird molted.)(这只鸟脱毛了。)
　　　a: (a) tree/bird(树/鸟)
　　　　(to) sigh(叹气)

　　　B′: water(水)
　　　　(to) sleep(睡觉)
　　　B: (a) sea/panel(海洋/镶板)
　　　　(to) empty(倒空)
　　　　(The tank emptied.)(油箱空了。)

如果我们选择一个词项来表达一个所指对象的内容方面，而该词项本质上具有一些我们不需要的结构语义，一般来讲，语言中的语法手段把这些不需要的结构语义转换为需要的语义。这些语法手段包括从直接说明相关认知加工到一系列迂回认知加工(见第 8 节**嵌套**(**nesting**))，(31)列出了这些转换的起点和终点，以及完成转换的手段。

(31) A′→A: a stand of/some timber
　　　　(一根木材/一些木材)
　　　　breathe for a while/some
　　　　(呼吸了一会儿/呼吸几口)

　　A′→a: a piece of furniture
　　　　(一件家具)
　　　　take a breath/breathe in
　　　　(吸口气/吸气)

　　A′→B′: ? masses of leaves
　　　　(?一团团的叶子)

　　A→a: a member of a family
　　　　(家庭中的一员)
　　　　? molt a single feather
　　　　(?脱了一根羽毛)

　　A→A′: members of a family
　　　　(家庭成员)

　　B′→B: a body of/some water
　　　　(一片水域/一些水)
　　　　sleep for a while/some
　　　　(睡了一小会儿/睡一会儿觉)

　　　　—

　　B′→A′: particles of water
　　　　(水粒子)

　　　　—

　　B→B′: paneling
　　　　(镶板(总称))

$$(A \to a \to A')$$

molt and molt　　　　　　　empty and empty
（脱落了一根又一根）　　　（越流越空）

$a \to A'$：　trees　　　　　　　—
　　　　　树（复数）
　　　　　keep sighing
　　　　　（不停地叹气）

$a \to A$：　a stand of trees　　—
　　　　　（一片小树林）
　　　　　$(a \to A' \to A)$
　　　　　sigh for a while
　　　　　（叹一会儿气）

　　如(31)所示，在英语中有些情况下，由一种结构性配置转为另一种的时候，不能直接地单靠一个单一的封闭类形式来完成，而是要靠一系列的嵌套来完成。因此，要把单元体 tree（树）转变为一个有界的复元体，首先必须要把这个单数转变为无界的复元体 trees（一些树），然后再经部分抽取操作最终转变为 a stand of trees（一片小树林）。最终得到的量的配置结构与开放类名词 grove（树林）和 copse（灌木林）所词汇化的结构相同。

　　进一步观察(29)，我们注意到图中的两列反映了5.3节对离散性范畴一分为二的分析。但是，该节也说明这个范畴应该称为"离散度"，因为像 foliage（叶子，总称）这样的名词和 breathe（呼吸）这样的动词，其内部离散的所指对象都显示了一些部分程度的自发认知接合。依据这一观点，图(29)中最上面一行也许应该把 trees（树，复数），leaves（树叶，复数），pieces of furniture（几件家具）和 take breaths（吸了几口气）这样的词条全部放在左侧，同时把与之相对应的 timber（木材），foliage（叶子），furniture（家具，总称）和 breathe（呼吸）等词条放在右侧。

　　图(29)所显示出来的不对称性，即第三行只有一个词条在左侧一栏，表明一个合成量可以出于单独考虑而突出其中一个组成部分，然而一个连续量却不能这样。如想把这个图变得对称，可以在最下面一行的右边一列加上一个"b"项来表示从"B'"这个无界连续体中抽取的一部分。这就与"a"项中所列的从"A'"这个无界复元体中抽取出的单元相类似。抽取出来的部分也许可以用一个涂成灰色的圆圈来表示。但是,这样的圆圈已经用来表示"B"项中的有界连续体。正是由于这两项之间并没有原则性的差别,所以(29)中的图是不对称的。

5.5　延展程度

从纵向上看,图(29)中的图式排列还隐含了另一个图式范畴,可称为**延展程度**(**degree of extension**)。这个范畴有三个主要的下属概念。(32)列出了它们的名称以及线性的图式表征。无论是指代物质还是指代行动的词项,都包含说明它们所指对象的基本延展程度的要素。(32)给出了三个线性空间的例子。[13]

(32)　　　点　　　　有界范围　　　　无界范围

　　　　speck(斑点)　ladder(梯子)　　river(河流)

词汇所指也许从根本上可以看作是某种程度上的延展。经过不同的语法手段引发转换之后,该词汇所指能够被再概念化为其他程度的延展。举第一个例子,请考虑 *climb a ladder*(爬梯子)事件的所指。该事件基本上属于时间维度上的有界线性范围,与语法成分"*in*＋NP$_{时间段}$"相结合,如(33)所示。

(33) She climbed up the fire ladder in five minutes.
　　　(她五分钟内爬上了消防梯。)

如果换一种语法形式,如(34)中的"*at*＋NP$_{时间点}$"(同时换了一种语境),前面提到的事件对象就开始向时间点的概念图式转变,即变为延续中的点。

(34) Moving along on the training course, she climbed the fire
　　　ladder at exactly midday.
　　　(按照训练课程的进度,她在正午时爬上了消防梯。)

这种对事件范围的认知转变涉及一种叫作**消减**(**reduction**)的认知加工,或者换一种说法,**采用远距离视角**(**adoption of a distal perspective**)。这种转变也可以向另外一个方向发展。该事件对象可以通过"*keep-ing*"、"*-er and -er*"以及"*as*＋S"等语法形式被概念图式化为无界范围,见(35)。

(35) She kept climbing higher and higher up the fire ladder as we watched.
（我们注视着她在消防梯上越爬越高。）

这里似乎涉及一种叫作**放大**（**magnification**）的认知加工，或是**采用近距离视角**（**adoption of a proximal perspective**）。这种操作建立了一个视角点，从这个视角点看去，任何外边界都落在视野或注意以外，或至多是渐渐观察到。

前面讨论的事件对象是连续的，但是所指对象是离散的情况也会表现出同样的延展程度转换。(36a)中列出了一个基本上被认为是有界的范围及其延展程度的例子。但是，如(36b)所示，其所指对象也可以被理想化为一点。很显然，这些牛不是在同一时刻死去的。但是，它们死亡的时间分布可被概念压缩为一个单独的时刻。或者，如(36c)所示，这个所指对象可以被图式化为一个无界范围。

(36) a. The cows all died in a month.
（这些牛在一个月内全死了。）

b. When the cows all died, we sold our farm.
（牛死光了以后，我们就卖掉了农场。）

c. The cows kept dying (and dying) until they were all gone.
（牛一头接一头地死去，直到所有的牛全死光。）

刚才看到的可应用于事件型所指对象的延展图式化也适用于物体型所指对象。例如，(a) *box*（一个箱子）的所指对象可以被理想化为一个点或一个（体积或区域）有界的范围。(37)列举了一些具有这种含义的语法成分，以及这些语法成分和那些事件型所指成分之间的同源性。

(37) a. 点　　The box is 20 feet away from the wall.
　　　　　　（这个箱子离墙有 20 英尺远。）
　　　　　　I read the book 20 years ago.
　　　　　　（20 年前我读过这本书。）

b. 有界范围　The box is 2 feet across.
　　　　　　（这个箱子两英尺宽。）
　　　　　　I read the book in 2 hours.
　　　　　　（我用两个小时读完了这本书。）

5.6 分布模式

物质在空间中的分布模式或者行动在时间中的分布模式是另一种既可以通过语法又可以通过词汇来表达的概念范畴。[14]行动在时间中的分布(我们在这节只讨论"时间"这一维度)和前面的延展程度范畴一起组成了传统的"体"(aspect)范畴。

图(38)表示行动在时间中的几种主要分布模式(图中的点代表互补状态的位置,本应紧紧相连,但是本图将它们分开,中间以连接线连接来表示不同状态接口的交叉)。此外,图中还列举了几个英语非施事格和施事格动词来说明这些分布模式。

(38)
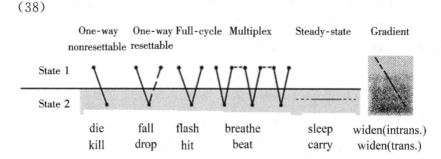

通过观察这些动词可以和哪些语法形式连用,不可以和哪些语法形式连用(或者用我们的术语来描述后一种情况:这些动词不[容易]转换成哪些语法形式的含义),我们可以找出这些动词涵盖的模式。这里的例子不太全面,但是几个例子已足够说明该原则。

可重复型的单向事件和不可重复型的单向事件的区别在于:前者可以和表示反复的语言表达同时出现。例如,*He fell three times*(他跌倒了三次);而后者却不可以,如 **He died three times*(*他死了三次)。单向型与循环型的不同点在于:前者可以出现在下句中:*He fell and then got up*(他摔倒了然后爬了起来);而后者则不行:**The beacon flashed and then went off*(*灯塔闪光,然后熄灭了)。梯度型可以和表示增长和提高的副词一起使用,如例句 *The river progressively widened*(河流渐渐变宽了)。表示稳定状态的类型却不能与这样的副词同时出现:**She progressively slept*(*她渐渐地睡觉),等等。

当然,语法成分也可以表示不同模式的时间分布。该图表形式很容易表明它们之间的一些区别。封闭类成分,如 *back*(回去)和 *again*(再次),单独使用或二者搭配使用可以表示循环一周式、循环一周半式和循环两周式,如(39)所示。

(39)

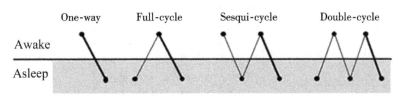

现在考虑一下这种情况:一种分布类型的动词和表示另一种分布类型的语法形式一起出现。结果似乎总是这个动词要改变自身的特征,以便与语法形式保持一致。我们再次以 *die*(死)为例,这个词的基本特征是点持续的、单向的、不可重复的。句子(40a)就代表了使用这个动词的基本特征。但是,(40b)中的语法形式"be+-ing"会引起转换。实际上,*die*(死)这个动词涉及的两种状态('存活'和'死亡')之间微不足道的停顿被延伸产生了一个范围,即持续的梯度形容词。这就是分布模式结构类型的转换。同时,所指对象在内容上也发生了转换。这个新的梯度形容词指的是'垂死'的状态,而不是'将要死去'。我们可以从语言对这个概念的构建中清楚地看出两者的区别:一个人可以奄奄一息而不死,也可以直接死去而没有奄奄一息的过程。[15]

(40) a. He died as she looked on.
     (她看着他死去。)
   b. He was (slowly) dying as she looked on.
     (她看着他(慢慢地)奄奄一息。)

5.7 轴线性

如(41a)所示,类似 *well/sick*(健康的/生病的)这样一对形容词在与表示程度的语法形式如 *slightly*(轻微地)和 *almost*(几乎)连用时,性质会截然不同。它们与时间形式"*in*+NP时间段"搭配时会选择不同的解读,见(41b)。令人惊奇的是,在这些方面它们与几类空间关系的表达类似,例如 *at the border/past the border*(在边境/越过边境)。

(41) a.
　i. He's slightly ⎰ sick/past the border.
　　　　　　　　⎱ 生病了/越过了边境。
　　　（他有点　　* well/* at the border.
　　　　　　　　* 健康/在边境。）

　ii. He's almost ⎰ well/at the border.
　　　　　　　　 ⎱ 痊愈了/在边境。
　　　（他几乎　　?sick/?past the border.
　　　　　　　　? 病了/? 越过边境了。）

b. i. He got well/to the border in five days. (i.e., in the course of five days)
（他五天就痊愈了/他用了五天来到边境。）（即，在五天内）

ii. He got sick/past the border in five days. (i.e., after five days had elapsed)
（五天后他病了/五天后他越过了边境。）（即，五天之后）

当我们认为此类形容词用来表达更为普遍的概念参数，如'健康状态'时，它们并不是"反义词"，而是预设了一个具有特定结构和方向的图式轴，这样理解就能很好地解释以上用法了。每一个形容词都代表了轴上的一部分。这些形容词似乎预先假定了一条一端是有界的射线；well（健康的）指代射线的端点，sick（生病的）指代射线的其他部分，离端点的距离越远，代表病的程度越深。这就是词汇的**轴线特征**（**axial properties**）或**轴线性**（**axiality**），即词汇与特定认知轴的具体关系以及与所指对象在同一条轴上的其他词汇的具体关系。正是轴线性的词汇化使形容词可以与空间关系相匹配。上面给出的那些语法形式同样具有轴线特征，而且这些语法形式可以与词汇的轴线特征相一致，如例（41）中那些可接受的例子所示。（41）的例子可图式化为（42）中的轴线。

(42)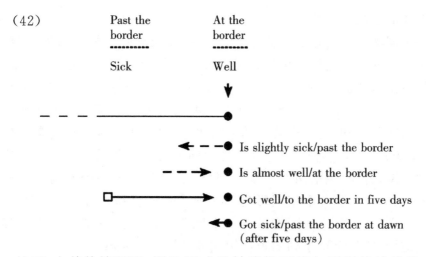

然而,在其他情况下,语法形式的轴线性可能与词汇的轴线性冲突,而且在协调这种冲突的过程中,后者会发生转换(见Ⅱ-5章)。(43)中的 *sick*(生病的)(现在与表示终结点的语法形式相联系)就从它起初的"有方向的箭杆"型轴线性中转换过来,更确切地说是从它原来所在的'健康'轴线转换的。这样,*sick*(生病的)现在成为了'感觉身体不适'这条轴线的终结点。语法形式的添加引发了两个同时发生的认知加工过程。第一个加工过程就是**聚点化**(**punctifying**),也就是将线性长度在概念认知上聚叠为一个点。正如刚才我们提到的,*sick*(生病的)原本覆盖了不同程度的不适状态,是一个延伸的范围,现在被聚叠成了表示确定生病的概念点。第二个认知加工是**终点化**(**terminalizing**)。在这个过程中,一个从起点开始的梯度转变为另一个梯度的终点。例如,*sick*(生病的)这个词的所指对象原来是'健康状态'这条射线的梯度,而转变后成了'感觉身体不适'这个射线的终点。

(43) (After exposure to the virus, he felt worse and worse and) he was almost sick at one point. /he finally got sick in three days.
((由于接触了病毒,他感觉越来越糟)他一度几乎病倒了/三天后最终还是病倒了。)

5.8 场景分割

构型结构系统不仅可以对个别量,如物体、行动或性质进行如前所述的图式描述,还可以对完整的场景进行图式描述。这里的系统涉及对**场景分割**(**scene partitioning**)的概念化,也就是说,将一个所指场景主要划分为组成部分和参与者。

一个词项能够表达它所指事项的具体场景分割。换句话说,词项本身能包含或词汇化它所指事件的场景分割。例如,英语动词 *serve*(服务)的所指对象将其适用的整个情景划分为四个主要部分:行动、服务的项目以及由'主人'和'客人'两个角色组成的社会二元体。场景划分构成参与者结构的部分,一般为具有感知的参与主体,可以被单独命名为**角色构成**(**personation**)类型(参见 II-1),这正是动词为之词汇化的对象。角色构成类型这个图式范畴包括两个主要下属概念,即只涉及一个参与者的**一元型**(**monadic**)和涉及两个相互影响的参与者的**二元型**(**dyadic**)。因此,虽然 *serve*(服务)这个单词可能具有一个四部分的场景分割和一个三部分的题元结构,实际上这个词的角色构成类型属于二元型。

封闭类形式也可以包含场景分割或角色构成类型。因此,由一个单数主语和一个反身宾语组成的语法复合体就含有'参与者只有一个'的语义内容。当这种语法形式和一个表示两人关系的动词例如 *serve*(服务)共同出现时,该语法形式就唤起**一元构建**(**monad formation**)的认知加工过程。因此,这个动词的所指对象就从原来的二元型(如 44a 所示)转换为一元型(如 44b 所示)。经过这种转换,它的所指对象就与本质上是一元体的所指对象相同,正如(44c)所示。

(44) a. The host served me some dessert from the kitchen.
     (主人从厨房里为我拿来一些甜点。)
   b. I served myself some dessert from the kitchen.
     (我从厨房里给自己拿了一些甜点。)
   c. I went and got some dessert from the kitchen.
     (我去厨房拿了一些甜点。)

需要注意的是,虽然(44b)中的语法复合体在确定角色数量为一元体的过程中起决定性作用,但是这个动词还保留了一些二元体类型的痕迹。在(44b)唤起的认知表征中,二元体的引申义和一元体的指称义融合在了一起,好像'主人'和'客人'一起出现在单数人称"我"当中。这种结构表明自己包含了两个有互补作用的组成部分,其中一部分表现出主人的特点,例如有责任感以及对另一个组成部分的迁就和宽容,而另一部分表现出客人的特点,例如担任接受者的角色以及被第一部分照顾的感觉。

隐喻过程在这里起关键作用,该隐喻过程将二元的源域投射到一元的目标域上。这种认知加工过程可以称作**内投射**(**introjection**)(见第 II-5

章)。正是由于这种由二元体到一元体的隐喻性内投射(如44b所示),(44b)和(44c)在语义上并不等同(除了因词项不同而造成的所指对象不同以外)。虽然(44c)也指代一个一元体,但是这种指代却没有任何二元体的隐喻印记。

作为伴随一元构建的认知加工,内投射在各种语言中都有广泛体现。但是内投射的相反操作过程(也就是一种假定存在的**二元构建**(dyad formation)的可称之为**外投射**(extrajection)的认知加工)则极少出现。外投射隐含这样的内容:一元型的动词被用于具有二元意义的语法语境,该动词的一元体特征被隐喻投射到二元体上。或许(45b)可以展现这种认知加工的某些特征。但是,如果要与(44b)完全互补,该句应该带有一元体的隐喻印记,这种印记应该包含有(44c)这种简单二元体的句子中所缺少的两个参与者的行动,然而这点表达得不太清楚。

(45) a. One twin sang.
　　　　(双胞胎中的一个唱了歌。)
　　b. Both twins sang together (/? jointly).
　　　　(两个双胞胎一起唱了歌(/? 共同地))
　　c. The twins duetted/harmonized.
　　　　(这对双胞胎唱了二重唱/唱了和声。)

6 视　角

第一个图式系统包含构型结构,其中封闭类形式可以指代所指实体。现在所讨论的图式系统则是用来观察这一实体的**视角**(perspective),这些视角也是由封闭类形式表达的。这个系统确立了一个概念视角点,我们可以由此出发去认知这个实体。虽然这个图式系统很可能与特定的感觉形式无关,但它更容易从视觉的角度来理解,就好像一个人通过"心智之眼"去"向外观察"所指对象的结构。

视角系统涵盖几个图式范畴,其中有:视角点在较大框架中的空间和时间位置、视角点与所指对象的距离、视角点在时间推移和路径变化中的位置改变与否以及从视角点到被关注实体的观察方向。下面将详细讨论这些类别。

6.1 视角位置

语法形式(还有词汇形式)都可以表示一个视角点在所指对象的场景里或其言语事件背景中应该占据的位置。语言学有很多关于这方面研究的文献。其中很多都涉及了指示词。指示词基本上将视角点设在说话者目前所在的位置上。例如,类似英语 come(来)和 go(去)的开放类形式可以将焦点物体相对于背景物体的路径描述为朝向或背向说话者,而诸如德语 her(从哪儿来)和 hin(到哪儿去)的封闭类形式可以表达同样的视角点。

"指示中心"(deictic centre)这一概念可以将这一基本概念进行延伸,使其涵盖语言形式引导受话人把想象中的视角点投向所指场景中的任何位置(见 Zubin and Hewitt 1995)。现在我们来看以下的这段叙述:"She sat in the rocker near her bed and looked out the window. How lovely the sky was(她坐在床边的摇椅上向窗外望去。多美的天空啊)!"第一句将第三人称代词和客观的场景描写连用,使读者将自己的视角点落在屋子的某处,用来观察那个坐在摇椅上的女人。但是在第二句中,how 结构的感叹句与主观经验的表达连用会使读者重新将视角点落在摇椅上的女人那里,读者实际上是通过那个女人的眼睛往外看。

为了更详细地说明这个问题,现在我们来看一下(46)句(改编自 Fillmore 用来说明不同问题的例句)。第一个句子使读者将她的视角点落在屋子里,而第二句则使读者比较倾向于外部视角位置(或者说并没有很明确的视角点)。这种转换是怎样实现的呢?这里涉及的认知加工似乎包含了英语的语法规则和几何学知识。但是英语中有一条比较明确的普遍规则,虽然这一规则时常被打破,即如果一个事件的引发者是可见的,那么该引发者就必须体现在表达这个事件的从句中;反之,如果该引发者不可见,那就必须被省略。例如,如果我手中握着的杯子不小心掉到地上,我可以对旁边站着的人说"*I dropped the glass*(我掉了杯子)",这句话很恰当。但是一般情况下我不会说"*The glass fell*(杯子掉了)"。(46a)并没有提及开门这个动作的发出者,所以,动作发出者一定是不可见的。但是,第二句就明确指出是那两个走进餐厅的男人。因为餐厅的墙和门是不透明的,那么在门开的时候,如果观察者无法看到正在向里走的开门者,那么观察者的视角点应该是在餐厅里。相反,(46b)提到了动作的发出者。因此,这个动作的发出者必定是可见的。如果观察者可以看到正在从外往里进的开门者,那么观察者的视角点应该是在外面。衡量我们认知处理能力的一个指数便是在听到某句话后,如(46)句,我们能以多快的速度将英语的可见性原则、几何学知识和现实世界的知识联系在一起去清楚、正确地感知场景内部视角点的位置。

(46) 视角点位置

　　a. 内部：The lunchroom door slowly opened and two men walked in.

　　　（餐厅的门慢慢地开了,两个男人走了进来。）

　　b. 外部：Two men slowly opened the lunchroom door and walked in.

　　　（两个男人慢慢地打开了餐厅的门,走了进去。）

6.2　视角距离

在视角系统内,封闭类形式可以表达的第二个图式范畴便是**视角距离**(perspectival distance)。根据视角点与被观察实体的相对距离,该范畴的主要下属概念包括三个:**远距**(distal)、**中距**(medial)和**近距**(proximal)。5.5节中提到,视角距离与图式范畴的延展程度相关。在一般情况下,远距离视角与缩减了的延展程度相关,中距离视角与中等延展程度有关,近距离视角与扩展了的延展程度相关。视角距离是否一定与延展程度或某些其他范畴相关尚待研究。但是,视角距离常常伴随延展程度范畴。而且,在任何情况下,视角距离都可以在视觉类比的基础上组织并协调所指对象的范围、大小和颗粒度相关的概念。因此,在较远距离的视角下,通常会同时出现注意范围扩大、实体尺寸变小、结构变模糊、细节变少等几种认知现象;而在较近距离的视角下,通常会同时出现注意范围缩小、实体尺寸变大、结构变细致、细节变多等几种认知现象。

6.3　视角模式

关于视角点的第三个图式范畴是**视角的运动性**(perspectival motility),即某个视角点是**静止的**(stationary)还是**运动的**(moving)。这里我们没有把视角的运动性单独来考察。我们观察到视角运动性范畴的成员大体上是和视角距离范畴的成员共同作用。两个范畴成员的概念联系如下:静止的视角点与远距离的视角点相匹配,运动的视角点与较近的视角点相匹配。而且,这些概念联系又进一步与两个不同的注意范围(下一个图式系统中的一个要素)相连。具体来说,前者与总体注意范围相联系，后者与局部注意范围相联系。最后，这些互相联系的复合体组成了一个更大的图式范畴，也就是**视角模式**（perspectival mode），它的两个下属成员可以称作**全局模式**（synoptic mode）和**顺序模式**（sequential mode）。(47)总结了两者的特征。

(47) **视角模式**
  a. 全局模式：采取注意为全方位的静态远距离视角点。
  b. 顺序模式：采取注意为局部范围的动态近距离视角点。

不同类型的所指场景与不同类型的视角模式相关。具体来讲，静止的场景与认知该场景的全局模式相关，运动的场景与认知该场景的顺序模式相关。语言中具有很明显的一套封闭类形式来表示这些相关性。此外，语言中似乎还存在另一套封闭类形式可打破这种相关性，并能促使人们使用相反的视角模式来认知所指场景。

6.3.1 顺序化

为了便于说明，我们首先来看一个静态所指的例子，某个物体的位置，具体为几座房屋点缀于山谷间。这个单一的场景可以由两个视角模式交替表征。(48a)唤起了(47a)总结的全局视角模式，该模式更符合(48a)中的所指。带有下划线的一系列语法形式，即复数格和复数格的主谓一致、表示中等数量的限定词 *some*（一些）以及地点介词 *in*（在……里）从不同方面体现了全局模式。但是这些语法形式可以被其他语法形式代替，如(48b)中的单数形式和主谓一致，表示中等程度时间分布的副词词组 *every now and then*（不时地）和表示运动的介词 *through*（通过），这种编码形式产生了如(47b)的顺序视角模式。语法形式的改变使原来的认知表征转化成一个新的认知表征。在新的认知表征中，一个人的视角点和注意，或者一个人的自我投射位置，不断地从一个物体转换到另一个物体上。事实上，静态的物体复合体可被转化成顺序的事件复合体。这里的事件包含了我们依次遇见每个物体，反映的是**顺序化**（sequentializing）的认知加工。

(48) a. There <u>are</u> <u>some</u> houses <u>in</u> the valley.
   （山谷里有一些房子。）
  b. There <u>is</u> <u>a</u> house <u>every now and then</u> <u>through</u> the valley.
   （山谷中时不时可见一处一处的房子。）

同样，(49)中的句子也体现了全局视角模式和顺序视角模式之间相同的对比,但是使用了部分不同的语法形式。

(49) a. All the soldiers in the circle differed greatly from each other.
（圈里所有的士兵相互之间差别很大。）
b. Each soldier around the circle differed greatly from the last/next.
（圈里的每一个士兵都跟上一个/下一个差别很大。）

虽然顺序模式在本质上与静态场景不相称,但在表征某些静态空间构型时比全局模式更常用。(50b)中常见的口语形式为动态视角点。如果想用静态全局模式表达相同意义,我们就只能使用(50a)中夸张的科学上的表达方式。

(50) a. The wells' depths form a gradient that correlates with their locations on the road.
（井的深度与它们所在道路上所处位置形成相应的梯度。）
b. The wells get deeper the further down the road they are.
（沿着路越往远处走,井越深。）

6.3.2 全局化

也有与上述相反的情况,一个本质上表示顺序的所指对象,如由一系列事件组成的复合体,可以通过与之相配的顺序认知模式来表征,如(51a)所示。顺序模式可由特定的封闭类形式来激发:单数、表示重复性的副词和表达时间进程的介词(或者介词复合体)。但是,从本质上讲,同一所指对象也可以通过固定的全局视角点,即全局模式来表征,如(51b)所示。由此产生的认知效果是按顺序进行的事件在整体或概括性的观察中被看成同时发生,好像是与时间维度相联系的进行语义被转变成了静态存在的语义,这里体现了**全局化**(**synopticizing**)的认知加工。在目前这个例子中引发这种操作的封闭类形式是:表示完成的助词、表示总数的数量复合词、复数和表示静态包含的介词。[16]

(51) a. I took an aspirin time after time during/in the course of the last hour.
（在过去的一小时里,我一次又一次地吃一片阿司匹林。）

b. I have taken a number of aspirins in the last hour.
（在过去的一小时内,我吃了一些阿司匹林。）

6.4 观察方向

在时间域里,顺序模式还可以应用到一连串事件或持续的单一事件中。在这一应用中,视角点位置与注意分布系统的另一个要素,即**注意焦点**(focus of attention)结合起来形成一种新的图式范畴,即**观察方向**(direction of viewing)。该范畴建立在这样一种认知可能性的基础上:我们从一个既定的视角点向特定方向"观看",并因此注意到所指场景时间构型的特定部分,然后再将观察方向转到时间构型的另一部分。

为了说明这一点,我们把由两个连续事件组成的时间复合体看作一个所指对象。封闭类形式基本可以使不同视角模式和观察方向应用于这一相同的复合体中。在(52a)中,封闭类形式可以将视角点暂时建立在事件 A 的位置上,由此出发,视线首先被指向事件 A 本身,这是**直视**(direct)观察方向,然后又以**前视**(prospective)方向指向事件 B。另一种方式,如(52b)所示,视角点被定格在事件 B,**后视**(retrospective)到事件 A,然后再直接指向事件 B 本身。在这两种情况中,移动的不是视角点位置,而是观察方向。

此外,视角点位置本身也能移动,直视观察的事件也可随位置变化,如(51)例中变化前的顺序视角模式。因此,(52c)中,观察者首先在事件 A 处确立一个视角点,直接观察 A 事件,然后将视角点移到事件 B 处,再直接观察 B 事件。

(52) 同向顺序视角模式

a. 直视→前视

I shopped at the store before I went home.
（我回家之前,在商店购物了。）

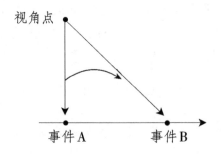

b. 后视→直视

After I shopped at the store, I went home.

（我在商店购物之后，回家了。）

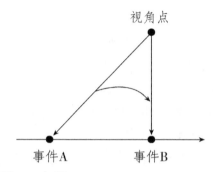

c. 直视_A→直视_B

I shopped at the store, and then I went home.

（我在商店购物，然后回家。）

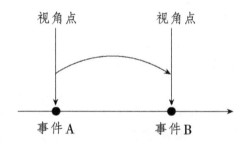

(52)用图式说明了这些例子中的不同视角。这里，时间轴的箭头方向代表了所指事件的时间前进方向，而上面的箭头表明了与观察顺序相关的时间进程。

在上面讨论的所有顺序模式例子里，观察的时间方向和所指事件的时间方向相一致，我们将这种关系称之为**同向**（**cosequential**）。然而，除此之外，语言中的视角系统经常存在反向关系。也就是说，相继观察的事件是较早发生的事件，这种关系可以被称为**反向**（**antisequential**）。(53)是与(52)相对应的反向顺序模式的例子。图例显示，相对于所指事件的时间箭头来说，观察顺序的箭头是指向后面的。[17]

(53) **反向顺序视角模式**

    a. 前视→直视

        Before I went home, I shopped at the store.

        （在我回家之前，我在商店里购物了。）

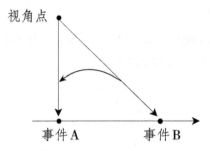

b. 直视→后视

I went home after I shopped at the store.

(我在商店里购物之后,回家了。)

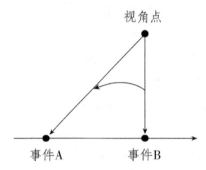

c. 直视$_B$→直视$_A$

I went home, but first I shopped at the store.

(我回家了,但是我先在商店里购物了。)

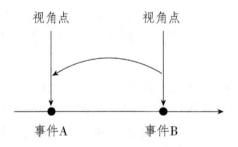

　　类似的视角参数不仅可以运用于一个由独立的事件组成的时间复合体,而且可以运用于有延续程度的单个事件,如(54)所示。我们对该事件的过去起始时刻的观察方向是向后的,对于它现在的情景则是直视观察的。这里观察的路线不是从一个事件跳到另一个事件(由前面图中的弯曲箭头表示),而是在后视方向和直视方向之间沿着事件主体连续不断前进(由当前图中的直线箭头表示)。如(54a)和(54b)所示,视线相对于所指事件的前进方向,既可以同向也可以反向。

(54) a. This festival dates from 1630 A.D.
（这一节日始于公元 1630 年。）

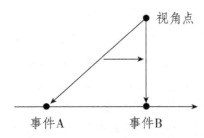

b. This festival dates back to 1630 A.D.
（这一节日可以追溯到公元 1630 年。）

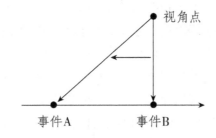

7 注意分布

本章探讨的第三个图式系统是**注意分布**（distribution of attention）。该系统由分配在所指对象或场景上的不同强度的注意模式组成，这些模式由封闭类形式表达。前两个图式系统建立了所指对象的构型结构以及可以认知该对象的视角点，而当前的图式系统则把注意分布从既定的视角点引导到既定的结构上。

在注意系统中，有三个因素决定所指场景的注意分布情况。第一个因素是**注意强度**（strength of attention），可从弱（faint）到强（intense）。封闭类形式可根据两个尺度中的任意一个来设定注意强度。它们可以在一个绝对的或以零为起点的尺度上将注意强度设定为从低到高的某个值，这种认知加工，用现在的语言学术语描述，称作**显著性**（salience）或者**突显性**（prominence）最合适不过了。或者它们可以在一个相对的、基于规范的尺度上将注意强度设定为比参考值高或低的值，这种认知过程可被称为**背景化**（backgrounding）和**前景化**（foregounding）。

第二种因素是**注意模式**（pattern of attention），不同程度的注意可以被联合排列成特定的模式。我们能够鉴别出由封闭类形式所表示的许多模式。其中一种模式是**注意焦点**（focus of attention），这是一个中心/边缘模式，中心区域获得较强的注意，周边区域获得较弱的注意。这种聚焦模式跟 I-5 章以及本书其他各处讨论的焦点（figure）/背景（ground）结构相关。另外一种模式是**注意视窗**（window of attention）。在这种情况下，所指场景中的一个或多个（不连续的）区域会获得较多的注意，而其他的部分则获得较少的注意。这种视窗模式是 I-4 章的主题。第三种模式是**注意层次**（level of attention）。在这种模式中，所指场景中较高的组织层次获得较多的注意，而较低的组织层次获得较少的注意，或者相反的分布情况。下面的几节都是讨论这种注意层次设定模式的。

第三种因素是**注意映射**（mapping of attention），即注意模式的特定部分被映射到所指场景的特定区域。通过这种操作，单个注意模式能够以不同的方式叠加在同一个所指场景上。以中心/边缘模式以不同形式应用于单个交易场景为例，注意焦点或者被集中到卖者身上，如 *The clerk sold the vase to the customer*（这个售货员把花瓶卖给了顾客），其他部分获得较少注意，或者注意焦点被投射到买者身上，如 *The customer bought the vase from the clerk*（这个顾客从售货员那儿买了花瓶）。在两种场景中，焦点以外的成分都获得很少的注意。请注意，本卷所有用来说明注意系统的例子都是保持所指场景不变，然后表明某一注意模式如何以不同的方式映射到该场景上。也就是说，我们证明了在不改变内容的情况下，封闭类形式可以决定注意的分布。与上面探讨的视角图式系统相同，整体来说注意图式系统也能表明语言的概念建构系统与概念内容系统是相对独立的，概念结构系统能够独立运行来确定或者转变后者的图式化，即当前讨论的例子为注意的图式化。

如上所述，接下来的所有小节内容都和注意层次模式相关，并将展示该模式的四种类型以及该模式如何把较强的注意转向所指对象较为完整或概括的特征，或者转向较为局部或者细节性的特点。

7.1 合成层次

我们要考虑的图式范畴与诸如（29）A/B 栏目中用图式表示的有界量相关。我们已经讨论了能够表示这些量的一种结构形式是（55a）中的"NP *of* NP"结构。这里的第二个名词短语（NP）确定了所涉及的量的身份，该名词短语本身是无界的；而第一个名词短语，用以前介绍过的术语来说，确定了量的**有界性**（**bounding**），或是对该量的**部分抽取**（**portion excerpting**）。此外，除了有界化的操作以外，第一个名词短语能够表达选取部分的具体**形式**，如(55b)中形状、大小以及其他可能的特征。[18]

(55) a. a set of trees（一排树）

　　　a quantity of water（一汪水）

　　b. a cluster of trees（一丛树）

　　　a puddle/drop of water（一洼/滴水）

这里的两个名词短语可以看作两个不同**合成层次**（**levels of synthesis**）的编码。如果要描述如 a cluster of trees（一丛树）一样的属于内部合成的例子，我们可以说第二个名词短语本身确定了由独立成分组成的非合成的复合体，而第一个名词短语确定了从复合体中合成出来的格式塔完形。这两种层次因此可被称为合成的**成分组合**（**componential**）层次和合成的**格式塔**（**Gestalt**）层次。

进一步讲，语言可以对其他认知差异做出标记。合成的任何一个层次都能够被放在注意的焦点处，而相应的另一层次则被置于背景处。标记这种注意分布的语法手段就是把要凸显的名词短语放在较大的名词结构的中心（在目前的英语结构体里是放在前面）。因此，如(56a)所示，我们刚才看的名词短语中的任意一个都可以出现在句首。借助这种手段，我们可以得出仅与其中一个合成层次相关的述谓结构，如(56b)所示。

(56) a. the cluster of trees/the trees in the cluster

　　　（一丛树/树丛里的树）

　　b. That cluster of trees is small./The trees in that cluster are small.

　　　（那丛树很小。/那树丛里的树很小。）

另外，有一些开放或者封闭类形式，它们的所指对象只适合一种合成层次。因此，如(57)所示，together（当取'toward each other'（互相）这种意思的时候），一般来说，一般与任意多个物体相关联，而 in upon-self（在……身上）通常与由复合体形成的整体相搭配。

(57) a. The bricks in the pyramid came crashing together/＊ in upon themselves.

　　　（金字塔的砖全倒塌了/＊ 倒塌在一起。）

b. The pyramid of bricks came crashing in upon itself/
  * together.
（砖建成的金字塔倒塌了/ * 倒塌在一起了。）

此外,有些封闭类形式只表示一种特定的合成层次。因此,在英语里,(58ai)中"Num [NP]-s"("数词＋名词短语-复数")结构中的基数词趋向于唤起对其所指对象在合成组合层次上概念化。但是(58aii)中的封闭类词缀-some 或者更具体的语法结构"[Num]-some of [NP]-s"("数词-some of＋名词短语-复数"),则趋向于激发整体层次上的合成,这使我们将一个有限的复合体概念化为抽象的、高阶的单一实体的一部分。

用来表示包含物体的事件的动词形式也有同样的区别。俄语中有一个封闭类动词前缀 s-,后面接动词,再接复数直接宾语的宾格,即"s-[V][NP-pl]-ACC"("s-动词＋名词短语-复数-直接宾语"),翻译成英语的 together(一起)。如(58bi)所示,该结构把注意指向合成的组合层次。但是如(58bii)所示,后面接第六属格的动词前缀 na-,即"na-[V][NP-pl]-GEN"("na-动词＋名词短语-复数-第六属格"),可以唤起如下的概念化过程:从聚集的物体中创造出一种较高阶实体,称为聚集体(accumulation)。

(58) a. **空间**:……**英语 CC,数词后缀-some**
  i. four cooks(四个厨师)
  ii. a foursome of cooks(四人组厨师)
b. **时间**:……**俄语 CC,动词前缀 na-[第六属格]**
  i. Ona s-grebla orexy v fartuk.
    "She scraped nuts together into her apron."
    （她把坚果一起揽入围裙里。）
  ii. Ona na-grebla orexon v fartuk.
    "She scraped up an accumulation of nuts into her apron."
    （她把一堆的坚果兜进她的围裙里。）
    (By scraping them together in her apron, she accumulated (a heap/pile of) nuts.)
    （通过把它们一起揽入她的围裙里,她收集了(一堆)坚果。）

前面的例子都是探讨注意从复合体转到由复合体组成的整体,这种认知加工称为**格式塔化**(Gestalt formation)。但语言中也有与此相反的过程:**组合成分化**(componentializing)操作,把注意从整体转移到组成成分。当一个词的所指对象已经是在较高合成层次上的实体时,就会发生这种操作,如例子(59a)中的 *iceberg*。通过(59b)中的语法手段,我们对该实体的概念化转向从一个连贯的整体变成组成部分及其相互关系。这里我们再次遇到了一个表层表达形式,即 *in two*(……两部分),该形式只与一种层面的合成相关,即合成的整体格式塔层次,而与合成的组合层次无法共存。

(59) a. **合成的格式塔层次**

The iceberg broke in two.
(冰山破裂成两半。)

b. **合成的组合层次**

The two halves of the iceberg broke apart (*in two).
(冰山的两半分开了)(*分成两半)。

依据这两种合成层次以及适用于它们的概念转换方向,我们可以确定四种概念类型,如(60)所示。这里的"焦点"术语在 I-5 章里有所描述。

(60) 例子	类型	操作
cluster of trees (一丛树)	"composite Figure" (复合焦点)	Gestalt formation (格式塔化)
trees (树(复数))	"multiple Figures" (多元焦点)	↑
iceberg (冰山)	"meta-Figure" (元焦点)	↓
two halves of iceberg (冰山的两半)	"component Figures" (组合成分焦点)	componentialization (组合成分化)

7.2 代表性层次

第二个和注意层次相关的图式范畴可由物体复合体体现。这种范畴不是关于复合体所有成员的基本所指,而是意在说明注意在这个复合体内部的指向和分布。在第一种情况中,多元体的**完全补足项**(**full complement**)被放在注意的焦点处,且全部表征所指行为,只有个别的成分被零散地放在注意的背景处来单独体现所指行为。在第二种情况中，多元体中的一个**代表**（exemplar）被置于注意的焦点处，代表了同样可以聚焦且有相同功能的任何成分，而其他项则形成一组，被置于注意的背景处。这两种注意分布模式构成了图式范畴，即**代表性层次**（level of exemplarity）。也许大多数语言都具有可以激活这种范畴任一层面的语法手段。但英语在这方面手法更广泛一些：它有成对的语法形式，可以区分多元体的不同类型。(61)中比较完整地给出了这些成对的语法形式。每个例子首先展示了完全补足项的形式，然后是相应的代表形式。

(61) a. Oysters have siphons/a siphon.
（牡蛎有呼吸管/一个呼吸管。）
An oyster has siphons/a siphon.[19]
（一个牡蛎有呼吸管/一个呼吸管。）

b. All oysters have siphons/a siphon.
（所有的牡蛎都有呼吸管/一个呼吸管。）
Every oyster has siphons/a siphon.
（每一个牡蛎都有呼吸管/一个呼吸管。）

c. All the members raised their hand(s).
（所有会员都举起了他们的手（复数）。）
Each member raised his hand(s).[20]
（每一个会员都举起了他们的手（复数）。）

d. Many members raised their hand(s).
（许多会员都举起了他们的手（复数）。）
Many a member raised his hand(s).
（许多会员都举起了他们的手（复数）。）

e. Some members here and there raised their hand(s).
（随处有一些会员举起了他们的手（复数）。）
A member here and there raised his hand(s).
（随处有会员举起了他们的手（复数）。）

f. Members one after another raised their hand(s).
（会员一个接一个地举起了他们的手（复数）。）
One member after another raised his hand(s).
（一个接一个的会员举起了他的手（复数）。）

g. Hardly any members raised their hand(s).
（几乎没有任何会员举起他们的手（复数）。）
Hardly a member raised his hand(s).
（几乎没有一个会员举起他的手（复数）。）

h. No members raised their hand(s).
（没有会员举起他们的手（复数）。）
No members (Not/Nary a member) raised his hand(s).
（没有（没有一个）会员举起他的手（复数）。）

i. On both sides of the room stood tables/a table.
（房间的两边有桌子/一张桌子。）
On either side of the room stood tables/a table.
（房间的任一边都有桌子/一张桌子。）

英语还有几个不成对的形式。如例句 *Neither member raised his hand(s)*（两个会员都没有举起他的手（复数））中，示例形式 *neither*（两者都不）就没有对应的完全补足形式。与之互补，例句 *Some members raised their hand(s)*（一些会员举起了他们的手（复数））中的完全补足形式 *some*（一些）没有对应的代表形式。但是后者可以被添加到成对形式中，因为意大利语中既有完全补足形式也有代表形式。

(62) a. Alcuni membri hanno alzato la mano/le mani.
Some members have raised the hand/the hands.
（一些会员已经举起了手/手（复数）。）

b. Qualche membro ha alzato la mano/le mani.
"Some-a" member has raised the hand/the hands.
（某些会员已经举起了手/手（复数）。）

7.3 层级中的基准线层次

语言在表征层级中一组跨层次且相互联系的所指对象时，注意往往会被指向这些层次中的一个，并把它作为**基准线**（baseline），其他层次以该基准线为参照，这种图式范畴称为**层级中的基准线层次**（level of baseline within a hierarchy）。与合成层次和代表性层次不同，这一范畴保持所指实体的本来面貌不变，而仅仅关注所指对象上的注意分布模式。

适用于这一范畴的层级类型是包含式的层级，例如，一个含有三个层次的层级,整体包含特定的部分,部分又有自己特定的特征。(63)中的句子体现了这种层级类型。这些句子的概念复合体包括来自三个不同层次的实体,分别是男孩、脸和雀斑。(63)的三个句子都同样表达三个等级层次上的实体和它们的包含关系,但所基于的基准线不同。(63a)中的基准线在最小视域的层次上,即特征细节;(63b)的基准线在中等视域上,即部分;(63c)的基准线在最大视域层次上,即整体。英语中设定基准线的语法手段是让基准线做主语并与 have+PP("有"+介词短语)结构相搭配。

  (63) a. There are freckles on the boy's face.
     (有雀斑在男孩的脸上。)
    b. The boy's face has freckles on it.
     (男孩的脸上有雀斑。)
    c. The boy has freckles on his face.
     (男孩在脸上有雀斑。)

  既然目前这个层级范畴属于包含类型,那么确立较大视域层次的基准线的认知效果就是将其设为**框架层次**(framing level)。所以,(63c)把较大视域的整体(男孩)设为框架层次,事实上是将其作为观察其他两个层次(脸和雀斑)的"视角点"。与此相反,(63b)把中间视域的部分(脸)作为框架层次,即作为观察整体(男孩)和特征(雀斑)的最显著的视角点,此时整体(男孩)和特征(雀斑)在某种程度上更加背景化了。

7.4 具体性层次

  不同的语言表达可指代本质上相同的实体,也就是能在听者的认知表征里激活本质上具有相同身份的实体,但是它们的具体性程度有所不同。**具体性层次**(level of particularity)是一个从**详略度**(specificity)较高向**概括性**(genericity)较高渐变的层级。至于注意的分配,不同语言表达沿着这个渐变体的不同层级,或者把所指对象的细节焦点化,而把较抽象的共性背景化;或者把细节背景化,把共性焦点化。在一个既定的语境中,位于具体性两端的语言表达所传达的信息是对等的,因为一般来说,抽象的结构都暗含在所指对象的细节之中,而细节能在更概括的语境中推导出来。两者的不同之处在于,具体性层次的语言设定会把首要的注意引向该层次,这种认知过程继而又产生进一步的认知效果。总体来说,该范畴的实现主要依赖于特定的开放或者封闭类形式的选择,这些形式已经在我们需要的具体性上直接表达了所指对象。似乎没有仅表明所指对象应该在哪个具体性上被概念化的语法形式,也没有只用来激活所指对象在不同的具体性上相互转化的语法形式。(在这方面,详略度跟 5.3 中探讨的离散性相似。)

为了更好地说明对于不同封闭类形式的选择,不妨考虑以下情况:你可以和独自一个算分类账的人说"*You have made a mistake here*(你这里算错了)"或者说"*Someone has made a mistake here*(有人这里算错了)"。*You*(你)表明了涉及的具体施事人,而 *someone*(某人)则是在一个较抽象的层次上标志出了施事人的参与。在一定的语境中,*someone* 的使用不会导致任何信息的丢失,但是它会使注意远离详略度的具体层面。

认知语言学中似乎有一个比较普遍的原则,如果我们没有给某个因素以明确的命名,那么这会留下认知空间,使得我们思考另一种替代因素,进而否定这个未命名的认知因素。(该原则可以看成自我保护心理过程在语言学中的对应原则。在该保护心理的操纵下,如果存在一个不愉快因素,我们可以通过使用一个避免直接提及该因素的其他替代形式而得到宽慰。)借助于 *someone* 的使用,说话人留出了"回旋余地"(wiggle room),并制造了这样一种认知错觉:说话人不是在直接地责备听话人。以此为基础,可以产生一个又一个的认知效果。首先,注意从细节处转移。伴随而来的第二个认知效果是否认。接下来的第三个认知效果是,说话人的周全考虑可以让听话人找个台阶下。在此之上,第四个效果是说话人可以借此来表达讽刺或反讽的意图。

(64)中依地语(Yiddish)的例子就与此相关。这些句子节选自一首歌。(64a)是一个年轻女子在推辞一个年轻男人邀请她去树林里时说的话。这个句子在语境中可以被理解为(64b)中表述的比较具体的情景。但是,在另一语境中,(64a)也可以被理解为(64c)中描述的更细节化的情景。后两个句子表明了特定的参与者及他们的角色。相比之下,(64a)将句中的情景简化,仅仅表达了参与者之间的关系,即一个不明身份的参与者将对另一个参与者施加行为。在有语境的情况下,例(64a)基本表述了具体的信息,但它却让我们的注意远离这些细节。直接表达出这些信息会让句子显得太过直白,而采用暗含的方式表达则让句子显得间接而委婉。

(64) a. Me vet zick veln kushn.
 one will-3S REFL want-INF kiss-INF
 "One will want to kiss another."
 (一个人将要吻另一个人。)

b. Du   vest   mir veln   kushn.
   You-S will-2S me want-INF kiss-INF
   "You will want to kiss me."
   (你将要吻我。)

c. Mir veln   zikh veln   kushn.
   We will-1P REFL want-INF kiss-INF.
   "We will want to kiss each other."
   (我们将要接吻。)

8　嵌　套

我们已经讨论过，由语法形式表示的概念大都遵循一定的组织原则，即时空同源(spatiotemporal homology)、范畴内转换(intracategorial conversion)和逆向可转换性(reverse convertibility)。下面将着重讨论另一个组织原则，即**嵌套**(nesting)。在很大程度上，一个由语法形式表示的概念都能嵌套在另一个概念中，然后再一起嵌入第三个概念中。换句话说，嵌套是一种**链式嵌套**（chaining），一个由语法形式所唤起的认知加工的输出，可作为另一个加工的输入，而该操作的输出又可作为第三个操作的输入。下文将分别探讨前面介绍的三个图式系统的嵌套，即链式嵌套。

8.1　构型结构的嵌套

构型结构的嵌套加工的例子已经在(27)和(30)中出现过。为更加清楚地说明问题，我们增加一些例子，首先来看例(65)中的时间维度是如何逐层嵌套的：

(65) a. The beacon flashed (as I glanced over).
        ((我望过去的时候)，信号灯闪了一下。)

b. The beacon kept flashing.
   (信号灯不停地闪烁。)

c. The beacon flashed five times in a row.
   (信号灯连续闪了五下。)

d. The beacon kept flashing five times at a stretch.
   (信号灯连续不断地五下五下地闪烁，每次闪五下。)

e. The beacon flashed five times at a stretch for three hours.
（信号灯五下五下地连续闪了三个小时。）

从顺序操作的角度解释，(65a)中的动词 $flash$（闪烁）基本上表示点持续的、循环的单元事件。经过复元化这样一个认知加工过程，得出(65b)里的无界多元体。这个结构再经过有界化形成(65c)。(65c)中的有界多元体首先经过消减加工而被图式化为一个新的、点状的单元量，然后该单元量再经过复元化得到(65d)。(65d)中新的无界多元体最终在(65e)中被有界化。(66)用图式化形式展现了以上五步构型结构嵌套过程：

(66) a. !

b. ...!!!!!!!!!...

c. [!!!!!]

d. ...[!!!!!]—[!!!!!]...

e. [[!!!!!]—[!!!!!]...[!!!!!]—[!!!!!]]

(67)中的空间嵌套加工跟这种时间嵌套加工类似：

(67) a. I saw a duck   [...in the valley.]
（我看见一只鸭子   在山谷里。）

b. I saw ducks   〃
（我看见一些鸭子

c. I saw a group of five ducks 〃
（我看见一群鸭子，有五只

d. I saw groups of five ducks each 〃
（我看见几群鸭子，每群各有五只

e. I saw three ponds full of groups of five ducks each 〃
（我看见三个池塘，里面满是五只一群的鸭子

在前面介绍中提到过，我们可以认为构型结构的嵌套有两种方式：一种是动态顺序加工，在此加工中，一个认知加工的输出成为另一个加工的输入；另一种是静态的、有等级之分的结构复合体，其中所有概念成分像在图式中一样以特定关系共存。我们仅用上述顺序加工便可理解(65e)中的概念复合体，正如上文首次谈到的那样；或者是像例(66)中那样，既有动态过程又有逐渐累积起来的静态图式结构；也可以用由句子中相关

的封闭类形式整体决定的静态结构来理解一个概念复合体。

构型嵌套的动态和静态解读之间也有一定的关联。动态过程模型的基本成分（即最初那个作为第一个加工的输入成分，如（65e）中的单元、点延续性事件"flash"（闪烁））对应静态结构模型中的最底层（最小的）成分，即（66）中任意一个垂直感叹号。

8.2 视角的嵌套

视角图式系统也能体现嵌套的形式。比如说时间视角，例句见（68），图表见（69）。

（68）At the punchbowl, John was about to meet his first wife-to-be.
（在潘趣酒吧，约翰就要遇见他未来的第一任妻子了。）

（69）

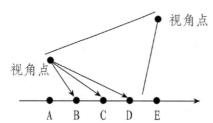

在这句话中，我们能区分出说话人以及所指对象约翰的很多不同视角和观察方向。Be about to（将要）这个词组建立了第一个视角点，即说话人的视角点，无论说话人亲临现场还是只作为虚拟投射，这个视角点（图表中的"A"点）是在约翰遇见某个女人（图中"B"点）那一刻之前。说话人的观察方向是从第一个视角点向前，朝向相遇的时刻。接下来，(wife-)to-be（未婚妻）建立了第二个观察视角，观察方向是朝向约翰遇见的这个女人成为他妻子的那一刻（图中的"C"点）。这次视角观察可以来自说话人，这样就碰巧跟从前一个视角点相同，也可以来自相遇时刻的约翰。然后，first（第一个）又建立起了一个新的视角观察，或者说一组观察视角。这个观察很可能（当然也不排除是其他情况）是来自第一视角点的说话人，继约翰娶了在潘趣吧处遇到的女人之后，又娶了第二任或者更多任的妻子（图中的"D"点）。最后，主要动词 was（be 的过去式）建立了说话人正在说话时的视角点（图中的"E"点）。就是在这个视角点上，说话人将说话时所累积的事件顺序信息存入记忆。该视角点也是回顾之前时间的起点。因此,此例中的嵌套涉及将先前的视角点包含到从当前视角点出发的观察范围内。

此外,这个视角点还充当知识的来源,这些知识作为前瞻性的知识似乎可以被投射回到先前的视角点。因此,这种嵌套加工还包含一个新的认知要素,即**知识投射**(projection of knowledge)。该要素将一个视角点的概念内容投射到第二个视角点上。这些概念内容再从第二个视角点转向别处,就好像它们是在第二个视角点生成的一样。这种从后一个视角点往前一个视角点进行概念投射有其合理性,其主要证据是:(68)的基本意义并不会被理解为是对未来的预测,而是对事实的陈述。虽然是预先陈述,但是对事实的陈述需要从事后的知识中提取信息。

8.3 注意的嵌套

在注意图式系统中,注意焦点范畴可用于说明嵌套。(70)中的句子都是在描述同一宗交易事件,但却有着各自不同的注意焦点。

(70) a. The clerk sold the customer a vase.
   (售货员卖给顾客一个花瓶。)
   b. The customer bought a vase from the clerk.
   (顾客从售货员那儿买了一个花瓶。)

两句话的共同点在于它们的所指对象都是两个有意志的施事,即售货员和顾客,他们各自进行着有目的的行为。售货员有意地描述、包装、展示、收款,而顾客则有意地挑选、询问、购买、付款。两组行动协调进行,甚至可以这么说,离开了任意一组行动,另外一组都没法进行。但我们最大注意的焦点只能集中在两个行动复合体中的一个。

词汇形式能表现出这种不同。因此,英语中有一对不同的词汇形式,动词 *sell*(卖)和 *buy*(买)分别唤起两种注意焦点中的一个。另外,语法的"主动"和"被动"语态也能帮助我们将焦点注意集中在交易的一方。

下面来看(71)中的句子。两个句子的主语都是顾客,注意都集中在顾客身上。然而,这两个句子的语义却不尽相同:

(71) a. The customer bought a vase.
   (顾客买了个花瓶。)
   b. The customer was sold a vase.
   (顾客被卖了个花瓶。)

(71a)中选择的词语 *buy*(买)将注意直接集中在顾客身上。因此,顾客发出一系列有意且主动的行动,而售货员的角色却被背景化了。与之形成对比的是,在(71b)中,动词 *sell*(卖)以及被动语态的使用使得(71b)的语义显得更加间接而复杂:我们的首要注意集中在顾客身上,但对售货员也给予了部分注意。更确切地说,尽管我们是在"看"顾客,售货员只是"幕后角色",但售货员的有意行为却显得更加主动,而顾客更像是一个被动的接受者。跟句法结构一样,这种语义效果可看作是一种概念嵌套。在该过程中,注意首先由动词 *sell*(卖)集中在售货员身上,但又由被动语态转移到顾客的身上。如果注意彻底转移的话,那么(71b)就和(71a)在语义上没什么区别了。但实际上却并不是这样,注意只是部分地转移:它没有改变售货员主动有意行为的角色,只是将观察的目标转向了顾客。总之,可以这么说,在售货员身上的注意镶嵌在对顾客的更多的注意层次里。

9 其他认知关联

在某些功能和特征方面,语言中的语法结构与其他主要认知系统中的结构相对应,比如视觉感知结构和推理结构。也许不同的认知系统中普遍存在的最主要的功能就是提供概念的**连贯**(coherence),换句话说,就是协调统一本来互不相干的概念材料。这种重要功能在语言系统以及下文要讨论的视觉系统中有两种主要的普遍实现形式:场景的连贯性和时间的连贯。

引言中谈到,语法结构的功能是为认知情景提供连贯,并提出,句中的语法成分共同决定该句认知表征的结构。语法成分起框架作用,使内容材料得以展开。可以这么说,有了这种结构,才能够把大量截然不同的内容材料连贯起来,从而把它们作为一个整体同时进行认知。也就是说,如果没有这种结构,由所选词汇表达的一些概念往往只是一堆成分的集合,被一起并置在句子里,而不是按一定顺序组织的能表达一个完整概念的思想复合体。

另外,在语篇展开过程中,各种概念都是稍纵即逝,很容易产生互不关联的孤立意义成分。然而由语法形式表达的结构却可以帮助保持这里必需的时间连贯。通过由语法形式表达的结构,认知的连续性可以在话语流中得到保持,最终形成连贯的整体。各种语言都有很多封闭类成分参与这种功能，比如说，英语中诸如 *yes*，*but*（是的，但是），*moreover*（况且），*nevertheless*（但是），*besides*（此外），*instead*（相反），*also*（也）等形式。这些形式引导话语流，表明语篇的"逻辑组织"（logical tissue），并勾画出修辞框架。也就是说，这些语法形式能建立一种延续一段时间的结构，使稍纵即逝的内容在概念上暂时连贯。

上文讨论的两种由语法表达的普遍结构形式适用于任何一种语言，但是还有另外一种形式也普遍适用于所有的语言，这里我们对第二部分所讨论的内容做了一个扩充。每种语言在某种程度上都有一系列不同的语法表达形式，但语言间也有很多相同之处。所以，可以这么说，每一个系列都是从一个能够在语言中起构建作用的概念清单中提取出来的。

此外，我们可以推导出该清单的本质特征。通过观察，我们知道由语法表达的概念可以广泛分布于很多语言中，甚至可以是普遍存在，并且广泛用于某一语言；这也可以只分布于几种语言中，并且在语言中的使用也极其稀少。因此，我们可以根据它们对语言能力的重要性将这里提出的集合里的结构概念进行分级（参看 II-2 章关于语法概念的列表）。比如说，分别由语法范畴"名词"和"动词"表达的'实体'（entity）和'发生的事'（occurence）这两个概念很有可能普遍存在于任意一种语言中，并且有着广泛的应用。"时态"（tense）和"数"（number）（不包括"人称"（person））的概念范畴在集合中处于中高阶层，但并不是普遍存在。'在早上'（in the morning）和'在傍晚'（in the evening）等概念仅仅是在个别语言中依靠动词的屈折形式来表达。

奇怪的是，较之时空结构，"情感"（affect）这个概念范畴在语言中用于构建概念框架目的的这一层级性清单中的层位却相当低。特别是当我们考虑到情感这一认知系统对人类心理功能的重要影响时，这一点有些令人难以置信。主要情感范畴有一些零散的表达方法，比如，'喜爱'（affection）可由指小词缀来表达，'鄙视'（scorn）可由轻蔑语表达，'关心'（concern）可由诸如 *lest*（唯恐）的连词表达，'伤害'（hurt）可由反向结构（the "adversive" construction）表达（如英语 *My plants all died on me*（我的植物死了，我很难受）。但看似没有任何一种语言具有一个封闭类形式的系统可以像英语中的情态动词系统区分力的抗衡一样来区分情感范畴（I-7 章）。

然而，这样一个情感范畴却不难设想。假设一位家长对在敞开的窗户边上处于危险处境正在玩耍的小孩说话，语法系统让家长能够指出这个情景复合体的空间结构:*Get away from the window*!(从窗户那里走开!),但是情感成分却有待他人去揣摩。句中没有一个封闭类形式,如表达'害怕'(fear)的路径卫星词(Ⅱ-1章)*away*。这位家长不能用一个诸如"*Act afear the window*!"中的*afear*这样的词来表达自己的情感而让人们去猜测空间结构。同理,当一个小孩在刚漆过的墙边并要去破坏它的时候,家长也同样会指出空间结构:*Get away from the wall*!(从墙壁那里走开!)而情感却不能直接表达出来。没有能够表达'喜欢'(like/be nice to)意义的如 *afavor* 这样的封闭类形式可供家长使用,以造出类似"*Act aFAVOR the wall*!"这样的句子来直接表达情感,而将空间成分隐含。

现在我们可以对语言的结构系统和视觉感知的结构系统做一下类比(见 Jackendoff 1987a 以及 I-2 章)。[21]这两个认知系统结构的主要功能都是保证连贯。上文中所讨论的语言连贯的两种普遍形式也跟视觉连贯的两大形式相对应。

首先,语言中所指场景的连贯类似于视觉中感知场景的连贯。任何时候任何视觉整体场景中杂乱无章的光学感受都可通过感知把握其结构轮廓,从而具有连贯性。比如说,我们从餐馆的一个角落看餐馆的整个房间,看到的并不是一些由简单的色彩和曲线组成的混成体。我们看到的是一个有结构的整体,其中包括房间的框架、桌子和人们的空间样式,以及每一张桌子和每一个人。看到的是摆着某个姿势的某人,就是按照 Marr(1982)所描述的"延伸中心轴"(axes of elongation)看到人形的结构框架。儿童画画时对场景的勾勒以及人、动物和物体的简笔画都说明了我们具有从视觉场景和场景部分中抽象出结构的早期能力(Kellogg 1970)。

其次,我们发现语篇中的时间连贯也和视觉感知中的时间连贯有相似之处。如果上例中的观察者现在穿过餐馆的房间,视觉刺激类型和结构感知类型的变化能够引起对路径和整体的"场景/结构连贯性"的感知。

因此,语言和视觉这两个认知系统除了在总体结构方面相似之外,在一些具体的建构手段方面也具有可比之处。本章谈到的由语法形式表达的大多数图式范畴,比如说界态和代表性层次,都跟视觉感知的结构因素相对应。另外,作为整体的系统,构型结构、视角和注意分布这三个在语言的认知组织里广泛应用的图式系统,也和视觉感知中的系统相对应。

语言和视觉在结构特征上也有相似性。由语法形式表达的结构类拓扑学特征或许和视觉对场景轮廓、焦点的内在结构和如何通过充满障碍的路径的感知有相通之处。这样的结构感知看似在某种程度上违背"欧几里得"几何学对于大小、形状或角度的精确要求,但更多地是关于定性的、近似的空间关系(见 I-2 章)。

另外,由语法形式所表达的概念嵌套加工能力也跟视觉场景中的镶嵌结构对应。我们上面看到的餐馆场景的结构有着多重的镶嵌,其中包括一个整体的框架、所有的桌子和人组成的样式、每张桌子、每个人甚至还包括每张桌子和每个人的框架结构。

以上我们大致将语言和视觉作了一个结构性类比。但更重要的是,两个认知系统都各自拥有重要的却对对方系统基本无效的建构手段。视觉感知中的场景结构(或部分)有三大参数:双边对称、旋转和伸缩(伸展或收缩)(Gibson 1966,Palmer 1983)。而且,如果颜色也能被看作是结构性的话,那么颜色就是第四大参数。相比之下,在语言中,由语法形式表达的对称概念很少,或许仅仅只局限于'相互'(reciprocal)的概念。英语中能表示旋转概念的封闭类形式也只局限于介词或动词的卫星词 *around* 和 *over*(*The pole spun around/toppled over*(杆子转圈/倒了)),其他语言中则更为罕见。伸缩的语义在英语中可以用语法手段表达,使用动词的卫星词 *in* 和 *out* 表示辐射状态的运动,比如说 *spread out*(展开),*shrink in*(缩小)。同样,这样的概念在其他语言中也很少得以详细描述。还有颜色,我们在本章已经几次提及颜色不属于由语法形式表达的概念范畴。

从另一方面来说,语言中同样也有一些举足轻重的范畴在视觉感知中作用不大。比方说,由表示语气的屈折形式等来表达的"真实状态"(status of reality),由传信语(evidentials)来表达的"知识状态"(status of knowledge),以及由包括 *instead*(反而),*only*(仅仅)和 *also*(也)在内的小品词表达的"选择对比"(comparison of alternatives)。其他的例子还包括由时态标记表达的"相对时间点"(relative temporal location)、由形容词屈折形式和修饰语标记的"度"(degree)(比如说英语中的 *-er*,*-est*,*almost*,*too*)以及由情态动词表达的"力动态"(force dynamics)(I-7 章)。

虽然视觉感知系统中没有语言系统中的这些概念构建范畴,但是这些概念构建范畴完全可以存在于其他认知系统中。我们再看一下语言中表示"知识状态"图式范畴的传信语的封闭类,它包括如下概念:'从个人经验来看,这是真的'(known from personal experience as factual),'从常识看,这是真的'(accepted as factual through generally shared knowledge),'从相关证据推测'(inferred from accompanying evidence),'从时间的常规性推测'(inferred from temporal regularity),'因为报道过,所以有可能是真的'(entertained as possible because of having been reported),'判断为有可能'(judged as probable)。该类语言范畴很有可能和人类推理认知系统中的结构要素相关。

综上所述,每种主要的认知系统都有一些自己独特的概念结构特征,其中一些特征和其他某些认知系统相似,和某些则迥异,而一些特征则是所有认知系统共有的。这就是在本卷书的引言中提到的认知组织的系统交叉模型(overlapping systems model of cognitive organization)。本章的研究目的是发现概念结构的整体和具体特征,这需结合各认知学科的知识来完成。

注 释

1. 本章是在 Talmy (1988b)的基础上经大幅度改动和扩展而成。而 Talmy (1988b)又是在 Tamly (1978c)的基础上进行了较大的改动和扩展而来。Talmy (1978)的之前版本为 Talmy (1977)。
2. 我们之所以用"evoke"(唤起)这个词,是因为这里的关系并不直接。认知表征是一个层创体,由各种认知过程包括从句子成分的指称义、对当前情况的理解、普遍常识等合成。
3. 从不同侧面对这个更广阔的领域进行的最新研究,参见 Jackendoff(1983),Bybee(1985),Morrow(1986),Langacker(1987),Slobin(1997)。
4. 下面按照本书术语的出现顺序进行介绍:本书中"词汇类"和"开放类"互换使用,"语法类"和"封闭类"互换使用。此外,为保持连贯性,本书选用了"语法范畴"(grammatical category)来取代更为常见的"词类范畴"(lexical category)。这里,语法范畴"名词"并不是指由一个个名词所构成的集合,而是指抽象的"名词性"本身。
5. 例如,扩大语成分和指小成分在指大小而非情感时,表明的是相对于所指对象基准的'大'或'小',而表示距离的封闭类成分,比如说英语(*just/way up there*)中的 *just* 或 *way*,表明的是相对于所指场景的'近'和'远'。
6. 这里所讨论的特征是"外在欧几里得几何形状"(manifested Euclidean shape),这和"内在拓扑形式"(intrinsic topological form)不同。因为封闭类形式与前者几乎无关,而对于后者却是极其敏感。比如说,韩国语的量词 *chang* 指的是"内在为平面的物体,与外在形状无关"。因此,如果说话人想要强调纸的平整的内在形式,而不是此刻的球状外形,这个量词不仅仅可以指一张平整的纸,它还可用来表示揉成的纸团。(见 Oh 1994)
7. 如果所谓的图式理想化形式被理解为仅仅是该图式所表达的形状中的一种,那么该图式特征被称为"形状无关"(shape-neutral)是再恰当不过的。但如果那个理想化形式被理解为是基本的、无标记的,那么我们最好称该图式是可变形的(*deformable*),它具有根据所指对象的形状来进行调整的可塑性(*plasticity*)。
8. 同样道理,也不存在"专有动词"(proper verbs)或"专有形容词"(proper adjectives)。不可能有"to Deluge"这样的动词用在 *After it Deluged , Noah landed the ark*(洪水退去后,诺

亚的方舟着陆了)之类的句子中,来专门指圣经中特定时间和地点的那次大洪水。貌似也永远不会有像"Awareawake"这样的词,用在 *Buddha became Awareawake under the Bodhi tree*（佛祖在菩提树下觉悟了）之类的句子中,来专指特定时间、特定地点佛祖的觉悟。值得注意的是,虽然像 *Manhattanize*（曼哈顿化）这样的动词和 *Shakespearean*（莎士比亚式的)这样的形容词,其所指对象确实包括某个特定时空中的实体,但它们的所指对象并不是唯一的,因为像 *Manhattanize* 这样的动作可以发生很多次,某一特定风格的演员和戏剧也都可称为莎士比亚式的。因此,以上例子表明标记敏感性（token sensitivity)并不适用于所有的开放类类型,但它至少适用于名词,而且可以肯定的是,它不适用于封闭类形式。

9. 或许这种再概念化以及与之对应的句法重组的作用是为一些特征提供模板,比如说英语中用 *get* 标记的被动语态以及意大利语中用 *da*（from)标记的被动语态中的施事。

10. 在某些情况下,由动词派生出来的名词只能跟一个动词或少数几个动词搭配使用。这样的形式能展示一般的由语法标记的认知加工,但不能进行宽泛的空间操作。例如,表示行为的动词（*to*）*bow*（鞠躬)转化的名词（*a*）*bow*（鞠（个)躬)主要是能跟动词 *take* 搭配。因此,我们可以看到以下的同义句：*I bowed* （*once*）/*I took a bow*（我鞠了一次躬/我鞠了一个躬)；*I quickly bowed several times*/*I took several quick bows*（我迅速地鞠躬了几次/我迅速地鞠了几个躬)；*I bowed time after time*/*I took one bow after another*（我一次次地鞠躬/我一个接一个地鞠躬)。从下面这个句子能看出少许空间操作：*I directed a bow at the chair of the funding committee*（我向基金委员会的主席鞠了一个躬)。但是语言中却没有对 *bow* 的更宽泛的空间操作。因此,以下句子不合语法：* *I spread*/*swept bows across the front row of the audience*（*我向头排的观众展开/扫过几个躬)；* *I distributed bows to select members of the audience*（*我向几位观众散发了几个躬)。

11. 正如上文对客观实体的指称分类一样,语言中用来指示行为的典型词汇形式也可分为两类。大多数语言类型通常都用动词来指示行动,但是新几内亚和澳大利亚的很多语言都用一种非动词形式来表达大多数行动,这些形式只能跟封闭类中数量有限的一小部分动词搭配使用。

12. 值得注意的是,这些交集部分的词汇类型具有传统的名称。a,A 或 A′,B′ 的名词形式通常被称为可数名词（count nouns)、集合名词（collective nouns)和不可数名词（mass nouns)。a,A 或 A′,B′ 的动词形式分别称作瞬间动词（punctual verbs)、反复性动词（iterative verbs) 和持续性动词（durative verbs)。此处的模型涵盖传统术语并对其加以补充使之系统化。

13. 该范畴可以看作是对前面的单元体内的界态范畴的归纳。它本身还可以再与其他概念（比如说一端有界一端无界的量（Ⅰ-3 章))结合起来抽象为延展模式范畴。

14. 该范畴显然与前面的五个范畴同属一个概念系统,即,对量的配置的扩展或概括。

15. 我们的主要目的是指出结构分布类型的变化。内容的变化当然也属于更大的模式,但这尚有待研究。

16. 应当注意的是,像(46b)全局形式中完成体的使用,总体上体现了完成体的一大功能,即,表示时间的包含性,即将行动或事件包含在一段时间之中（看起来完成体的确是表明两端均有界的时间段)。从这个意义上说,完成体跟空间包含在语义上有可比性；即将物质或物体包含在一定的空间里。很多语言用 'have-' 类型的动词来标记完成体,这或许也证明了从空间包含到时间包含的隐喻。因此,诸如(i)中的空间包含形式和诸如(ii)中的完成结构相似。这种相似性在(iii)这样的句子中体现得更为直接。

(i) a. There were five aspirins in the box. (有 5 片阿司匹林在盒子里。)

　　b. The box had five aspirins in it. (盒子里有 5 片阿司匹林。)

(ii) I have taken five aspirins in the last hour.

　　(我在过去的一小时内服用了 5 片阿司匹林。)

(iii) a. There were five aspirin-takings in the last hour.

　　　(过去的一小时内有 5 次阿司匹林服用。)

　　b. The last hour had five aspirin-takings in it.

　　　(过去的一小时发生了 5 次阿司匹林服用。)

17. Langacker(1987)区分了一组时间要素,与本书的"指称时间"(referent time)和"观察时间"(viewing time)类似。但他认为后者针对加工顺序,我认为最好还是把观察时间看作是另一个图式范畴,因为首先它能直接被封闭类形式限定,其次这个与语言范畴相关的神经加工过程究竟是如何进行的,还有待考证。

18. 第一个名词短语里面含有的两种语义功能也能单独地出现在两个不同的名词短语中。也就是说,这里讲到的三种语义功能:(a)量的身份;(b)该量的部分抽取;(c)抽取部分的形式,都能在同一个结构中用三个不同的名词短语表示出来,如:

(i) a clustering (c) of a set (b) of trees (a)

　　(聚在一起的(c)一些(b)树(a))

很多词都同时含有两种甚至全部语义功能。同时含有(c)和(b)的是 *cluster* (丛),表示 'a clustering form of a set' (同类的聚集);还有 *drop* (水滴),表示 'a small globular form of an amount [of a liquid]' (一定量[液体的]形成的球状形式)。同时具有三种功能的是 *grove* (树丛),表示 'clustering form of a set [=cluster] of trees' (一[丛]树的聚集形式);另外一个词是 *tear* (眼泪),表示 'small globular form of an amount [=drop] of lachrymal fluid' ([水滴状的]泪腺液体的小滴球状形式)。

容器-被容纳物类型的短语,如 "*a can of nuts* (一罐坚果)" "*a cup of coffee* (一杯咖啡)" 等与之前的结构相似,如果我们为容器加进第四个术语,它们的分析也能并入我们的分析中。这样的第三个用来表示抽取部分形式的术语就应与容器的形状对应。比如,*a cup of coffee* (一杯咖啡)里面含有两个名词和一种显著关系,该短语可用下面含有四个名词或词组以及三种关系的短语来分析理解:

(ii) a cup (d) containing a cup-interior-shaped form (c) of an amount (b) of coffee (a)

　　(一杯(d)包含内部为杯状形式(c)的一定量(b)的咖啡(a))

19. 以上所列存在量化的歧义问题,该问题可在(a)形式中得以体现。复数形式的牡蛎(oysters)与复数形式的呼吸管(siphons)之间的对应存在歧义,因为我们不知道一只牡蛎对应的是一个还是多个呼吸管。其他句子都毫无疑义地表明了每只牡蛎对应的呼吸管数。因此,对于复数形式的牡蛎,单数形式的呼吸管表明每只牡蛎有一个呼吸管(尽管没有类似形式可以清楚地表明一只牡蛎具有多个呼吸管的情况)。另外,对于单数形式的牡蛎,呼吸管的数量也能清楚地表明每只牡蛎的呼吸管数。因此,从这个意义上说,代表性形式总是无歧义的,这也是它较之完全补足形式的优点之一。
20. 这里 *each*(每一)和 *every*(每一)的不同可并入其他人的研究之中(例如,*Vendler* 1968)。*Each* 作为代表性形式,对应的完全补足形式是 *all the*,而不是去掉 *the* 的单独的 *all*。因此,* *each oyster has a siphon*(*每个牡蛎都有呼吸管)不能作为一般性的推论。而 *every* 跟 *each* 不同,它不受到这样的限制,可以很自然地对应于没有 *the* 的 *all*。
21. 很明显,大脑中的语言官能是与其他认知系统一起进化到目前状态的,包括视觉系统,毫无疑问,在进化中会与其他认知系统的功能互动,甚至包括其他系统的一些功能。

第二部分

构型结构

第 2 章 语言与"感思"中的虚构运动

1 引 言

本章提出一个统一的理论,用以描述语言表征和视觉感知中普遍存在的对非真实现象的认知表征,尤其是对运动形式的认知表征。[1] 为了对这一话题有个初步认识,这里提出的框架将涵盖如下语言实例,以下句子描述实际并未发生的运动:*This fence goes from the plateau to the valley*(围栏从高原蔓延到山谷);*The cliff wall faces toward/away from the island*(悬崖面向/背向岛屿);*I looked out past the steeple*(我向外眺望,视线越过教堂的尖塔);*The vacuum cleaner is down around behind the clothes-hamper*(真空吸尘器在洗衣篮后面);*The scenery rushed past us as we drove along*(我们驱车前行,沿途风景疾驰而过)。

同样,我们的理论框架还涵盖如下人们视觉感知到的,但实际并未发生的运动:比如大帐篷上一串串灯泡依次连续闪烁时,我们看到的"似动"(apparent motion)现象;或者当一根竿子周围的参照框架移动时,我们观察到竿子自身的"诱动"(induced motion)现象;或者我们在看一条曲线时,总觉得它是一条直线经过凹进和突出作用后而形成的;或者把倾斜放置的长方形(如相框)视为由原来处于水平垂直位置偏移而来的;或者可能把加号看成是水平的一笔加上垂直的一笔而成的。

1.1 总体框架

首先,我们全面概述本章提出的框架。我们对非真实现象的认知表征所做的统一描述,如引言所示,是认知组织"系统交叉"(overlapping systems)模型的一个具体表现形式。这种模型认为,不同认知系统在构建感知、概念或其他认知表征时存在部分相似和不同。如前文所述,我们主要考察以下两个认知系统间的相似之处:语言和视觉感知。

我们讨论的这种交叉模型的具体表现涉及一个重要的认知模式,即单个个体认知中的不一致性。具体来说,这种不一致性是由于个体对同一个实体产生的两种不同认知表征造成的,其中一种表征比另一种表征更真实。我们认为,产生这两种表征是由于存在两种不同的认知子系统,而表征的真实性由第三种认知子系统来判断,产生这种判断是第三种认知子系统的大致功能。

在我们所讨论的"不一致性"这一概念中,两种认知表征具有不同的内容,这些内容对于所表征的物体不能同时适用。也就是说,个体常识或推理认知系统会判断这些内容是不一致或矛盾的。另一方面,个体却不需要主动感知到这两种表征间的矛盾或冲突,而更可能将它们看成由不同视角引起的。此外,为了用真实度来衡量这两个相互矛盾的认知表征的差异,我们选择了一个并不常用的术语"veridical"(真实的),而不是"true"(事实的),这是为了表明这种判断是基于认知系统,而没有绝对的或外在的真实性。

对于同一客体的两种不同的表征,我们把更真实的表征描述为**事实**(**factive**)表征,把不太真实的表征表述为**虚构**(**fictive**)表征。术语"factive"的含义来自语言学中的用法,这里用来表示认知判断中真实性较高,而不像"factual"一词可能暗示某一表征在某种程度上有客观真实性。"Fictive"一词表示认知的想象能力,并不表示某表征具有客观上的非真实性(也许"fictitious"一词可以)。整体来说,这种对同一客体根据真实度不同而产生的不对等、互相矛盾的两种表征的认知模式,在这里被称为**普遍虚构**(**general fictivity**)模式。

在普遍虚构模式中,两种不一致的表征经常(尽管不是毫无例外地)在某个维度上存在差异,从而分别代表这一维度的两极。有一些诸如此类不同维度的例子,例如"发生状态"(state of occurrence)这个维度。这里,事实表征的存在(某实体在较真实的表征中出现)与虚构表征的缺失(该实体在较不真实的表征中缺失)相伴而生,反之亦然。另一个例子是"变化状态"(state of change)这个维度。这里,对某客体的较真实的表征可以包含事实上的停滞,而较不真实的表征却包含虚构的变化,反之亦然。当上述"状态变化"应用于时空中的物质复合体(physical complex)

时，其中一种更加具体的形式就是"运动状态"（state of motion）维度。此时，更真实的表征可以包含静止（stationariness），而较不真实的表征则包含运动，反之亦然。因此，由于各种虚构表征常常与其事实表征相对立，我们会发现一些虚构表征的情况：虚构存在（fictive presence）、虚构缺失（fictive absence）、虚构停滞（fictive stasis）、虚构变化（fictive change）、虚构静止（fictive stationariness）以及虚构运动（fictive motion）。实际上，普遍虚构性（general fictivity）在很大程度上可以包括任何"虚构 X"。

尽管我们会谈及所有这些类型，但是本研究主要探讨虚构运动，它通常与事实静止相结合。我们发现，与虚构静止和事实运动结合的情况相比，这种虚构运动的发生率占绝对优势。如下文所述，这种不对称性反映了人们对于动态性的普遍认知偏好。

普遍虚构模式也许以相似的方式存在于语言和视觉两种系统中。在语言中，这种模式通常的体现方式是：其中一种不一致的表征是说话者或听话者所持有的关于句子所指对象真实本质的信念；另一种表征是组成句子的语言形式的字面意义。在此，相对于字面表征，我们判断基于信念的表征真实度更大。因此，字面表征是虚构的，而基于信念的表征是事实性的。鉴于我们主要关注虚构运动与事实静止相结合的模式，这里重点探讨这样一种语言形式：用句子的字面意义把人们通常认为是静止的所指表述为运动。比如，我们根据常识得知，在引言中的例子 *This fence goes from the plateau to the valley*（围栏从高原蔓延到山谷）中，围栏事实上是静止的，而这句话的字面意义则把围栏虚构地表述为运动。

在视觉系统中，普遍虚构模式的一个主要形式是两种不一致的表征，一种是人们看到一个场景时所产生的具体的或完全可触知的感知；另一种则是人们看到同一个场景时同时产生的某种不太可触知的感知。这里，后者在两种表征中被认为真实度较小。与语言中的情况类似，"事实"（factive）一词被应用于可触知性（palpability）较高的视觉表征，"虚构"（fictive）一词表示可触知性较低的表征。我们认为个体"看到"（see）事实表征，而只能"感知"（sense）到虚构表征（在可触知性低的情况下，这点下文会谈到）。对于视觉系统我们也同样重点考察虚构运动，即可触知性较低的视觉表征是运动的，而具有完全可触知性的表征通常是静止的情况。因此，当看到某线条画时，人们真实地"看到"一个可触知性较高的静止的"豆精灵"（Pac Man）形状，同时在可触知性较低层面"感知"到圆形除去楔形的动态事件过程。

为了解释不同可触知性的视觉表征,我们提出在认知中存在可触知性梯度参数。此外,我们还可以确定一系列与可触知性参数紧密相关的其他认知参数。所有这些"可触知性相关参数"将在 9.1 节描述。另外,这些参数似乎进一步适用于比感知域更大的认知域,事实上它们覆盖了包括通常被认为是感知和概念的两个不同领域。因此,为解释每个参数的整个范围,我们提出了一个连续的认知域,即"感思"(ception)域。

在本章中,我们将语言中的普遍虚构的研究大体限定在时空中物质复合体的两种相异的表征上。因为,任何语言表征都有可能在视觉上存在相似的情况。相应地,在这种跨域对应中,我们应该可以发现两种类似成分。其中一种是两个事实表征之间的类似,另一种是两个虚构表征之间的类似。具体来讲,一个是句子的真实语言表征与完全可触知的视觉形象之间的类似。另一个是较不真实的句子的字面意义与可触知性较低的视觉形象之间的类似。

如果我们从语言这一端来看这种类似,其表征在时空中属于物质实体时,具有普遍虚构性的语言表达事实上可以映射到具有普遍虚构性的视觉图像上。在这样的映射中,可信度(credence)与字面意义(literality)之间的语言指称差异就被转化为视觉域中的可触知性差异,这就尤其需要实验的方法来验证两个虚构表征是否类似。实际上,本书的一个目的就是要呼吁并鼓励这种实验研究。

本研究仅限于考察时空中物质形式的表征,不研究非空间隐喻。例如,隐喻 *Her mood went from good to bad*(她的情绪由好转坏),就不属于本研究范围:尽管它的源域是时空中的运动,但是它的目标域是非物质的心情状态。但是,语言隐喻作为一个整体,可以成为普遍虚构框架内的一个范畴,这一点将在下文谈到。普遍虚构是一个上位框架,原因之一是它的概念和术语不仅适用于语言表征,还适用于视觉表征,而隐喻理论的概念和术语仅对语言较为适用。本研究从认知语义学的视角,采用其方法对基于语言的虚构运动进行研究,但由此还可以延伸至对视觉感知的考察。

1.2 语言中的虚构运动

语言中的虚构运动包括一些不同的范畴。这些范畴有"散射型"(emanation)、"模式路径"(pattern paths)、"相对框架运动"(frame-relative motion)、"显现路径"(advent paths)(包括"地点显现"(site manifestation)以

及"地点到达"(site arrival))、"接近路径"(access paths)和"共同延展路径"(coextension paths)。最后这个范畴或许是以往语言学文献中最常出现的虚构运动类型。它在 Talmy(1983)中被称为"虚拟运动"(virtual motion),在 Jackendoff(1983)中被称为"延伸"(extension),在 Langacker(1987)中被称为"抽象运动"(abstract motion),在 Matsumoto(1996)中被称为"主观运动"(subjective motion)。我们现在所用的术语为"共同延展路径"。本文对虚构运动进行了更为全面的分类,"共同延展路径"只是其中的一部分。

1.2.1 简介

下面我们通过分析共同延展路径来对虚构运动做一个入门介绍。提起这一范畴,人们经常列举下面的例子:*This road goes from Modesto to Fresno*(这条公路从墨得斯托市延伸到弗雷斯诺市)或者 *The cord runs from TV to the wall*(电线从电视机一直拉到墙上)。但是如果要更好地说明这类虚构运动,我们应排除那些支持真实运动的实体(如引导汽车行驶的公路)以及那些本身或许有过真实运动的实体(如电视机的电线)。例(1)中的"山脉"避免了这种问题。

(1) a. That mountain range lies (longitudinally) between Canada and Mexico.
 (那座山脉(纵向上)位于加拿大和墨西哥之间。)
 b. That mountain range goes from Canada to Mexico.
 (那座山脉从加拿大延伸到墨西哥。)
 c. That mountain range goes from Mexico to Canada.
 (那座山脉从墨西哥延伸到加拿大。)

在这里,(1a)用静态的语言表达形式,直接表达了更为真实的静态空间关系,没有唤起虚构运动,而(1b)和(1c)描述山脉这个静态的线性实体时,所用的方式唤起了某物在运动的感知或概念化,即分别是从北到南和从南到北的运动。后两个例子展示了普遍虚构模式。两个句子都包含有对同一物体即山脉的两种不同表征。在这两种表征中,虚构表征(也就是被体验和判断为真实性较小的那个)由单词的字面意义来表达,直接把山脉描绘为运动着的。事实表征(即被体验和判断为真实性更高一些的表征)则基于我们的信念,即山脉是静止的。(1a)只体现这种事实表征,没有展示普遍虚构模式。

1.2.2 虚构运动现象学

多数观察者认为语言能系统地、广泛地使用本身表示运动的形式和构式来描述静止情景,我们称之为**构式型虚构运动**(constructional fictive motion)。然而,说话者对这种表达所引起的运动的真实感知和概念化有程度差异,我们称其为**体验型虚构运动**(experienced fictive motion)。所以,对于同一个构式型虚构运动的例句,有些人就会感受到很强的运动语义,而另一些人则感受不到任何运动语义。但是,所有人对于某些虚构运动的语言结构都能体验到某种运动感。

当我们的确体验到运动时,我们对于被概念化为运动的事物又产生了一系列差异。这种概念化因人而异,因虚构运动类型而不同。即使是同一个人,在不同的场合下对同一个虚构运动例句也会有不同的体验。这一系列差异的概念化包括如下情景:虚构运动可以通过指定的实体显现(如例(1)中的山脉);可以通过相对于指定实体而运动的未指定实体显现(例如,相对于山脉行驶的一辆汽车或步行的旅行者);在说者或听者的心理意象中,通过相对于已知实体运动着的注意焦点的意象或概念对应物显现;通过相对于已知实体运动的抽象化概念本质显现;或是通过能表明相对已知实体运动的抽象方向感知显现。体验型虚构运动的强度和特点以及它的清晰度和同构性,都是本研究在现象学上伴随而生的问题,需要深入研究。

1.2.3 区别性特征

上文提到的不同的虚构运动范畴,在一组概念特征上呈现出差异。每一种虚构运动范畴都显示出不同特征值的组合,例(2)中列出的便是这样一些主要特征值的组合。

(2) 在语言系统中区分虚构运动范畴的主要特征
    a. 虚构运动效应需要/不需要某些要素的事实运动。
    b. 进行虚构运动的实体本身是事实的/虚构的。
    c. 虚构运动效应与观察者无关/基于观察者,如果是基于观察者:
        i. 观察者是事实的/虚构的。
        ii. 观察者移动/扫视。

d. 被认为进行虚构运动的是实体/对实体的观察。

在这一系列虚构运动范畴中,本研究选取了散射型范畴进行深入研究。因为这个范畴以前大都没有被研究过。本文提出的其他类型的虚构运动范畴将会在第八部分进行简要讨论。[2]

1.3 散射型的整体特征

在这一系列的虚构运动范畴中,**散射型**(**emanation**)大体上指某些不可触知的实体从一个始源发出的虚构运动。在大多数下属类型中,无形的实体沿着它的散射路径延伸,直至作用于某远端物体。(3)列出了散射型范畴呈现出来的(2)中的普遍虚构特征的特定值。具体来讲,进行虚构运动的实体是无形的、虚构的,它的虚构运动既不依赖于任何有形实体的事实运动,也不依赖于任何在场的观察者。

(3) **语言中散射路径的特征值**
    a. 虚构运动效应不需要某些要素的事实运动。
    b. 进行虚构运动的实体本身是虚构的。
    c. 虚构运动效应与观察者无关。
    d. 被感知为进行虚构运动的是实体。

散射型虚构运动包含几个不同的类型。从第 2 节到第 5 节,我们讨论如下四种散射型分类:"方向路径"(orientation paths)、"辐射路径"(radiation paths)、"影子路径"(shadow paths)和"感知路径"(sensory paths)。尽管本研究全部使用英语例子,但很容易从其他语言中举出类似的例子。对构式型虚构运动的示例会借助基本所指对象为实际运动的语言形式,如动词 *throw*(扔)、介词 *into*(进入)和 *toward*(朝向)。在讨论中,每当提出某种概念化的语言形式时,我们都提出可能与之对应的感知构型。随后在第 7 节中,我们会专门将散射型虚构运动与其他感知系统进行类比。

2 方向路径

我们所讨论的第一种散射型虚构运动是**方向路径**(**orientation paths**)。方向路径在语言中的概念化(或许在视觉感知中也有对应)是一个连续的、线性的、无形的实体,它自某物体的前端发出并逐步离开该物体。该实体可以被想象或感知为一个运动着的无形线条或杆状物(这是下面唯一考虑的情况)。或者,该实体也可以被想象或感知为某种无形的抽象物,沿着一条已经存在且末端与物体前端相连接的静止线条或杆状物运动(线条或杆状物本身也是无形的)。除了以这样的线条为轴的虚构运动以外,在某种情况下,该条线也可以被概念化或感知为在做横向移动。

在这种情况下,物体的"前端"本身是基于以下两种因素之一的语言概念化或者感知归类的结果:一种是物体的物质构型具有某种非对称性,另一种是物体在沿着某路径运动时,引导该运动的一面通常构成了物体的前端。[3] 在与此相关的主要例子中,这样的前端既可以是立体状物体的"平面"或"正面",也可以是线状物体的点状前端。

下面讨论方向路径的五种小类。它们在以下一些因素上存在差异,如前端是正面类型的还是点状类型的,虚构运动的无形线是围绕轴心旋转还是横向运动。但是,在我们开始讨论虚构运动之前,首先我们要注意的是有这样一种语言结构,它对物体前端是否有一条与之相连的无形虚构线条具有敏感性。请看(4)中的例句。

(4) a. She crossed in front of me/the TV.
    (她从我/电视机前面穿过。)
  b. She crossed ?? behind/*beside me/the TV.
    (她从我/电视机??后面/*旁边穿过。)

这些句子表明,当表示从一个有前端的物体前横向走过时,我们完全可以使用动词 *cross*(穿过);当表示从后面走过时,用 *cross* 还差强人意;而当表示从一侧走过时就根本不能用 *cross* 这个词了。[4] 这种用法模式似乎表明,存在这样的一种概念,即物体的前面存在某种可以直接步行穿越的线性物,但在这个物体的其他方位上就没有。我们认为,被穿过的东西正是我们之前想象的从物体的前端发出的无形线,该无形线在以下各种结构类型中均呈现出虚构运动。

2.1 前景路径

我们研究的第一种方向路径可以称为**前景路径**(**prospect path**)。具有平面型前端的物体在它所处的环境中具有一个方向。这个方向可以通过虚构运动概念化或者被感知。物体有了朝前的表面之后,就有了一个特定的、相对于环境中其他物体的"前景"(prospect)、"暴露面"

(exposure)或"远景"(vista)。前景的特征就像从前端发出的无形线或杆状物,它持续远离相对于其他物体来说的那个主要物体。实际上,语言结构把这条线视为相对于"背景"(Ground)或"参照物"(Reference Object)而运动的"焦点"(Figure)(术语见I-3章和I-5章),这条线沿着方向介词所表示的路径运动。在英语中,这种结构一般要使用诸如 *face*(面向)或 *look out*(向外望)这样的动词。

在例(5)中,悬崖垂直的一侧可作为正面的前端,悬崖在周边环境中的前景可以用虚构运动过程来描述。该虚构运动从悬崖的正面发出,沿着相对于作为参照物的山谷的路径运动,该路径由一个介词表达。这个例子又显示了普遍虚构模式。它的字面意义描绘的是虚构的、真实性较小的表征,在这种表征中某物从悬崖壁出发,沿着指向山谷的路径运动,但这种表征与事实的真实性较大的表征相矛盾。后者是指我们确信场景中的所有所指实体都是静态的,没有运动。

(5) The cliff wall faces toward/away from/into/past the valley.
(悬崖面向/背对/伸向/伸过山谷。)

2.2 直线排列路径

方向路径中**直线排列路径**(**alignment path**)这一类型适用的是带有尖形前端的、直线状的、静止的物体。这里对该线状物体方向上的语言概念化(或许在感知上也是一样)是借助沿着该物体中心轴线运动的无形物体来完成的。该无形物从物体前端发出,接着相对于远端物体沿着由介词确定的路径以直线方式延伸。实际上,唤起这种排列的英语结构并不能自由表征任何一个方位,而是局限于线状物体与远处物体刚好排成一条直线的两种情况,即前端靠近或远离远处物体的情况。(6)中的句子阐释这种类型。[5]

(6) The snake is lying toward/away from the light.
(蛇正朝向/背向那盏灯躺着。)

这里,蛇是一个线状物,它的头部是尖状前端,灯是远端物体。值得注意的是,在这个结构中,静态动词 *lie*(平躺)与路径介词 *toward*(朝向)或 *away from*(背向)搭配使用,路径介词压制了动词 *lie* 的语义性质。如果句子只含有动词 *lie*,它就含有蛇是盘踞的解读,蛇的头部面对或者背离灯光。但是对于例句(6),我们通常的理解是蛇的身体大致上与灯排列成一条直线。也就是说,这个结构中路径介词的出现促成了虚构"直线排列路径"的出现,这就要求蛇的身体成直线状。虚构方向路径从物体的前端开始且向远离物体的方向延伸这一假设,正好解释了以下事实:含有 *toward* 的句子表明蛇的头部一端距离灯近,而含有 *away from* 的句子指的是头部一端距离灯远。

2.3 指示路径

方向路径中的**指示路径**(demonstrative)也涉及具有点状前端的线性物体,该物体从前端产生一条无形线。但是这里虚构运动的无形线的作用是按照自身的路径指示或引导人们的注意。线性物体的具体方向可以是偶然起到引导某人注意作用的一个独立因素,也可以是为了引导注意而有意为之的。这种引导某人注意的功能可以是某情景中有意使然的一个结果,也可以是一个先前事件,这一先前事件由另一事件具体实施或紧随其后,如指引某人的注视方向,或指引某人沿虚构路径行进。

因此,在(7)中具有前端的线性物体,如箭头或伸出的食指等,看起来就像是从它的前端发出了一条无形线。这条线沿线状物体的方向运动,并沿着介词所表示的路径来引导人的注意、视线或是身体运动。

(7) a. I/The arrow on the signpost pointed toward/away from/into/past the town.
 (我/路标上的箭头指向/指离/指进/指过城镇。)
 b. I pointed/directed him toward/past/away from the lobby.
 (我给他指向/过/离休息室。)

2.4 目标路径

在**目标路径**(targeting path)中,施事者有意设置有前端的物体的方向,从而使那条被概念化或感知的虚构路径从这个物体前端发出,并沿着一条相对于该物体周边环境所期望的路径延伸。这一虚构运动确立了一条路径,施事者继而期望随后的某一具体运动沿着这条路径行进。这一随后的运动其自身可以是真实的,也可以是虚构的。尽管像这种具有一条或两条虚构路径的意图及行动的序列相对复杂,但是它似乎构成了如'对准'(aiming)、'瞄准'(sighting)或'定位'(targeting)等概念的基础。请看(8)中的句子。

(8) I pointed/aimed (my gun/camera) into/past/away from the living room.

（我（把枪/相机）朝/越过/远离起居室瞄准/对焦。）

这里，从瞄准的枪里射出的子弹属于沿着预设的虚构路径进行真实运动的例子。相比之下，相机则提供了一个沿着虚构路径进行虚构运动的例子，该虚构路径就是设想的从相机的前端发出的摄影"射线"。

人们会问为什么相机的例子在这里被归为方向路径的目标类型，而不是和"看"（looking）一起被归为感知路径。这是因为在英语中，人们通常认为"看"这个行为与摄影拍照行为不同。我们通常不说我们的视线"对准"（aiming）或者"指向"（pointing）什么事物，而且我们也不把"看"这个行为理解为先建立一个目标路径，然后沿着此路径观望。

2.5 视 线

视线（line of sight）这一概念成为许多语言模式的基础，或许也是感知结构的一个组成部分。它是从位于生命体前端的视觉器官或机械体前端的视觉装置发出的一条无形线。本文只涉及视线的横向运动，即它的方向变化。沿视线轴向的虚构运动会在感知路径部分讨论。把视线移位看作是方向路径的一种的另一个原因是，说明这种现象的句子不仅可以用像 *look*（看）这样的感知动词，也可以用像 *turn*（转向）这样的非感知动词。

在例（9）的句子中，前端有视觉装置的物体发生旋转——无论是长眼睛的头部还是有镜头的相机——因此引起了从前端发出的视线的横向运动。路径介词界定了视线所依循的特定路径。考虑一下下面这个例子中虚构运动是怎么进行的：*I slowly turned/looked toward the door*（我慢慢地转向门/朝门看去）。像 *toward*（朝向）这样的路径介词通常描述焦点物体向参照物方向行进，两个物体之间的距离渐渐缩小。但是在例句所描述的场景中，这些特点究竟是怎样展现的呢？实际运动着的唯一物体就是我所转动的头部，然而它相对于门来说是原地不动的，没有移动到离门更近的地方。很明显，此句中的介词 *toward*（朝向）指的是从我的眼睛发出视线的运动。当我以适当的顺时针或逆时针方向转头时，这条视线确实沿着朝向门的方向的路径前进并缩短了与门之间的距离。

(9) I slowly turned/looked—//I slowly turned my camera—toward the door. /around the room. /away from the window. /from the

painting, past the pillar, to the tapestry.
(我慢慢地转头/看——//我慢慢地使我的相机——转向门的方向。/环绕房间。/移离窗户。/离开油画,跨越柱子,对准挂毯。)

我们可以看出,英语中允许使用一系列的路径指示词来表示不同类型的虚构运动。因此,在例(10)中,第一个路径指示形式,卫星词 *down*(向下),表示了本部分中讨论过的视线横向运动的类型。对于这个表达,最好的解释就是"我的视线最初是水平的(我在朝"正前方"望去),然后转头朝下,跟井的轴线在一条直线上"。第二个空间表达形式,介词 *into*(向内),表示"一旦我的视线转向垂直角度,我视野的虚构运动就开始了,它沿着视线轴心远离我,然后进入井中"。

(10) I quickly looked down into the well.
(我迅速低头朝井里望去。)

3 辐射路径

我们研究的第二种散射型虚构运动是**辐射路径**(radiation paths)。辐射路径在语言中的概念化指一种从能量源头持续发出,并逐渐远离能量源头的辐射。这种辐射还可以理解为一种线性轴,随后作用于第二个物体。我们在这里仅讨论此种理解。在这种类型中,辐射事件的特点包含三个实体:辐射源、辐射本身以及被辐射物体。辐射事件相应含有三个步骤:辐射从辐射源产生并发出,辐射沿路径运动,辐射作用于被辐射物体。辐射路径与方向路径的区别在于,方向路径中进行虚构运动的是完全不可见的直线,而在辐射路径中我们经常可以觉察到辐射的存在。例如,在光线的辐射中,人们能够看到光。人们不能直接觉察且感知的是光辐射包含的运动。

(11)以光辐射这一具体例子在语言中的表达形式为例,反映了上文所说的辐射的特点。这种语言结构主要包括对于主语、表示路径的介词及介词宾语的选择。对于(11)中两个句子的一般理解是:可见光为辐射,太阳是光源(或者是发光体,或者至少是始源地);光从太阳持续发出,以光束形式穿越空间,沿直线运动;光束移入洞穴或作用于洞穴后墙,照亮洞穴。

(11) a. The sun is shining into the cave/onto the back wall of the cave.
（太阳照进洞穴/照到洞穴的后墙上。）

b. The light is shining (from the sun) into the cave/onto the back wall of the cave.
（光（从太阳）照进洞穴/照到洞穴的后墙上。）

这种对光辐射的解释虽然令人信服，但这纯粹是一种概念化。尽管物理学家可能会告诉我们光子真的是从太阳上移动到被辐射物体上，但我们实际上确实看不到任何这种现象。因此，这种现象的科学描述与概念化之间的一致纯属偶然。换句话说，我们以上理解的从辐射源到被辐射物体的运动一定是虚构运动。由于肉眼不能捕捉到光的运动，一定有其他因素导致了以上远离太阳运动的概念化，我们会在第 6 节讨论这些因素。现在，我们的任务是为以上的常规概念化提出一些可能的替代方案。这些方案表明，我们之所以仅采用目前的概念化方案，并不是因为它是唯一的选择。

一种可能的概念化是存在与目前常见的概念化中的辐射方向相反的辐射路径。请想象一下下面的情景：所有物质都含有或产生能量。太阳（或一个类似的实体）吸收这种能量。当太阳和物质之间有一条清晰的直线路径时，太阳把这种能量引向自己。当能量离开物质时，物质会发光。当能量抵达太阳时，太阳也会发光。原则上，这种解释跟通常的解释是一样可行的。事实理应如此，因为对于任何现象，如果它可以被解释为从 A 到 B 的无法感知的运动，那么它也应可以被解释为从 B 到 A 的不可感知的相反运动。然而，从适用性看，实际情况却是这种倒转方向的情况在我们头脑的正常概念中是不存在的，甚至是被抵触的，现有的语言构式中确实不存在这种情景。因此，英语中没有(12)这样的句子。而且，我们怀疑世界上没有任何语言存在与之对应的结构。

(12) *The light is shining from my hand onto the sun.
（*光从我的手射到太阳上。）

一个物体，比如太阳、火或是手电发出光线并射向其他物体，这种概念化在直觉上很有说服力。因此，证明进行相反方向的概念化在其他情况下的可行性是有意义的。比如，设想一根垂直的电线杆及其投射在地上的影子。这里"太阳作为辐射源"这种概念化使电线杆成为障碍物，阻止光线从太阳直接照射到电线杆后面。但是，反向概念化在这里也能适用。太阳从电线杆的朝阳面吸收能量,但却不能直接从电线杆后面的地面吸收能量,因为两者之间没有畅通无阻的直线路径,即电线杆阻止了反方向的能量传输。因为电线杆后的那部分地面的能量没有被吸走,因此就不亮,而与之相邻的地面因为直接被吸走了能量,肯定是亮的。

或者想象一下火堆。大家可以看到面朝火的那侧比其他侧面更明亮,也更温暖。并且,距离火堆越近,这种效果就越强。同样,把火堆看成光源和热源不是唯一可能的概念化方式。对太阳适用的反向概念化对火也同样适用。火堆这个例子的特别之处在于,当火堆从人朝火的那一侧吸收能量时,能量的丢失不仅会引起发光,而且会使人产生温暖的感知。(太阳作为辐射源的时候当然也会使人产生这种温暖的感知,但是没有在火堆这种情况下明显,因此温暖感知被放到这个例子中来说明。)这个例子中的另一个因素是,火堆与物体(比如人体)的距离越近,火堆从物体上吸收的能量就越大。

反向概念化可以替代普遍的辐射路径概念化,但这并不是唯一可行的替代方案。这种普遍的概念化由一系列的要素组成,我们可以质疑其中的每一个要素。反向概念化试图颠倒普遍的概念化中虚构运动的方向性。但是,我们也可以检验辐射路径由一个显著物体发出,终止于另一个显著物体这一要素。因此,我们可以检验以下概念化的可行性:即光从两个显著物体之间的某点发出,向两个相反的方向进行虚构运动,作用于这两个物体。(13)试图表现这种概念化。但是,从语言学的角度来说,这句话是不正确的,并且,它表达的概念化似乎完全与直觉相悖。

(13) * The light shone out onto the sun and my hand from a point between us.

(*光从太阳和我们之间的某个点射到太阳和我的手。)

对于常规概念化,我们可以质疑另外一个假设,即辐射是否是运动的。或许,辐射根本就不表现出虚构运动,而是像静止的光束一样停留在空中。但是,类似(14)这样的句子表明这种概念化从语言学和直觉上都行不通。

(14) * The light hung between the sun and my hand.

(*光停留在太阳和我的手之间。)

4 影子路径

第三种散射型虚构运动可以称为**影子路径**(shadow paths)。在影子路径的语言概念化(或许也是一种感知)中,某个表面上可见的某物体的影子从该物体虚构地移动到该表面。类似(15)中的句子表明,英语通过语言结构来表达这种概念化。因此,在这些句子中的名词结构中,影子为焦点物体,产生影子的物体为始源,影子所在的表面为背景物体,在这里起到目标的作用。以下这些句子还可用移动动词做谓语,例如 *throw*(扔),*cast*(投),*project*(投射),*fall*(落在)。此外还有路径介词,如:*into*(到……里面),*onto*(到……上面),*across*(越过),*against*(倚靠)。

(15) a. The tree threw its shadow down into/across the valley.
    (树将影子投入/横跨峡谷。)
  b. The pillar cast/projected a shadow onto/against the wall.
    (柱子将影子投射到墙上。)
  c. The pillar's shadow fell onto/against the wall.
    (柱子的影子落在墙上。)

我们注意到,通过辐射路径似乎可以作出这样的论证:虚构运动沿着某方向行进,如从太阳到我的手上,这正是光子实际运动的方向。然而,不管该论证多么有道理,它依然不能适用于影子路径,因为没有分子物理理论提出能从某个物体移动到影子的"影子粒子"的存在。

5 感知路径

语言中一种典型的散射型路径是包括**视觉路径**(visual paths)在内的**感知路径**(sensory paths)。这种类型的虚构运动包括对两个实体的概念化,即**体验者**(Experiencer)和**体验对象**(Experienced),以及在两个实体间朝某个方向沿笔直路径运动的不可触知事物的概念化。这种概念化的一个分支类型是,体验者发射从本身移动到体验对象的**探测物**(Probe),并且相遇时对体验对象进行探测,这是"体验者为始源"型的感知路径。该概念化的另一个分支类型是,体验对象发射从本身到体验者的**刺激**(Stimulus),并在相遇时在感知上刺激体验者,这是"体验对象为始源"型的感知路径。这样,视力既可以被视为一个从观察者发出的探测系统,用来探测远处物体,也可以被视为从远端物体发出的某视觉物质,到达某个体并产生视觉经验。

为了说明该现象,我们首先看一下体验者做主语的非施事动词 *see*(看见)的情况。(16)中的两个句子表达了方向相反的含有两个不同路径词组的虚构运动。

(16) a. The enemy can see us from where they're positioned.
(敌人可以从他们的驻扎地看见我们。)

b. ?The enemy can see us from where we're standing.
(?敌人可以从我们站立的地方看见我们。)

一些说话者在理解类似(16b)这种把体验者当作始源的句子时有困难,但是在理解如(17b)所示的相应的被动句时,基本上就没有困难了。

(17) a. We can be seen by the enemy from where they're positioned.
(我们可以从敌人的驻扎地被他们看见。)

b. We can be seen by the enemy from where we're standing.
(我们可以从我们所站立的地方被敌人看见。)

另外,一般情况下,两个方向对非视觉型感知路径都不会产生任何问题。比如例(18)所示的听觉或嗅觉型感知路径。

(18) a. I can hear/smell him all the way from where I'm standing.
(我可以从我站立的地方,远远地听到他的声音/闻到他的味道。)

b. I can hear/smell him all the way from where he's standing.
(我可以从他站立的地方,远远地听到他的声音/闻到他的味道。)

感知路径的双向概念化还体现在词汇化的可选性上。因此,在英语非施事视觉动词中,*see*(看见)的词汇化要求体验者做主语,体验对象做直接宾语,因此强化了把体验者作为始源的理解。但是,*show*(展示)的词汇化将体验对象作为主语,体验者作为介词 *to*(向)的宾语,因此强化了把体验对象作为始源的理解。我们用例句(19)来解释。

(19) a. Even a casual passerby can see the old wallpaper through the paint.
(即便是不经意的路人,都可以透过油漆看见旧墙纸。)

b. The old wallpaper shows through the paint even to a casual passerby.

(旧墙纸可以透过油漆,甚至使不经意的路人都能看见。)

尽管例句(19)允许不同方向上的词汇化形式,虚构视觉路径通常倾向于将体验者当作始源。至少英语是这样。在英语中,把体验对象当作始源的表达方式使有些说话者在理解上有困难。并且,相对于 see(看见)这样的动词而言,show(展示)这样的动词的使用几率较小。另外,英语中视觉施事动词的词汇化,毫无例外地把体验者当作主语,并且只有在体验者为始源时才能带表示方向的短语。如(20a)所示,当动词 look(看)将体验者当作主语时,该动词就可以带一系列表示方向的介词。这里的概念化似乎是施事主语有意识地将自己当作始源,将自己的视线当作射线,视线沿着由介词确定的、相对于参照物的路径运动。[6] 然而,英语中没有(20b)这类含有动词 look 的句型,其中视觉路径将体验者当作目标朝其运动。

(20) a. I looked into/toward/past/away from the valley.

(我向山谷里望去/我朝山谷看/略过山谷/从山谷望去。)

b. *I looked out of the valley (into my eyes).

(*我从山谷往外看去(看入我的双眼)。)

⟨where I am located outside the valley⟩

(⟨我站在山谷的外面⟩)

6 散射型的解释要素及统一的组织原则

到目前为止,本章展示了表达不同类型散射型虚构运动的语言现象,这是第一层面,下面将讨论支配这些现象的原则以及产生这些现象的语境。

本章前面的部分将与不同类型散射型虚构运动有关的概念化都视为相异的。但是,通过这些多样性,我们可以发现将各种类型统一起来的共性,并提出更深层的现象来解释这些共同点的存在。下面将介绍统一组织原则和解释要素。

6.1 决定散射源的原则

对于散射型虚构运动,其虚构路径连接两个物体,我们可以试图用一条认知原则来确定两个物体中哪一个将被概念化为散射源,哪一个被理解为目标。通过仔细分析,我们认为以下认知原则发挥主要作用:两个物体中,更具活性或更具决定性的那个物体被概念化为散射源,这条原则被称为**活性支配原则**(active-determinative principle)。

下面我们通过这条原则在不同的散射型虚构运动中所起的作用来讨论这一原则的实现过程。例如,在太阳和我的手之间或者在太阳和洞穴的墙壁之间的辐射路径中,太阳被看作是两者中更明亮的物体。这种更强的亮度使人们把太阳看作更具活跃性的物体,具体来说,是具有能量和更强大的物体。由于活性支配原则的作用,太阳被概念化为或者被感知为辐射源,可以穿越空间且作用于另一个物体,而不是前面谈到的其他可能的概念化。因此,这条原则尤其可以解释为什么没有任何语言结构把太阳描述为从其他物体处吸收能量。

影子路径也可体现活性支配原则。例如,对于杆子及其影子,杆子是更具有决定性的实体,而影子则是更具偶然性和依赖性的实体。这是由以下证据得出的:在漆黑或完全发散的灯光下,杆子依然在那里,而影子却不存在。另外,杆子移动时影子也随之移动,但却不能说影子移动时杆子也随之移动。由于活性支配原则的作用,有影子的物体被概念化为产生影子,影子随后从该实体虚构运动到所指示的表面。也就是说,由于活性支配原则的作用才有我们目前常规的理解虚构运动方向的方式,而不是任何其他的理解方式,如影子或者某些不可触知的物体自己从所在的表面移动到相应的物体上。

另一个体现活性支配原则的例子是带有施事的感知路径的例子,在这种例子中体验者扮演一个有意愿的施事者的角色,同时又有一个体验对象。正是施事性这一特征使我们认为,施事者比无生命的或当下没有展现出施事的体验对象更具活性。由于活性支配原则的作用,施事体验者被概念化为感知路径的始源,其虚构运动从体验者开始延伸到体验对象。因此,在前面介绍的有关视觉的例句 *I looked into the valley*(我向山谷里望去)中,由于"我"被理解为施事体验者,"山谷"被理解为非施事体验对象,活性支配原则要求体验者被概念化为虚构感知运动的始源。实际上,这也是这句话唯一可行的理解方式。

活性支配原则对其他施事方向路径也适用,如瞄准路径和施事指示路径。此处,情景中具有活性和决定性的实体是能够决定具有前端的物体指向的施事,如照相机或施事者的胳膊及伸出的食指。我们提出的活性支配原则再次得到正确应用,使得处于活力支配地位的物体被概念化为散射型虚构运动的始源。

非施事感知路径可以概念化为朝任一两个相反方向的运动,这一事实乍看起来似乎对更具活力和支配性的实体被当作散射型虚构运动的始源这一原则构成挑战。但是,事实并非如此。依据不同的标准,两个物体中的任何一个都可能被理解为比另一个更具活性。例如,依据某类标准,某个发出一个带方向性的探测物的非施事体验者被理解为比被探测的体验对象更具活性。但是,依据另外一类标准,发出刺激物的体验对象可以被理解为比被刺激的体验者更具活性。因此,活性支配原则依然有效。剩下的任务就是确定:在已知标准缺失的情况下(如,较强的施事性或活性),哪些其他认知标准能确定一组现象比另一组现象具有更大的活性。

最后,活性支配原则并不能直接应用于某些散射型虚构运动中,即非施事方向路径类型:前景路径、直线排列路径和非施事指示路径。在这些类型中,虚构运动仅从两个相关实体中的其中一个发出,但是这个实体明显不是两者中更具活性或决定性的那一个。然而,在这些情况下,虚构运动的方向可以间接由从符合决定原则的例子到此类构型的概念映射决定,如下节所述。

6.2 散射型虚构运动的可能基础及其类型

如果更具活性或决定性的实体被概念化为散射型虚构运动的始源是正确的,那么接下来的问题是为什么会是这样。我们推断活性支配原则是每个有知觉能力的人都具有并经历的基本认知系统的结果,即"施事"。具体来说,个体施事系统的作用过程为散射型虚构运动的始源提供原型。我们还不清楚这种联系是后天习得的还是与生俱来的。如果是在后天成长的过程中习得,那么每个人的施事经验就逐步产生散射型虚构运动的概念化。如果与生俱来,那么随着进化,同样的步骤就被由基因决定的神经结构一代代传承下来。不论是后天习得还是与生俱来,从这些发展的步骤及它们之间最终的内在关系中,我们都能有所启发。

施事性的实现有两个要素:意图的产生及该意图的实现(见 I-4 章和 I-8 章)。意图可以理解为个体希望某些事物产生新状态的愿望,且个人也具有通过某行为导致这种状态出现的能力。意图的实现,是个体付诸行动使新状态产生的过程。这种施事的实施过程可以被理解为具有活性,同时也具有决定性。具有活性,是因为该过程包含了意图和行动的产生;具有决定性,是因为该过程改变了客观条件以符合个体的愿望。这样一来,个体对施事特征的体验就为其提供了活性支配原则的模型。

最适合作为这种模型的施事的具体形式是施事者影响远端物体,这可以被称为**施事者远端物体模型**(agent-distal object pattern)。[7] 这里试图影响远端物体的施事者要么必须整个身体移向远端物体,要么用身体的某一部分够到它,要么使(比如,通过"扔"的动作)某中介物向远端物体移动。和这种模型相关的施事形式的特征是:起决定性作用的事件,即意图的实施,发生在起始位置,即施事者那里,而最终影响远端物体的行为从起始位置出发,穿越空间,到达远端物体。这些也是活性支配原则的特点,即更具活性和决定性的实体是虚构运动的始源,虚构运动经过一定空间,最终作用于活性及决定性较低的实体,即远端物体。因此,我们可以提出:活性支配原则是基于施事影响远端物体的模型。

具体来讲,我们可以看到施事者远端物体模型如何为两种主要的施事者散射型虚构运动(即施事指示路径和施事感知路径)充当模型。首先考虑第一种情况:将手臂伸向远处某物这种具体施事者远端物体模型可以直接作为施事指示路径的模型,如施事者伸开手臂并用手指指向某方向。在这两种情况下,伸出的手臂一般表现为从身体出发并沿一条线远离身体的实际运动,该线指向目标物体。当手臂完全展开后,手臂的线性轴线与运动的路径相吻合。在伸直的过程中,锥形手臂的末端,即手指,一直引导运动,且当手臂伸到最长时,手指也距离物体最近,可能这一事实也起了作用。这种施事指示路径可以反过来成为非施事指示路径的模型,如:像箭头一类的图形,它的线性轴线也与箭头和远端物体间的直线吻合,它的锥形末端也是距离远端物体最近的一端,因此它是被概念化为发出指示线的始源的末端。

同样,我们发现施事者远端物体模式和施事视觉感知路径之间存在相似之处:前者为施事者朝远端物体做事实运动;后者为体验者从自身向远端物体投射虚构视线。尤其是,当体验者像施事者一样时,他就具有活性和决定性。像施事者一样,体验者也具有前端。像施事者沿着他的前端和远端物体之间的直线运动一样,不可触知的视线也是沿着体验者前端和远端物体之间的直线运动。正如直线从初始位置即施事者处离开,视觉路径也从始源即体验者处离开。正如施事者的运动一直沿着直线进行,直至到达远端物体,视觉路径也是一直前进,直至到达远端物体。因此,施事者在物理世界中运动的感知被映射到对不可触知的实体沿直线运动的概念化上。同样，这种映射可能是人们在成长过程中习得的，也可能是进化过程中先天嵌在人脑的感知和概念器官中的。无论是哪种，生命体的事实运动可以成为虚构运动概念化的基础。

相应地，这种散射型虚构运动中的施事视觉类型可以作为几种非施事者散射型虚构运动的模型。尤其是，这种模型的形成是通过概念的映射或将一个图式化意象——即体验者的前端发出视线，直至接触到远端物体——叠加到可以分割成含有类似相关要素的情景上。因此，在属于方向路径的前景类型中，体验者要素可以被叠印到悬崖上，体验者的脸相当于悬崖壁，体验者的视觉路径映射到概念化中从悬崖壁发出的图式化的前景直线上，远端物体映射到前景直线指向的远景上。[8]

同样地，施事视觉路径的图式可以映射到辐射情景中。这里，体验者作为具有活性和决定性的施事者，与辐射场景中最有活力的部分相关联，即光照场景中最明亮的部分，比如太阳。视觉路径映射到辐射场景本身，例如，空气中的可见光（尤其如穿过墙上孔径的光束）。远端物体映射到场景中不太明亮的物体上。对视觉路径移动方向的概念化也映射到辐射场景中，辐射因此被概念化为从较明亮的物体向较暗的物体运动。这种联系可以解释为什么许多民俗肖像学里把太阳或月亮描绘为具有一张朝外看的面孔。

至于影子路径，它的模型可以是施事体验者本身从自己所在的位置看自己的影子。同样，从体验者到地面上其影子的位置的视觉路径被映射到影子从物体到地面穿过的虚构路径上。对这种映射起到强化证明作用的是体验者像施事者一样起决定性作用，物体对依附于它的影子起决定性作用。

唯独尚未用映射讨论到的散射型虚构运动是可以双向运动的非施事感知路径。从体验者到体验对象的方向是容易看出来的，因为这与施事视觉类型一致。我们也许可以这样解释反方向的情况，即体验对象发射刺激物质的情况：这一虚构运动场景可以作为一个接收框架，而施事者发射视觉路径的模型被叠印到该框架上。此时我们仅需一个结论：对发射刺激物的物体本身的概念化足够活跃，因此在某种程度上这一物体可以被视为适宜的施事，这就解释了为什么施事者的概念结构可以叠加在它上面。

7 语言中的散射型虚构运动与其他认知系统中对应部分的关系

在本部分，我们讨论语言中的散射型虚构运动和语言之外其他认知系统中对应的散射型在结构和内容上的一些明显的相似之处。我们主要讨论语言与感知、文化概念结构以及民俗肖像学的相似之处。民俗肖像学可以被看成是感知结构的具体象征性的表现形式。为了给本章的比较提供语境，我们首先简单介绍引言部分提到的认知组织模型。

7.1　认知组织的"系统交叉"模型

笔者及他人的研究从不同角度证明人类认知组织的特点如下：人类的认知由一定数量的相对来讲可以区分开的、覆盖范围广泛的认知系统组成。本研究考察了语言和其他主要认知系统（即视觉感知、动觉感知、推理、注意、记忆力、规划、文化结构）在结构尤其是概念结构方面的相似点和差异。大致结果如下：有些结构特点是某种认知系统独有的；有些结构特点是两种或者几种认知系统共有的；还有一些基本的结构特点是所有认知系统共有的。我们认为，每种认知系统都与其他认知系统相互联系、相互融合、相互渗透，而不是严格独立的模块概念（见 Fodor 1983）。我们将这种观点称为认知组织的**系统交叉**（**overlapping systems**）模型（本卷引言部分提供了更多细节）。

7.2　虚构散射和感知

视觉排列能够产生与散射型虚构运动相似的感知结构，但与虚构运动的其他类型相比，用心理学方法对视觉排列进行的研究却相对较少（见下文）。Palmer(1980)及 Palmer and Bucher(1981)展示了一种与方向路径有关的感知现象。他们发现，在共向等边三角形组成的视觉排列方式中，受试者同时感知到所有的三角形依次指向它们的某个共同顶点。如果将排列向某个共同顶点移动，会使受试产生感知偏差，认为三角形都指向那个顶点。然而，这些实验没有测试对从某个顶点发出的不可触知的直线的感知，该顶点当前被当作每个三角形或三角形排列的"前端"。我们或许需要实验，例如根据是否有一个虚构的线条被感知到从三角形序列发出并穿过另一个图形来测试受试者对此图形感知是否有差别。因此，如要证实散射路径在感知系统中是否存在对应现象,则需要进行上述实验。

我们还注意到,Freyd(如 1987)对"表征动量"(representational momentum)的研究没有表明对方向路径的感知。该研究让某图形按顺序连续出现,每次都比上一次的位置靠前。受试的确会产生感知偏差,认为最后出现的图形的位置比其实际方位更靠前。但是,这种效果可能是由于图形的事实渐进过程引起的。为了检查语言中的方向路径在感知系统中是否存在对应现象,此类实验还需测试受试在面对单个具有内在前端且前向的物体时的表现。

语言中对散射型虚构运动广泛而稳定的表征需要心理学研究来测试在感知系统中是否存在与这一虚构运动范畴结构相似的对应现象。即,是否有适当的实验可以表明此类特殊感知与普遍虚构模式相一致,也就是说,对同一事物同时产生两种不同的认知表征,并且认为其中一个比另一个更真实、更具体,这个问题仍未解决。比如说,由具有前端的不同的物体组成的视觉排列,该排列的设计目的是测试对各种类型虚构方向路径的感知,包括前景路径、直线排列路径、指示路径和目标路径。我们需要判定受试在看见这些排列时会不会明显地感知这些图形是事实静止的,同时又微弱地感知到从物体前端发出的不可触知的物体在进行虚构运动。

同样,如想探查语言中辐射路径在视觉中的对应现象,我们需要测试视觉中是否存在虚构及感知度低的运动,该运动沿着从较明亮的物体发出光束的方向进行,而这种感知与对静态光线的事实性的更加明显的感知同时存在,或者叠印到后者上。与之类似,测试语言中影子路径的视觉对应现象则需要测验受试在看见物体及其影子的时候是否对影子有某种虚构的弱感知,即影子从物体运动到它所在的表面,而这种感知是否与对该场景的静态事实感知同时存在。最后,为了测试语言中的视觉感知路径在感知中的对应现象,人们可以依据某人描述的或自己亲身体验的观察物体的过程来判断受试是否只是在简单地感知到静态的实体排列,还是在其上额外地叠印了另一种稍弱的感知,即沿着观察视线的方向存在虚构运动。实际上,有一系列的实验(如 Winer and Cottrell 1996),尽管没有直接测试受试对另外一个人使用视觉的感知,但却测试了受试在以上方面的看法。该研究表明,包括从小学生到大学生在内的大多数受试倾向于向外投射(extramission)而非向内投射(intromission)的观点,即视线是从眼睛发出。这种外投射的偏向可以直接体现在受试对于某些问题的回答上。此外,当电脑图片显示观察者和被观察物体之间有某物朝着观察者方向或者朝着被观察物体方向移动时,受试的反应更明显地表明这种倾向。

7.3 虚构散射和民俗肖像学

通常可触知性较低的虚构表征有时也可以由具有完全可触知性的表征模拟表现出来。例如下文将讲到的一个例子是,使用简笔画或毛根扭扭棒来表现通常只能被感知的物体的图式结构。同样,通常只能被勉强感知到的虚构散射运动可以在民俗肖像学的具体描绘中得到显化。

例如,施事视觉类的虚构感知路径在语言中被概念化为由施事者的眼睛向前投射的无形线,该无形线穿越空间与远端物体相接触。这正是连环漫画中超人发出的"透视能力"。超人从眼中发出 X-射线,射线透过不透明的物质与被遮挡的物体接触,这样便可以看见被遮挡的物体。需要注意的是,超人的透视能力没有被描述为从被遮挡物体发出、进入超人眼睛的刺激物质,然后在超人眼睛里成像。这种从被体验物体到体验者的路径方向并非不可能,因为我们对 X-射线仪器的理解是 X-射线从仪器运动到底片上,图像在底片上成像。底片完全可以类比成超人的眼睛。然而,在卡通虚构中,施事者感官发出射线的概念模型在卡通形象中极为普遍。

还有一个类似的例子基于这样的事实,即施事者发出视觉射线的语言概念化不仅可以通过语法结构和其他封闭类形式来表征,也可表征在隐喻中。因此,*Jane looked daggers at John*(简对约翰怒目而视)中的 *to look daggers at*(怒目而视,直译为"目光似匕首射向……")表达了简对约翰的憎恶,简的神态通过从简的眼睛射出"武器"投射到约翰身上来描绘。事实上,卡通图片会画成一行"匕首",从体验者的眼睛到达体验对象。

对于具有点状前端的线性物体,如伸直的手指,其虚构指示路径的语言概念化,似乎也与一种图像的描绘相对应,这是对施事者从伸出的指尖发出有魔力的光束的描绘。例如,电影和连环漫画中,通常出现两个搏斗中的男巫师伸出手,向对方发出具有杀伤力的光束。

最后,尽管这还需要详细研究,笔者注意到儿童或者成年人在画太阳简图时,先用圆圈代表太阳的主体部分,然后,代表辐射光线的线条总是从圆圈向外发射,而非向内发射。如果事实果真如此,那么这个绘画过程反映了虚构辐射路径的语言概念化,辐射路径从最明亮的物体散射出去。

另外，图画表征经常会为太阳和月亮画一张脸，似乎将太阳和月亮表征为能发射辐射光线的施事者。如 6.2 节所示，这种表征可以被归类为施事视觉感知路径在辐射情景上的图式映射，就像它可以被映射到其他虚构运动类型上一样。

7.4 幽灵物理学中的虚构散射与其他人类学现象中的虚构散射的关系

我们可以发现，虚构运动（特别是方向路径）与鬼魂或幽灵在许多传统文化的信念系统中表现出的特征存在着惊人的相似。人类学家 Pascal Boyer(1994)把这些特征看作具有文化普遍性和连贯性的概念系统，即"幽灵物理学"(ghost physics)。Boyer 认为，除了少数为"吸引注意"而特意使然的性质，鬼魂或幽灵现象遵循所有普遍的物理或者社会实体的因果期望。这些例外的性质在许多文化中都普遍存在，主要是不可见性或穿透墙壁及其他固体物体的能力。尽管也有其他可能的例外，从别的角度来说完全可以被概念化为鬼魂的特殊性质，但是却从未出现。例如，时间倒转的因果性。也就是说，所有的文化信仰系统似乎都缺少这样一种概念，即鬼魂可以让后来发生的事提前发生在另一时间点上。

Boyer 没有解释幽灵物理学中对于鬼魂特殊特征的选择的原因，甚至觉得这个选择可能是随意的。然而，我们认为普遍和特殊特征模式都有据可循，并有认知原理可依。事实上，本章所阐述的研究成果可以填补尚未解释的空白。幽灵物理学中出现的特殊现象可能与已经在其他认知系统存在的某些认知现象相同，后者为文化精神归属服务。虚构指示路径的语言表达及其手势表达可以提供相关特征。

我们首先讨论手势。如果我处在一栋没有窗户的建筑物里被要求指出相邻城镇所在的方向，我不会指出一条始于我的指尖、穿过敞开的大门、通过建筑物的出口、最后转向朝邻镇方向移动的路径。相反，我不会考虑周围的建筑，我仅会伸开胳膊，用手指指向镇子的方向。也就是说，该指示路径实际上被概念化为一条始于手指的无形直线。这条线本身具有以下关键特性：(1)它是无形的；(2)它可以穿透墙壁。这些正是幽灵鬼魂所具有的特性。

这些特性适用于虚构指示路径语言表达的概念化。例如，在这一组句子 *This arrow points to/toward/past/away from the town*（这个箭头指向/朝/指过/指离城镇）中，任何一个方向介词的使用均暗示着一条无形直线的概念化,该线始于箭头的前端,沿着与箭杆同轴的直线路线,朝着句中介词所表示的路径方向运动。同样,这条想象出来的直线是无形的,能够穿越其前进道路中出现的任何物体。

除了指示路径,我们可以进一步观察到文化概念化和另一种散射虚构即施事视觉路径之间存在的关系。首先考虑"邪恶之眼"的概念,它在许多文化的概念系统中均有出现。在常见的罪恶之眼概念中,对他人怀有恶意的施事者,把情感中的破坏力量沿自己的视线传递给他人。这与虚构视觉路径的图式相同:施事者作为始源投射出无形之物,这种无形之物沿着他的视线前进,直至作用于远端物体。其次,在克拉克马斯的奇努克人的传说中(Jacobs 1958),太阳神的曾孙具有火的灵异力量。尤其当这个男孩凝视一处时,目光所触之物尽被点燃。这里的概念化,很显然是施事者的个人力量从其自身发出,沿着视线前进,最后触及远端物体并实施效力。

虚构运动和文化概念化的关系决不局限于此。我们可能会注意到一些常见的文化概念,例如超自然力、神力、生命力场或者从实体发散出来的神秘影响力。这种想象的能量形式,恰似语言识解中的虚构散射,被概念化(及被感知?)成由某个实体(产生及)放射的不可触知的无形物质,沿着一个或多个方向远离该实体传播出去,并以某种形式接触并可能影响远端第二个物体。很显然,人类学概念中的散射和我们讨论的语言中的散射型虚构运动之间存在结构上的相似性,并可为更深层次上的认知关联提供证据。

因此,普遍虚构复合体所产生的虚构运动的想象图式不仅存在于语言及视觉感知认知系统中,而且存在于文化认知尤其是对神灵和影响力的概念化之中。也就是说,在文化认知系统中,鬼魂现象、破坏力量及神秘能量等概念的结构并不是任意的。它没有表现出自己独有的识解模式,也没有形成自己的概念域,例如像 Keil(1989)和 Carey(1985)研究认知现象时提出的那样。相反,它可能与早就存在于其他认知系统中的概念组织的例子相同或者类似。按照之前概述的"系统交叉"框架,这种普遍虚构至少体现了三种认知系统的交叉,即语言、视觉感知和文化认知。

8 虚构运动的其他范畴

如前文所述,语言可以展示出许多种虚构运动范畴,不仅是当前涉及的散射型。这里,我们将简要论述另外五个范畴。[9] 对于每个范畴,我们都提出了在视觉感知研究中已经或可能被考察的类似情况。本节旨在拓展语言学及潜在的语言感知平行系统的研究视野。在下文的举例中,我们提供了虚构运动的例句,同时在括号里给出了对应的事实运动的句子,以作比较。

8.1 模式路径

语言中虚构运动下的**模式路径**(**pattern-paths**)范畴涉及对某种构型在空间移动过程的虚构概念化。在这种类型中,句子的字面意义描绘的是具有某种排列模式的物质沿某一特定路径的运动,但是我们认为,该物质实际上或者处于静止状态,或者以沿着与所描述的路径不同的其他路径运动。虚构效应的产生要求该物质必须实际展现某种形式的运动,产生质变或者是出现及消失。然而,这些运动本身并不能构成虚构运动。相反,展现虚构运动的是物质排列的模式。我们来考虑一下(21)中的例子。

(21) **模式路径**

As I painted the ceiling, (a line of) paint spots slowly progressed across the floor.

(当我给天花板喷漆的时候,地板上渐渐出现了(一条)油漆线。)

[cf. As I painted the ceiling, (a line of) ants slowly progressed across the floor.]

[参考:当我给天花板喷漆的时候,(一列)蚂蚁缓慢地穿过地板。]

在这里,每一滴油漆事实上都移动了,但那是从天花板到地板的垂直向下的运动。然而,油漆斑点却沿着地板的水平方向做了虚构运动,这是在任一个给定的时间点上已经滴到地板上的油漆斑点形成的线性模式。要产生这种虚构效应,实际上我们必须概念化一个位于一系列油漆斑点四周的包围圈,或者概念化一条贯穿那些斑点的直线。因此,可以认为被囊括在包围圈中的或沿那条直线分布的油漆斑点构成了一个单一的格式塔线性模型。然后,在该线性模型的端点前的地面上,每出现一滴新的油漆斑点都可以被概念化,就像包围圈的一头或直线的一端不断延伸,直到可以囊括一个新的斑点。这就是构型结构为向前进的虚构运动。相反,如果仅从字面上解释句子,即把字面含义看成是事实运动,那我们会相信油漆斑点是沿着地板向前滑动的。

从某一方面讲,虚构运动的模式路径类型和散射型十分相似。在这两个虚构运动范畴中,在空间进行虚构运动的实体本身是虚构的,换句话说,它是一种基于想象的构造。但二者也存在区别,在散射型的所指情景中,不存在任何因素的事实运动。因此,它必须依赖活性支配原则以确定虚构运动的来源及方向。但是,模式路径要求事实运动或所指情景中某些成分的变化来产生虚构的效应。这条原则决定了虚构运动的方向,除此之外,不需要其他任何原则。

心理学中一般所称的"似动"(apparent motion)的感知现象似乎包括了语言学中虚构运动中的模式路径类型所对应的视觉感知现象。为了正确展示这种相似性,我们可能需要将似动再细分为几个不同的小类。这些小类大多建立在被观察到的运动的行进速度上,而且可能会涉及不同的感知机制。许多关于似动的研究都采用了类似两个位置上的小点快速交替出现的形式。在一定参数下,受试会感知到一个点在两个位置间来回移动。在快速似动中,对于受试来说,可触知性最强的感知表征实际上是运动,所以它不能和语言上的情况相呼应。

另一方面,慢速似动也可能存在并被感知,且与语言中的情况相类似。例如,让受试看一排灯泡,灯泡一个接一个地亮起,并让受试有意识地感知到中间的时间间隔。这里,我们可以猜测,受试的体验与普遍虚构模式一致。受试将能够感知到灯泡事实上的静止以及在不同位置上周期性地闪烁,这种感知的可触知性程度比较高。同时,受试也能隐约感知到一道光线沿着灯泡排列方向进行的虚构运动,这种感知的可触知性程度和真实度比较低。

8.2 相对框架运动

对于全局性的参照框架,语言可以依据事实描述观察者相对于其周边静止环境进行运动,在英语中如(22a)所示。但是语言也可以使用以观察者为中心的局部参照框架指示同一情景。在此参照框架中,观察者被表征为静止的,从观察者的视角看,周围环境在做相对运动,如(22b)所示。这是虚构运动的一种形式,事实静止的环境被虚构地描绘成运动。与此相对,这种情况也是一种虚构静止的形式,因为事实运动着的观察者被虚构地描绘成静止的。我们将这种强调对运动进行描述的虚构运动称为**相对框架运动(frame-relative motion)**,且为**基于观察者(observer-based)**的相对框架运动。

另外，语言可以使一句话中的全局框架和局部框架相互转换。例如(22c)是从全局框架向局部框架的转换，也就是从对空间条件的直接事实表述向虚构表述的转换。然而，似乎没有哪种语言能够表述部分全局和部分局部的概念化，也就是说，部分真实和部分虚构。因此，英语中没有诸如(22d)这种把描述的视角置于观察者和周围环境之间的句子。[10]

(22) 相对框架运动：观察者的事实上的运动

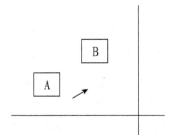

a. **全局框架：虚构运动缺失**

I rode along in the car and looked at the scenery we were passing through.

（我驾车行驶在公路上，一路欣赏我们经过的风景。）

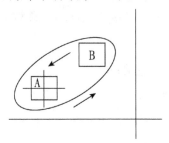

b. **局部框架：虚构运动存在**

I sat in the car and watched the scenery rush past me.

（我坐在车里，看着风景从我身旁疾驰而过。）

［cf. I sat in the movie-set car and watched the backdrop scenery rush past me.］

［参考：我坐在电影道具车里，看着幕布风景从我身旁疾驰而过。］

c. **在指称过程中从全局框架向局部框架的转换以及从事实运动向虚构运动的转换**

I was walking through the woods and this branch that was sticking out hit me.

(在步行穿过小树林时,一条伸出的树枝扎了我。)
[cf. I was walking through the woods and this falling pinecone hit me.]
[参考:在步行穿过小树林时,一个掉下的松果砸到了我。]

d. **缺失:部分全局-部分局部框架及部分事实-部分虚构运动**
   * We and the scenery rushed past each other.
   (* 我们和风景快速相互经过。)
   [cf. We and the logging truck rushed past each other.]
   [参考:我们和装载原木的大卡车快速擦肩而过。]

在上述例子中,全局框架明确表达了如下特征:观察者处于事实运动中,被观察对象(例如风景)处于事实静止的状态。互补地,一个句子也可以表达观察者事实上静止而被观察对象事实上运动的全局构架,如(23a)所示。然而,这种情况与前一种又有不同,它不允许以静止观察者为中心的局部重构。如果这种局部框架可行,那么将观察者虚构描绘成移动的,把被观察对象虚构描绘成静止的,这样的句子可以被人接受。但是,尝试进行这种描绘的句子,像采用局部框架的(23bi)和从全局转向局部框架的(23bii),都是不能被接受的。这两句试图描绘的虚构局部框架见图(23)。

(23) **相对框架运动:观察者事实上静止**
   a. **全局框架:虚构运动缺失**
      i. The stream flows past my house.
         (小溪流过我家门前。)
      ii. As I sat in the stream, its water rushed past me.
          (我坐在小河中,河水从我身边流过。)
   b. **局部框架:进行虚构运动的尝试受阻**
      i. * My house advances alongside the stream.
         (* 我的房子沿小河岸前进。)
      ii. * As I sat in the stream, I rushed through its water.
          (* 我坐在小河里,在河水里快速穿过。)

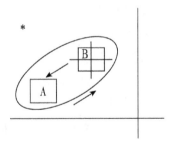

对于虚构局部框架中运动的和静止的观察者在可接受性上的差异,我们提出以下解释。其核心思想是,对于观察者来说,静止是基本态。因此,当观察者实际运动时,我们可以自由地表述运动情景,但也可以把对情景的表征调低转向基本态,即将其表述为静止。然而,如果观察者已经处于静止,也就是已经处于基本状态,那么我们只能将其表述为静止,而不能任意将情景的表征"调高"转向非基本态,即表述为运动。

如果上述解释成立,那么下面的问题就是,为什么静止对于观察者来说是基本状态。我们可以从成长的角度来解释。婴儿在能够自己行走(即能够自主产生视觉流的阶段)之前的很长时间里,都会由家长抱着移动,因此他们会经历一种平推型的视觉流。他们在能够将运动经历整合进视觉流感知之前,会有长达数月的没有运动经验介入的视觉流经验。这种早期经验可以被加工处理成周围世界相对于固定的自我中心而运动。这种体验很可能成为基础状态,并在类似上述例子的语言表述中一直发挥微妙的作用。

我们可以对上述解释加以佐证。婴儿早期的确有一种方式可以主动改变自己相对于周围环境的位置,即以一定弧度转动眼睛和头部。但这种行为并不会产生前面所讨论的向前的视觉流,而是横向型(并不是延伸型的旋转)。既然婴儿可以在基础的层面上将运动控制的经验和横向视觉流经验结合起来,那么由此推断,在语言表征中,相对于观察者的弧形旋转运动,观察者的静止状态不应该成为基础态。实际上,英语作为语言的一种,在这方面很具有典型性。它对观察者转头这样的动作,只允许进行事实性表述,如 As I quickly turned my head, I looked over all the room's decorations(我快速转头,看到了房间里所有的装饰)。把观察者调低降格表达为虚构静止状态的句子并不常见,如 *As I quickly turned my head, the room's decorations sped by in front of me(*当我快速转头时,房间里的装饰在我面前旋转)。这种句子只用来表达特殊意义,在日常口语中,它们并不像之前讨论的运动的例子那么常见。

此外，还有进一步的佐证。既然延伸性旋转不在婴儿早期意志控制范围内，这种施事的控制只在后来才出现，那么它应该类似于向前的平移型运动，并可以用语言对其进行再构建。其实，这类句子在英语中很常见，如 As our space shuttle turned, we watched the heavens spin around us（航天飞机转向时，我们看着天空围绕着我们旋转），或者 I rode on the carousel and watched the world go round（我坐在旋转木马上，看着周围在转）。[11]

心理学实验与语言中的相对框架运动在感知上有一些相似。其中一个就是"标杆-框架"型实验里的"诱动"（induced motion）。此类实验的典型设计是在矩形框架中间安放一个标杆，然后保持标杆静止，让矩形框架环绕运动。但是受试虚构地感知到的往往是框架静止而标杆在其间运动。因为观察者本身并没有参与运动，因此这种实验并不是我们所讲的基于观察者的虚构运动。与语言中的情况更为类似的是"运动后效"（motion aftereffect）。例如，这种运动后效可以出现在当受试旋转后突然停下时。这时，受试知道自己是事实静止的，但同时也会觉得周围环境在反方向旋转。由于这种感知的真实度较低，因此是虚构的。实际上，与语言中的情况最为类似的实验情景可能是受试向前移动穿越周围环境，就像乘火车那样。问题在于，这时的受试能否同时感知到他在运动而周围环境静止的事实表征，以及他在静止而周围环境相对运动的虚构表征。

8.3 显现路径

显现路径（advent path）是通过描述物体到达或显现在其所处位置的动态过程来表达事实上静止物体的位置。物体的静止状态是事实性的，而语言上所描述的运动或者突然出现是虚拟性的，事实上，这通常是完全不可能的。显现路径的两种主要类型是"地点到达型"与"地点显现型"。前者涉及物体到达所在地的虚构运动；后者不是虚构运动，而是虚构变化，即物体在所在地的虚构显现。显现路径的例子见(24)。

(24) **显现路径**

　　A. **地点到达型**

　　　1. **含有动词主动形式**

　　　　a. The palm trees clustered together around the oasis.
　　　　　（棕榈树簇集在绿洲的周围。）

　　　　[cf. The children quickly clustered together around

the ice cream truck.〕

〔参考:孩子们快速地聚集到冰激凌车周围。〕

b. The beam leans/tilts away from the wall.

（横梁从墙上倾斜下来。）

〔cf. The loose beam gradually leaned/tilted away from the wall.〕

〔参考:松了的横梁逐渐地从墙上倾斜下来。〕

2. **含有动词被动形式**

c. Termite mounds are scattered/strewn/spread/distributed all over the plain.

（白蚁堆散布在/散落在/布满/散布在整个平原。）

〔cf. Gopher traps were scattered/strewn/spread/distributed all over the plain by a trapper.〕

〔参考:捕鼠夹子被捕猎者散布/散落在/布满在/散布在整个平原。〕

B. **地点显现型**

d. This rock formation occurs/recurs/appears/reappears/shows up near volcanoes.

（这个岩层出现/重现/出现/再现/出现在火山附近。）

〔cf. Ball lightning occurs/recurs/appears/reappears/shows up near volcanoes.〕

〔参考:球形闪电出现/重现/出现/再现/闪现在火山附近。〕

为了仔细考察显现路径中地点到达型的例子，(24a)使用了主要用于表达运动的动词(to) cluster（聚集）对棕榈树进行文字表征，这种表征是虚构的，好像棕榈树是从附近分散的场景移动到绿洲周围的。但是同时我们相信，事实表征应该是树一直静止地立在那里。同样，(24d)中的例句将岩层所处的位置从字面上表征为事件的物质化或显现的结果。但是我们相信，事实上岩层是长期在火山那里的，该事实表征和上述虚构表征同时出现。

我们这里可以引用两位心理学家的研究，他们分别分析了与语言中地点到达型虚构运动相类似的视觉形式。Pentland(1986)发现，人们经常通过想象把零散部分安装到主体部分上的过程来感知有关节连接的物体。例如，将一具泥土做成的人体看成是将四肢和头颅安装到躯干上。

同样,Leyton(1992)发现人们经常将不规则的曲面看成简单平面变形后的结果。例如,将光滑封闭的平面看成是球面经过隆起、凹陷、挤压以及对抗等作用力的变形结果。他指出这一套过程和心理学上人们经常对形状加以因果描述相互呼应。例如,人们常说弯曲的管子或凹陷的大门。同样,格式塔心理学认为,对于有些物体,人们常常不会把它们现在的形态看成是原有的形态,而是看成在某些看不见的基础形态上变形后的结果。例如,豆精灵(Pac Man)经常被看成是在圆上去掉一个楔形后产生的形状。

让我们从普遍虚构框架的角度来看最后一个例子。当受试看到豆精灵时,他可能会同时经历两种不同的表征。一种是真实性和可触知性较强的事实表征,即静态的豆精灵的构型。另一种是真实性和可触知性都较弱的虚构表征,由想象的一系列事件组成,开始是一个圆圈,然后其中的一个楔形突现出来,并从圆中移出。

8.4 接近路径

接近路径(access path)是指通过描述其他实体接近某静止物体时的运动轨迹来确定该静止物体所处的位置。这里事实表征是静止物体,没有任何实体沿着所描述的路径接近静止物体。虚构表征是,不论可能性如何,有某个实体沿着所描述的路径接近静止物体。虽然没有明确表明,但在特定的句子中,进行虚构运动的实体常被想象成一个人、人身体的某个部分或是某人的注意焦点,如例句(25)所示。

(25) 接近路径

a. The bakery is across the street from the bank.
(面包店在银行的街对面。)
[cf. The ball rolled across the street from the bank.]
[参考:球从银行滚过了街道。]

b. The vacuum cleaner is down around behind the clotheshamper.
(吸尘器在脏衣篮子的后方。)
[cf. I extended my arm down around behind the clotheshamper.]
[参考:我把胳膊伸到脏衣篮子的后方。]

c. The cloud is 1,000 feet up from the ground.
(云在距地面1000英尺的上空。)
[cf. The balloon rose 1,000 feet up from the ground.]
[参考:气球升到距地面1000英尺的上空。]

(25a)通过描述一条自银行起穿过街道到达面包店的虚构路径,更详细地描述了面包店的位置。人们可以实际走过那条路,也可以以感知的方式用目光扫过那条路,或者仅通过意念在头脑中将注意力在心理地图附近移动。对于身体力行者来说,上述路径可能是合理的。就像我们在银行里,我使用(25a)的句子为你指向去面包店的路。这一条描述的路径也可以是不可行的,例如当我们都处在面包店这边的街上,我用(25a)为你指引去面包店的路。你不太可能先横穿马路到街对面,走到银行,然后又重新穿回马路回到起始点去寻找面包店。相反,你会直接向面包店的方向前进。而且,也有些接近路径不可能亲自去走,例如 *That quasar is 10 million light-years past the North Star*(那个类星体距离北极星有一千万光年)。除了使用这里的虚构接近路径外,物体的位置也可以直接描述为事实性表征。例如 *The bakery and the bank are opposite each other on the street*(面包店和银行分别位于街道两侧)。

在感知上是否也有接近路径型的虚构模式呢?这里我们提出一种可能验证这种现象的实验设计。我们向受试展示一个模式,该模式包括某些用来聚焦的点,整体上可被事实地感知为一个静态的几何格式塔以及/或是虚构地感知为包含着通往焦点的路径。例如:一个"加号"形状的图形,上端有字母 A,左端有字母 B。首先受试可能会感知到一个加号形状的静态表征,B 只是位于左端而已。但同时,受试可能会感知到 B 是位于一条始于 A 的路径的末端,该路径或者是直接连接 A 和 B 的倾斜路径,或者是沿着加号的结构线,即先向下再向左的路径。前一种感知是事实的,可触知性较高;后一种感知是虚构的,可触知性较低。

8.5 共同延展路径

共同延展路径(**coextension path**)指的是用一条通过某空间中延展物体所在范围的路径来描述此物体的形式、方向或位置。这里事实表征是物体静止,且没有任何实体通过被描述的路径。虚构表征是某实体沿着物体构型或在物体构型范围内运动。虽然虚构运动的实体没有具体指定,但在特定的句子中,它常被想象为观察者或是某人注意的焦点,或是物体本身,见(26)。请注意(26a)中的虚构路径是线性的;(26b)中的虚构路径在一个二维平面上放射性地向外延伸;(26c)中的虚构路径是(一条向东运动的南北向直线)做横向运动的直线,并进一步和另一个虚构变化(不断变深的红色)相关。

(26) **共同延展路径**

a. The fence goes/zigzags/descends from the plateau to the valley.
（围栏从高原延伸到/沿着 Z 字形延伸/往下延伸至山谷。）
[cf. I went/zigzagged/descended from the plateau to the valley.]
[参考：我从高原向山谷走去/沿 Z 字形走去/走下去。]

b. The field spreads out in all directions from the granary.
（田地从谷仓向四面八方延伸开去。）
[cf. The oil spreads out in all directions from where it spilled.]
[参考：油从洒落的地方向四处流去。]

c. The soil reddens toward the east.
（越往东走，土壤越红。）
[cf. (i) The soil gradually reddened at this spot due to oxidation.]
[参考：由于氧化作用，这个地方的土壤渐渐变红。]
[(ii) The weather front advanced toward the east.]
[天气锋线朝着东方前进。]

我们来考虑(26a)中的虚构模式。一方面是我们关于围栏的事实表征，即把它当作一个呈线性延伸的静止的物体，在地理空间中具有特定轮廓、方向和位置。同时，由于句子字面意义的激发，我们有这样一个虚构表征，即一个观察者，或我们注意的焦点，或关于围栏自身的意象，沿着围栏的轴线前进，从高原顶部的一端运动到山谷中围栏的另一端。

如前面一样，我们会问语言中共同延展路径的普遍虚构模式是否有感知上的对应现象。该现象可能会在这样一种视觉构型中出现：该构型在可触知性较高的层次上被实际感知为静态的几何形式，同时在可触知性较低的层次上被虚构感知为某实体沿其轮廓运动。例如，也许某受试观察构型"加号"时，他会清楚地看到"加号"的形状，同时又隐约体会到某无形物，首先向下扫过加号的竖杠，然后向右扫过横杠（见 Babcock and Freyd 1988）。

9 "感思"：对感知和概念化的概括

在这一节，我们提出一种概括性框架，该框架同时适用于普遍虚构中的视觉表征及语言表征。

许多心理学研究或直接或间接地把所谓"感知"(perception)当作认

知现象中的一个一元范畴。如果进一步区分,那么就将感知的一部分独立称为"知觉"(sensation),或将整个感知范畴与"概念化/认知"(conception/cognition)范畴对立起来。这一传统分类法遭遇挑战的部分原因是,心理学家们在如何通过可观测的心理学现象进行分界上存在分歧,即如何保证分界线一边的现象是可"感知的"(perceptual),而另一边的就绝对不是。例如,当我观看面前的一个图像时,我认定它是一把小刀,这个过程应该被理解为受视觉刺激而进行的感知加工过程的一部分还是其他的(也许是)随后发生的认知加工过程的一部分?如果上述认定过程被视作感知的一部分,那么我看着小刀时想到的潜在危险又属于什么?另外,心理学家不仅就界限如何划分存在分歧,甚至都无法确定是否存在一个分界的原则性基础。

因此,我们似乎该建立一个理论框架,该框架不需要相互独立的范畴或位置明确的边界,而是包含传统观念中的感知和概念化的认知域。该框架还包含可以延伸至更大认知域(见后述)的某些认知参数。因此,这里我们采用**感思(ception)**这一概念,以涵盖所有的有意识或无意识的、并通过感知和概念化共同作用而产生的认知现象。虽然感思最好仅集中于对当前现象的加工处理,但也可以包括感知刺激加工、心智意象以及当下经历的想法和情感的加工。当个体当下正在加工某实体时,可以称之为在"感思"(ceive)那个实体。[12]

感思框架整合了感知域和概念化域,其主要优势不在于它消除了给某些有争议的认知现象分类的困难。尽管这种整合有益,但这种做法本身有把洗澡水和孩子一起倒掉之嫌疑,因为它仅由于困难就放弃进行具有潜在价值的区分。相反,感思框架的优势恰恰在于它允许或者承认那些延伸到整个新认知域的区分性参数,这些参数的完整性在不适当的范畴划分中很难被辨认出来。另外,由于上述参数的性质一般呈梯度逐级变化,因此可以以梯度形式重新界定感知和概念化的界限。总之,感知和概念化区分的主要问题并不是没有区分的理据,而是被区分成分离的两类。

我们提出了13个贯穿整个感思域并属于普遍虚构性的认知功能参数。绝大多数参数都存在梯度或至少是近似的梯度性质,即从完全具体到较为模糊的梯度变化,最高值出现在感思域中最明确的感知端,最低值出现在感思域中最明确的概念化端。这些参数似乎自高至低相互协变和关联。也就是说,任何一个具体的认知表征,都会在某参数梯度中找到与其相对应的位置。其中一些参数,看起来更像是由独立的区域或范畴组成,而不是连续的梯度,但它们同时可以和其他参数保持协调一致。在13个参数中,"可触知性"(palpability)参数涉及与视觉相关的普遍虚构性且占中心地位。由于其他的12个参数大多和这个参数相互联系,我们将整个参数集合命名为"可触知性相关参数群"(palpability-related parameters)。

可触知性相关参数群的提出完全是尝试性与纲领性的。需要就许多有关问题进行调整和实验验证。一个问题是对于可触知性和普遍虚构性来说,我们提出的这套参数是否全面详尽(想必不能),并且反过来,提出的参数是否完全适用于那些现象。另一个问题是产生特定认知参数的普遍视觉虚构性的分割。因此,下文讨论的一些参数可能应该合并或拆分。概括来讲,我们首先要说明提出的参数具有足够的同步性,从高端到低端匹配排列,这样才能证明我们将它们划分在一起作为一种普遍现象的组成要素是合理的。不过,反过来,我们还需要说明列出的参数之间足够独立,以证明它们可以被单独识别出来,而不是被当作某个单一复杂参数的不同方面。

9.1 可触知性及相关参数

人们在意识中体验到的实体都具有不同的可触知性,从完全具体到完全抽象。可触知性参数就是这样一种与可触知性程度有关的梯度参数。在此梯度上可指定四个层面充当参照点:**(完全)具体**层面((**fully**) **concrete** level),**半具体**层面(**semiconcrete** level),**半抽象**层面(**semiabstract** level)及**(完全)抽象**层面((**fully**) **abstract** level)。接下来的四部分将对上述四个层面进行讨论并列举相关例证予以说明。在这一部分中,我们提出了13种与可触知性相关的参数,并严格地按照这些参数的现象学特征来解释。我们认为,这些参数的层级与其他认知现象(如认知加工的前期或后期)不一定相吻合。

1. **可触知性**(**palpability**)参数是一种梯度参数,在其高端,实体被体验为具体的、明显的、明确的、确定的以及可触知的;在其低端,实体被体验为抽象的、不明显的、不明确的、不确定的以及不可触知的。

2. **清晰度**(**clarity**)参数是一种梯度参数,在其高端,实体被体验为清晰的、显著的和确定的;在其低端,实体被体验为模糊的、不显著的、不确定的或朦胧的。

3. **强度**（intensity）参数是一种梯度参数，在其顶部区域，实体被体验为强烈而生动的；[13]在其低端，实体被体验为微弱或乏味的。

4. 我们通过**明示性**（ostension）来描述实体具有的与任何感官形态相关的显性实体特征。在视觉形态中，实体的明示性包括它的"外形"及运动，具体来说，包括形状、色彩、质地以及运动模式。在听觉或味觉形态中，明示性表现在实体明显的音质或味道。作为一种梯度，明示性参数是指实体被体验为具有这些显性特征的程度。

5. **客观性**（objectivity）参数是一种梯度参数，在其高端，实体被体验为真实的、自主存在的，并具有独特的内在特征。这类实体可以进一步被体验成存在于"外部某处"，也就是存在于个人之外的，即使不是在人的身体之外，但至少也是在人的心智之外；在其低端，实体被体验为是主观的、是一种认知结构、是某人精神活动的产物。[14]

6. **位置性**（localizability）梯度参数指人们将实体体验为具有确定位置的程度，这种位置是相对于人本身和某个空间参照框架内的一些相应环境实体而言的。在梯度的顶端，人的体验是实体确实存在于某一位置，并且占据了整个空间中有限的一部分，这一点是可以被确定的，也是已知的。在梯度的中部层次，人可以体验到实体处于某种位置但是却不能确定实体的具体位置。在梯度的底端，人可以体验到位置概念根本不适用于所感思的实体。

7. **可识别度**（identifiability）梯度参数是人对某实体的范畴或个体身份的认知体验程度。在高端，人的体验是可以识别所感思的实体，将其归入熟悉的范畴之中，或将其与熟悉的某具体的个体等同起来，因此实体就具有了已知的特征，这种体验将随着梯度向下而递减，直到可识别性在底端消失。

8. **内容/结构**（content/structure）参数与判断实体是内容还是结构有关。该参数的内容端与其他参数的高端相关，用于判断实体实际组成部分。其结构端与其他参数的低端相关，用于判断实体的图式轮廓。内容端涉及实体的"庞大"形式，而结构端把形式减少或"缩减"，然后规范为抽象或理想化的轮廓。形式可以是由部分组成的简单实体，也可以是包含更小实体的复杂实体。不管是哪种情况，如果全面考虑这种形式的整体，内容端可以提供对形式特征的全面总结或格式塔。另一方面，结构端可以展示整体框架、模式或将形式的各组成部分联系到一起，并整合为一个整体的关联网络。

9. **几何类型**（type-of-geometry）参数涉及实体的几何特征及其精确性和确定性。在其高端，对实体的判断与实体的内容有关，是（符合）"欧几里得"几何学的、可定量测量的，在量值、外形、运动等方面十分精准和绝对。在其低端，对实体的判断与结构有关，是（限定于）拓扑几何或类拓扑的、定性或近似的、图式的、关联的或相对的。

10. **意识可及性**（accessibility to consciousness）梯度参数中，除在最低端以外，实体可以在任一处为意识所触及。在其高端，实体处于意识的中心或注意的焦点位置；在较低的层面，实体处于意识的边缘或注意的背景位置；在更下一级的层面上，实体当下不在意识或注意中，但随时可以触及意识；在其最下端，意识一般不能触及实体。

11. **确定性**（certainty）参数是一种梯度参数，在其高端，人体验到实体确定会出现及确定的实体属性；在其低端，人体验到实体的不确定性，或者从肯定的角度说，人体验到对实体的怀疑。

12. **行动力**（actionability）参数是一种梯度参数，在其高端，人感到可以主动地指引自身去处理实体，例如，可以观察或控制实体；在其低端，人感到只能被动接纳对实体的体验。

13. **刺激依赖性**（stimulus dependence）这一梯度参数是实体的某特殊体验对促使其发生的即时感官刺激的依赖程度。在其高端，刺激必须存在才能产生体验；在其中部，体验可以在刺激的影响下被引发，也可以在没有刺激的情况下产生；在其低端，体验的产生不需要或与感官刺激无关。

上述所有参数术语都是特意挑选的与具体感知形态无关的。但是不同形态在相关参数上的表现方式（有可能不同方式）仍旧是个问题。我们稍后会简述这一问题。为简单起见，下面讨论的可触知性的前三个层面仅限于视觉形态。我们对于可触知性的每一个层面的描述通常都会指出它在 13 个参数中的级别。

9.2 可触知性的具体层面

在可触知性的具体层面，人们所看到的实体被体验为完全清晰、可知、生动明了，具有确切形式、质地、着色、运动等方面的明显特征以及实体相对于人体自身和周围环境的准确位置。这里的准确度大体上属于"欧几里得"几何学性质，可以用公制计量。实体通常可以通过特定身份加以辨认并被认为具有实质内容。人们将实体体验为真实的、客观存的、独立自主存在的,因此不依赖于人本身是否意识到它。因此,它也就被体验成为存在于"外部某处",即不是存在于人的心智中的构造。观察者能集中全部的意识和注意力体验实体,对于实体的存在及特性能够确实把握,感知到他能够自主地将注视的目光投向实体,改变自己相对于实体的位置,又或者能控制实体以显露更多需要观察的特性。除了异常的心理状态(例如经历的逼真的幻觉)之外,这种对于实体具身体验需要即时发生的感官刺激,比如说,在视觉情况下,人们必须确确实实地看着实体。简单来说,人们在 13 种与可触知性相关参数的高端部分体验实体。

在可触知性具体层面上体验实体的例子包括我们日常视觉中大多数显而易见的内容,比如说苹果或街景。关于普遍虚构性,在可触知性具体层面被感思的表征通常被体验为确切和真实的。人们可以以它为背景,与可触知性较低层面的不同表征进行比较。

9.3 可触知性的半具体层面

在这部分,我们最好先列举可触知性半具体层面上可以感思的实体,然后再概括它们的一般特性。关于半具体实体的第一个例子是人们在赫尔曼栅格(Hermann grid)中每个十字交叉处(除直接注视的那一点外)都可以"看见"的浅灰色区域。这种栅格由均匀分散的横向和纵向的白色条纹组成,底下衬有黑色的背景,栅格本身可从可触知性完全具体的层面上被观察到。如果我们将注视点从一个交叉点移至另一个交叉点,那么在原有位置会出现一个点,而在新位置处消失。第二个关于半具体实体的例子是残留影像(after image)。比如说,当一个人盯着看一幅彩色图画后转向一片白色区域时,他会感思到这幅图画以互补色在白色区域呈现模糊淡化的影像。与此类似,一束强光打到视网膜上的某一点时,人们会在他们当下所视场景的相应位置上看到一个中等灰度的点,即"人造盲点"(artificial scotoma)。半具体实体更明显的是光幻视效应(phosphene effect)(即跨越视域的光变化模式),这一现象可能是由压力作用于眼球而引起的。

一般来讲,在可触知性半具体层面上感思的实体与在完全具体层面上的感思相比,不那么清晰可知,不那么清楚,也不那么强烈或生动。在其明示性特征中表现出某种不确定性,可能是模糊、半透明或虚幻的。尽管人们有直接"看到"实体的体验,但它不够具体的特性却可能在很大程度上导致人们以为没有真实实体存在,或至少对任何此类实体性表示怀疑。在以上列举的例子中，赫尔曼栅格中的灰色点通常都被体验为在"外部某处"，尽管这也许不是完全意义上的，因为它们会随着人们注视点的移动而出现或消失。这种"外部存在"的状态在残留影像、人造盲点、光幻视效应中更为低级和模糊，因为这些实体随人们眼球的转动而移动。赫尔曼栅格的灰点是完全可以相对于我们正在感思的格子定位的。实际上，只有同格子联系起来时它们才能被感思到。但残留影像、人造盲点或光幻视效应在位置性参数中的等级要低些，因为尽管在人们的视域中它们每一个都是固定的，但相对于具体被感思的外部环境来说，它们又可以随着眼球的活动而自由移动。半具体实体的可识别性部分保留在一些残留影像中，但大部分实体都难以依据特征而归类。

一般来说，人们可能完全意识到并将核心注意力导向类似于赫尔曼栅格灰点、残留影像、人造盲点、光幻视效应等半具体实体上，但人们对它们的感思不完全确定，而且对它们实施控制的程度更低一些，只能通过移动人的眼睛来控制它们。对赫尔曼栅格灰点的感思需要通过观察栅格来获取感官刺激。但是，一旦开始，即使是闭上眼睛，对上述其他几种半具体实体的感思不需要进一步刺激也能够维持一段时间。

在普遍虚构性上，当看到景象时，人们在可触知性的半具体层面上感思到的表征，通常被体验为比同时在具体层面上感思到的表征更虚幻、更不真实。这里对同一场景的两种表征之间的差异通常不是我们此前探讨的事实静止状况下的虚构运动，而是一种事实缺省状况下的虚构存在。也就是说，例如，对于像赫尔曼栅格灰点、残留影像、人造盲点和光幻视效应中的虚构表征，人们只能认为它们以某种相对虚构的方式存在，而所看见场景的事实表征被认为在更真实层面上缺少任何这样的实体。

9.4 可触知性的半抽象层面

可触知性半抽象层面上的实体被体验为存在，这种存在依赖于其他在完全具体层面上看到的实体，但它本身不具体、不明显，而且模糊、不确定且相对微弱。它几乎没有什么明示性，不具有直接可见的特性。当看到一个景象时，人们的体验不是清晰地"看见"这一实体，而是"感知"到它隐性的存在。事实上，我们会采用**感知**（sensing）这个术语来表示在看到具体事物的即时过程中，在可触知性半抽象层面上对实体的感思。[15] 人们感到此类事物就在"外部某处"，也许可以将其定位为所看到的具体实体的真实特性，但此类事物并没有自主的物质存在形式。在被感知到的实体与某特征相符的情况下,它会与一些邻近的或模糊的范畴相关。

感知到的实体在意识或注意力方面具有相对较低的显著性,看上去不那么确定,且意识和注意力对其不起作用。此类被感知到的实体通常被理解成为具有所见到具体实体的结构或关联特性。它的几何类型通常是类似于拓扑结构的、近似的。我们可以通过简笔素描或金属线雕塑一样的图式表征来获取这种被感知到的结构和关系,以便能在完全具体的层面上体验它们,但是它们最初被感思到的情况缺少图式表征的明晰度。

既然可触知性参数的半抽象层面也许是我们最不熟悉的层次,那么我们列举几种类型来说明。这里我们总结以下几种类型的普遍虚构模式的特征。普遍虚构性以近乎相同的方式对四种类型起作用:物体结构(object structure)、路径结构(path structure)、参照框架(reference frames)和力动态(force dynamics)。为了对这四种类型的普遍虚构模式进行描述,在这里我们将它们统称为"结构性"(structurality)。与具体某个或某组实体的事实表征相比,人们感知到的这个或这组物体的结构性表征通常为更虚构、非真实的表征。结构性表征是一种虚构的存在,而不是一种虚构运动。这种虚构的存在与具体表征中事实上的结构性缺失形成对比。与多数普遍虚构的形式不同,对于具体内容及被感知到的结构性的两种表征之间的差异可能看起来非常之小,所以它们被体验为是互相补充或是附加的。(9.4.4 中涉及的结构过去和未来的类型有其自身的虚构性模式,我们将就此单独讨论。)很多视觉感知的结构与语言封闭范畴形式的结构表征很相似,我们在 11 节中将对两者的相似性加以讨论。

9.4.1 物体结构感知

被感知到的实体的一个主要类型是单一物体或一组物体由于空间结构上的布局而产生的结构。我们把这种感知命名为**物体结构感知**(sensing of object structure)。首先就单个物体的情况来说,想象一个其几何类型能够用一个花瓶或垃圾箱示例的物体。当人们看见这种类型的物体时,在可触知性的具体层面上,观察到了确定的外在细节,比如说轮廓、线条、颜色、质地及明暗度。此外,在可触知性的半具体层面上,人们可以感知到物体中存在的某种结构模式,即外在的轮廓和中空的内部。

具体来说,这类物体是从理想化图式角度被感知的,这种感知通过把平面进行弯曲从而形成边界及体积。大体来说,这种从物体感知到的结构图式在抽象化过程中不考虑其他一系列空间因素。因此,这种"外围/内在"(envelope/interior)的结构图式可以在不同的物体中被感知到:大小不同,例如顶针和火山;形状相异,例如井和沟;封闭程度不同,例如密封球形救生器和潘趣酒碗;连续性/非连续性程度不同,例如钟形玻璃罩和鸟笼。这种模式的感思显示了被感知到的物体结构的几何类型(第9类参数)是拓扑性的或类拓扑性的,这与可触知性的半抽象层面是相吻合的。尤其是从以上被忽视的一系列几何因素的角度看,被感知成外围-内在型的物体结构与体积、形状、是否封闭及是否连续都无关。

举一个复杂些的例子,当看见一个人时,在可触知性的完全具体层面上,我们可以看见一个人的轮廓、外形、肤色及明暗度、衣服的线条及质地等等。然而,我们并不能看见而只能感知到这个人当前构型下的身体结构,比如说蹲下或倾斜的姿态。这类被感知的结构图式可以转化为具体可见的,比如说简笔画或者毛根扭成的人像都是根据类似的造型设计出来的。但是我们在观察那个人的时候,却不能具体地看见这样的图式,只能感知到它的存在。马尔抽象图式(Marr 1982),即用一组延长轴线展示一个人的形象,正是对这个可感知的感思层面的理论抽象化。

对结构的类似感知可以在一组物体中产生。比如说,第一个物体具有外围和内在结构,第二个物体可以位于第一个物体内部空间的某一点或某些点上。例如花瓶里的一些水或垃圾箱中的一个收音机。当感思这样一组复合物体时,人们可能感知到一种"包含"(inclusion)的结构图式,即第二个物体包含在第一个物体之中。与单一物体的例子相同,这个物体排列同样可以显示许多类似拓扑的无关性。因此,第一个物体和第二个物体本身可以在体积和形状上有所不同,另外,第一个物体可以展示任何相对于第二个物体的方位,并且可以位于第二个物体内部的任何位置,或者占据第二个物体内部任意大小的空间,并仍然能够被感知成"包含"图式。

再举一个更为复杂的例子,当我们看到餐厅内部时,会感知到一种空间上的层级性嵌入结构,包括作为最大包含框架的餐厅图式轮廓、餐桌的空间摆放模式以及在此框架中人们所处的位置。也许人们可以看见大厅的一些具体轮廓线条,比如说天花板的边缘。但是,大部分的空间图式都似乎是被感知到的。因此,如果一个人要把这种感知到的场景结构用图式描绘的方式表现出来的话,那么线条可以用来表示大厅的直线轮廓,点和圆圈就可以表示桌子,短的折线表示人在框架之下及人与人之间的相对位置。尽管可以这样来表示,但这种抽象表征的大部分内容并不是可见的,而只是被感知到存在而已。

对物体结构的感知也许还有更多的例子。因此,我们没有具体看到物体的某些部分,但是我们知道或能猜测到它们存在于某些特定位置,这可能就是感知得来的。这也许适用于物体的一部分被前面的另一物体遮挡的情况,或从观察者当前的视角无法看见物体背面或下面的情况。[16]

9.4.2 路径结构感知

当我们看见一个物体相对于其他物体运动时,我们能够很具体地把它的路径看成具有"欧几里得"几何学中的性质,如精确的形状及大小。但是,我们也可以感知到这种路径的抽象结构。因为路径是事实的,所以路径本身不会是一种虚构运动。但我们可以把某路径感知为某理想化路径图式的实例,而这种图式是虚构的。我们称之为**路径结构感知**(sensing of path structure)。因此,对于一只蚂蚁从手掌的一边爬向另一边和一只鹿从田野的一边跑到另一边,我们可能会感知到这是相同的"穿过"(across)图式的实例。这种视觉上感知到的"穿过"图式展现了大小无关性的拓扑特性。与之类似,我们也可以在鹿沿垂直直线和Z字形弯曲线路穿越田野所经过的路径中感知到相同的"穿过"图式。这种视觉上感知到的"穿过"图式体现了形状无关性的拓扑特征。

9.4.3 参照框架感知

可能与对物体/排列结构感知相关的是对一组物体的**参照框架感知**(sensing of a reference frame)。例如,当在可触知性具体层面上观察自己所处的环境时,人们可以感知到范围内部界定的方位。这种方位不是具体可视的,只能在可触知性半抽象层面上感知到。

我们也可以选择不同的参照框架来感知为存在(见 I-3 章)。例如,当一个人向右看到一个坐西朝东的教堂、教堂后面有一辆自行车时,她可以在场景中感知到一种基于地球的框架,其中自行车位于教堂的西面。或者她可以感知到基于物体的框架,其中自行车位于教堂的后面。又或者她也可以感知到以她自身为中心向四周发散的基于观察者的框架,其中自行车位于教堂的左面。Levinson(1996b)和 Pederson(1993)做过关于这一问题的实验,结果显示,对感知存在的参照框架在选择上存在着很强的语言文化差异。

在运动物体产生路径的情况下,人们也能感知到不同参照框架的存在。因此,当看到船驶离岛屿并渐渐远去时,我们可以在以岛屿为同心圆中心的辐射状参照框架下感知到船的路径是向周围散射的,或者也可以在直线参照框架下将岛屿感知为原点,那么船的路径就是驶离纵坐标线的一条横轴线。[17]

9.4.4 物体结构过去和未来的感知

另一种感知现象类型也和单一物体或一组物体的结构有关。然而,这里的结构不是被感知成静态存在,而是从其他构型转化成特定的构型。事实上,人们感知到一种可能的、默认的或有过去假象的活动导致了目前的结构。我们称之为**结构历史感知**(sensing of structural history)。此类对过去的感知是 8.3 中描述的语言中虚构地点到达路径的视觉对应现象。在那一部分已经给出了几个相应的视觉例子:小雕像被视为将头和四肢固定在躯干上;不规则的形状被视为由规则形状凸起和凹陷形成;豆精灵被看成是从圆中移除一块楔形。

除了这些比较图式化的实体之外,人们在日常场景中也不会将某种复杂形式感知为静止的、自身独立存在的构型,而是由先前更基本的状态变形产生。例如,当看见一个等边画框倾斜挂在墙上时,人们可能不会将画框感思为静态的菱形,而将其感知为正方形从更基本的水平垂直方向倾斜而成。另一个例子是,将挡板上的凹痕感知为变形的结果,而不是其自身生成的弯曲。人们会将一堆粘土碎片感知为打碎的花瓶残片,而不是一组彼此分离、形状各异的三维物体。人们可能不会简单地将散落在地板上的玩具感知为由一些空间静态构型组成,而是将其感知为从盒子中的原始位置散落成现有构型。

对物体的观察不仅可以使人们感知到物体过去的构型,还可能感知到源于现有构型的一种潜在的或可能的未来连续变化。这种**结构未来感知**(sensing of structural future)可能包括将实体还原为它的初始状态。例如,当看到前面提到的那个以一定角度倾斜悬挂的画框时,人们可能会感知它有恢复原状的可能性(很可能想象有人将其摆正)。

从普遍虚构性的角度看,对实体结构过去和未来的感知是虚构运动在感知形态中更加不真实的表征。这是对实体的事实性静态表征与虚构表征相互叠印造成的结果。因此,就上述画框的例子来讲,画框的真实性和虚构性感思模式的不同,来源于我们一方面看到一个静态的菱形,而另一方面感知到此菱形是由正方形变化而来或将变成正方形。

9.4.5 投射路径感知

另一种类型的感思可以被称为**投射路径感知**(sensing of projected paths)。路径投射的一种形式建立在已经由焦点实体呈现的运动之上,例如在空中沿曲线飞行的被扔出去的球。正在注视着物体产生的具体路径的观察者可以感知到,但并没有明显地看到物体接下去将要运动的路径。这不单纯指无意识的认知操作,比如,使观察者移动到能接住球的地点。我们指的是那些观察者经常产生的一种强烈感觉某物体将要穿越一条特定路径的意识体验。人们也可以逆向投射去感知球出现在视野之前可能的飞行途径。因此,这类路径投射与上一部分中关于对结构过去和未来的感知完全类似。主要的区别在于上一部分中被观察到的实体本身是静态的,而在这一部分中实体是动态的。因此,上部分中在静态构型之前和之后被感知到的变化大部分是基于人们对频繁变化的体验,而这里被感知到的路径片断则大部分是人们将朴素物理知识应用到运动上的投射。

投射路径的另一种形式与施事性观察者有意识地在一定空间区域内前进而产生的路线有关。比如说,一个观察者站在一个摆满餐桌的餐厅的一个角落,他想要到餐厅的对面角落。在他出发之前,这位观察者通常会在可触知性的半抽象层面上感知一下大致的路线,他可以沿着这条弯转于桌子中间的路径到达目的地。观察者可能像看空中航拍照片一样,在视觉上虚拟地感知到这条路径的形状。开始投射的路线也许不足以完成任务,所以在观察者沿着路径行进的过程中,对路线的感知过程就有规律地被更新并形成新的投射。但是在整个过程中,只有实际的环境可以被具体地观察到,而将要行走的路径则是被感知到的。这种投射路径的形式类似于 8.4 中描述的语言中的虚构接近路径。

9.4.6 力动态感知

力动态感知(sensing of force dynamics),即对在其他场合下具体可见的物体之间作用力的感知,也是在可触知性的半抽象层面上的。此类被感知到的力动态包括相反作用力的相互作用,比如说,一个物体内在有运动或静止的趋势;另一个物体对这种趋势有相反作用力;该物体对这种反作用力进行抵制;抵制被克服;阻碍的存在、出现、消失或不存在。(见 I-7 章对语言中力动态的语义成分的分析。)

例如，Rubin(1986)及 Engel and Rubin(1986)描述了当受试看着一个点沿一条类似于球弹跳产生的路径移动时，受试在变化拐点所感到(即我们所说的感知)的作用力。当弹跳不断提高时，人们就会感知在这一点上加了力；相反，当点的弹跳降低时，人们就会感知在这一点作用力消失了一些。此外，Jepson and Richards(1993)用两个同样的矩形排列组成"T"形状。他们注意到当T"头"部的长方形垂直于平面，"躯干"部的长方形呈水平状时，人们就会感知T躯干部的矩形像被"附着"或粘在头部的长方形上一样，类似于看见一个物体被粘到一堵墙上。但是，当T被颠倒过来，时即头部长方形水平放在底部，而躯干垂直放置其上时，却没有这种"附着力"的感知。在这种情况下，人们只是感知到接触而不是附着，正如人们看到一个物体置于水平面上的感知一样。

举一个图式性不是很强的例子，想象这样一幅场景：一个很大的实物厚板以45°角斜靠在一个摇晃的木棚外墙上。看到此场景的人很可能不仅仅是在具体层面上观察到厚板和木棚具体几何形状之间的关系，而会在显露的成分中感知到一种暗含的力动态结构。这种被感知到的作用力结构可能包括一种作用力(如木屋所展示的作用力)，该作用力勉强成功抗拒外部作用于其上的持续作用力(如厚板所展示的作用力)，这种力可能逐渐减弱或随时消失。

9.4.7 语言中虚构运动的视觉对应现象的感知

最后，在关于感思的讨论之前，本章曾经讨论过虚构运动类型，我们现在可以回想一下与当下讨论的关联。前面讨论过的语言中的虚构运动在视觉中的相应模式，大部分好像都符合可触知性的半抽象层面，即它们是被感知到的。此外，就普遍虚构性而言，这些视觉相似现象涉及了对虚构运动的感知，而不涉及对虚构存在的感知(如刚才的"结构性"表征的情况)。总之，我们可以将2.5和8中所有涉及这一现象的虚构类型列举出来。这样，我们可以在可触知性半抽象层面上感知各种路径的视觉对应现象的虚构运动，包括方向路径(含前景路径、直线排列路径、指示路径、瞄准路径)、辐射路径、影子路径、感知路径、模式路径、相对框架运动、显现路径、接近路径和共同延展路径。加上前面描述的结构过去/未来和投射路径，本章提出了一个完整的虚构类型目录，包括所有视觉表征被感知为虚构运动的情况。

9.5 可触知性的抽象层面

至此,我们所列举的可触知性前三个层面上的例子都依赖于即时发生的感官刺激(除残留影像、人造盲点和光幻视效应以外,因为它们需要刺激稍微提早发生)。但我们也可以举出可触知性梯度中更低的一层,即(完全)抽象层面。在这个层面上,人们对概念化或情感实体的体验不需要即时的感官刺激,并且和这样的刺激没有直接联系。这类实体大部分聚集在其他可触知性相关参数的底部,在很大程度上是不可知的、抽象的、模糊的,也许是微弱的、缺少明显的特征,不易于在空间中定位,也不适宜于在范畴中加以识别。它们经常被体验成主观的,因此不是在"外部某处",而是存在于个人内部。

这种概念化和情感实体的特点的确在其他可触知性相关参数上呈现一定范围的浮动。它们可以位于从注意力最明显到难于记忆或实际上不能进入意识的位置;在确定程度上,人们对它们可以从肯定到迷惑不解;在控制程度上,人们对它们可以从心智上加以控制到仅仅被动地接收。最后,它们可以呈现为内容或是结构,并且如果它们呈现一种几何结构,那么该几何结构也展现一定范围,尽管该结构可能是更倾向为近似的和定性的类型。

在整体的思考和感觉过程中,这类抽象实体可能被感思为组成部分。它们有可能不仅仅包括通常由即时刺激而感思到的实体的想象对应部分,例如,仅存在于对结构进行想象的体验,而这种结构在其他场合下可以在看见一个或一组物体时被即时感知到。它们也有可能包括这样一些现象,这些现象通常不能或从来不能被直接归属于由即时感官刺激感思到的物体的内在特征。这类现象可能包括下列几种:一个人知识表征中对概念关系的意识;对成组概念间隐含意义的体验及推理的形成;对真实性的判断;对长期发生变化的估计。还有一些可能包括在内的是:对社会影响的体验(例如允许和请求、期望和压力)、多种情感状态以及"命题态度"(propositional attitudes)(例如希望和意图)。

许多在可触知性抽象层面上的认知实体是语言形式的语义所指,所以在人们听到或思考这些形式时,它们就会在意识中被唤起。这些形式本身在被听到时是完全具体的,但当它们出现在思维的想象中时,则不是那么的具体。但它们的具体程度似乎往往可以用于衡量与它们相关的概念和情感现象的清晰度。清晰度越大,可能就会有更强的认知操作性(行动力)和意识可及性。但是,这些现象在不与这些语言形式相结合而直接被体验时,则可能处于可触知性的完全抽象层面。尽管语言表征提高了可触知性等级,但要给感思上的抽象现象举出更多的例子,最简单的方法还是引用一些特定语言形式的意义。由于开放类形式能表达更多的内容性的概念,而封闭类形式表达更多的结构性概念,因此后者是更抽象的概念。我们接下来引用一些封闭类形式的意义来进一步表述可触知性梯度最抽象的那一端的特点。[18]

首先,人们通常在其他情况下通过当前的感官刺激在可触知性半抽象层面感知到的图式结构,比如通过观察某一物体或情景产生的结构,也可以在听到和想到指向该图式结构的封闭类形式时,在最抽象、纯概念化的阶段被感思。例如,当看到一根木头横在路上时,一个人就会感知到在那个场景下有"穿过"(across)这一图式的存在。但是他还可以在听到或想到"*across*"(穿过)这个词或"*The log lay across the road*"(原木横在路上)这个句子时,在可触知性的抽象层面感思到同样的"穿过"模式。

下面我们来识别一些表面上看起来不是由当前感官刺激而产生并且是由语言的封闭类形式来体现的概念范畴。比如,"时"这个概念范畴,包括'过去时''现在时''将来时'等子概念。"时"涉及的是一个所指事件发生的时间和当前说话的时间之间的关系。这一范畴普遍出现在世界上的各种语言中,但是它与当前感官刺激引发的可触知性高端的感思形式很少有相似之处。第二个以语言来体现的范畴称为"真实性状态"(reality status),它大体包含在传统语法术语"语气"中。对于任何一个所提到的事件,这一范畴将指明这个事件是真实的、有条件的、可能的或是与事实相反的,而且这一范畴还包括一般的否定(例如英语中的 *not*)。同样,在具体层面看到的、听到的、闻到的或是在半抽象层面感知到的有关这一情景的各个方面,看起来并不会被感思为具有除了事实以外的任何其他真实状况。与之类似的是,"情态"(modality)这个语言表征范畴在英语中有 *can*(可以),*must*(一定)和 *should*(必须)这些下属概念,但是几乎没有具体的或被感知到的对应物。

我们接着列举一些其他范畴,它们在可触知性的抽象层面由封闭类形式引发,它们与有意识实体的认知状态有关。这些范畴似乎不能在可触知性的更高层面上被表征。例如,由"传信语"(evidentials)所表征的"说话者的知识水平"(speaker's knowledge status)的概念范畴,能具体说明说话者对所提及事件的知识水平。在很多语言中(如在温图语

(Wintu)中,通常由动词的屈折变化来体现),这一范畴包括如下一些下属概念:'通过个人经验判断为真''通过共识判断认为为真''从相应的证据推理为真''从时间上的规律性推理为真''由于被报道过所以认为是可能的'及'被认为极有可能'。关于这种认知状态的另外一种语言学范畴可以被称为"听话者的知识水平"(addressee's knowledge status)。这是说话者的一种推断,对听话者就说话者针对当前所指事物的辨别能力的推断。能够代表这一范畴的常见语言形式就是用来表明确定性的限定词,例如英语中的定冠词 *the* 和不定冠词 *a*。更多的由语法来体现的认知状态包括意图、意志、目的、希望、祝愿及反悔。

再举最后几个例子。被称作"特指性"(particularity)的语言范畴是指能否确定一个所指实体是唯一的(*That bird just flew in*(那只鸟刚刚飞进来)),或是一类实体中的特定个体(*A bird just flew in*(刚刚飞进来一只鸟)),或是从类属上来说能作为一个范例来代表所有的同类实体(*A bird has feathers*(鸟有羽毛))。这一系列可能的特指性不会产生在具体或半抽象层面上对某一实体的感思。尤其是,很显然它会排除类属的情况。比如说,看到一只个别的鸟可能不会激发起对所有鸟的感思。因此,人类认知中对一类事物类属的感思可能仅发生在可触知性的抽象层面上。最后,许多封闭类形式表示各种各样的抽象关系,比如亲属关系和所有关系。英语中的's 结尾能表达这两种关系,比如,*John's mother*(约翰的母亲)和 *John's book*(约翰的书)。此外,即时感思,比如看见约翰在他的房子里和看见史密斯夫人在她的房子里,或者看见约翰在门口和一本书在桌子上,可能不会像语言形式那样直接引发表示亲属关系和所有关系的概念。[19]

10 感思的其他类型及特点

整个感思系统的完整结构当然还有待于完善。但是以下的简要概述将勾画出这个系统的基本轮廓。我们引证了更多的感思类型、可触知性相关参数内部的分离性的形式以及不同感官形态参数之间的区别。

10.1 感思的意象形式

意象感思(**imagistic ception**)包括心理意象(mental imagery)的各种认知表征形式,无论它是否与视觉或其他感官形态相联系。在刺激依赖性梯度参数中,意象感思处于中间位置。也就是说,当一个实体受到即时感官刺激在具体层面被感思时,意象感思能得到激发。例如,当一个人看见一只狗的时候,他就能想象出这只狗叫时的情景和声音,也能想象出有人走过拍拍它时的情景和动作。不过,意象感思在没有即时刺激的条件下也可以发生,比如自己遐想的时候。但是在刺激依赖性参数的最低端,意象感思是否发生,也就是说,它的各个方面是否像许多语言概念范畴一样与感官特性不相关,这一点有待确定。

10.2 感思的联想形式

感思的**联想**(associative)形式是指当一个人受到即时感官刺激时,人们所产生的与这一实体相关的感思现象。但是这些现象不是该实体的内在属性。这些相关的现象包括:(1)上述心理意象;(2)人们可能做出与那个实体相关的一些行为;(3)人们能感受到和那个实体相关的情感状态;(4)与该实体相关的知识的特定概念和方面;(5)和实体相关的推理。

我们已经讨论了心理意象,在这里我们要阐述联想感思的其余四种类型。举一个(2)中联想行为的例子,当看到一个倾斜的相框时,人们就会体验到要把相框扶正的肌肉动觉的冲动。或者当看到保龄球不可阻挡地朝着边槽方向滚去时,人们也会体验到或用"体态英语"(body English)作出回转,好像以此要去改正保龄球的路线。

事实上,可能存在一种和动觉效应相关的可触知性梯度,来控制肌肉运动,这与我们提出的感思梯度相对应。由可触知性从低到高的这个区间来看,在最低端的是人们对想要运动这种意图的体验;处于中间的是包括抑制了的运动和隐性体态英语在内的近似显性的运动体验;处于最高端的是人们的显性运动体验。

以上(3)中联想情感有很多显而易见的例子,比如见到孩子玩耍、车祸丧生者或抢劫者等情景时会体验到高兴、厌恶或害怕。(4)中的联想知识或概念包括看见刀时想到危险或闻到新鲜面包时想起了自己儿时的家。以下两个例子可能是(5)中联想推理的情况:根据他们的年龄和相似的长相,从视觉角度判断出史密斯夫人是约翰的妈妈,或者从周围的环境和约翰对待这本书的态度来推断桌子上的那本书是属于约翰的。

10.3 内在性参数

如上述例子所示,感思的各种联想形式大致接近可触知性的半抽象层面。事实上,9.4 节讲的可以在半抽象层面"感知"到的现象和此处讲的联想现象可能一并属于同一组,都是可以在可触知性的半抽象层面感思到的现象。但是在这一组中,被感知的类型和联想的类型在另外一个梯度参数即**内在性**(**intrinsicality**)上,彼此是不同的。在这个梯度的高端,被感知的现象被体验为在具体层面上被感思的实体的内在属性。也就是说,我们将感思到它们是真正存在的,并且它们可能是感思者在具体所见的实体中"发现"的内在属性,例如像作用力影响的结构和模式,但在内在性梯度的低端,在此处所提到的联想现象则只是与被感思的具体实体相关而已,即我们将把这些联想现象体验为我们作为感思者自身给实体带来的偶然现象。

然而,当这个内在性参数被应用到与实体相关的现象而不是实体本身时,事实上它只是一个客观性梯度(参数 5)。

诚然,某特定现象在内在性梯度中的位置是根据现象的类型、个体、文化、场合的不同而变化的。一个经典的例子就是,当我们看到某个特定的人时会感思到美,这种美可体验为这个人的内在属性,就像人的身高一样。换一种角度考虑,这种美也可被体验为我们个人的解读性反应,即观察者自身所产生的感受。

10.4 可触知性相关参数群的分离性

对于以上谈到的感思类型来讲,虽然 13 个与可触知性相关的参数群总体上都是相互关联的,但是我们也可以观察到它们之间的一些分离性。例如,就感思的意象形式来说,视觉心理意象有很强的明示性(参数 4),例如它们有相对确定的形式和运动。但是同时它可能又处在可触知性梯度(参数 1)的半具体层面和半抽象层面之间,以及清晰性梯度(参数 2)相对中间的位置上。上文已经提到了分离性的另外一个例子,封闭类形式的认知现象一般处在可触知性梯度(参数 1)的最抽象层面,但是我们对这些表达概念现象的语言形式有意识的操纵能力接近行动力梯度(参数 12)的最高点。再者,一些情感状态可能在大多数的参数中所处的位置都非常低。比如在可触知性梯度(1)中呈不确定状态,在清晰度梯度(2)中呈模糊状态,在明示性梯度(4)中呈非显性状态,但是在强度梯度(3)中所处位置很高，因为它们一般被体验为强烈的和生动的。对于这种分离性的进一步观察，可以有力地证明所列出的这些参数的独立性以及最终把它们辨认为不同现象的合理性。

10.5 可触知性梯度上的形态差异

在关于感思的讨论中，我们主要讨论的都是与视觉形态相关的现象，这些现象呈现在可触知性梯度中除了最抽象的层面之外的其他所有层面。但是我们可以简单提一下，不同的感知形态在上述与可触知性相关的参数中都可以有它们自己的体现形式。以动觉为例，它包括人对自身目前身体姿势和运动的感知，本来就很少或从未在可触知性、清晰度和显性程度参数中处于很高的位置，可能在半具体、半抽象的层面之间浮动。嗅觉形态，至少对人类来说，在定位参数（参数6）中好像处于很低的位置。参与消化食物的味觉和嗅觉在内容/结构参数（参数8）中，涉及更多的是内容而不是结构。各种感知形态中有关感思的对比需要进一步的调查研究。

11 视觉和语言之间内容和结构的相似性

对于这一点的分析可使我们观察到视觉和语言的另外两点相似处。

11.1 内容和结构子系统在视觉和语言中的互补功能

首先，视觉和语言这两个认知系统各自都有内容子系统和结构子系统。以即时视觉为例，当看见一个物体或一系列物体时，在可触知性的具体层面，内容子系统起主要作用，而在可触知性的半抽象层面，结构子系统起主要作用。就语言而言，开放类形式的所指主要体现在内容子系统，而封闭类形式的所指主要体现在结构子系统。正如下文所示，这两个子系统具有不同且又互补的功能。下面先讨论视觉，随后讨论语言。内容/结构参数(8)和几何类型参数(9)的很多特征可与这两个子系统的不同功能进行不同的结合。这些特征包括关于体积或是轮廓、"欧几里得"几何学或是拓扑几何学、绝对性或是相对性、精确性或是近似性，以及从整体看，是对内容的概括或是统一的框架。[20]

我们首先来看视觉中的两个子系统的特点及其运作。对于一种涉及筹划运动和控制的情况来说，例如在空间中行走一段特定的路径，内容子系统相当于一个局部的刻度精良的标尺，而结构子系统可以首先投射一个整体的粗略的近似图像。这样，回到先前的那个例子，一个人要想穿过一家饭店的饮食区，可能就用感知到的空间排列在半抽象层面上的结构，构建一个近似的、定性的穿行于饭桌之间的曲折路线。但当他穿过时，他会注意到桌子的"欧几里得"几何特点，运用特定的体积内容的具体层面，以防撞到桌角上。如果一个人不运用整体的类似拓扑的子系统，那他就只能一步一步缓慢前行，在精确子系统的引导下沿着桌子的边缘、椅子的曲线而行，而没有一个整体的图式做向导。另一方面，如果他没有精确子系统便开始他的整体大概行程，他会不停地遇到碰撞和阻碍，因为他不能准确地估计和协调地点间的细节。这两个子系统发挥着互补的作用，在选择最佳行程和其他形式的活动时都是必要的。

接下来我们介绍一下语言的两个子系统是怎样运作的。要做到这一点，我们可以观察在一个句子中开放类形式和封闭类形式的不同作用。例如：*A rustler lassoed the steers*（偷牛贼用套索套牛）。这个句子中只包含三个开放类形式，每一个都包含丰富复杂的概念内容。动词 *rustle*，表示违法性、盗窃、财产拥有权以及牲畜的概念；动词 *lasso*，表示以某种构型方式套索、系扣，并以某种方式将此绳索转开、抛掷、以圆圈套住动物的头；还有 *steer*，表示某种特定的动物类型、为人类消费而存在的饲养习俗以及阉割等概念。

从另一方面来看，这个句子还包含了很多封闭类形式，它们所表示的概念相对很少，起到构建结构的功能。它们包括后缀 -*ed*，说明事件发生在现在的话语之前；后缀 -*s* 说明复元实例，*rustler* 的"零"后缀说明单元实例；冠词 *the* 说明说话者对对方身份的确定，而冠词 *a* 则表明与之相反；后缀 -*er* 则说明动作的执行者。再细分就是语法范畴"名词"（*rustler* 和 *steers*）表明物；"动词"（*lassoed*）表明过程；"主语"的语法关系表明他是施事者，而"直接宾语"是受事者。

通过交替地替换上句中的一类词而保持另一类词不变，可以使这两类词的不同作用表现得更明显。因此，我们若只替换封闭类形式，就变成了 *Will the lassoers rustle a steer?*（偷牛贼要用套索偷牛吗？），这样所描绘场景的全部结构轮廓和言语事件就都被改变了。不过，由于表达内容的开放类形式没有变，我们仍然能置身于西部牛仔的画面中。但是，我们若只替换开放类形式，变成 *A machine stamped the envelopes*（机器给信封印了邮戳），那么所描绘的情景和言语事件的结构关系仍然保留在原句中。因为表达内容的开放类形式改变了,我们现在就被转移到一座办公楼里了。概括来讲,在一个句子的所指及语篇语境中,开放类形式主要构成了句子的内容,而封闭类形式主要构成了句子的结构。

因此,在感思及在运动上协调一个视觉场景以及在认知一个句子的所指时,内容和结构这两个认知子系统交互运作,它们的作用是必要且互补的。

11.2 结构子系统在视觉和语言中的相似特征

鉴于视觉感知和语言各自都有一个内容子系统和一个结构子系统,我们需要确定这两个内容子系统之间的关系以及这两个结构子系统之间的关系。此处我们只研究后一个问题,结果发现视觉和语言的结构子系统呈现出巨大的相似性。

首先,回想一下 9.4 节在谈可触知性半抽象层面的感思时曾提出,我们观看某物体或某物体排列时,能感知到它们的空间结构以及和力相关的结构。任何这类的结构都被感知为含有一个理想化的抽象图式,该图式在几何上是类拓扑的或定性的。上一小节曾提到,封闭类形式用来表明所指的概念复合体的部分或整体结构。请注意,当这些语言结构表示空间和作用力时,它也由一些具有类拓扑性质的理想化抽象图式组成。事实上,由视觉感知和由语言的封闭类形式产生的结构特点十分相似。

视觉结构子系统与语言结构子系统在虚构性这一点上进一步呈现对应关系。回想我们在 9.4 中的发现:与人们具体地看到的某物体或某物体排列的事实状态相比,一个人在半抽象层面感知到某物体或某物体排列的结构图式被视为虚构的。与语言使用者所理解的物体及物体排列的真实属性相比,由语言的封闭类形式所表现的结构图式,在这里具体为与空间和作用力相关的图式,也是虚构的表征。也就是说,所有这些抽象的或是概念上叠加的图式,无论是由视觉感知还是由语言的封闭类形式表达,都可以被理解为虚构性的一种形式。它们构成的不是虚构运动,而是虚构存在,即结构的虚构存在。因此,和空间图式相关的大量语言学著作,如 Talmy(1975b, 1983)和 Herskovits(1986,1994)等都为虚构理论做出了重要贡献。特别是 Herskovits 著作的立足点便是把空间图式描述为"虚拟结构"(virtual structures)(先前被称为"几何概念化"(geometric conceptualizations)),这样同物体本身的"规范表征"(canonic representation)区别开来。

上述介绍的是整体概况。下面提出一些视觉结构子系统与语言结构子系统相似的具体例子。对于物体排列的结构来说,9.4.1节曾提出,当一个人看到一个由两个物体组成的复合体时,可能在视觉上会感知到一种"包含"类型的结构图式的存在,感知其中的一个物体处于另一物体所限定的内在空间的某一点或是某些点上。这个图式是拓扑性的或是定性的,是从物体的具体大小、形状、闭合状态、连续性、相对方位、相对地点中抽象出来的。英语介词 *in*(在……里)所界定的空间图式展示了所有这些性质。因此,我们完全可以用这个封闭类形式来表示 *in a thimble*(在顶针里),*in a volcano*(在火山中),*in a well*(在井中),*in a trench*(在沟里),*in a beachball*(在密封球形救生器中),*in a punchbowl*(在潘趣酒碗里),*in a bell jar*(在钟形的玻璃容器中),或是 *in a birdcage*(在鸟笼中)。此外,当抽象化或者叠加图式的时候,视觉和语言二者的结构子系统都会产生相对于物体具体排列的虚构表征。

　　与之相似,9.4.2节讨论的是我们在观察移动物体的路径时感知到的结构的类拓扑特征。这种视觉上感知到的结构也在语言的封闭类形式中有对应。因此,英语中的介词 *across*(穿过),界定的是典型的沿着两条平行线之间的垂直线从一端到另一端的运动,显示了与大小无关性的拓扑特点。因此,它既能适用于几厘米的距离,如 *The ant crawled across my palm*(蚂蚁从我的手掌上爬了过去),又适用于几千英里的距离,如 *The bus drove across the country*(公共汽车驶过这个国家)。与此相关,介词 *through*(穿过)(用法之一)表明的是沿着在一定介质中的一条线移动的图式。但是,这个图式展现出与形状无关的类拓扑性质。因此,*through*(穿过)既可以用于环形的路径,如 *I circled through the woods*(我在森林里转了一圈),又可以用于曲折的路径,如 *I zigzagged through the woods*(我曲曲折折地穿过了树林)。同样,与所看见的或是相信存在的"欧几里得"几何细节相比,视觉上从路径里感知到的或者语言上归为路径的拓扑图式,是一种虚构的表征形式。

　　对于视觉与语言结构对应的最后一个例子,9.4.3部分曾经提出,在观看某些场景时,例如一个物体做路径运动时,我们可以感知到运动的背景是一条直线形状或是放射状的参照框架。这两种不同图式还可以用语言的封闭类形式来表征。因此,英语中的 *away from*(远离)是指在一个坐标网格内从纵坐标轴的一点沿着横坐标轴的方向移动。但是 *out from*(从……离开)是指从中心点出发,在同心圆的放射性网格内沿着半径移动。这些不同的概念图式化过程,可以体现在如下句子中:*The boat drifted further and further away/out from the island*（小船漂离/漂出小岛越来越远）；或者 *The sloth crawled 10 feet away/out from the tree trunk along a branch*（树獭从树干沿着一根树枝爬离了/爬出了 10 英尺）。这里，无论是在视觉感知还是语言中，两个参照框架显然都是叠加到这一场景之上的虚构认知。

总之，视觉和语言对空间和力的构建特点，包括以下几点相似性：它们都有图式抽象化特征；在两者中，这些抽象化特征都是类拓扑性的；在两者中，这些抽象化特征都是虚构的。仅限本章的语境和术语，我们用下面这句话概括语言和感知构造的可比性：人们利用语言结构来理解及表达自己视觉感知到的大部分内容。

11.3 视觉结构与语言结构相似性可能存在的神经基础

我们可以就刚刚讨论过的视觉感知结构子系统与语言结构子系统之间相似性的神经基础进行初步探讨。

一种可能性是，独立于视觉和语言系统之外存在某种神经系统，它从总体上负责处理图式结构。那么我们就可以假定，由于视觉感知和语言封闭类形式的表征都与这一神经系统相连接，才使它们在功能模式上呈现出共同点。

另一种可能性是，处理图式结构的神经子系统包含在负责视觉感知的神经系统内，负责语言的神经系统与这个处理结构的子系统相连接，并从该处理结构的子系统获取那些与封闭类形式相关的结构功能。如果存在这种可能性，由于视觉在进化上先于语言，那么我们假设的结构子系统在负责视觉的神经系统之内，随着语言系统的进化，它可能已经与早已存在于视觉感知中的结构子系统相连接。

第三种可能性是，有两个几乎完全一样的处理图式结构的神经系统，一个在负责视觉感知的神经系统内，另一个在负责语言的神经系统内。

除了这些可能性之外，这个处理图式结构的神经系统或子系统还应具备另外一个特点。其他神经系统负责处理感思实体的具体显著特征，和那些神经系统相比，这个神经系统处理的结果，即图式结构，所带来的体验不够真实，因此是虚构的。

11.4 视觉和语言中的结构外显性

与人类视觉相关的认知系统还有另外一个特征可能在语言中找到部

分对应。它有一个成分用来以显性的形式来表示那些通常只能在可触知性半抽象层面被隐约感知到的图式化结构。这里我们把这个成分叫作**图式化图像表征**(schematic pictorial representation)。

在图像表征(iconographic representation)中，丰富全面的图像描绘体现内容子系统。但是，结构子系统可以通过图式化图像表征成分得以显化，如在静态或动态卡通画或漫画、简笔画、金属线雕塑及类似的作品中，用点、线、面来进行图式化描绘。儿童最早的绘画，即"简笔画"就是这种图式。例如，一个孩子在画人物画时，在起初的阶段会画成一个圆和从圆开始的四条发射出去的线；在随后的阶段就会在一条竖线的上面画一个圆，然后从竖线中部向左右两边分别延伸画两条线，再从这条竖线最低端的点向下画两条斜线。因此，在描绘他所看到的物体或景象时，孩子所表现的与其说是具体表征层面的特点，不如说是他在可触知性半抽象层面上所感知的结构。

必须要强调的是，这样的图式化不是作用在人的视网膜上。作用于视网膜上的是显露的具体特征，即所观察的物体的体积、边缘、质地、明度、着色等。但是，通过孩子们的手所画出来的东西不是这些明示性特征，而是构成图式结构轮廓的一维线条。因此，很多认知过程都发生在视网膜的反应和手的动作之间。这种过程以一种很有规则的方式把体积缩减或"浓缩"成了轮廓。

如本书中提出的那样，无论是对单个物体还是物体排列(见 Marr 1982)，这些结构的抽象化对视觉形式的感思都是必要的。这些抽象化也构成了可触知性半抽象层面所获得的感知的主要部分。正如上一部分讲到的一样，对结构抽象化的感思可能是某一特定认知系统的产物。视觉系统中负责外部描绘的成分可利用这个相同的抽象化图式结构系统。实际上，在该系统功能进化初期，儿童的图像能力主要与这个结构处理系统相关，而不是与具体感思物体整体明示性的认知系统有关。

正如上文所描述的那样，能与这种表征外显性形成对应的语言成分是封闭类形式。显性语素和它们所表征的结构图式在语言上的联系使那些在其他情况下处于可触知性最抽象层面的认知实体具体化。这些语素与那些抽象的形式形成了有形的对应，提高了对它们的可操作性，并可能增强了它们的意识可及性。然而，这些语素的形式并不能反映它们所代表的图式的形式，从这一点来看，语言的这一成分与图式图像表征截然不同，图式图像表征在结构上与它表征的内容是一致的。

这一节指出了视觉和语言在结构上的各种对应性,不同点还有待于进一步考察。视觉和语言的结构子系统可能在关于什么是结构的、几何抽象的程度和类型、这些结构特点在不同文化中变化的程度和类型、这些结构在成长期儿童身上出现的时期和顺序等问题上都呈现出差异。

11.5 和其他研究的一些对比

本研究对 Cooper and Schacter(1992)的结论是一个挑战。他们将对物体的视觉感知分成"显性"(explicit)形式和"隐性"(implicit)形式,这两个概念很显然与本章中可触知性的具体和半抽象层面最相近。但是他们认为感知的隐性形式是意识所不能及的。而我们认为:第一,(如在 9.4 节讨论的)在可触知性的半抽象层面感知到的诸如结构表征实体,事实上至少可以被意识在模糊或微弱状态下所体验,并不是意识所完全不能及的;第二,视觉和语言大体都受意识控制,而它们能够使结构子系统的结构表征外显,这表明这些表征原本并非隐含且不可及的。

Nadel and O'Keefe(1978)、Ungerleider and Mishkin(1982)、Landau and Jackendoff(1993)都提出,表征物体和空间的认知系统是不同的,并把它们称之为"内容"(what)和"地点"(where)系统。可以肯定的是,这些系统分别和本研究及 Talmy(1978c/1988b)中提出的内容和结构子系统完全吻合。然而,"地点"系统似乎只包括结构子系统的一部分,因为前者只适用于对延伸物体排列结构的表征,即可用来描述焦点物体所处的位置,而 Talmy 的结构子系统还包括对任何一个单一物体的结构表征。

12 隐喻和虚构性的关系

隐喻理论,尤其是 Lakoff and Johnson(1980)阐释的隐喻理论,与普遍虚构性很一致。隐喻的源域(source domain)和目标域(target domain)提供了两个不同的表征形式。在目标域内的实体表征被理解为事实性的、更真实的,而从源域映射到目标域实体上的表征则被视为虚构的、不太真实的。

例如,语言表达经常把空间作为源域映射到时间目标域上,如 *The ordeal still lies ahead of us*(我们仍面临着考验)和 *Christmas is coming*(圣诞节就要来临)。在这里,静态的空间关系"前面"(frontality)被映射到时间关系"随后"(subsequence)上,而动态的空间关系"接近"(approach)被映射到时间关系"继续"(succession)上。就普遍虚构性而言,事实性的时间在字面上由虚构的空间来表达。

一个以前可能没有从虚构性角度提到过的问题是,Lakoff 和 Johnson 的三字公式(three-term formulas),比如说,love is a journey(爱情是旅程),argument is war(争论是战争),seeing is touching(看见是触到),这实际上是一对互补公式的统称,其中一个是真实的,另一个是虚构的,如(27)所示:

(27) Fictive:X is Y
　　（虚构:X 是 Y）
　　Factive:X is not Y
　　（真实:X 不是 Y）

因此,从事实上讲,爱情不是一段旅程,但是在一些虚构的表达中,爱情是一段旅程。一个表达能称其为隐喻,最首要的特点即隐喻性赖以存在的依据,就是说话者或听话者在认知的某处有一个和他字面表达的认知表征相反的关于目标域的信念,并在他的认知某处能理解这两种表征的差异。

选择采用虚构性理论而不是隐喻理论的一个原因就是,虚构性理论包含了整个认知体系,而不仅限于语言。考虑这样一个例子,受试看见了一个圆的、开口很窄的 C 字图形。就普遍虚构性而言,受试在可触知性的具体层面很可能看到了一个 C,即它的真实表征。同时,对于同一个图形,在可触知性的半抽象层面,她将感知到一个完整的圆,即它的虚构表征。她将把先前的表征体验为更真实,而把后面的则体验为不够真实,并可能体验到这两种表征的差异。这就是普遍虚构性框架描述闭合这一格式塔现象的方法。

对于语言隐喻的理论框架,如果把术语延伸到视觉领域,它们会把对 C 字图形的感知表述为从连续性源域到非连续性目标域的映射,从而受试体验了连续性视觉隐喻。这种类型的延伸的确是可以尝试。但是目前,心理学家和语言学家却没有把闭合概念看成隐喻。现在,本章已经建立了一个整体理论框架,它可以阐释不同认知系统中的此类现象。

13 虚构 X

在本节中,我们对前文观点作一概括和补充,那就是运动之外的其他现象在语言和视觉中也具有虚构特征。虚构性这一认知现象要比虚构运动更为普遍:事实上它包括了**虚构 X**,而 X 涵盖很多概念范畴。

首先,我们已经在相对框架运动中看到了虚构运动的对应现象,即虚构静止。在所给的例子中,当场景被虚构地认定为是朝观察者运动时,观察者本身被虚构地认定为固定不动。另外,某些语言表达把运动看作静止。比如,我们可以不说"*I went around the tree*(我绕着树走)"这句清楚地表明我前进运动的话,而说"*My path was a circle with the tree at its center*(我的路径是以树为中心的圆圈)",从而将运动的事实限定在名词 *path*(路径)上,将事件的其他部分当成静态的结构。

虚构静止的视觉对应现象体现在我们观察瀑布或在小溪的某处形成的静止波纹形状时的情景。这里,我们看到相对稳定的结构,然而,构成结构的所有自然物质不断地发生变化。这种情况和 8.1 节的"模式路径"正好相反。在模式路径中,具体物质大多在事实上是静止的,而它们形成的虚构模式在运动。这里,物质材料是事实运动的,而它们形成的虚构模式是静止的。

同样,我们可以在(26c)的共同延展路径例子中看到某些特征的虚构变化:*The soil reddens toward the east*(越往东走,土壤越红)。这里,事实的静止情况(颜色因空间分布不同而不同)被虚构地重建为当注意力虚构地在空间转移时,颜色发生了渐进的改变。这一类的例子还有 *The road disappears for a while by the lake and then reappears toward the border*(道路在湖边消失了一段,又在边境处重现)。这里的中间没有其他路的两段路的空间排列被虚构地理解成一个单一的连续整体,当人们的注意力虚构地沿这一整体移动时,道路虚构地发生改变:从存在,到消失,再到存在。

我们可以再举另外一例来进一步观察虚构范畴。与相对框架运动和静止相对应的是相对框架改变和停滞。下面这句教授自我挖苦的话可以体现这两类虚构:*The entering freshmen keep getting younger*(入学的大一学生越来越年轻)。这里,事实上是教授变老,而学生平均年龄不变。但是这个句子虚构地描述为教授的年龄不变,而学生在年龄上变小。

视觉感知也可以呈现不涉及运动的虚构改变和停滞。虽然目前还没有相关实验,我们可以提出以下实验设想:即让受试看一个圆盘的中心,这个圆盘中心是亮的,四周环绕着不同的亮度;然后提高周围亮度而保持中心原有亮度。这时受试可能会认为中心变暗而四周亮度没变。对于受试来说,中心发生了虚构改变,而四周则是虚构停滞。

最后,我们曾论述,语言和视觉感知都有抽象图式结构的虚构存在,而这些抽象的图式结构可以用于实体。因此,X is in Y(X 在 Y 里)的英语介词 in(在……里),将"外围+内部"(envelope+interior)图式赋予 Y。我们不能事实性地在 Y 中找到该图式描述的结构,因此我们说这个图式虚构地存在于 Y 中。该图式实际上在概念上加到 Y 上,不管 Y 的真实外在特点如何。同样,在观察人体的某些姿态时,我们可以虚构感知到"人物线条"(stick figure)图式,该图式由延长的轴线以某种排列组成,而这种排列事实上并不存在于人们的身体里。

14 对动态性的认知偏好

我们已经进一步阐述了虚构运动和虚构静止的性质。现在我们可以比较它们在语言中,或许也可以包括在视觉中的相对发生频率。根据隐喻理论,语言中的虚构运动可以解释成从运动源域向静止目标域的映射。这种映射可以看成认知**动态论**(**dynamism**)的形式。虚构静止是相反的,是从静止源域向运动目标域的映射。这种映射,反过来说,可以视为认知**静止论**(**staticism**)的一种形式。在这种框架下可以看到,语言中虚构运动要比虚构静止多得多,即表征虚构运动的语言远远超过了表征虚构静止的语言。换言之,语言表达形式呈现出对概念动态性而不是概念静态性的强烈偏好。

语言对动态的认知偏好,不仅体现在静止现象用虚构运动的形式来表达而不是运动现象用虚构静止的形式来表达这一事实上,还表现在本身是静止的现象在很多情况下用虚构运动形式而不是事实静止的形式来表达。把静止所指对象直接表征为事实静止的情景就是第一卷第一章中的"全局视角模式",或 Linde and Labov(1975)称为"地图"(map)的情况,或 Tversky(1996)提出的表征的"全盘"(survey)形式,见(28a)。相应地,如(28b)所示,Talmy 的"顺序视角模式"和 Linde,Labov,Tversky 称之为表征的"迂回"(tour)形式,都是将静止对象以虚构运动的形式表现。

(28) a. There are some houses in the valley.
(山谷里有一些房子。)
b. There is a house every now and then through the valley.
(山谷中时不时地出现一座房子。)

例(28)允许两种表征模式,但如(29)所示,其他例子则排除了静止的表征,在口语中只允许用虚构运动表征:

(29) a. ?? The wells' depths form a gradient that correlates with their locations on the road.
(?? 井的深度与它们所在道路上所处的位置形成一个梯度。)
b. The wells get deeper the further down the road they are.
(沿着路越往远处走,井越深。)

同样,在语言之外的认知系统中,事实静止现象也常以虚构运动而不是事实静态来认知。比如,在视觉上,当看到挂在墙上的一幅倾斜的画时,我们更易将其感思为由于安装不当而倾斜的、需要纠正的矩形。将图画感思成一个菱形,可能需要额外的努力。同样,在推理认知系统中,人们经常一步一步地进行证明,而不是一下子看到逻辑关系的全貌。

事实上,认知动态论是如此常规的一种模式,以至于静态的认知常被当成是特殊的有价值的成果。因此,当一个人突然将一个概念域的所有因素感思为同时共同存在于一个具有内在关系的静止模式中时,他就体验到了一次"顿悟";而当一个人将一系列时间先后因果事件感思成各种关系的同时,成为静止模式时,我们认为他经历了一次梦幻般的体验。

注　释

1. 本章根据 Talmy(1996a)稍作修改而成。笔者感谢 Lynn Cooper, Annette Herskovits, Kean Kaufmann, Stephen Palmer 及 Mary Peterson 的宝贵意见。感谢 Karen Emmorey 提供关于美国手语中虚构运动的数据支持,遗憾的是,其中大部分内容仍没有纳入本研究的扩展版中。
2. 本研究只是计划的第一部分,后续将对所有虚构范畴进行更广泛深入的探讨。
3. Butcher and Palmer(1985)已经证明,当构型与运动发生冲突时,构型先于运动,占据"前部"地位。因此,如果一个等边三角形沿对称轴移动,那么这条线被认为是定义了前/后。不管三角形的顶点是否引导运动,仍然被视为前面。如果顶点是被带动,那么三角形会被看作是向后移动。
4. "从具有前端的物体的背后绕过去",这一概念也许可以被接受,这可能是由于这样的概念化:假设的无形线虽然在前面更显著,但实际上是在物体的前后都有延展。

5. 由于上面提到的限制,这个结构不能指不成一条直线的虚构路径,比如用 * *The snake is lying past the light*(* 蛇躺过灯)来指一条直直躺在那里而头从那盏灯指过去的蛇。但仍然需要解释的是,为什么这个结构不可以用作除'toward'或'away from'之外的呈直线对齐的结构,比如用 * *The snake is lying into/out of the mouth of the cave*(* 蛇躺进/出山谷口)来指一条脑袋朝着洞口内或洞外径直躺着的蛇。

6. 这类结构可以包括被体验物,或不包括:
    (i) I looked into the valley (at the mound located in its center).
    (我向山谷望去(看着山谷中心的小土堆)。)

7. 其他施事形式可能不太适合作为模型。其他形式可能包括施事者影响自身的认识状态(如 making herself feel happy)(让她自己觉得快乐),或者施事者影响她已经接触的临近物体。

8. 无生命构型的前景路径,比如悬崖壁或窗户,经常和位于这一构型附近的实际观察者相关,且观察者的视线路径和前景路径一致,此映射由此得到强化。因此在(i)中,人们很容易想象到一个观察者站在悬崖边上或是在卧室里沿着与悬崖或窗同样的前景路径向外看。
    (i) a. The cliff wall faces/looks out toward the butte.
       (悬崖壁面对着/眺望这个孤立的山丘。)
       b. The bedroom window faces/looks out/opens out toward the butte/onto the patio.
       (卧室窗户面对着/眺望/开向这个孤立的山丘/天井。)

9. 为了描述这些对应,Jackendoff(1983)提出了纯"方向性"(directedness)的概念,该概念有四项详细参数。一是实际运动;二是和我们共同延展路径相关的"延展"(extension)(如 *The road goes from New York to LA*(这条路从纽约通到洛杉矶));三是和我们方向路径的指示类型相关的"方向"(orientation)(如 *The arrow points to/toward the town*(箭头指向城镇);四是和我们接近路径相关的"末端位置"(end location)(如 *The house is over the hill*(房子在山那边))。

10. 然而,Karen Emmorey(个人交流)指出了在美国手语中存在的明显的反例。对于汽车冲上人行道并刹车打滑的手语表述,她写到:"手语者用表示车辆范畴的类别标识(拇指,食指和展开的中指,手掌向左)来代表这辆车,用表示平整物体的类别标识(B 手型,手指延伸,接触,手掌向下)代表人行道。为表达车冲过人行道,B 手型在车辆范畴的类别标识下迅速前后移动。这表明了路的虚构移动。在该表达中,车辆标识没有动。但当表示车刹车时,车辆标识转向一边并以拱形移动。同时,代表人行道的 B 手型继续移动。"

11. 鉴于相对框架运动的范围和它在人类认知和语言中的不同重构,我们会有这样一个疑惑:在主流科学思想史中,为什么直到很多年以后人们才认为,有可能不是天体和其他发光物绕着地球转,而是地球在旋转?一个重要的因素就是,对观察者而言,静止是基本态,而非轴向的或旋转的运动。这个认知偏向可能在很长一段时间内使天文理论发生了偏离:我们认为地球外的天体在相对于我们运动。

12. "感思"的术语和基本概念源自 Stephen Palmer 和 Eleanor Rosch 的一篇未发表的短文,题目是:*Ception: Per-and Con-*。但是,感思概念的结构和通过它扩展的相关参数隶属于现在的研究。

尽管人们不承认对感知和概念化不加区分是有益的,但是传统术语就是这样不加区分的。这些术语包括"表征"(representation)、"体验"(to experience)、"认知"(to cognize),有时也作"认知"(cognition)。所有这些术语都有自己特定的应用并且在本章使用。但是新术语"感思"(ception)用来特别强调更大的跨域连续性和贯穿这些域的梯度参数。

13. 可能在 13 个参数中,只有这个参数有无限的上域,允许强度不断增长。因此,这一参数上和其他参数的高端相关的点,应该处于上部区域。

14. 此前谈到,该条目和其他条目一样是现象学的参数。某物体处于梯度的高端是因为它被体验成正在"外部某处",而不是因为在本体论上它就"是"在外部某处。

    虽然外部和内部体验与该参数相关,我们可以注意到通常的科学本体论中保留了一些关于视觉感知的东西;即将人对物体的感知看成是处于人体之外的外部某处。一旦物体的刺激达到身体的感知接收器官,这个刺激的神经处理,包括引起对该物的意识体验的那部分,永远不会再离开身体。尽管如此,我们仍将该物体体验为外部的。我们的处理过程被组织起来,并生成将物体位置视为外部的体验。我们缺乏直接的意识体验,即我们对物体的处理本身是内在的。从生理术语角度看,我们明显缺乏位于大脑内的感知器官或其他神经机能来记录处理该过程的内部位置,以及将信息传送到神经意识系统。

15. 采用"感知"(to sense)作为术语,是源于它在日常口语中的用法,而不是在心理学文献中的运用。

16. 参阅 Petitot(1995)关于空间中物体的视觉和语言结构的数学模型。

17. 如在 11.2 中讨论的,语言形式可以在两个参照框架中选取。因此,英语中 *away from* 选择直线框架,*out from* 选择放射性框架。例子如下:

    (i) The boat drifted further and further away/out from the island.
        (小船漂离/漂出小岛越来越远。)
    (ii) The sloth crawled 10 feet away/out from the tree trunk along a branch.
        (树懒从树干沿着一根树枝爬离了/爬出了 10 英尺。)

    也许和参照框架的感知相关的是部分基于或者根本不基于具体可见物质形式的对地理界限的感思,Smith(1995)把这种界限称为"许可界限"(fiat boundaries)。

18. 正如 I-1 章中广泛讨论过的,开放类形式是数目较大并容易增加新成员的类别,主要包含名词、动词和形容词的词根。封闭类形式是数目较少且不宜增加新成员的类别,包括:屈折形式和派生词缀等黏着形式;介词、连词、限定词等自由形式;语法范畴(如"名词性"和"动词性")、语法关系(如主语和直接宾语)、词序等抽象形式;语法构式和句法结构等复杂形式。

19. 上述语言范畴只是用来例证可触知性参数的抽象端,并不是因为那个参数和语言的普遍虚构性有关。这里介绍的可触知性梯度主要表现视觉普遍虚构性的特点。虽然语言所指可以放置其中,但这个参数不宜用来描述语言普遍虚构性的特点。正如所讨论的,语言的普遍虚构性涉及我们信念中的对所指场景的事实表征和语言对所指场景的字面表征之间的差异。将这两个与语言相关的表征映射到视觉形态上,确实涉及可触知性对比,但语言中最初的两个表征本身却不涉及可触知性。

20. Talmy(1978c,1988b)最早发现在内容和结构的区别上视觉和语言是相似的。这些论文对下文从语言学上简要概括的内容作了详细讨论。

第3章 语言如何构建空间

1 引　言

本章讨论作为语言基本概念框架的"封闭类"子系统这一"微观结构"（fine structure）如何构建空间及空间中的物体。[1] 本章的主要目的是描述这种结构的普遍特征及其所构建的语言-认知系统的普遍特征。

以往语言学中关于空间的研究，如 Gruber(1965)，Fillmore(1968)，Leech（1969），Clark（1973），Bennett（1975），Herskovits（1982），Jackendoff(1983)以及我本人的研究（Talmy 1972, 1975a, 1975b），已经提出了语言所区分的许多基本的几何和空间维度，发现了它们的构建模式，为空间语言研究打下了基础。[2] 然而，本研究的目的不是对空间范畴进行纯粹描述，而是解释它们在更大语言-认知系统中的共同本质特征。

本章从以下几个方面论述这一目的。首先，本章阐述**图式化**（**schematization**）在空间语言描述中所扮演的基本角色。这里的图式化是指系统地选择所指场景的某些方面而忽视其他方面来表征整体的过程。第 2 节详细展示一系列图式化类型，包括那些将一个场景的主要部分划分为子部分的图式类型，以及由子部分的图式产生的结构构形（structural conformations）。第 3 节总体论述以前未曾引起太多注意的图式化的一般特征。这些特征包括理想化、抽象化、可塑性的拓扑类型以及离散性特征。离散性特征允许对某单一场景进行不同的图式化。

第二，本研究阐述在交际过程中参与图式化的认知过程，包括说话人的决策过程和听话人的意象构建过程（见 3.2 节）。其中，说话人的决策过程包括当表征某一场景时对图式化及其详略程度的选择，而听话人的意象构建过程,则涉及意象构建与说话人图式选择之间的互动。

最后,本章关于语言如何表征空间的发现,可以认为是语言表征语义系统的个案。研究结论表明,从严格意义上讲,语言表征语义的系统与其说是"可分类的"(classificatory),不如说是**表征性的**(*representative*)。语言系统为语义空间足够密集的和分布性的"置点"(dotting)提供必要的图式(4.4.1节)。

关于本章的论述方式,有几点需要说明。本章的例句主要来自英语,但这些例句具有普遍适用性,本研究的目的就是关于语言的普遍性,因为关注的是语言普遍特征。因此,本研究可以普遍适用于其他一系列的语言。最后,由于先有观察,再有更高层次的概括,第 2 节主要对场景和物体的图式化进行分类。第 3 节概括出它们的共同特征,并确定它们所构成的更大系统。因此,对理论阐释和系统原则感兴趣的读者,可以直接跳至第 3 节,并自行推断前面描述的细节。

1.1 语言的微观结构层面

本部分只分析语言系统中的一个子系统,即语言的"微观结构层面"(fine-structural level)。原因如下:在研究语言如何表征概念内容时,人们必须区分两个主要层面,每个层面都可能有自己的显著特征和组织方式。第一个层面是宏观解释层面。这里,如果需要的话,用一个句子、一个段落或整个语篇,人们可以表达任何概念内容,包括感情、当地传闻、实用医疗以及空间、时间及因果性的组织结构。这一层面的主要来源是语言中开放类词汇元素库,即一般意义上的名词、动词和形容词词干。

第二个层面,可称之为微观结构层面,是指封闭类"语法"(区分于"词汇")形式。如 I-1 章所示,这些语法形式包括语法元素和范畴、封闭类小品词和词语、短语以及句子的句法结构。[3] 这些形式也表征概念材料,但很受限制。它们不指代传闻或医药,而只表征特定范畴,主要有空间、时间(因此也有形式、位置和运动)、视角点、注意分配、力、因果、知识状态、真实度、当下的言语事件等等。重要的是,它们不能够自由地表达这些概念语域内的所有事物,而是仅限于表达一些相当特殊的方面或这些方面的组合。这些方面构成那些概念语域的"结构"(structure)。因此,语言的封闭类形式在整体上表征微观概念世界的概貌。另外,这个微观世界的基本作用是可以为其他概念材料(包括由开放类成分表达的内容)充当组织结构,即它就像是一个框架,其他概念材料在这个框架上得以成型和延展。可以进一步设想,这种以语言为基础的微观选择和概念的组织结构可以与普遍思想概念结构有着更深的内在联系,甚至有可能在某种程度上构成思想和概念的结构。因此,我们研究不同概念域的微观结构表征,尤其是空间概念域的微观结构,有其重要性。空间概念域本身在构建其他语域方面起到(隐喻)模型作用,扮演中心角色。

下面我们举例说明微观结构系统的独特特征,即该结构只能表征特定概念。比如,当一个人站在田边时,他可能给另一个人作出如下空间描述:

(1) a. This field is plowed in concentric circles. Look at the middlemost furrow. There is a pit dug at one point of it. The plow you are looking for is in that pit.
(这块地被一圈一圈地犁过了。看正中的犁沟。在犁沟的某处有挖过的坑。你正在寻找的犁就在那个坑里。)

这里,上述说明性的文字表达了一套复杂的空间构型和关系。这可能是唯一的表达方式。但现在考虑另一种解释性描述,和(1a)相似,但更加复杂。

(1) b. This field has two borders that are relevant to us. These two borders are roughly parallel and don't coincide. Any perpendicular line between them would run crosswise to the pull of gravity—in other words, would be horizontal. We're standing at one point on one border. There's a point on the other border that's roughly on a perpendicular line drawn from our point. The plow you're looking for is at that point.
(这块地有两条边和我们有关。这两条边大体平行,没有交汇。它们之间的任何一条垂线都与地心力方向十字相交,换句话说,它们是水平的。我们站在一条边上。在另一边上有一点,它大概在从我们所站的这个点画出的一条垂线上。你正找的犁就在那个点上。)

这个例子的特别之处在于,句中所有的空间信息都可以用英语中的一个封闭类介词 *across* 表征,如:

(1) b′. The plow is across the field.
(犁在田地的对面。)

相反，不存在简单的词汇来表征如(1a)中空间信息的假定介词 *apit*，如：

(1) a′. * The plow is apit the field.
　　　（*犁在地的一个坑里。）

另外，纵观世界上的各种语言，没有一个封闭类成分可以表征(1a)的构型，而(1b)的构型则可以被清晰地表征。是什么使某些特定的空间构型在不同的语言中都适合微观结构表征，进而享有根本性地位呢？本章将研究这些特殊形式的共同特征。

为了便于理解，本章主要依据英语来说明空间微观结构，即本章主要研究介词。但是，本章的观点对于其他语言中类似的封闭类成分也同样适用。例如，表示空间的名词词缀、后置词、名词的前置和后置短语、动词词缀等等。

2　语言对空间所做的基本划分

我们对空间结构的概念化呈现出两个主要子系统。一个子系统包含把任何大小的空间进行概念化形成的所有的图式轮廓。这个子系统可以认为是一种矩阵或框架，其作用是包含或定位。其静态概念包含**区域**（**region**）和**位置**（**location**），其动态概念包含**路径**（**path**）和**放置**（**placement**）。

第二个子系统，由在第一个子系统内占据一定空间的物质间的相互关系和构型组成。第二个子系统更多的是空间中的内容。这种内容可以是**物体**（**object**）或**物量**（**mass**）。物体是物质的一部分，作为实体的内在特性和构成，物体周围有边界；而物量概念化为其实体的内在特性，其构成没有边界。

空间的物质子系统和空间的矩阵子系统有一定的静态联系。比如说，物质可以**占据**（**occupy**）一定区域或被**放置**（**situated**）于一定位置，这显示了两者的直接联系。

物质实体本身的空间特征或相互之间关系的空间特征也和包含它们的框架图式有关。我们可以看到三种形式。第一种是单个物体或物量自身显示出来的空间特征。例如，决定实体形状的外部轮廓，比如面包圈或地平线的形状，以及实体的内在结构，比如固体或是格子的内在结构。第二种是一个物质实体相对另一个物质实体的空间特征。这包括几何关系,就像 X is near/in/on Y(X 在 Y 的旁边/里面/上面)中的英语介词所描绘的关系,还有一些更精细的几何关系。第三种是一组物质实体作为一个整体展现的空间特征,包括它们的"排列",可理解为几何模式的格式塔,如呈簇状或捆状的物体(因其多元的构成被背景化,整个组合整体在空间上可以被概念化为一个单独的物体或物量)。

空间中的物质子系统与空间中的矩阵子系统也存在动态的关系。例如,作为直接呈现出的关系,物质可以穿越一个区域或沿着一条路径**移动**(**move**),或从一个位置**移位**(**transposition**)到另一位置。物质实体自身或相互之间表现的空间特征也与包含它们的框架的图式相关,方式与以上三种方式相同。首先,单独的物质实体可以自身表现动态的空间特征,例如形状的改变,比如扭曲或膨胀。第二,一个实体可以相对另一个实体执行多种路径,比如 X moved toward/past/through Y(X 移向/移过/通过 Y)中的英语介词所表现的路径。第三,实体的集合或者组合可以改变它们的排列方式,比如分散与聚合。

2.1 空间场景的主要分割

语言中的空间系统的一个主要特征是它赋予几乎每一个空间场景固定的结构型式。空间场景在微观结构层面,不能任意地直接表征,例如,不能表征为含有许多成分的、呈现互相交织网络关系的复合体。相反,由于封闭类成分和句子的结构,语言系统在场景中划分出一部分作为主要焦点,并用第二部分来描述它的空间特征(如本节所示),有时还从场景的剩余部分选出第三部分(2.7 节所示)。这里的主要物体的**空间配置**(**spatial disposition**)是指物体静止时的地点、运动时的路径以及两种状态下的方向。

2.1.1 根据一个物体的空间配置来描述另一个物体的空间配置

一个场景中,焦点物体的空间配置大多可通过选自同一场景的另一个物体来描述。该物体的位置甚至有时它的"几何"特征是已知的(或假定受话人已知),因此可以作为参照物(更为详细的述论见 I-5 章)。第一个物体的地点、路径或方向都通过和第二个物体几何图式的距离或关系表现出来,比如下列句子中:

(2) a. The bike stood near the house.
   (自行车放在屋子附近。)

b. The bike stood in the house.
      （自行车放在屋子里。）
   c. The bike stood across the driveway.
      （自行车放在车道的另一侧。）
   d. The bike rolled along the walkway.
      （自行车沿着人行道骑了过去。）

(2a)通过 near(在……旁)，描述了自行车与房子的距离（"近处"），从而表达了自行车的位置。(2b)通过 in(在……里)用房子和几何图式（"共同位置"＋"内部部分"）描述了自行车的位置，从而描述自行车的地点。(2c)通过 across(穿过)描述了车道的地点和几何图式（"共同位置"＋"前者的轴和后者的长轴垂直"），从而表达出自行车的地点和方向。(2d)通过 along(沿着)表达出人行道的地点和几何图式（"共同位置"＋"长轴共线"），进而表达了自行车的路径。这种表达隐含了第二个物体仅是以一种递归的方式，通过自身相对于场景其他部分的空间位置来作为参照物，即空间特征的显性表达（如介词）最终依赖于某些没有显性表达出来的对空间的理解。

一个场景中两个主要物体不同的所指功能与两个物体的其他性质的区别相互关联。这种关联很常见，但不是绝对的，具体对应如下：

（3）**主要物体**   次要物体

- 其空间（或时间）特性有待确定   作为参照实体，特性已知，用来描述主要物体的未知特性
- 更易移动   位置更持久
- 较小   较大
- 几何处理上较简单（通常为点状） 几何处理上较复杂
- 在该场景或意识中出现得较晚   在该场景/记忆中较早出现
- 关注或相关程度更高   关注或相关程度更低
- 直接感知的程度更低   直接感知的程度更高
- 一旦被感知后显著程度更高   主要物体一旦被感知后就退隐为背景
- 依赖性强   独立性强

在类似(2)的例子中,有人可能认为语言仅仅连接了两个在空间中地位平等的物体,换句话说,就是两者不存在一个是另一个的参照物的关系。但是,如果句中两个名词位置互换,如例(4)中两个句子所示,那么二者存在功能区别的语义现实就展现出来。

(4) a. The bike is near the house.
　　　（自行车在房子附近。）
　　b. The house is near the bike.
　　　（房子在自行车附近。）

有人可能认为这两个句子是同义句,理由是它们仅仅表达了一个对称空间关系的两个相反形式。但很明显,它们具有不同的语义。如果它们仅仅表示对称关系,即两个物体之间距离的大小,那么它们可能是同义句。但是,(4a)表达了非对称的关系,房子被用作固定的参照点,以此来描述自行车的位置,自行车的位置视作变量。这些非对称的角色分配与人们所熟悉的客观世界的情形相一致。事实上房子与自行车相比,具有更固定的位置,是较大的地面标志,因此(4a)读起来是完全可接受的句子。但(4b)听起来十分奇怪,从而被认为在语义上与(4a)不同。二者相近的事实是不变的,那么唯一不同的原因就在于(4b)作了完全相反的参照分配,而这种分配与我们所熟悉的世界不一致。

我们首先可能认为某些语法结构,就像相互照应结构那样,是语言中专门用来避开分配不同所指角色的方式。如果没有这些结构,语言就不可避免地要把这些角色强加到(4)这种表达中。但事实上,相互照应结构不是从相反的非对称表达式中抽象出来的对称关系,而是把两个形式简单相加。下面的相互照应结构的例子就说明了这一点。

(5) The bike and the house are near each other.
　　（自行车和房子相互挨着。）

这句话听起来和(4b)一样怪,就是因为句中暗含了房子好像是依据不动的自行车而固定的漂浮的物体。

2.1.2　焦点与背景

语言图式化描述中使用的"主要"物体和"次要"物体所扮演的不同角色与格式塔心理学中描绘的"焦点"和"背景"的概念紧密相关,因此我们使用同样的术语来指称这两个物体。因此,在例句(2a)和(2b)中,*bike*(自行车)充当焦点,*house*(房子)充当背景。但是在语言学的具体应用中,焦点和背景一定要符合以下特点。

(6) **语言中焦点和背景的一般概念化**

焦点是一个移动的或概念上可移动的实体。它的位置、路径或方向是一个变量。这个变量的具体的值就是相关的问题。

背景是一个参照实体。相对于参照框架,这个实体处于相对静止状态。焦点的位置、路径或方向可以通过这个实体来确定。

在语言学语境中,术语**参照物**(Reference Object)有时比背景更具提示性,从现在起将与背景互换使用。[4]

在语言学中,焦点和背景的概念等同于 Fillmore(1968)"格语法"中的语义角色或"格"概念。事实上,焦点和背景的概念与 Fillmore 的概念相比较具有某些优势。详细比较见 I-5 章。两者的一个主要区别就是 Fillmore 的四个格,即"处所格"(Locative)、"来源格"(Source)、"路径格"和"目标格"(Goal)。这些包含了方向的细节,却未能凸显它们所共有的最关键的空间因素,即作为焦点物体的参照物的功能。然而在我们的体系中,此功能被明确赋予了背景的概念。此外,因为 Fillmore 格体系为几个不同的组合方向命名了不同的格,所以面临着一些问题,即如何处理某种语言可能标记的新的方向差异,如何处理不能适合任何已建立的格的方向。例如,*The ball rolled across the crack/past the TV/around the lamp*(球滚过裂缝/从电视旁滚过/在灯周围滚动)中的介词所表达的方向都应该被归入"路径格"(Path)吗?通过确立背景核心概念,我们的体系能为各种各样的路径类型建立一个独立的方向成分。这个方向成分能够在不同的语言中存在的普遍规约机制控制下扩大或者缩小,进而呈现出对每一种特定语言不同结构体系的适应性,所以更具有普遍性。再者,这种区分与常见的语素类别的区分相对应,其中背景的概念可以用名词的词根(加上修饰语)来表达,方向概念可以用诸如名词后缀或附置词等封闭类成分来表达。

2.2　焦点与背景几何图式及其关系

语言中的封闭类成分赋予焦点和背景物体以特定的空间图式,这些图式可以具体称为**几何图式**(geometries),其基本类型和区别性特征可以看作是语言中的一幅空间差异图。

这幅"地图"的一个主要特点是,封闭类空间成分对于焦点几何图式的描绘通常要比对于背景几何图式的描绘简单得多。我们对空间内容的思考、感知及互动的模式就能说明这一点。这种模式在很大程度上可能是先天就有的。在这种模式中,我们主要关心如何在更大范围内集中较小的注意焦点并确定该注意焦点与场景的空间关系,来获取对场景的直接感知或想象。空间中物体的"位置"这一概念,本身含有包含此空间的区域,而该区域又与之在空间中相联系。因此,"位置"这一概念的存在和特点就源于这种认知方式。因此"定位"一个物体(确定它的位置),进而涉及把一个空间分成若干个次区域,或沿着它的空间轮廓切分,从而"缩小"一个物体的即时环境。于是,像介词这种成分,很大程度上描绘了场景以及场景内带有某些特征的参照物,并通常将焦点物体简化成一个几何学上的点。然而,一些空间成分,确实说明了焦点物体具有更大的复杂性,2.2.1 和 2.2.2 将分析焦点物体的种类。

如上文所述,确实有些封闭类成分表明焦点物体的几何图式比较复杂,本章对这一问题进行了详细讨论。但是,Levinson(1992)引用玛雅语的一种泽尔托尔语(Tzeltal),来挑战几何点图式总是有优势的观点。Levinson 指出,在指代位置情景(尽管不是运动事件)时,泽尔托尔语的典型做法是使用表明焦点物体的形状和方向的动词。事实上,这样比通常的几何图式抽象化更清楚。而且,背景物体名词后面通常只跟着一个能涵盖英语中 *at*,*in*,*on* 和 *near* 的概括性地点介词。他的观点是,泽尔托尔语使用特殊策略让听话者在周围的场景中定位焦点物体。该策略是依赖语言表明的形状特征来审视、发现物体的,而不是用详细的背景物体的几何图式来分割场景并找出与其相关的焦点物体。

尽管泽尔托尔语表示方位的句子确实如上文所述,但 Levinson 的观点中有几点是错误的。最重要的一点就是,泽尔托尔语中指称焦点物体的形状和方向的动词,即"方位"动词,不是一个小的封闭类,而是为数几百个,因此可算是或接近于开放类。本章所述的焦点物体的几何点图式的优势论只适合封闭类形式,所以泽尔托尔语的数据不能挑战此论断。如果开放类形式被放入考虑范围的话,那么就需要提及,英语也有为数不少的指称焦点物体形状和方向的动词,例如 *lie*,*sit*,*stand*,*lean*,*dangle*,*squat*,*kneel*,*crouch*,*sprawl*,*bow*,*bend*,*curve*,*arch*,*sag*,*droop*,*cluster*。而且,在泽尔托尔语表示方位的句子中,方位动词不是必须出现的。该语言有一个相当于英语 *be* 的表示'位于'的概括义动词。除此之外,泽尔托尔语还可以使用不指称焦点物体的形状或方向的动词。例如,在句子 *The beetle is roasting/drying at the fire*(甲虫正在炉边烤着/烘干)中,表示'烘烤'(roast)或'烘干'(dry)意思的动词。最后,泽尔托尔语像英语一样,可以很容易地用封闭类介词复合体来指称具有复杂背景的物体的几何图式。(Levinson 强调这组介词复合体大都是通过类比方式派生于身体部位的词汇,但是无论其历史源头是什么,今天这组词属于图式抽象化的封闭类系统。)

由语言所标记的几何差异构成的这一"地图"的另一大特点是对物体的描述并非按照已有的物理构型或结构的特性。在以下探讨的几何类型里,几乎不包括所有与计量空间(包括欧几里得的)相对应的特性,譬如具体的大小、长度、距离、角度或外形,也不包括物质性的特性,如质地、材料或身份。相反,物体几乎只靠定性的或"类拓扑的"性质得以区分,诸如它们的结构构形类型、再分的程度("分割")、相关的维度数目、界限条件以及部分之间的区别性和对称性。

2.2.1 非点状焦点与背景的几何关系

似乎大多数空间成分都对焦点进行图式化,使之仅成为一个点或一个相关的简单形式,却不对背景做同样的图式化处理。但是有一种类型的元素却赋予焦点以完整的几何图式,并使它与背景的图形相联系。这种类型的成分,事实上,展现了一个十分错综复杂的空间复合体,同时为焦点和背景指明了各自特定的几何图式,描绘了焦点相对于背景的位置或路径以及二者几何图式的共时关系,即这里焦点的方向。此种类型的一个例子就是英语的介词 *across*(穿过),如:

(7) The board lay across the railway bed.
　　(木板横放在铁路路基上。)

介词 *across* 在这里表示焦点(木板)是线状的,背景(铁路路基)是"带状的",换句话说,就是被两条平行线围住的平面(Herskovits (1986)将之定义为"带"),这两个形状之间具有一定的位置和方向关系,总结如下:

(8) (F=焦点物体;G=背景物体)
　　a. F 是线状的(通常两端是有界限的)。
　　b. G 是带状的:大致平行的两条线间的平面,平行线的长度等于或大于两线之间的距离。
　　c. F 的轴是水平的。
　　　(G 的平面通常是水平的,但未必一定如此。)

d. F 和 G 的轴大致是垂直的。
e. F 与 G 的平面是平行的。
f. F 与 G 的平面是毗邻的，但不是在 G 的平面里。
g. F 的长度至少等于 G 的宽度。
h. F 接触 G 的两边。
i. F 可以延伸超越 G 的边缘，但一边的延伸不能远远大于另一边，延伸的长度也不能过度超过 G 的宽度。

如果这些因素中的任何一个在所指情景中不能得到满足，那么就必须使用 across 以外的表达方式。例如，背景物体的平面可以是竖直的，但是如果焦点物体的轴仍然是水平的话，就像（9c'）括号里的句子，那么 across 仍然适用。然而，如果焦点物体不是水平的话（因素 c），那么就必须使用如（9c'）不带括号的句子，使用类似 up and down on/against 的表达来替代 across。如果焦点物体的轴不垂直于背景物体的轴（因素 d），而是与之平行，那么 along 更恰当，如（9d'）。如果焦点物体不与背景物体的平面平行（因素 e），而是绕着背景物体旋转，那么应使用像 stick into/out of 的特定短语，如（9e'）。如果焦点物体不与背景物体的平面毗邻（因素 f），而是背景物体的一部分，那么介词 in 更合适，如（9f'）。如果焦点物体的长度不足跨越背景物体的宽度（因素 g），那么介词 on 更适当，如（9g'）。下面考虑一下这种情况，焦点物体的长度大于背景物体的宽度，也确实与背景物体的长垂直，但一半处在带状背景物体上，另一半不在其上。此时，焦点物体不能接触到背景物体的两条边缘（因素 h），但它满足了（a）到（g）所有的因素。即使这样 across 也不再适用，需要类似 half on 或 extend halfway onto 这样的表达方式，如（9h'）。最后，如果焦点物体满足了所有前面的因素，只是伸展超过了背景物体的两端，而且，相对于背景物体的宽度超出的范围比例过大，那么可以使用介词 over 代替 across，如（9i'(i)）。如果焦点物体超出背景物体一端的比例极大，那么应该使用与焦点物体一端有关的短语，如（9i'(ii)）。

(9) c'. (The spear hung across the wall.) The spear hung up and down on the wall.
((矛横挂在墙上。)矛竖挂在墙上。)

d'. The board lay along the railway bed.
(木板沿铁路路基放着。)

e'. The board stuck (obliquely) into the railway bed./The

(horizontally level) spear stuck (obliquely) into the wall.
(木板(斜)插进铁路路基里。(水平状的)矛斜插进墙里。)

f′. The board lay (buried) in the railway bed.
(木板放置(埋)在铁路路基里。)

g′. The board lay on the railway bed.
(木板放置在铁路路基上。)

h′. The board lay half across the railway bed/extended halfway across the railway bed/extended onto the railway bed.
(木板一半横放在铁路路基上。/木板一半横跨在铁路路基上。/木板一半搭在铁路路基上。)

i′. (i) The 50-foot board lay over the railway bed.
(50 英尺的木板放置在铁路路基上。)

(ii) The end of the 50-foot-long board lay across the railway bed.
(50 英尺长的木板的末端横放在铁路路基上。)

2.2.2 焦点相对于背景的方向

Across 或 *along* 这种类型的介词甚至可以用于焦点物体相对于背景物体位置已知的情况。在这种情况下,它们失去定位功能,仅仅用来指明焦点物体相对于背景物体的方向。这时它们就等于 *crosswise to*(与……交叉)和 *parallel to*(与……平行)这类总是只表示方向的表达。

(10) a. The gate was set across/crosswise to the pier.
(大门安装在横跨码头/与码头交叉的位置上。)

b. The gate was set along/parallel to the pier.
(大门安装在沿着码头/与码头平行的位置上。)

2.3 焦点几何图式的范围

通过观察那些连接完整焦点几何图式和背景几何图式的语言成分,我们发现,对一系列焦点几何图式的表征,要远比对一个点的表征复杂得多。其中,一种类型的表征似乎具有普遍性:语言允许一个词语使用运动点状焦点描绘线状路径,并表示沿着同一路径同轴运动的线状焦点,有时还可以表示与此路径占有同样空间位置的静止线状焦点。请看下面的英语例句。

(11)（i）**点状焦点的运动**
　　（ii）**线状焦点的同轴运动**
　　（iii）**线状焦点的同轴位置**

　　a.（i）The ball rolled... （ii）The trickle flowed... （iii）The snake lay...
　　　across the railway bed.
　　　((i)球滚过铁路路基。(ii)水流过铁路路基。　(iii)蛇横卧在铁路路
　　　　　　　　　　　　　　　　　　　　　　　基上。)

　　b.（i）The ball rolled... （ii）The trickle flowed... （iii）The snake lay...
　　　along the ledge.
　　　((i)球沿着房檐滚动。(ii)水沿着房檐流动。　(iii)蛇顺着房檐躺着。)

　　c.（i）The ball rolled... （ii）The trickle flowed... （iii）The snake lay...
　　　around the tree trunk.
　　　((i)球围绕着树干　　(ii)水围绕着树干流动。　(iii)蛇围绕着树干躺着。)
　　　滚动。

　　d.（i）The ball rolled... （ii）The trickle flowed... （iii）*The snake lay...
　　　past the rock.
　　　((i)球从岩石旁滚过。(ii)水流在岩石旁流过。　(iii)*蛇躺在岩石上。)

　　e.（i）The ball rolled... （ii）The trickle flowed... （iii）*The snake lay...
　　　through the tube.
　　　((i) 球在管子里滚。(ii) 水在管子里流。　　(iii)*蛇躺在管子里。)

　　f.（i）The car drove... （ii）The stream flowed... （iii）* The road lay...
　　　from Burney *to* Redding.
　　　((i)车从伯尼开往　　(ii)小河从伯尼流到莱丁。(iii)*公路从伯尼延伸到
　　　莱丁。　　　　　　　　　　　　　　　　　　　莱丁。)

尽管(11d)至(11f)中静态线状焦点无法由某些空间词来指称，但如(12)所示，如果它能被概念化为虚拟运动的前端，或我们的注意能够沿着它的长度扫描(此时一般通过 *lie* 以外的动词来表示运动)，那么，我们就可以使用这些空间词，来描述这个静态线状焦点物体。[5]

(12) This road runs past the factory/extends through the tunnel/goes from Burney to Redding.
　　（这条公路经过工厂/延伸穿过隧道/从伯尼一直延伸到莱丁。）

指代一个动态的点(也可以是一根动态的轴线)，可能要比指代一个静态的线更为基本。此命题的依据是，(11)中仅指两种类型中的其中一种，而不是

两种,即(11d)至(11f),它们所用的语言形式都适用于运动类型,而不适合方位类型。因此,我们甚至可以重新解释(8)中表示线性位置的 *across* 及其具体特征,这些特征从某种程度上说来源于运动的例子。如(13)所示:

(13) A point moved across a bounded plane.
→ A line was located across a bounded plane.
(一个点穿过一个有界平面移动。
→ 一条线位于横跨有界平面的位置。)

因此,尽管我们引用表示位置的线状 *across* 的例子说明焦点物体的几何图式比一个点复杂得多,但它仍可以被简化为点状焦点几何图式的一种形式。

关于线状焦点物体的几何图式是否具有最初(非派生的)所指,目前尚不清楚,至少英语的介词如此。而且,我们通过进一步观察可以发现,至少有一些此类介词确实可以表明非点状的焦点物体几何图式。例如,介词 *over* 的一种用法是把焦点物体描绘为平面物体,且进一步指定它与平面背景物体共存,并能接触平面背景物体的各个地方(或背景物体的显著平面部分),如(14)。

(14) The tablecloth lay over the table. /The tapestry hung over the east wall of the living room.
(桌布铺在桌子上。/挂毯挂在起居室的东墙上。)

另一组介词把焦点描述成一种分布的量:或是连续的物量,或是合成的复合体。这些表达进一步把焦点区分成一维、二维和三维,从而与背景物体的维度保持一致,例如(15)。

(15) 　　　　　　　　　　　　　　　　　　　　　　**背景是:**
{There was oil   } *all along* the ledge.   线状的
{There were droplets of oil}*all over* the table.   平面的
　　　　　　　　　　　　　throughout the aquarium. 立体的

(窗台上都是油(点)。)
(桌子上都是油(点)。)
(鱼缸里到处都是油(点)。)
(注意在这里 *over* 和 *all over* 表达的意思不同,不能互换。)

2.4 背景几何图式的范围

语言的封闭类成分通常把焦点物体看作点或点的简单延伸，但却对背景的几何图式作了详细划分，这与我们对空间的认知模式相一致。我们将在本节及下一节考察几个主要类型。

2.4.1 分割程度

在这种类型中，背景物体的"分割"是用从统一体到分割体的程度递增来标记的。(16)展示了一系列此类英语介词。

(16) **表示对背景逐渐作更细划分的介词**

near 把背景图式化为一个点：
a. The bike stood *near* the boulder.
（自行车放在石头旁。）

between 把背景图式化为两个点：
b. The bike stood *between* the boulders (i. e., two of them).
（自行车放在石头中间（即两块石头）。）

among 把背景图式化为一组点，多于两个，但通常不是很多：
c. The bike stood *among* the boulders.
（自行车放在一堆石头里。）

amidst 把背景图式化为一个复合体，即一组数量众多的点，相对于它们的大小而言，在空间上挨得很近，接近于或被概念化为一个连续的整体：
d. The bike stood *amidst* the cornstalks.
（自行车放在玉米秆里。）

through 体现了这个系列的一种限制情况，它在表达运动的用法中把背景描绘成一个从复合体发展为连续体的过程，这个背景可以统称为媒介（*medium*）形式：
e. The tuna swam *through* the minnows/the seaweed/the polluted water.
（金枪鱼穿过米诺鱼群/海草/污水。）

2.4.2 定性几何构型

另一组介词通常指运动,把背景描述成各种合成的几何构型,如(17)所示。

(17) **表示不同的几何构型背景的介词**

across 把背景图式化成一个有界平面:
a. The bike sped *across* the field.
（自行车疾速穿越田野。）

through 把背景处理为一个线性封闭体,即一种圆柱体(*through* 的另一种用法):
b. The bike sped *through* the tunnel.
（自行车疾速穿过隧道。）

into 把背景处理为一个能够弯曲的平面以界定成一个单一容积:
c. The bike sped *into* the sports hall.
（自行车疾速冲进运动场。）

英语之外的其他语言经常用另外不同的几何差异标记背景。对我们而言,这些差异是超乎寻常的。这些语言中表示空间的类别不总是与表示背景名词邻近的介词甚至是后置词。比如,我曾研究过的一种加州印第安语(阿楚格维语)有一套用在动词上的后缀,可能有50多种不同的几何图式以及与之相关的不同路径来标记背景物体。10多种这样的后缀能够将英语介词 *into* 所描绘的特性进行细分,而 *into* 不能独自反映这种细微的区分。[6](下面的"+"表示此形式后必须带着一个表示'这里'或'因此'含义的后缀;带有上标的元音代表此语言一个特殊的音位成分。)

(18)　-ict　　'into a liquid'
　　　　　　（进入液体里）

　　　-cis　　'into a fire'
　　　　　　（进入火里）

　　　-isp -uˑ+　'into an aggregate'(e.g., bushes, a crowd, a ribcage)
　　　　　　（进入复合体里(如:灌木丛,人群,胸腔)）

　　　-wam　'down into a gravitic container'(e.g., a basket, a cupped hand, a pocket, a lake basin)
　　　　　　（进入承重容器(如:篮子,握成杯形的手,口袋,湖泊

盆地))

-wamm　　'into an areal enclosure'(e.g., a corral, a field, the area occupied by a pool of water)
（进入广大的封闭体（如：畜栏，牧场，一池水））

-ipsn^u+　'(horizontally) into a volume enclosure'(e.g., a house, an oven, a crevice, a deer's stomach)
（（水平）进入立体的封闭体里（如：房子，炉子，墙壁的裂缝，一头鹿的胃））

-tip -u˙+　'down into a (large) volume enclosure in the ground'(e.g., a cellar, a deer-trapping pit)
（进入地下一个（大）立体的封闭体（如：地窖，诱鹿坑））

-ikn+　　'over-the-rim into a volume enclosure'(e.g., a gopher hole, a mouth)
（越过边缘进入立体的封闭体（如：鼠洞式孔，嘴））

-ik's^u+　'into a corner'(e.g., a room corner, the wall-floor edge)
（进入一个角落（如：房间的角落，墙与地板的相交处））

-mik̇　　'into the face/eye (or onto the head) of someone'
（（掉）到某人脸上（或头上）/进入某人眼里）

-mic̹　　'down into (or onto) the ground'
（进入地里（或（掉）到地面上））

-cis^u+　'down into (or onto) an object above the ground'(e.g., the top of a tree stump)
（进入地面上方的一个物体里（或掉到该物体上面）（如：树桩顶部））

-ik̇s　　'horizontally into (or onto) an object above the ground'(e.g., the side of a tree trunk)
（水平地进入地面上方的一个物体里（或掉到该物体上面）（如：一个树干侧面））

尽管阿楚格维语形式对 in 的语义细分超出了说英语者对'内部'(inness)的含义的理解，但是这些形式仍没有达到语义基元（semantic primitives)层次。相反,我们发现阿楚格维语形式的所指对象描述了由更细致的成分组成的容易辨别的复合体。因此,指一个容器的-*wam*,指一个围场(尤其是一种立体的封闭体)的-*ipsn*"+,各自都包含一组因素,并且二者根据这些因素互相区别开来。表示容器的语言形式表明,典型的焦点物体向下移动,进入背景物体,填满背景物体所界定的大部分空的体积,同时被重力挤压到背景物体的边界(因此除了空间构型,还包括力动态),并且如果背景物体没有边沿的话,焦点物体会呈放射状溢到背景物体的外面。这种用法的例子,包括橡树果进入篮子里的运动、物品进入口袋的运动、水注入湖泊盆地的运动。相比之下,封闭体的语言形式表示典型的焦点水平移动进入背景,独自在背景的底部,周围是背景所界定的空的体积,不挤压背景物体的边界,如果背景没有边沿的话,焦点仍保持在原地。此种用法的例子包括狗进入房间的运动、蛋糕放进烤箱的运动、笤帚放入冰箱和墙之间空间的运动、石头进入鹿的胃的运动。对于处在这两组特征因素之间的情况,说阿楚格维语的人常常选择其中一个完整图式复合体,将之施加在位于中间的空间所指对象上。

当我们为阿楚格维语中眼花缭乱的语义分割感到眩晕时,不应该忽视英语也可以标记其他差异。不过,不是采用不同的形式,而是利用对形式的不同组合和限制来标记。例如,在指称一个封闭体的出口时,*in* 或 *into* 都适用,如(19a)。(在此处和下文的定义中,大括号里的成分是介词宾语所指称的物体类型。)

(19) a. *in*(*to*):'进入{封闭体}'
I ran in the house/into the house.
(我跑进房子里。)

但是也有不同的用法,当表述经过封闭体墙上的开口时,只能用 *in*,不能用 *into*,见(19b)。(同样的结构,对 *out* 和 *out of* 也适用。如 *I ran out the back door.* / * out of the back door.(我从后门跑出/ * 从后门跑出来。))

b. *in*:'通过{开口}进到封闭体里'
I crawled in the window/ * into the window.
(我爬进窗户/ * 窗户里面。)

还有第三种用法,表示与一个固体物体的碰撞,只能用 *into*。

c. *into*:'与{物体}发生冲撞'
I ran into the wall/ * in the wall.
(我撞到墙上/ * 墙里面。)

而且，英语不仅有 *in/into* 等包含多种几何图式的形式，从在液体中浸泡的几何图式到被曲面包围的几何图式，除此之外，还包括描述更细微差别的形式，这些形式更接近于阿楚格维语中的形式。例如，*inside* 就与 *in/into* 不同，它只能说明封闭体，但不能描写液体，如（20）所示。因此，英语中的封闭类形式如同阿楚格维语中的形式一样，把'液体浸泡'看作一个特殊的概念。但英语似乎只能借助**语义消减**（semantic subtraction），因为这一概念仅是暗含在 *inside* 的较小语义范围和 *in/into* 的较大语义范围的差别中。

(20) a. The ball $\begin{Bmatrix} \text{is in} \\ \text{fell into} \end{Bmatrix}$ the water.

（球在水中。）

（球掉进水里。）

* The ball $\begin{Bmatrix} \text{is inside} \\ \text{fell inside} \end{Bmatrix}$ the water.

（*球在水里边。）

（*球掉进水里边。）

b. The ball $\begin{Bmatrix} \text{is in} \\ \text{fell into} \end{Bmatrix}$ the box.

（球在盒子里。）

（球掉进盒子里。）

The ball $\begin{Bmatrix} \text{is inside} \\ \text{fell inside} \end{Bmatrix}$ the box.

（球在盒子里面。）

（球掉进盒子里面。）

最后，英语将常用介词的标准构式搭配进行扩展，使它们可以描述其他不同的复杂几何图式。我们已经在（19b）中见过这种扩展的一个特殊结构。这种结构可以描述一小部分复杂几何图式。通过此种结构，与几何复合体中的物体 A 相关的介词，转而用于与物体 A 有特定联系的物体 B 上。

(21) a. *in/out*：'通过{开口}进/出封闭体'

I crawled in/out the window.

（我从窗户爬进来/爬出去。）

[如同 I crawled through the window into/out of the house（我通过窗户爬进/爬出房子）]

b. *across*：'沿着/越过{有界限的线状范围}穿过有界的平面/空间'

I walked across the bridge.
（我走过大桥。）
[如同 I walked along/over the brige across the canyon（我沿着横跨峡谷的大桥走/我走过横跨峡谷的大桥）]

c. *around*：'沿着有界平面的{线状范围}'

I ran around the track.
（我沿着跑道跑。）
[如同 I ran along the track around the field（我沿着跑道在运动场周围跑）]⁷

2.4.3 与框架的联系

表示空间的语言形式如介词，不仅能表示实际存在于背景物体里的几何特点，如上文提到的背景物体的分割或构型，而且还能表示在想象中与背景物体联系的虚构框架的几何特点。特别是，在几何学上被理想化为点的背景物体可以被概念化为位于一个由直线组成的框架里，即笛卡尔坐标系的 x 轴与 y 轴的交叉点处；或者，它可以概念化为位于一个放射的或同心的框架中，即坐落在极坐标系的原点。因此，在英语中，*away from* 和 *out from*，如(22)所示，都可以表示被图式化为点的焦点物体沿着一条路径运动，离图式化为点的背景物体的距离越来越远。但是，*away from* 表示这样一种概念化：背景在一条线上，焦点的路径自背景开始，以垂直于背景所在线的方向向前延伸，如图(23a)所示。另一方面，*out from* 表示的概念化则是背景在一系列同心圆的中心，焦点的路径从背景物体的点开始，放射性地延伸穿过那些圆，如图(23b)所示。

(22) The boat drifted further and further away/out from the island.
（小船漂得离岛越来越远。）
The sloth crawled 10 feet away/out from the tree trunk along a branch.
（树獭从树干沿着一根树枝爬了/爬出了 10 英尺远。）

(23)

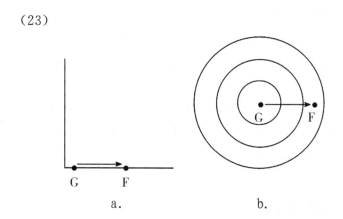

a.　　　　　　　　b.

2.5　非对称型背景几何图式

前文谈到的背景几何图式从某种意义上来说都是"常规的",因为它们具有一致的组成部分或某些方面是一致的、不加区分的。但是,有很大一部分描述空间特征的语言形式,它们表示的背景物体在结构上具有**非对称**(**asymmetry**)形式或**偏好**(**biasing**)。这些背景物体或者具有结构上不同的组成部分,其本身可以相互区分开来,可以作为空间辨别的基础;或者具有某种单向性,这种单向性可以是静态的单一方向性,也可以是动态的实际运动路径上的单一方向性。"非对称性"(asymmetry)在这里作为一个术语,并不是指所有的非对称形式,而是特指某些非对称形式,如以下类别。

2.5.1　组成部分的非对称性

2.4节中提及的介词不适用于具有不同组成部分且各部分具有明显不同特性的背景物体。比如,在用介词 *across* 表示穿过一片田野时,没有特别说明这片土地的一边就是起始点,另一边是终止点。又如,在用介词 *through* 表示穿过一个隧道时,隧道的两端也是一样的。但是,在其他一些情况下,各组成部分的可区别性是一个重要的因素,这可以被称为**组成部分的非对称性**(**asymmetry of parts**)。尤其是,这些组成部分通常是以一对相反形式出现的。只有一对相反事物的物体有,例如,有前部和后部的车灯,或有顶冠和根部的树木。电视机、人或者建筑物是具有两对可区分的组成部分以及派生出的第三对事物,因为这些事物都有前后、上下,以及由它们派生的左右,而最后这对事物通常在形状和特征上相同。蜥蜴这种物体代表另一种不同的三向模式,它具有头部(前部)和尾部(后部),上部(背部)和下部(腹部),以及派生的左侧和右侧。许多类型的物体具有不同的组成部分,且分布类型不同,从上面提到的整体形式的事物到成队列的人这样的复合事物,再到游乐场或者地球平面这样地理分布的事物。

对于具有上述非对称性的几何图式,我们可以将其特点概括为:该事物的(至少)一个组成部分无需外界的指示物也可以辨别出来,要么因为这个组成部分有其独特的特点,要么因为它与整个事物的结构有不同的关系。

2.5.1.1　与非对称组成部分接触

有些表达借参照物的组成部分来确定焦点物体的位置,这类表达可按照参照物组成部分与焦点物体间的距离分成三类。第一类是,焦点跟参照物被划分出来的部分相接触,在物体内部或者只是在表面接触。在英语中,这样的组成部分按照规则名词处理,并且因为它在名词短语中的功能,通常出现在定冠词 the 后面。

(24) a. The mosaic is $\begin{Bmatrix} \text{on the front of} \\ \text{on the back of} \\ \text{on the (right/left) side of} \end{Bmatrix}$ the church.

(马赛克镶在教堂里面的 $\begin{Bmatrix} \text{前部。} \\ \text{后部。} \\ \text{(右边/左边)这一侧。} \end{Bmatrix}$)

b. The boy is in the front of the line.
（这个男孩排在队伍前面。）

c. The carousel is in the front of the fairground.
（这个旋转木马在游乐场前部。）

2.5.1.2　与非对称组成部分相邻

第二类表达用参照物的组成部分来表示直接与之相邻的空间范围或者地域部分,并将焦点物体在这个区域定位。英语里这样的表达中,*front*(前面)和 *back*(后面)前面没有定冠词 *the*。

(25) The bike is $\begin{Bmatrix} \text{in front of} \\ \text{in back of/behind} \\ \text{on one side of/beside} \\ \text{on the right/left of} \end{Bmatrix}$ the church.

(这辆自行车在教堂的 $\left\{\begin{array}{l}\text{前面。}\\\text{后面。}\\\text{旁边。}\\\text{右边/左边。}\end{array}\right\}$)

The police officer is in front of the line.
(警官在队伍前面。)
The parking lot is in front of the fairground.[8]
(停车场在游乐场前面。)

这些表达不能用来表示距离更远的焦点的位置,这说明了这些表达中的焦点与参照物是相邻的。例如,如果自行车在教堂的正前方,但是距离教堂有三个街区,我们就不能说自行车在教堂的"前面"。

值得注意的是,虽然人体被假设为其他非对称几何图式的原型,但是许多语言,包括英语,并没有在语言结构上对人体加以特殊对待。所以,在上面的例子里,我们完全可以用 me(我)替代 church(教堂),这种替代不会影响空间的指示含义或者这种表达的语法(除了 on my right/left 可能比 on the right/left of me 更加通顺)。

2.5.1.3 与非对称组成部分有一段距离

第三类表达跟第二类相似,但不是相邻。在第三类中,焦点位于以参照物的某个组成部分为参照的扇形范围内,但离参照物有一定距离。然而,英语中这类表达比较贫乏,可能只有 to the right/left of (在……右边/左边)可以真正归为这类。具有这种属性的英语结构通常含有介词 to(而不是介词 on),如 The bike is to the right of the church(自行车在教堂的右边)(自行车可以离教堂三英尺或者三个街区)。Rearward of(在……后方)可能适用于朝后的方向,例如 The bike is rearward of the church(自行车在教堂的后方),但是 forward of(在……前方)却肯定不能用来表示此类情况下的前方。总的来说,这些概念需要较长的表达,这些表达与距离相关,但不表示相邻,例如 The bike is a ways off from the front of the church(自行车离教堂前方很远)。

2.5.2 指向性的非对称性

单向性作为一种非对称形式,可以出现在作为背景的物体或者作为背景的其他空间排列的轴线上。这种情况可以被称为**指向性的非对称性**(**asymmetry in directedness**)。我们在这里首先考虑第一种类型。在这种类型中,单向性可以是静态的,是在物体或者排列里隐含的一种单一方向性。因为这种静态指向性,我们可以仅在这个物体或排列里面指出焦点物体沿轴的方向或者沿相反方向运动的路径的特点。在某些情况下,这样的指向轴可以被概念化为具有一个端点,并且与物体或者排列的某一非对称组成部分相连,或者可以被概念化为具有两个端点,跟两个不同的非对称组成部分相连,并且从其中一个组成部分延伸到另外一个组成部分。在这些情况下,焦点路径方向的特点可以由这两个非对称系统(即以组成部分为基础的系统和以方向为基础的系统)中的任意一个决定。下列几种类型的构型都有这些属性。

一种类型是队列,比如一队列的人都朝向同一个方向。这样的队列有一种非对称指向性指向人们面对的方向。可以用英语的 *ahead*(向前)或者 *forward*(朝前)等形式描述朝这一方向的运动,或者用 *backward*(往后)或者(26a)里的 *back down*(往回)描述其相反方向的运动,还可以用(26b)中的 *toward the front*(往前)以及 *toward the rear*(往后)等表达来表示往队列的非对称组成成分方向运动。

(26) (The people who were queued up at the box office assisted the man in the wheelchair.)
(在售票处排队的人帮助了那个坐轮椅的人。)
   a. They passed his $20 bill ahead in the line, and passed his ticket back down the line.
   (他们将他的 20 美元钞票往队伍前面传,然后又把他的票往队伍的后面传。)
   b. They passed his $20 bill to the front of the line, and passed his ticket back to the rear of the line.
   (他们将他的 20 美元钞票传到队伍前面,然后又把他的票传到队伍的后面。)

另外一种非对称指向性,体现在生物体的内部结构上。如英语 *ventrally*(朝腹部)这个表达指的是定向轴从背部指向身体的腹部,焦点物体沿着这个方向运动,如(27a)所示。这种类型同样也允许如(27b)中的 *toward the ventral side*(朝腹部)这类从非对称组成成分角度进行的识解。

(27) In an affected fish, the parasites hatch along the spine
(在一条被感染的鱼体内,寄生虫沿着它的脊骨产卵)

a. and move ventrally/dorsally through the tissue.
（并且通过该组织朝腹部/背部移动。）
b. and move through the tissue toward the ventral/dorsal edge of the fish.
（并且通过该组织朝鱼的腹部/背部移动。）

还有一种非对称指向性以梯度的形式呈现。某要素的数量会沿着某个方向渐变，焦点因此可以描述为向数量递增或递减的方向运动。英语的 *along*（沿着……）可以表达这样的梯度式运动。这并没有在本质上说明是递增还是递减。但是一旦这种特征在特定情景下成立了，像 *against*（与……相反）这样的词就可以用来描述与其方向相反的运动，如(28)所示。这种梯度式的指向性不易从非对称组成成分角度进行对应的识解。

(28) The growing axon moves along/against the interstitial chemical gradient to encounter its target.
（这个正在生长的轴突沿着/逆着间质化学物的梯度移动，以便跟它的目标相遇。）

许多语言，如萨摩亚语(Samoan)，还能表达第四种非对称指向性，这对形式可以大概表达为'离心'(seaward)和'向心'(inland)。'离心'一词可以指从岛的中心做离心的运动，或者从岛到海方向的运动，或者从离岛较近的海域到离岛较远的海域的运动。与之相反的词'向心'，指的是从离岛较远的海域往离岛较近的海域的运动，或者从海往岛的运动，或者从岛上任何位置到岛中心的运动。这些词的所指对象在原则上可以很简单地用'away from/toward the center of the island'（离开/朝向岛的中心）来表达。这里方向是基于组成成分非对称性的一种形式，因为方向是根据空间排列的特定组成部分确定的。但是，由这些词唤起的识解通常具有充斥到整个排列中的非对称指向性，而岛中心的概念被大大地背景化。同样，地球的中心在原则上也可以被用来描述英语 *up*（往上）和 *down*（往下）的语义特征。但是，这里'upward'（往上）和'downward'（往下）的语义扩散在竖轴上，以地球中心为端点的任何概念都在我们的主要关注范围之外。关于这个问题，地球实际上是第五种非对称定向轴的例子，在2.6节会有专门讨论。

2.5.3　运动的非对称性

在前一节，与背景物体或排列相关的单向性是一种静态的类型，我们称之为"指向性"(directedness)。但是这种单向性，也可以是动态的，由一条实际运动路径组成，路径可以是背景物体整体，也可以是其组成部分。这样的背景运动，形成了一种非对称的形式，我们可以称之为**运动的非对称性**(**asymmetry of motion**)，而且焦点物体的运动路径特点可以根据这种非对称性来描述。当运动的背景是一个延伸的线状物体，且焦点坐落在背景内部时，英语的 *with*（跟……一起）基本上表示焦点的路径与背景的路径平行，且朝同一方向运动，而 *against*（与……相对）则表示焦点与背景运动方向相反，如(29)所示。这些词表达的情景，也可能包含一种焦点与背景之间互动的力动态语义。[9]

(29) a. Jane swam with/against the current.
（简顺/逆着水游泳。）

b. Jane sailed with/against the wind.
（简顺/逆着风航行。）

c. Jane biked with/against the (flow of) traffic.
（简顺/逆着车流骑车。）

此外，英语还有一些描述具体运动背景的表达法，如(30)所示。可以看到，这里 *upstream/downstream*（顺流/逆流）可以允许焦点物体沿运动着的背景物体运动，而不仅仅是在其中。而且，需要注意的是，任何从非对称组成部分的角度进行的识解，如，参照水流的终端，即源头或者入海口，来识解焦点的运动，在语义上似乎都是不现实的。

(30) a. Jane swam/drove her car upstream/downstream.
（简顺水/逆水/车流游泳/驾驶。）

b. Jane ran upwind/downwind.
（简迎风/顺风跑步。）

2.6 地球作为非对称几何图式背景

在语言系统中，地球经常被用作背景物体来构建空间。因此，跟人体一样，地球是非对称几何图式的一个最重要的例子。地球一般包含三组相反的方向，如英语中的 up(上)和 down(下)，north(北)和 south(南)，east(东)和 west(西)。

原则上，我们可以认为这些相反方向上的非对称性是建立在可区别组成部分或者指向性情况之上。根据前面的解释，我们可以划分出地球的某所指部分为南极和北极,或者"东"方和"西"方,即东/西向的水平线、海岸、大陆块等。比如 *The balloon floated north(ward)/east(ward)*(这个气球朝北/东飘去),可以指向北或者向东的运动。同样,如果要表达物体的垂直运动,可能也要借助朝向或者远离地球的某特定部分作为参照。所以,表示物体在空气中的上下运动可以借助朝向或者远离地球表面这个概念,如 *The balloon floated up/down*(气球往上/往下飘)。要表达物体在地里面的运动,就要把地球中心当作参照点,如 *The oil drill tip moved up/down*(石油钻头往上/下钻)。

然而,一般来说,我们日常使用的基于地球的几何图式,似乎更多地借助于某些隐含在与地球有关的空间中的指向性形式,或者借助于熟悉的视觉背景作为这些指向性形式的参照物。我们可以举出证据,说明指向性的非对称说更为优越。如果问一个说英语的人,他可能会认为以下两句没有质上的区别:*The plane flew north*(那架飞机往北飞)和 *The plane flew east*(那架飞机往东飞)。它们的区别只在于飞机的飞行方向。但是,我们需要指出,如果飞机一直往北飞的话,到了北极后会变成往南飞,然而飞机可以一直不停地往东飞。也就是说,往北的指向性有终点这一事实,在注意中被极大地背景化了。根据人们的一般经验,往北的飞行完全是指向性的,而不是朝向目的地。如果再问人们以下这两句 *The balloon floated up*(气球往上飘)和 *The balloon floated down*(这个气球往下飘)是否有质的区别时,我们可能会得到同样的答案。往上的运动路径是无限的,而与之相反的运动路径却会因到达地球表面或者到达地球中心而终止,这些事实可能处于普通人注意中的背景位置。

很有可能,甚至当一个空间表达指出了参照点后,人们还是普遍地偏爱方向性。所以人们不会认为,*Sue drove north*(苏往北驶去)和 *Sue drove toward the north*(苏朝北方驶去)这两句在纯粹的方向性上来说是有区别的。

地球也可以作为一个背景物体,用来表述的不是焦点物体的位置或者路径,而是具有更加复杂的几何图式(尤其是线状)的焦点物体的运动方向。2.2.2节讨论的是相对于背景物体的运动方向,如英语中使用的 *along/parallel to*(沿着/与……平行)或者 *across/crosswise to*(越过/与……交叉),这些表达需要指出涉及哪个背景物体。当由地球提供参照几何图式时,语言通常使用特别的表达方法来表示方向,而这些表达不会明确提及地球或其几何图式。因此,我们发现语言中存在诸如(31b)的特殊表达形式,而不是诸如(31a)的表达形式。

(31) The beam is
（光束是
   a. ? parallel to/crosswise to the earth's up-down direction.
      与地球上下方向平行/交叉。)
   b. vertical/horizontal.
      垂直的/水平的。)

2.7 用一个以上的参照物描述位置

我们目前讨论的空间表达,只涉及将所指场景在初级复杂程度的层面上分割。它们在描述焦点的空间分布时,仅以一个背景物体作为基础。因为无论背景物体的内部结构特点是非对称的还是与对称性无关,这些空间表达都足够了,如(32)所示。

(32) The bike is near/in/behind the church.
（自行车在教堂附近/里面/后面。）

但是语言可以用简单的所指来表征更为复杂的空间场景分割。一般情况下,这包括对**主要参照物**(primary Reference Object)和**次要参照物**(secondary Reference Object)进行区分。主要参照物与到目前为止讨论的单一参照物处在相同的句法位置,且有相同的语义角色;而次要参照物,在许多情况下没有明确的命名,只是通过某个空间词间接表达出来。[10] 本文另外将这些参照物分成两类:第一类"包围"了主要参照物,第二类完全在它之外。我们对另外这些参照物的讨论仅限于它们表述焦点位置的能力;至于它们描述焦点物体的运动路径或方向的功能则来自它们定位功能的延伸。

2.7.1 包围型次要参照物

有一种次要参照物,通常具有基于指向性的非对称几何图式,它包含了主要参照物。也就是说,它的指向性形式渗透到或者说分布在主要参照物的周围。我们可以将这种参照物称为**包围型次要参照物**(encompassive secondary Reference Object)。在2.5.2节,我们看到具有某种非对称指向性的背景物体和排列,其本身就可以用来描述焦点物体的运动路径。这里,我们将看到这些类型也可以充当次要参照物,与其包含的主要参照物一起描述焦点的位置。

因此,在之前讨论过的队列的例子中,队列只是一个方向从后到前的背景排列。但是,其实这个队列也可以作为一个将主要参照物包含在内的次要参照物,如(33)。

(33) John is ahead of Mary (in the line).
((在队列中)约翰排在玛丽前面。)

为了确定焦点的位置,也就是约翰的位置,我们不仅需要知道主要参照物玛丽的位置,还需要知道与主要参照物不同的第二个物体的方向性。在这个例子里,这个次要参照物,即队列,包含了主要参照物。介词短语 *ahead of*(排在……前面)隐含这样一个外在队列的存在。而且,不管"玛丽"面朝哪个方向,这个表达都是合适的。与之相比,如果没有队列,尽管玛丽是唯一的参照物,更加合适的空间表述应为 *in front of*(在……前面),而且玛丽实际上必须面对约翰。

与之类似,在此前的讨论中,具有指向性的有机体的内部仅仅充当背景物体,其实也可以作为次要参照物,请看以下例子。

(34) In this fish species, the swim bladder is ventral to the spine.
(这种鱼类,鳔在脊骨的腹部方向。)

这里,*swim bladder*(鱼鳔)是焦点物体,*spine*(脊骨)是主要参照物,*ventral to*(朝腹部方向)包括了对次要参照物的指向。

最常见的包围型次要参照物是由地球构建的指向空间。这个空间可以用来确定焦点物体的位置,无论焦点物体与参照物的距离是先前讨论过的三种中的哪一种,如例(35)所示。

(35) a. The mosaic is on the east wall of the church.
(马赛克镶在教堂东墙上。)
[与主要参照物的一部分有直接接触]
b. The bike is on the east side of the church.
(自行车在教堂东面。)
[处在与主要参照物毗邻的区域]
c. The bike is east(ward) of the church.
(自行车朝向教堂的东面。)
[处在与主要参照物距离未指明的位置]

如同 *ahead of*（排在……前面）与 *in front of*（在……前方）的区别一样，像 *on the east side of*（在……东面）这样的表达方式暗指次要参照物的存在、其相关性以及特征。然而，像 *on the left side of*（在……左边）这样的表达方式虽然与前一种在结构上是一样的，但是却没有像前者那样的暗指。在这一表达形式中，"左边"这个表达（如在 *The bike is on the left side of the church*（自行车在教堂的左边）中）没有借助任何主要参照物之外的事物，而只是依据主要参照物的一个组成成分来缩小焦点物体位置的范围。但是，"东面"这个表达（如在 *The bike is on the east side of the church*（自行车在教堂的东面）中）需要我们借助于地球的方位由主要参照物向外看，以便同样缩小焦点物体位置的范围。在这个过程中，地球的存在没有明确指出，就像用 *ahead of*（排在……前面）时没提及队列一样，而且地球的轴也没有像主要参照物那样用独立的名词短语明确表征。

地球的竖轴作为次要参照物，在英语表达中具有类似的背景化功能，如(36)所示。这些表达与 2.4 节中的表达一起共同构成了另外一个系列。这个系列里的主要参照物随着参数的变化而变化。这些表达从左到右表明主要参照物与焦点位置的其他特性（即同垂直无关的特性）的关联性依次减弱。

(36)	(a)	(b)	(c)	(d)	(e)
朝上	on the top of	on top of	over	above	higher than
朝下	on the bottom of	underneath	under	below	lower than

在(36)中，每一栏里的两个表达形式在语义上是相反的，表现为以下几个方面。第一，(36a)中的形式严格上讲不属于目前讨论的范式，因为它们没有直接借助于以地球为基准的垂直性作为次要参照物。它们参照的是主要参照物内部的组成成分，不管物体目前的方向如何（虽然这些组成成分是以地球为参照，以传统意义上的方向而命名的）。因此，如果一只苍蝇在电视顶上（"*on the top of*"），而恰好电视是侧躺着的时候，苍蝇其实是在电视的侧面，而不是在电视的顶上。如果用(36b)中没有定冠词 *the* 的表达，苍蝇在电视的最上面（"*on top of*"），那就可以表达为苍蝇在电视的上面，也就是在电视侧面的外板上。

(36b)的表达形式表示焦点与主要参照物之间有物理接触，尤其是接触最外端的部分，无论该部分是在以地球为基准的竖轴的哪个方向上，如 *The seagull is on top of the round boulder*（海鸥在圆石的上面），这句表明海鸥与石头的最顶端接触。(36b)、(36c)和(36d)中的形式都表明焦点跟参照物垂直对齐，也就是我们可以画一条由上到下穿过这两个物体的直线。但是(36b)强调的是物理接触，而(36c)、(36d)则没有。

(36c)与(36d)的不同在于，(36c)似乎暗示了与参照物较近的位置，而且该位置在一定程度上与参照物联系得更紧密，或者在参照物的"范围之内"。此外，该位置与参照物在同一条视线上，它们之间没有阻挡物。所以，*The seagull is over the boulder*（海鸥在石头上面）似乎隐含了海鸥将会跟石头以某种方式发生联系（例如，海鸥可能停在石头上面或者从石头那里取食），或者比在同一句话中使用 *above* 时海鸥距离石头更近。如果要表达的意思是海鸥冲出了雾层，并与雾层脱离了关系，在句子里使用 *above*（在……上方），如 *The seagull is above the fog bank*（海鸥在雾层的上方）所示，比使用 *over*（在……上面）更合适。在 *The sixth floor is above the first floor*（六层在一层的上方）中使用 *above* 则是强制性的，因为中间存在阻挡物。

(36e)中的表达形式跟之前三组的不同点在于，(36e)中的形式未必表示垂直对齐。因此，*The seagull is higher than the top of the tree*（海鸥比树顶高）无需海鸥在树的正上方。这四组表达形式越往右越有一种"松散"的倾向。例如，*underneath*（在……下面）表示有物理接触，它也可能像 *under*（在……下）那样使用。还有，*above*（在……上面）经常可以像 *higher than*（比……高）那样，可以用来表示不在垂直方向的直线上。

就像作所有的语义分析那样，这里我们必须注意，不能将一个词的不同义项混淆。句子 *Hang the calendar over the hole in the wall*（将日历挂在墙壁的洞上）中的 *over* 含有'覆盖表面'的意思，如果换成 *above*，这个意思就会消失。但是，介词 *over* 的这个义项我们在 2.3 节里讨论过，它是一个独立的义项，我们不应该将其与表示垂直方向的义项混淆。在特定情景中，当覆盖表面这个意思不可能实现时，表示垂直方向的语义会再出现，如 *Hang the microphone over*（=*above*）*the large hole in the wall*（将麦克风挂在墙上的大洞上方）。

此外，空间表达如英语中由单个词组成的介词 *in*（在……里）和 *over*（在……上面），它们表面上非常相似，但是却属于完全不同的语义类型。一种是根据单独物体的几何图式确定位置，如 *in the box*（在盒子里）只涉及盒子所营造的一个内部空间。另外一种是用两个物体确定位置，如 *over the box*（在盒子上方）不仅涉及了我们对盒子的认识——此例中，是盒子的位置，而不是几何图式——还涉及我们对以地球为基准的向上方向的认识，虽然后者不是很明显。

许多空间表达包含了次要参照物角色来表示以地球为基准的方向，但是这种包含是非常隐性的，尤其是垂直维度或附属成分，即水平平面，如(37)所示。某些表达，例如(37d)，对次要参照物的暗示是如此地下意识，以致人们知道次要参照物所扮演的角色后会感到非常惊讶。我们之前简单地讨论过一些表达，如 in（在……里）和 across（过）等，当时没有考虑主要参照物之外的因素。但是由于其他隐性参照物的存在，我们现在应该认识到这些空间表达实际上是更加复杂的。

(37) a. across（过）：主要背景物体平面可以是任何方向，但焦点的运动路径必须是水平的：
   The fly walked across the tabletop. /across the blackboard from right to left. / * across the blackboard from bottom to top.
   (苍蝇爬过桌面。/从右边到左边爬过黑板。/ * 从下到上爬过黑板。)

   b. past（从……侧面过）：焦点的路径必须与主要背景物体的一侧保持水平，而不是在它的上方与之平行（与意大利语的 passare 不同，passare 没有区分水平和竖直）：
   The bullet flew past my head, grazing my temple. / * grazing my pate.
   (子弹从我头的一侧飞过，从我的太阳穴擦过。/ * 从我的头顶擦过。)

   c. around（围绕）：焦点的路径在水平方向上偏离垂直线的水平运动，与 over（在……上方）/under（在……下方）所表示的偏离垂直方向的运动形成互补：
   I went around the fence. vs. I went over/under the fence.
   (我绕过栅栏。对比：我越过/从下面钻过栅栏。)

   d. in（在……里）：主要背景物体不能仅仅是包围焦点，而是必须在其规范的垂直方向上，从而通常包含或围绕焦点物体。
   碗口向上/帐篷开口往下：
   The pear is in the bowl. /He's standing in the tent.
   (梨放在碗里。/他站在帐篷里。)

碗口向下/帐篷开口向上：

The pear is under/ * in the bowl. /He's standing on/ * in the tent.（帐篷的例子取自 Shingo Imai）

（梨在碗下面/ * 碗里面。/他站在帐篷上/ * 里。）

2.7.2 外在型次要参照物

另一种次要参照物完全在主要参照物之外，通常呈现出一系列对称的几何图式，而且一般通过独立名词性词表达，因而其呈现出的显著性在一定程度上与主要参照物类似。这种类型的**外在型次要参照物**（external secondary Reference Object）就像一个几何点，将离它最近的或者最远的主要参照物中的那部分挑选出来。被挑选出来的这部分，接着被用来描述与之毗邻的焦点物体的位置，如（38）所示。因此，这种定位焦点物体的策略通过"对背景物体部分的外部描述"来实现。

(38) a. The bike is on the side of the church toward the cemetery.
= The bike is on the cemetery side of the church.
（自行车在教堂面朝墓地的一侧。）=（自行车在教堂的墓地那一侧。）

b. The bike is on the side of the church away from the cemetery.
（自行车在教堂远离墓地的一侧。）

说话者身体的当时位置也可以当作这种外部次要参照物。下面是英语（许多其他语言也有）使用这种特殊表达方式的情景。

(39) a. The bike is on this side of the church.
(i. e., *on the side of the church toward me*)
（自行车在教堂的这一侧。）（即，在教堂面向我的这一侧）

b. The bike is on the other side of the church.
(i. e., *on the side of the church away from me*)
（自行车在教堂的另一侧。）（即，在教堂远离我的那一侧）

当说话者或者其他类似的实体，如在语篇中使用的最后视角点，被融入到某个介词语义里面时，它们也可以用作外部次要参照物，如（40）中的 *beyond*（在……之外）。

(40) The travelers are now beyond the continental divide.
（旅行者现在处于大陆分界线之外。）

在这里，旅行者（焦点）的位置被理解为在大陆分界线（主要参照物）远离说话者或者视角点（外在型次要参照物）的那一侧。

另外一种通过外在型次要参照物定位焦点的策略，借助虚构的**接近焦点路径**（**Figure-encountering Path**）（等同于 I-2 章中描述的"接近路径"）来实现。按这种策略，外在的点状物体可以用作引导、建立接近焦点物体的路径，如（41）所示。这种表达方法说明，焦点物体位于从主要参照物到次要参照物的直线上的某个位置。

(41) a. The bike is toward the cemetery from the church.
（自行车在从教堂处朝向墓地的地方。）
b. The bike is this way (i.e., toward me) from the church.
（自行车在从教堂往这边（朝向我）的路上。）

我们可以发现，同样的策略适用于包围型次要参照物。因此，在如 *John is ahead of/east of/over Mary*（约翰在玛丽前面/东面/前方）这类表达中，焦点物体（"约翰"）位置的确定（在概念上、感知上或者在物理运动上）是根据主要参照物（"玛丽"）即将其作为起始点，然后，沿着由包围型次要参照物的指向性形式决定的路径前进（"*ahead in a queue*"（排在队列前）/"*toward the east*"（向东）/"*upward*"（前方）），直到与焦点物体相遇为止。

虽然这两个参照物都是外在型次要参照物，但是我们仍然可以根据它们与包围型次要参照物的句法结构相似性，将参照物区分为"主要的"和"次要的"，这种区分是清晰的。

(42) a. **包围型**   X is east of Y ［Y=主要参照物］
（X 在 Y 东面）
b. **外在型**   X is toward Z from Y ［Y=主要参照物］
（X 处于 Y 朝向 Z 的地方）

但是在外在型中，它们之间的区别开始模糊，因为两个参照物都是利用显性的名词性词组明确表达的，因此同等重要。而且，外部物体以及由其决定的接近焦点物体路径，在几何图式上可以比一个点以及通往该点的直线更加复杂。在英语中，所有可用术语描述的背景和路径几何图式，实际上都可用作外在型次要参照物。

(43) The bike is across the street/down the alley/around the corner from the church.
（自行车在教堂对面街道上/小巷里/拐角处。）

而且，这样的几何图式表达可以连在一起组成一个较为复杂的接近焦点物体路径。

(44) The bike is across the street, down the alley, and around the corner from the church.
（自行车位于相对于教堂街道对面小巷里的拐角处。）

(43)和(44)这两种类型的表达暗示了焦点物体处于某一特定运动路径的终点。要抵消这种暗示就必须加上 *somewhere*（某处）这类特殊表达，如 *somewhere*(*along the way*)((在路上的)某一处)。如果碰到这样的表达，我们可能不再需要讨论"主要"或"次要"参照物，而是讨论起点和多方决定的路径，它们一起作为一个参照复合体（Reference Complex）来确定焦点物体的位置。

2.7.3　次要参照物所投射的参照框架

我们再次考虑作为外在型次要参照物的点状物。在该物体具有非对称几何图式时，会出现一种特殊情况。该非对称几何图式可以被概念化为呈往外辐射状，辐射范围超过物体本身，因而构成一个参照框架。通常情况下，物体是可移动的，而参照框架对于物体当时的位置和方向是相对的。这类参照物中最常见的是人，尤其是言语事件的参与者。针对上述情况最显著的例子是：当没有来自主要参照物的几何干扰时，即主要参照物本身在相关维度上没有非对称性，如在本质上没有前后左右之分的粮仓或树，如在下面的句子中：

(45) The bike is to the left of the silo.
（自行车在粮仓左边。）

说话者或听话者本身的前/后/左/右的延伸形成了一个框架，这个框架确定了焦点物体相对于主要参照物（粮仓）的位置。

值得注意的是，一旦参照框架由外部次要参照物投射出来之后，就表现得像包围型次要参照物，尤其是，在它允许使用接近焦点物体路径策略这方面。因此，就像包围型次要参照物那样，句子 *The bike is west of the silo*（自行车在粮仓西面）使用了以地球为基准的由东到西的方向性，勾勒了一条从粮仓到自行车的虚构路径。同样，句子 *The bike is left of the silo*（自行车在粮仓左边）也是借助由说话者作为外在点状物体投射出来的、方向为从左到右的参照框架，勾勒出一条从粮仓到自行车的虚构路径。

在前一节，当说话者作为一个外部次要参照物时，听话者把说话者在几何上仅仅看作是一个零维度的点状物，我们所需要的是这个点状物的位置，不需要内部几何图式。但是在本节，听话者是基于说话者的非对称几何图式投射出来的参照域，对说话者进行判断。

2.7.4 由次要参照物决定的主要参照物的非对称性

我们刚刚看到，外部事物形成的参照框架，即说话者或听话者，可将其左右（水平）方向特征应用于主要参照物，例如下列句子中的 *a silo*（粮仓）：*The bike is to the right/left of the silo*（自行车在粮仓右/左边）。那么前/后方向的情况又是怎样的呢？如果与左/右的延伸模式情况完全一致，那么（46a）中的介词复合体 *in front of*（在……前方）应该是把自行车摆放在从说话者/听话者的角度来讲的粮仓的另一面；而（46b）中的介词 *behind*（在……后方）则是把自行车摆放在说话者/听话者以及粮仓之间。我们之所以认为这样的情况与左/右的情况完全一致，是因为此时粮仓的非对称性分配和站立的人的非对称性分配保持一致，即按照顺时针排序，分别为前、右、后、左。

(46) a. The bike is in front of the silo.
（自行车在粮仓前面。）
b. The bike is behind the silo.
（自行车在粮仓后面。）

的确，有些语言，例如豪萨语（Hausa），使用与上述完全一致的生成参照框架。然而，英语中涉及的空间现象，与到目前为止所讨论过的截然不同。主要参照物不是单纯地位于外部投射的方向框架之中，而是被赋予了一种非对称性几何图式，且该几何图式源于次要参照物的反转镜像（说话人/听话人）。它实际上获得了自身的正面和背面，同时它的正面现在面对的是施体（donor object）的正面。有了这个额外因素，句子 The bike is in front of the silo（自行车在粮仓前面）此时就表示自行车在粮仓和说话者/听话者之间，而句子 The bike is behind the silo（自行车在粮仓后面）表示自行车在从说话者/听话者角度来讲的粮仓的对面。我们会注意到这个现象仅发生在前/后轴方向上，而并非如前文所述也发生在水平轴上。因此，对于英语而言，粮仓的顺时针排序应为前、左、后、右。

Hill（1975）做了有关"in front of"/"in back of"（在……前面/后面）的参照物概念化异同的跨文化研究，区分主要参照物是与说话者/听话者"相对"或是"同向"。他使用了情景测试法。例如把一只手套、一只球和一只球拍在受试面前由近及远一字排开，然后问"球前面是什么"。他发现三分之二的美国学童和百分之九十的美国大学生认为主要参照物和他们相对。然而百分之九十的豪萨人认为主要参照物和他们相背，即和他们成直线排列。

2.7.5 参照物定位焦点物体的不同方式

总体而言，参照物定位焦点物体的方法有几个主要类型。最简单的类型仅涉及单个参照物，只借助背景物体的几何图式来定位焦点物体，这些已经在 2.4 至 2.6 节讨论过。此类型的定位方法可以说是**基于背景的**（**Ground based**），如例句：*The bike is near/behind the church*（自行车在教堂附近/后面）。

其余各类型都涉及次要参照物。如 2.7.1 中所述，该次要参照物内包含了主要参照物，此类定位可以概括为**基于参照物场的**（**field based**）。我们将在下文进一步阐述，基于参照物场的类型会涉及多种不同的个别参照物。例如队列，如 *John is ahead of Mary in line*（在队伍中约翰在玛丽的前面）；或者地球，如 *The bike is east of the church*（自行车在教堂东侧）。

如 2.7.2 节所述，外在型次要参照物也可以用来定位焦点物体。我们首先来讨论外部物体为**非投射的**（**nonprojective**）情况，即它缺少一个非对称性的几何图式，或者即使有，它的投射也不起定位作用。此外部物体，多数为具有精确几何形状的实体，其位置用于引导定位焦点物体，如 *The bike is on the side of the church toward the cemetery*（自行车在教堂朝向墓地的一侧）；或者"绘制"能够到达焦点物体的路径，如 *The bike is toward the cemetery from the church*（自行车在教堂朝向墓地的方向）。

在某种情况下，外在型次要参照物是一个几何复合体，可提供顺序性引导来绘制接近焦点物体的路径，如 *The bike is across the street, down the alley, and around the corner from the church*（自行车位于教堂街道对面小巷里的拐角处）。说话者同样可以起到外部空间点物体的作用，通常是该情景下的特殊用法，如 *The bike is on this side of church*（自行车在教堂这边）。这种非投射性外部物体定位焦点物体的类型可以说是**基于路标的**（guidepost based）。

最后，如 2.7.3 所述，外在型次要参照物可以具有由非对称性几何图式从其自身投射出来的参照框架。这种采用参照框架定位焦点物体的做法可以说是**基于射体的**（projector based）。说话者或是一些先前建立的视角点经常作为投射源，例如 *The bike is left of the silo*（自行车在粮仓左侧）（相对我站立的位置/从我刚才提及的位置来说）。

Levinson(1996)使用的术语与本文术语是相互关联的。总体而言，他的"intrinsic"（内在的）和本文的"Ground based"（基于背景的）相对应，他的"absolute"（绝对的）和本文的"field based"（基于场景）相对应，他的"relative"（相对的）和本文的"projector based"（基于射体的）相对应。下面的图示表明了这种对应关系。然而他的术语系统有一些不足，既没有区分，也不包含本文给焦点定位的"guidepost-based"（基于路标的）系统。我们这里用于定位的"field-based"（基于场景）系统似乎涵盖了 Levinson 的"absolute"（绝对的）概念中所缺少的概括性。首先，本文的场系统不仅包含了基于地球的定位，还包括另外一种类型，即基于队列的定位，这在 Levinson 的分类法中没有提及。其次，术语"场"（field）避免了 Levinson 的术语"绝对的"（absolute）在表示同样的定位系统时所遇到的问题，即该系统经常是相对的。例如，当天文学家使用基于地球的罗经点来表示天体方位时，或者说当运动中的航空母舰（尽管它有相对于地球的罗经点的移动）被用于定位所在地的方向时，都属于这种情况。

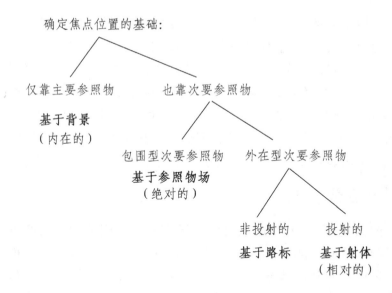

注意：基于射体（projector-based）系统的投射成为基于参照物场系统中的场。

我们可以采用指代具体参照物的一组术语，来穿插前面讨论过的表示不同所指类型的术语。因此，一个**基于地球**（earth-based）的系统可以将地球及与其相关的参照框架当作基于背景物体系统来定位焦点物体，如例句 I drove east（我开车向东行驶）；或将其当作参照系统中一种基于参照物场的系统，如例句 I drove eastward from Chicago（我从芝加哥向东行驶）。与此类似，一个**基于队列**（queue-based）的系统可以作为基于背景物体的系统来定位焦点物体，如例句 John moved ahead in line（约翰移到了队伍前面）；或作为基于参照物场的系统，如例句 John is ahead of Mary in line（约翰在队伍中玛丽的前面）。同样，**基于说话者**（speaker-based）的系统可以把说话者当成基于路标系统中的非投射地标来定位焦点物体，如例句 The bike is this side of the silo（自行车在粮仓这边）；或者它可以把说话者当成这样一个基于射体的参照物系统中的非对称性几何图式物体，如例句 The bike is left of the silo（自行车在粮仓左侧）（可以想象我面对着粮仓，并且从我所站立的位置观察）。

当然，任何语言中的空间用语，通常不只具有一种定位系统。因此，在本章，我们确实用空间形式 behind（在……后面）只表示基于背景物体（"内在的"）的系统（如例句 The bike is behind the church（自行车在教堂后面））, 用空间形式 left of（在……左边）仅仅来说明基于说话者的投射性（"相对的"）系统（如例句 The bike is left of the church（自行车在教堂左侧)(从我所站立的位置出发))。但事实上,这两种形式可以用于其中任意一种定位系统。因此,behind 即使是用在上文同样的例句中,也可以被用于基于说话者的投射系统,指从我所站立的位置出发、在教堂另一侧的自行车。Left of 用在前文同样的例句中,也可以被用于基于背景物体的系统,指位于教堂左侧的自行车。因此,在对任何具体空间例子进行分析时,我们在语义上需要特别注意的是,确定现有的潜在概念图式,而不是赋予一个空间表达唯一的解读,这样做是不恰当的。

2.8 其他区分

到目前为止,第二节的论述仅仅是语言构建时间或空间概念这一更广阔的复杂体系的一部分。下面对第二节的内容进行总结,这有助于理解这个复杂体系的其他部分。到此为止,我区分并较为详细地分析了语言中的四个系统分支,这些系统分支在微观结构层面上描述了时间或者空间域中实体之间的不同关系。此类系统有很多,但这四个系统构成了时间或空间概念结构中最主要的几种。我将它们称为**图式系统**(schematic systems)。这些系统大体上是独立的,每个系统都具有一个与其余系统相区别的概念维度。每个系统拥有一系列可供选择的结构特点,说话者在这些特点中作出选择,表达某一场景中的某个具体概念。第一个图式系统,我称之为**构型结构**(configurational structure),详细说明了几何图式的概念,即实体的抽象几何特征,以及它们在不同参照框架中的相互关系。构型结构也是本章重点讨论的图式系统。

本章讨论了那些适用于空间内物理实体的特性描述。但是,通过观察时间这个不同维度,我们可以发现语言中的"几何"构造在很大程度上也适用于时间范畴,英语中时空表达的同源性,就能证明这一点。

(47)   空间   时间

    a. A bird sat along the ledge.   I sneezed (once) during the
      (一只鸟沿着房檐落下了。)   performance.
                                      (看演出过程中,我打了(个)喷嚏。)

在有界线性范围内的一点

空间	时间
b. Birds sat all along the ledge. （鸟儿们都沿着房檐落脚。）	I sneezed all during the performance. （看演出时，我一直打喷嚏。）

在有界线性范围内分布的许多点

c. This road goes as far as Chicago. （这条路一直通向芝加哥。）	He slept until she arrived. （他一直睡到她回来。）

末端点为界限的线性范围

d. This road extends for three miles. （这条路长达三英里。）	The performance lasted for three hours. （演出持续了三个小时。）

按长度衡量的有界线性范围

从时间和空间相结合的功能角度考察时间维度，能够产生特殊的概念复合体，即"静止"和"运动"，其中仅有一部分在前文中有所讨论。在对时间和空间相结合的分析中，我们发现了数量有限的基本的**运动-体公式**（**Motion-aspect formulas**），这套公式似乎是一切将静止和运动与语言中的体结构（aspectual structure）联系起来描述复杂特性的基础，这些公式在语言中普遍存在，可用图式表达，如(48)所示。在每个公式中，初始项为**基本焦点图式**（**fundamental Figure schema**）（总是为一个点）。用大写字母的深层介词表征**矢量**（**Vector**）。矢量后的项是**基本背景图式**（**fundamental Ground schema**）。本章后的附录展示了对这种公式系统更加深入详细的研究。[11]

(48) a. 在有界的时间范围，点在（BE_{LOC} AT）点上。
 (The napkin lay on the bed/in the box for three hours.)
 （餐巾纸在床上/在盒子里放了三个小时。）
 b. 点在时间点上移动到（MOVE TO）点。
 (The napkin blew onto the bed/into the box at exactly 3∶05.)
 （3∶05时整，纸巾被吹到床上/进盒子里。）
 c. 点在时间点上从点移走（MOVE FROM）。
 (The napkin blew off the bed/out of the box at exactly 3∶05.)
 （3∶05时整，纸巾从床上/盒子里被吹走。）

d. 点在时间点上通过点（MOVE VIA）。
(The ball rolled across the crack/past the lamp at exactly 3：05.)
(3：05时整，球滚过了裂缝/灯。)

e. 点在有界时间范围内沿着无界范围移动（MOVE ALONG）。
(The ball rolled down the slope/along the ledge/around the tree for 10 seconds.)
(球滚下斜坡/沿着房檐滚/在树周围滚了10秒钟。)

e'. 点在有界时间范围内朝点运动（MOVE TOWARD）。
(The ball rolled toward the lamp for 10 seconds.)
(球向灯滚了10秒钟。)

e". 点在有界时间范围内离开点（MOVE AWAY-FROM）。
(The ball rolled away from the lamp for 10 seconds.)
(球往远离灯的方向滚了10秒钟。)

f. 点在有界时间范围内移动有界的长度范围（MOVE ALENGTH）。
(The ball rolled across the rug/through the tube in 10 seconds.)
(球滚过地毯/穿过管子滚了10秒钟。)
(The ball rolled 20 feet in 10 seconds.)
(球在十秒钟内滚了20英尺。)

f'. 点在有界时间范围内从点运动到点（MOVE FROM-TO）。
(The ball rolled from the lamp to the door/from one side of the rug to the other in 10 seconds.)
(球10秒内从灯滚向门/从地毯一头滚向另一头。)

g. 点在时间点上/在有界时间范围内运动到（MOVE ALONG-TO）终点。
(The car reached the house at 3:05/in three hours.)
(汽车在3:05/花了三个小时到了房子那里。)

h. 点从时间点开始/在有界时间范围内从起始点开始运动（MOVE FROM-ALONG）。
(The car has been driving from Chicago since 12:05/for three hours.)
(汽车自12:05已经驶出芝加哥/汽车驶出芝加哥已经三小时。)

在这些运动体公式中，焦点物体以及背景物体的几何图式可由它们的最简图式来表征,但是它们并不限于这些图式。焦点物体及背景物体几何图式可以自由延伸到公式没有包含的任何维度或方向上。这种自由可称为**扩展方向不定**(extendability in ungoverned direction)原则。例如,公式(48e′)表明了可以被理想化成点的焦点物体向被理想化成点的背景物体移动。这种理想化的状态实际适用于如 *The car sped toward the village*(汽车向村子疾驰)这类句子的所指对象。然而此公式也能适用于焦点物体被理想化成一条线,且与运动路径成一线的情况,如 *The train sped toward the village*(火车向村子疾驰)。此外,该公式也适用于焦点物体被理想化成横切运动路径的一条线的情况,如例句 *The front line of troops advanced toward the village*(队伍的前锋朝村子前进)。或者,这样一个横向焦点物体线可以扩展到第三个维度,形成一个横切路径的水平面,如例句 *The cold weather front advanced toward the village*(地面冷空气前锋朝村子袭来)。或者可以把焦点理想化成仍处于原有水平面内的平面物体,例如 *The carpet of floodwater advanced toward the village*(洪水如地毯式向村子袭来)。或者,焦点物体也可被概念化为一个整体三维空间,例如 *The storm region advanced toward the village*(暴风区向村子推进)。当然,背景物体同样能够扩展,如 *The car sped toward the border/the cliff wall*(汽车朝边界/悬崖疾驰)。

扩展方向不定原则,甚至同样适用于建构在运动-体公式之上的更具体的空间图式。例如,英语卫星词 *out*,当表示'放射性运动'的语义时,表征的图式从根本上讲是以公式(48e″)为基础的。这个路径卫星词最简单的焦点物体图式应该是一点,例如 *The boat sailed further and further out from the island*(船驶离岛屿,越驶越远)。这里焦点物体路径可以看成是横断放射性同心圆。这样的点当然可以扩展成与其路径成一列的线,如例句 *The caravan of boats sailed further and further out from the island*(船队离岛屿越来越远)。此焦点物体的点还可以扩展成横断其路径的一条线,且可以形成一个圆,例如 *The circular wave spread out from the point at which the leaf fell onto the water*(以树叶落水点为中心,圆形波浪泛起了层层涟漪)。进而,这条线可以扩展成一个平面图式,且其仍停留在原有的平面上,如 *The oil spread out over the water from where it spilled*(油溅到水中扩散开来)。又或者圆圈可以扩展到第三维,形成圆柱体,如 *The ring of fire spread out as an advancing wall of flames*(火圈蔓延开来,势如火焰墙一般)。

第二个图式系统描述**视角点**（**perspective point**），刻画视角点的位置、距离以及展开模式。所谓视角点是指概念上人的"心智之眼"（mental eyes）在场景中的位置，人在这一点上观察场景中其余的部分。由前一个图式系统确定的场景的几何结构大体上不受这些视角的影响。下文的举例涉及远处静止的视角点与注意的全局范围、近处运动的视角点和注意的局部范围，以及这两者之间的不同（详见 I-1 章）。前者可体现在例句 *There are some houses in the valley*（山谷里有一些房屋）中，该句使用了封闭类成分如复数形式 *-s* 以及与之搭配的 *are*、方位介词 *in* 以及量化成分 *some* 来标记视角模式。后一种视角模式可体现在例句 *There is a house every now and then through the valley*（穿过山谷，时不时有一座房屋出现）中，该句使用了这样的语言成分，例如单数 *a* 和与之搭配的 *is*、表示运动的介词 *through*，以及时间上的分布成分（*every now and then*），这表明认知该相同场景时好像是按时间顺序进行密集观察的。后一个句子涉及视角点的移动，而非场景内物体的移动，这其实是一种虚构运动，在前文已经提到过两次，一次在(12)中探讨具有虚构运动效果的表达时，如 *This road extends through the tunnel*（这条路穿过隧道），另一次在 2.7.2 中讨论通过与焦点相遇的"路径"来定位焦点物体时，如 *The bike is down the alley from the church*（自行车在教堂对面的小巷里）。

对视角点的讨论也应该包含虚构扫视固定场景中的对立面，即**定格现象**（the **freeze-frame** phenomenon），观察者把目光固定在从实际运动中的物体路径上捕捉到的"瞬像"（snapshot）上。例如一段有关信使行进的叙述："He's through the tunnel（他穿过了隧道）！""past the guardhouse（通过了警卫室）！""into the bunker！（进入了地堡）！"在这些句子中，固定的路径点是介词表明的路径完成之后紧随的那个点。

第三个图式系统描述从指明的视角点给所指场景的**注意分布**（**distribution of attention**）。该系统允许将主要的、次要的或者是最少的注意以不同的方式赋予本质上处于同一场景内的不同成分上。该系统还负责为场景内的被选物体分配角色，包括在前文详述的焦点、主要参照物和次要参照物。

因此，该系统也可用于指明场景中的某个部分应该获得最少的注意。在那一部分的存在得到充分暗示的条件下，该系统可以通过不对其进行显性指代来达到这一目的，如(49a)路径的中间部分被非重点化,(50a)中一个明显的必要施事从场景框架中被排除（详见 I-4 章）。

(49) a. The crate fell out of the plane　　　[路径的起点和终点]
into the ocean.
（箱子从飞机上坠入大海。）

b. The crate fell out of the plane,　　　[完整路径]
through the air, into the ocean.
（箱子从飞机上掉下，穿过天空，
坠入大海。）

(50) a. My cufflink finally turned up at　　　[孤立事件]
the bottom of the clotheshamper.
（我的链扣最后出现在衣物篮
底部。）

b. I finally turned up/found my cufflink　　　[事件加施事]
at the bottom of the clotheshamper.
（我最终在衣物篮底部翻到了
我的链扣。）

注意系统还可以从多个等级性嵌套的层次中，选取一个特定层次，使得我们在处理格式塔时将注意主要集中在这一层次上，例如（51）中有雀斑的男孩。

(51)　　　　　　　　　　　　　　　　　　　**主要聚焦在：**

a. There are freckles on the boy's face.　　　最详细的细节层次
（男孩脸上有雀斑。）

b. The boy's face has freckles on it.　　　中间层次
（男孩脸上有些雀斑。）

c. The boy has freckles on his face.　　　框架结构层次
（男孩脸上长了雀斑。）

第四个图式系统是**力动态**（**force dynamics**），即从力的施加、对作用力的抵抗、克服这种抵抗、阻碍作用力的实施以及克服阻碍等来考察物体之间的相互作用关系。这些力动态特征，似乎大多反映我们肌肉运动的知觉/躯体感觉官能，它们附加于其他三个主要反映我们视觉官能的系统之上，并大体上独立于其他那三个系统。这个系统的运作，可以从下面两个表达的不同之处中得以体现：首先是一个与力动态无关的表达 The ball *rolled along the green*（球沿草坪滚动），该表达描述了一个简单的自主运动。接下来是一个暗示了作用力的表述 *The ball kept rolling along the green*（球一直沿着草坪滚动），该句的一种解读暗示了球有自然停止的趋势，但却因受到外力的驱动（例如微风）而克服了停止的趋势（详见 I-7 章）。正如这个概述所示，语言构建空间和可比拟维度的过程，是一个非常广泛的系统，第二节仅仅是其中一部分。[12]

3 空间表征的图式化

我们刚刚讨论了一些由语言封闭类空间表达式区分的基本几何图式概念。接下来，我们可以进一步考察支配这种表征的更加抽象的特性。如在引言中所述，语言的微观结构表征空间的方式有一个基本特性，即它是图式性质的，即语言只在空间场景中的所有成分中选取一部分加以表述，其余部分，则忽略不计。剩余成分性质各异，但不会对选择语言成分表达场景造成影响。因此，每个微观结构层面上的空间表达，实际上表征了一组具有某些共享抽象特征的空间构型类别。

3.1 单个图式的基本特征

由具体的空间表达式，例如英语的介词，所表征的特定的图式性抽象概念，可以称作图式（schemas），其特征可以从三个层面进行分析。第一个层面，是构成图式整体的组成成分。由于本章篇幅有限，在此不能详述，我仅简要说明一下。图式大体上建立在基本的空间成分之上，如点、线（有界和无界）、面（有界和无界）或类似成分。同时这些成分受制于合并（combination）、配合（coordination）以及可取消性（cancelability）等性质。第二个层面，是单个整体图式所体现的性质，见 3.1 节。第三个层面涉及在更大的图式运用系统中单个图式之间的关系，见 3.2 节。（更多有关空间图式化的研究见 Herskovits（1986，1997）。）

3.1.1 理想化

任何空间表达方式例如英语中的介词，其真实的、"字面的"所指，都可以看成是以抽象图式形式表现的最基本几何成分的具体集合。然而，这个图式必须在概念上能够应用于一个完整的且充满细节的所指物。**理想化（idealization）**这个术语，就是指这种"应用"过程，即所指空间实体在概念上按照适用于它的图式被理想化的过程。因此理想化过程就是我们所熟悉的物体依照其大小和物理性,以不同方式被"浓缩"成能够匹配指定图式的过程。这些过程的认知本质,尤其是它们在语言中如何操作,尚待研究确定。但是毫无疑问,它们与一定的感知过程和格式塔的形成过程或者儿童简笔画(见I-2章)的那些运用过程相似。

下面是一些语言中理想化过程的典型例子。当一个比其他两个实体大得多的一维物理实体,例如一支铅笔或一个人或一座摩天大楼,都被概念化成一条线时——如与介词 *along* 连用时(An ant crawled along the pencil(一只蚂蚁沿着铅笔爬行)/The snake slithered down along the performer(一条蛇沿着表演者身子滑下)/The outside elevator rose along the skyscraper(外景电梯沿着摩天大厦上升)),以上概念化过程就包含理想化。或者当一个有凹面的较大物体,例如一个鸟澡池或一座火山,被概念化成一个平面封闭体时——如与介词 *in* 连用时(the water in the birdbath(鸟澡盆里的水)/the lava in the volcano(火山里的岩浆)),这时也产生了理想化。或者是,一个基本上等维的较大物体,如一个石块或一颗行星,被视为单个点——如与介词 *near* 或者 *from* 连用时(a pelican near/20 feet from the boulder or an asteroid near/10,000 miles from the planet(一只在巨石附近/距离石块 20 英尺的鹈鹕或一颗在那个行星附近/距离那个行星 10,000 英里的小行星)),也是理想化的过程。

更全面地阐述理想化过程的例子是 *across* 在指运动路径时的图式,用语言表述其特征如下(参见(53)中的图表):

(52) *Across* **图式**

    (焦点运动的路程,沿着一整条)水平路径直线,该路径直线垂直穿越由两条平行边沿构成的平面背景,且背景平面"两边不重合"。

上文描述中,最后一句话是关于平面的两轴的相对长度:一轴与平面的边沿平行,另一垂直轴与焦点的路径平行。最后一句话的意思是与两边沿平行的轴和路径轴相比,不能太短,以致于它在概念上可以折叠入路径线,使平面变成一维的。因此,与两条平行边平行的轴长可以无限长,像被穿过的河流,如(53a)所示。或者可以与路径平行的轴等长,如(53b)图示穿过的正方形场地。但是不可以相对较短,如(53c)中在较长轴方向上穿过的码头。这种情形使得所指物更容易被理想化为一条与路径相同方向的直线,与这种构型更适合的图式为 *along*。我们在此必须要考虑在何种情况下与两条平行线平行的轴才会"过"短。也许在基本用法中,在感到与背景两端平行线平行的轴比与路径平行的轴短的时候,across 的图式就不再适用。如(53d)中从较长的方向上游过矩形游泳池。但是这种基本用法还是会允许一定程度的"延伸",从而可以适用于适中的矩形,但绝不可能适用很长的长码头。此类关于延伸的问题,属于图式变形的一种类型,已在 II-5 章中有所论述。

(53)

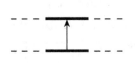

a. Across the river
（穿过河流）

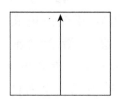

b. Across the square field
（穿过正方形场地）

c. *Across the pier
（*穿过码头）

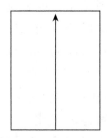

d. ?Across the swimming pool
（?穿过游泳池）

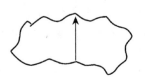

e. Across the lake
（穿过湖泊）

作为一个抽象整体,相对于有关它的一条路径而言,across 图式要求一个物理实体被理想化为具有一定方向和边界条件的平面,平面轴的相对长度也要受到一定制约。这个例子表明,图式就像一个过滤器,只允许某些物理实体通过。也就是说,图式实际上是一系列要素的集合,可用来检测某物体是否可以简化为图式成分的特定复合体。

3.1.2 抽象化

"抽象化"(abstractedness)是指与理想化互补的一种特性。理想化，是在物质实体中寻找其符合图式特点的性质，而抽象化，则是忽略物体的其余部分。因此，在使用 across 时，所指对象完全可以缺少侧面的边界，如上文(53a)中的河流，或者具有侧面的边界，如(53b)中的方形场地。同样，平面是液体层(河流)还是固体面(球场)也无关紧要。因此，across 图式要求大致具有两个边沿的平面，可以适用于一系列的物体。这些物体之间的区别被抽象出去，所以在此特定的范畴化过程中不予考虑。

3.1.3 拓扑

语言空间图式对实体物理特征的抽象度，比我们目前为止讨论过的要大得多。图式并非仅仅涉及物理实体的几何特点。图式理想化过程中，并非仅有物体中的主体物理成分被理想化成点、线、面及其他(其余部分被忽略)。图式还可以从其他特性中抽象出来，如这些点、线和面的形状(曲度)或度量，以及它们在图式内部相互之间的角度或距离等。这种更深层次的抽象，为拓扑(topology)数学领域中定义的空间关系所特有。度量空间(metric space)，如经典欧几里得几何学，对形状、大小、角度和距离进行区分。这种区分，大多借助于语言中的实义成分来完成，如 *square*(正方形的)，*straight*(直线的)，*equal*(相等的)，还有数词等。但是在概念组织的微观结构层面上，语言表现得更贴近拓扑结构。(我们可以进一步假定，正是这个层面及其在其他认知系统中的对应层面，引发了人们建立拓扑学的想法。)目前我们可以从两方面来研究语言拓扑。本研究方法的更深入讨论，见 I-1 章。本框架下用数学方法研究语言拓扑见 Petitot and Doursat(1997)。

3.1.3.1 形状无关性

不难发现，空间成分一般允许形状在很大范围内变化。例如，*in* 要求参照物能够被理想化为一个弯曲的、能形成内部空间的平面。但是，其表面可以像盒子一样呈正方体，像碗一样呈球状，或者像钢琴形状的游泳池一样，呈现为一个不规则图形；它可以如前文中例子一样，是有开口的扇形体，或者如棚屋一样，形成一个完整的封闭体。它也可以是前文例子中的连续的、没有间断的固体，也可以是有缺口的物体，如握成杯状的手掌、敞口的篮子，或者门窗都敞开的房子等。由此可见，这些物理形态的变化，丝毫没有影响 *in* 的使用。同样，*across* 图式要求的两个边沿，也并不一定是完全平行的两条线。人们可以游"过"(across)湖,然而,湖的两"岸"(edges)可以极度弯曲和极不规则,如图(53e)所示。

形状自由不仅适用于参照物本身,同样适用于与其相关的路径。例如,当 through 表示介质中的一条线状路径时,该"介质"可以是液体("through the water"(穿过水)),也可以是分散的复合体("through the timber"(穿过木材)),而且,路径几乎可以是任何形状。

(54) I arced/zigzagged *through* the woods.
　　　(我以弓字形/Z字形穿过这片树林。)

即,无论路径是直线、圆弧,还是Z字形,都无需更换介词。*Through* 在这些情况下都可以使用,仅仅因为它指代的抽象图式与这些其他性质无关。

3.1.3.2 量值无关性

在很大程度上,语言对于空间特性的区分,与物体大小和距离远近无关。这不仅仅是我们需要认定的必需的事实。我们很容易想象,同人的手一样大小的物体和广袤的地域对人类来说具有非常不同的空间特征,同时语言形式会反映这种不同。然而,语言事实提供的证据都是,大小不同的物体具有相同的空间结构,这一事实证实了语言空间认知系统的一致性。下面的两组句子,就说明了这一点。

(55) a. i. The lamp stood in the box.
　　　　　(灯立在箱子里。)
　　　ii. The man stood in the barn.
　　　　　(人站在谷仓里。)
　　　iii. The building stood in the valley.
　　　　　(建筑物矗立在山谷里。)
　　b. i. The ant crawled across my palm.
　　　　　(蚂蚁爬过我的手掌。)
　　　ii. The man walked across the field.
　　　　　(人走过田野。)
　　　iii. The bus drove across the country.
　　　　　(公交车驶过这个国家。)

这里参照物的大小(可以从手掌到国家)以及相对应的路径的长度,都与表示图式的介词的选择无关。

同样,表明物体相对于说话者距离远近的空间词 *this* 和 *that*,都同样可以用在例(56)的两个句子中。

(56) a. This speck is smaller than that speck.
（这个斑点小于那个斑点。）
b. This planet is smaller than that planet.
（这颗行星小于那颗行星。）

斑点和行星之间的大小差别和距离差别(从毫米至秒差距)都与空间词的使用无关。

3.2 不同图式之间的关系

我们一直在孤立地讨论单一空间图式的特点。但是，每一种语言都有多种而非一种图式，这些图式在同一空间（包括空间中的物体）概念辖域内组成不同的构型。那么，当说话者要表达一个具体语义时，约束他在这些图式中做出选择的原则是什么？不同图式之间的语义关系是什么？还有，一整套的单一图式与作为一个整体的空间域之间是什么样的关系？我们现在来探讨这些问题。

3.2.1 不同形式的图式化

物理实体的理想化具有如下本质特征，即该实体与某一具体图式的那些不相关的特点，都被忽略掉，通常那些特点包含一些与其他图式相关的特点。因此，对于同一物理构型，不同的图式可以同样适用。我们可以突显构型的不同特征组，并且相应地忽视其他特征组。我们可以观察到两种不同的图式化形式。

3.2.1.1 同一物体参与不同空间构型

一种语言形式，也就是所表征的一个物理实体，可以参与几种不同的构型，因此不可避免地具有不同的图式化选择。所以，单独一个盒子作为背景物体，可以与不同的焦点形成不同的空间关系，例如，一个盘子在它上面，一个球在它里面，还有一个洋娃娃玩具在它二十英尺之外，这些可以发生在不同的场景中，也可以同时发生。盘子在它'上面'(on)的空间关系要求盒子的最顶部有一个水平的平面，但忽略盒子其他的特点，在这种情况下，就不会关注盒子还有一个内部空间。与此相反，球在盒子'里面'(in)的空间关系要求有后一个特征，而不关心盒子是否有一侧(与它的开口面相对)被翻到顶端，以便提供一个平面可以使什么东西放在它'上'面。洋娃娃在盒子'之外'(away from)的空间关系，不要求前面提到的两种空间构形,它所关注的是盒子各部分与玩具之间的距离相比是否足够集中,而不是太分散,以便可以被当作一个独立的点。

同样,这里还有一个例子与前面的相似:几个不同的焦点物体,因同一个背景物体的不同空间特点,而同时与这个背景物体形成不同的空间关系。在这个新例子中,特别值得注意的是,同一个空间表达形式,即 *in front of*(在……前面),被用来表征所有不同的空间关系。单独借助于这个背景物体,或借助于同时存在于这个所指复合体中的几个不同的次要参照物中的一个,就可以做到这一点。图(57)给出了从正上方看该所指复合体(在这里是指教堂中的一个场景)的图式。在图中,圆圈代表人,"鼻子"表示各人所面对的方向。在这个场景里,约翰("J")面朝后站在从左至右的队列中,而说话者("S")和听话者("H")离教堂入口很近。在这个复杂的场景里,对问题 *Who is in front of John*(谁在约翰前面)(或者 *Someone is in front of John*(某人在约翰前面)一句中的变量值)的回答,可以是图中用数字表示的四个人中的任何一个。

(57)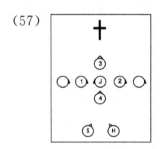

这里,相对于约翰自身非对称几何图式来讲(具体来讲,是相对于他的前面),站在约翰前面的是1号人物,这时仅有约翰被看作参照物。如果约翰为具有点状几何图式特征的主要参照物,那么,相对于次要参照物,即非对称的几何队列来讲(具体讲是相对于该几何队列从左到右的方向性来说),站在约翰前面的是2号人物。如果仍将约翰当成具有点状几何图式特征的主要参照物,那么相对于教堂内部从后向前的非对称几何图式来说,站在约翰前面的是3号人物。如果继续将约翰当成具有点状几何图式特征的主要参照物,那么相对于后面说话者和听话者眼中的非对称参照框架而言,站在约翰前面的是4号人物。值得注意的是,对这些互不相同的几何图式的判断,可通过使用特定的短语准确无误地表达出来,如(58)所示。

(58) a. Who is in front of John that he is facing?(=person 1)
　　　　(谁在约翰正面的前面?)(=1号)

b. Who is in front of John in the line?（=person 2）

（在队列中谁站在约翰前面？）（=2号）

c. Who is in front of John in the church?（=person 3）

（在教堂里谁站在约翰前面？）（=3号）

d. Who is in front of John from where we are standing?

（= person 4）

（从我们站的这个角度来看，谁站在约翰前面？）（=4号）

3.2.1.2　单一空间构型形成的不同图式化

在第二类例子中，内容上没有任何改变的同一个物理构型，比如说，相对于特定背景物体运动或静止的某焦点物体，允许以不同的方式被图式化。例如，一个人从一片麦田的这头走到那头。这个十分复杂的构型允许使用不同的图式化方式。如果我们说这个人越过（across）这片麦田，我们实际上只抽象了麦田复合体的一个方面，即它是一块水平的、有边界的地，而忽略了它上面长有小麦的事实。另一方面，如果我们说这个人穿过（through）这块麦田，麦秆就从这个物理复合体中抽象出来，被理解为介质，这时，在它们下面的一块水平的有边界的地面就不相干了。

语言中的拓扑和理想化过程，为我们提供了语言表达的灵活性，使我们能够以多种方式来构想一种物理构型。假设有一连串的山脉，一条小路从山脉的这一边延伸到山脉的另一边。如果从山脉超越水平面这一角度来说，最好用介词 over，该介词蕴含有类似图（59a）中的路径图式。但如果将山峰看作高原，而小路又在高原之内，那就如图（59b）所示，用介词 across 完全合适。不管是哪种情况，我们都会注意到这样一个情景里实际的物理细节特点，在很大程度上被抽象化了，这体现了我们的理想化认知能力。

(59)

a. over the mountains（越过山脉）

b. across the mountains（穿过山脉）

另外一类涉及不同图式化的例子不属于 2.5 和 2.6 中对非对称几何

图式的分析。我们自动用不同方式来描述一个地球参照框架内具有内在非对称几何图式的物体,相对于说话者-听话者的位置。因此,为描述某自行车相对于教堂来说的位置,如图(60)所示,我们可以把非对称性的教堂作为主要参照物,用 behind(在……后面)来描述,如(61a)所示。或者,我们可以把非对称的地球作为一个包围型次要参照物,用 west of(在……西面)来描述,如(61b)所示。或者,我们可以把非对称的说话者当作一个外在型次要参照物,说话者投射出一个参照框架,依据此框架我们可以用 left of(在……左边)来描述,如(61c)所示。

(60) 基于背景

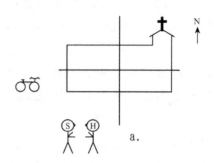

基于场景

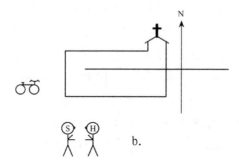

基于说话人

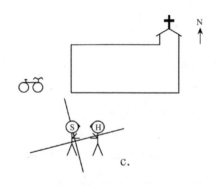

(61) The bike is （自行车在
- a. behind the church. 教堂后面。）
- b. west of the church. 教堂西面。）
- c. left of the church. 教堂左侧。）

下面我们来看另外两个不太明显的图式选择的例子，这样使我们的描述更加完整。一个人站在路边五英尺的地方指着公路上的自行车，可以说"*Get this bicycle out of the driveway*！（把这辆自行车从车道上挪走！）"或者"*Get that bicycle out of the driveway*！（把那辆自行车从车道上挪走！）" *This* 和 *that* 实际上在空间中设置了一个概念上的分割，分别指所指物与说话者在分割的同一侧，或者在相对一侧。这里，说话者、自行车和私人车道这一空间构型适用于这两个分割图式中的任何一个，与说话者对这个场景的概念化一致。

当说到一个装满卷心菜的箱子时，可以说"*The cabbage in the bin is all turning brown*（箱子里的卷心菜都变黄了）"或者"*The cabbages in the bin are all turning brown*（箱子里的卷心菜都变黄了）"。也就是说，我们可以认为这个物理构型没有内部区分，而将其图式化成不可数（如焦点为单数形式所示），或者认为是一系列内部分散的个体，将其概念化为有空间分区的网络（如复数形式所示）。

在以上谈到的图式选择的例子中，是由说话者在那些可选的图式中选择一个而不是另一个，也是由说话者来决定突出哪一组因素。在选择中，说话者被假定为对想要强调的重点或视角点，或一个构型的那些特点的不同重要性或显著性做出反应。但选择的决定因素，以及它所涉及的意识程度，还有待研究。

3.2.2　不同文化或语言对不同图式化的"预选择"

尽管在前面的例子中是由说话人在不同的图式中进行选择，可以同样适用于某个给定的空间情景，但在某些情况下，文化或语言要求以某一特定的方式而不是以其他方式来看待某一情景。实际上，在这些情况下，说话者不能选择他偏好的重点或视角点，因为语言文化可能已经在不同的可能性中做出了"预选择"（preselection）。

例如，一位乘客与所在车辆如小轿车或公共汽车的空间关系非常相似,因而无论是哪种车辆,说话者都可以认为,乘客是在作为一个整体的车辆里(*in*),从而唤起'封闭体'(enclosure)图式,或者也可以认为乘客在车内的某一平面上(*on*)(比方说,它的地板或座椅上),从而唤起'平台'(platform)图式。但是,在英语中,车辆用语的典型用法要求小汽车被图式化成一个'封闭体',这样乘客应该是 *in* a car(在轿车里),或者是 get *into* or *out* of it(上下轿车),而公共汽车被图式化为一个'平台',乘客就必须是 *on* it(在汽车上),或者是 get *onto* or *off* of it(上下汽车)。

当然,这种用法上的区分不是一成不变或无原则的。因此,在非典型的用法中,尽管这不是常见的表达方式,但说话人会说乘客在公交车里,来强调公交车作为封闭体的特征,如 *There was an artist in the bus sketching its contours*(汽车里有一位艺术家在画素描)。并且,如 Fillmore 所说的,公共汽车 *on* 的用法取决于它作为一个交通工具的功能。因此,对于一个在垃圾场里报废的汽车,人们会说一些孩子在汽车里(*in*)玩,而不是在汽车上(*on*)玩。我们还可以说,如果焦点不打算把公共汽车当成一个交通工具,就会接受 *in* 的使用,如 *There was a stray dog/a bomb in our bus*(汽车里有一只流浪狗/一颗炸弹)。再者,英语中 *on* 或 *in* 与车辆连用,似乎通常取决于车辆是否有一个过道(或行走区)。因此,一个乘客会在飞机上(on an airplane),但是在直升飞机里(in a helicopter);在轮船上(on a ship),但在小船里(in a boat);在火车上(on a train),但在车厢里(in a carriage);(通常)在潜水艇上(on a submarine),但在潜水钟里(in a diving bell);当然,还有在公共汽车上(on a bus),在小汽车里(in a car)。因此,*on* 和有水平表面的交通工具连用,而且人走在其"上"(*on*),事实上是由这个介词通常的几何图式激发的。

不管怎样,虽然 *on* 的使用在原则上对应于交通工具的某一几何特征,但是,没有原因能解释为什么英语中的这一要求,要优先于交通工具本身也是封闭性物体的特征。当然,该特征及其优先性在许多其他语言中并不存在。德语也把小轿车和公共汽车预图式化,但是把它们两个都当成封闭体。因此,公共汽车的例子表明英语的典型用法强制要求平面图式而不是封闭图式,这也表明了英语的预选择性。

前面的例子展示了一种语言/文化内部的图式化对比,有一些图式化的预选择在当地的语境中相当普遍,以至于人们进入另一种语言/文化中后才会发现它们。英语语言文化视角使人们把桌面当作桌子的本质几何特征,桌腿不过是偶然的附加物。因此,一个蹲着的人,把一个球从桌子底下穿过,扔给另一个蹲着的人,被说成是 be thrown *under* the table(在桌子下被扔出)。相反,在阿楚格维语中,桌子被认为是桌面加桌腿的整体结构。因此,同一个球会被说成是 be thrown *through* the table(从这个桌子中间被扔出)。这种理想化的选择对讲英语的人来说并不存在,它甚至几乎无法想象。

同样,如前所述,英语可以用主要参照物、地球或说话者的非对称几何图式来定位焦点物体,如 *a bike behind/west of/left of the church*(教堂后面/西面/左面的自行车)。但是,英语中只有在主要参照物的位置永久固定时,例如一个教堂,才会借助地球的几何特点。借助可移动物体的定位,如一个人,通常是利用这个物体自身的非对称几何图式,而不是利用以地球为基础的罗经点。

(62) a. the bicycle just to my right/ ＊ just east of me
(在我正右边/＊正东边的自行车)

b. the itch on my right arm/ ＊ on my east arm
(我右边胳膊/＊东面胳膊痒)

与英语不同,据称美洲土著语温图语(Wintu)避免去指本身的左/右边,即使是对可移动的物体也不这样,而是利用以地球为基础的几何特点。也就是说,讲这种语言的人会说这样的句子"My east arm itches"(我东边的胳膊痒)。[13]

很难判断"预选择",即对图式化选择的限制,是单纯语言规则系统的形式方面的问题,还是源于已经在语言应用中固化的某种心理文化的迫切需求。这两种类型的例子都存在。这样,我们很可能要用文化侧重点差异的概念,特别是感知模式方面的概念,来解释美国人和豪萨人(Hausas)对短语"in front of"(在……前面)的不同理解(见 2.7.4 节)。不同文化不同侧重点的情况,得到了 Hill(1975)数据的支持。Hill 观察到,在每种文化里,每个人对 *in front of* 这个短语的理解都不是完全一致的,而是持不同认知的人占不同的比例,而且该比例还会由于年龄的不同而有所不同。另一方面,我们会把以下事实当作是纯语言形式的问题:如 *The cabbage(s) in the bin is(are) all turning brown*(箱子里的卷心菜都变黄了)所示,卷心菜既可以被当成是不可数的物质,也可以被当成是不连续的集合体(见 3.2.1.2 节)。然而,芹菜则只能被当成'不可数'的物质(就是说,它不能用"stalks of"(几根)这样的表达方式),而球芽甘蓝则只能被当成不连续的'集合体'。

(63) a. The celery in the bin is/ * The celeries in the bin are
(箱子里的芹菜/ * 芹菜(复数))
b. * The Brussels sprout in the bin is/The Brussels sprouts in the bin are
(箱子里的 * 球芽甘蓝/球芽甘蓝(复数))
—all turning brown.
——都变黄了。)

这里似乎只涉及将特定的词汇进行名词归类("可数"或"不可数")的形式问题。即便如此,此处甚至也涉及心理文化问题。为词汇赋予不同的名词类型可能不是任意的,如"纯粹形式"这个词所暗示的那样,而是可能会反映对物质材料意象化的文化规范。这些规范反映一个物体的大小、它与其他类似物体一起出现的频率以及它被分解成类似物质的某种同质体的能力。

3.2.3 不同图式化的离散性

图式化在微观结构层面上的一个基本特点是,它具有**离散的表征模式**(disjunct mode of representation),而非连续性表征模式。因此,语言不会有"图式连续体"(schema continuum)这样的东西,这里"图式连续体"是指一系列可以直接表达的图式,其中每一个都与它相邻的图式在仅仅一种特征或特征值上以一种连续的方式区分开来。相反,每种语言用一小套"量子式"分开的图式去表达所有可能的空间构型。在这样的系列里,每一种图式同时以几种特征与其他的图式区分开来。这种"中间区域"(in between)形式的缺失并不是语言组织的一个缺点,而是一个很明显的、必需的、也许是更优越的结构特征,这一结构特征可以由其他特征来加以完善,后文将有论述。

这一系列有空隙的空间构型缺少现成的表达方式,意味着说话者在微观结构层面上没有表达自由,对具体的空间形式的概念化没有合适的图式加以强调。因此,在这一层面上,语言在表达的准确性上是失败的。这种失败的例子可以归为两种类型:一种是过度细化(overspecificity),即最接近的图式比说话者头脑中需要的意象要详细;另一种是不够细化(underspecificity),即最接近的图式不如说话者想要表达的意象详细。

3.2.3.1 最佳图式过度细化

过度细化的情况可见下例,英语中所有用介词来表达的图式对于以下空间构型来说都太具体：一条线状路径，位于一个无边界的大体水平的平面的一部分上。这条路径，比如说可能是一个人在散步，这块平地可以是一片草原。该怎样用介词来表达这个结构呢？我们不可以说 *He walked across the prairie*（他步行穿过这片草原），因为 *across* 暗示了两条相对边界的存在，并且路径要跨越两条边界之间的宽度，而上例中并没有这样的条件。同样，我们也不可以说 *He walked along the prairie*（他沿着这片草原散步），因为该句暗示了这块平地为窄条状；也不能说 *He walked over the prairie*（他走过这片草原），因为该句暗示这块平地向上凸起；也不能说 *He walked through the prairie*（他穿过这片草原），因为此句暗示着平地上还有介质（请比较完全合适的 *He walked through the sage-covered prairie*（他穿过鼠尾草覆盖的草原））。同样，*He walked around the prairie*（他绕着这片草原行走）也不合适（与 *He walked around the track*（他绕着跑道行走）相比），因为它暗示平地为窄条状，且具有水平面上的弯曲。实际上，现在的结构掉入了由英语介词表征的图式的"夹缝里"，所有的介词对它来说都太详细。我们可能需要创造一个新的英语介词，比方说 *He walked aflat the prairie* 中的 *aflat*，它只表示在平地上的一条路径。

另一个英语例子"in the cracks"的构型是一条小路从一块狭窄的平地上的一头延伸到另一头，例如，码头上从这头到那头的甬道。在这里说 *She walked along the pier*（她沿着码头行走）不完全合适，因为 *along* 暗示小路没有起始点。这个句子通常被理解为沿着码头走一段在概念上无界的距离。这种解释不是毫无根据的，因为带 *along* 的句子可以接受一个带 *for* 的时间性表达，它与有界的行为搭配而不是带 *in* 的时间表达，如：*She walked along the pier for / * in 20 minutes*（她沿着码头走了 20 分钟）。又一次，需要创造一个新的介词来描述涉及的确切的构型，也许，像 *She walked alength the pier in 20 minutes*（她沿着码头走了 20 分钟）中的 *alength* 一样的词。

3.2.3.2 最佳图式不够细化

图式不够细化的一个现成的例子是前面提到的"麦田"一例（见 3.2.1.2 节）。该物体可以被理想化为如下空间构型：即，在一个有界的平面上有一个与之相联系的介质。但是，没有一个英语介词可以表达一条水平路径和这个比较复杂的构型之间的关系。虽然这两个介词最接近，但无论说话者选择哪一个，如 *He walked across the wheatfield*（他穿过麦田)或 *He walked through the wheatfield*（他穿过麦田），都必须选择或者忽略平面有界这一特点，或者忽略存在介质这一特点。要明确表达这个更复杂的图式化所指对象，我们还是需要一个新的介词，也许像 *He walked throughcross the wheatfield*（他从麦田穿越过去）中的 *throughcross*。

举个更复杂的例子，想象一下一个平面上的点可能具有的多种空间构型。英语中有两个现成的表达可以把这些构型图式化。其中一个由表示数量的词加上介词 *on* 组成，可以表示点的数量，但不能表明它们的空间结构：

(64) There is a dot/There are several/some/many/50 dots on the board.
（这块木板上有一个/几个/一些/许多/50 个点。）

另一种表达包含简单的复数加上介词短语 *all over*，如 There are dots all over the board（木板上到处都是点），它不可以与量词连用来表达数量。因此，不可以说 * There are several/some/many/50 dots all over the board（*这块木板上到处都是几个/一些/许多/50 个点）。但这个介词短语确实能在一定程度上表明空间分布，大体上，平面上的每一个次区域内都至少有一个点，次区域的大小取决于点的总数。值得注意的是，*all over* 图式并不要求点非常密集，只要满足分布条件几个点就足够了。相反，单纯的量大并不能决定 *all over* 图式适用与否，可能会有许多点，但都集中在平面上的一个区域内，因而缺少必要的分布条件。

这两种表达方式可以包括平面上点的所有可能的空间结构，它们中间没有"缝隙"。但是这种广泛应用性是以放弃更详细具体性为代价的。没有一个直接的方式可以同时表达数量和"到处都是"(all-over)的分布。也没有直接的表达方式，可以表示除"到处都是"之外的分布方式，比如平面上的点是一簇一簇的，或者围成同心的圈，或者分布的密度呈梯度。因此，两种表达方式的图式都不够细化(在英语中也没有其他简单的表达方式)，不可以直接表示许多其他特殊的空间构型。

3.2.4 获得"中间区域"离散性选择的手段

我们发现，所有语言都用少量封闭类成分来编码数量同样有限的图式。这些图式不可能直接准确地表达出说话者头脑中无数个关于空间构型的概念化。因此我们要问，听话者要经历怎样的过程才能形成与说话者头脑中相同的概念化。这里我提出四种过程。

3.2.4.1 取消过度细化图式的某些特征

过度细化的图式包括一个或多个与说话者所理解的某一空间构型不相吻合的特点。当所有可用的图式都过度细化时,说话者可以简单地直接选用这些图式中的一个,而不去做任何额外的修正。听话者对空间构型的理解,有一部分来自语境(见 3.2.4.3 中对"意象构建过程"的讨论),这可以取消或者搁置不适合的图式特点。因此,当听到 She ran across the boulevard for five seconds and then stopped in the middle(她跑着横穿马路五秒钟,然后在中间停了下来)时,听话者可以从语境中得知,跑步者的路径并没有延伸到街对面。也就是说,听话者理解了 across 图式用在所指构建上的所有特点,只有一个特点例外,即'路径在另一个边界结束'。与之类似,在前面提到的"草原"的例子里,说话者可以简单地决定用 across,说 He walked across the prairie(他走过草原),而指望听话者可以搁置那三个不合适的特点:'平地有两个相对的边界','路径起始于一个边界',还有'路径终止于对面的边界'。

值得注意的是,当一个图式与说话者对某个空间构型**想**要表达的内容相比过度细化、但却完全合适时,即没有不合适的特征,就不能指望听话者会搁置说话者不想表达的特征,特征取消便不会发生。为避免表达不想表达的特征,说话者必须采用其他的方式。因此,说话者不想指明一趟旅行所连接的两个点哪个是起点,哪个是终点,就不能一边使用如 She drove from San Diego to San Francisco last night(她昨晚开车从圣迭戈到旧金山)中的 from...to(从……到……),一边不期望听话者知道旅行的方向。但是他可以利用另一个空间表达方式,即 She drove between San Diego and San Francisco last night(她昨晚行驶在圣迭戈和旧金山之间)中的 between...and(在……之间),该表达不会指明起点和终点。

要理解语言组织,有一点很重要,即当我们使用了一个表达过度细化的图式的词,从而需要取消特征时,这个词听起来会有点勉强或不自然。这与一个词的图式经过理想化或拓扑转移(topological shifts)而可以被完全接受形成鲜明对比(见 3.1.1 至 3.1.3 节)。也就是说,语言的组织特点使得取消特征的过程运作起来不如"灵活"类("flexibility"-type)的过程运作起来自由,但必须承认,特征的取消有一些结构上的要求。

3.2.4.2 开放类成分的使用

除了可以使用封闭类成分之外,表达空间构型的一种主要的语言方式实际上是采用语言的开放类成分。虽然它们可能不在微观结构层面起基础性的结构作用,但它们确实能对空间构型特点提供数以百计的特别的、甚至是风格独特的描述。英语中这样的形式有名词如 *zigzag*(Z 字形)和 *spiral*(螺旋),形容词如 *concentric*(同心的)和 *oblique*(倾斜的),动词如 *ricochet*(跳弹)和 *streak*(置上条纹)(*Paint streaked her cheeks*(油漆在她脸上留下道道条纹))。它们可以和由封闭类成分构成的规则性结构搭配使用,如 *There's a spiral of dots on the board*(木板上有螺旋式的点);或者它们可以构成自己独特的结构,如 *The board is streaked with dots*(木板上有一条条的斑点)。[14]

3.2.4.3 听话者的意象构建过程

在交流的理解一方,获得"中间"词素的分离语义的最重要的方式,是听话者的**意象构建过程**(**image-constructing process**)(这里不是指单纯的视觉意义上的)。该过程发生在引言部分提到的"宏观层面"上。揭示这些过程的本质是认知语言学研究所面临的最重要的任务之一。目前,我们只能说是听话者把一系列的语法和词汇成分的所指范围互相结合起来,再加上她对世界和眼前言语环境的理解,产生了一个接近于说话者想要表达的相当详细的意象。该意象可能在听到更多的信息或回想起更多的常识时,需要修正。但这里值得注意的是,该意象通常会比语言所指本身要详细得多。例如,当乙听到甲说 *There are dots all over the board*(木板上到处都是点)时,可能会结合他所认为的 *all over* 图式所允许的构建范围和人们通常所认为的点的可能密度(没有人会使用几百个这样的标记),以及他所了解的甲有"为小事不安并因此经常夸张"的倾向,最终会得出"木板上有几处粉笔点"这样的意象。

3.2.4.4 说话者的阐释

当然对说话者来说,使得语言能更好地对空间构型进行描述的主要特性是,语言允许对具有相同构型的所指进行更细致的阐述。这样的详尽描述可能仅包括一连串细节的描述,如 *There are dots all over the board, and they increase in density toward the bottom edge*(木板上到处都是点,越靠近底部越密)。或者可以包括分散在语篇中的几个单独细节。语言这种详尽描述的特性有两个突出的理论寓意。

第一，虽然语言的这一特性被认为是理所当然，但极少有人能清楚地意识到这一点，因为原则上它不是语言组织的必要部分。我们可以想象这样的交际系统，其中的空间构型只能用少量的介词来进行单一的描述，而且关于该所指对象，只能表达这些。说话者可以从不同角度重复所指同一个对象，这一语言结构的特点是积极的，而不是无关的。

第二，原则上讲，说话者的阐释过程与听话者的意象构建过程无关。如果前者发生，后者则确属必要，即分散在话语中的相关所指必须整合起来组成一个单一的意象。但即使只有一个固定的表达方式，意象构建也会起作用，因为它必须把最小的暗示和语境以及常识结合起来，以便产生更全面的描述。因此，说话者的阐释过程是语言结构中听话者意象建构过程的一个附加特征。

我们特别注意到一种阐释的形式，即**嵌套**（nesting）。嵌套是其中一个结构描绘的输出嵌套在另一个结构描绘的输入中。例如，*There are clusters of dots all over the board*（木板上到处都是成簇的点）很清晰地表明了嵌套过程。这里短语 *clusters of dots*（成簇的点）大体上与完整的命题"The dots are in clusters"（这些点呈簇状分布）相当，它是对某些由点组成的一阶的、更局部的空间构型的描述。这个构建的成分"簇"（clusters），可以被当作新的成分组成更进一步的空间描述：它们在木板上"到处都是"（all over）。这样，局部的构型嵌套在了整体构型中。

较为复杂的嵌套也可用来解决之前提到的"草原"一例的表达困难问题。对于这个例子，如下表达就完全可以准确描述它的空间构型：*He walked along on the prairie*（他在草原上一直向前走）。这个句子当中有一个内在的空间描述"He walked along"（他一直向前走）。*Along*（向前）这个成分在结构上并不是连接焦点物体和背景物体的（不同于 *He walked along the pier*（他沿着码头走）），而是动词卫星词，只表明焦点物体向前的线状运动。这个自身固有的动作被嵌套在另一个空间构型当中，即发生在草原"上"（on）。因为 *on*（在……上）不需要平面背景物体具有边界（不同于 *across*），所以这个新的嵌套的表达式正适合用来表达像草原这种无界的情况。

需要注意的是，由于有了嵌套和各式各样一系列的语言详述表达形式，既包括封闭类形式，也包括开放类形式，我们可以描述极其复杂的空间构型，如例（65）所示：

(65) There are some clusters of dots near the lower left of the board

and streaks of dots all over the rest of the board, with an occasional spiral of dots located here and there.
(木板左下角有一簇簇的点,木板的其他地方都是呈条状的点,偶尔还有聚成螺旋状的一些点,散布在各处。)

4 从语言构建空间看语言对语义的表征

至此,我们讨论了封闭类成分对基本空间的构建及特征。这在不同程度上也是对空间结构及其内容这个完整语义域的全面描述。通过描述这个语义域,我们可以讨论作为语言基本特点的语义表征系统。正是通过这个系统,语言弥补了一个一直存在的巨大不足,即一方面是数量有限的微观结构成分,这些成分表征了同样数量有限的离散性图式;另一方面是都可能需用语言来表达的无限多的感知和概念连续体。3.2.4 节讨论了内置于语言系统中获得这种离散性语义"中间区域"(in between)的几种方法。下面我们需进一步阐述这种语义表征体系的普遍特点。

4.1 语言范畴大多为非毗邻的

传统观点认为,语言中的封闭类系统,如英语中的方位介词或汉语中表明物体的"量词",都是某个语义域中具有如下特点的分类系统。这些范畴在很大程度上是毗邻的(一个范畴界线之外是另一个范畴);范畴是穷尽性的(几乎没有空缺),是相互区别的(没有交迭),并且通常来说几乎大小相同。这样的概念很容易使我们产生一个意象,就是相邻文件格的二维排列,这些"文件格"在文件架上彼此连续,占满整个文件架,它们均匀分割,大小划一,任何一项内容都可以清楚地放进某一个格中。但这一概念与实际是否相符需要进一步考察。

4.1.1 具有具体指称的语言形式

我们最好先从特定的语义梯度开始讨论。封闭类成分的语义在详略度上构成一个梯度,从非常宽泛到非常具体。例如,英语中的介词 *near*(在附近)接近梯度中最宽泛的那一端,而 *across*(穿过)则接近最具体的那一端。一个词越具体,它能同时表达的语义参数就越少。正是这些具体成分最能说明传统分类概念的不足,需要加以注意。

可以肯定的是,一些语素集中,甚至是具体词汇在宽泛的语义域上,也能展示这样文件格似的分类。较常见的是语言中的人称代词、亲属称谓和颜色词。拿英语中的颜色域来说，$pink$（粉红）一词是指"色调为红、亮度为中强度、饱和度为淡"的这样一个特定的具体颜色区域。与之相邻的是 $lavender$（淡紫色），这个颜色和粉红色主要在色调这个参数上不同。接着相邻的颜色是 $rose$（玫瑰红），它和粉红色主要是在亮度这个参数上不同。像这样的语素集之所以有上述特点，是由于它们的语义域正如一排排的文件格，是仅由少数几种维度和参数决定的。颜色词这个域是由色调、亮度和饱和度这三个参数决定的（在大多数语言中可能也包括具有这种颜色的表面或物体）。对于这类有限制的域，用极少量的相当具体的词来全面涵盖这个域是可行的。[15]

相比之下，语言中的大多数语义域都是 n 维度的，这里 n 是一个相当大的数量。空间域就是这样的一个语义域。因此，像英语中介词和指示词这样的封闭类成分所表达的空间构型至少有不少于如下 20 种相关的参数。

(66) a. 对空间构型的分割产生焦点和背景
  b. 焦点物体的几何图式
  c. 背景物体的几何图式
  d. 焦点和背景几何图式的对称性和非对称性
  e. 基于物体组成部分及其内部指向性的非对称几何图式
  f. 物体几何图式的相关维度数量
  g. 物体几何图式的边界条件
  h. 物体几何图式是连续的还是复合的
  i. 焦点相对于背景的方位
  j. 与背景相比，焦点的相对距离/大小
  k. 焦点与背景是否接触
  l. 焦点相对于背景的物质分布
  m. 焦点与背景构型的自指称是否存在
  n. 其他参照物是否出现
  o. 次要参照物几何图式的外在投射
  p. 归于主要参照物的非对称性
  q. 焦点或背景相对于地球/说话人/其他次要参照物的方位
  r. 焦点与背景构型叠加嵌入另一个或一连串焦点与背景构型中
  s. 对一个构型进行观察的视角点的选择

t. 随着时间推移焦点或视角点位置的变化（以及因此产生的运动路径和视角扫描的变化）

有了这么多的参数，如果要用比较具体的指称覆盖全域，需要成千上万个不同的词汇；而如果要用非常具体的所指覆盖全域，就得需要上百万个词汇。这样的情况在符号系统中原则上不是不可能，但自然语言存在这样的限制，即它所能使用的不同符号是有限的，实际上同一个范畴中的成分从来没有如此大的数量。语言使用的是分散在一个语义域的数量较少的指称，而不是一个个紧挨着的具体指称。就是说，一个非常具体的指称通常不会与同样非常具体的指称相邻。

2.2.1 节中木板横在铁路路基上的这一例可以说明语言中的这种整体布局。英语介词 *across* 表示一个比较具体的空间构型，具有(8)中所列的九种属性，包括木板必须是水平的，与铁轨的主轴垂直，横搭双轨的两端，紧挨着路基平面，但不在其内。但如果木板缺乏以上的一种属性会怎样呢？比如说这个板水平延伸并垂直于两个铁轨，但是在铁轨之下（埋在路基里）或在铁轨之上，但不直接在其上面。在这种情况下，*across* 就不适用了，但却没有同样具体的介词，如 *acrinss*, *acrupss* 等形式，来表示这一新的空间构型。英语中对这种情况只有一些比较宽泛的词如 *in*（在……里面）和 *over*（在……上面），这些词可用来指"木板不是水平、不与铁轨垂直、或木板太短不能横跨铁轨"的情况。

许多介词在指称内容上有很大的差异，包括：介词 *across*（穿过）和其他的介词如 *around*（围绕），*through*（穿过），*alongside*（在旁边），*underneath*（在下面），*past*（经过），*beside*（在旁边）。因此，以英语介词为一般语义表征的代表，我们可以说，语言中相对具体的指称，其原则与传统意义上对于语义域连续"文件格"似的分类不同。这一原则似乎更应该是表征性（*representativeness*）原则，即这些指称并不能穷尽语义域，而只是代表语义域。具体见(67)。

(67) 语言必须以其相对具体的语素所指储备，来提供足量分布的、密集的点（但不要太密集），来覆盖语义上的"*n*-维概念结构"，既要覆盖单个语义域，又要覆盖整个语义所指。

4.1.2 具有宽泛指称的语言形式

封闭类中比较概括的词，如前面铁路一例中空间介词 *in*（在……里面）和 *over*（在……上面），在表征一个场景成分的方式上体现出一种更具体的词所不具备的特殊功能。理解它们的功能的钥匙可在图式化过程的本质中发现。一个语素从不表达所指对象的所有细节，尽管这些细节的确存在于人的感知或概念化之中，但是该语素表达从整个所指对象中抽象出来的特定特征集合。然而说话人通常想要表达一个完整的所指场景，就是想要在听者头脑中形成一个完整的意象。这种信息的传输是由语言中互补的两个过程来实现的：发出者只用一部分来表征整个概念复合体，接受者则通过意象构建过程从部分中**重建**（reconstitute）这个整体，使整体"有血有肉"（参见 3.2.4.3）。发出者的这个过程可称为**部分代整体的表征**（part-for-whole representation），是与图式化同时发生的。这一内容本可以在 3.1 节中和其他伴随过程如理想化、抽象化和拓扑一起阐述。该过程的一个独特特点就是说话人为确实（at all）表达出某个所指对象，就必须不时地借助所指对象的某个方面，不管这个方面是否与大的语篇相关，因为这个方面在语言中有某个（some）现成的词。如在铁路这个例子中，如果一个木板是水平的、和路基垂直、横搭其上、并恰巧埋在路基当中，则说话人只能利用这最后的一个方面，如 *the board in the railway bed*（路基里面的木板）所示，尽管这方面与木板的复杂空间关系无关。这就是一种语言中概括性词汇的主要功能。因为这些词作出的具体描述最少，可以指概念复合体中的一系列的方方面面，所以可以和接受者的重建过程结合起来。

4.2 系统限制对语言造成的影响

到目前为止，本部分考察了如下特征：封闭类词汇的详略度梯度；由具体词汇表达的是表征性"置点"（dotting），而不是全面的分类；部分表征整体是概括性词汇的主要功能。这些特征都可以认为是由于语言同时受几种限制所致。人类交际的特点要求语言必须能够表征数量巨大的所指场景中的所有内容，必须能足够具体地表达某种概念材料，并要以足够快的速度来传递这个信息。理论上讲，语言可以用数以百万计的具体词汇来完成以上要求。但是，由于差异较大的语音很难加工，并且在记忆中难以存储，因此语言中可以使用的不同象征符号的总数量受到制约。此外，如果这些词语都非常具体，则其构成的每一句话都需要很长时间来进行信息加工，因而无法完成正常的交流。因此，语言必须减少具体词汇的数量。

要实现这一点，语言必须有一定数量的概括性词语，否则就不能实现覆盖所有语域的要求。概括性的词语是表示具体词语指称空隙中的概念内容所必须的。这主要是通过表示一个较复杂概念的一个方面、部分代整体的表征过程以及与之相反的重建过程共同来实现的。另一方面,语言也不能完全没有具体词语而只有概括性的词语,因为这样就无法实现交流对其详略度的需求。毕竟,只要使用少量的非常概括性的词语就可以达到表达所有语义域的目的。因此,英语中由这五个词——*someone*(某人), *something*(某物/事), *do*(做), *happen*(发生), *be*(是)再加上几个表示时态、情态等的语法语素一起构成的几个句子实际上即可以表示全部概念现象,如,*Someone did something*(某人做了某事); *Something happened*(某事发生了); *Something is*(某物/事是)。但是这些表达却缺少所有必要的具体性。因此,语言既需要具体词汇,也需要概括性的词汇。

再者,根据以上推理,具体词语应该合理地分布于整个语义所指。否则,就会有大块的语义域只有概括性的词语,那么也就无法达到语言所需要的详略度的要求。

关于这种具体指称的分布还有一个特点需要提及。虽然有很多因素的确可以影响这些具体指称在语义空间的分布,如一些具体概念的使用频率或其文化意义,但这些指称的分布在很大程度上是任意性的,这主要受制于语义域的构成。正如在不同语言中,甚至是具有相似文化背景的语言中,具体语素之间具有极大的不一致性。

总之,我们对于语言如何构建空间的研究不仅揭示了一个主要的认知系统,即语言认知系统中的一个重要认知域的基本特点,也说明了语言这个认知系统中概念表征的普遍本质。

5 附录:运动-体公式+构形

此附录摘录了 Talmy(1975b)的运动-体公式,并进行了更新,但一些公式的衍生方法并没有改变。

下面我们将(48)中运动-体公式的核心部分以更加符号化的形式展现出来。这些公式使用以下符号来代表主要焦点图式和背景图式。

$POINT_{S/T}$:表示时间或空间中未延伸的点。

$_{E}POINT_{S/T}$:表示时间或空间中延伸的点。

EXTENT$_{S/T}$：表示无界时间或空间。
$_B$EXTENT$_{S/T}$：表示有界时间或空间。

(68) a. a POINT$_S$ BE$_{LOC}$ AT a POINT$_S$, FOR an $_B$EXTENT$_T$
b. a POINT$_S$ MOVE TO a POINT$_S$, AT a POINT$_T$
c. a POINT$_S$ MOVE FROM a POINT$_S$, AT a POINT$_T$
d. a POINT$_S$ MOVE VIA a $_E$POINT$_S$, AT a POINT$_T$
e. a POINT$_S$ MOVE ALONG an EXTENT$_S$, FOR an $_B$EXTENT$_T$
f. a POINT$_S$ MOVE ALENGTH an $_B$EXTENT$_S$, IN an $_B$EXTENT$_T$

用以上公式来指一个特定情景,基本背景图式会被进一步阐释。建立于其上的是另一个几何复合体,即构形(Conformation),构形将基本背景图式和完整背景物体的图式联系起来。每种语言都有自己的一套表达这种几何复合体的词汇。例如,(69)是英语中表征内部处所的一个构形例子。在随后的公式中,构形表现为关于基本背景图式的关系从句,表达它对图式进行阐释的功能。

(69) a POINT$_S$ IS OF the INSIDE OF an ENCLOSURE

在包含运动-体公式和构形的复杂结构中,表示特定完整焦点物体和背景物体的表达分别与最前和最后的几何图式联系起来,如(70)所示：

(70) a POINT$_S$ BE$_{LOC}$ AT a POINT$_S$ that IS OF THE INSIDE OF an ENCLOSURE
　　　the ball(球)　　　　　　　　　　　　　　　　　　　the box(盒子)

(它最后生成 The ball is in the box(球在盒子中))。只有当特定焦点物体和背景物体可以被理想化为复杂结构中的几何图式时,它们在这一复杂结构中的具体化才是合适的。因此(69)中只有当'the ball'(球)可以被拓扑抽象化为'空间中的一个点','the box'(盒子)可以被抽象化为'一个封闭体'时,这句话才能表示一个语义完整的情景。[16]

因此,即便是表示路径的简单词汇如英语的 *in*(里)或 *across*(穿过)实际上都对应一种复杂结构。具体而言,它派生于运动-体公式的最后一部分和构形的第一部分。接下来我们考察六种这样的结构,并描述其派生转换到相应英语路径表层表达中的过程。这六种结构建立在(68a)到(68c)的最后部分和两个不同的构形的第一部分之上。构形(完整背景物体的几何图式)的最后一部分仅在方括号内显示,并被假定不直接参与派生过程。[17]

(71)（A）

For(68a)	For(68b)	For (68c)
a. AT a POINT$_s$ that IS OF the INSIDE OF [AN ENCLOSURE]	TO a POINT$_s$ that IS OF the INSIDE OF [AN ENCLOSURE]	FROM a POINT$_s$ that IS OF the INSIDE OF [AN ENCLOSURE]
b. AT a POINT$_s$ OF the INSIDE OF	TO a POINT$_s$ OF the INSIDE OF	FROM a POINT$_s$ OF the INSIDE OF
c. AT the INSIDE OF	TO the INSIDE OF	FROM the INSIDE OF
d. AT IN	TO IN	FROM IN
e. —	—	FROM OUT
f. IN AT	IN TO	OUT FROM
g. *in*	*in (to)*	*out (of)*

(71)（B）

a. AT A POINT$_s$ that IS OF the SURFACE OF [a VOLUME]	TO a POINT$_s$ that IS OF the SURFACE OF [a VOLUME]	FROM a POINT$_s$ that IS OF the SURFACE OF [a VOLUME]
b. AT a POINT$_s$ OF the SURFACE OF	TO a POINT$_s$ OF the SURFACE OF	FROM a POINT$_s$ OF the SURFACE OF
c. AT the SURFACE OF	OF the SURFACE OF	OF the SURFACE OF
d. AT ON	TO ON	FROM ON
e. —	—	FROM OFF
f. ON AT	ON TO	OFF FROM
g. *on*	*on (to)*	*off (-of)*

注意，(71)中一直到(f)的派生方法同样适用于俄语。为了进一步派生出表层形式(g)，深层词素 IN，OUT，ON 和 OFF 要加入俄语中的恰当的介词，而深层矢量词素 AT，TO 和 FROM 也要加入被修饰名词的格标记。

(72)

f. IN AT	IN TO	OUT FROM
g. *v*＋-PREPOSITIONAL	*v*＋-ACCUSATIVE	*iz*＋-GENITIVE
f. ON AT	ON TO	OFF FROM
g. *na*＋-PREPOSITIONAL	*na*＋-ACCUSATIVE	*s*＋-GENITIVE

此外，(c)形式在日语（还有许多其他语言）中得以在表层表达中出现，例如，*no ue ni* 'at top surface of'（在……顶端）(＝'on'（上）)，*no ue*

ni/e 'to top surface of'(到……的上表面)(='onto'(到……上面)), *no ue kara* 'from top surface of'(从……的上表面)(='off of'(从……下来))。右边的(d)形式在希伯来语中也是在语言表层上得以表征,如 $m\bar{e}$ '*al* 'from on'(从……上面)(='off of'(从……下来))。右边的(e)形式在古英语中也得以在语言表层表征,如此句 *She ran from out the house*(她从房子里跑到外面)。右边的(f)形式在现代英语中得以在语言表层表征,当位于名词性表达之前,用 *from*(从……)一词而不使用 *of*(……的),如 *Get out from in front of the television*(从电视前面出来)。

下面我们分别来讨论一下(73)(74)和(75)中的(68d)到(68f)运动-体公式的具体解释。每一个例子中,运动-体公式的矢量和基本背景物体图式都是和几个不同的构形结合在一起。对于每一个这样的结构,下面都列有派生表、图示和例句。此外,尽管体标记作为运动-体公式的重要组成部分,在前文没有标志,下面会包含。

(73) a. VIA a $_E$POINT$_s$ that IS$_{LOC}$ TO-ONE-SIDE-OF [a POINT] AT a POINT$_T$
VIA TO-ONE-SIDE-OF [a POINT] AT a POINT$_T$
past [a POINT] AT a POINT$_T$

The ball sailed past his head (*at exactly* 3∶00).
(球(在三点整)在他的头的一侧飞过。)

b. VIA a $_E$POINT$_s$ that IS$_{LOC}$ ON and PERPENDICULAR TO [a LINE] AT a POINT$_T$
VIA ON [a LINE] AT a POINT$_T$
across[a LINE] AT a POINT$_T$

The ball rolled across the border (*at exactly* 3∶00).
(球(在三点整)滚过界线。)

c. VIA a $_E$POINT$_s$ that IS$_{LOC}$ IN and PERPENDICULAR TO [a PLANE] AT a POINT$_T$
VIA IN [a PLANE] AT a POINT$_T$

through [a PLANE] AT a POINT$_T$

The ball sailed through the pane of glass (at exactly 3∶00).
(球(在三点整)穿过玻璃窗。)

d. VIA a $_E$POINT$_S$ that IS$_{LOC}$ INSIDE and PERPENDICULAR TO [a CIRCLE] AT a POINT$_T$
VIA INSIDE [a CIRCLE] AT a POINT$_T$
through [a CIRCLE] AT a POINT$_T$

The ball sailed through the hoop (at exactly 3∶00).
(球(在三点整)穿过圈环。)

(74)和(75)中出现 UP 和 up(向上)之处，同样也适用于 DOWN 和 down(向下)。

(74) a. ALONG an EXTENT$_S$ that IS$_{LOC}$ TO-ONE-SIDE-OF and PARALLEL-TO [a LINE] FOR an $_B$EXTENT$_T$
ALONG TO-ONE-SIDE-OF [a LINE] FOR an $_B$EXTENT$_T$
along [side] (a LINE) FOR an $_B$EXTENT$_T$

She walked along (side) the fence (for 5 minutes).
(她沿着栅栏走了(五分钟)。)

b. ALONG an EXTENT$_S$ that IS$_{LOC}$ ON and PARALLEL-TO [a LINE] FOR an $_B$EXTENT$_T$

ALONG ON [a LINE] FOR an $_B$EXTENT$_T$
along [a LINE] FOR an $_B$EXTENT$_T$

I walked along the path (for 20 minutes).
（我沿着这条路走了（二十分钟）。）

c. ALONG an EXTENT$_S$ that IS$_{LOC}$ INSIDE and PARALLEL-TO [a CYLINDER] FOR an $_B$EXTENT$_T$
ALONG INSIDE [a CYLINDER] FOR an $_B$EXTENT$_T$
through [a CYLINDER] FOR an $_B$EXTENT$_T$

I walked through the tunnel (for 20 minutes).
（我（二十分钟）走过隧道。）

c′. UP ALONG an EXTENT$_S$ that IS VERTICAL and IS$_{LOC}$ INSIDE and PARALLEL-TO [a VERTICAL CYLINDER] FOR an $_B$EXTENT$_T$
UP ALONG INSIDE [a VERTICAL CYLINDER] FOR an $_B$EXTENT$_T$
up [a VERTICAL CYLINDER] FOR an $_B$EXTENT$_T$
I crawled up the chimney (for 1 minute).
（我（一分钟）爬上烟囱。）

d. ALONG an EXTENT$_S$ that IS$_{LOC}$ RADIALLY TO-ONE-SIDE-OF [a POINT] FOR an $_B$EXTENT$_T$
ALONG RADIALLY TO-ONE-SIDE-OF [a POINT] FOR an $_B$EXTENT$_T$
around [a POINT] FOR an $_B$EXTENT$_T$

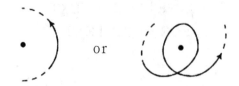

I ran around the house (for 20 seconds).
(我绕房子跑了(二十秒)。)
I ran around the house (for 2 hours).
(我绕房子跑了(两个小时)。)

(75) a. ALENGTH an $_B$EXTENT$_S$ that IS$_{LOC}$ ON, PARALLEL-
TO, and COTERMINOUS-WITH [a BOUNDED LINE]
IN an $_B$EXTENT$_T$
ALENGTH ON [a BOUNDED LINE] IN an $_B$EXTENT$_T$
the length of [a BOUNDED LINE] IN an $_B$EXTENT$_T$(英语中没有此结构的对应介词)

I walked the length of the pier (in 10 minutes).
(我(一分钟)走完了码头的长亭。)

a′. UP ALENGTH an $_B$EXTENT$_S$ that IS VERTICAL
and IS$_{LOC}$ ON, PARALLEL-TO, and COTERMINOUS-
WITH [a VERTICAL BOUNDED LINE] IN an $_B$EXTENT$_T$
UP ALENGTH ON [a VERTICAL BOUNDED LINE]
IN an $_B$EXTENT$_T$
up [a VERTICAL BOUNDED LINE] IN an $_B$EXTENT$_T$
I walked up the ladder (in 20 seconds).
(我(二十秒)爬上梯子。)

b. ALENGTH an $_B$EXTENT$_S$ that IS$_{LOC}$ INSIDE, PARALLEL-TO,
and COTERMINOUS-WITH [a BOUNDED CYLINDER]
IN an $_B$EXTENT$_T$
ALENGTH INSIDE [a BOUNDED CYLINDER] IN

an $_B$EXTENT$_T$

through [a BOUNDED CYLINDER] IN an $_B$EXTENT$_T$

I walked through the tunnel (in 30 minutes).
(我(三十分钟)穿过隧道。)

b'. UP ALENGTH an $_B$EXTENT$_S$ that IS VERTICAL and IS$_{LOC}$ INSIDE, PARALLEL-TO, and COTERMINOUS-WITH
    [a VERTICAL BOUNDED CYLINDER] IN an $_B$EXTENT$_T$
UP ALENGTH INSIDE [a VERTICAL BOUNDED CYLINDER] IN an $_B$EXTENT$_T$
up [a VERTICAL BOUNDED CYLINDER] IN an $_B$EXTENT$_T$

I crawled up the chimney (in 3 minutes).
(我(三分钟)爬上烟囱。)

c. ALENGTH an $_B$EXTENT$_S$ that IS$_{LOC}$ ON and COTERMINOUS-WITH [a BOUNDED PLANE] IN an $_B$EXTENT$_T$
ALENGTH ON [a BOUNDED PLANE] IN an $_B$EXTENT$_T$
across [a BOUNDED PLANE] IN an $_B$EXTENT$_T$

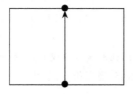

I walked across the field (in 5 minutes).
(我(五分钟)穿过田野。)

c'. UP ALENGTH an $_B$EXTENT$_S$ that IS VERTICAL and IS$_{LOC}$ ON and COTERMINOUS-WITH [a VERTICAL BOUNDED PLANE] IN an $_B$EXTENT$_T$
UP ALENGTH ON [a VERTICAL BOUNDED PLANE] IN an $_B$EXTENT$_T$
up [a VERTICAL BOUNDED PLANE] IN an $_B$EXTENT$_T$

The fly walked up the wall (in 30 seconds).

(苍蝇(三十秒)爬上墙。)

d. ALENGTH an $_B$EXTENT$_s$ that IS$_{LOC}$ RADIALLY TO-ONE-SIDE-OF [a POINT]
   and COTERMINOUS-WITH ITSELF IN an $_B$EXTENT$_T$
   ALENGTH RADIALLY TO-ONE-SIDE-OF [a POINT] IN an $_B$EXTENT$_T$
   around [a POINT] IN an $_B$EXTENT$_T$

I ran around the house (in 40 seconds).

(我(用四十秒)绕房子跑了一圈。)

注　释

1. 本章是根据 Talmy(1983)并作较大修订和扩充而成。其中附录选自 Talmy(1975b),并作了修订。在此,对 Herb Pick,Charles Fillmore,Jennifer Lowood 以及 Eileen Eastman 等人对本章初稿在内容和格式上给予的建议,表示感谢。并向 Melissa Bowerman,Charles Fillmore,Annette Herskovits,Ray Jackendoff,Paul Kay,George Lakoff,David Mark,Dan Slobin 和 David Zubin 致谢,对于他们几年来与笔者在语言和空间这个问题上的讨论表示感谢。

2. 继 Talmy(1983)之后还有许多著作对此进行了分析,包括 Levelt(1984,1996),Zubin and Svorou(1984),Herskovits(1986,1997),Langacker(1987),Brugman(1988),Vandeloise(1991)和 Regier(1992)。

3. 语言学术语"open-class"(开放类)指的是像名词词根这样的成分,其数量很多,并可以增加新成员,而"closed-class"(封闭类)指的是像动词时态屈折形式、代词、介词这样的成分,其数量相对较小,成员较为固定。

4. 其他研究空间的语言学家阐述的概念和这些概念类似,尽管不完全一致。但是,所使用的术语不同。例如,Gruber(1965)的"theme"(主题)和 Langacker 的"trajector"(射体)可与本文的"figure"(焦点)相比,而 Langacker(1979)的"landmark"(路标)同本文的"ground"(背景)对应。Fillmore(1968)的"patient"(受事)包含本文的"figure"(焦点)的概念,但比其更宽泛,但是他没有和本文一样的"ground"(背景)概念,下文将有讨论。

5. 此处所指的"虚拟运动"(virtual motion)是指 I-2 章所阐述的"虚构运动"(fictive motion)复杂系统中的一种,也就是"coextension paths"(共同延展路径)这一种。

6. 由于英语 *in*(在……里面)的语义范围不同,Lakoff and Johnson(1980)用"容器"(container)来描述这个词的字面意义和隐喻意义,这不能很好地表征这个词的语义范围,且有误导可能。例如,在阿楚格维语中,'containment'(包含)只适用于一小部分。"a surround"(围绕)能更好地表达 *in* 的语义,这样,我们就可以用"surround metaphor"(围绕隐喻)来描述 *in* 的语义。

7. 也许英语介词 *up*(上)和 *down*(下)也有这种模式。

   (i) up/down:'up/down along {a linear extent}/through {a cylinder}
   　　　　上/下:沿着{线状范围}'上/下/通过{圆柱体}'
   I climbed up the ladder.(我爬上了梯子。)/I crawled down the chimney.(我爬下烟囱。)
   [例句似乎来自:I climbed up along the ladder(我沿着梯子往上爬)/crawled down through the chimney(穿过烟囱往下爬)]

8. 鉴于英语中存在更多的表达方式,例如 on the *east side of*(在……东侧),*on this side of*(在……的这一侧)中的 *side*(旁边,侧面),这个单词的一个用法是宽泛地指称与某具体参照物相邻近的区域。相应地,(25)中的具体表达形式可以看作等同于包含 *side* 的更完整的表达形式:

   in front of=on the front side of
   (在……前面=在……前侧)
   in back of/behind=on the rear side of
   (在……的后面=在……背后)
   on the right/left=on the right/left side of
   (在……右边/左边=在……右侧/左侧)

9. *With* 和 *against* 用于交通信号,如 *I crossed the street with/against the light*(我绿灯/红灯过街),这种用法基于把交通信号灯概念化为进行发散型虚构运动(见Ⅰ-2章)。在这种概念化过程中,在行人的视野里,这种散射自红灯发出,射向绿灯,与行人的某些认知特征相互作用。

10. 我们再次强调这里所使用的"参照物"(Reference Object)与"背景"(Ground)是相对等的,并且可以互换。在本节我们倾向于使用"参照物",因为该术语可能更适合当下的表述。

11. 关于(48g)和(48h)中的例子,西班牙语中的介词 *hasta* 和 *desde* 看来是完全具有(g)和(h)中所表达的概念,即在一端有界时间内的持续运动。这样 *hasta Chicago* 的意思就是 'as far as/up to Chicago'(远至芝加哥),*hasta 3:00* 的意思就是 'until *3:00*'(直到三点钟),而 *desde Chicago* 的意思是 'from Chicago and onward'(从芝加哥继续前行),*desde 3:00* 意为 'since *3:00*'(从三点钟起)。

12. 便于交叉参考,本卷的第一部分论述了前三个图式系统。第二部分论述的是第一个图式系统(构型结构)。第三部分论述的是第三个系统(注意)。第四部分论述的是第四个系统(力动态)。

13. 这种现象可能首先是由 Harvey Pitkin 在温图语中观察到的(个人交流)。但之后 Levinson(1996b)、Peterson(1993)以及 Max Planck 心理语言学研究所的人类认知研究组成员对此进行了详细深入的研究。

14. 英语中有很多表示体态姿势的动词属于这种开放类。这些动词体现了某些包括人体在内的复杂几何物体如何进入各种各样的构型,而且在某种情形下,从空间上与更远的参照物联系在一起,如:*bow*(鞠躬),*bend*(弯腰),*crouch*(屈膝),*squat*(蹲伏),*Kneel*(*on*)

（跪），*lie (on)*（躺），*sit (on)*（坐），*stand (on)*（站），*lean (against)*（斜靠），*hang (from)*（垂吊），*huddle (together)*（蜷缩）。

15. 尽管空间域内的很多参数的功能与亲属或颜色域的参数不同，但是这个域中的一小部分还是能够展示出类似连续具体分类的模式。英语中的 *across*（穿过）和 *along*（沿着）就一起组成了一个包含两个成员的小类。该小类图式化了路径在有界平面上延伸的大多数形式。对于两个介词的选择取决于平面轴线长度的比率。

16. 应当注意的是，一个单个的物体可以被理想化为几个不同的几何图式。在 *The ball is in the box*（球在箱子里）这句话所表示的情景中，箱子被理想化为一个封闭体，而在 *The box is 20 feet away from the wall*（这个箱子离这面墙有 20 英尺）这句话所表示的情景中，这个箱子被理想化为一个点。

17. 关于(71Af)，在标准美国英语中，*into*，*onto* 以及 *off of* 后面可以不跟第二个成分，而以 *in*，*on* 和 *off* 的形式出现，但是，*out of* 不可以这样。然而，至少在某些方言中，这种情况是可能发生的，例如：*I fell out the bed*（我从床上摔了下来）。

第三部分
注　意

第4章 语言中的注意视窗开启

1 引 言

本研究运用认知语义学的视角及方法提出一种认知系统：在该系统中，语言通过对一部分连续所指场景的显化，把该部分置于注意的前景位置，而通过隐现其余部分将其置于注意的背景位置。[1] 这里所运用的认知过程可用术语**注意视窗开启**（windowing of attention）表示；经历注意视窗开启的连续所指场景称为**事件框架**（event frame），显化且置于前景位置的部分经历了**视窗开启**（windowed）过程，隐现且置于背景位置的部分则经历了**视窗闭合**（gapped）过程。针对这一主题，本章对上述内容作了一系列的讨论。本章考察五种普遍类型的事件框架：路径事件框架、因果链事件框架、循环事件框架、参与者互动事件框架以及相互关系事件框架。本章讨论的内容还包括构成和限制这些事件框架的认知因素。本章还探讨了视窗开启过程的性质，包括可进行嵌入或多项共现的能力，以及视窗开启过程在整个认知组织中所起的作用；另外本章也讨论了大量的伴随认知现象，包括注意的本质、前景化、背景化、概念可选性、认知接合、目标与图式的恒定性、因果关系的透明度、直接因果关系与间接因果关系的意义对比、概念对比框架、事实性与情感状态的系统关系，语言中的视窗开启与感知和运动控制系统中类似结构的对应关系，包括在虚拟现实实验中所表现出来的方方面面。本章还考察了口语和某些聋儿自发性手语中视窗开启的共同性质，这可验证本章所讨论的认知结构的本质。

注意视窗开启只是构成语言概念构建这一更大认知系统的一部分。从等级上讲，注意视窗开启（连同注意的层次、注意中心、注意范围以及注意网络)可以称为**注意分布**(distribution of attention),是语言中这一更大的认知结构范畴的一部分。这一范畴是一种**图式系统**(schematic system)。注意分布系统连同其他的图式系统,如构型结构、视角点位置、力动态以及认知状态等,共同构成了语言概念构建的基本特征。[2]

2 注意视窗开启的本质

语言的表达形式能够以一定的模式来引导注意在所指场景上的分布,将一个或多个最大注意**视窗**(windows)置于所指场景上,该过程可称为注意的**视窗开启**(windowing)。在该过程中,所指场景的一个或多个部分会被置于注意的前景位置,而余下的场景被置于背景位置。这些被选择的部分内部是连贯的,但与其他所选部分是分离的。表达这种认知过程的最基本的形式方法就是在句子中用词语把前景部分显化,把背景部分隐现。本书只讨论这一种手段,也是"视窗开启"这个术语的所指。[3] 尽管在视窗开启过程中,所指场景里只有某个或某些部分得以显化,但如果有恰当的语境,听话人能够推断出余下的场景,这是视窗开启的本质特征之一。一般来讲,同一所指场景可以用几种不同方式开启视窗,也就是说,我们可以对该场景选择不同的视窗开启模式。该性质是 I-3 章中所描述的基本语言性质,即**概念可选性**(conceptual alternativity)的另一种体现。接下来在对所有视窗开启范畴的讨论中都会对此进行示例说明。

下面介绍将要用到的一些术语。一个原本按序排列的所指场景,或者在概念上可以有序排列的所指场景,可以在开始、中间或结尾部分具有一个注意最强的视窗,即,在下文中这样的场景分别称为**初始**(initial)、**中间**(medial)或**终端视窗开启**(final windowing)。另一方面,这一场景也可以有某一特定部分没有开启视窗,该部分因为在句子中隐现而被置于背景位置,这里相应地称其为**初始**(initial)、**中间**(medial)和**终端视窗闭合**(final gapping)。

2.1 事件框架

为了使研究切实可行,视窗开启这个概念需要一个基础,以便在此基础上区分句子中缺失的两种成分:一种是缺失成分的所指实际上确实属于被表征的场景;另外一种是缺失成分的所指是次要的、偶发的。要具有这样的区分功能,我们需要考虑如下因素:无论出于何种原因,是部分出于先天的普遍性的原因,还是部分出于语言或文化具体性的原因,很显然,语言使用者倾向于把某些要素以及它们之间的相互关系理解为它们在整体上属于识别某种事件或事件类型的核心。由于其他原因,其他要素可能与事件也紧密相关,却被概念化为次要的或偶发因素。

当一组概念要素及其之间的相互关系同时或者相互激活时,它们处于一个事件框架之内,或者构成一个**事件框架**(event frame)。那些根本没有被激活或是稍微被激活的伴随要素居于事件框架之外。显著的事件框架包括物体的整个路径、整个因果链以及实体交换的整个过程(实体交换包括 Fillmore 所指出的"商业事件"(commercial event)中财产的互相交换)。通常不被包括进事件框架的要素有:事件发生的那一天是星期几,事件发生的地理场所,事件发生时周围空间的气温,或者事件参与者的健康状况等等。尽管这些因素和纳入事件中的因素完全一样,甚至与事件有必然联系,但它们仍然被排除在事件框架之外。

当用于事件时,这里的事件框架概念非常接近于 Fillmore(1982)提出的框架(frame)或场景(scene)的概念。但两者在关注点或基本概念方面有着诸多差异。首先,Fillmore 主要强调某些相互关联的概念要素的共存性,而我们的事件框架概念同时关注被排除在核心之外的其他概念要素。其次,Fillmore 认为框架表征某一种具体语言或一组语言具有的概念或现象,该概念或现象可能只能在某一特定的社会与文化背景下才能得以确定。我们的事件框架一般来说是一个更加普遍的范畴,该范畴极有可能在所有的语言中是普遍存在的,至少在一定程度上与诸如视觉感知等其他认知系统的结构相对应,且很可能是与生俱来的。因此,我们认为接下来要讨论的事件框架类型(即路径、因果链、循环、参与者互动以及相互关系事件框架)具有普遍性。Fillmore 的商业场景包括财产的互换,而在后续研究中我们将发现,这种商业场景可能只是构成一类普遍事件框架的某一种具体形式,该类型事件框架由实体互换构成,依照诸如互惠性或对称性这样的概括性因素被划为一类。

接下来我们需要弄清楚是否存在相对较为普遍的概念因素或认知原则来决定哪些概念内容的聚类构成了特定类型的连贯事件框架。为了达到这一目的,在接下来的分析中会陆续提出一些因素,这些因素有助于对不同类型的事件框架进行界定。这里我们先大致介绍一下要提出的这些因素。首先,在运动事件框架中,物体的整个路径可以根据在时间上划定运动相位的几个静止相位或"路径奇点"(path singularity)来界定。所谓路径奇点,是指在路径方向上或周围介质上性质的突然变化。整个路径也可以通过常规的感知范围来界定,或通过把路径复合体解析为单一路径互相嵌套的嵌入式结构来界定。整个路径还可以通过一条封闭路径的两个端点在空间上的重合来界定,或是通过相对于轴对称的两点来界定。其次,在施事性因果事件框架中,整个因果链也可能通过施事最初的意愿行为以及施事意欲达到的目的作为该行为结果的最终目标来界定,其中该行为和目标是施事意图范围的开始和终结。第三,在循环型事件框架中,整个循环一般是通过两个时间节点来界定,这两个时间点具有同一相位并且是重合关系,两个时间点被概念化为"回归"(home)相位的一部分。第四,在参与者互动型事件框架中,在一段时间内的特定情景之外的两个独立时间点事件,能够从该特定情景中划出一部分,并从概念上确认该部分为一个事件框架。最后,相互关系型事件框架可以通过其成分要素的相互蕴涵来界定;或者在只有两个成分的情况下,可以通过这两个成分要素之间的互补关系来界定;或者看二者是否可以作为不同的概念化公式并置于同一对比框架下来界定。

如果用于界定概念内容的普遍因素构成了完整连贯的事件框架,那么有哪些普遍的认知原则决定了上述因素对事件框架的界定原则?这一原则似乎说明,结构成分的作用在于确定构成事件框架的那部分概念内容的**界限**(boundary)。该界限把该部分同其他概念内容区分开来。如我们所料,这种界限,即我们所说的事件框架,应该表现出 Rosch(1978)以及 Lakoff(1987)所描述过的各种原型效应。例如,界限不是一条清晰的直线,而是一个梯度区。每个梯度区的范围和轮廓,可能会依照具体的语境或语境类型而改变,而它所包含的特定量或内容的特定部分也会随之改变。不过,在某种意义上,这个界限存在于所有相关的个例之中并且决定一些关联特征。这些特征首先包括定义特征,即圈定在界限之内的内容构成了一个与界限之外的内容迥然不同的单一连贯概念实体。其次,包括在界限之内的内容看上去似乎具有某种意义上的**连通性**(connectivity),而界限内和界限外的内容之间似乎具有某种意义上的**非连续性**(discontinuity)或**分离性**(disjuncture)。其中概念化了的连通性和分离性可能是空间、时间或者因果关系上的,或者还可能和获得信息的多少和感知状况相关。可以这么认为,如果是空间上的,那么在界限之内从任何一个点都可以畅通无阻地到达另外一点,但从界限之内的点到界限之外的点却有界限这个障碍。如果是时间上的,那么在界限之内的内容沿着一段连续的时间段延伸而没有中断,但从概念上来讲,这个内容却是截取自外界的时间段。如果是因果关系上的,那么结果能在界限之内而非界限之外得以扩展。此外,如果与信息有关,在一个点上关于某个特别现象的信息或知识可以在界限之内的其他点上得到,但是在界限之外的点却得不到。如果从感知上讲,那么从界限之内的任何一个点都可以感知界限之内的所有点,但不能感知界限之外的点,也不能从界限之外的点来感知界限内的点,这就是感知的连通性和分离性。第三,界限之内的内容各个部分**彼此相关(corelevant)**,而界限之外的内容同界限之内的内容没有关联。这种意义上的关联性或许比不同形式的连通性更重要,例如在商业情景当中,我们仅仅把那些在商品和货币交换行为发生的时间段内的参与者从周围的时空截取出来,汇集到一起形成事件框架。

2.2 事件框架与补语结构

毫无疑问,除了纯粹形式证据之外,对于什么在概念事件框架之内和什么在概念框架之外这样的问题激发了句法学家将"补语"(complements)和"附加语"(adjuncts)加以区分。将事件框架明确作为语言实体为详细描述补语结构理论打下了基础。没有前者的铺垫,后者是不可能的。目前这一理论认为,一个表征语义论元的词项有两种补语:一个是强制性的补语,该补语必须伴随该词项出现;另一个是选择性的补语,它可以出现,也可以不出现。在这两个类型的补语的基础之上,我们还可以再增加第三个类型,**受阻性补语(blocked complement)**,即一个谓词有一个相关联的论元,而这个论元不能通过与某个具体词项的搭配关系表现出来。[4] 用我们的术语来讲,这样的论元会被认为是某个具体概念上连贯的事件框架的固有部分,该论元可与指称这个事件框架的其他词项进行搭配,但是不能跟该词项搭配。这些关系会在接下来的图表中得以阐释。在图中,大的矩形代表一个具体的事件框架。在矩形内,实线正方形代表强制性的补语,虚线正方形代表选择性补语,用 X 标画出的正方形代表受阻性补语。在矩形之外,虚线正方形代表选择性附加语。

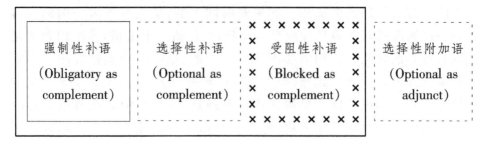

事件框架

所有这三种补语类型,连同附加语,都可以用 spend(花费)这个动词来说明。这个词能够激活 Fillmore 提到的商业情景,包括卖者、买者、货物和货币等论元。(1)中句子的斜体部分为动词的强制性补语,即买者做主语、货币为宾语;用圆括号指明选择性的补语,货物充当介词宾语;用方括号指明受阻性补语,即充当潜在间接成分的卖者;用大括号指明两个选择性的附加语,分别指时间和地点。

(1) *I* spent *$50* (for/on this book)[* from/by/to/for/... the clerk]{at that store}{last Friday}.
   (我{上星期五}{在那家书店}[* 从那个店员那里/被那个店员/给那个店员/为那个店员……]为这本书/在这本书上花了50美元。)

为了阐释哪些补语可能受阻,我们可以考虑力动态机制下的事件框架(见 I-7 章)。该事件框架必须包含一个抗力体(Antagonist)和一个主力体(Agonist),这两者处于或者可能处于作用力与反作用力的关系之中。动词 permit(允许)表示这样的事件框架并且要求用补语来表达这两个作用力的实体,如(2a)所示,抗力体来充当主语,主力体来做直接宾语。但是,在力动态的用法中,英语中的情态动词通常阻断抗力体的表达,并且仅仅要求主力体来做主语。这一点可以在例句(2b)中得以证实。句中的情态动词 may(可以)表示和 permit(允许)相同类型的力动态事件框架。

(2) a. I permit you to go to the park.
       (我允许你去公园。)
   b. You may go to the park (* by/from/... me).
       (你可以去公园(* 被/从/……我)。)

力动态事件框架还可以为受阻补语形式的扩展形式充当事件框架。在其中的一种力动态结构中,动词 require(要求)正和 permit(允许)一样，指一种具体类型的力动态事件框架，并要求指称两个作用力实体做补语，见(3a)，抗力体做主语，主力体做直接宾语。情态动词 *must*（必须）指称的是和 *require*（要求）相同类型的力动态事件框架，可以用于刚才提到的这种情况下的情态动词结构，如(3b)所示的阻断抗力体的语言表达，并且要求主力体来做主语。但是大多数情态动词能够用于其他的结构，这一点在 I-7 章中的"主力体降格"（Agonist demotion）中有所描述，该章讨论了补语受阻的特例。情态动词阻断了表示抗力体和主力体的补语。也就是说，如(3c)中 *must*（必须）所示，它阻断了力动态事件框架的整个实质核心。

(3) a. I require that you let the cookies stay in the jar.
   （我要求你把/让这些小点心留在罐子里。）
   b. You must let the cookies stay in the jar (*by/from... me).
   （你必须把这些小点心放在坛子里面(*被/从……我)。）
   c. The cookies must stay in the jar (*by/from/... you, *by/from/... me).
   （这些小点心必须放在坛子里面(*被/从……你,*被/从/……我)。）

在从理论上析清该问题时，我们注意到，关于词项的补语结构的一种观点认为，如果词项的语义结构得以充分的分析，那么补语结构，包括其必要条件、容差和排除的情况，是与该词项的语义结构完全吻合的。按照这个观点，既然词项的语义都有相应的句法表达，那么就不存在受阻的补语这种说法。例如，关于句子 *I spent $50 and 100 hours of my time on that ham radio kit*（我花了 50 美元，花费 100 个小时在这个无线电工具箱上），持此观点的人可能会说动词 *spend* 并没有真正涉及卖方这个概念，而是表示一个更普遍的框架，但是这个框架是比一个完整的交易情景更小的框架，即施事者来支配所掌控的资源以达到所希望的目标，所以动词的补语结构排除了卖方也不足为奇。但是仔细研究表明，不同于其他的东西，当 *spend* 用来指称金钱的支出时，这笔钱事实上就必须得归属于一个跟该施事者进行标准商业交易的卖方。例如，在以上例句中，如果那 50 美元没有交给卖方来换取工具箱，比如说，而是被当作纸张点燃而去融化焊料，动词 *spend* 是根本不会被使用的；又如，如果为了交换面具，将钱交给了部落的土著人，而这些土著人想得到钱只是相中了其审美价值或是出于好奇心，而不是作为我们标准的商业交易的一部分（如 Kean Kaufmann

所论及的),那么我们便不能说 * I spent $50 on their ritual mask(* 我花了 50 美元来买他们的仪式面具)。因此,动词 spend 用于金钱的时候,仍然要求一位已知的卖方的参与,即使这个参与者不能通过这个动词的补语来得以表达。[5] 据此,我们可以持相反的观点,即虽然大体上形式句法结构系统和语义结构系统之间有很大的一致性,然而这两个系统各自都在一定程度上拥有它们自己独立的构建模式和原则。第一个原因可能是事件框架的语义结构派生自或就是由我们的概念结构构成,而这种结构可能是人类与生俱来或普遍存在的,而语言中具体词汇形式的句法补语结构,要么直接反映了那种语义结构,要么在一定程度上以一种固化了的语法化形式与那种语义结构相偏离。

接下来我们依次研究几种不同类型的事件框架,并分析这些事件框架下的注意视窗开启的模式。

3 路径视窗的开启

我们要考虑的第一种类型的事件框架是整个运动路径,称为**路径事件框架**(**path event frame**)。与此相关的视窗开启过程可以称之为**路径视窗开启**(**path windowing**)。有三种不同的路径类别与此视窗开启过程相关,分别为开放路径(open paths)、封闭路径(closed paths)和虚构路径(fictive paths)。这些范畴体现了认知接合(cognitive splicing)的认知过程。接下来我们将依次讨论这三种类别。

3.1 开放路径

开放路径(*open path*)是指在一定的时间段之内,一个做物理运动的物体所形成的路径,该路径被概念化为一个有始有终的完整个体,其起点和终点位于空间里不同的位置。例(4)展现了开放路径的视窗开启。例(4)中的句子属于特定的单一开放路径类型,同时被赋予了多种视窗开启和闭合模式。(4a)以最全的视窗开启模式展现了概念上完整的路径;(4b)在一部分路径之上展现了三种形式的视窗闭合;而(4c)在一部分路径之上展现了三种形式的视窗开启。[6] 相对于视窗开启部分而言,视窗闭合部分有意被置于注意背景位置。但是如果有充分的语境,听者可以重建(4b)和(4c)中的被部分闭合的路径,并构成一条同样完整的路径概念。

(4) The crate that was in the aircraft's cargo bay fell —
(飞机货舱里的箱子掉落——)

a. **视窗在整条路径之上进行最大开启**

—out of the plane through the air into the ocean.
（——出飞机,穿过空中,落入大海。）

b. **视窗在一部分路径之上闭合**

i. Medial gapping＝initial＋final windowing
（中间视窗闭合＝初始＋终端窗开启）
—out of the plane into the ocean.
（——出飞机,落入大海。）

ii. Initial gapping＝medial＋final windowing
（初始视窗闭合＝中间＋终端视窗开启）
—through the air into the ocean.
（——穿过空中,落入大海。）

iii. Final gapping＝initial＋medial windowing
（终端视窗闭合＝初始＋中间视窗开启）
—out of the airplane through the air.
（——出飞机,穿过空中。）

c. **视窗在一部分路径之上开启**

i. Initial windowing＝medial＋final gapping
（初始视窗开启＝中间＋终端视窗闭合）
—out of the airplane.
（——出飞机。）

ii. Medial windowing＝initial＋final gapping
（中间视窗开启＝初始＋终端视窗闭合）
—through the air.
（——穿过空中。）

iii. Final windowing＝initial＋medial gapping
（终端视窗开启＝初始＋中间视窗闭合）
—into the ocean.
（——落入大海。）

我们可以提出一些在这一推定的认知过程中起作用的因素。正是通过这一认知过程,开放路径被概念化为事件框架,即作为单一的事件同周围的时、空或其他的定性维度区别开来。其中的一个因素可能是**感知范围**(scope of perception),我们可以将感知范围想象成标准地或者规范地存在于所指场景中。例如,在生成或解释前面所示的例句时,说话人或者听话者大概在意象上已经将他们自己的视角点定位于介于飞机和海洋之间的一个典型的位置上,由此箱子从飞机到海洋的路径就处于已存在的感知范围之内,并且被当作一个整体。因为从这样一个视角点出发,这个箱子无论是初始在货物舱里,还是在接下来从水面到海底的运动中,都是不可见的。那么像这些额外的运动路径就将在本节提出的感知范围因素的作用下被排除于事件框架之外。

另外一种可能的认知因素可以把一系列具有相同性质特征的现象组织到一起,并将其与相邻系列具有不同性质的现象区分开来。该因素的一种形式是关于静止的时间段,它能将一段静止的时间和一段运动的时间看作性质不同的区间而将它们区分开来。因此,两段静止之间的一段连续运动会在认知上被赋予单元实体的属性。也许这种形式在其他场合比较常见,但它在前面飞机的例子中不会起作用。因为飞机中的箱子无论是在句子所描述的那条路径之前还是之后,都在运动。

然而,性质差异因素可能有其他形式,这些形式或许可以适用于上例。其中一种可能形式是用路径方向的急剧转变来标记两条具有不同性质的路径之间的区别和标记路径视角突然发生转变的界限。该因素中的**路径奇点**(path singularity)形式能在飞机的例子中起作用,因为它能标出箱子落下的起点。还有一种定性因素用来标识路径周围的空间在特征上的任何急剧转变,例如周围介质的改变。这种形式在上例中能适用于箱子从空气到水中的路径过程,同时是运动的前一相位的终点。

如果一个路径复合体包含必要特征且发生了质变,则需在概念上重新将路径解析为一个嵌套式的结构。该结构是在较大的路径中嵌入一个不同的较小路径,而较大路径充当背景参照框架。因此,尽管上例中箱子的路径是由水平线段及其后的下降抛物线组成的复合路径,但是,当听到这个例句时我们很可能会重构这一运动场景。在概念重构中,一条显著的笔直往下的垂直路径被抽象出来,与箱子垂直下坠之前的和飞机抛下箱子之后所保持的向前水平的路径截然不同。在这样一个概念上嵌套的复合路径结构中,较简单的那部分是由标志质的转变的奇点划分出来的。

3.2 封闭路径

第二种路径,这里称为**封闭路径**(closed path),所描述的实体与前一节开放路径的实体相同。不同的是，封闭路径的起点和终点在空间上恰巧重合，于是该路径形成了一个回路。如果该起点兼终点被看作是位于运动路径之外，并在该事件框架之外，那么事件的初始、中间和结尾部分将被看作是路径的**出发**（**departure**）、**离开**（**away**）和**返回**（**return**）部分。

前一节提到的划分事件框架的各认知因素可用于界定封闭路径，其中关于静止时间段的因素起的作用最大。此外，还有另外一种认知因素可能影响封闭路径的界定，即空间上的重合，也就是事实上路径的两点占据了空间上的同一位置。这使得人们在概念中把从该点延伸出去并回到该点的路径看作是一个统一的实体。在下面的相位视窗开启循环中，我们还会讨论这种封闭路径类型。

例(5)展示了这种封闭路径类型。在有语境的情况下，(5a)中的整个事件能被(5b)中的任一视窗开启的可能形式有效地激发；从根本上讲，除了单独初始相位的视窗开启之外，所有可能性都存在。再者，视窗开启的部分置于注意的前景位置，而视窗闭合部分置于注意的背景位置。

(5) a. ［I need the milk.］
（我需要牛奶。）
(1) Go (2) get it out of the refrigerator (3) (and) bring it here.
（(1) 去(2)把它从冰箱里取出(3)（然后）拿到这里来。）

b. 整个事件可以表达为：

 i. 2：Get it out of the refrigerator. ［中间视窗开启］
  （把它从冰箱里取出。）

 ii. 3：Bring it here. ［终端视窗开启］
  （拿到这里来。）

 iii. 1+2：Go get it out of the refrigerator. ［终端视窗闭合］
  （去把它从冰箱里取出。）

 iv. 2+3：Get it out of the refrigerator and bring it here.
                  ［初始视窗闭合］
  （把它从冰箱里取出并拿到这里来。）

 v. 1+3：Go bring it here. ［中间视窗闭合］
  （去拿到这里来。）

vi. 1+2+3：Go get it out of the refrigerator and bring it here.

[**整体视窗开启**]

（去把它从冰箱里取出并拿到这里来。）

3.3 虚构路径

一个静止的空间构型常常能被概念化为另一种形式，从而得到"概念序列化"（conceptually sequentialized），并且它还包括一条"虚构运动"（fictive motion）的路径（如 I-1 和 I-2 章所讨论）。一种类型的**虚构路径**（**fictive path**）是人的注意焦点在一个情景上的移动"轨迹"（trajectory）。当一个句子的语言结构能引导听众的注意经历上述那种轨迹时，对于虚构路径的指称就如同对实际运动路径一样，遵循同样的视窗开启模式。

英语中"X BE across Y from Z"构式能够引导我们的注意焦点按这种方式沿着一条空间路径运动。这一构式与"X BE between Y and Z"构式相似，它们都具体表示一个包括两个参照点（背景物体 Y 和 Z）的复杂空间图式。但是，"between"构式要用静止的远处视角点以及把空间图式当作整体的全局注意模式。而"across from"构式则具体要求运动的近处视角点和一个把图式成分顺序排列的局部注意模式。具体来说，这一构式引导我们的注意焦点描述一条从 Z 点开始、穿越 Y、最后在 X 点结束的路径。因此，这一构式描述了一个与开放路径相当的虚构路径。（6）中用这一构式来说明两种不同的所指情景，分别出现在整体视窗开启、中间视窗闭合和初始视窗闭合中。

(6) a. **整体视窗开启**

  i. My bike is across the street from the bakery.
   （我的自行车在面包店的马路对面。）
  ii. Jane sat across the table from John.
   （简坐在约翰的桌子对面。）

 b. **中间视窗闭合**

  i. My bike is across from the bakery.
   （我的自行车在面包店对面。）
  ii. Jane sat across from John.
   （简在约翰对面坐着。）

c. 初始视窗闭合
   i. My bike is across the street.
      (我的自行车在马路对面。)
   ii. Jane sat across the table.
      (简在桌子对面坐着。)

在(b)中,由于省略了构式中的 Y 成分,空间复合体在中间视窗闭合。这里,视窗闭合的部分置于注意的背景位置,我们通常通过上下文或通过惯例来推导它的存在。然而,断续的视窗开启部分,即焦点物和"起始背景物"(initial Ground)在概念上相互邻接(详细论述见下一节)。在(c)中由于省略了整个"from Z"成分,空间复合体闭合了初始视窗。同样在这种情况下,起始参照点被置于注意的背景位置,因为它的特征可由上下文或惯例提供。为了详细说明这一观点,我举这样一个例子:*The injured cow is across the field*(受伤的奶牛在田地对面)。隐含的起始点通常是:(1)前文已经指称过的位置(例如,我说拖拉机抛锚的地方的对面);(2)当前的指称中心(如我们现在站的地方);或者(3)常规的位置(如马路上唯一的加油站对面)。

再者,先前在讨论物理运动的开放路径时,提出了界定一个事件框架的一些认知因素。这些认知因素可用于界定虚构开放路径。然而,在 *across from*(在……对面)图式和某些其他的虚构路径类型中,也许还有一种双边对称因素也可以参与界定。这时候,界定事件框架的 X 和 Z 两个成分,在某一方面可以被认为是代表了关于一个轴对称的对应点。当两个成分具有相反的几何图形时(例如,具有指向不同方向的两点,因此呈面对面的位置关系),该因素似乎表现得更为明显。这一点我们能从 *Jane sat across from John*(简在约翰对面坐着)或 *The couch was located opposite the armchair*(长沙发在扶手椅对面)所表征的情景中推导出来。但是,即使是在 *My bike is across the street from the bakery*(我的自行车在面包店的马路对面)这个句子所表征的场景中,从某种意义上来讲,自行车和面包房可以被看作是处于一条路径两端的双边对称的"书挡"。该两点位于几何带状的两端。

3.4 概念接合

要讨论对于中间路径部分的注意背景化,我们可以考虑上面所有路径开启视窗的中间视窗闭合形式:即 *The crate fell out of the plane into the ocean*（箱子从飞机上掉到了海里），*Go bring the milk here*（去把牛奶拿到这里来），*My bike is across from the bakery*（我的自行车在面包店的对面）以及 *Jane sat across from John*（简在约翰对面坐着）。对这些极类似的例子而言，在一些听者的认知表征里，路径的中间部分也许在有意识的概念化中被缩减到了最小状态，以至于不连贯的初始相位和终端相位都会看起来是紧挨着甚至是不间断地发生。这一认知现象可以称作**概念接合**（conceptual splicing），它也许是一个特别重要的认知过程。下一节将展示概念接合的其他形式，并探讨其伴随产生的认知现象。

4 因果链视窗开启

基于其他视角且在其他认知系统里被称为"因果连续体"（causal continuum）的在大多语言系统的概念组织中，毫无疑问，也在其他认知系统的概念组织中，通常被典型地概念化为一系列互相连接的"事件"（events）或"子事件"（subevents），即设想成把这个因果连续体分割成相对独立的数据包，其中因果性的语义只和每个"子事件"和与其相连的后续事件之间的界限有关。[7]

因果链构成另一种类型的续发事件框架，即**因果链事件框架**（causal-chain event frame）。因果链事件框架呈现出的注意视窗开启也因此被称作**因果链视窗开启**（causal-chain windowing）。如果按照对大部分语言结构以及其他认知结构的分析方式，因果链可以理解为由一个具有意图的施事者发起，通过一系列子事件展开，这些子事件的特点和图式参见（7）（见 I-8 章）中的图式描述。认知施事者首先希望一个具体事件发生，并且该事件是她的行为导致的。这个施事者随之发出一个意志行为。当施事期望的结果属于身体范围时，该意愿行为子事件将引起某一部分或整个身体的运动。如果导致的身体运动本身不是最后预期的结果，那么身体运动这个子事件又将引起第二个身体子事件。

到目前为止，我们能够区分三个层面上的启动事件（initiation）：施事者最初的意图的产生可被视为引发整个过程复合体的事件，包括它对目标的确认以及实施目标的步骤；意愿行为可被视为引发整个因果系列子事件的子事件；身体运动可被看作引发这个因果序列的物理部分的子事件。

身体运动的子事件可能会使中间相互链接的因果子事件形成因果

链。在身体运动子事件或中间链的最后一个子事件之后,接下来会出现倒数第二的子事件。该倒数第二的子事件又构成最后结果的直接原因。最后,这些先前子事件其中之一引发的最后结果子事件,即施事者意图范围中的最初目标。

(7) 物理因果链的语义成分(含有初始意图的施事者)
施事者的意图范围

[────────────→]
[1]→[2]→[3]→[4]→[5]
因果链子事件的顺序

[1]:激发身体运动的施事者的意愿行为
[2]:激发物理因果链的施事者(部分或整个)身体运动
[3]:中间的因果链子事件
[4]:倒数第二的子事件＝最终结果的直接原因
[5]:最终的结果子事件＝意图范围内施事者的预定目标
注意:a. [3]可以空缺
　　　b. [3]可以空缺并且[2]和[4]可以重合
　　　c. [3]和[4]可以空缺并且[2]和[5]可以重合

至于划分因果链事件框架类型的认知因素,在当前这种包括最初的施事者的类型中,界定的直接决定因素是施事者的意图范围。更具体地说,事件框架由发生的或投射的因果子事件组成,以施事者的意愿行为开始,以施事者的目标结束。这些都包括在施事者所假定的、源自或声称的意图范围内。

4.1　施事者＋结果(＋直接原因)的非连续视窗开启

在我们熟悉的大多数语言中,提及因果链表达式的特点或结构,值得我们注意的是序列的整个中间部分为视窗闭合,只有在最初的施事者和最后的结果子事件上有不连贯的视窗开启。例如,像 *I broke the window*(我打破了窗户玻璃)这样一个标准的英语致使结构,仅仅表明了引发事件的施事者"I"(我)和最后子事件"the window broke"(窗户破了)。这个致使结构表明前者有这个意图,并完成了这个行为,且导致了后者的发生。但是,这个句子没有表明施事者采取什么样的身体运动来实现这个意图,例如"我弯腰""伸手去抓地上的石头""直起身子""用手拿起石头"

"抓住石头的同时挥动手臂""然后松开石头""把它往前用力一扔"。这个句子也没有表明可能有什么中途介入的相关因果子事件。例如，石头穿过空中，随后和窗户玻璃接触。它也没有表明最后结果的直接原因可能是什么，例如，石头猛烈撞击窗户玻璃。

从跨语言角度上讲，在因果链中间通常被视窗闭合的成分里，还有一个经常使用的表达方式是因果链的倒数第二个子事件，即最后预期结果的直接原因。英语中，这个倒数第二的子事件常用 by 从句表达。就像下面这个情景：我有意拿起、挥舞、推动一块石头，让它划过空中、飞向窗户，然后砸破窗户玻璃。这个情景可以用 I broke the window by hitting it with a rock（我用石头砸玻璃的方法打破了窗户）这个句子来表示，如(8g)所示。然而，这个 by 从句没有包括整个因果链中其他子事件，也就是没包括从有意识的身体行为到倒数第三个子事件以及之前的行为。(8a)到(8e)表达的不可接受性可以表明这一点。对许多说话者来说，即使像(8f)中那样的 by 从句也是不可接受的。如果有些说话者接受该句，则是因为他们觉得 by 从句涵盖了倒数第二个子事件的语义，而在这个子事件中，石头确实砸到了窗户。[8]

(8) **英语中表示倒数第二个子事件的 by 从句**

I broke the window
（我打破了窗户
- a. * by grasping a rock with my hand.
  通过用手抓起石头。）
- b. * by lifting a rock with my hand.
  通过用手举起石头。）
- c. * by swinging a rock with my arm.
  通过用手臂挥动石头。）
- d. * by propelling a rock through the air.
  通过推动石头穿过空中。）
- e. * by throwing a rock toward it.
  通过向它扔石头。）
- f. ? by throwing a rock at it.
  通过朝它扔石头。）
- g. by hitting it with a rock.
  通过用石头砸它。）

倒数第二个子事件在因果链中的重要性有据可依：在一些语言的典型或者规范的致使结构中，该事件必须出现。在阿楚格维语中，一个动词词根在大部分情况下要求带一个表明倒数第二个子事件的前缀。该前缀选自表达倒数第二个子事件的大至二十多个前缀（见 Talmy（1972）及 II-1 和 II-2 章）。例如，想象如下情景：我用双手生起一堆火，用这堆火来烧毁了一座房子。为了表达这个情景，我可以使用动词词根 -miq-'（使）一个建筑物失去它的结构完整性'和工具前缀 mu:-'通过热/火［作用于受事］'。但是，我不能把这个动词词根 -miq 和工具前缀 ci-'通过用某人的手操纵［受事］'连用。原因是前一个前缀是指受限制的倒数第二个子事件，而后一个前缀是指发生在它之前的子事件。

同样地，在典型的英语动词＋卫星语构式中，卫星语表示最后的结果事件，而动词表达的是之前的一个因果子事件。这个因果子事件又必须是倒数第二的子事件，而不是在此之前的任何事件（见 II-3 章）。因此，如果我抓起一个杆子，然后用它来撬掉一个盒子的盖来打开盒子，我可以用 *I levered the box open*（我撬开了盒子）来表达这个因果序列，但不能用 **I grasped the box open*（*我抓开了盒子）。同理，在前面的火烧房子场景中，我点起一堆火，于是一所房子因这堆火而着火了，然后房子继续在火焰中被焚毁，直到被完全破坏。该场景能用 *I burned the house down*（我把房子烧光了）这个句子来表达，但不能用如 **I lit/kindled the house down*（*我把房子点坏了）这样的句子表达，因为该句的动词表示倒数第二个子事件之前的因果子事件。

4.2 带有间接认知施事者的因果链视窗开启

施事者发起活动之后，随后的因果链可以包括其他的认知实体，这些认知实体的施事性对于最后结果的产生是非常必要的（见 I-6 章）。然而，如果表达这些间接施事者的内容被视窗闭合，这些施事者的意图、意愿行为和影响置于注意的背景位置并且在概念上被忽视。因此，在因果链中呈现"显而易见"（transparent）状态。也就是说，我们对于因果连续性的概念化是直接贯穿这样的一些施事者，而不是在每个施事者那里停留，由于意图和意愿的改变而重新概念化。例如，*I'm going to clean my suit at the dry-cleaning store on the corner*（我要去拐角处的干洗店洗西装）就可以体现这种效果。这个句子没有提到做"洗衣服"这件事的清洗者。而且，过程中被忽视的涉及内容的数量可能很大，如（9a）所示，尽管该句中经历了一个群体几十年的行为,但却被忽略掉,这个句子仍然能够以发起者和最后结果的角度进行概念化。

(9) a. The Pharaoh built a pyramid for himself/ * him.
(法老为自己/ * 他建了一座金字塔。)

b. The Pharaoh had a pyramid built for himself/him.
(法老叫人为自己/他建了一座金字塔。)

c. The Pharaoh had his subjects build a pyramid for * himself/him.
(法老叫自己的臣民为 * 自己/他建了一座金字塔。)

这个例子进一步让我们注意到:尽管通常仅从纯形式的角度研究,英语中反身代词,其句法实际上与概念化的现实性相对应。为此,我们注意到(9a)只对发起者和最后结果开启视窗,中间的因素几乎没有引起注意。因此,(9a)的形式要求反身代词回指发起者,而非反身代词因不能回指而不被接受。然而,(9b)这种构式却允许使用反身代词或非反身代词,因为该句"have+-EN"构式对间接施事者开启了视窗,但却没有对它的身份开启视窗。另外,(9c)的形式要求用非反身代词,不能用反身代词,因为这种结构明确表达一个已被认知的间接施事者。

在这一系列形式中,我们能分辨出三个不同的语言系统,即句法、语义和概念结构中渐变体的存在以及这些渐变体的相互关系。在句法方面有一个双重的渐变体,它包括一个不断加长的动词复合体和一个强制的—非强制的轴上的转变。具体来看,渐变体经过上面的例(9)表达的各相位:从(9a)中要求反身代词的简单动词"V"(*build*);经过(9b)中允许反身代词或非反身代词的"*have*-EN+V"形式,到(9c)中要求非反身代词的"*have*+NP+V"复合结构。

句法渐变体和指称语义学中的渐变体相关,后者包括对间接施事者的具体描述。其范围包括(9a)中的空指称,(9b)中显示施事者的存在而没有指明它的实体,以及(9c)中明确指明施事者的存在及实体。

此外,与上述句法渐变体及语义渐变体相关的,还有一个双重特征的注意及概念渐变体。在这个从(9a)到(9c)的渐变体中,对间接施事者的注意逐渐增强(不同于前面渐变体中讨论的有关间接施事者的提及和确认)。此外,在发起人和最后结果之间关系的概念化方面存在一个质的转变,而最终结果包含了从(9a)中的直接因果(这是另一种认知接合效应)到(9c)中的间接因果。

我们认为这里的词汇语义"逻辑"（logic）为：反身代词形式表示一个实体的两个指称之间有一种更直接的联系，因此与（9a）对应，即发起者与结果概念关系更近。而非反身代词形式表示一个实体的两个指称之间关系稍远，因此与（9c）对应，发起者和最后结果之间的因果距离更大。

中间的句子（9b）充分说明语义作用比句法作用更具有决定性。因为尽管有充分的句法原因解释为什么（9a）中必须用反身代词以及为什么（9c）中必须用非反身代词，然而没有很清楚的、非权宜的句法原因来解释为什么（9b）中可以自由使用反身代词或非反身代词。然而，从间接认知因素的认知显著性渐变体的角度看，这种语义概念上的解释的确非常符合显性语言功能。[9]

4.3　因果视窗开启和闭合的认知基础

在认知方面值得注意的是，在因果序列中常见的中间视窗闭合中，其中间部分在人的注意场里在很大程度上被消减，甚至有时在前面所提到的概念接合认知过程中，似乎会从注意场里完全消失。语言结构具有自己的因果视窗开启和视窗闭合模式，该模式似乎反映了以下认知构建：一个有意识的施事者期望产生某种具体状态或使某个事件发生，并且状态或事件的实际发生通常被概念化为一个合并的整体，且一同置于注意的前景位置，中间相位则很少或不会获得关注。这种概念组织形式似乎与人类的一种早期就反复出现的经历相匹配。在这种经历中，意图及意图的实现在意识中是无缝连接的，而中间行动和事件则很少出现在意识中。如果我们考虑这些行动和事件，则会想当然地认为它们是身体的自主运动和可预见的身体事件。[10]

我们可以认为，这种注意认知结构所具有的选择优势是生物进化的结果。也就是说，相关类型的认知，在功能上是固定且恒定的，同时在必要情况下可允许有一定可塑性的其他形式的出现。这里恒定性就是使实现某具体情景的意图和确保这种情景通过必要的活动得以实现之间相一致。因为实现某一目标的条件会有很大不同，认知组织必须在对这种必要活动的决定和安排上保持可塑性。

这种变量有两种主要类型。首先，由于个体发育或环境的影响包括身体受损，任何个别有机体的物理和功能构成会发生改变。其次，一个有机体环境（包括物理环境和社会环境）的特点在他的生命周期内会发生改变，或者会随着有机体出生的环境而改变。因此，这里假定起作用的认知过程,其整体功能将总会保持一个目标图式,并且在身体和环境的多样性及变化中通过各种恰当的方式实现这一目标。

为了举例说明这些观点,我们不妨把向前移动并规避障碍物的意图看作是一个普遍认知恒量。由于个体发育引起体质发生改变,当一个人从婴儿长到成年人时,他将用双足行走代替四肢爬行,从而实现向前运动的意图。这就是从个体发育方面改变了前行方式,同时还保持了目标图式不变。至于因外力导致体质上有变化的个体,例如失去一条腿、用三肢爬行的婴儿或者拄着拐杖行走的成人,他们会使用一种新的运动模式,规避障碍物的同时,仍然是为了实现向前运动的目的。为了说明环境变化影响,我们假设一个人学会了开车,他不必再用双腿移动,而只需轻轻地把右脚踏在踏板上来实现相同的向前运动的目的。他不用通过肩膀的宽度,而是通过汽车的挡板的宽度来判断侧面空隙,从而躲避障碍物。

为了保持目标图式的恒定,可塑性实施程度显然是巨大的。这一点有相关证据可以证明,例如,人类学习向前移动的能力。人类可以通过一系列不同的方式来实现向前移动:四肢爬行,拄着拐杖前行,开车,水中游泳或者在太空舱中微小重力下前进。在所有这些情况下,主要的注意视窗保持恒定。它只包括预定的目标及其实现。而且一旦熟练,人类很少甚至不需要注意来关注这一目标所需的特定物理方式和运动模式。与这种注意限制同时产生的是一种认知体验,即为了实现目标,通过各种物理方式保持或延续"身体的感知"(sense of bady)的体验。或者,从动态的角度来看,为了实现目标,将身体感知作为基准投射到多种不同方式的体验中。这种现象很明显,例如,司机对他的车可能倾注了这样的体验特征:车是他身体部分的延伸,甚至是他身体的组成部分。另外,遥控机器人装置(例如机械臂)的操纵者经常会有亲临末端地点的体验。这种现象被称作"远程呈现"(telepresence)。

还需注意的是,被忽略的中间因果现象范围实际上可能不只包括初始施事者的身体和机械延伸部分的作用,还包括其他有意识的施事者自主的认知和身体方面的作用。前面一节已经讨论了这种扩展的可塑性的语言证据。同理,在上文向前移动的概念例子中,比如一个坐车进城的人,会从意图及意图的实现两方面感受进城的经历。这其中,他很少或不会关注自己依赖司机运送他完成一段路程的事实。很明显,我们关于执行可塑性的认知体系能够包括对其他施事者行为的利用。这些也有利于意图及其意图实现的认知恒定体系。

前文了解了我们熟悉的关于动觉控制和身体确定方面的可塑性的例子之后,我们看到,基于电脑的"虚拟现实"(virtual reality)能够成功地将个体置于不常见的感知和动觉控制环境中,就不足为怪了。虚拟现实性只是对长期存在的各方面的可塑性进行了拓展运用。如果有什么不足的话,那就是虚拟现实性还不能实现具有可塑性的日常行为,例如,我们控制除自己身体和身体直接延伸部分之外的其他施事行为的能力。相反,虚拟现实性技术最有意义的地方在于确定对人类可塑性的限制及人类可塑性的不足。例如,在虚拟现实性系统中测试受试是否可以适应以下环境:主体移动得越慢,场景变化得越快,反之亦然;或者,施加的压力越小,场景中的物体表现得越强烈,相反亦然。另外,受试能否学会和现实场景中的章鱼一样,同时用八个肢体做不同的运动?

上文列出的观点和证据说明,除具有执行可塑性的认知系统之外,负责保持意图及其实现的某些抽象图式不变的意图恒定性认知系统在进化中也具有选择优势。认知语言学提出,语言结构和非语言认知系统的结构之间具有紧密一致性。具体到此处,我们的论点为:施事性因果链在语言结构中经常开启视窗的那部分和认知系统的意图+实现的恒定性相一致;通常视窗闭合的内容和在认知过程中具有可塑性的认知系统相一致。

5 相位视窗开启

另一种事件框架类型由循环重复发生的事件组成,这里我们称之为**循环事件框架**(cycle event frame)。表达此类事件的句子能够引导我们把最强的注意视窗放在重复循环的某一相位上。这一认知过程称作**相位视窗开启**(phase windowing)。重复循环的整个事件是按照顺序发生的,但在指称上可能没有清晰的初始、中间和终端部分。但是,当一个循环周期被分离出来时,它通常具有序列事件所具有的初始、中间和终端部分。而且,尽管这一序列反复发生,并且在两个周期之间具有暂停状态,我们认为它具有**初始**(initial)、**中间**(medial)和**终端相位**(final phase),以及发生在最后相位之后、初始相位之前的**基础相位**(base phase)。当整个事件为运动事件,并且在一个周期内构成3.2节中提到的封闭路径时,先前区分的封闭路径的各部分现在分别变成"出发相位"(departure phase)、"离开相位"(away phase)和"返回相位"(return phase)。基础相位则被称为**初始相位**(home phase),并处于封闭圈的空间汇合点上。

和前面的情形不同,与循环事件相关的概念事件框架具有层级结构。该结构不是一个跨越整个事件的大框架,而只是覆盖一个循环的框架。但是此循环的连续重复在这个小框架内相互叠加。因此,就在认知上定义一个事件框架的因素而言,在此我们可以再提出一个因素:事件片断重复发生时部分与部分之间的相互叠合,这是片断之间直接映射的一个特点。这一因素能在认知上划定发生事件的一个部分。该部分是一个片断,因而也就能被概念化为一个单位事件。这里,与事件的两个叠合时间长度具有相同相位关系的任意两个时间点,就能构成一个循环的界限。尤其当这一类点处于事件的"基础"或"初始"相位时,它们界定了一个典型的循环。

为了说明重复发生的封闭路径的循环,请看例(10)。只要有一个充分限定的上下文,(10)中的所有句子都能看作相同的循环事件框架。在这里,初始相位是钢笔在桌子上,出发相位是钢笔从桌上掉到地上,离开相位是钢笔在地上,返回相位是我从地上捡起这支钢笔并把它放回桌上。然而,(10)中的三个句子的注意视窗开启有所不同,(10a)把最大的注意视窗放到这一周期的出发相位(或者更准确地说,只到出发相位的早期,即由钢笔从桌上掉下来,而不包括钢笔掉到地上),循环的其余部分置于注意背景。(10b)将视窗开启置于返回相位(或者更准确地说,只有返回相位的后期,即我把钢笔放到桌上,而不包括从地上捡起)。(10c)将视窗间断性地开启于出发相位和返回相位,而把循环的其他部分置于背景之中(如附图所示)。因此,这里和前面一样针对同一事件框架,语言为说话人提供了多种注意视窗开启方式。听者能灵活推测出每一方式中不同的视窗闭合部分,从而重构出这一事件框架。而且(10c)能使听者通过概念将出发相位与返回相位连接在一起,而进行认知接合。此时,被极度背景化或丢失的不只是中间相位,还包括基础相位(即静止的初始相位和离开相位)。

(10) a. **出发相位视窗开启**

The pen kept falling off the table.
(钢笔不停地从桌上掉下来。)

b. **返回相位视窗开启**

I kept putting the pen back on the table.
(我不停地把钢笔放回桌子上去。)

c. **出发相位和返回相位视窗开启**
The pen kept falling off the table and I kept putting it back.
（钢笔不停地从桌上掉下来，我不停地把钢笔放回去。）

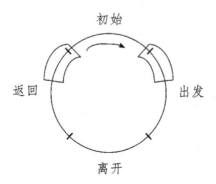

在本章的例子中（包括上例），不同的视窗开启构成了不同的注意模式。但是这些注意模式被放置在同一所指上。不过，循环事件框架也可适用于指称意义上非对等的相位视窗开启。当某一相位视窗是建立在某外部偶发性事件之上，而不是基于说话者偏好时，这种情况就有可能发生。例如，我们可以假设主要的循环事件是某位史密斯先生反复在一条与他办公室相连的封闭路径上运动：在办公室（初始相位），离开办公室去另一地点（出发相位），在另一个地点（离开相位），从该地点返回到办公室（返回相位）。外部偶发事件可以是"我"总是在他处于路径某个特定相位时给他打电话。例(11)中的三个句子，表达了在这个循环的三个不同相位中的偶发事件；图表阐释了例(11c)的偶发模式。[11] 很明显，以这种方式选择的相位视窗开启，是三个所指不同的情景的一部分。

(11) Whenever I phoned,
（无论我何时打电话，

    a. Smith was always just about to step out of his office.
       史密斯总是正要走出办公室。）

    b. Smith was always just stepping out of his office.
       史密斯总是正走出办公室。）

    c. Smith had always just stepped out of his office.
       史密斯总是刚刚走出了办公室。）

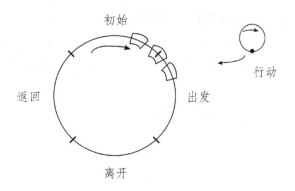

6 参与者互动视窗开启

下面我们考虑由两部分组成的复杂情景:(1)主要场景;(2)在(至少)两个场合与此主要场景互动的参与者。这里的"参与者"(participant)可以是所指事件的参与者,也可以是正在进行的言语事件的参与者。参与者与场景的互动,可以是直接的,如在观察或思考场景时;也可以是间接的,如在向另一位参与者询问关于场景的情况时。在指整个情景复合体的时候,一些语言能够把更强的注意视窗置于两个互动者之一上。尤其是语言手段引导听话者采纳两个参与者互动时间之一,将其作为一点以确定自己的临时视角点,并在互动处放置一个注意视窗,这个视窗可以包括互动的诸元素,如活动、周围场景或者参与者的认知内容。

整个情景复合体可以理解为构成一种新型的事件框架,即**参与者互动事件框架**(participant-interaction event frame)。这种类型的事件框架允许不同形式的**参与者互动视窗开启**((participant-interaction windowing)。该结构与前面的类型有共同的特点(在这方面,所有这些类型都与下一个要讨论的类型不同),即它们都构成一系列在时间中变化的现象。因此,因时间点不同,该结构呈现出不同的注意视窗开启。

我们再来看确定事件框架界限因素的种类,目前讨论的事件框架类型可以展示另一个因素:两个不同时间点事件,本不属于一段时间内的特定场景,但是这两个时间点事件的发生可以从这一场景中分割出一部分,并在概念上把这一部分确立为事件框架。此处主要场景的一部分由其两个参与者互动来划分。

先举第一个例子来说明,例(12)中的两个简短的语篇片断就属于上面概括的单一情景复合体。

(12) a. John met a woman at the party last week. Her name was Linda.
（上个星期，约翰在聚会上遇到了一个女人。她叫琳达来着。）

b. John met a woman at the party last week. Her name is Linda.
（上个星期，约翰在聚会上遇到了一个女人。她的名字叫琳达。）

这里的主要场景是某位女性，名叫琳达，它处于时间上的无界状态。(12a)和(12b)，尤其(12b)可以用来说明这些语篇片断中的每一个都能同样唤起一对参与者与此场景互动的概念。

第一个是间接互动，是约翰与主要场景——女人名叫琳达——的互动，即他上周在聚会上碰到了一位叫琳达的女士。他或许已经询问，并/或被告知了她的名字，或者语篇提供了这个信息，而约翰却不知道。第二个直接互动，是"我"（讲话者）在讲话时想到了这位女士的名字。例(12a)和例(12b)的第二个句子都指该女性有一个名字。在两个句子中，例(12a)用了过去时，而例(12b)用了现在时。这表明，两个句子把注意视窗放到了不同的互动类型上。

例(12a)中的过去时看上去也许有些奇怪。因为过去时一般指相对于现在已经结束的事件。而实际上，一个女人叫什么名字的状态是连续的。但我们此处这样解释过去时的用法：尽管句法上明确，但事实上它并不用于该句的主要所指，即此女士名叫琳达，却用于第一个参与者互动的时间，即约翰遇到此女士时。放置在此时间点的注意视窗会包括此互动的各个方面，有些方面是通过推导想象出来的。例如，约翰与这位女士的交流或周围的聚会场景。另一方面，(12b)的现在时表明此句采用了第二个参与者互动的时间视角，即现在这个时间，并引导注意视窗放置在那里。此视窗包括互动语境的成分，例如"我"在思考此女士持有这个名字的状态，该状态与现在关联或该状态是无界的。

因此，这种参与者互动视窗开启类型，与前面讲过的一种很相似：即两个结构中的每一个都能唤起事件框架整体，但只是明确地显示该事件框架的某部分并在该部分上进行选择性的注意视窗开启。

尽管我们刚刚论证过，例句(12)中的两段语篇至少隐约唤起了一对参与者与主要场景的互动，但语篇中却没有明确指明互动的双重性。然而在例(13)中，*again*(再)这个词明白无误地表明，此情景中至少有两个互动。

(13) a. What was your name again, please?
（请问您叫什么名字？）

b. What is your name again, please?
（请再告诉我一遍您的名字？）

在此处的情景复合体中，主要场景是"你具有名字"这种连续无界状态。与此场景的两次互动是，早些时候你或别人当着我的面，或在我问你的时候，提到过你的名字，以及此刻我正询问你的名字。

初始互动发生时是现在时，例如我问你："What is your name？（你的名字是什么呀？）"，你回答："I'm Susan（我叫苏珊）"，或有人说"This is Susan（这是苏珊）"。但我接下来的询问就会是如例(13)中的两个形式之一。这是因为，用英语反映此处的语用情景时，如果第一次我没听清你的名字或忘记了，并且假设你我都记住了你说名字时我在场的情况，我下面的询问肯定包括一个标记语来特别承认此重复。这个标记可以是单词 again（再次）或英语"反问句"（echo question）的声调模式。因此，例(13)的两个句子明确地表明，目前的问题属于两次互动的第二个，而我的目的相同，还是想知道你的名字。

但是，第二种带 again 的问句的结构，既允许用过去时也可以用现在时。并且如前例，过去时起初看上去不能搭配时间上无界的所指（你有名字）。但是，之所以可以这样搭配，如前所述，是因为主要动词的时态选择不是句子的显性所指，而是指我与此所指的两次互动，即我先前或后来听到或问到你的名字。例(13a)中的过去时是将我的初次互动的时间作为确定时间的视角点，从而将注意视窗置于互动之上，而例(13b)的现在时则是要求对后一次互动，即发生在现在说话时的这次，施行相同的认知过程。

某些发现可以加强并完善我们关于注意视窗置于参与者与主要场景的互动之上的观点。首先，前几个例子中的过去时与现在时，只是引导视窗放置在我们提到的两次参与者互动上，该观点可以得到以英语为母语者的直觉验证，即它们不能指称任何其他有界时间段。因此，例(12a)中的过去时，不能指上周聚会和现在说话之间的某一时刻，不能指三天之前的时刻，也不能指聚会前的某时刻。同理，例(13a)中的过去时，不能指我上次听到你的名字与现在之间的某时刻；如果我听到你名字的场合多于一个，例(13a)中的过去时也不能表示任何先前场合之间的某时刻。

其次，或许有人注意到，例句中时态的显性表达，是作为主要场景指称的一部分而不是参与者互动的一部分而表达的。因此，或许有人仅从主要场景进行不同的分析。分析认为无界的主要场景的被界定部分，在概念上被标记出来并单独考虑，而且只有这部分与目前有时态关系。但是这种提法很容易被驳倒，因为主要场景不是必须要连续无界的，前例已有说明，它也可以是只发生一次的时间点事件。但在这种情况下，本节的论点仍然成立。因此，例(14)中的每个句子都同样反映了两次互动，即我与你就你的飞机行程而进行的互动，但是它们分别将视窗放置在早先的互动与现在的互动上。我们也不可能将这种时态看作从主要所指中标记中的一部分，因为现在正是飞机即将起飞的时刻。

(14) a. When was her plane going to leave again tomorrow?
（她的飞机明天什么时候起飞？）

b. When is her plane going to leave again tomorrow?
（她的飞机明天什么时候起飞？）

此外，如果确实存在句子的时态所指，而句子的所指是无界场景中有界的时间子部分，那么，这个所指部分应该与句子中明确指称的有界时间段兼容。但是，如下例所示，这样的额外成分却使句子不成立，请看例句(15)：

(15) a. John met a woman at the party last week. Her name was Linda
* while he was there. / * when he asked her for it. / * when she told him.
（上周，约翰在聚会上遇到了一位女性。* 当他在那里时/ * 当他问她名字时/ * 当她告诉他时，她的名字是琳达。）

b. What was your name again
* when I asked you for it before?/ * when you told me it before?
（请再告诉我您叫什么名字来着？
* 我以前问你的时候/以前你告诉我的时候？）

这些不被接受的句子更加表明本节例句中使用的过去时或现在时，不能简单地从句法自治角度来解释，比如说，某个具体时间成分激活某个时态顺序规则，而是这种时态的使用真正反映了一种语义选择。

应该注意，某些参与者互动类型的句子，可以有一个不同的"传信"(evidentiary)解读，因为它可以用特定的时间附加语。例(16a)和(16b)中的话语片断，首先可以根据早先例子的参与者互动分析进行解读，只是此处是间歇泉不断重复的喷射动作，而不是"有名字"这样的无界静止状态。

在这个解读中,两个片断指代大约相同的情景复合体,不同点只是其注意视窗开启模式。

(16) a. I was in Yellowstone Park last year. Old Faithful spouted regularly.
(去年我在黄石公园。当时,老忠实泉定时喷水。)

b. I was in Yellowstone Park last year. Old Faithful spouts regularly.
(去年我在黄石公园。老忠实泉定时喷水。)

c. I was in Yellowstone Park last year. Old Faithful spouted regularly (—at least) while I was there.
(去年我在黄石公园。(至少)我在那里时,老忠实泉定时喷水。)

但是,除了这种参与者互动解读,这两个句子也可以有传信解读,其语义大不相同。在这种解读下,例(16a)中,我只是说我参观期间看到的,并没有暗示其他内容。但是,在例(16b)中,我把自己看到的作为证据,证实存在连续无界活动这一总体概念。而在例(16c)中,由时间定界的组成类型在上文是不被接受的,在这里看上去却与此处的过去时态形式相和谐。这样的传信解读并不能具体说明参与者互动事件结构或视窗开启。因此,其时态直接适用于通常明确表达的所指对象。

在本节以上所有的例子中,我们指的主要情景是不随时间变化的。但是,随时间变化的情景可以形成另一种情况,看上去很像参与者互动形式,但实际上却不是。在这种情况下,时态选择直接用于主要所指,而不是参与者互动,并且可以加上表示特定时间的附加语。这可以从例(17a)中看出,在本例中,变化的主要情景是一天的时间。

(17) a. The time was 10∶53 when I asked for it.
(我问时间时,时间是10∶53。)

b. *The woman's name was Linda when I asked for it.
(*我问她名字时,她的名字是琳达。)

因此,早先用的是 *again*(再次)问句,如果我现在第二次问你时间,而我第一次问得比较早,那时给的回答现在已经失去了语用意义,这时再用过去时就不恰当了,如例(18a)。此时,必须用现在时,如例(18b)所示。

(18) a. #What time was it again, please?
(#再问一下,刚才几点来着?)
b. What time is it again, please?
(再问一下,现在几点了?)
c. What time was it again when I asked you before?
(再问一下,刚才我问你时是几点?)

另一方面,我希望确切知道刚才你告诉我的答案。比如,我正在记录本上记录一个正在进行的实验结果。在这种情况中,可以用过去时,而且现在可以使用明显的句子成分明确地指向过去,如例(18c)所示。

应该注意,例(18)中的句子使用的 *again*(再次),仍然属于说话者与主要情景的双重互动,即我已经两次听到或问过你时间。但是,除非我第一次互动的时间在语用上足够接近现在,例(18a)和(18b)的时态都属于参与者互动视窗开启用法,否则,此刻时态就不能用于开启视窗这些互动,因为其用法被先入为主地用于变化情景的某个特定子部分。

最后,再次考虑一下参与者互动视窗开启的原有例子。这里如同别处,尽管视窗开启位置并不影响所指的主要情景复合体,却对深层语义效果产生影响。因此,使用的时态可以暗示主要情景与当前所关注事物的关联,过去时暗示缺少关联,现在时暗示存在关联。例如,例(12a)中的过去时可以暗示上周在聚会上约翰与此女性的交往终止了,例(12b)中的现在时可以暗示他们的交往持续到了现在,因此具有当前关联性。

7 相互关系视窗开启

有一种与语言相关的常见认知实体类型是这样一种概念复合体,它包括本身是非自治的、彼此内在相关的组成部分,其中一个组成部分的存在蕴涵其他组成部分的存在。这种概念复合体在这里称为**相互关系复合体**(interrelational complex),它可以构成事件框架的另一种类型,即**相互关系事件框架**(interrelationship event frame)。这种内部自身蕴涵的复合体,在逻辑上可以认为是单元实体。但是,我们的概念和注意系统能够将整个单元实体概念化为由一些准独立元素组成,这些元素获得不同强度的注意。至于其语言表达,这样的复合体可以在概念上划分为各个部分,这种划分方式在一定程度上具有语言普遍性,这些部分由不同句法成分表达。语言经常允许不同的视窗开启,即将注意视窗置于这种复合体的不同部分,而不提及其余部分,尽管这些部分是存在的。**相互关系视窗开启**(**interrelationship windowing**)的这些不同选择,允许在一个复合体内选择最强注意的位置,或允许采取一个特别视角来观察这个复合体,同时,在适当的语境中,仍然表达整个复合体。

应该注意,前文讨论的注意视窗开启类型,似乎不适用于内部独立的相互关系概念。例如,对路径视窗开启而言,稍早的路径片断并不蕴涵稍后的片断,而是后者表现为额外的存在。相比之下,在相互关系复合体中,关联的部分互相定义。因此,再次考虑到能划分事件框架界限的因素,很明显,相互关系事件框架的界限可以由一个新因素来决定,即共同蕴涵因素。但是,除了这些不同之外,上文与现在讨论的类型的共同特点是:每个事件框架类型都支持不同的注意视窗开启方式,并且视窗闭合部分在很大程度上可以由听者复原,这种复原可以通过对逻辑蕴涵关系的推断来完成,或通过了解在特定语境中起作用的事件框架决定因素的有关相似性推断出来。

这里,我们考察两类相互关系事件框架,一类是基于焦点与背景角色,另一类基于事实与虚拟条件。

7.1　焦点与背景的相互关系

I-5 章对焦点和背景从语言功能特点方面进行了描述。焦点与背景在空间场景中是相关概念,并互相定义。焦点在场景中是一个移动的或概念上可移动的实体,它的路径、位置或方向被认为是一个变量,这个变量的具体值就是相关的问题。焦点通过背景来描述。场景中的背景是一个固定的参照实体,焦点的位置、路径和方向可以通过这个参照实体来描述。如II-1 章所述,焦点与背景是运动事件(包括运动和处所)的成分,它们又包括其他两个成分,如(19)中的语义结构所示。

(19) [Figure＋Fact-of-Motion＋Path＋Ground]
　　　([焦点＋运动事实＋路径＋背景])

这个运动事件很好地例示了这种本质上不可削减的概念实体,即各个部分相互依存。但是,总体而言,这种实体在概念与语言上可以被分为在注意分布中被不同处理的成分。这个概念实体构成了相互关系事件框架的一个类型,即**运动事件框架**(**Motion event frame**),并且可以支持一种特别的注意选择方式,即**焦点-背景视窗开启**(**Figure-Ground windowing**)。

为了解释这种视窗开启,我们看一下"油漆正从墙面上脱落"这一场景。在这一场景中,油漆可以看作是焦点,而墙面是背景。要在一个句子中同时提到焦点和背景,英语通常有两个相应的句法结构(详见 Talmy (1972)的第十章)。在其中一个句法结构中,焦点为主语,背景在间接短语中,如例(20a)所示。在另一个句法结构中,语法关系刚好相反,如例(20b)所示。

(20) a. The paint is peeling from the wall.
   (油漆正从墙面上脱落。)
   b. ?The wall is peeling of its paint.
   (?墙面正在剥落上面的油漆。)

如果要闭合焦点或背景所指视窗,那么其表达成分就得省略掉。英语一般不允许省掉充当主语的名词性结构,却经常可以省掉间接成分。如例(21)给出了另外两个与(20)的两个结构相对应的结构,但却省去了间接成分。

(21) a. The paint is peeling.
   (油漆正在脱落。)
   b. The wall is peeling.
   (墙面正在脱落。)

在适当语境下,(21a)可以指原来的场景,但是视窗在焦点(及其活动)上开启,在背景上闭合。而(21b)开启了背景(及其活动)视窗,闭合了焦点视窗。[12]因此,有了这些不同的句法结构,我们可以表达复合空间关系相同且相互依存的焦点与背景元素,还可以有选择地在其中的元素上开启视窗。[13]

7.2 事实与虚拟的相互关系

语言构式所具有的语义特征能够把所指内容明确表达为真或假。在传统术语中,它们分别称为事实结构和虚拟结构。

另外,语言可以有这样一对构式,分别为事实构式和虚拟构式,如果它们显性表达的内容是彼此的肯定与否定对应体,那么两个构式总体陈述相同。如果存在这一对构式,那么说话者可以选择其中之一做相同的总体陈述。但是,说话者也要选择要么把更多注意集中在事实上,要么集中在虚拟上。因为这样的事实与虚拟构式彼此蕴涵,它们的所指类型共同构成一种相互关系的事件框架,即**事实性事件框架**(factuality event frame),而将高度注意引向这些所指类型中的一个或另一个,可以称为**事实性视窗开启**(factuality windowing)。

事实性事件框架还表现出其他特征。在不同的注意视窗开启之下,它不仅能支持某种唯一选择,而且能在单一框架内支持两种不同的概念化,使主要注意仅停留在其中之一上,而另一个选择仍然以背景作为对比的衬托。据此,事件框架唤起了具有不同概念化的并置的更大框架,可以认为这样的事件框架为**对比框架**(comparison frame)。构成对比框架的特点也可以作为另一种划分事件框架界限的因素,而且事实事件框架似乎是从这个因素中获得了其作为事件框架的特征。语言中的某些构式和词汇形式往往能引起对比框架。就某个所指的出现与否而言,下面的情况正是如此。

首先,句法上否定的从句(比如,*I didn't go to John's party last night*(我昨晚没去约翰的聚会))明确指出了某个没有发生的事情。这种句子往往使人想到与之相反但未实现的情况。在这方面,这与单纯的肯定从句不同,这种从句往往不会引起对其否定对应事物的思考。第二,甚至句法上肯定的主要从句,当其与 *because* 从句连接时(比如,*I went to the movies last night because they were playing my favorite film*(昨晚我去电影院了,因为他们正在放我最喜欢的电影)),往往使人想到与它相对应的未实现事件。因为这种句子包含一个原因或理由,该原因或理由引起了某个已经实现的现象。但所包含的原因或理由也暗示着如果该原因或理由不存在,这种现象就不会发生。第三,一个复杂肯定从句,如果它包含一个成分,该成分将所指事件放置于确定性或实现性尺度的某个点上(例如,*Sue may have gone to John's party last night*,/*Perhaps Sue is at John's party now*,/*I just barely got to the movies last night*(苏昨晚可能去约翰的聚会了,/苏现在大概正在约翰的聚会上,/我昨晚差点儿没去成影院)),那么该从句能唤起对这样一个时间刻度的思考,并且引起对相反方向上时间点的考量。第四,疑问形式,即使是其他情况下的简单肯定从句(例如,*Did Sue go to John's party last night?*(昨晚苏参加约翰的聚会了吗?)),也能把其所指情景是否发生的问题作为其主要语义点,因而也能使其明确表达的内容的发生情形与不发生情形之间形成对比。第五,本节的话题,即语法上的虚拟结构(例如,*I would have gone to John's party last night if I had had the time*(如果有时间的话,我昨晚就参加约翰的聚会了）），显性表达了没有发生的虚拟事件（*I . . . have gone to the party*（我……已经参加了聚会））。但是，这个话题也能唤起相应的事实事件，即事实上发生的事情（我没去聚会）。用 Fauconnier（1997）的术语来说，这五种类型都是"空间构建词语"（space builders）。

在所有句子类型中，主要是表示肯定的事实性简单陈述句（如，*I went to the movies last night*（我昨晚去看电影了）），在意识中仅仅突显提及的事件，而不把对应的未实现事件背景化。虽然可能只有其所指对听话者来说完全是新的消息时，即意料之外的时候，我们才会作出肯定陈述。但是一般人们不会将这样的话看作与可能的未发生形成对比。很明显，这里起作用的是认知的不对称性，即肯定的和事实性的占据了主要的、基本的位置。相反，否定的和虚拟的，在概念上是次要的和非基本的，或许是经由某些逆转的认知过程，从基本状态派生而来。

除了上面的这些结构类型外，有些词汇似乎在其词汇化本身就词化并入了实现和非实现的语义范围。因此，句子 *I missed the target*（我没击中目标）中的动词 *miss*（没击中），似乎并不是简单地直接指投射物落到了目标的一边，而是引起了两个相位的二元概念化。首先是投射物击中目标，然后再否定此事的发生，即投射物的路径在概念上偏向了一边。与之类似，句子 *I regret that I lent him money*（我真后悔借给他钱）中的动词 *regret*（后悔），虽然直接指事实上发生的事件，却包含有意愿此事件不发生的意思。同样，句子 *I succeeded in opening the window*（我成功地把窗子打开了）中动词 *succeed*（成功）的使用，与不使用时（如句子 *I opened the window*（我打开了窗子）所示）有共同点，都指事实上发生的事件。但是，其使用与不使用的不同之处在于，除去其他效果外，使用 *succeed* 可以把该事件的发生置于比较框架中，与该事件不发生的可能性作对比。

正如前文所述，假设某构式能在单一比较框架中同时引起某情景的事实性和虚拟性选择，那么当同一个情景可以用两种不同构式表达时，我们就需要考虑不同视窗开启的问题。在这两种构式中，一个构式说明该情景的事实形式，同时引起其虚拟形式，另一个构式正好相反。为什么语言提供现成的句法手段关注未发生的事件呢？我们可以用语篇或叙事系统中的一些因素来解释。例如，为达到强化效果的目的，我们可以表达一个以前徒劳追求的目标（此情景更倾向于不发生），或者表达一个以前避免了的危险（此情景更倾向于发生）。

在下面具体的分析中,符号 A 是"Actual"(真实的),代表任一特定的事实,而符号～A 代表相应的虚拟状态。另外,对任一特定例子而言,P 可以表示其明显句法形式是肯定的从句,not-P 会用来标记句法上否定的从句。因此,句子 *I didn't go to the party*(我没去聚会)在这里就可以用符号 A(not-P)代表,解释为"实际发生的是,我去聚会这种情况没发生"。在真值意义上,A 和～A 相互蕴涵,命题的符号相反,即 A(P)等于～A(not-P),A(not-P)等于～A(P)。但是,在概念组织意义上,有必要把 A/～A(事实-虚拟)参数和 P/not-P(句法上的肯定-否定)参数分开。

这里我们使用符号 A/～A,而不是真实条件语义学的符号 T/F,其中有几个原因。首先,真实条件符号用于客观主义的指称体系,而这里的目标是基于概念的指称体系,其理论区别可以通过使用不同符号来更好地引起人们的注意。[14]第二,使用像"～"这样的表示相反操作的符号比像 T 和 F 这样的单独符号更能清楚地表示事实与虚拟的对应关系,而 T 和 F 两个分离的符号模糊了相互关系这一事实和本质。第三,用较简单的符号 A 代表事实,用较复杂、派生的符号～A 代表虚拟,这与认知的不对称性相符,即事实为基本状态,虚拟为非基本的派生状态。

7.2.1 与事实性状态相关的情感状态

我们对事实性相互关系的第一个具体论述是与情感状态相对应的语言学表征。我们对这些情感状态的体验与事实和虚拟这对互补关系相关。我们先来考虑一种情况,即虚拟情景比事实情景更合意。在这里,情感模式包括两种情感状态:对事实上发生之事的'遗憾',以及对虚拟未发生之事的'期望'。这两种状态指相同的一个情景,只是注意位置有本质不同,如例(22)所示。

(22) ～A 比 A 更合意——相关的情感状态:
　　　对 A 遗憾"="期望～A

这就是说,在典型情况中,两者中的每一种情感,都构成完整的事实-虚拟相互关系的对比框架。但是,我们只是把注意集中在其中一种事实性上,同时把另一种作为背景比较。若使用上面的术语,就是每一种状态都把注意视窗开启在相互关系复合体之一上。

代表这两个情感状态及其注意视窗开启的英语构式见(23a)和(23b)。在这里,例子展示的事实情景为缺席活动(I didn't go to the party(我没去参加聚会))。

(23) a. **视窗开启 A,即确实发生的事情**

   I regret that I didn't go to the party. /I regret not having gone to the party.
   (我遗憾上次没去参加聚会。/我遗憾上次没有去参加聚会。)
   It's too bad I didn't go to the party.
   (很遗憾我上次没去参加聚会。)

b. **视窗开启～A,即没有发生的事情**

   I wish I had gone to the party.
   (我真希望上次去参加了聚会。)
   If only I had gone to the party. /Would that I had gone to the party.
   (我要是上次去参加了聚会就好了。/假如上次我去参加了聚会。)
   I should have gone to the party.
   (我上次本该去参加聚会的。)

下面,我们要考虑相反的情形,即虚拟情景不如真实情景合意。合意性颠倒后,如(24)所示,就相关情感而言(这些情感还具有将两种不同事实性状态纳入单个比较框架的特点),似乎是将已发生现实与其未发生的可能性经对比后而产生快乐,以及对事件不发生的可能性和其已经发生的事实经对比后产生假想的不快。至少在英语中,表征这种情景的语言构式和词汇化明显要少于表征未发生的更合意的情景。但是确实有一些形式属于这个少见的表征模式,如(25)所示。该例仍表征事实情景为缺席活动(I didn't go to the lecture(我没去听讲座))的情况。

(24) A 比～A 更合意——相关的情感状态:
   与～A 相对的是实现 A 的快乐
   "＝"与 A 相对,假想的～A 的不快

(25) a. **视窗开启 A,即确实发生的事情**

   It's a good thing that I didn't go to the lecture.
   (我没去听讲座是对的。)
   I am (sure) glad that I didn't go to the lecture.
   (没去听讲座,我(当然)高兴。)

b. 视窗开启～A，即没有发生的事情

It would have been too bad if I had gone to the lecture.
(要是我去听讲座了，就糟糕了。)
I would/could have gone to the lecture to my misfortune.
(我本来会/可能去听讲座的，那样的话就不妙了。)

显然，和后一种（事实性更合意）情景相比，人们更偏爱前一种情景（虚拟性更合意），原因如下。首先，语言中存在更多的开放类词汇形式，可以直接把偏好的情感模式词汇化。例如，在第一种情景中，英语有专门的词汇形式 regret（遗憾）和 wish（期望），而在第二种情景中，只有部分可用的 sure glad（当然高兴）或很笼统的 glad（高兴）。此外，受偏好的情景在封闭类形式中具有更广泛的表征。如 I-1 章所示，封闭类形式表征语言的基本概念结构系统。因此，许多语言表达'期望'概念时，可以通过类似虚拟的语素，或者可以通过像英语的 would that（希望）和 if only（要是）一样的独特结构，还可以通过像英语的 should（应该）这样的具体情态形式。'Regret'（遗憾）概念至少有一些封闭类的表征，例如依地语就是通过小品词形式 nebekh 来表征这个概念的。这个小品词意为'可怜的我/你/他……'，因此可与英语的 alas（唉）类比。但是 nebekh 在句法上可以完全整合到句子中，如 Ikh bin nebekh nisht gegangen oyf der siimkhe (I alas didn't go to the party.（唉，我没去成聚会））所示。但是，非偏好模式的封闭类表征的概念，如 sure glad that（……当然高兴）和 would have been too bad if（如果……，会很糟糕），则并非显而易见。

这种在封闭类表征上的差异可以通过情态系统中的基本成员 should 得以凸显。偏好模式通过 should 得以表征，如（23b），其意义大致可描述为'符合个人情况的改善、利益及快乐'（见 I-7 章）。然而，非偏好模式却没有对应的情态动词，使其语义具有'致使个人的堕落、伤害和不快'的含义，因此无法把句子（25b）表达为"＊I would-to-my-misfortune[＝Modal] have gone to the lecture"（＊倒霉的是我本不应该[＝情态动词]去听讲座）。

这种关于情感模式偏爱的观察可以启发我们开展一项调查。该调查可能会依次涉及：(1)分离那些在构式上能同时出现的各种因素，且这些因素能用明显的词汇或者结构来表征情感和认知状态；(2)把这些因素重新组合，由此生成全套的潜在句型；(3)在不同语言中，寻找这些句型的语义和句法表征；(4)为表征充分和不充分模式的显性分布寻找解释。

7.2.2 与事实性状态相关的解释类型

我们第二个具体的论述是关于普遍语义域中的解释类型,即提出情景 A′以解释另一种情景 A,这里我们注意到互补的两种解释类型分别与互补的两种事实性相联系。与事实-虚拟相对应的两种基本解释类型可以用(26)中的公式来表示。

(26) A 因为 A′
"="～A -[条件]如果～A′

这个普遍公式包括了建立在附加参数基础上的不同解释子类型,比如:A 或～A 是否为受偏爱的情景,以及在 A 或 A′中是否存在一个施事者,这个施事者用意图和行动来导致或控制具体的事件。然而,至少在英语中(其他语言还有待考察),这种解释构式基本上没有显性标记出这些子类型,即不像情感结构能清楚地区分各种情感状态。因此,接下来提出的不同解释类型只能与众多仅可推论的因素大致对应。但是,只要有某一具体的解释类型可以归于某种现存的构式,那么事实性与第一个构式互补的另一构式,也必然有其特定的解释类型。

和前面一样,我们开始进一步分析没有发生的情景～A 比已经发生的情景 A 更受偏爱的例子。另外,假定某一特定的认知施事者导致 A 但不导致 A′的情景。这种情形下,实际情景 A′不在施事者的控制之下,但用来解释由施事者引发的真实但并非渴望中的情景即 A,那么 A′可以构成 A 的**理由**。相反,对未发生而合意的情景～A 的明确所指,可以识解为对施事者在潜在情景中实现～A 的能力的**再确认(reassurence)**(或者是第一人称形式的**夸口(bravado)**),在这里,理由 A′便是未发生的～A′。这些关系可以在(27)中用符号表示并描述。

(27) ～A 比 A 更合意——相关解释类型适用于:
施事者导致 A 但不控制 A′
  a. **解释类型的结构**
    A 的理由:A 因为 A′
    "="再确认(夸口)～A:～A -[条件]如果～A′
  b. **有 A 的例子**
    I didn't catch the frisbee, A′: the car was in the way
    (我没有抓到飞盘,A′:车挡着路)

事实与理由

I didn't catch the frisbee because the car was in the way.

(我没有抓到飞盘,因为车挡着路。)

A(not-P)因为 A′(P′)

虚拟与再确认/夸口

I would have caught the frisbee if the car hadn't been in the way.

(要是没有车挡路,我就会抓到飞盘。)

~A –[条件](P)如果~A′(not-P′)

现在我们考虑发生了的 A 比没发生的~A 更合意的例子,尤其是有明确施事者在控制 A′而不控制 A(一个不明确的施事者在控制 A)的情景。这里,A 可理解为施事者执行 A′后的补偿或**回报(reward)**。相应地,如果施事者不实施 A′,那么 A 就不会发生,这就构成了没有补偿行为的**威胁(threat)**。这组关系用符号描述为(28):

(28) A 比~A 更合意——相关解释类型适用于:

一个具体的施事者在控制 A′但不控制 A(由另一施事者控制)

a. 解释类型的结构

A 作为回报:因为 A′

"="~A 作为威胁:如果~A′

b. 有 A 的例子

He got a raise, A′: he worked hard

(他得到加薪,A′:他工作努力)

事实性——回报

He got a raise because he worked hard.

(因为他工作努力,他得到了加薪。)

A(P)因为 A′(P′)

虚拟性——威胁

He wouldn't have gotten a raise if he hadn't worked hard.

(他要是没努力工作就不会得到这次加薪。)

~A –[条件](not- P)如果~A′(not-P′)

与事实性互补的解释类型,在力动态(参见 I-7 章)上彼此间也有具体关系,即语言的语义成分与相反作用力的交互有关,如物体内在的运动或静止的趋势，另一个物体对这种趋势的对抗，对这种对抗的抵制和克服，阻碍的作用、作用解除和阻碍的无作用。我们注意到，将 I-7 的术语用于所有的解释类型的话，A 情景作为主力体，就是最受关注的承担作用力的实体，而 A′情景是抗力体，或承担反作用力的实体。我们还能看到主力体原本趋于静止，在本话题中，趋向不发生，而抗力体则是两种情景中较强的一方。在如理由型和回报型的事实解释类型中，对抗情景作用于主动情景，因而克服它想要静止的趋势，即强迫它发生。另一方面，虚拟解释类型，比如再确认和威胁类型，描述的潜在情景为抗力体情景不作用于主力体情景，从而可以自由地表现其静止的即不发生的内在倾向。

这部分的分析尽管简略，但可以展示出以下四个语义与句法领域是一个完整的系统，而不是各自独立的，它们是注意视窗开启、事实性状态、情感认知状态和力动态。上述分析还表明事实性与虚拟性是两个互补的状态，它们是相互关联的同一概念，而语言具有这种机制让我们在两者中选择其一来开启主要注意视窗。

8 多重嵌套视窗开启

虽然目前视窗开启的过程还是按不同类型的事件框架单独讨论的，事实上，对于几个同时发生的事件框架，多重视窗可同时开启。在某些情况下，一个视窗开启会和其他视窗开启嵌套在一起。在另外一些情况下，两个视窗开启或者有不确定的等级关系，或者具有相等的地位。例(29)中的句子展示了视窗开启逐渐增多的情景。

(29) a. The ball rolled off the lawn back onto the court.
（球从草坪滚回球场。）
b. The ball rolled back onto the court.
（球滚回球场。）
c. The ball rolled back.
（球滚回来了。）
d. I rolled the ball back.
（我把球滚回来了。）
e. I kept rolling the ball back.
（我持续把球滚回来。）

f. If I hadn't kept rolling the ball back, there would have been no game.

(要不是我一直把球滚回来,就没的玩了。)

第一句(29a)展示了一个简单路径事件框架,除了中间视窗闭合之外,它是一个完整的事件框架。(29b)是同样的路径事件框架,但开头和中间视窗闭合,只显示了路径的结尾。(29c)把路径事件框架当作相互关系事件框架处理,具体就是带有一个焦点和一个背景的运动事件,视窗开启了焦点(球),但是视窗闭合了最后的背景(球场)的表述。(29d)为之前视窗闭合的运动事件增加了一个由施事者引发的因果链,因而表征了一个因果链事件框架。而且,正如英语中的典型情况,(29d)只开启施事者和最终的结果子事件视窗,而将中间因果细节的视窗闭合。(29e)把之前视窗闭合的所指对象放入一个重复循环中,因而表征一个循环事件框架,但视窗仅开启了返回相位,而没有提及初始、出发和离开相位。最后,(29f)把视窗开启复合体放入了一种比较框架,即事实性事件框架,开启了虚拟性视窗,闭合了事实性视窗。

几个同时发生或嵌套的不同开启视窗过程构成一个完整的视窗开启复合体,如例(29e)所示。在整个事件中,这个句子只对路径开启视窗,却对路径中的细节关闭了视窗,只表明了回归路径(back);它开启了运动事件视窗以及焦点,但闭合了背景视窗;它开启了由施事者引发的事件框架视窗,但只开启了施事者(I)和最终结果子事件(rolled the ball back)视窗,而没提及所有中间的行为,如"我"弯腰、拿起球、推动球使其运动;它开启了一个循环(kept)以及循环内的返回相位视窗,但闭合了该循环其余部分的视窗,包括球场中球的用途、球从球场到草坪的路径以及停在草坪上的状态。由此可见,句子可以暗指非常广泛的指称复合体,而同时闭合这个复合体中大量的概念内容。

9 视窗开启过程中呈现的基本性质的一些证据

在某些情景中,聋儿自发和即时产生的交际手语系统可以展现一系列视窗开启类型和不同模式。根据 Susan Goldin-Meadow 的研究,当听力正常的父母用正常的听说方式无法与聋儿交流时,他们就会使用种类多样且复杂的手势与孩子交流,而这些手势和同正常人交流时使用的手势一样巧妙繁杂。为了跟父母交流,这些聋儿创造了自己的手语系统。

该系统的结构和组成大都与外部的范例无关。因此，我们可以认为这种系统的特征反映了基本认知和概念组织的基本性质，而这些基本性质也许是先天决定的。在这种自发的手语系统中，视窗开启非常显著，这就验证了注意视窗开启和视窗闭合是非常基本的，该认知过程不仅发生在口语中，而且发生在自然交流系统的全部认知领域。

例如，通过对聋儿戴维从两岁十个月到四岁十个月的观察（Goldin-Meadow 1979；Goldin-Meadow and Mylander 1990；还有同 Goldin-Meadow 进行的私人交流），我们可以描述路径视窗开启和因果链视窗开启的不同类型。先看第一个情景，戴维想让其他人把某物体从一个位置移动到另一个位置。一种方法是，他把食指指向某个物体，然后把手指缩回一点儿，再调整方向，指向新位置。开始是直接指向物体，不论物体是放在某处或已被别人拿在手中。第二次指向时，如果新位置是无生命的，就是直接指向新位置。这个手势可以被翻译为 *put that there*（把它放在那里）中的英语动词 *put*（放）。但如果一个人（不论是其他人还是戴维自己）是该物体的接受者或新所有者，接下来的手势会指向这个人的胸前，而不是手。这个手势可以翻译为 *give that to him/me*（把那个给他/我）表达中的英语动词 *give*（给）。

我们尚不清楚对戴维来讲，最初手的指向的概念化仅仅是关于物体本身还是物体原来的空间位置。我们也不清楚，第二次手指向人的胸前，是把那人仅仅当作了接受者，还是当作了空间位置。但是，整个手势确实指示了周围空间的起始区域和后续区域，这些区域与他期望的起点和终点相似，且在时间上也吻合，而且没有指明任何中间地带，这些表明手势很像口语中指示一条路径时所做的那样，即开启起点和终点视窗，而闭合中间视窗。

戴维表示要移动某物体到其他地点的另一个方式是先像上一种方式那样指向物体，然后指出物体穿越空间移动的路径。他一般会再次伸出食指把路径再指示一次，或偶尔会换一种手势，表示其他人如何拿着这个特定形状的物体移动它（比如，拳头的形状是代表拿着一个细长的东西，如汤勺）。他指着他希望物体被移动到的位置表示路径的完成，也可能仅仅作出足以追溯该路径的手势就停下来，因为路径的后续轨迹和目标位置可以被推断出来。因此可以进一步得出，不指出目标地点的多个手势似乎与口语中只开启初始和中间路径、闭合结尾路径的情形相对应，而包含最后指向的手势复合体（gestural complex）相当于全路径视窗开启。

戴维还使用了另一种手势表达期望物体移动，这展现了另一种路径视窗开启方式。比如：要指示实验者应该把她的衣服放进衣橱中，戴维最初并不指向衣服，而是手伸平，手掌向下（表示把一件物品拿过去放好的手势），沿着一条线朝衣橱运动，停在指向衣橱的位置。现在我们认为这个手势展示了中间和结尾部分的视窗开启和开始部分的闭合。因此，戴维选择了在路径事件框架不同视窗开启中的过程。

戴维的手势交流还展现出因果链视窗开启的不同模式。例如，戴维会用两种方式表征自己用鼓槌敲玩具鼓。他会像捏着鼓槌那样握拳，晃动双手，如同在拿着鼓槌一上一下地敲打鼓面。又或者他伸出食指，好像那就是鼓槌；晃动双手，好似指尖就是"鼓槌"的末端，在敲击鼓面。

戴维的这两种手势复合体似乎都源自同一个概念结构框架，即因果链型的事件框架。这个因果链应包括一个事发前子事件[0]，即包括有意图的施事施加意愿于他的身体；因果链中关于身体部分的初始子事件，引发身体运动[1]，也就是握紧手，交替晃动；引发中间子事件[2]，即鼓槌上下晃动；引发最终子事件[3]，即鼓槌的末端交替打在鼓面上。

如果采取狭义的视窗开启解释，即只把明显可见的手势纳入视窗之中，那么戴维的第一个手势复合体只开启了因果链的初始子事件视窗[1]，即握拳晃动的子事件。（或者，如果把戴维整个人及他的手都纳入第一个手势复合体，他开启了事发前子事件视窗[0]，即施事产生意图，以及因果链的初始子事件。）如果采取狭义的视窗开启解释，第二个手势复合体开启了因果链的中间子事件视窗[2]，即鼓槌晃动。

广义的视窗开启在视窗中包含了明显可见的手势及其直接产生的伴随事件。在这种解释中，第一种手势开启了初始子事件视窗[1]，即握紧并晃动手，这是明确表达出来的。此外还有直接暗示的中间子事件[2]，即晃动鼓槌。也就是说，第一种手势视窗开启了因果链的初始及中间部分。在同样的广义解释中，第二个手势开启了中间子事件视窗[2]，即鼓槌晃动，这是明确表达出来的。此外还有直接暗示的结尾子事件[3]，即鼓槌的末端打击鼓面。也就是说，第二种手势开启了因果链的中间及结尾部分的视窗。

无论是狭义还是广义的解释，都完全表明在戴维意欲交流整个事件框架时，只对整个因果链的某些部分开启视窗。因此他这种自发的因果链的认知视窗开启过程，很像之前讨论的空间路径视窗开启。

这种伴随且自发产生的对隐含事件的视窗开启过程，在手势复合体中的表现和上文讨论的在口语中的表现几乎完全一致。这完全表明,这些注意现象在人类交际认知系统中或许也在人类总体的认知中是概念建构的基本部分。

10 语言视窗开启和注意认知系统

现在我们可以简要考察语言视窗开启过程在整个认知组织中的作用,特别是视窗开启及视窗闭合的功能,以及二者参与的不同模式化的功能。

由于视窗开启的基本特征是注意在概念复合体中的选择性分布,在确定视窗开启过程的认知功能之前,我们首先必须更深入地讨论注意的本质。我们的观点是,注意官能是特定认知系统作用的结果。注意系统能与其他认知系统的诸方面建立积极的联系。注意系统极度灵活,可以与任何对象建立连接,并且可以迅速在不同连接间切换。

在此类连接中,注意系统把自身的加工特征与其他系统的普遍功能结合起来。这些加工特征可以是定量的,也可以是定性的,其本质上具有可执行性。

从定量角度看,我们提出的注意系统包括一组非常精细且具有高区分度的神经连接,从而使注意系统以下述方式发挥作用:促进其他连接系统的加工;以一种更精细的结构方式区分其他系统中的因素;可以同时加工其他系统不能自己加工的大量因素;降低在其他系统中可导致进一步神经反应的某些刺激类型的阈值(如:一种阈值为增加的"敏感度",是指允许或加强对较弱刺激的反应)。

另外,注意系统有特别的加工能力,可使它在性质上和执行上以下列方式运作:在其他连接系统中选择某些因素进行特殊加工;在其他系统中互相比较与对比各种因素;在这些因素中发现不相容的部分,并将它们纳入潜在的解决方案中;进一步引入其他认知系统的加工程序,从而形成或整合成一个较大的加工场。此外,最后在执行功能上,它调整或引入其他认知系统之间的互动,否则这些系统的各种加工形式之间很难或无法相容。

注意系统的不同部分可能会与产生注意梯度的其他认知系统建立联系。其他认知系统的运作因而能够在某个范围内发生:较多发生在注意的前景,或较多发生在注意的背景。我们还可以进一步假设注意系统能在特定时刻仅与其他系统的特定部分相互联系。因而,它能利用有限的认知资源,发挥卓越的加工能力。

现在我们可以把这些发现应用到语言视窗开启中。对概念复合体的某些部分进行视窗开启的过程使注意系统和对该概念复合体进行加工的认知系统的方方面面相对应。从积极的意义上讲,对概念复合体进行视窗开启的功能,提升了注意系统的加工能力,这使概念中最相关的部分得到了最大关注。

相反,对于一个概念复合体某些部分的视窗闭合允许那些看来更不相关、更冗余或更明显(如,能由听话人推测补全)的概念区域在通常的背景加工中保持不被强化。此外,视窗闭合允许把促进系统中有限的资源留给更重要的领域。视窗闭合的这两种性质有助于提高概念内容的交流效率。

很显然,语言中视窗开启的多样性现象是源于注意系统的灵活性。如果注意系统与加工概念复合体的系统固定相接,人们就只能加工该复合体的特定部分,而忽略其他部分。视窗开启多样性的作用就在于大体上相同的概念复合体,在不同情景下采用不同的关注模式。

11 结 论

本章讨论了主要出现在语言系统中的概念和注意结构的基本形式,同时讨论了和语言相对应的更普通的认知系统。我们发现,人类的认知能力能够将情景切分成特定类型,即单一的连贯的概念包,这里称为**事件框架**(*event frames*)。每一种类型的事件框架包括特定种类的概念内容,而不包括其他种类。我们提出一系列概念因素来帮助决定哪些现象可以归到同一事件框架内。我们还提出了一个普遍的认知原则,它贯穿于以下情景中,即在我们的概念化中,事件框架具有界限,界限内的事物具有连贯性、相互关联性和连通性。不同的事件框架类型共同构成了类属的概念范畴,几乎在所有语言中具有普通性,很可能是先天的,而且在语言之外的认知系统中有明显的概念结构与之相对应。

本章分析了事件框架的几种类型:路径事件框架、因果链事件框架、循环事件框架、参与者互动事件框架和相互关系事件框架。最后一种事件框架包括焦点-背景相互关系和事实-虚拟相互关系。在后者中我们分析了情感状态、解释类型和事实性之间的系统关系。

我们的认知能力能够进一步从事件框架中选择某些部分并给予最大的关注,而且同时将其余的部分置于注意的背景位置。这个认知过程被称为**注意视窗开启**(*windowing of attention*),就是在语言中把特定语言内容放入前景部分(即**视窗开启**(*windowed*)部分),而把另外一些特定内容排除到背景部分(即**视窗闭合**(*gapped*)部分)。作为一种广泛认知能力——我们称之为**概念可选性**(*conceptual alternativity*)——的一部分,我们进一步可在同一事件框架的不同模式中完成选择性视窗开启过程。若干事件框架可同时发生或互相嵌套,它们有各自的视窗开启类型,这样就构成了一个相当宽泛的所指复合体以及相应合成的视窗开启复合体。

　　对于任何事件框架,被置于注意前景位置中的那些概念内容在概念化认知过程中构成一个无缝衔接连续不断的认知整体,这种认知过程称作**认知接合**(*cognitive splicing*)。该过程体现一种主要的心理恒定性,虽然这很少被人们意识到。该恒定性可发展为使单一目标图式(包括特定目的及其实现)在不同实现过程中保持不变,因而具有(在其他事物中的)选择性优势。

　　最后,我们发现口语中的视窗开启和一些聋儿自发产生的手语系统具有高度一致性。在此,还有语言视窗开启和感知或肌肉运动控制以及其他一些方面的一致性,本章考察的语言结构反映了认知组织的基本的和普遍的形式。

注　释

1. 本章基于 Talmy(1996a) 作了适当修改。感谢 Kean Kaufmann,Ruth Shields,Robert Van Valin 和 David Wilkins 等人的建议和帮助。
2. I-1 章对这种框架进行了概述,并讨论了注意系统的另一部分:"合成层次"(level of synthesis)。
3. 语言显性内容的存在与缺失这一因素仅是本研究讨论的确立注意显著性的语言手段之一。在今后的著作中将讨论其他手段:语法范畴的层级、语法关系的层级、在句子的特定位置定位、一个构式内中心词和非中心词的界别、形态自主程度、单独表达与词化并入一起表达以及音位长度及重音程度。这些手段大部分是将注意沿梯度分配,而视窗开启将注意重点放在两个独立的层面上:相对的前景化或者背景化。
4. 关于补语受阻情况的概念,Jackendoff(1990)曾在"恒定论元"(constant argument)中讨论过,即当恒定论元为具体所指时,可以加补语,但当恒定论元为总称时,补语受阻。例如,当钱和动词 *buy*(买)搭配时,我们可以说 *I bought the book for $50*(我花50美元买了这本书),但不能说 **I bought the book for money*(*我花钱买了这本书)。

5. *On* 与 *for* 是两个词义非常宽泛的介词,如果用 *on* 而不是 *for* 则更清楚地表明,*spend* 可以搭配表示特定物品的补语,比如,上面的 *that ham radio kit*(那台无线电工具箱),这样的事实进一步支持了我们的观点。使用 *on*,不仅非金钱资源可以提及,而且钱本身可以用来购买提及的物品或购买其他用来保养这些物品的东西,比如,油漆、工具、保险、专业建议。但使用另一个介词 *for*,就只能用钱来交换物品,不允许有使用其他资源的意思。例如,*I spent $50(*and 100 hours of my time) for that ham radio kit*(我花 50 美元(*和 100 小时)买了那台无线电工具箱)。

6. 这里路径视窗开启的不同类型好像仅是说话者的自我选择的问题。但是,不同的语篇和语用因素也起了一定作用。虽然这些因素并未在此处表明,但注意叙事风格可以影响选择。因而,在切奴克族印第安人(Clackamas Chinook)口头文学表现出的风格中,有为全部关联路径提供全程视窗开启的倾向(Jacbos 1958)。以下是从 Jacobs 的字面翻译中摘录的。

    (i) a. They left him, they went on, they came to the third mountain.
       (他们离开了他,他们继续前行,他们来到第三座山。)
       b. When it was dark, then they went, they went along, they got to there.
       (天黑了,他们走了,他们一直走,他们到达了那里。)

7. 在非典型的概念化中,因果性不仅包括直接因果关系,还包括允让和使能,不仅可以发生在子事件开始与结束的分界处(初始因果关系),还可以贯穿单个子事件始终(持续因果关系)(见 I-8 章)。

8. 虽然这种描述从倒数第二的角度考虑也许是正确的,但仍需要细化与修正。例如:虽然句子 *?I broke the window by throwing a rock*(*?我扔一个石块打碎了那块玻璃)不一定被大家接受,与它非常相似的句子 *I broke a window by throwing rocks*(我扔石块打碎了玻璃)似乎相对可以接受。因此,我们意识到,总体来说,与可接受性相关的因素包括颗粒度与句子的切分,比如,在概念上哪些成分被构建在一起作为倒数第二个事件的因果连续体。在可接收性更强的句子中,窗子并没有因为我投掷某一特定的石块而损坏,而是因为我把大量石块投向不同方向而损坏,所以倒数第二个事件的大小从扔石块的动作扩展到一块石头恰好击中窗户。这是一个更大的子事件,也许可以被转喻性地称为"扔石块"。下面的句子构成了更大的挑战:为什么可以说 *He killed himself by jumping out the window*(他跳出窗户自杀了),而不是 *He killed himself by throwing himself onto the pavement*(他把自己摔到人行道上自杀了)? 我们尚不清楚只考虑颗粒度是否能够解释这个问题。

9. Kuno(1987)曾全面研究过对同一施事者的两个不同所指之间的直接及间接因果关系。

10. 在 Wierzbicka(1975)和 Talmy(1976b)之前(见本书第 8 章),就连对施事性语言表达分析的研究都未曾明确注意到施事者做出的必要的身体动作,这一事实是中间因果内容背景化的标志之一。

11. 事实上,这些句子展示了视窗开启之外的其他因素,即"视线方向"。(11a)中的视窗位于初始相位的后面部分,但包括了一个向前的视线指向出发相位的起点,而(11c)中的视窗位于出发相位的较早部分,但却包括了向后的视线来标志出发相位的起点。

12. 该分析显示了一个为以前的研究文献(如 Keenan and Comrie 1977)所忽略的一点,即一个词项可在语法关系层级中升级或降格。以前的研究强调升级是增加所指对象显著性的过程,但很少涉及背景化所指对象,将其表达为可删除的间接成分的降格过程。

13. 虽然(20b)中包括焦点的附属短语在此特定例子中有些不妥,但其他例子可以体现(20)和(21)中全部四种结构类型,即下面(i)和(ii)中的形式。名词短语中的焦点背景角色分别用 F 和 G 表示:

(i) a. The gasoline [F] slowly drained from the fuel tank [G].
(汽油[F]慢慢从油箱[G]中流干。)
b. The fuel tank [G] slowly drained of gasoline [F].
(油箱[G]慢慢流干汽油[F]。)

(ii) a. The gasoline [F] slowly drained.
(汽油[F]慢慢流干。)
b. The fuel tank [G] slowly drained.
(油箱[G]的汽油慢慢流干。)

14. 真值语义学和逻辑学似乎认为语言表达及其现实所指(所指对象)存在直接关系。认知语言学则坚持语言表达与真实世界的对应不是直接的,而是必须"经过"语言使用者的心智。具体来讲,语言表达与语言使用者心智之间的关系是首要的,语言使用者必须先认知这种语言表达。因而,一个语言表达必然会激发语言使用者心智中的特定概念内容,在这里一般认为由想象认知系统来加工。该概念内容可进一步与同一个语言使用者心智内的其他概念内容相联系,包括关于世界的概念。

第 5 章　语言中的焦点与背景

1　引　言

本章研究语言中普遍存在的一种认知系统。通过该系统,语言把一个概念确立为另一个概念的参照点(reference point)或定位体(anchor)。[1] 该系统假定语言中存在两种最基本的认知功能,即由需要定位的概念充当的**焦点**(**Figure**)的认知功能和由提供定位的概念充当的**背景**(**Ground**)的认知功能。这一对概念可以是运动或方位事件中在空间上相互关联、且由简单句中名词短语来表征的两个物体。这对概念也可以是在时间、因果或其他类型的情景中相互关联、且由复合句中的主句和从句来表征的两个事件。认知定位系统主要包括语言中的主要图式系统之一、注意分布图式系统以及它们不同的分布模式。

2　简单句中的焦点和背景

首先我们对刚介绍的这对认知语义学范畴作进一步说明。它们的关联性首先表现在表示运动或方位的事件语义中(见Ⅱ-1章),即事件被概念化为一个物体相对于另一物体运动或静止的状况。这里每个事物都和整个事件有着不同的重要关系,分别称为"焦点"关系和"背景"关系。这些范畴可通过如下例句来说明。

(1) a. The pen lay on the table.
　　　(钢笔在桌子上。)

b. The pen rolled off the table.
　　（钢笔滚下桌子。）

在这两个例子中，the pen（钢笔）表示充当焦点功能的物体，the table（桌子）表示充当背景功能的物体。[2]

术语焦点和背景来自格式塔心理学，在英语中第一个字母大写，表示它们是语言学术语，以区别于最初用法。作为语言学术语，它们具有如下特点：

(2) **语言中焦点和背景的普遍概念化**

焦点是移动的或概念上可移动的实体。它的路径、位置或方向是变量，该变量的具体值是所关注的问题。

背景是参照实体，相对于某一参照框架，这个实体处于静止状态。焦点的位置、路径或方向可通过这个实体确定。

下文有时将参照实体称为"参照点"（reference point），因为这个现成的英语表达方式可以直接表示背景功能。但这一表达中"点"（point）字的含义可以不作考虑，因为无论是焦点实体还是背景实体，都无需理想化为一个几何点来对它们进行定义。焦点和背景可以是点、线性范围、面积或容积的多重组合，如(3)所示。

(3) a. Rocks filled the box.
　　（石块填满了盒子。）
　　b. The river flowed alongside the mountain range.
　　（河流沿着山脉流淌。）

附图描绘了钢笔从桌子上掉下的图式化过程。如图所示，必须同时存在参照物（背景）和参照框架（reference frame），才能有物体（如焦点）运动的概念。

(4)

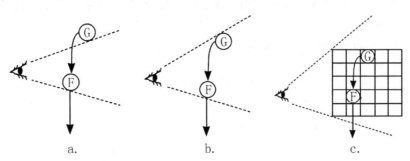

　　　　a.　　　　　　　　b.　　　　　　　　c.

如(4a)所示,如果观察者(或思考者)的视野或头脑中只有焦点物体,那么她所知道的只是物体的存在,但不知道物体位置的变化。即使在(4b)中,观察者同时看到了焦点和背景,但是如果没有参照框架,就只能知道原来放在一起的两个物体分开了,但不知道是哪一个物体移动了,还是两个物体都移动了,也不知道两个物体分开后是否还有其他运动,因为没有办法判断距离的变化。只有当观察者看到两个物体同在一个框架内,如(4c)所示,她才能知道哪个物体静止,哪个物体运动,运动了多少以及沿着怎样的路径运动。物体运动的概念关键取决于空间路径上的点和时间连续体中点之间的关联,这一后续研究属于语言和时空的关系。

这种把空间场景划分为焦点物体、背景物体和背景参照框架的三分法提供了把语言学焦点和背景与心理学焦点和背景相联系的基础。在只考虑语言表征的焦点和背景之间的相互关系、而不考虑任何参照背景时,前者就是心理学中的焦点,后者就是心理学中的背景。所指场景的这种二分法,是句子 *The ball rolled across the table*(球滚过了桌面)最可能的概念化方式。但是我们还可以通过采取场景三分法进一步思考参照背景。这种概念化最适用于像 *The ball rolled past the lamp*(球从灯边滚过去)这样的句子。因为这里要考虑的不仅是两个主要事物,即 *ball*(球)和 *lamp*(灯),还要考虑球在灯周围移动所穿过的区域。对于这种情况,我们可以认为语言学范畴中的焦点和背景共同构成心理学中的焦点,而参照背景相当于心理学中的背景。[3] 这样,一组心理学焦点/背景关系就嵌入在另一组关系之中。语言表征中的焦点相当于心理学中的焦点,背景相当于心理学中的背景。除此之外,二者联合起来相当于心理学中的焦点,与作为心理学背景的参照背景相对应。

虽然在含有一个运动物体和一个静止物体的运动事件中可以明确划分焦点和背景范畴,但它们可能仅仅被看作是运动相对于静止的重新描述,其自身并非独立的概念。因此,如果上述范畴还能出现在两个物体都静止的方位事件中,那么就可以说明它们是语义概念。下面我们举例说明这一点。

有人起初可能以为下面两个句子是同义的:

(5) a. The bike is near the house.
    (自行车在房子附近。)

 b. The house is near the bike.
    (房子在自行车附近。)

理由是它们表达了对称关系中的两种逆转形式,该对称关系仅指两个物体之间的较小距离。但是这两句话的意思不同。如果这两个句子仅表明上述距离关系,那么它们是同义的。但除了距离关系外,(5a)还表明两个物体的关系是非对称的,一个物体(房子)处于参照框架之中(此处隐含着街区、整个世界等),有固定位置,用来说明另一个物体(自行车)的位置。与此相关,另外一个物体的位置被理解为一个变量(真实情况也如此,自行车在不同情况下有不同的位置),我们所关注的是这个变量的具体值。

另一方面,(5b)描述的是相反的情况。但是这些描述与我们所熟悉的世界不相符,因此这个句子读起来或多或少有些别扭,这和(5a)很不一样。这样看来,两个句子的不同语义源于它们的名词作为变量点和参照点(即焦点和背景)存在语义功能上的差异。我们在例(6)中用括号中的缩略符号 F(焦点)和 G(背景)表示了这一功能。

(6) a. The bike (F) is near the house (G).
  (自行车(F)在房子(G)附近。)
 b. ? The house (F) is near the bike (G).
  (?房子(F)在自行车(G)附近。)

即使讲话者不想对焦点/背景分配作任何描述,语言仍会像前面例句中一样,不可避免地在句子基本命题上附加语义。有人认为某些语法构式是避免这种角色分配的具体手段,如语言中的相互照应结构。但事实上,相互照应并不能抽象出两个逆转的非对称形式中共有的对称关系,而是把二者叠加在一起。句子(6)的相互照应句(7),在语义上和句子(6b)同样难以接受,这一点可支持上述论断。

(7) ? The bike and the house (F_1 & F_2) are near each other (G_2 & G_1).
  (?自行车和房子彼此离得很近。)

为了解释"bike"(自行车)和"house"(房子)对调以后为什么在语义上与(6a)会产生重大差异,甚至不能接受,我们必须引入更多因素。毕竟,在下面的两个句子中:

(8) a. John (F) is near Harry (G).
  (约翰在哈利附近。)
 b. Harry (F) is near John (G).
  (哈利在约翰附近。)

其中的名词也经过调换,但句子的语义没有显著差别,都是正常语义。"bike/house"和"John/Harry"这两个例子都符合(2)中的焦点和背景特征。因为在两个句子中,先出现的名词短语是焦点,后出现的名词短语具有背景功能。在(8b)中,位置已知的"约翰"作为确定哈利位置的参照点。但是,如果只有这些初步特征起作用的话,那么在句子 The house is near the bike(房子在自行车旁边)中,只需说"自行车"是用来确定房子位置的参照点就足够了。然而这样的解释存在问题,这表明还有其他特征可以用来决定哪个实体更适合做背景,哪个实体更适合做焦点。这些特征可以看作是背景和焦点的"关联特征"(associated characteristics),它们与(2)中焦点和背景的定义特征相互关联。下面初步给出了一系列关联特征。请注意最后五项关联特征和定义特征中的一些方面,都涉及注意分布图式系统以及它们的分布模式。

(9)	焦点	背景
定义特征	具有待确定的未知空间(或时间)特征	可以作为参照实体,具有已知特征,这些特征可用来描述焦点的未知特征
关联特征	• 更具可移动性 • 较小 • 几何图形简单(通常为点) • 刚出现在场景或意识中 • 关注度或相关性较高 • 不易立刻被感知 • 一旦被感知,更加凸显 • 更具依赖性	• 更具恒定性 • 较大 • 几何图形复杂 • 更熟悉或可预知 • 关注度或相关性较低 • 容易立刻被感知 • 一旦焦点被感知,更加背景化 • 更具独立性

句子 The house is near the bike(房子在自行车旁边)的怪异之处在于,它让"房子"充当焦点功能,让"自行车"充当背景功能,这违反了上表中大多数关联特征。

然而,关联特征只表示背景和焦点功能的倾向性相关因素,定义特征才对焦点和背景的分配起决定性作用。所以,尽管句子 The house is near the bike(房子在自行车旁边)与多项关联特征不符,但并非不可用。相反,如果语境允许这种定义性的焦点/背景特征存在,这是一个很合适的句子。比如那辆自行车属于镇上一个大人物的,他总是把自行车放在人尽皆知的地方,并且"我"正试图告诉一个新朋友到"我"家的路线。即使在这个新语境中,"房子"作为焦点,"自行车"作为背景,仍然违反了大部分关联特征。新语境只让"房子"和"自行车"满足了两项关联特征,即"不熟悉与更熟悉"和"关注度较高与关注度较低"。然而,因为句中的"房子"和"自行车"的确符合定义特征,所以在新语境中分别恰当地成为焦点和背景。

有人认为"房子/自行车"这样的一对句子不适合用来证明焦点和背景功能的存在。因为这两个物体中有一个非常特殊,而在"约翰/哈利"这样的句子中,两者差别较小或者根本没有差别。其实,反驳这种观点很容易。如果将上述观点进一步扩展,可用来否定主语和直接宾语的存在。据此,表达两个不寻常事件的两句话 *The dog bit the man*(狗咬了人)和 *The man bit the dog*(人咬了狗)的语义差别就不能用来说明主语和宾语功能。相反,一个包含更常见所指的句子,比如 *A dog bit a dog*(狗咬了狗)会更好。然而,在后面这个句子中,名词的互换不会引起丝毫语义差异。即便这样,我们认为,主语/宾语的差别在"狗/狗"这样的句子中确实存在。毕竟,它仅仅表示两只狗中的一只咬了另外一只的情景。同样我们可以说,焦点/背景的区别在"约翰/哈利"的两个例句中也存在。的确,我们难以看出"狗/狗"句中主语和宾语的差异,也难以看出"约翰/哈利"句中焦点和背景的区别。但是在一个句子中难以察觉到这种差异并不能否认这种差异的存在,更不能否认有大量的句子存在这种差异。

我们通过调换句中名词词组顺序的方法来强调方位事件中焦点和背景关系,到目前为止,这种方法只运用了一般看来表示对称关系的词语'near'(在……附近)。但是如果我们把上述关系和它的逆转关系放在一起考虑的话,同样的方法也可以用到非对称关系中。例如,(10)中的**逆转对子**(inverse pair)'above/below'(在……上面/在……下面)。

(10) a. The TV antenna (F) was above the house (G).
    (电视天线(F)在房子(G)上面。)
   b. ?The house (F) was below the TV antenna (G).
    (?房子(F)在电视天线(G)下面。)

上文 *near* 例句所提出的所有语义分析方法也适用于 *above* 和 *below* 这对词语。

焦点/背景功能可以扩展到一些非物理情景中,比如涉及关系状态的情况。这种情况和上文谈及的物理情景一样。尽管有些人起初可能会说(11a)具有可逆转的对称关系,但是这种准方位句表达了一种静态的关系状态,可以看作是从(11b)引申而来。而且(11a)句与(11c)句语义不同。

(11) a. She resembles him.

（她长得像他。）

b. She is near him in appearance. /Her appearance is near his appearance.

（她在外貌上同他接近。)/(她的外貌同他的外貌接近。）

c. He resembles her.

（他长得像她。）

前文给出的解释在这里都适用：例(11)中的句子不仅表达了相似性，而且其中一个（后提到的）事物被当成了参照点，而另一（先提到的）事物则被认为是一个变量，其值有待确定，如同"自行车"和"房子"这组表示位置关系的例子，这种非对称关系也可以通过选择具有不同特性的物体充当参照点来说明。

(12) a. My sister（F）resembles Madonna（G）.

（我妹妹(F)长得像麦当娜(G)。）

b. ?Madonna（F）resembles my sister（G）.

（?麦当娜(F)长得像我妹妹(G)。）

而且，这种非对称性可以毫无疑问地类推到表示运动的句子中，如一种关系状态的改变，见(13)。

(13) She（F）grew to resemble him（G）. ≠ He（F）grew to resemble her（G）.

（她(F)越长越像他(G)≠他(F)越长越像她(G)。）

这里，以下(1)和(2)之间存在类比关系：(1)一个物体充当焦点，因为它改变位置，以便更加接近背景物体的静态位置；(2)一个物体充当焦点，因为它改变外表，以便和背景物体的静态外表更接近。

焦点和背景从物理领域进一步延伸到'等价'（equational）句中，虽然这个名字本身暗示了一种等价逆转，但事实上两个名词短语分别作为变量和参照点，其区别和前面提到的空间关系一样。这一点可以通过对下面句子的语义分析看出。下面这对逆转等价句出自一部情景喜剧，其中一个来自氪星的男人，'真实'身份是'超人'，他有一个叫'克拉克·肯特'的假身份，所以可把第一个身份看作固定参照点，第二个身份由此替代而来。反过来就不合适，二者调换位置后本可构成对等的逆转句，但事实上它们在可接受程度上存在差异，如(14)所示。

(14) a. Clark Kent is Superman.
　　　（克拉克·肯特是超人。）
　　b. ?Superman is Clark Kent.
　　　（?超人是克拉克·肯特。）

'等价'句和方位句在语义上是相等的,甚至可以认为在深层结构中加上类似 at(在……的位置上)这样的深层介词,就可以有这样的表层表达:

(15) Clark Kent is at Superman.
　　　（克拉克·肯特在超人的位置上。）

事实上,有此类句法证据,如英语介词 as 的用法,至少在系动词句中如此(第二个名词短语表达第一个名词短语的角色或功能)。如例(16),在逆转句中出现了 as,这和 at 情况一样。但是非逆转句没有出现 as,这与 at 情况不同,从而产生了英语不含任何介词的系动词典型句式。尽管如此,与 at 相似的现象很可能表明在第二个名词短语前有一个虚构介词 as。

(16) a. Jim is on the throne in the play. ⇒ The play has Jim on the throne (in it).
　　　（剧中吉姆在王位上。）（剧情安排吉姆在（剧中）王位上。）
　　b. Jim is [as] the king in the play. ⇒ The play has Jim as the king (in it).
　　　（剧中吉姆是[作为]国王。）（剧情让吉姆（在剧中）为国王。）

一些语言的确存在这样的现象,在系动词句中谓词性名词前有一个位置词。萨摩亚语(Samoan)的介词 'o 就是一例,如(17)所示:

(17) a. 'o　　se atua　ia
　　　(as)　a god　he
　　　'He was a god.'
　　b. 'o　　le agasala 'ea　　　　　　le tulafono
　　　(as)　the sin　(interrogative)　the law
　　　'Is the law sin?'
　　　（法律是罪恶吗？）

日语的 desu 动词中有这种用法,只是形式更加隐蔽,如(18):

(18) kore wa   pen desu
    this （topic-marker） pen is
    'This is a pen.'
    （这是钢笔。）

这种动词在某些纵聚合关系形式中,可清晰分成后置词 *de* 加动词 *aru*(对于无生命物体表'处所'的动词)。此外,日语有少数的名词短语后面不加后置词,而加 *desu* 结构,可能因为后置词已被合并到这种结构中。已经明显包含在 *desu* 中的 *de*,可能和其他场合出现的表示位置或工具的 *de* 是一样的。这种分析表明,日语中所有含 *desu* 的系动词结构和俄语的系动词结构相同,即谓词性名词结构一般在工具格里,如(19)所示。

(19) on byl doktorom (instr).
    he was as a-doctor (doctor-instr).
    'He was a doctor.'
    （他当过医生。）

用数学模型描述等价句似乎不大合适,反过来做更好一些。因为在(20)标准等式里:

(20) $y = 3x^2 + 1$

y 相当于焦点,是'因变量'(dependent variable),单独出现在等式左边,而 x 相当于背景,是'自变量'(independent variable),与所有运算符号和修饰语一起,出现在等式右边。这种排列方式并没有纯粹的数学意义,而是由同一个认知语义过程衍生而来,该过程决定了句式(21)。

(21) The bike is to the left of the house. / Clark Kent is really Superman in disguise.
    （自行车在房子左边。/克拉克·肯特实际上是乔装打扮的超人。）

3 复合句中的焦点和背景

作为语言时空同源系统的一部分(见 I-3 章),焦点和背景可以从空间中物体的相对位置推广到时间中事件的相对位置。与前面对空间物体的特征描写相对应,对时间事件中焦点/背景范畴的特征可以更加具体地描述如下：

(22) 语言中焦点和背景在时间上的具体概念化

焦点指在时间中所处位置为变量的事件，其值是所关注对象。
背景是参照事件，相对于参照框架（一般为一维的时间轴）有固定的
位置，焦点在时间中的位置借助背景而定。

焦点和背景的概念可以同肯定和预设的概念相关，但事实上前者应用范围要比后者更加普遍，因为它不仅能指命题，还可以指实体。

例(23)中的复合句表示了这些语义范畴在时间结构上的应用。

(23) He exploded after he touched the button.
（他按了按钮以后，他就爆炸了。）

这句话把触摸按钮事件当成背景，即当作固定和已知的参照点，而把爆炸事件当作焦点，这使后者在整个时间范围内更加突出。和前面"自行车/房子"以及非对称逆转对的"在……上面/在……下面"的例子一样，如果将(23)逆转，也会产生不同的焦点/背景分配。

(24) He touched the button before he exploded.
（他在爆炸前按了按钮。）

其实，对这个说话者而言，该句听上去很好笑。只有在想象成像官方调查已知死亡事件的原因那样的特殊情况，这句话才具有一定的严肃性。

此处所引用的复合句，由主句和带从属连词的从句组成，可以理解为从另一种不同形式的更深层次的句法结构衍生出来。该深层形式可通过一个更近似的表层句表示。这个表层句包含两个名词化小句成分，一个表示发生动作的动词以及一个"从属介词"，如(25)所示。句子(25a)和(25b)分别根据句子(23)和(24)类推而来。

(25) a. His exploding (F) occurred after his touching the button (G).
（他的爆炸(F)发生在按按钮(G)之后。）
b. His touching the button (F) occurred before his exploding (G).
（他按按钮(F)发生在他爆炸(G)之前。）

这种形式和表示空间位置的句子形式类似。在所有这三种类型的句子中（即空间位置分句、带有介词的时间分句以及含有连词的复合句），主语（或类似主语）成分做焦点，宾语（或类似宾语）成分做背景。

因为一个逆转对子中任一非对称关系都描述同样的关系特征,且效果同样理想,语言的优势就体现在可将对子中的任意一个词汇化为焦点。例如,英语具有表示'时间连续'的一个逆转对,即 *before*(在……之前)和 *after*(在……之后)。然而,任何语言都有一些语义上的逆转对子,对于它们而言,其中只有一个具有简单表达式(因而可以认为语言表达范围因缺少另一表达方式而受到限制)。

例如,英语在表达'时间包含'(temporal inclusion)的'时间点事件'(point event)和'时间段事件'(extent event)这一不对称逆转对子时,就属于这种情况。如果人们对时间点事件了解较少,需借助较熟悉的'时间段事件'来确定其在时间中的位置,即前者的位置'包含于'后者之中,这种关系可以用简单的词汇表达,如(26)所示。

(26) Shāh Mat of Persia was assassinated during Caesar's reign. /while Caesar reigned.

(波斯王沙麦特在恺撒统治期间遇刺。/在恺撒统治的时候遇刺。)

但是如果时间段事件不为人知,需要借助人们更熟悉的时间点事件来确定其时间坐标时,即前者的位置'包含'后者,英语中就没有简单恰当的词汇表达形式,如(27)所示。

(27) ? Shāh Rūkh ruled Persia around/through/before and after Christ's crucifixion.

(?沙哈鲁在耶稣受难之际的前后/过程中/之前和之后统治波斯。)

上文展示了英语如何词汇化'时间连续'和'时间包含'关系。或许有人以为只要哪个语言有现成的手段表达非对称时间关系,这种语言就是独特的,这些语言或者对逆转对中的两者都有简单的词汇表达方式,或者只对其中一个有简单的词汇表达方式。然而事实很可能是,对于事件之间的非对称关系在两个方向中的哪一个优先被概念化,各种语言具有共性。事实上,可能对于所有的逆转对子,以下两种关于共性的原则总有一个站得住脚,可以是(28a)蕴涵共性(implicational universal),也可以是(28b)绝对共性(absolute universal)。

(28) a. 仅当一种语言具有描述事件之间非对称关系 R 的一些词汇手段时(这些词汇手段不能更加复杂,而是复杂度相同或更加简单),该语言才可能也具有描述逆转关系 R_{INV} 的手段。
  b. 一种语言可能具有词汇手段来描述事件之间的非对称关系 R,但却永远没有描述逆转关系 R_{INV} 的词汇手段。

蕴涵共性原则(28a)应用于非对称关系的一个例子是'时间连续'关系。'After'(在……之后)这一概念作为逆转对子的基本成员 R 具有优先性。[4] 如上文所述,英语有两个同样简单的词汇手段,即单词 *after* 和 *before* 来描述这种关系及其逆转关系。然而,阿楚格维语在表达'after'这一概念时,是通过直接简单地增加动词后缀来实现的(其功能与俄语中的"表示过去的动名词"词尾相似),如(29)所示。

(29) Having-eaten, we left.
  (吃完饭以后,我们离开了。)

但是阿楚格维语用更间接复杂的方式表达'before'(在……之前)这个概念,即在动词形式'after'后面增加两个独立的词,如(30)所示。(30)是(29)的逆转句。

(30) Still not having-left, we ate.
  (在尚未离开的时候,我们吃了饭。)

如果蕴涵共性(28a)适用于'*after/before*'逆转对,那么它意味着某种语言可能像英语一样,用表达'after'一样简单的方式来表达'before'的含义,或者像阿楚格维语那样,表达'before'的手段不像'after'那样直接。但是没有一种语言拥有比表达'after'更简单直接的手段来表达'before'。

绝对共性原则(28b)适用于非对称关系的一个例子是'时间包含'关系。对相关逆转对'包含'(including)和'包含于'(included within)的概念而言,'包含于'概念是主要的。如前文所述,英语通过 *during*(在……期间)和 *while*(当……时候)把'包含于'的概念词汇化,但是却没有词汇化'包含'的概念,符合上述模式。其他语言的抽样调查显示它们也均符合上述模式。

适用于绝对共性原则的非对称关系的另一个例子是'同时持续发生'概念,即'一个时间范围与另一个时间范围重合',如在英语中可用(*all*)*during*(在……期间)和 *the whole time* (*that*)(一直)或 *while*(当……时候)来表示。虽然这种关系看上去是对称的(先不考虑焦点和背景),但是我们有必要首先说明这种关系其实不对称。这一点可用以下事实来证实,即组成该时间关系的两个事件的特点不同,因此这些时间范围不总是可以逆转。例(31)显示,其中第二个事件,其时间范围必须两端有界。如果第二位置的从句描述的是(在任何一端)无界事件,比如处于死亡状态,就会产生不可接受的句子。

(31) She was studying in an American college the whole time that her father in Iran was ill. / * her father in Iran was dead.
(她父亲在伊朗生病期间/*她父亲在伊朗去世期间,她正在美国的一所大学学习。)

另一方面,其中第一个事件无需两端有界,如例子所示,把本身没有时间边界的相同的小句放在第一个位置,这样得到的句子是可以接受的。

(32) Her father in Iran was sick/dead the whole time that she was studying in an American college (but she didn't know it).
(她在美国一所大学学习期间,她的父亲在伊朗生病/去世了(但她不知道)。)

图(33)可以说明构成这类关系的第一和第二个事件对时间界限的不同要求。

(33)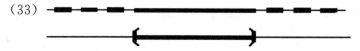

上例展示了非对称的'一个时间范围与另一个时间范围重合',绝对共性原则适用于这种关系,这意味着许多语言可能具有表达(34a)的直接手段,却没有一种语言具有表达(34b)的直接手段。

(34) a. Her father in Iran was dead while she was studying in an American college (but she didn't know it).
(她在美国一所大学学习期间,她的父亲在伊朗去世(但她不知道)。)

b. * She was studying in an American college while$_{INV}$ her father in Iran was dead.
(*她父亲在伊朗去世期间,她正在美国的一所大学学习。)

我们再举第二个例子来说明'一个时间范围与另一个时间范围重合'的不对称关系。在构成这种关系的两个事件中,如果第一个事件发生的可能性取决于第二个事件的发生,因而第二个事件具有决定作用,那么只能由第一个事件作为此关系中的第一个时间范围,而起决定作用的事件只能充当第二个时间范围。举个例子，因为做梦这件事取决于睡眠，因此描述做梦的小句只有在句子第一部分出现才合理，这个句子表达两个事件的发生、持续性以及共时性。

(35) a. He dreamt while he slept.
 （他睡觉的时候做梦了。）
 b. * He slept while he dreamt.
 （*他做梦的时候睡觉了。）

请注意，并没有一般规则限制做梦事件不能处于从句位置，因为只要它不取决于主句描述的事件，就可以出现在从句位置。

(36) He twitched while he dreamt.
 （他在做梦的时候抽动了。）

如果绝对共性原则能够适用于这一反复提到的'一个时间范围与另一个时间范围重合'的非对称关系，这可能意味着没有任何一种语言可以用词汇手段来表达 $while_{INV}$，即 while 的逆转形式，见例(37)。

(37) * He slept $while_{INV}$ he dreamt.[5]
 （*他做梦的时候睡觉了。）

至少在我调查过的几种语言中都没有这样的句子。

只有广泛调查不同语言之后，我们才清楚语言是否普遍偏好不对称逆转关系中的其中一种，而排斥另一种，正如上文谈及的逆转对例子以及其他类型的逆转对。就表达的相对简洁性而言，这种偏好是存在于所有语言还是存在于部分语言中尚有待确定。但我们可以初步提出一点，即这种调查将会表明，在下面几对句子中（仅作为选择性举例），处于上方的句子代表了逆转对中更受偏好的或无标记的关系。调查还可能显示，处于下方的句子，即相应的逆转句，要么表达起来不够简单，要么根本无法表达。事实上，大多数情况下，这些逆转关系只能通过专门造出来的短语才能表达。下面按语义类型列出了表达跨事件关系的句子，前面讨论过的例子也列入其中。在英语中，我们表达从句事件的时候，要么通过连词加从句表达，要么通过从属介词加名词短语表达。[6]

(38) **跨事件关系中，对事件进行焦点/背景分配时，可能存在的普遍单向性**
 a. **时间顺序（具有因果性）**（*Temporal sequence（with causality）*）

i. She departed *after* his arrival. /*after* he arrived.
   (他到达**之后**,她出发了。)

   He arrived *before* her departure. /*before* she departed.
   (她出发**之前**,他已经到了。)

ii. We stayed home *because of* his arrival. /*because* he had arrived.
   (**因为**他来了,我们待在家里。)

   *He arrived *to-the-occasioning-of-(the-decision-of)* our staying home.
   (*他在我们(**决定**)在家**的时候**到达了。)

iii. We went out *despite* his arrival. /*even though* he had arrived.
   (**尽管**他到达了/**尽管**他已经到达了,我们还是出门了。)

   *He arrived *in-ineffective-counteracting-of-(the-decision-of)* our going out.
   (*他到达了,**没能**阻止我们出门(**的决定**)。)

iv. The door slammed shut *from* the wind blowing on it.
   (**由于**风吹(门),门砰地一声关上了。)

   *The wind blew on the door *to* its slamming shut.
   (*风吹门,**使**它砰地一声关上了。)

v. I broke the window *by* leaning against it.
   (**由于**我倚靠在窗户上,窗户破了。)

   *I leaned against the window *to* breaking it.
   (*我倚靠在窗户上,**使**它破碎了。)

vi. We'll stay home *in the event of* his arrival. /*if* he arrives.
   (**一旦**他来了/**如果**他来了,我们就待在家里。)

   *He will arrive *as-a-potential-event-occasioning* our staying home.
   (*他将要到达**作为引起**我们待在家里的潜在事件。)

vii. We'll go out *except in the event of* his arrival. /*unless* he arrives.
   (**除非**他的来访/**除非**他来,**否则**我们就会出门。)

   *He will arrive *as-the-only-potential-event-counteracting* our going out.

(*他将要到达**作为唯一可以阻止**我们出门的**潜在事件**。)

viii. She awoke *upon* his arrival. /*when* he arrived.

(他一到达/他到达**的时候**,她醒了。)

*He arrived *immediately-before-(and-occasioning)* her awakening.

(*他到达了,**刚好在**她睡醒**之前**(睡醒**的时候**)。)

ix. She slept *until* his arrival. /*until* he arrived.

(她**一直**睡到他的到来/他来。)

*He arrived *immediately-before-(and-occasioning)-the-end-of* her sleeping.

(他到了,**刚好在**她睡眠结束**之前**(在她睡眠结束**的时候**)。)

b. **时间包含**(*Temporal inculsion*)

x. He had two affairs *during* his marriage. /*while* he was married.

(他婚姻生活**期间**有两次外遇。)

*He was married *through-a-period-containing* two affairs of his/his having two affairs.

(***在度过一段包括**他的两次外遇/在他有两次外遇**的时间内**,他已结婚。)

c. **依存性**(*Contingency*)

xi. He dreamt (*all*) *during* his sleep. /*while*/*the whole time* he slept.

(他睡觉**时**/**在整个**睡眠**中**,一直在做梦。)

*He slept (*all during*$_{INV}$ his dreaming. /*while*$_{INV}$ he dreamt.)

(*他(**在做梦期间**/在做梦时**一直**)在睡觉。)

d. **替代性**(*Substitution*)

xii. He's playing *instead of*/*rather than* working.

(他正在玩儿,**而不是**在工作。)

*He's not working *in-replacement-by* playing.

(*他没工作,**而是以**玩儿**代替**。)

仔细观察上列句子,我们可以发现,每种偏好不是它所处的关系对中所特有的,而是它们都遵循同一模式。请看(38a)中的每对句子,其中两个相互关联的事件在时间上是连续的。除(38aix)中'until'(直到)类型的句子外,人们一般倾向于把较早发生的事件置于从句中,而把较晚发生的事件置于主句中。这两个事件的功能分别是背景和焦点。这一观察显示,语言存在的这种倾向可能是普遍的。

(39) **顺序原则(Sequence principle)**

对于按时间顺序发生的两个事件之间的任何特定关系,其无标记(或者唯一可能的)语言表达,就是把先发生的事件作为参照点,即背景;把后发生的事件作为必要的参照点事件,即焦点。当整个的句法形式是一个完整的复合句时,两个事件分别由从句和主句表达。

请注意,在上述原则中,语义关系是决定性因素,甚至在句法结构不是完整复合句时也适用。事实上,确实存在一些不同的句法形式,它们基本上都符合语义倾向性。例如,这些不同的句法形式包括:如(40a),句中原本要成为从句的成分,可以以代词形式出现;如(40b),可以隐含或省略;如(40c),可以词化并入主句。

(40) a. He arrived; she left despite that [=his arriving]. **(见I-6章)**
(他到了;尽管如此[=他到了],她还是离开了。)

b. She broke the window [by ACTing ON it with SOMETHING]. **(见I-8章)**
(她打破了窗户[通过用某物作用于它]。)

c. I kicked the ball over the fence.
(我把球踢过了篱笆。)
[=I MOVED the ball over the fence by kicking it.] **(见II-1章)**
([=我通过踢球把球移过了篱笆。])

(38a)中所有按顺序发生的事件关系类型都可以表达事件之间的因果关系,且其中一些主要用来表达因果关系。这里我们可以辨别出这样一种模式,即每对句子中人们倾向于选择将使因事件置于从句,将结果事件置于主句。可以确定,在客观世界中,原因和结果与时间的先后是相互联系的。如果语言学的概念化过程总是遵循物理学原理,那么从前面的时间顺序可以预见语言学中的因果性。但是,事实并非总是如此。因此,通过对因果性的观察(详见I-8章),我们得出下面关于普遍倾向的一个独立原则。

(41) **因—果原则**(Cause-result principle)

两个事件之间因果关系无标记(或者唯一可能)的语言表述,通常把使因事件作为背景,把结果事件作为焦点。当整个句法形式是一个完整的复合句时,这两个事件分别为从句和主句。

Until(直到)有明显的特殊顺序特征,这个问题可以通过观察其因果关系特征来解决。因为当因果关系暗含在其中时(如(38aix)的首句),它至少部分遵循一般句式,即使因事件(在(38aix)是'his arrival')为从句。现在从语义角度来看,主句明确表达的并不是这个事件所引起的结果(即(38aix)中的'her sleeping'),而是那一事件的结束。从时间上看,这一动作的结束确实在使因事件之后。据此,我们可以为 *until* 推导出一个深层形式作为其前身,从而使主句和从句都符合上述两条普遍原则。这种深层形式,如果以(38aix)为例展开,就是(42)中的形式。

(42) [THE END OF [she slept]] OCCUR AT [he arrived].
([[她睡觉]的结束]发生在[他到达]时。)

这种形式可以派生出(43)中的任何一种形式:

(43) a. [she slept] END AT [he arrived]
    ([她睡觉]结束于[他到达]时)
  b. [she slept] EXTEND TO [he arrived]
    ([她睡觉]延续到[他到达]时)

接着又可以引出(44)中两个大致对等的表层句子。

(44) a. She stopped sleeping when he arrived.
    (当他到达时,她睡醒了。)
  b. She slept (continued sleeping) until he arrived.
    (在他到达之前,她(一直在)睡觉。)

与时间顺序和因果关系两个原则类似的一些原则,对于(38b)至(38d)这种类型的句子同样适用。因此,下面提出的原则可以解释两个事件之间不对称的时间包含关系,如(38bx)中所示。

(45) **包含原则(Inclusion principle)**

较大且在时间上包含的事件充当背景(从句),在时间上被包含的事件充当焦点(主句)。

下面的原则可以解释两个事件之间不对称的'依存性'(contingency)关系,如(38cxi)。

(46) **依存原则(Contingency principle)**

如果一个事件对于第二个事件来说是必需的或决定性的,第一个事件就是背景(从句),第二个事件是依存的或者依赖于第一个事件,第二个事件就是焦点(主句)。

下面的原则可以解释两个事件之间不对称的'替代'关系,如(38dxii)。

(47) **替代原则(Substitution principle)**

预期但没有发生的事件充当背景(从句),意料之外却发生了的替代事件充当焦点(主句)。

  如果这些普遍原则能得以证实,我们可以考虑更深层的原因。假如语言共性反映了与语言相关的大脑区域的内在结构和功能特点,我们可以假设:这些特点与大脑中控制普遍认知区域的特点一致。这里我们仅从认知角度考虑时间顺序事件的第一个共性。

  有时,一个新认知的事物会导致或需要将记忆中的事物重组。但一般情况下,认知功能似乎以相反的方式发生:已在记忆中的事物构成基础,提供分析范畴,并作为参照点,我们通过它们对新认知的事物进行评判、描述和分析。特别是在两个不同时发生但都要被认知的事件中,后发生的事件正在发生时,先发生的事件当然已在记忆中,因此先发生的事件一般会被部分用来当作基础,对后发生的事件进行评判。这一认知特点(较早发生的事件作为评判较晚发生的事件的基础)与语言学的特点(先发生和后发生的两个事件在语义学层次和句法学层次分别作为背景/从句和焦点/主句)之间的对应关系表明了如下这种可能性:即认知功能的这一特点,也许在大脑进化过程中,已被纳入大脑语言系统关于概念/语法组织的内在结构之中。[7]

4 自指事件中的焦点和背景

上文描述了基本的焦点、背景运动事件。在此基础上,我们可以逐步构建一种更加复杂的事件,即**自指运动**(self-referencing Motion)事件,并探讨焦点和背景的功能。(详见 Talmy(1972)及I-8章)首先,看下面的例句:

(48) The red leaf drifted toward the brown leaf.
(红色叶子飘向棕色叶子。)

根据本章分析,这个句子所指的情景可以理解为运动事件,其中红色叶子作为焦点,朝着作为背景的棕色叶子运动。同样:

(49) The brown leaf drifted toward the red leaf.
(棕色叶子飘向红色叶子。)

所指情景也是运动事件,其中棕色叶子作为焦点,朝着作为背景的红色叶子运动。

现在考虑一下同时发生的上述两个事件所构成的复杂情景。在此情景中,每片叶子都作为焦点朝着作为背景的另一片叶子运动。这种情景可以由(50)中一系列逐步派生的句子来表达。

(50) a. The red leaf drifted toward the brown leaf and (at the same time) the brown leaf drifted toward the red leaf.
(红色叶子飘向棕色叶子,(同时)棕色叶子飘向红色叶子。)

b. *The red leaf and the brown leaf drifted (respectively) toward the brown leaf and the red leaf.
(*红色叶子和棕色叶子(分别)飘向棕色叶子和红色叶子。)

c. The red leaf and the brown leaf drifted toward each other.
(红色叶子和棕色叶子相互飘向对方。)

d. The red leaf and the brown leaf drifted together.
(红色叶子和棕色叶子飘到一起。)

e. The two leaves drifted together.
(两片叶子飘到一起。)

这种情景,虽然可以像前面一样,当作并列的复杂事件来分析,但也可以将其视为单个运动事件来分析。其中,一系列物体作为**复合焦点**(**composite Figure**)相对于作为"复合背景"(composite Ground)的另一系列物体运动。复合焦点和复合背景分别用 F′ 和 G′ 表示。此外还有一种特殊情况,即焦点和背景是同样的物体(即焦点构成自己的背景),此时这一新情景可以视为简单运动事件,由一系列物体作为复合焦点朝着复合背景即自身运动。因此,我们把这种情景称为**自指运动事件**(**self-referencing Motion event**)。

下面分析这样一种运动事件,即为了能够通过句法结构表达该运动事件,它只能被看作自指运动事件,而不能看作简单运动事件的合并。有这样一种情景,焦点物体(也可以是背景物体),不像前面例子那样可以用明确的数字表示(如'两个'),相反,它们"不可计数",也就是说,因为数量较多,所以其数目未知。所以,这些物体的空间关系不能看作一对物体之间简单关系之和,而只能看作格式塔的整体,具体来说,是被看作一种**构型**(**configuration**)。举例如下:

(51) a. The leaves floated into a circle.
   (叶子飘进了一个圆圈。)
   b. The leaves floated out of the circle [that they were in].
   (叶子飘出了[它们原来所在的]圆圈。)
   c. The leaves floated in a circle.
   (叶子飘成了一个圆圈。)
   [in the locative sense, hence, like: The pens lay in a circle.]
   [因此,从方位上看,就像句子 The pen lay in a circle(那些钢笔摆放成了一个圆圈状)表达的场景。]

现在我们继续分析一种自指运动事件。相对于前例而言,为了能够用句法结构表达,这种运动事件必须从格式塔构型的更高层次来分析。我们有这样一种情景,焦点"物体"(同时也是背景"物体")不但不能用明确的数字表示,也没有明确的特征(如'叶子'的情况),它们是"非离散的",是一个可以确定的较大物体的连续"组成部分"。因此,这一空间关系可以不被表征为复合焦点/背景物体的构型,而仅表征为较大物体的**形状**(**shape**)。从这点来讲,正是所想象的构成较大物体的组成部分才是真正的复合焦点–背景,尽管只有它们所组成的整体才有特定的词汇来确指。我们必须将非离散性视作"多个物体"朝着彼此运动或依据彼此来确定位置。因此,它们所组成的整体,其语义功能也不是"焦点"和"背景",但可冠以新名,即**元焦点**(meta-Figure)和**元背景**(meta-Ground),分别用 F″和 G″表示。例句(52)中的气球即元焦点和元背景的一个例子。

(52) a. The balloon puffed out. /The balloon expanded into a round shape.
(气球吹起来了。/气球膨胀成圆形了。)
b. The balloon shrank in. /The balloon shrank into a tube shape.
(气球收缩了。/气球收缩成管状了。)
c. The balloon is round.
(气球是圆的。)

这里,需要对 *the balloon*(气球)进行更细致的分析。对于(52a)和(52b)中的运动情景来说,气球不可分离的各个部分作为复合焦点,同时也作为复合背景,远离彼此或向彼此运动,如图(53a)所示。尽管这一事件(如果用句法结构表示的话)必须从整体结构的更高层次来分析,这种更加细致层面的颗粒结构在概念中也是存在的。这种情况下,气球整体作为元焦点的同时,也作为元背景从自身向外或向内运动,如图(53b)所示。

(53)
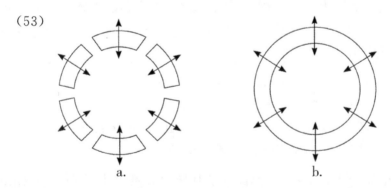
        a.   b.

同样,自指方位事件(self-referencing locative event)可以用构型中组成部分之间的关系来理解——似乎该事件可以表征为 *The components of the balloon are in [the configuration of] a sphere*(气球的组成部分呈现球体[构型])——尽管表示形状的词语 *round* 仅适用于元焦点整体。

注意,一种语言在词汇层次上可以有很多谓项将元焦点作为主语或直接宾语,并且表示自指运动。这种运动在几何意义上不一定像前面"气球"的例子那样简单。因此,下面例子中英语动词都代表了相对于元焦点物体来说非常复杂的自指运动:*The vase broke/shattered*(花瓶破了/碎了），The pavement buckled（人行道翘起来了），The flag furled up（旗子卷起来了），The can crumpled under the weight（易拉罐在重压之下变形了），The banner waved in the wind（旗帜在风中飘动）。事实上，前面所考虑的因素让我们可以将"焦点"概念同通常的"受事"概念部分地联系起来。这种在空间内运动或者处于静止的物体所构成的受事，就是我们所说的焦点。但是，通常被认为最典型的受事，即形状发生改变的物体（如被打碎或变形的物体），是我们所说的元焦点。

5 焦点和背景的其他特征

除了已分析过的特征之外，焦点和背景的特征还包括其他一些语义因素，如视角点多重复杂（合）性及方向的词化并入、不确定性以及多重嵌入等，每个因素都与特定的句法形式相关。

5.1 焦点和背景的语法关系

（2）中列出的决定焦点/背景功能的那些原则可以用来确定表达焦点和背景的句法成分。在（6）和（8）的句子中，两个名词短语表达的焦点/背景功能在语法关系上有所不同：主语为焦点，介词宾语为背景。但是在其他情况下，即使语法关系发生改变，名词短语的语义功能仍然相同，如（54）中句子所示。

(54) a. Smoke (F) slowly filled the room (G).
（烟(F)慢慢地充满了房间(G)。）
b. The room (G) slowly filled with smoke (F).
（房间(G)里慢慢地充满了烟(F)。）

这两个句子中，the room 都保持了其作为参照实体（reference entity）或描述 the smoke（烟）的路径的**定位体**（**anchor**）的背景功能，而作为焦点的 the smoke 则是位置可变的实体。

显然，这种逆转句之间存在语义差异，但是除了变量点和参照点功能外，似乎还涉及其他因素。其中一个因素就是"视角点"，即一个人将自己的注意置于何处来观察所涉及场景的其余部分（见 I-1 章）。因此，对（54a），人们可能感觉自己正凌驾于不断向上飘的烟团之上，而对（54b），人们可能感觉自己正在房间的后面看着烟靠近。

此类句子表明，可能存在另一种语言普遍性：在语言基本表达上，相对于背景,焦点具有句法优先性。对单个小句中的名词短语来说,这种优先性包含了在整个格层级上的表达。在非施事句中,焦点是主语,背景是(间接)宾语。在施事做主语的施事句中,焦点是直接宾语,背景是间接宾语。对复合句中的小句来说,这种优先性原则作用的结果就是焦点做主句,背景做从句。根据对例(25)的解释,这种复合句是基于带有主语和间接宾语的方位型句子,这样以上关于复合句优先顺序的判断就可变为关于单句的判断。任何不同于以上焦点/背景分配的方式都可认为是非基本的或衍生的。

这种优先顺序原则有其证据。首先,不管名词短语的所指对象特点如何,(5)中的方位型句子一般将焦点和背景功能分别分配给主语和宾语。其次,(54)中允许相反优先顺序的运动型句子是非典型性的。最典型的运动型句子依据基础的优先顺序,即焦点作为主语,背景作为宾语。因此,符合基本优先顺序的(55a)句并没有(55b)的对应逆转形式。

(55) a. The ball (F) rolled into the box (G).
     (球(F)滚进了盒子(G)。)
   b. *The box (G) rolled (in) with the ball (F).
     (*盒子(G)滚(进)了球(F)。)

第三,在焦点/背景优先顺序逆转句子类型中,正常的优先顺序形式仍然是基本的。这一点可以得到证明,因为正常的优先顺序形式可以有一系列路径类型,如(56a)。但是它的逆转形式将这种区别性特征压制为一个标记语,如(56b)所示。(英语中,这种标记语通常是 *with* 和 *of*,其中 *with* 表示所有用 TO 做矢量的路径,*of* 表示所有用 FROM 做矢量的路径。)

(56) a. I (A) loaded hay (F) (up/down) into/onto the truck (G).
     (我(A)把干草(F)装(上/入)进/到了卡车(G)。)
   b. I (A) loaded the truck (G) with hay (F).
     (我(A)用干草(F)装满了卡车(G)。)

在标记理论中,正是无标记形式(即关于某种特定因素的基本形式)允许其他因素有很多变化形式。

因此,对于非施事句和施事句都有两种优先顺序的情况,如动词 *suffuse*(弥漫;扩散)和 *drain*(排放),我们认为在四种形式中,一半是基本的优先顺序,另一半是非基本的逆转优先顺序。[8]

(57) **Basic**：Perfume (F) slowly suffused through the room (G).
（基本顺序：香水(F)慢慢地弥漫了房间(G)。）

Reverse：The room (G) slowly suffused with perfume (F).
（逆转顺序：房间里(G)慢慢地弥漫了香水(F)。）

Basic：I (A) slowly suffused perfume (F) through the room (G).
（基本顺序：我(A)慢慢地使香水(F)弥漫房间(G)。）

Reverse：I (A) slowly suffused the room (G) with perfume (F).
（逆转顺序：我(A)慢慢地用香水(F)弥漫房间(G)。）

Basic：The gasoline (F) slowly drained from the fuel tank (G).
（基本顺序：汽油(F)慢慢地从油箱(G)中流干。）

Reverse：The fuel tank (G) slowly drained of gasoline (F).
（逆转顺序：油箱(G)慢慢地排干汽油(F)。）

Basic：I (A) slowly drained the gasoline (F) from the fuel tank (G).
（基本顺序：我(A)慢慢地把汽油(F)从油箱(G)排干。）

Reverse：I (A) slowly drained the fuel tank (G) of gasoline (F).
（逆转顺序：我(A)慢慢地从油箱(F)排干汽油(G)。）

5.2 复杂成分中的复杂背景

像(58)这样的句子：

(58) The pen rolled off the table onto the floor.
（钢笔从桌子上滚到地板上。）

不表示两条路径和两个背景。相反,它指的是在一个事件中焦点物体沿着一条相对于一个背景的路径运动,但是路径和背景具有复杂性。大多数情况下,这些复杂所指不能用一个简单结构成分来表示,即由一个介词和一个名词短语组成的介词短语来表示。在这种情况下,语言可以用复杂的句法结构来表征这个概念复合体,英语即属此类。

这种类型的路径和背景,在句法上可以像(59)那样用一个介词短语或一个复合体表示。

(59) a. I swam from one side to the other side of the river in one minute.
（我用一分钟从河的岸边游到对岸。）

b. I swam across the river in one minute.
（我用一分钟游过了河。）

这些例句直接说明，将一个句法复合体的所指对象识解为单一但复杂的"路径＋背景"模式，在语义上是可行的。

5.3　非名词短语组成成分中的焦点和背景

　　运动事件的焦点和背景不一定仅用名词短语来表征，它们也可以用其他语法范畴来表征。例如，阿楚格维语最典型的模式是用动词词根表示焦点，用动词后缀（一种可以同时表达"路径＋背景"的后缀）表示背景，详见Ⅱ-1和Ⅱ-2章。英语有少量动词本身包含焦点，例如：to *pit*（给……去核），*skin*（给……剥皮），*shave*（给……刮胡子），*tag*（给……贴标签）。例句如：*I pitted the cherry*（我给樱桃去核），或 *I tagged the suitcase*（我给手提箱贴上标签）。也有少数动词本身包含了背景，例如：to *shelve*（把……置于架上），*box*（把……装入盒中），*quarry*（从采石场开采）。例句如：*I shelved the books*（我把书放到了书架上）或 *They quarried the marble*（他们从采石场开采了大理石）。

5.4　焦点/背景分配的不确定性

　　请注意，语言中可以有这样一种句法结构，该结构表示两个物体间的运动事件，但不能确定二者哪个是运动的焦点，哪个是静止的背景，或者是否两个物体将彼此作为背景，都是焦点。因此，在英语句子(60)中：

(60) I sheathed my sword.
　　（我把剑插入鞘内。）

不清楚是"我"移剑入鞘，还是移鞘覆剑，或者二者同时移到一起。

5.5　焦点/背景关系的嵌入

　　单个小句可以表征一组焦点/背景嵌入进另一组焦点/背景的语义复合体。此时，这一小句中的一些名词具有双重功能。关于这一点，请看句子 *The lion chased the gazelle through the forest*（狮子追赶瞪羚穿过森林）。首先，狮子是焦点，瞪羚是背景。如果它们以同一速度奔跑，那么事实上，这种焦点与背景关系为静态。其次，这一对动物一起做复合焦点，森林做背景。这时，焦点相对背景运动。这里，就狮子而言，瞪羚是背景，但对于森林,瞪羚又是复合焦点的一部分。

类似的嵌入可见句子 The lion slowly gained on the gazelle(狮子慢慢逼近瞪羚)和 The lion caught up with/overtook the gazelle(狮子追上/超过瞪羚)。同样,狮子是焦点,与此相对,瞪羚是背景,而相对于某个作为背景的参照背景来说,这一对动物又一起构成焦点(虽然背景在这个句子中并未明确表达出来)。但是这里,狮子和瞪羚之间的焦点-背景关系并不是静止的,而是运动的,因为狮子在朝着瞪羚运动或者在追赶它。同样,瞪羚也具有焦点和背景双重角色的功能。

6 角色派生:使因事件的焦点=致使情景的工具

本节提出的系统包括焦点和背景语义功能的派生规则。这里,"派生"(derivation)指仅从语义结构内相互联系的基本功能出发,对非基本的、更高层的语义功能作出的识解。用具体例子来说明,使因事件中焦点实体可以理解为引起整个致使情景的"工具"(Instrument)。正如上8章详细讨论的,一个基本致使情景由两个事件构成,其中一个事件因另一个事件的发生而发生,前者为结果事件,后者是使因事件。在整个情景中,结果事件为焦点,使因事件为背景。这些语义范畴和它们之间的关系可以用图(61)表示。

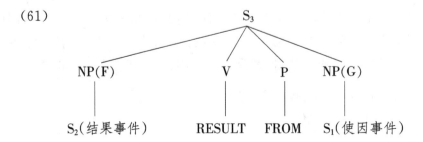

在此结构中,一个下层的焦点派生成(或者被重新解释为)一个上层的工具,派生过程如下:

(62) S_1: A baseball (F_1) sailed into the aerial (G_1).
(棒球(F_1)击中天线(G_1)。)

S_2: The aerial (F_2) toppled off the roof (G_2).
(天线(F_2)从屋顶(G_2)上倒下来了。)

S_3: The aerial ($F_2 \Rightarrow F_3$) toppled off the roof ($G_2 \Rightarrow G_3$)
(天线($F_2 \Rightarrow F_3$)从屋顶($G_2 \Rightarrow G_3$)上倒下来了)

from a baseball ($F_1 \Rightarrow I_3$) sailing into it ($G_1 = F_3$).
（由于棒球($F_1 \Rightarrow I_3$)击中了它($G_1 = F_3$)。）

这里，*a baseball*（棒球）的所指对象在自身所处下层事件（使因事件）*A baseball sailed into the aerial*（棒球击中天线）中为焦点。但是在更大的致使情景 *The aerial toppled off the roof from a baseball sailing into it*（天线从屋顶上倒下来了，由于棒球击中了它）中，介词 *from* 表明它的功能是工具。当使因事件由一个关系分句表达时，如在句子 *The aerial toppled off the roof from a baseball that sailed into it*（天线从屋顶上倒下来了，由于棒球击中了它）中，这一工具功能就较为清晰了。当这类结构嵌入施事性主句时，它的工具功能就明确了。此时，先前的标记语 *from* 被更常见的工具标记语 *with* 代替，如 *I toppled the aerial off the roof with a baseball*（*that I threw at it*）（我用棒球把天线从屋顶上弄下来了（我朝天线扔了棒球）。）

以上论述也许只适用于整个致使情景中最典型的工具概念，即它是使因事件中的焦点。但是，工具的概念也可以包括其他语义关系成分。因此，即使一个成分不直接影响结果事件中的焦点，不引起焦点的运动，但却构成了结果事件中复杂背景的一部分（这个背景是结果事件中焦点运动的背景），那么这个成分也可以使用 *with* 这类形式。在某些语言中，这种 *with* 类型的标记语是唯一的选择。对于这些语言来说，工具的概念似乎更为概括，并且适用于诸多结果事件作为焦点的整个致使情景。但是英语通常倾向用一个空间介词来表示结果事件中的焦点与非原型成分之间的路径关系，而且在某些情况下只能这样做。这种空间介词的选择，一般不用于使因事件中的焦点作为工具的原型情况。因此，英语大体上将这里讨论的原型工具（即使因事件中的焦点）作为一个独立的范畴。

下面对此加以说明。例句(63)中食物是结果事件的焦点，且是整个因果情景的焦点，因为它们通过空间从食物盛装的位置运动到了鲍比嘴里。句子(63a)中，勺子是使因事件的焦点，直接导致部分食物运动，因此是原型工具。这里英语只能用 *with* 才比较恰当。但是，句子(63b)中，吸管只是作为导管，并不直接导致牛奶运动，而是吸的动作引起牛奶运动，而且导管充当牛奶运动的路径，因此是背景复合体的一部分。因此，除了 *with* 之外，这一成分还可以使用一个空间介词标记，如 *through*，这样就扩展并涵盖了非原型的情况。在(63c)和(63d)中，盘子和碗同样不能直接引起食物的运动（假定食物运动是一把餐具引起的），而仅仅是构成了背景复合体的一部分。同样,作为这样的背景成分,它们可以与相关的空间介词搭配,但不能与 with 搭配。

(63) a. Bobby eats his stew with a spoon.
(鲍比用一只勺子吃炖肉。)
b. Bobby drinks his milk through/with a straw.
(鲍比用/通过一根吸管喝牛奶。)
c. Bobby must learn to eat his stew off of/?with a plate.
(鲍比必须学会从盘子中/?用盘子吃炖肉。)
d. Bobby must stop eating his stew out of/??with a bowl.
(鲍比必须停止从碗中/??用碗吃炖肉。)

与此相对,使因事件中的焦点作为整个因果情景的工具原型,一般不能与 with 之外的其他空间介词搭配,如(64)所示。

(64) a. I pushed the block across the table with/* ahead of a pool cue.
(我用台球杆/*在台球杆前把方块推过桌子。)
b. I sliced the salami with/* under a knife.
(我用刀子/*在刀下把意大利腊肠切片。)

7 焦点和背景与其他格体系的对比

下面将本研究与其他研究相比较。我们首先将 Fillmore(1968)的格体系与我们的体系进行比较,并指出后者如何克服了前者的一些问题。

在 Fillmore 体系中,由于所有的格都在同一层次上一起排列,没有再往下分类,也没有概括出它们的共同特征,所以出现了一些问题。

(65) 来源格(Source),目标格(Goal),路径格(Path),位置格(Locative),受事格(Patient),工具格(Instrument)

首先,Fillmore 体系没有明确说明他的体系中的上述六个格在描述一个物体相对于另一物体运动或描述两个物体相互之间的位置时所具有的共同特征,如区别于施事者的特征。而我们的体系将这一特征提取出来,放入完整且可嵌入的单位(运动/方位事件)中。在该单位中,只出现那些合在一起等同于上述六个格的角色。

第二,Fillmore体系没有说明前四个格,即来源格、目标格、路径格和位置格,都具有作为参照点的功能的共同特征。这点是其他格如受事和工具或施事者所不具备的。而我们的体系恰恰把这些格的共同特征,即作为参照点的功能提取出来,并建立一个相关的角色概念,即背景。Fillmore体系做到这一点之所以困难,是因为该体系关于格概念本身就包含了一些空间方向的细节。它将空间方向概念'from'并入来源格,将'to'并入目标格,'along'等等并入路径格,'at'并入位置格。我们的体系没有这么麻烦,因为所有的空间方向细节都被抽象出来成为一个独立范畴,即路径。特别是贯穿于Fillmore空间格的'from/to/along/at'等概念一起归于我们的路径范畴**矢量(Vector)**成分中(见Ⅱ-1章)。当这些空间方向概念从Fillmore的格中去除,剩下的就只有它们唯一共同的参照点角色,即我们的背景格。

第三,Fillmore体系没有表明相互联系的四个格中的前三个,即来源格、目标格和路径格,它们具有一个共同特征,并与第四个位置格的特征对立。前三个格与运动有关,第四个格与静止有关。在我们的体系中,这一对运动状态的概念作为整体被抽象出来,成为一个范畴,即运动(事实)((Fact of) Motion)。运动的每种状态都由一个深层动词 MOVE 或 BE_{LOC} 来单独表达。这两种状态的对立和互补,是由于这两个深层动词有且只能有一个必须出现在表征运动事件的句法结构中。

由于将空间方向概念并入格概念,Fillmore体系还有其他一些问题。首先,虽然 Fillmore 的空间格在矢量概念'to/from/along/at'上各不相同,但是它们可以同样用于空间方向概念的构形部分。构形部分包括'表层'(surface)或'内部'(interior)等概念。因此,对于 Fillmore 来说,位置格、目标格和来源格分别适用于 *on the box/onto the box/off of the box*(在盒子上/到盒子上/离开盒子)的三个 *box*(盒子)事件,也适用于 *in the box/into the box/out of the box*(在盒子里/到盒子里/离开盒子)中的三个 *box*(盒子)事件。但是 Fillmore 体系无法抓住前三个短语和后三个短语在构形上的共同特征,即'表层'和'内部'。相反,我们的体系将此类空间方向特点抽象出来,一起置于路径范畴的**构形(Conformation)**成分内。

其次,Fillmore 将空间方向特征作为建立不同格的基础,这导致如下一些问题,即哪些特征在哪种细微度上可以被采用,可划分多少个格以及什么样的格。例如,空间方向特征'from','to'和'along'似乎分别是Fillmore建立来源格、目标格和路径格的基础,这些也适用于如(66)中句尾几个名词性成分。

(66)　　　　　The ball rolled
　　　　　　　（球滚动）
　　　来源格：out of the bathroom/off the table/away from the sofa.
　　　　　　　（出了浴室/掉下了桌子/离开沙发。）
　　　目标格：into the kitchen/onto the carpet/up to the wall.
　　　　　　　（进了厨房/到地毯上/直到墙壁。）
　　　路径格：along the hallway.
　　　　　　　（沿着门厅。）

但是(67)句尾的名词性成分应归作哪种格,是上述那些格还是新的格?

(67) The ball rolled across the crack/past the TV/around the lamp.
（球滚过裂缝/滚过电视/绕着灯滚。）

如前所述,将目标格适用于许多不同的构形形式,如 *into N*,*onto N* 以及 *up to N* 等,会导致同样的问题。难道这里不是应该有多少种不同表达就有多少种格吗?注意,如何精细区分格的区别性特征,引出了 Fillmore 格系统中其余部分的特殊问题。因为其他格仅和一个语义标记词相连,如工具格与 *with* 相连。然而与目标格连用的是许多区分不同语义的不同标记词。

我们系统中的路径范畴必须面对类似的问题,即如何表示出全部差异,并涵盖与空间方向关系特征相关联的所有共同之处。但是我们的系统具有更多更灵活的内在机制来解决此问题,而不仅是必须与其他功能相兼容的单一维度名词格。

下面是我们系统中运动事件的公式,它包括了迄今为止我们在本节所讨论的所有特征,这使我们的系统也许比 Fillmore 系统更贴近语言的真实结构。[9]

(68) [焦点　运动{移动/位于}路径
　　　　(＝ 矢量＋构形＋指示语){路径/处所}
　　　背景]运动事件

与其他系统相比,我们的焦点基本上等同于 Gruber(1965)的"theme"(主题),但是 Gruber 像 Fillmore 一样,并没有提取出等同于我们的背景的语义形式。Langacker(1987)的"trajector"(射体)和"landmark"

（界标）与我们的焦点和背景非常相似，尤其是他的界标与我们的背景一样，其概括性都优于 Gruber 和 Fillmore 的系统。

8 儿童对焦点/背景模式的习得

Melissa Bowerman（个人交流）收集了她女儿克里斯蒂（Christy）三岁半至四岁半期间的一些话语语料，发现这些语料可以用语言学中的焦点-背景概念来解释。当克里斯蒂三岁半首次开始使用如 *hit*（打）、*bump*（碰撞）和 *touch*（触摸）这类显性动词时，她常常将这些动词与用于表达焦点和背景的名词成分搭配使用。尽管如第 5 节所示，这些动词要求使用的句式不太常见，且与背景焦点优先顺序相反，即"I hit/bumped/touched G with F"（我用 F 打/碰/触摸了 G），但是克里斯蒂并不使用这些句式。相反，她造出了"I hit/bumped/touched F to G"（我打/碰/触摸 F 到了 G）这类句子。有时她还把上述的单宾语句子拆开来用，如"I hit/bumped/touched G"（我打/碰/触摸了 G）。但她使用 *with* 短语并无困难，她从两岁起就能够正确使用工具格 *withs*。Bowerman 认为，儿童稍大一些会把焦点和背景的概念以及表明它们之间的顺序和语法关系的主要句式连接起来，而后将其过度概括。例（69）是对话中的一些例子（C＝克里斯蒂，M＝妈妈）：

(69) a. I hitted this into my neck. (*After bumping self with toy.*)
（我把这个撞到脖子上。）（自己撞到玩具后））

b. Feel your hand to that. (= *feel that with your hand.* (*Bringing basket to C.*) *instructing M to put her hand over one end of a hose, then C blows through other end.*)
（用你的手摸那里。）（＝用手摸那里。C 在告诉 M 用手拿住软管一头，然后 C 从另一头吹气。））

她的另一个女儿伊娃（Eva）也做出了同样的重构，包括 *fill* 的例子：

(70) a. My other hand's not yukky. See? 'Cause I'm gonna touch it on your pants.
（我这只手不脏。看见了？因为我要用它摸你的裤子。）

b. This is something we can fill some stuff up in. (*Bringing basket to C.*)
（我们可以装些东西到这里面。（把篮子拿给 C。））

c. M: You can get a baggie out of the drawer.
(你可以把包从抽屉里拿出来。)
C: Then fill some marshmallows up in it?
(然后装些软糖在里面?)

注　释

1. 本章内容由 Talmy(1978a)大幅修改而来,而 Talmy(1978a)本身是 Talmy(1975a)的修改及扩展版。
2. 尽管Ⅱ-1章作了详尽说明,但是下面对背景的简述会对阅读本章内容有所帮助。对于运动或静止的物体来说,由四个成分组成更复杂的单位(运动或方位事件),而焦点和背景是其中的两个。另外两个成分是**路径**(Path)以及**运动事实**(the Fact of Motion)。其中路径是焦点走过的特定路线或焦点在背景中所占据的位置,而运动事实包括两种状态,即运动或静止。首字母大写的术语**运动**(Motion)可以指运动或静止状态;首字母大写的术语**路径**(Path)可以指路径或处所。在运动事件外,焦点还可以同时处于独立的活动或状态中,构成第一个事件的"方式"。

   因此,在例(1)中,路径分别由 *off* 和 *on* 表达(分别表示'from a point of the surface of'(从表面一点)和'at a point of the surface of'(在表面一点)的意思)。运动的事实分别由 *rolled* 和 *lay* 表示(意思为'moved'(运动)和'was located'(位于)),而方式由这些词汇同时表达(如'spinning about the axis [the while]'([同时]绕轴旋转)和'in horizontal contact along its length [the while]'([同时]紧贴着并水平移动)。
3. 其他解释也是可能的。一种是焦点物体单独充当心理学焦点,而背景物体和参照背景一起做心理学背景。另一种解释为,语言学中的焦点和背景是心理学中两个截然不同的焦点,而背景(background)是心理学的背景(ground)。
4. 这里关于普遍性具体关系的论述,并没有建立在多种语言调查之上,而是基于抽查,因此可认为是初步的,用来指出调查研究的方向。
5. 关于这个明显缺乏普遍性的连词形式,我们需要注意不能把它与动名词或分词形式混淆。包括英语在内,许多语言都有动名词或分词形式,它们通过"复写分裂"(copy-clefting)过程产生(参见Ⅰ-6章)。

   He slept and he dreamt the while. ⇒ He slept, dreaming (the while).
   (他睡着了,期间做梦了。⇒他睡着了,(同时)做着梦。)
6. 应该再次强调,本研究仅涉及复合句中从属连词所表达的各种关系。语言中确实存在一些并列句,它们表达相关命题的顺序与每组中下方一对句子相同。例如下面几个句子:

   b′. He arrived, (and) so we stayed home.
   (他到了,(并且)因此我们就待在家了。)
   c′. He arrived, but we went out anyway.
   (他到了,但我们还是出去了。)
   l′. He's not working, but playing instead.
   (他没干活儿,而是玩起来。)

但是即便这些形式也不能成为反例来否认这一发现:语言普遍倾向逆转对中的其中一种关系。因为在这类并列句中,右侧的分句与其中一个复合句的整句对等,而且经常是其中更倾向使用的那一句。该结论的基础在于:*instead*＝*instead of that*,*so*＝*because of that*,还有 *anyway*＝*despite that*。以上在 I-6 章有详细论述。

7. 然而这里还存在问题:听到一个'时间顺序'型的复合句,所涉及的不是对两个实际发生的单独事件的认知,而是对其相邻性描述的认知。也就是说,我们的论证只能全部适用于从句所指对象的经历,而不是从句本身的经历。所以我们得用一些语言中"象似性表征"(iconic representation)这样的概念。象似性表征具有的一些认知效果与"象似化"的最初现象相同。

8. Talmy(1972,10.4 节)对这类形式进行了详尽讨论。Ⅱ-1 章讨论了逆转背景/焦点优先概念。

9. 现在很明确,Fillmore 的"路径格"和我们的"路径"所指概念不同。对 Fillmore 而言,"路径"指由名词成分表达的运动实体在运动过程中经过的物体。我们所说的"路径"包括三个成分:矢量、构形和指示语,所以除了出现或参与其中的物体外,还包括所有空间方向图式。

第 6 章 连接事件的结构

1 引 言

本章关注表征焦点事件和背景事件之间关系的句子结构类型。[1]焦点事件和背景事件之间存在一系列的关系,包括时间、原因、让步、附加等。这类句子表征的是**交叉关联事件**(**cross-related events**),它们表征的关系为**交叉事件关系**(**cross-event relation**)。

语言学中已有很多文献研究表征事件间其他关系的句法结构。其中一种类型是论元-谓项关系(argument-predicate relation)。在这种关系中,一个由分句表征、并由补语成分(complementizer)引导的事件作为另一个以谓项形式表征的事件的论元。例如,句子 I believe that she came(我相信她来过)中,that 分句和 believe 就是这种关系。第二种类型就是表征一个事件的关系分句与在上层分句中表征另一事件的名词性成分的关系。

获得较多关注的还有用含有一个主句和一个状语从句的复合句来表征的焦点-背景交叉关联事件。为了说明主句与状语从句表征的两个事件有焦点和背景功能,I-5 章已详细讨论了这类复合句。但是几乎没有研究关注表征这类交叉关联事件的其他结构及这类结构之间系统的句法和语义关系。本章探讨所有这类结构以及它们之间的交叉关系,并将重点放在语义关系上。

在本研究中,我们主要使用一种称为**语义对应**(**semantic alignment**)的方法。运用这种方法时,我们首先认为,如果两个句法结构均表征相同的语义结构,这两种句法结构就是关联的。其次,我们寻找由句法结构成分以不同方式表征该语义结构特定成分的系统模式。也就是说，我们根据两个句法结构表征相应语义成分的位置来描绘两个句法结构之间的对应模式。

例(1)中的句子是对这一主题的引介。在例(1)中，每组句子表达相同的语义结构，但是第一个句子的句法结构是复合句，第二个句子是并列句。这两种结构展示了下面的语义对应模式。复合句中第一个分句在语义上对应的是并列句中的第二个分句；复合句中第二个分句对应的是并列句中的第一个分句。此外，如下文所述，复合句的第二个分句还对应并列句中第二个分句中的一个特定成分。该成分称为"副词性代句成分"(adverbial pro-clause)，正如下列例子中的 so, anyway, then 和 also。

(1) a. They stayed home because they were feeling tired.
     （他们待在家里因为他们觉得累了。）
     They were feeling tired, and so they stayed home.
     （他们觉得累了，所以他们就待在家里了。）

   b. They went out even though they were feeling tired.
     （他们出去了，尽管他们觉得累了。）
     They were feeling tired, but they went out anyway.
     （他们觉得累了，可他们还是出去了。）

   c. She went home after she stopped at the store.
     （她在那家商店驻足之后就回家了。）
     She stopped at the store, and then she went home.
     （她在那家商店驻足，然后她就回家了。）

   d. He works at a sideline in addition to holding down a regular job.
     （他除了有一份固定工作外，还有份兼职工作。）
     He holds down a regular job, and he also works at a sideline.
     （他有份固定工作，而且他还做兼职工作。）

这类形式及其成分在传统语法中都有术语。本章沿用这些术语，并对它们进行了扩增。在传统语法中，每一对句子中的前句，如前所述，是一个"复合句"(complex sentence)，由"主句"(main clause)和"从句"(surbordinate clause)即"状语从句"(adverbial clause)构成。从句由一个"从属连词"(subordinating conjunction)引导，例如，because 带有一个标准的限定分句，这个限定分句包括主语和具有时态变化的谓语。另外，我们说一个从句可以由一个从属介词（subordinating preposition）引导，如在句子 *They went out despite their feeling tired*（他们出去了，尽管觉得累）中，*despite* 引导的就是一个名词性从句。我们把从属连词和从属介词等术语的使用扩展到功能对等的复杂形式中，例如下面句子中的画线部分：*They went out even though they were feeling tired. / in spite of their feeling tired*（他们出去了，虽然觉得累/尽管觉得累）。这里使用从属词（subordinator）这个术语，既指从属连词又指从属介词（包括它们更为复杂的形式）。

在传统语法中，每一对句子中的后一句都是一个"并列句"（compound/coordinate sentence），由一个"主句"（main clause）和一个"并列分句"（coordinate clause）组成，并列分句由一个"并列连词"（coordinating conjunction）引导。但是，我们把这类并列句称为**复写分裂句**（copy-cleft sentences），原因将在下文阐释。

本章我们主要关注语义。我们会进一步确立交叉关联焦点事件和背景事件语义范畴以及它们呈现出的一系列的交叉事件关系。本章的目的还在于探讨表征这种语义范畴的一系列句法结构之间的语义对应关系。所以，本章使用的句法公式和图形的主要功能是用来揭示语义对应及其关系的，而不是提出任何特定的句法研究方法。因此，句法公式和图形使用的是普通形式。

2 交叉关联事件的句法结构体系

一个与背景事件相关联的焦点事件的语义结构可以用某类句法结构来表征？现在我们进一步讨论这类句法结构都包含了哪些。

2.1 简单句

我们从语法上的一种简单句类型开始讨论，这种简单句将两个事件表征为名词性成分。这里的焦点事件就是做主语的名词性成分，而背景事件是做宾语的名词性成分。这些名词性成分每一个都可以是一个名词化从句，或者是指代整个事件的名词或代词。如图（2）所示，焦点事件由 S_1 表示，背景事件由 S_2 表示。每个 S 节点都在一个 NP 节点下面，说明该事件是由名词性从句或其他一些名词性成分表征的。

(2)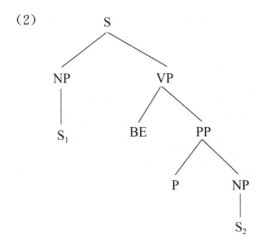

上述句法结构的一种变体形式可以用一个单一成分,即一个带有表征背景事件的名词性成分作为直接宾语的深层动词,来表征交叉事件关系(如句子 *Her going home followed her stopping at the store*(她回家之前在商店驻足)表征了这种关系)。

但是目前讨论的这种结构把该交叉事件关系分配到两个成分上:一个是系动词 BE,一个是把表征背景事件的名词性成分作为其介词宾语的介词。这种分配的原因在于这种结构允许断言(assertion)和标示(identification)这两种不同的功能分别有不同的表征。主动词 BE 用来断言或是把焦点事件与背景事件的关系前景化,而该关系在其他结构中是预设或背景化的。介词 P 用来表示焦点事件与背景事件的具体关系。BE 成分在英语中典型的实现形式是系动词 *be*。至于 P 成分,它用来表征一系列的交叉事件关系,例如,'让步'语义类型的关系,或者'原因'或'附加'语义类型的关系。这样,在英语中,一个代表'让步'语义类型关系的 P 可以由介词 *despite* 或介词复合结构 *in spite of* 实现。(3)中的句子表征的是现在讨论的句法结构类型。的确,这类句子并不是英语中最为口语化的,但是它们所属的类型包括一些更为口语化的形式。²

(3) a. Their staying home was because of their feeling tired.
(他们待在家是因为他们觉得累了。)

b. Their going out was in spite of their feeling tired.
(尽管他们觉得累,他们还是出去了。)

c. Her going home was after her stopping at the store.
(她是去了商店之后回的家。)

d. His working at a sideline is in addition to his holding down a regular job.
（他在固定工作之外有份兼职。）

因为代句形式（a pro-form）在后面的讨论中将起到重要作用，它可以表征在 NP 节点下的 S 节点的组合，我们现在对其进行介绍。该形式可以被称为**名词性代句成分**（**nominal pro-clause**），以符号 Npc 来表示。（4）表示由名词性代句成分表征焦点事件和背景事件的简单句的句法结构：

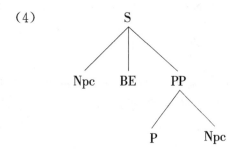

英语中如 *this* 或 *that* 这样的回指形式就是名词性代句形式。例（5）中有两个这样的回指形式，而这些在恰当的语境中有可能与（3）所指的语义情景相同。

(5) a. This was because of that.
（这个的原因是那个。）
b. This was in spite of that.
（这是在尽管那样的情况下。）
c. This was after that.
（这是在那之后。）
d. This was in addition to that.
（这是那个以外的。）

这种简单句句法结构的另一个特征在于，它凸显了交叉事件关系和交叉事物关系之间的语义相似性及也可能存在的句法结构相似性。具体来讲，它揭示出焦点事件与背景事件之间特定的时间、因果及其他关系与焦点物体和背景物体之间空间关系的相似性。（6）展示了语义和句法的相似性。

(6) a. Her going home (F) was after her stopping at the store (G).
（她回家（F）是在她去了商店（G）之后。）

b. The bike (F) was behind the church (G).
（自行车(F)在教堂(G)后面。）

2.2 带从属介词的复合句

下面我们要探讨的句法结构类型,如(7)所示,与前面的简单句不同,因为焦点事件不由名词性从句表征,而由限定分句表征。该限定分句现在充当整个句子的主句。介词短语现在成为主句的副词附加语。除了变成了主句的副词附加语之外,此处的介词短语与先前句法结构中的介词短语相同。该介词短语仍然与背景事件相关,所以我们将把它看作是由一个从属介词引导的从句。因此,这里的整句被认为是一个带从属介词的复合句。这里,同全篇一样,表示复合句的 S 节点带有下标 0。从语义上看,在这种复合句中,原本在简单句中预设的焦点事件现在变成断言,而其与背景事件的关系则由断言变为预设。

(7)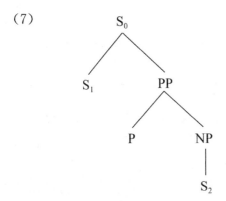

在例(8)中,我们使用这种新的句法结构来表达与上文相同的例子。这些句子现在更加口语化。此外,共指所有格形式(这里的 *their*,*her* 和 *his*)在这类复合句中可以省略,这使句子更加口语化。

(8) a. They stayed home because of (their) feeling tired.
（他们待在家是因为(他们)觉得累了。）

b. They went out in spite of (their) feeling tired.
（尽管(他们)觉得累了,他们还是出去了。）

c. She went home after (her) stopping at the store.
（(她)在商店驻足之后,她回家了。）

d. He works at a sideline in addition to (his) holding down a regular job.
((他)除了有份固定工作,他还在做兼职。)

本章列出的例句一般都是两个分句具有同一个主语。我们保持这个因素不变,可以更清楚地观察其他语法差异。但是,主语不同的句子有其自身的语法特点,因此本文也列举了这类例句,以表明这些差异。我们看到,在当下语境中,含有不同主语的分句的介词性复合句,不允许像上面的共指形式中那样省略掉第二个主语,如(9)中所示。

(9) a. They stayed home because of their child's crying.
(因为孩子在哭啼,他们待在家里。)

b. They went out despite their child's crying.
(尽管孩子在哭啼,他们还是出去了。)

c. She went home after the store's closing.
(在商店打烊之后,她回家了。)

d. John works at a sideline in addition to Jane's holding down a regular job.
(约翰有份兼职工作,此外简有份固定工作。)

按惯例,"复合句""从句"或"状语从句"一般用于含有从属连词及限定分句的句子。但是我们认为,这些术语以及它们所表征的结构概念应该扩展到含有从属介词和指代事件的名词性成分的句子中。一般说来,语言中只有部分介词可以与表示事件的名词性成分搭配,这可以支持以上观点。这类介词通常不能实现其他介词形式的语义功能,如表达指代物体的名词性成分之间的空间关系。例(10)列出了英语中的这两类介词:一类和表示事件的名词性成分搭配,一类和表示物体的名词性成分搭配。例(10)还列出了兼有这两种功能的介词。

(10) a. 介词类型
  i. 只与表示物体的名词性成分搭配的介词
     to, into, out of, up, down, along, across, around, over, under, above, below, behind
  ii. 只与表示事件的名词性成分搭配的介词
     during, after, because of, despite, in addition to, instead of, in case of

iii. **既可以跟表示物体的名词性成分搭配也可以跟表示事件的名词性成分搭配的介词**

on, upon, from, before, past

b. **不同种类介词的用法和不当用法举例**

The balloon floated [i/ * ii/iii] the chimney.
（气球飘浮[i/ * ii/iii]烟囱。）
I will eat [* i/ii/iii] working.
（我将在工作的时候吃[* i/ii/iii]。）

因此，也许应该在形式上确立一个介词的语法子范畴，可标记为 P_E，这些介词只与表示事件的名词性成分搭配。我们的从属介词就属于这类 P_E。或许与它搭配的表示事件的名词性成分自身也应具有形式地位，成为不同的语法子范畴，即 NP_E。或许这两个子范畴的搭配应标记为 PP_E 子范畴。为简单起见，在这里展示的句法结构中，我们均未使用此类细微符号标记。但是，原则上，只有子范畴 PP_E 才可以当作从句；而且只有这个子范畴成分才可以与由从属连词和限定分句所构成的成分划归到一类。

2.3　带从属连词的复合句

前面讨论的句法结构包括了从属介词和名词性从句的搭配。我们下面讨论的句法结构是从属连词和限定分句的搭配，可代替上述搭配。这里的从属连词标示为 Scj。相应地，如图所示，在上述搭配中受 PP 节点控制的介词短语的位置，此处为**从属连词短语**（subordinating conjunctional phrase），受节点 ScjP 的控制。就像前面的 PP 一样，这个短语是与主句搭配的从句或状语从句。尽管句子现在带有从属连词，整个句子仍然是复合句，如图(11)所示：

(11)
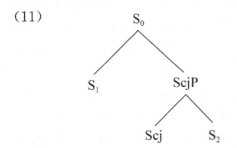

如同前文的从属介词一样，从属连词可以表征一系列交叉事件关系，一般情况下表达的都是与前面相同的语义类型。因此，从属连词通常可

以表征'让步'语义类型或'原因'语义类型。

　　在语言中,表述上述任一语义类型时,一个语法范畴的词汇形式与另一语法范畴的词汇形式有所不同。因此,在表征'让步'语义类型时,英语从属介词有 *despite* 和 *in spite of*,而从属连词又有不同的形式 *although*,*though* 和 *even though*。还有,在表达'原因'语义类型时,英语从属介词有 *because of*,*due to* 和 *on account of* 的形式。但是作为从属连词,有 *because*,*since* 以及 *as*。这几个与"*because*"形式只有部分相似之处。

　　当然,一种语言可以用相同的词汇形式表征两个语法范畴。这样,要表达交叉事件的'后继'(posteriority)关系,英语中用同一个形式 *after* 既做从属介词又做从属连词。这一点可以在下面的句子中看到:She went home *after stopping at the store*(在商店驻足之后,她回家了),以及 She went home *after she stopped at the store*(在商店驻足之后,她回家了)。

　　既有从属介词又有从属连词这两种语法范畴的语言,经常在其中一种范畴中具有词汇形式,而在另一范畴中缺少对应的词汇形式。因此,英语可以用从属介词复合体 *in addition to* 来表达'附加'(additionality)的交叉事件关系,但是却没有表达这个关系的从属连词。

　　先前的例句加上相应的从属连词可以再阐释为(12)——当然'附加'关系除外。这些是目前为止最为口语化的形式。

(12) a. They stayed home because they were feeling tired.
　　　　(他们待在家,因为他们觉得累了。)
　　 b. They went out, even though they were feeling tired.
　　　　(他们出去了,尽管他们觉得累了。)
　　 c. She went home after she stopped at the store.
　　　　(在商店驻足之后,她回家了。)

　　无论从共时角度还是从历时角度看,一种语言中带从属介词的结构可以重新诠释或转换为带有从属连词的结构。因此,考虑下面的英语例子,当英语中从属介词要求搭配名词化形式的从句时,搭配的并不是这个名词性成分的动名词形式,而是带有一个补语性成分和限定性分句的形式。这样,就会出现 *despite the fact that they were feeling tired* 的形式,代替 *despite their feeling tired* 的形式。那么,从句法角度重新解释第一个形式,即是将 *despite the fact that* 作为从属连词复合体,然后直接与限定分句 *they were feeling tired* 搭配。

　　像这样的重新诠释在英语历时变化中发生过。因此,英语的 *because* 从

介词复合体 *by [the] cause that* 发展而来。其他语言中的特定形式似乎也在朝着"连词化"(conjunctivization)的方向发展。因此，俄语中的 *po tomu chto S* 和法语的 *parce que S*，都可以解释为'due-to it that S'，都可以当作单独的连词单位，相当于英语中的 *because S*。与此类似，依地语（Yiddish）中的 *nokhdem vi S*('after it as S')，可以当成一个从属连词，相当于英语的 *after S*。

2.3.1 带动名词的从属连词

英语中还有一类从属词，它们独特的语法特征类似于从属连词和从属介词两种词类的特征。这类从属词只有出现在用不同音位形式的从属介词和从属连词表示的交叉事件关系中才能被辨识出来。该范畴中的形式与常规从属连词具有相同的音位形式。但是后者与限定形式的从句搭配，而这一新的类别与动名词从句搭配，在这一点上，很像从属介词。因此，我们可以把先前的范畴归为从属连词的**限定类型**(**finite type**)，而新类别归为从属连词的**动名词类型**(**gerundive type**)。在我们将要探讨的交叉事件关系中（见(47)中的扩展列表），有四个为动名词类型的从属连词，如(13a)中斜体部分所示。其他从属连词不用于这种结构，如(13b)所示。

(13) a. i. '让步'

They went out *although* feeling tired.

（尽管觉得累，他们还是出去了。）

ii. '共时'

She dreamt *while* sleeping.

（在睡觉的时候她做梦。）

iii. '时间点重合'

She said goodbye *when* leaving.

（她走时道了声'再见'。）

iv. '条件'

If experiencing seasickness, one should take an antinausea pill.

（要是晕船，就该服一粒晕船药。）

b. i. '原因'

＊They stayed home *because/since* feeling tired.

（＊他们待在家，因为觉得累了。）

尽管有上述相似之处，动名词类的从属连词与从属介词的不同之处

在于,前者只允许与焦点分句共指一个主语,而不可以用任何所有格形式来表示该主语,如(14)所示:

(14) a. * They went out, although their feeling tired. /although their child's crying.

(* 尽管他们觉得累,他们出去了。/尽管他们的孩子在哭。)

b. * She dreamt while her sleeping. /while her husband's watching TV.

(* 在她睡觉的时候,她做梦了。/在她丈夫看电视的时候。)

注意,有些从属词,其连词和介词的音位形式相同,例如 *after*, *before*, *since* 等。这类从属词也可能成为动名词类型的从属连词。但是,根据当前的分析方式无法分辨出这种可能性存在与否。因此,(15a)中的从属词一定是一个从属介词,因为它后加主语所有格。但是(15b)中的从属词既可以是省略掉所有格的同一个从属介词,也可以是一个动名词类型的从属连词。

(15) a. She went home after her stopping at the store.
(她在商店驻足之后,回家了。)

b. She went home after stopping at the store.
(在商店驻足之后,她回家了。)

2.3.2 带动名词的零从属连词

英语还有一种结构可表达特定的交叉事件关系,这种结构与含有动名词类从属连词的复合句非常类似,只是句中没有连词。在该结构中,从句是动名词形式,而且就如同动名词类的从属连词一样,它要求自身主语与主句的主语共指,而不可以用所有格形式来指称主语。该结构唯一明显的特征就是它倾向于位于句首。因为该结构缺少对交叉事件关系的显性表达,后者只能靠语义来确定。(16a)列出了该结构可适用的一些关系,而(16b)给出的是该结构不能适用的关系。(关于例句和关系的术语可参看(47)中的列表)注意(16aii)中的'后继'关系例句的成立与否取决于动名词结构是否为完成形式。

(16) a. i. '原因'

Feeling tired, they stayed home.
(因为累了,他们就待在了家里。)

ii. '后继'

　　Having stopped at the store, she went home.
　　（在商店驻足之后,她就回家了。）

iii. '共时'

　　Sleeping on the couch, she dreamt about the day's events.
　　（睡在沙发上,她梦见了一些白天发生的事。）

iv. '涉及'

　　I was careful/took care drying the cups.
　　（我小心翼翼地拭干了杯子。）

b. i. '让步'

　　＊Feeling tired, they went out.
　　（＊觉得累,他们出去了。）

ii. '先前'

　　＊Going home, she stopped at the store.
　　（＊回家,她在商店驻足。）

iii. '后发'

　　＊Escaping, he has been spotted once.
　　（＊逃跑,他一度被发现了。）

iv. '条件'

　　＊Losing her job, she will move back to Boston.
　　（＊丢了工作,她将搬回波士顿。）

纵观英语之外其他语言中的情况,与刚才讨论的零连词动名词形式在结构上类似的是拉丁语中的分词分句,其主语与主句主语共指,其用法涵盖了一系列交叉事件关系。另外,拉丁语的夺格独立语结构（ablative absolute construction）是具有不同主语的分词结构的对应形式。这种独立结构似乎符合我们对于复合句中从句的通用特征描述。但是,它可能是一种与我们正在讨论的介词和连词类型不同的另一种句法类型。

2.4　从句居首的复合句

我们先来看不同交叉事件句子类型中基本的或无标记的句子顺序。在2.1中可以看到,连接焦点物体和背景物体（例如,空间上的）的简单句,与连接焦点事件和背景事件的简单句,在句法和语义上是类似的。英语中两种结构的无标记顺序都是背景成分在后,断言在前。即前面是句子语义的断言部分所在的位置,这里有系词。因此,与 *Behind the church was the bike*(教堂的后面是自行车)相比,*The bike was behind the church*(自行车在教堂的后面)的句子结构更具无标记性。与此类似,句子 *Their staying home was because of their feeling tired*(他们待在家里是因为觉得累了)比 *Because of their feeling tired was their staying home*(因为他们觉得累,所以待在家里)更具无标记性。

可以认为,类似的无标记结构成分顺序原则也适用于 2.2 和 2.3 中讨论过的复合句类型。这里,断言成分是主句,背景成分包含在从句中,然后从句接在主句之后,这种顺序似乎是最无标记的结构。因此,复合句(17a)的结构比(17b)更具无标记性。

(17) a. They stayed home because they were feeling tired.
 (他们待在家是因为他们觉得累了。)
 b. Because they were feeling tired, they stayed home.
 (因为他们觉得累了,所以他们待在家。)

当然,在英语中,也存在从句在主句前的结构。它们的句法结构可以用颠倒(7)和(11)中树形图的两个主要分支结构来表示。在句法上,这种句子形式可能在结构上更具标记性。但是在功能和语用特征上,它们表现出与结构上无标记句子不同的特点,而且可能与它们在同一标记水平上。因此,在有标记的复杂条件句中,如 *If she comes, we'll stay*(如果她来,我们就留下),听话人已经预料到主句事件是视情况而定的,因为首先表达的是主句事件的决定条件。而在与之对应的无标记的复杂条件句 *We'll stay if she comes*(我们留下,如果她来的话)中,听话人可能起初认为主句事件为已知信息,然后进行某种更正处理,把主句事件降为可能会发生的事件。焦点-背景事件的顺序不同,功能也不同,这就是从句处于句子不同位置(句首/句尾)的原因,而且已经有学者用这一现象来讨论不同交叉事件关系(参见 Diessel 1996)。[3]

2.5 并列复写分裂句

下面要讨论的一组句法结构在句法和语义上都偏离前面的结构。在前面的结构中,背景事件只提到一次,而且在句法等级结构中低于焦点事件。因此,英语中背景事件最基本的表达方式是出现在焦点事件之后。在复合句式中,背景事件表征为预设或更背景化,相反,焦点事件表征为断言或更前景化。然而在新的句法结构中,背景事件被表征了两次,其中一次表征位于等级结构的顶层或接近顶层,而这种分开表征的方式可以肯定或突显背景事件。

具体来说,如图(18)所示,在新的一组句法结构中都有一个出现在句首的背景事件,和前文一样用节点 S_2 表示,连接在后面的是一个含有从属介词的完整的复合句,和前文一样用节点 S_0 表示。在这个复合句中,背景事件第二次出现,用另一个 S_2 表示。因为第一个 S_2 是后面嵌入的 S_2 的重复,所以这组句子结构被称作**复写分裂结构**(copy-cleft structures)。

(18)

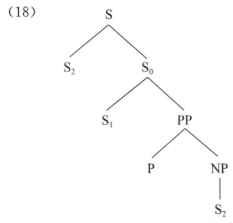

这组结构的最基本形式仅由 S_2 部分和接在后面的 S_0 部分构成,我们称之为**并列复写分裂(paratactic copy-cleft)**形式。这种形式可看作两个独立句子的连用。为了表述一致,我们把两个句子当作一个单一的更高层句子的组成部分,如树形图所示,把表示这种形式的例句写成一个单句,用分号把两部分隔开。

与前文'让步'交叉事件关系例句相对应的复写分裂句见(19)。这里,同样的 S_2 分句出现两次,一次以限定形式出现,一次以名词性形式出现。这种形式自然可以表达特定的文体效果。把重音放在从属介词上,降低名词分句的音高,可以取得更好的效果。

(19) They were feeling tired; they went out despite their feeling tired.
　　　(他们感觉很累;尽管感觉很累,他们还是出去了。)

在多数情况下,用名词性代句成分对背景事件进行第二次所指。英语中,名词性代句成分通常用 that 表示,与首次提到的背景事件共指。相应的句法结构参见图(20),例句(19)还可以表达为(21)的形式。

(20)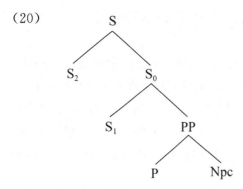

(21) They were feeling tired; they went out despite that.
(他们感觉很累；尽管如此，他们还是出去了。)

2.6 连词复写分裂句

似乎所有语言都可能有我们刚讨论过的并列复写分裂结构。但是，下面我们要讨论的句法结构是一种类型学的基础。有些语言使用这种结构，有些语言不使用（下文将有讨论）。这种新的句法结构即**连词复写分裂**（**connective copy-cleft**）句。并列复写分裂句只有一个嵌入复合句成分，连词复写分裂结构却包括两部分，即**连词**（**connective**）和复合句，连词这里用 Cv 表示。两部分一起构成**连词短语**（**connective phrase**），处于节点 CvP 下，如图(22)所示。

(22)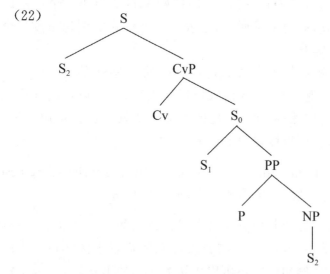

下文将会谈到，连词有三种主要形式：并列连词、表征从句中关系性的连词和表征从句中非限定性的连词。这里我们只考虑并列连词形式，处于节点 Cv 下用 Ccj 表示。[4] 在英语中，并列连词一般指 and（而且）或 but（但是）。所以，例(21)的并列复写分裂句可以写成(23)的形式。

(23) They were feeling tired, but they went out despite their feeling tired.
（他们觉得累了，尽管他们累，但是他们还是出去了。）

和并列复写分裂句相似，连词复写分裂结构也可以使用名词性代句成分形式，代替后来出现的 S_2，并与先出现的 S_2 共指。其句法结构参见图(24)，其中连词部分为并列连词。相应的例句见(25)。

(24)

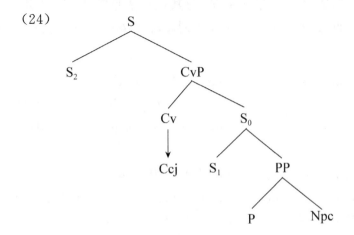

(25) They were feeling tired, but they went out despite that.
（他们感觉累，尽管如此，但他们还是出去了。）

在基本层面上，决定并列连词是使用 and 还是 but 的语义参数，可能与用于焦点—背景事件关系的语义参数不同。连词的选择在很大程度上与对两个事件之间关系的期待是否实现有关（参见 Segal and Duchan 1997，Koenig and Benndorf 1998）。在他们看来，交叉事件关系包括语义上的'原因''让步''后继'和'附加'等关系。连词 and 和 but 的语义范围彼此不同，如(26)所示。

(26) a. They were feeling tired, and/but they went out despite that.
（他们觉得累了，不过/但是他们还是出去了。）
b. She stopped at the store, and/but she went home after that.
（她在商店驻足，不过/但是之后她就回家了。）

c. He holds down a regular job, and/but he works at a sideline in addition to that.

（他有固定的工作，不过/但是他还做兼职。）

可以肯定的是，连词 and 和 but 的语义范围可以相互交叉或在语用上具有相关性。因此，如（27a）所示，尽管 and 和 but 都能表达'让步'交叉事件关系，在大多数情况下，还是由连词 but 表示这种关系。其次，'原因'交叉事件关系要求使用连词 and，如（27b）所示。再次，'先前'交叉事件关系要求使用连词 but，如（27c）所示。此外还存在纯粹词汇限制。表示让步的副词性代句成分 yet（参见下文）与其他让步形式不同，要求使用 and 而不能用 but，如（27d）所示。所以，连词 and 和 but 的语义范围基本上是不同的。

(27) a. They were feeling tired, but/? and they went out despite that.
（他们觉得累了，但是/?而且尽管如此他们还是出去了。）

b. They were feeling tired, and/ * but they stayed home because of that.
（他们觉得累了，所以/ * 但是他们待在家里。）

c. She went home, but/ * and she stopped at the store before that.
（她回家了，但是/ * 而且她在那之前在商店驻足。）

d. They were feeling tired, and/ * but yet they went out.
（他们觉得累了，然而/ * 但是他们还是出去了。）

2.7 含有副词性代句成分的复写分裂句

我们刚讨论了一种特殊类型的代句形式——名词性代句成分，即 N_{PC}。这种形式既可以用在并列复写分裂句的句法结构中，也可以用在连词复写分裂句的句法结构中。这种代句形式表示第二次提到的背景事件，并回指前面首次提到的背景事件。在英语中，这种名词性代句成分典型的表达形式是 that，它用于从属介词短语如 despite that（尽管如此），because of that（因此），after that（此后），in addition to that（除此之外还））中。

在下面我们要讨论的结构中，一种新的代句形式取代了整个从属介词短语的位置。如前所述，这种成分为状语从句（如果只能把从属连词短语看作真正的状语从句，那么可以说它相当于状语从句）。顾名思义，副词性代句成分用于替代状语从句,而且如下文所示,其本身使用副词形式。所以,我们把这种新的成分称作副词性代句成分(adverbial pro-clause),用 Apc 表示。如果只考虑连词复写分裂句,包含这种新的代句成分的句法结构可见图(28)。

(28)
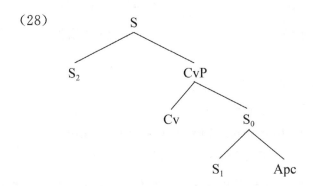

因此,在例句(25)使用从属介词短语加名词性代句成分 *despite that* 的地方,相对应的(29)使用副词性代句成分 *anyway* 的形式。英语中,副词性代句成分结构通常是表示焦点事件和背景事件关系最口语化的选择。

(29) They were feeling tired, but they went out anyway.
　　(他们觉得累了,但无论如何他们还是出去了。)

　　副词性代句成分是世界上许多语言中的一个主要语法范畴类型,但还没有得到正式确认。英语中有很多属于该语法范畴的词汇形式用于一些最口语化的构式中。对于一种交叉事件关系,可以有很多种副词性代句成分。我们刚才看到一种副词性代句成分形式,即 *anyway* 表示'让步'。除此之外,英语中还有 *even so*(即使如此), *all the same*(总是), *nevertheless*(然而), *regardless*(不管怎样), *still*(仍然/还是), *yet*(尽管/但(是)/却), *however*(然而)和 *though*(尽管)等形式。

　　此外,副词性代句成分的形式可以与从属词完全不同。前面已经注意到,不同从属词之间也存在差异。所以,同样表示'让步',从属连词 *although* 的形式不同于从属介词 *despite*。现在,我们可以进一步发现,副词性代句成分 *anyway* 和刚刚提到的其他副词性代句成分也与之前的形式不同。然而,副词性代句成分形式也可以与从属连词形式相同或相似。如后文(47E)所示, *since* 的三种语法功能都可以表示'后发'交叉事件关系。

　　关于句子成分在句中的位置,在英语中,由从属介词和名词性代句成分组成的句子成分基本在句尾。很多可以替代上述成分的副词性代句成分,其基本位置也在句尾。如例句(29)中的 *anyway* 就位于句尾。但是其他副词性代句成分必须或者通常处于句子的其他位置。所以,与 *anyway* 对等的副词性代句成分 *yet*,必须放在尾句的句首,参见(30a)。另一个对等的副词性代句成分 *still* 通常放在尾句中名词性主语和主要动词之间,参见(30b)。这样的结构也可以用与(28)不同但是相似的句型结构来表达。

(30) a. They were feeling tired, and yet they went out.
     (他们觉得累了,然而还是出去了。)
   b. They were feeling tired, but they still went out.
     (他们觉得累了,但是还是出去了。)

通过对副词性代句成分位置条件的观察,我们进一步发现副词性代句成分更普遍的特点:它们的语法特征高度个性化。与通常在句中有固定的位置、重音、语调升降曲线和连音过渡的从属连词和从属介词不同,每一个副词性代句成分在上述语法因素或者其他语法因素上都可以有自己的实现条件或变化形式。针对这一点,重新思考一下英语中表示'让步'的副词性代句成分,其六种表现形式在(31)中有说明。

关于其中一个变化参数,即位置参数,(31)中标志 1 表示副词性代句成分可以出现在分句句首,位于限定分句前;标志 2 表示副词性代句成分可以出现在名词性主语和主要动词之间;标志 3 表示它可以出现在分句句尾。我们看到,*nevertheless* 和 *hence* 可以出现在三种位置;*yet* 只能在句首,*though* 只能在句尾;*still* 句首句中都可以;*anyway* 主要出现在句尾,有时也会在句首。

就连接性而言,所有副词性代句成分都可以出现在并列复写分裂句中,直接位于分号之后,下文用";"表示。另外,副词性代句成分 *nevertheless* 和 *still* 可以接在并列连词(通常是 *but*)后面;*yet* 可以接在并列连词后面,但仅限于 *and* 之后;*hence* 和 *though* 不能与并列连词连用。

另外一个因素是 *hence* 和 *though* 发音时都要略微停顿,当它们位于句尾时,读成低音,即读成插入语性质的超音段模式,下文用下划线"—"表示。但其他三种副词性代句成分的发音都融于它们所在分句的语流中。此外还有其他方面的不同,比如 *yet* 的典型发音是高音、短促、之后有轻微的连音停顿,这种语音复合体不用于其他形式的副词性代句成分。

因此，尽管这里列举的所有副词性代句成分在语义上相似，但在语法上却规则各异。这一点也说明了语言作为一个系统类型所具有的一个更普遍的特征，即语言**极度受限**（**densely constrained**）。即语言中有关可以、必须或不能表现的具体形式特征的一些原则，大部分不能以大语法范畴而论，而是随具体形式的不同而变化，这些"形式"涵盖从单个的语素到扩展的构式。

(31) They were feeling tired

（他们累了，

  a. *nevertheless*（仍然/不过）

    1 ;/but nevertheless they went out.
      不过他们还是出去了。）

    2 ;/but they nevertheless went out.
      他们不过还是出去了。）

    3 ;/but they went out nevertheless.
      但是他们出去了还是。）

  b. *anyway*（无论如何/不管怎样）

    3 ;/but they went out anyway.
      他们还是出去了，不管怎样。）

    ?1 ;/but anyway they went out.
      但是不管怎样，他们还是出去了。）

  c. *still*（仍然）

    1 ;/but still they went out.
      但是他们仍然出去了。）

    2 ;/but they still went out.
      但是他们仍然出去了。）

  d. *yet*（仍/尚/但是还）

    1 ;/and yet they went out.
      他们还是出去了。）

  e. *however*（可是/仍然）

    1 ;/however, they went out.
      可是，他们还是出去了。）

    2_ ;/we, however, went out.
      我们还是出去了。）

3_ ;/they went out, however.
（他们出去了，还是。)

f. *though* (尽管/然而)
3_ ;/they went out, though.
（然而，他们还是出去了。)

至此，本节讨论的副词性代句成分都表示'让步'交叉事件关系。现在我们增加一些其他关系的例子，比如(32a)表示'原因'关系，与 *because of that* 相对应的副词性代句成分为 *so*；(32b)表示'后继'关系，与 *after that* 相对应的副词性代句成分为 *then*；以及(32c)表示'附加'关系，与 *in addition to that* 相对应的副词性代句成分为 *also*。

(32) a. They were tired, and so they stayed home.
（他们觉得累了，所以待在家里。)

b. She stopped at the store, and then she went home.
（她在商店驻足，然后回家了。)

c. He holds down a regular job, and he also works at a sideline.
（他有固定的工作，另外还做兼职。)

既然我们已经确立了副词性代句成分范畴，现在我们可以讨论它们偶尔出现在复写分裂结构之外的情况。在英语中，副词性代句成分可以出现在复合句的主句中，尤其是该复合句的从句居句首的时候，如(33)所示。

(33) a. Even though they were feeling tired, they went out *anyway*.
（尽管他们觉得累了，无论如何他们还是出去了。)

b. After she stopped at the store, she *then* went home.
（她在商店驻足，然后回家了。)

c. In addition to holding down a regular job, he *also* works a sideline.
（除了有固定的工作外，他还做兼职。)

d. If he is smiling, *then* he's in good mood.
（如果他在笑，那么他的心情很好。)

这种副词性代句成分的出现，没有增加新的信息，只是重复表述了之前由从属连词表达的交叉事件关系。所以，这种形式的副词性代句成分通常又称作重述(resumptive)或冗余(pleonastic)副词性代句成分。如果将副词性代句成分清楚地写成从属介词加名词性代句成分的形式,信息的重复会更明显,如(33b)可以写成"*After she stopped at the store, she went home a<u>fter that</u>*"(她在商店驻足后,然后<u>在那之后</u>回家了)这种句子,如果其重复形式在音系上与原从属连词不同,则可接受性更大。

2.8 含有连词性代句成分的复写分裂句

在上一小节中我们看到,副词性代句成分这一简单形式可以替代由从属连词和名词性代句成分组成的复合成分。现在我们来说明一种语言是如何更进一步表现这种替代关系的。一个复写分裂句可能包含并列连词和副词性代句成分的组合,但与之对应的复写分裂句可以用一个简单的新的形式代替上述组合。这种新形式在句法上相当于并列连词,在语义上包含了两部分结合后的意思,我们称之为**连词性代句成分**(**conjunctional pro-clause**),用 Cpc 表示,带有这种新语法范畴的句法结构见图(34)。

(34)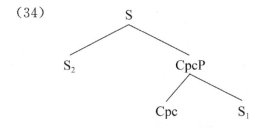

至此,我们列举的交叉事件关系中没有一个表现英语中的这种新形式。但是它可以由另一种关系展现出来,该关系为'否定附加'(negative additionality),即一种不足由另一种不足来扩大。在英语复合句中,这种关系用 *no more than* 来表示,这时焦点事件和背景事件是肯定的,见(35a);或者用 *any more than* 来表示,并与焦点事件的否定形式搭配,见(35b)。

(35) a. He takes odd jobs no more than he holds down a regular job.
    (他没有固定的工作,也没有做零工。)
   b. He does not take odd jobs any more than he holds down a regular job.
    (他既没有固定的工作,也没有做零工。)

这个复合句的复写分裂句式可以用并列连词 *and* 加上三种副词性代句成分 *also*, *either*, *neither* 中的任意一个来表示,且每个副词性代句成分在分句中的位置是不同的,如(36)所示。

(36) He does not hold down a regular job,
（他没有固定的工作，
    a. and he also does not take odd jobs.
        他也没有做零工。）
    b. and he does not take odd jobs either.
        他也没有做零工。）
    c. and neither does he take odd jobs.
        他也没有做零工。）

如(37)所示，语义上与上面结构类型相对应的新结构包含形式 nor。这里 nor 的作用相当于并列连词，但是它无需加上之前的副词性代句成分来表达相同的意思。

(37) He does not hold down a regular job, nor does he take odd jobs.
    （他没有固定的工作，也没有做零工。）

也许有人会认为 nor 与(36c)中 and neither 组合里的 neither 等价，因为：(1) nor 与 neither 的意思几乎相同；(2)像 neither 一样，nor 需要助动词倒装；(3) neither 与 nor 不能同时出现。事实上，neither 与 also 都不能与 nor 同时出现，如(38a)和(38b)所示。

(38) He does not hold down a regular job,
    （他没有固定的工作，
    a. *nor neither does he take odd jobs.
    b. *nor does he also take odd jobs.
    c. nor does he take odd jobs either.
        也没有做零工。）

现在，如(38c)所示，nor 与 either 可同时出现，这可能表明 nor 不表示交叉事件关系(该表达由 eiher 实现)，而只是等同于 and not 组合。但这种观点是站不住脚的，因为 nor 不能代替其他的 and 和 not 组合，如(39)所示。造成这种现象的明显原因是 nor 确指一种具体的'否定附加'交叉事件关系，而不是指其他关系，也不是不指任何关系。至于 either 可以与 nor 搭配，只能理解为冗余。

(39) a. i. They didn't stay home because they weren't feeling tired.
        （他们没待在家里是因为他们没觉得累。）

ii. They weren't feeling tired, and so they didn't stay home.
（他们没觉得累，所以他们没待在家里。）

iii. *They weren't feeling tired, nor (so) did they stay home.
（*他们没觉得累，也没有（因此）待在家里。）

b. i. They didn't go out even though they weren't feeling tired.
（他们没出去尽管他们没觉得累。）

ii. They weren't feeling tired, but they didn't go out anyway.
（他们没觉得累，但不管怎样他们没出去。）

iii. *They weren't feeling tired, nor did they go out (anyway).
（*他们没觉得累，（不管怎样）也没有出去。）

因此，可以得出结论，现有结构中的 nor 的确等同于并列连词和副词性代句成分组合，其本身指代'否定附加'交叉事件关系，并回指背景事件。所以，nor 表征一种新的语法范畴，可称之为"连词性代句成分"。

英语中另一种连词性代句成分形式是用于表示'虚拟例外'（exceptive counterfactuality）交叉事件关系的 or。这种关系在英语复合句中用从属连词 except 或者 only 表示，如(40a)所示。在对应的复写分裂句式结构中，用从属介词如 except for 表示，见(40b)，或者用副词性代句成分 otherwise 或与之对等但逐渐废弃的形式 else 表示，见(40c)。

(40) a. I would have joined you, except (that)/only I was busy.
（我本可以加入你们的，只是我很忙。）

b. I was busy, but I would have joined you except for that/but for that/other than for that.
（我很忙，不然我就加入你们了。）

c. I was busy, but otherwise/else [obs] I would have joined you.
（我很忙，否则我就加入你们了。）

d. I was busy, or(else)I would have joined you.
（我很忙，不然我就加入你们了。）

(40d)中的 or 是对应的连词性代句成分，可视为等同于 but otherwise 的搭配。同样，else 与 or 的搭配则视为重复。或者，既然 else 本身在这种构式中几乎不可使用，可把它简单看作连词性代句成分复杂形式的一部分。

Or 在这个复写分裂句中是一个独特的语法范畴，有自己独特的语法范畴。可以证明这一点的另一项证据是,前一个分句中不能出现 either 与 or 搭配,然而在 or 表示'选择'时,却可以这样使用,如(41)所示。

(41) a. *Either I was busy or I would have joined you.
(*或者我很忙,不然我就加入你们了。)
b. Either I was busy, or I was fooling myself into thinking I had a lot to do.
(或者是我很忙,或者是我在自欺欺人,认为自己有很多事情要做。)

2.9 不表征交叉事件关系的复写分裂句

英语允许如下结构:表征已确定的背景事件的限定分句,后加一个并列连词和一个表征焦点事件的限定分句。但是这种结构不明确表达任何具体的交叉事件关系,如(42)所示。

(42) a. They were feeling tired, and they stayed home.
(他们觉得累了,他们待在家里。)
b. They were feeling tired, but they went out.
(他们觉得累了,但是他们出去了。)
c. She stopped at the store, and she went home.
(她在商店驻足,她回家了。)
d. He holds down a regular job, and he works at a sideline.
(他有固定的工作,他做兼职。)

对这些形式我们有两种解释。一种解释是它们代表一种独特的句法结构,按照传统的理解可以称之为"纯"并列句,而不是复写分裂结构,如图(43)所示。其中代表焦点事件和背景事件分句的下标号与前文相同,但是我们不清楚这种标注方式在语义上是否说得通。

(43)

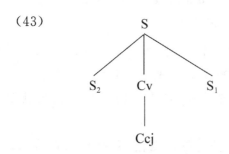

另一种解释考虑了这些形式中并列连词的语义。并列连词的使用（与无连词的并列结构相比）的确表明它所连接的事件'存在'某种关系。因此，它与在其他地方出现的代句形式（或是副词性代句成分或是从属介词加名词性代句成分）具有相同的语义成分，而代句形式同时表示该意义以及具体的交叉事件关系。但是，并列连词似乎不太可能也表示如此特定的交叉事件关系。事实上，如 2.6 节所述，英语中不同并列连词如 and 和 but 的语义差别，基本上与代句成分的语义差别不同。因此，没有足够理由证明 (42a) 到 (42c) 中的 and，像某些人认为的那样，分别具有诸如 'and so'（所以）、'and then'（然后）和 'and also'（也）的扩展语义。相反，我们认为 'so' 'then' 和 'also' 不是 and 意思的一部分，它们最多在语义上与 and 相一致。从这一点来看，它们只是作为一种不同的结构成分，即代句类型成分的"零"实现形式暗含在句中。

与此类似，关于'先前'事件关系，没有理由证明 (44b) 中 but 的出现有 'but first'（但是此前）的意思。更可能的是，but 的意思只是与副词性代句成分 first 的意思一致，而 first 在 (44a) 中出现，在 (44b) 中却被省略了。

(44) a. She went home, but first she had stopped at the store.
（她回家，但是此前先在商店驻足。）
b. She went home, but she had stopped at the store.
（她回家，但是此前在商店驻足。）

因此，对于 (44) 中两种形式的另一种解释是，它们只是省略了一般会出现的副词性代句成分的复写分裂句。从这种观点看，特定的交叉事件关系隐含在结构中，但没有具体说明。据此，也许根本不存在传统上理解的"纯"并列句，存在的只是交叉事件关系没有被表达出来的复写分裂句。所以图 (28) 中的句法结构同样适用于 (44) 中的句子，只是代分句成分 Apc 没有词汇实现形式。此处倾向于上述这种解释。

3 形式与结构对比

到目前为止，我们所区分的语义和句法因素，无论是结构间的相互关系，还是它们所能表达的语义范围，都可以构成一个整体。

3.1 区别交叉事件结构的形式因素

前面讨论过的那些句法结构，在一系列形式因素方面有所区分。我们可以将这些因素提取和归纳出来，如(45)所示。许多这些结构因素可以相互独立出现或不出现，所以它们不仅能描述前文中句法结构的特点，还能描述未讨论过的句法结构的特点。

(45) 1. 一种句法结构可以将焦点事件表征为(a)名词化分句或(b)主句(该因素区分简单句和其他句子类型)。
2. 该句法结构中的状语从句建立在(a)从属介词基础上，或者(b)从属连词基础上。
3. 状语从句可出现在(a)句尾(英语中典型的无标记结构顺序)或(b)句首。
4. 这个句法结构(a)没有或(b)具有句首重复背景事件的表征形式(该因素区分复合句和复写分裂句)。
5. 在复写分裂句中，该句法结构(a)没有或(b)具有位于句首复写成分之后的连接词(该因素区分并列复写分裂句和连词复写分裂句)。
6. 嵌入的背景事件所指(复写分裂结构中第二次提到的背景事件)的表征形式是(a)词汇或(b)代句成分(典型的是名词性代句成分)。
7. 一种结构可以(a)包含由从属介词和名词性代句词组成的成分或(b)用副词性代句词表示该成分。
8. 副词性代句成分可以出现在(a)句尾(即英语中大多数这种形式的明显无标记位置)或(b)句首或主语和动词之间。
9. 一种句法结构可以(a)包含由从属介词加名词性代句成分，或副词性代句成分组成的部分，或(b)省略该成分。
10. 一种句法结构(a)含有并列连词和从属介词及名词性代句成分，或者并列连词和副词性代句成分，或者(b)利用连词性代句成分表征上述搭配。

我们用(46)中语义相关的一组让步句来说明这些结构因素的应用。每一个句子都表明了可适用的因素。注意(46k)形式没有对应的让步句，所以变为表达'虚拟例外'关系。

(46) a. Their going out was despite their feeling tired.
(尽管他们累了，他们还是出去了。)
[1a,2a,3a,4a,6a]

b. They went out despite their feeling tired.
(尽管他们累了，他们还是出去了。)
[1b,2a,3a,4a,6a]（同上，但是 1b 代替了 1a）

c. They went out even though they were feeling tired.
(尽管他们累了，他们还是出去了。)
[1b,2b,3a,4a,6a]（同上，但是 2b 代替了 2a）

d. Even though they were feeling tired, they went out.
(尽管他们累了，他们还是出去了。)
[1b,2b,3b,4a,6a]（同上，但是 3b 代替了 3a）

e. They were feeling tired; they went out despite their feeling tired.
(他们累了；尽管他们累了，他们还是出去了。)
[1b,2a,3a,4b,5a,6a]

f. They were feeling tired; they went out despite that.
(他们累了；尽管那样，他们还是出去了。)
[1b,2a,3a,4b,5a,6b,7a]（同上，但是 6b 代替了 6a，而且多了 7a）

g. They were feeling tired, but they went out despite that.
(他们累了，尽管那样，但是他们还是出去了。)
[1b,2a,3a,4b,5b,6b,7a]（同上，但是 5b 代替了 5a）

h. They were feeling tired, but they went out anyway.
(他们累了，但是他们还是出去了。)
[1b,2a,3a,4b,5b,6b,7b,8a,9a,10a]

i. They were feeing tired, but they still went out.
(他们累了，但他们仍然出去了。)
[1b,2a,3a,4b,5b,6b,7b,8b,9a,10a]（同上，但是 8b 代替了 8a）

j. They were feeling tired, but they went out.
(他们累了，但是他们出去了。)
[1b,2a,4b,5b,6b,9b]

k. They were feeling tired, or (else) they would have gone out.
（他们累了，否则他们就会出去了。）
(express a different relation than the above forms)
（与上面的例句表达的关系不一样）
[1b,2a,4b,5b,6b,10b]

3.2 表达交叉事件关系的形式对比

在(47)中，我们举例说明了前面讨论过的几个句法结构。这些句法结构可表征焦点事件与背景事件相关的十五种交叉事件关系。对于每一种句法结构类型，我们用斜体来表示英语中表征这种特定关系的特定形式。因此，下面所有(a)形式都是带有从属连词或其替代成分的复合句；所有(b)形式都是带有从属介词及名词性代句成分或其变体的复写分裂句；所有(c)形式都是带有副词性代句成分的复写分裂句；所有(d)形式都是带有连词性代句成分的复写分裂句。

还有几个特别发现，(47I)、(47L)、(47N)和(47O)中分别阐释的四个交叉事件关系，即'因果''附加''替代'和'涉及'，英语没有表示这些句子的从属连词，所以没有给出(a1)形式。相反，我们给出(a2)形式的句子，即带有从属介词的复合句。此形式还在(47F)、(47H)、(47J)和(47M)'共时''时间点重合''条件'及'否定附加'关系中列出。在以上四种句型中，从属介词的使用和(b)形式中的不同。由于(47O)中的'涉及'交叉事件关系在英语中缺少副词性代句成分，所以未给出(c)形式的句子。注意允许放在分句末尾的副词性代句成分出现在(c)下面，不允许的则单独列出。

(47) a1：带从属连词的复合句
a2：带从属介词
a3：带从属连词和动名词
a4：带零从属连词和动名词
b1：带名词性代句成分的复写分裂句；b2：带其变体
c1：有副词性代句成分的复写分裂句；c2：并列式
d：带连词性代句成分的复写分裂句
A. '原因'
a1. They stayed home *because/since/as* they were feeling tired.
（他们待在家里，因为他们觉得累了。）

a4. Feeling tired, they stayed home.
（因为觉得累，他们待在家里。）

b1. They were feeling tired, and they stayed home *because of/on account of/due to* that.
（他们觉得累，因此这样他们待在家里。）

b2. ...and they stayed home *for that reason/on that account*.
（……而且因为那个原因他们待在家里。）

...and they stayed home there*for*.
（……因此他们待在家里。）

c1. They were feeling tired, and *so/therefore/hence* they stayed home.
（他们觉得累，因而他们待在家里。）

B. '让步'

a1. They went out *although/though/even though* they were feeling tired.
（他们出去了，尽管他们觉得累了。）

a3. They went out, *although* feeling tired.
（他们出去了，尽管觉得累了。）

b1. They were feeling tired, but they went out *despite/in spite of/regardless of/notwithstanding* that.
（他们觉得累，尽管如此，但是他们还是出去了。）

c1. They were feeling tired, but they went out *anyway./even so./all the same./nevertheless./regardless.*
（他们觉得累，但不管怎样/即便如此/始终/仍然出去了。）

...but they *still* went out.

...and *yet* they went out.
（……但还是出去了。）

c2. They were feeling tired; *however*, they went out.
（他们觉得累；但是，他们出去了。）

...they went out, *however./though*.
（……但是/即便如此，他们出去了。）

C. '先前'

a1. She stopped at the store *before* she went home.
（在回家之前，她在商店驻足。）

b1. She went home, but she had stopped at the store *before/prior to* that.

(她回了家,但是在这之前她在商店驻足。)

c1. She went home, but she had stopped at the store *first/before/beforehand*.

(她回了家,但是之前她在商店驻足。)

D. '后继'

a1. She went home *after* she stopped at the store.

(她在商店驻足之后回了家。)

a4. Having stopped at the store, she went home.

(在商店驻足之后,她回了家。)

b1. She stopped at the store, and she went home *after/subsequent* to that.

(她在商店驻足,在那之后她回了家。)

c1. She stopped at the store, and *then/afterward* she went home.

(她在商店驻足,然后回了家。)

E. '后发'

a1. He has been spotted once *since* he escaped.

(自从他逃亡之后,有人见过他一次。)

b1. He escaped, but he has been spotted *since* that.

(他逃亡了,但是从那以后有人见过他一次。)

b2. ... but he has been spotted once *since* then.

(……但是从那以后,有人见过他一次。)

c1. He escaped, but he has *since* been spotted once.

(他逃亡了,但是从那以后有人见过他一次。)

F. '共时'

(注意:下例属于'依存性共时'(contingent concurrence),因为'dreaming'(做梦)取决于它的共时动作'sleeping'(睡觉)。要变成'非依存性共时'的例子,将 *dream*(做梦)替换成 *sing*(唱歌),将 *sleep*(睡觉)替换成 *work*(工作)即可。)

a1. She dreamt *while/as* she slept.

(她在/当睡觉时做梦。)

a3. She dreamt *while* sleeping.
（她在睡觉时做梦。）

a4. Sleeping, she dreamt. (Sleeping on the couch, she dreamt about the day's events.)
（睡觉时，她做梦了。（睡在沙发上，她梦见了一天的事。））

b1. She slept, and she dreamt *during/in the process of* that.
（她睡觉了，并且在那个过程中她做梦了。）

c1. She slept, and she dreamt *the while/in the process/at the same time*.
（她睡觉了，同时她做梦了。）

G. '持续共时'

a1. He was lying *the whole time that* he gave his account of the events.
（在描述事件的整个过程中，他一直都在撒谎。）

b1. He gave his account of the events, but he was lying *all during* that.
（他描述了事件，但是描述期间他一直在撒谎。）

c1. He gave his account of the events, but he was lying *all along/the whole time/all the while*.
（他描述了事件，但是整个过程中他一直在撒谎。）

H. '时间点重合'

a1. She said goodbye *when* she left.
（当她离开时，她说了再见。）

a2. She said goodbye *on/upon* leaving.
（在离开时，她说了再见。）

a3. She said goodbye *when* leaving.
（当离开时，她说了再见。）

a4. Leaving, she said goodbye.
（离开时，她说了再见。）

b2. She left, and she said goodbye *at that point/thereupon*.
（她离开了，在那一刻/随即她说了再见。）

c1. She left, and she said goodbye *then*.
（她离开了，那时她说了再见。）

I. '因果:非施事性'

a1. ——

a2. The napkin slid off the table *from/as a result of/due to* the wind's blowing on it.
(由于风吹餐巾,它从桌子上滑下来了。)

b1. The wind blew on the napkin, and it slid off the table *from/as a result of/due to* that.
(风吹餐巾,因此餐巾从桌子上滑下来了。)

c1. The wind blew on the napkin, and it slid off the table *as a result*.
(风吹餐巾,结果餐巾从桌子上滑下来了。)

I′. '因果:施事性'

a1. ——

a2. The batter provided some excitement for the fans *by* driving in three runs.
(击球手跑进三垒让球迷们很激动。)

b2. The batter drove in three runs, and (he) provided some excitement for the fans *in that way/thereby*.
(击球手跑进三垒,以这种方式他让球迷们很激动。)

c1. The batter drove in three runs, and (he) *thus* provided some excitement for the fans.
(击球手跑进三垒,(他)因此让球迷们很激动。)

J. '条件'

a1. She will move back to Boston *if/in case/in the event that* she loses her job.
(如果/假使/万一她失去了工作,她会搬回波士顿。)

a2. She will move back to Boston *in case of/in the event of* her losing her job.
(万一/倘若她失去工作,她会搬回波士顿。)

a3. *If* experiencing seasickness, one should take an antinausea pill.
(如果晕船,就该服一粒止晕药。)

b1. She could lose her job, and she would move back to

Boston *in the event of* that.

(她可能会失去工作，那么如果发生那种情况的话，她会搬回波士顿。)

- b2. ... and she would move back to Boston *in that event/in that case*.

  (……在那种情况下她会搬回波士顿。)

- c1. She could lose her job, and she would move back to Boston *then*.

  (她可能失去工作，那样她就会搬回波士顿。)

K. '虚拟例外'

- a1. I would have joined you, *except (that)/only* I was busy.

  (我当时会加入你们的，要不是我很忙的话。)

- b1. I was busy, but I would have joined you *except for/but for/other than for/if not for/if it were not for* that.

  (我很忙，但是要不是因为这样我会加入你们。)

- c1. I was busy, but *otherwise/else* [obs] I would have joined you.

  (我很忙，但是否则我会加入你们。)

- d. I was busy, *or (else)* I would have joined you.

  (我很忙，否则我会加入你们。)

L. '附加'

- a1. ——

- a2. He works at a sideline *in addition to/besides/on top of/as well as* holding down a regular job.

  (他在固定的工作之外/以外/之余/还做兼职工作。)

- b1. He holds down a regular job, and he works at a sideline *besides/in addition to/on top of/as well as* that.

  (他有一份固定的工作，除此之外/此外/另外他还做兼职工作。)

- c1. He holds down a regular job, and he works at a sideline *also/too/in addition/besides/as well/to boot*.

  (他有一份固定工作，另外还做兼职工作。)

M. '否定附加'

a1. He takes odd jobs *no more than* he holds down a regular job.
(他没有固定工作,也没有做零工。)

He does not take odd jobs *any more than* he holds down a regular job.
(他没有固定工作,也没有兼职工作。)

b1. He does not hold down a regular job, and he takes odd jobs *no more than* that.
(他没有固定工作,也没有兼职工作。)

c1. He does not hold down a regular job.
and he *also* does not take any odd jobs.
and he does not take any odd jobs *either*.
and *neither* does he take any odd jobs.
(他没有固定工作,也没有兼职工作。)

d. He does not hold down a regular job, *nor* does he take any odd jobs.
(他既没有固定工作,也没有兼职工作。)

N. '替代'

a1. ——

a2. He watched TV *instead of* studying.
(他看电视了,而没有学习。)

b1. He didn't study, but he watched TV *instead of* that.
(他没有学习,而是看电视了。)

c1. He didn't study, but he watched TV *instead*.
(他没有学习,而是看电视了。)

... but *rather*, he watched TV.
(……,他反而看电视了。)

O. '涉及'('with regard to' 之意)

a1. ——

a2. I took care *in* drying the cups. /I was careful *in/at/about* drying the cups.
(我小心翼翼地擦干杯子。/擦干杯子的时候我小心翼翼。)

a4. I took care/was careful drying the cups.
（擦干杯子的时候我小心翼翼。）

b1. I dried the cups, and I took care/was careful *in/at/about* it.
（我擦干杯子，并且我在这件事上小心翼翼。）

b2. ..., and I took care/was careful there*in*.
（……，并且我在这件事上小心翼翼。）

c1. ——

3.2.1 名词性代句成分变体

我们再重新考虑含有代句成分的从属介词短语来指代背景事件的情况。之前，该短语是由从属介词和名词性代句成分构成，例如 *despite that* 和 *in spite of that*。但是从(47)中的(b2)形式可以看出，我们现在可以增加与这种结构有关的几个变体。

在其中一个变体中，*then* 形式以名词性用法出现，意即'那时'(that time)。在代表某种时间性的交叉事件关系时，这种形式可以直接代替 *that*，比如说(47E)中与 *since that* 同时发生的 *since then*。[5]

另一种变体如今在英语中几乎已经不用，尽管它的对应形式在德语中仍然使用。在这种变体中，语素 *there-* 是代表背景事件的代句成分，后面紧跟从属介词。所以与 *because of that* 同义的是 *therefore*，与 *after that* 同义的是 *thereafter*，与 *at that point* 同义的是 *thereupon*。(47)中的(b2)展示了几种这类形式。

在第三种变体中，指代背景事件的代句成分不是名词性的，而是在介词复合体中和名词连用的形容词或限定词。例如：(47Jb1)中的 *in the event of that* 相当于(47Jb2)中的 *in that event*。有些介词复合体，如 *in spite of [that]*，就没有 *in that spite 这种变体。另一方面，其他介词复合体需要这种变体形式，比如可以说 *for that reason*，但是不能说 **for the reason of [that]*。

这些变体共有某种结构因素，而使它们成为单独的一类，并因此一起归入(47)中的(b)类。这些变体都包含一个仅指代背景事件的特定词素，它与指代焦点事件和背景事件关系的伴随词素不同。所以(48)中带下划线的形式是直接指代背景事件的代句成分，而其他成分表达的是交叉事件关系。

(48) *since then* / *thereafter* / *in the event of that* / *in that event*

另一方面,副词性代句成分是个单独的词素,其整体指代背景事件以及焦点事件和背景事件的关系。这种词素包含两个或更多的语素(如 *all the same*),但这些语素不是单独指代背景事件及关系。

当然,从历时角度看,第一种短语可以演变成副词性代句成分。所以,如今说英语的人一定大多把 *therefore* 形式当成是简单的副词性代句成分,而不是分别指代背景事件及交叉事件关系的从属介词短语的一种变体。

4 交叉事件结构的认知语言学对比

为了在语言学领域确立交叉事件及其表征,我们之前在本章的讨论中更趋于形式化,以便阐明语言学领域中这些结构的一系列基本模式。但是,现在我们要从认知视角,将这些句法结构从语义、语用及加工方面进行比较。

4.1 连接句法结构的语义结构手段

关注某特定的副词性代句成分,就可弄清它的用法,并对交叉事件的语法结构进行讨论。请看 *They were feeling very tired, so they stayed home*(他们觉得累了,所以他们待在家里)中的形式 *so*(所以)。单看这个句子,人们首先会根据表层结构及其形式的升降语调来假设 *so* 是一个从属连词,引出一个状语从句,该句的整个形式是一个复合句。人们发现,*so* 像从属连词一样,只出现在限定分句之前,而不能出现在分句中的其他位置,而状语形式则常常可以放在其他位置,这就证明假设是成立的。

但是,*so* 的句法功能在两个方面有力地推翻了上述最初假设。首先,由 *so* 引导的分句不能像一般从句那样位于句首:*So they stayed home, they were feeling tired*(*所以他们待在家里了,他们觉得累了)。第二,*so* 前面可以加上并列连词 *and*,如 *They were feeling tired, and so they stayed home*(他们觉得累了,因此他们待在家里)。一般的从属连词都无此用法,如 *I left work and because I was sick*(*我离开工作并且因为我病了)或 *We will stay and if she comes*(*我们将留下并且如果她来了)。仅这一个方面就可以得出这样的结论:*so* 只能出现在分句前,并且可以省略它前面的并列连词的副词性代句成分。

此外,根据这种句子的语义结构可以得出同样的结论。I-5 章已经说明,当事件之间存在一对互补且非对称关系时,一般只有一种关系可以词汇化为从属连词,而且焦点和背景角色只能以一种方式分配给两个事件。事件 A'时间上包含在'事件 B 中的非对称关系,与将事件和非对称关系都颠倒后的关系,即事件 B'时间上包含'事件 A,在逻辑上是对等的。但是,从(49)中可以看出,这两种关系中,词汇层面上只有前者可以由从句表征,至少在英语中是这样,也有可能在所有语言中都这样。这种特殊关系可以将焦点角色分配给被包含的事件 A,而将背景角色分配到包含的事件 B。(50)中的包含原则描述了这些发现,该原则可能是建立在格式塔心理学中更为普遍的原则之上的。

(49) a. He had two affairs *during* his marriage. /*while* he was married.
   (他在婚姻期间有过两次外遇。)

   b. * He was married *through-a-period-containing* his having two affairs.
   (* 他在一段包含两次外遇的时期内是处于婚姻期间。)

(50) **包含原则**

   表达两个事件的时间包含关系时,无标记表达(或许是唯一可能的表达)将大的、包含的事件视为背景,而将小的、被包含的事件视为焦点。如果完整的句法形式是一个完全复合句,这两个事件就分别处于从句和主句中。

同样,受因事件 A 与使因事件 B 之间的'结果'关系与事件 B'导致'事件 A 的关系是对等的。但是同样,如(51)所示,只有前一关系可以被词汇化为从属词。再如(52)所示,描述这种行为特点的因果原则可能是从更普遍的格式塔原则演变过来的。

(51) a. They stayed home *because of* their feeling tired. /*because* they were feeling tired.
   (他们待在家里是因为他们觉得累。)

   b. * They were feeling tired *to-the-occasioning-of-(the-decision-of*) their staying home.
   (* 他们觉得累,是引起他们待在家里这一决定的原因。)

(52) **因果原则**

   表达两个事件之间的因果关系时,无标记表达(或许是唯一可能的表达)是将使因事件视为背景,将受因事件视为焦点。如果完整句法形式是一个完全复合句,这两个事件就分别处于从句和主句中。

据此,我们便可以仅根据语义来确定表示交叉事件关系的句法结构类型。例如,我们注意到(53)中的两个句子语义相似,都指代同一情景;该情景中的一对事件具有因果关系:'觉得累'事件是原因,'待在家里'事件是结果。根据因果原则,使因事件作为背景事件,而受因事件作为焦点事件。由于(53a)将焦点事件表征在主句中,将背景事件表征在从句中,这种形式一定是带有一个从属词的复合句。另一方面,(53b)将背景事件表征在主句中,将焦点事件表征在从句中,这种形式一定是带有一个副词性代句成分的复写分裂句。因此,以整个句子的语义一致为基础,再次确定 so 是副词性代句成分而不是从属连词。

(53) a. They stayed home because they were feeling tired.
(他们待在家里,因为他们觉得累了。)
b. They were feeling tired, so they stayed home.
(他们觉得累了,所以他们待在家里。)

刚刚描述的'原因'交叉关联事件模式只是(54)中描述的语义对应这一普遍原则中的个例。

(54) **表征焦点和背景交叉关联事件中的语义对应原则**
a. 在复合句主句中的同一焦点事件,在复写分裂句中为第二主要成分。
b. 在复合句分句中的同一背景事件,在复写分裂句中居句首,此外在句子的第二主要成分中为回指形式。

(47F)描述的'依存性共时'交叉事件关系可以用来确定语义对应原则分配的位置。作为由个体完成的共时事件,'做梦'这样的事件一般都以'睡觉'这样的决定性事件为条件,因为人可以睡觉而不做梦,但是不睡觉是无法做梦的。I-5 章提出了依存性原则,并讨论了这类例子。在带有从属连词的复合句中,依存性事件一定是焦点事件,用主句表征;而决定性事件一定是背景事件,用从句表征。句子(55a)的可接受性说明了这种限制条件,其中'做梦'和'睡觉'事件的位置与描述一致。与此相对,颠倒两个事件的位置,句子(55b)便不可接受。句子(55c)可以接受,这说明对于从句表达做梦事件并没有普遍限制,只要从句在语义上不依存于主句事件,它就可以出现。

(55) a. She dreamt while she slept.
   （她睡觉时做梦了。）
   b. *She slept while she dreamt.
   （*她做梦时睡觉了。）
   c. She twitched while she dreamt.
   （她做梦时抽搐了。）

现在根据语义对应原则,我们会发现在复写分裂句中依存性的'做梦'事件只能表征在该句第二个主要成分中,而'睡觉'只能出现在主句中,这两个位置不能够交换。实际上,这正是我们的结论,如(56)所示。

(56) a. She slept, and she dreamt in the process/the while.
   （她睡觉了,在这个过程中她做梦了。）
   b. *She dreamt, and she slept in the process/the while.
   （*她做梦了,在这个过程中她睡觉了。）

4.2 复写分裂句对从属连词语义限制的弥补

从某种角度看,复写分裂结构可以看成是一种语言用来规避它对从属连词语义限制的手段。正如我们所见,交叉事件关系可以被词汇化为语言中的从属连词及介词。这类词汇化的模式大部分是受**单向性**(**unidirectionality**)的严格限制。也就是说,我们发现,在两个事件之间的任何非对称关系逆转对中,一般只有其中一种关系词汇化成从属词形式。所以,两个相联系的事件中,只有一个可以被当作焦点,也只有一个可以被当作背景。在这种成分地位不对等的非对称关系中,它们分别构成第一个术语焦点和第二个术语背景。相应地,假定复合句中有一个特定从属词,那么只有一种事件类型以断言形式出现在主句中,且只有一种事件类型能在嵌入分句中表示预设。

在某种情况下,语言的确允许从属词在任一方向上词汇化。指时间连续的'before'(在……之前)/'after'(在……之后)的概念便常常如此。那样就会出现两个互补复合句,其中焦点/背景位置及断言/预设位置刚好相反,在英语中就如(57ai)及(57aii)所示。但在单向性占主导位置的情况下,如在'让步'关系中,则只有一种位置分配形式,如(57bi)所示;另一方面,其倒置形式则只能设想,不能实现,如(57bii)所示。复合句不允许这种语义对应的倒置,但复写分裂句却可以,如(57c)所示。

(57) a. i. She stopped at the store before she went home.
（在回家之前，她在商店驻足。）

ii. She went home before she stopped at the store.
（她在商店驻足之前，回了家。）

b. i. They went out even though they were feeling tired.
（尽管他们觉得累，他们还是出去了。）

ii. * They were feeling tired in-ineffective-counteracting-of (-the-decision-of) their going out.
（*他们觉得累了，无效地反对他们出去的（决定）。）

c. i. They were feeling tired, but they went out anyway.
（他们觉得累了，但是他们还是出去了。）

因此，除了可以举出的复写分裂句的一些其他功能以外，语言中复写分裂结构的存在，还视作语言所包含的互相依存的关系方式系统中对从属词词汇化单向性的一种补偿。

4.3 复写分裂结构的语用属性

虽然在前面的讨论中已经清楚地说明，但是我们可以更明确地指出复写分裂结构的一个特殊语用属性。这种结构可以表达一个命题的独立断言，没有这种结构，这个断言只能是预设。它还可以实现同一命题的共时预设。一个命题常常需要这两种言语行为的形式：首先，当命题是新信息时，需要其断言形式；其次，一旦它成为已知信息，就需要它的预设形式，把它作为一个参照点背景，以断言下一命题。

所以在(58b)这个复写分裂句中，'her stopping at the shop'（她在商店驻足）事件的功能不仅仅是作为已知所指事件用于在时间上定位'her going home'（她回家）。此外，对于刚刚发现这一事件的听话人来说，它被单独断言。因此，听话人如果听到没有额外断言参照事件的复合句，如(58a)，他可以这样回答说话人对某种先前信息的明显假设："Oh, I didn't even know she'd stopped at the store in the first place."（噢，我根本就不知道她会先去商店。）但是，他听到断言该事件的(58b)时，就不能用这种方式反驳。

(58) a. She went home after stopping at the store.
（在商店驻足之后，她回家了。）

b. She stopped at the store, and then she went home.
（她先在商店驻足，然后她回家了。）

4.4 复写分裂结构的加工优势

复写分裂结构具有一个明显的认知加工优势。它把某种类型的复杂体分解成更容易加工的组成部分。这种类型是指一个需要大量语言加工的复杂成分本身又嵌入在另一个也需要大量加工的复杂结构中。在一个非分裂句结构中，对前者的加工必须建立在对后者的加工基础上，这是一件非常复杂繁琐的任务。但是复写分裂句可以使这些成分提供事先独立加工。它可以在更大的加工结构中留下一个结果概念格式塔的占位标记，也就是一个代句成分。现在占位符号所在之处加工过程被简化。复写分裂结构减少加工负担的过程在目前讨论过的分句形式中自然有所体现，但是在下面第九部分的名词形式中体现得更为明显。（59）初步分析了其中一例，该例通过对比（59a）中的非分裂形式和（59b）中的复写分裂形式来说明复写分裂形式更便于加工。

(59) a. Now we'll investigate *the more general process of population stabilization*.
（现在我们来调查人口零增长这个更普遍的过程。）
b. Now we'll investigate *a more general process*, *that of population stabilization*.
（现在我们来调查一个更普遍的过程，即人口零增长。）

5 交叉事件结构的语言类型

也许每种语言都有复写分裂结构，至少有并列类型。所以，在日语中，除了如（60a）所示的复合句型外，还存在（60b）这样的并列复写分裂结构。

(60) a. **复合句**
hongyoo   o   motte ite, John wa   hukugyoo   o   motte iru.
main-work OBJ holding, John TPC side-work   OBJ holds
'John holds down a side job, in addition to holding down a main job.'
（约翰除了有一份固定工作之外，还有一份兼职工作。）

b. **并列复写分裂句**

John wa   hongyoo   o   motte iru; sono ue   ni
John TPC   main-work OBJ   holds   that top   at
hukugyoo   o   motte iru
side-work OBJ   holds

'John holds down a main job; on top of that, he holds down a side job.'

(约翰有一份固定工作;除此之外,他还有一份兼职工作。)

但是在表达交叉事件关系中最值得注意的类型学现象是:在如日语和希瓦罗语(Jívaro)这样的语言里,几乎没有带并列连词的复写分裂结构。也就是说,它们缺少与英语中两个分句之间的 *and*(和)和 *but*(但是)对应的形式。为了说明这一点,请看序言中(1)的例句对。每一对表达一个特定的交叉事件关系,英语既有上面的带从句的复合句,又有下面的带副词性代句成分的复写分裂句。但日语中只有上面的句子。我们在(61)中用图式形式说明日语中的这些复合句形式。在这里,结构式和英语例句都把从句放在句首位置,以与日语句法相对应。

(61) a. E: Because S_2, S_1. (Because they were feeling tired, they stayed home.)

因为 S_2, S_1。(因为他们觉得累了,他们待在家里。)

J: S_2 tame ni/kara, S_1.

b. E: Although S_2, S_1. (Although they were feeling tired, they went out.)

尽管 S_2, S_1。(尽管他们觉得累了,他们还是出去了。)

J: S_2 ga/keredomo/-te mo, S_1.

c. E: After S_2, S_1. (After she stopped at the store, she went home.)

在 S_2 以后, S_1。(在商店驻足后,她回家了。)

J: S_2-te/ato ni/kara, S_1.

d. E: In addition to S_2, S_1. (In addition to holding down a regular job, he works at a sideline.)

除了 S_2 之外, S_1。(除了有一份固定工作外,他还做兼职。)

J: S_2-te/si/hoka ni/ue ni, S_1.

如果英语可以用复合句或并列复写分裂句来表征交叉事件关系，而日语只能用复合句，那么是否有的语言只有并列复写分裂句，就成为了一个类型学的问题。虽然这种可能性有待调查，但有迹象表明，汉语可能至少倾向于使用带有副词性代句成分的复写分裂结构来表达与背景事件有关的焦点事件。

6 连接词的三种类型

如前文所述，语言中有三种不同类型的连接词，即 Cv 成分（还可能发现其他类型）。其中一种类型是并列连词（Ccj），后接限定性从句。另一种是表征从句中关系性的连接词，用符号 Rel 表示，后接限定性从句。第三种是表征从句中非限定关系的，用符号 Nf 表示。在英语中，这种类型既可以是动名词形式，也可以是非限定形式。所有这三种类型的连接词在英语中都可以用同一对交叉联系的焦点-背景事件来说明，如（62）所示。需要注意的是，(62c′)中的不定式成分应理解为与(62c)中的动名词成分相近，而不是与"in order to"这种目的语义成分相近。

(62) **与复合句对应的连接词复写分裂句**

The batter provided some excitement for the fans by driving in three runs.
（击球手通过跑入三垒让球迷们激动不已。）
The batter drove in three runs,...
（击球手跑入三垒，……

a. **连词**

and he provided some excitement for the fans thereby. /and thereby provided some excitement for the fans.
因此他让球迷们激动不已。）

b. **关系词**

whereby he provided some excitement for the fans.
由此他让球迷们激动不已。）

c. **非限定词**

providing some excitement for the fans thereby. /thereby providing some excitement for the fans.
从而让球迷们激动不已。）

c′. to provide some excitement for the fans thereby.
（从而让球迷们激动不已。）

因为并列连词、关系词和非限定词不能同时出现，所以它们可被看作是一个更抽象范畴的三种不同表现形式。所以，如(63)所示，没有与(62)相对应的句子可以包括两个或全部三个形式。

(63) The batter drove in three runs,...
（击球手跑入三垒,……

a. 连词＋关系词

  * and whereby providing some excitement for the fans.
  *（而且由此让球迷们兴奋不已。）

b. 连词＋非限定词

  * and thereby providing some excitement for the fans.
  *（而且由此让球迷们兴奋不已。）

c. 关系词＋非限定词

  * whereby providing some excitement for the fans.
  *（由此让球迷们兴奋不已。）

d. 连词＋关系词＋非限定词

  * and whereby providing some excitement for the fans.
  *（而且由此让球迷们兴奋不已。）

6.1 关系连接词

2.6 节讨论了带有连接词的复写分裂结构，在这个结构中，Cv 节点具体化为并列连词 Ccj，并体现为英文中的 and（和）和 but（但是）。(64)给出的是与之相应的句法结构，即连接词节点具体化为表示关系从句的 Rel。

(64)

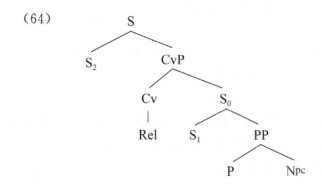

就关系连词的出现规律而言,它们在英语中基本上用于(47)所示的(b)形式表达的情景中。也就是说,英语连接词短语使用代句成分仅指代背景事件时,可以同时表现为关系结构。上文已提到,这类代句成分在英语中主要表现为名词性代句成分,典型形式是 *that*;或者表现为形容词形式或限定词形式,典型形式也是 *that*;或者表现为带后缀的 *there-*。代句成分的这三种实现形式都有它们的关系连词对应形式,依次是:*which*,*which*,*where-*。如下面(65)所示:

(65) a. i. She stopped at the store, and she went home after that.
（她在商店驻足,在那之后她回家了。）

　　　 ii. She stopped at the store, after which she went home.
（她在商店驻足,在那之后她回家了。）

　　 b. i. She could lose her job, and she would move back to Boston in that case.
（她可能会丢掉工作,那样的话她就搬回波士顿去。）

　　　 ii. She could lose her job, in which case she would move back to Boston.
（她可能会丢掉工作,那样的话她就搬回波士顿去。）

　　 c. i. The batter drove in three runs, and he thereby provided some excitement for the fans.
（击球手跑入三垒,并且他因此让球迷们很兴奋。）

　　　 ii. The batter drove in three runs, whereby he provided some excitement for the fans.
（击球手跑入三垒,由此他让球迷们很兴奋。）

6.2　非限定性连接词

与以上列出的两个相应的复写分裂结构相类似,图(66)列出了第三种连接词复写分裂结构,其中连接词范畴 Cv 被具体化为表示从句非限定性的 Nf。

(66)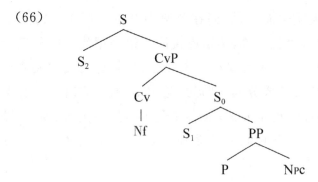

(67)用例句说明了这一结构的'共时'交叉事件关系,这一关系在(47F)中作过描述。(i)形式为复合句形式,带有从属介词短语 in the process of。(ii)形式是相应的带有非限定连接词的复写分裂结构。(a)和(b)形式具有不同的主语,而(c)和(d)形式主语相同。(a)和(c)形式是肯定的焦点事件,而(b)和(d)形式是否定的焦点事件。

(67) a. i. The gas spilled all over in the process of my draining the tank.
(在我排空油箱的过程中,油溢得到处都是。)

ii. I drained the tank, with the gas spilling all over in the process.
(我排空了油箱,期间油溢得到处都是。)

b. i. The gas did not spill all over in the process of my draining the tank.
(在我排空油箱的过程中,油没有溢出。)

ii. I drained the tank without the gas spilling all over in the process.
(我排空了油箱,期间油没有溢得到处都是。)

c. i. I spilled the gas all over in the process of draining the tank.
(我在排空油箱的过程中,把油溢得到处都是。)

ii. I drained the tank, spilling the gas all over in the process.
(我排空了油箱,期间油溢得到处都是。)

d. i. I did not spill the gas all over in the process of draining the tank.
(我在排空油箱的过程中,没有让油溢得到处都是。)

ii. I drained the tank without spilling the gas all over in the process.

（我排空了油箱，期间没有让油溢得到处都是。）

6.2.1 动名词形式

尽管在有些语言中，非限定范畴仅有一种形式，但英语具有两种形式，即动名词形式和不定式形式。我们先来讨论动名词形式。它常和介词 *with* 及其否定形式 *without* 搭配。在(67a)和(67b)中，这两个介词引导的从句的主语与主句的主语不同。在(67d)中，介词 *without* 引导主语与主句相同的否定从句。只有从句表达肯定意义且从句主语与主句主语相同时，如(67c)所示，才不使用介词，尽管有些理论假定存在隐含的 *with*，这时从句就是纯动名词形式。

其他语言，如西班牙语，在相应的结构中似乎只有一种纯动名词形式，在否定分句中使用常见的否定形式。但在英语中，带 *with* 的介词作为引导名词化从句的从属介词，成为从句的一部分。这一结构有一些结构特征，我们将在第七节"次要从属关系"中进行讨论。然而，从句法及语义现象上看，这种动名词结构是复写分裂结构中以连接词为基础的成分。

第一个证据是，动名词分句可以包含一个副词性代句成分或一个从属介词加名词性代句成分。如上述例句中所列，这些成分是典型的复写分裂句的常见形式，例如，带并列连词的复写分裂句。这些形式在(68)中用斜体表示，分别以对应的连词形式以及动名词形式表征两种不同的交叉事件关系。

(68) a. I drained the tank,

（我排空油箱，

　i. and I didn't spill the gas all over *in the process* (*of that*)/*during that*/*the while*.

　　并且这期间我没有让油溢出。）

　ii. without spilling the gas all over *in the process* (*of that*)/ *during that*/*the while*.

　　期间没有让油溢出。）

b. The batter drove in three runs,

（击球手跑进三垒，

　i. and he provided some excitement for the fans *thereby*/*in*

that way.
因此/因这种方式他让球迷很兴奋。)

and he *thus* provided some excitement for the fans.
他因此让球迷很兴奋。)

ii. providing some excitement for the fans *thereby/in that way*.
因此/因这种方式让球迷很兴奋。)

thus provided some excitement for the fans.
因此让球迷很兴奋。)

第二个证据是如(54)所示,新的动名词形式遵循同样的语义对应原则,与带并列连词的复写分裂句相同。'依存性共时'的'dream/sleep'(做梦/睡觉)一例可以被用作判断标准来确定焦点事件和背景事件句法位置,如(69)所示。有条件限制的焦点事件'dreaming'(做梦)只能出现在动名词成分中,不能出现在主句中,这表明这个动名词成分的功能与复写分裂句的第二成分相似,而不与复合句中的从句相似。

(69) a. She slept, dreaming in the process/the while.
(她睡觉,期间还做了梦。)

b. *She dreamt, sleeping in the process/the while.
(*她做梦,期间还睡觉。)

每一种连接词在不同的交叉事件关系中都有自己的使用模式。连接词的并列连词形式可以出现在我们分析过的所有交叉事件关系当中,无论具体表现为 *and* 还是 *but*,如(47)的 A—O 所示。但是,英语中的非限定连接词的动名词形式更具选择性。如(70)所示,在我们考察的十五种关系类型中,动名词形式可很好地适用于八种类型,在另外两种类型中并不十分合适,在其他五种类型中则根本无法使用。尽管非限定连接词的动名词形式倾向于出现在涉及共时性的交叉事件关系中,但它的使用原则并不是很明显。

(70) a. '原因'
*They were feeling tired, so/therefore staying at home.
(*他们觉得累了,所以待在家里了。)

b. '让步'
*They were feeling tired, going out anyway. /still going out.
(*他们觉得累了,可还是出去了。)

c. '先前'

She went home, having first stopped at the store. /having stopped at the store beforehand.

（她回家，之前在商店里驻足。）

d. '后继'

She stopped at the store, going home after that. /? then going home.

（她在商店里驻足，然后回家了。）

The fawn rose for a second to its feet, then immediately falling back down.

（幼鹿站起来了一下，随即就又倒下了。）

e. '后发'

＊He escaped, having since been spotted.

（＊他逃走了，被人看到过。）

f. '共时'

She slept, dreaming the while.

（她睡着了，期间还做了梦。）

g. '持续共时'

He gave his account of the events, lying all along/the whole time/all the while.

（他解释了事件，一直/始终在撒谎。）

h. '时间点重合'

?She left, saying goodbye at the point/thereupon/then.

（?她离开了，走时说了再见。）

i. '因果：施事性'

The batter drove in three runs, thus/thereby/in that way providing some excitement for the fans.

（击球手跑入三垒，因此让球迷们很兴奋。）

j. '条件'

＊She could lose her job, moving back to Boston in that event.

（＊她可能会丢掉工作，搬回波士顿去。）

k. '虚拟例外'

＊I was busy, otherwise woulding have joined you.

*I was busy, otherwise having joined you. /otherwise joining you.
(*我很忙,否则早就加入你们了。)

l. '附加'

He holds down a regular job, working at a sideline in addition to that. /as well/too.
(他有一份固定工作,此外还做一份兼职。)

?He holds down a regular job, also working at a sideline.
(?他有一份固定的工作,另外还干一份兼职。)

m. '否定附加'

?He does not hold down a regular job, taking no odd jobs either.
(?他没有固定的工作,也没有兼职工作。)

n. '替代'

He didn't study, having watched TV instead. /? rather having watched TV.
(他没学习,而看了电视。)

o. '涉及'

I dried the cups, taking care in it. /being careful at/about it.
(我擦干了杯子,十分小心。)

在 2.9 中讨论过,有连词性的复写分裂形式常常省略表示某种特定交叉事件关系的成分,但这种关系可以依据上下文或与并列连词 *and* 或 *but* 的关系推断出来。同样,非限定复写分裂形式也可以省略表明关系的成分,但有严格的限制条件。因此,在(70)的动名词形式的十种关系中,似乎只有两种可以省略副词性代句成分或者从属介词加名词性代句成分,即'先前'和'共时',如(71)所示。[6]

(71) a. '先前'

She went home, having eaten her lunch.
(她吃过了午饭,回家了。)

b. '共时'

She went home eating her lunch.
(她回家吃午饭。)

我们能解释英语中对这种不明确表达交叉事件关系的动名词使用的限

制条件。我们可以从动名词的某些时态特征中找到某种线索。如(71)所示，尽管动名词构式是非限定形式，它仍可以表示相关时态。它用 having V-en 的形式表示过去，用 V-ing 的形式表示现在。此外，我们还可以用假定形式 be-ing to V 表示将来，只是预期的 being 在显性表达中省略了，如(72)所示。

(72) a. **复合句**
They were never again to meet after they parted.
（他们分开后就再没见过。）

b. **表示交叉事件关系的复写分裂句**
They parted, [being] never again to meet after that.
（他们分开了，之后再没见过。）

c. **未明确表示交叉事件关系的复写分裂句**
They parted, never again to meet.
（他们分开了，之后再没见过。）

我们现在可以对英语中动名词的用法提出一种解释，即一个带动名词连接词的复写分裂形式可以用来表达很多交叉事件关系，尽管不是全部，只要这种关系是显性表达出来的。但如果没有表达出这种关系，动名词形式便回到一种无标记状态，只表示'共时'的交叉事件关系。尽管如此，动名词结构仍然可以使用它的时态表达功能来模仿其他两种交叉事件关系的表达。用动名词的完成形式，可以假定焦点事件的"后果"与背景事件同时发生。因此，可理解为焦点事件自身与背景事件有'先前'关系。用动名词的将来形式，则为焦点事件的'引起'与背景事件同时发生，因此可理解为焦点事件自身与背景事件有'后继'关系。

如果此处我们把日语中的 -te 形式作为动名词形式，就可以考察它在复写分裂结构中的使用情况。我们注意到，为了确立背景，-te 形式通常用作复合句中连接从句的从属连词，表达'共时'关系和'后继'关系，分别如(73a)和(73b)所示。

(73) a. Nemutte ite, yume o mita.
sleeping being, dream OBJ saw
'She dreamt while she slept.'
（她睡觉时做梦了。）

b. Mise ni yotte, uti e kaetta.
store at having-stopped, home to returned

'She returned home, after having stopped at the store.'
(在商店驻足之后,她返回家里。)

第五部分曾经提到,日语中一般没有带连接词的复写分裂结构,此处连接词由并列连词充当。同样,日语中似乎也没有连接词是非限定形式的复写分裂结构。因此,-te 形式不能用在 CvP 短语中表达'后继'关系交叉事件关系。

(74) *Sono ato de uti e kaette, mise ni yotta.
     after that home to returning store at stopped
     'She stopped at the store, returning home after that.'
     (她在商店里驻足,然后回家了。)

然而,日语中表达'共时'关系时,-te 形式可用在非限定连接短语中,如(75),这也许是唯一不遵循复写分裂性的情况(也许方式副词除外,见下文)。

(75) (? Sono aida ni) yume o mite ite, nemutta
     (that-of course in) dream OBJ seeing being, slept
     'She slept, dreaming (in the course of that.)'
     (她睡觉,期间还做了梦。)

6.2.2　不定式形式

除了动名词形式外,英语中还有非限定连接词的不定式形式,但在用法上相当受限。在(70)列出的十五种交叉事件关系中,似乎只有两种可以用不定式,如(76)所示。[7]

(76) d. '后继'
        The fawn rose to its feet for a second, immediately to fall back down after that.
        (幼鹿站起来了一下,随即就又倒下了。)
     i. '因果:无施事'
        The batter drove in three runs, thus/thereby/in that way to provide some excitement for the fans.
        (击球手跑入三垒,因此让球迷们很兴奋。)

如扩展考察范围,我们会发现依地语也有一种不定式连接形式,但是它只出现在特殊结构中并只表征'共时'关系。在这一结构中，不定式 *tsu* 表示位移方式，与指示性动作词是共时关系，如(77)所示。

(77) a. Es iz gekumen tsu geyn/forn in shtot a soykher.
　　　　It is come　　to walk/ride to town a merchant
　　　'A merchant came walking/riding into town.'
　　　（一个商人走着/骑着马进了城。）
　　　(i.e., "A merchant came into town, walking/riding during that")
　　　（即，一个商人进了城，期间步行/骑着马）
　b. Er hot gebrakht tsu trogn/firn skheyre
　　　he brought　　to carry/cart wares
　　　'He carried/carted in wares.'
　　　（他背着/用车拉着货物。）
　　　(i.e., "He brought wares, carrying/carting them during that")
　　　（即，他带来了货物，期间背着/用车拉着）

6.2.3 副词形式

我们要探讨这样一种可能性：方式副词可以看作是复写分裂结构中的一种非限定连接短语的简化形式。尽管是推测性的，但符合本章语义对应的精神。这样的副词可以表征焦点事件，与背景事件构成'涉及'关系，并具有相同的主语。我们最初在(47O)中见到了这种形式。在英语中，如果使用以 -*ly* 结尾的标准副词，焦点事件必须是静态的，由形容词性的谓词表征。(78)中的例子为复合句的相应结构及几种复写分裂结构，其中一种含有副词。

(78) a. **复合句**
　　　　I was careful in/at/about drying the cups.
　　　　（我在擦干杯子时十分小心。）
　b. **带连词形式连接词的复写分裂结构**
　　　　I dried the cups, and (I) was careful in/at/about it.
　　　　（我擦干了杯子，而且在擦时十分小心。）
　c. **带动名词形式连接词的复写分裂结构**
　　　　I dried the cups, being careful in/at/about it.
　　　　（我擦干了杯子，擦时十分小心。）

d. **带方式副词的复写分裂结构**
   I dried the cups carefully.
   (我小心地擦干了杯子。)

语义对应可以支持对方式副词的复写分裂句解读。(78d)中的方式副词 *carefully*（小心地）与(78a)中的主句和(78b)(78c)中的从句表达了同样的概念，同样体现了这一概念与句子的整个认知结构之间的关系。此类方式副词本质上与主句动词具有相同的"主语"，正如具有'涉及'关系的两个分句通常有同一个主语一样。

但有些形式因素与这种解读不符。方式副词不能像(78b)和(78c)所示那样，用短语 in/at/about 明确地表达'涉及'关系。此外，在音系划分上，方式副词与主句相结合，没有连音间隔(juncture break)。最后，方式副词可以出现在做主语的名词短语和动词之间，而(78b)和(78c)的从句不能。这一现象需要进一步论证。尽管如此，如果这种解释成立，这种现象表明有方式副词的语言，包括日语，具有另一种复写分裂形式类型，这又一次违反了日语中一般复写分裂性的规律。

6.2.4 分裂系统

有些语言具有这样一种分裂系统，即在复写分裂结构中有两种或多种不同的非限定形式，互相分工表达各种不同的交叉事件关系。因此，斯瓦希里语(Swahili)除有一种至少可以表达'共时'关系的非限定形式外，即动词的 -ki- 前缀的形式，该语言的其他几种概念可用另外一种表达'后继'关系的非限定形式来表示，即 -ka- 前缀，如(79)所示。因此，这一形式与英语中的动名词结构 *then VP-ing* 相似，如(70d)中所示。

(79) ni-li-kwenda soko-ni,   ni-ka   -rudi
     I-PAST-go   market-to   I-then... -ing-return
     'I went to the market, then returning.'
     (我去了市场，然后回来了。)

带有 -ka- 的动词可看作是非限定形式，因为它没有斯瓦希里语中限定动词常有的显性时态标记，而是通常跟在限定动词后面，由动词决定它的时态。如果把 -ka- 当作是限定形式，它与英语的连词关联结构 *and then VP* 类似。

7 次要从属关系

英语，也可能其他语言都有这样一种结构，从句法层面看该结构的一些特征像带从句的复合句，而在语义对应上却与复写分裂结构类似，同时在形式上也表现出差异。基于形式上的差异，我们可以说这类结构在本质上是复写分裂结构，复合句只是其次要的表现形式，因此我们把这种现象称为**次要从属关系**（secondary subordination）。

7.1 次要从属连词

有一种类型的次要从句表现形式类似于从属连词，(80)中斜体部分即为四个这种例子：

(80) a. I spent a lot of money on my sound system, *although* I haven't even played it once since I bought it.
（我买音响花了很多钱，尽管买来后一次都没用过。）

b. Everyone already knows that the earth is a sphere, *whereas* I now know that the earth is a hollow sphere. [said by a mad scientist]
（人人都知道地球是个球体，而我现在知道地球是个中空的球体。[一个发疯的科学家说]）

c. The fence was repaired well, *while* the gate still needs some work.
（篱笆修得很好，而大门还需要再修修。）

d. She was lecturing to her class *when* suddenly the door burst open.
（她在给学生讲课，突然门被撞开了。）

这些看上去非常像从属连词，但语义效果实际上与关系连接词非常类似，如(81)所示。在(81)中，这些形式用下标 2 表示，以与公认的真正的从属连词相区别：

(81) a. *although*$_2$: 'notwithstanding which'/'in the face of which'
（"尽管……"/"面对……"）

b. ***whereas*₂**: 'in contrast with which'/'in contradistinction to which'/'above and beyond which'
('与……相比'/'与……相反'/'超越……之外')

c. ***while*₂**: 'in distinction to which'/'in comparison with which'
'与……不同'/'与……相比'

d. ***when*₂**: 'in the midst of which'/'at a point during which'
'在……期间'/'在……期间的一点上'

提出这样的对应是有原因的。首先来看 *although*₂，与(82)中公认的真正从属连词 *although*₁ 作比较：

(82) a. I spent a lot of money on my sound system, *although*₁ /even though I had no interest in music./despite my having no interest in music.
（我花了很多钱买音响，尽管我对音乐没有兴趣。）

b. I spent a lot of money on my sound system, *although*₂ /*even though I haven't even played it once since I bought it./* despite my not playing it even once since I bought it.
（我花了很多钱买音响，尽管买来后一次都没用过。）

首先，从形式特征来看，*although*₂ 与 *although*₁ 不同。从音系角度看，*although*₂ 连接的分句必须以插入语的低语调模式读出，而 *although*₁ 分句虽然也可以这样读出，但并不典型。此外，*although*₁ 可以用 *even though* 替代，或者它的分句可以用 *despite* 加名词性从句来替代，句子的意思不会发生实质性变化；而 *although*₂ 不允许这样替代。

其次，这两种形式在语义特征上有差异。我们来看(82a)的 *although*₁ 分句，即 *I spent a lot of money on my sound system, although*₁ *I had no interest in music*（我花了很多钱买音响，尽管我对音乐没有兴趣）中的 *although*₁ 分句。这一从句所指的情景在主句事件之前发生，可能在主句事件过程中继续。这一情景既没能阻碍主句事件的发生，也没能阻碍施事者有意愿地从事主句事件。因此，主句事件是在受到先前存在的从句事件阻碍或潜在阻止的背景下发生的。这是焦点事件和背景事件相互关联的典型例子。将两个分句位置颠倒，即将背景事件表述为主句，而焦点事件表述为嵌入从句，它就是我们一直在分析的典型的让步复写分裂形式：*I had no interest in* music, but I spent a lot of money on my sound system anyway（我对音乐没有兴趣，但我还是花了很多钱在音响系统上），这一结构在语义上与上一种结构类似。

现在考虑（82b）中的 although₂ 从句，即 I spent a lot of money on my sound system, although₂ I haven't even played it once since I bought it（我花了很多钱买音响，尽管买来后一次都没用过）中的 although₂ 从句。与前句相比，这一从句所指的情景发生在主句事件之后，并不阻碍或潜在阻止主句事件的发生，而仅是与主句行为的意图不相一致。因此，从语义角度看，主句事件是背景事件，因为它发生在前，为随后发生的 although₂ 分句提供背景，而 although₂ 分句是焦点事件。也就是说，although₂ 分句中的背景事件与焦点事件的语义对应与复写分裂形式相同。如果寻找另外一个与本句语义类似而两个分句位置颠倒的结构，那就是含有标准从句且符合焦点背景对应的常规复合句，如 I did not even play my sound system once since I bought it, notwithstanding my spending a lot of money on it（自从我买了音响系统后就没有用过它，尽管我花了很多钱在上面）。

由于 although₂ 短语包括一个限定分句，它似乎更类似于连词连接短语或关系连接短语，而不是非限定连接短语。由于 although₂ 的所指包括具有 'notwithstanding'（尽管）意义的交叉事件关系，它的对应形式应当包括从属介词如 notwithstanding（尽管）或 in the face of（尽管）。因此，although₂ 对应于诸如 but notwithstanding that 或 notwithstanding which 形式。这一关系类型被用于代表次要从属连词，如（81）所示。

现在来看 whereas₂。这一形式用来表达两个事件之间的对称性对比概念，人们也许会首先推测它连接的两个分句可以颠倒位置而不影响句子的语义。但很显然（80b）中的句子不能这样颠倒顺序，如（83）所示。

(83) a. Everyone already knows that the earth is a sphere, whereas₂ I now know that the earth is a hollow sphere.
（人人都知道地球是个球体，而我现在知道地球是个中空的球体。）

　　b. *I now know that the earth is a hollow sphere, whereas everyone already knows that the earth is a sphere.
（*我现在知道地球是个中空的球体，而人人都已经知道地球是个球体。）

I-5 章中提出的论点在这里也同样适用。在前面的讨论中提到，谓词如 be near 不是对称的，它的词汇化是把焦点事件作为主语，背景事件作为宾语。鉴于焦点和背景不同的原型特征，如 *The bike is near the house*（自行车在房子旁边）这样的句子一般是可以接受的，而大多数情况下，颠倒次序的 * *The house is near the bike*（* 房子在自行车旁边）是不能接受的。同样，whereas$_2$ 是非对称的，因为它要求焦点事件在一个位置而背景事件在另一个位置，尽管它们的位置与 be near 要求的位置是相反的。具体来说，我们可以确定，它要求主句表征背景事件，嵌入分句表征焦点事件。因为从例句中可以看出，主句表达之前的更概括的情景，而嵌入分句表达后来的更具体的情景。

与 although$_2$ 的情况相同，带有 whereas$_2$ 的句子有这样的对应句式，即，分句的次序颠倒，且如同在普通的复合句一样，焦点事件在主句中而背景事件嵌入真正的从属介词后，如下面一句：*I now know that the earth is a hollow sphere, above and beyond everyone's already knowing that the earth is a sphere*（我现在知道地球是个中空的球体，超出人人都已知道的地球是个球体）。由此看来 whereas$_2$ 与 above and beyond which 类似，而 wherea$_2$ 分句相当于复写分裂结构中的关系连接短语。在这里我们还可以说次要连词 while$_2$ 与 whereas$_2$ 的用法十分相似。

应该注意，whereas 这个词是专门被词汇化为次要从属连词的，它没有与之相似的主要从属连词，因此严格意义上讲不必用下标 2 来做标记。相反，我们一直在讨论的其他形式，如 although、while、when，确实有相似的对应词用作真正的从属连词。

最后，我们来看前面已举例说明过的 when$_2$，此处再次列在（84a）中，我们把它解释为 'in the midst of which'（在……期间）或 'at a point during which'（在……期间的一点上）。When$_2$ 的语义对应似乎更侧重于其次要从属连词的属性。原因在于，作为背景事件的主句事件是大的、包含性的事件，而嵌入分句则是包含于大事件中的较小的、即时发生的事件，具有焦点所表达的特征，如（50）中"包含原则"（inclusive principle）所示。我们可以得出，一个带有如 *in the midst of*（在……期间）这种真正的从属连词、且分句次序颠倒的真正复合句，如（84b）所示，与我们目前所讨论的句子在语义上是对等的。

(84) a. She was lecturing to her class when$_2$ suddenly the door burst open.
（她在给学生讲课，突然门被撞开了。）

b. Suddenly the door burst open in the midst of her lecturing to her class.
(当她正在给学生讲课时门突然被撞开了。)

此外,在句法上,$when_2$ 的特点是它引导的从句不能出现在句首,这在形式上有别于 $when_1$。在这方面 $when_2$ 也不同于其他的次要从属词。(85)对比了 $although_2$ 可以用在句首而 $when_2$ 不能用在句首的例子。

(85) a. Although I haven't even played it once since I bought it, I spent a lot of money on my sound system.
(尽管买来一次都没用过,我买音响还是花了很多钱的。)
b. *When suddenly the door burst open, she was lecturing to her class.
(*门突然被撞开时,她正在给学生讲课。)

7.2 次要从属介词和动名词

上一节提出了存在一种在语法上和语义上处于次要地位的从属连词。此外,我们已经知道,在 6.2 中探讨过的非限定连接结构具有次要地位,此处将对此专门探讨。例如,搭配非限定连接结构的 with 和 without 可视为次要从属介词。(86b)就是一个例子,带有下标 2 以表明其从属地位。这一形式可与主要从属介词作比较。(86a)是一个表示'后继'关系的例子,带有下标 1 以表明其主要地位。

(86) a. I drained the tank $after_1$ setting up containers to hold the gas.
(在放置好容器来装汽油之后,我排干了油箱。)
b. I drained the tank $without_2$ spilling the gas all over in the process.
(我排干了油箱,在此过程中没让油溢得到处都是。)

与此类似,2.3.2 节描述了不带任何从属连词的动名词分句。它可以看作是一个主要动名词分句,是一个真正的复合句中的真正的从句。(87a)就是这样的一个例子,动名词用完成形式表达'后继'关系,带下标 1 以表明其主要地位。与此相关的(87b)中的动名词分句处于次要地位,与这里讨论的其他次要形式类似,也标为下标 2。

（87）a. I drained the tank, having₁ set up containers to hold the gas.

（在放置好容器来装汽油之后，我排干了油箱。）

b. I drained the tank, spilling₂ the gas all over in the process.

（我排干了油箱，在此过程中油溢得到处都是。）

7.3 嵌套次要从属关系

在前面几节，我们把重点放在了某些类似从属形式的语义及句法特征上，这种类似的从属形式使人们把它们看作一种次要结构类型，并与其对应的主要结构相区分。但我们还可以考虑它们与主要从属结构的相似点。我们已经考察过这样一个相似点，即我们所例证的所有次要形式除一种以外，都可以放在句首位置，这一特征与主要从属结构类似。因此，除如（88a）所示的连词连接短语和关系连接短语不能前置外，几乎所有的次要形式引导的成分都可以前置，无论是连词、介词还是动名词形式，如（88b）所示。

（88）a. i. *And then she went home, she stopped at the store.

（*然后她回家，她在商店驻足。）

ii. *But they still went out, they were feeling tired.

（*但是他们还是出去了，他们觉得累了。）

iii. *After which she went home, she stopped at the store.

（*在此之后她回家，她在商店驻足。）

iv. *Whereupon I entered, the door swung open.

（*于是我进来了，门一下子打开了。）

b. i. Although I haven't played it even once since I bought it, I spent a lot of money on my sound system.

（尽管买来后一次都没用过，我买音响还是花了很多钱。）

ii. Without spilling any gas in the process, I drained the tank.

（我排干了油箱，没溢出一点油。）

iii. Dreaming the while, she slept.

（她睡觉，期间还做了梦。）

此外，在少数情况下，一个含有次要从属关系的句子，可以表现为普通复合句，该普通复合句可以有一种新的复写分裂形式与之相对应。[8]

(89a)中的句子曾作为一种动名词连词加次要从属连词 *without* 的分裂形式加以讨论,而与此相关的(89b)自身表现为一种复写分裂形式。(此处代词化(pronominalization)的 *doing so* 比 *that* 读起来更合适。)

(89) a. I drained the tank without spilling the gas in the process (of it).
(我排干了油箱,在这期间没让油溢出。)

b. I didn't spill any gas in the process of draining the tank, draining it without doing so.
(我在排干油箱的过程中没溢出一丁点油。)

8 分句合并

Ⅱ-1 章和 Ⅱ-3 章探讨一种复杂语义结构,我们称之为"宏事件"(macro-event),包括"框架事件"(framing event)和"副事件"(Co-event),以及后者与前者之间的关系。在大部分或者说全部情况下,一个宏事件的语义结构由基本的复合句的句法结构最直接地表征,而不是由复写分裂句表征。也就是说,框架事件大多数情况下是作为焦点事件,而副事件则作为与焦点事件有特定关系的背景事件。这也许是副事件与框架事件构成'因果'关系时的最佳解释,如(90)所示的非施事和施事的例子。

(90) 宏事件为复杂事件(具有复合句的结构),由作为焦点事件的框架事件+关系+作为背景事件的副事件组成

a. 非施事性原因
[the napkin MOVED off the table] WITH-THE-CAUSE-OF
[the wind blew on the napkin]
([餐巾从桌子上移动离开]由于[风吹向餐巾])
The napkin moved off the table from/as a result of the wind blowing on it.
(餐巾离开桌子,因为风吹它。)

b. 施事性原因
[I $_A$MOVED the keg into the pantry] WITH-THE-CAUSE-OF
[I kicked the keg with my left foot]
([我施事移动小桶到餐室]由于[我用左脚踢小桶])

I moved the keg into the pantry by kicking it with my left foot.
（我用左脚把小桶踢到餐室里去了。）

目前，将这些宏事件与6.2.2节考察过的普通结构（带有从属介词的复合句）相区分的原因是它们具有某一特定共同属性：宏事件也可以由简单句表征。

依据语言将宏事件映射到句法结构上的方式，语言可以分为两种主要类型范畴。我们先看"卫星语框架"(satellite-framed)语言这类范畴，英语即其中的一例。在这类语言的单一分句形式中，副事件的谓语由动词表征，其他副事件成分由附加语表征，而框架事件成分则由分句的其余部分表征。因此，刚才在例(90)中见到的用复合句表征的那些语义结构，也可以用诸如例(91)的一些单一分句表征。

(91) a. The napkin blew off the table from the wind.
（餐巾被风吹下桌子。）
b. I kicked the keg into the pantry with my left foot.
（我用左脚把小桶踢进餐室。）

这种单一分句的句法结构展现了我们所说过的"分句合并"(clause conflation)现象。这种结构交织了焦点事件和背景事件的多种成分。即它所包含的成分在标准复合句里是分开表征的，分别表征为焦点事件或背景事件。这种分句合并的句子构成了另一种句法结构，表征一对交叉关联事件，而且可以添加到第2节讨论的这类结构中。此处我们没有像对第2节所提到的其他类型一样，用树形图表达这种结构。但Ⅱ-1章和Ⅱ-3章给出了这里谈到的语义句法映射表征。

宏事件中的副事件和框架事件之间具有'方式'关系，但其句法语义身份尚未确定。或许这类宏事件的结构应该简单归入带有焦点-背景优先顺序的表征'共时'交叉事件关系的复合句。然而问题是，在最可能与之对应的复合句里，从句可以包含 in the process 和 the while 这两个副词性代句成分。这表明这种从句（经常以动名词形式出现）事实上是一种次要从属，因而整个句子是具有背景-焦点优先顺序的复写分裂结构。(92)阐释了这一问题。在(92)中，(a)形式最直接地表示宏事件结构，而(b)形式以更可接受的英语句式表示出宏事件结构，却不清楚动名词从句是主要的还是次要的，(c)形式反映了英语中常见的对宏事件的分句合并表征。

(92) a. [the craft MOVED into the hangar] WITH-THE-MANNER-OF [the craft floated on a cushion of air (in the process (of that)/the while)]

[飞船移入飞机库]以[飞船浮在气垫之上(在这一过程中)]的方式

b. The craft MOVED into the hangar, floating on a cushion of air (in the process(of that)/the while).

(飞船移入飞机库,[在这一过程中]浮在气垫之上。)

c. The craft floated into the hangar on a cushion of air.

(飞船在气垫之上进入飞机库。)

我们在此并没有解决解释中的歧义问题。但要注意,无论哪种解读,由这种合并来表征的方式关系是'共时'交叉事件关系的一个特定子类。方式子类必须出现在合并中才可行。

9 名词性成分的复写分裂结构

不仅是分句可以呈现出复写分裂结构,名词性成分也可以。名词性成分在整个句子中,或是在 NP 成分里,都可以呈现出这种结构。先看整句类型。生成语言学文献里称为左移位(left-dislocation)的句法结构,现在可以认为是复写分裂结构从分句扩展到名词性成分。或者倒过来说,本章中的复写分裂结构可以看作是左移位结构从名词性成分到分句的扩展。

为了解释当前的讨论,我们举一个法语的例子,例(93a)或许可以类推及复合句。与此相关的是,例(93b)和分句的复写分裂形式类似,因为它将讨论的成分在首位复制,这里复制的并非分句,而是名词性成分 *ma mère*。它具有一个回指的代句成分,其中原句在同样的位置是一个完整的名词短语,具体说来,代词 *la* 被省略成 *l-*;而且它具有相似的结构意义,如下文所示。

(93) a. J'ai vu ma mère.

'I saw my mother.'

(我看见了妈妈。)

b. Ma mère, je l'ai le vue.

'My mother, I saw her.'

(我的妈妈,我看见了她。)

按照一种解读方式,美国手语可以产出多重复写分裂结构,即在一个句子中包含两个不同功能的名词性成分。因此,除了像例(94a)那样看似更基础的结构,还有像(94b)那样的双重复写分裂的形式(每个符号都用斜体的英语单词表示)。

(94) a. *Hank went-to Fresno*.
　　　(汉克去了弗雷斯诺。)
　　b. You know *Hank*? You know *Fresno* Well, *he-went-there*.
　　　(你知道汉克吗?你知道弗雷斯诺,那好,他去了那里了。)

如前所述,名词性的复写分裂不但可以在整个句子中出现,而且也可以在一个名词短语里出现。比如在德语里,除了存在像(95a)那种看似更基本的所有者与所有物结构,还有类似像(95b)那样经常使用的复写分裂形式(这种形式除了可以用于直接宾语关系外,还可用于大部分的语法关系)。

(95) a. Ich habe *den Bleistift   des Jungen*   gesehen.
　　　I   have the pencil(ACC) the boy(GEN) seen
　　　'I saw the boy's pencil.'
　　　(我看见了男孩的铅笔。)
　　b. Ich habe *dem Jungen   seinen Bleistift*   gesehen.
　　　I   have the boy(DAT) his pencil(ACC) seen
　　　'I saw the boy's pencil.'
　　　(我看见了男孩的铅笔。)

我们可以观察例(95a)和例(95b)里的非共时结构,在某些方面可以和第2节里提到的分句类似。因此,如果下文(96a)为(95a)的基本形式,那么(96b)可以看作这种结构,即它现在包括了一个原有属格的首位复制(出现在与格中),而原来的属格成分出现在右边的位置。例(96c)的结构也一样,但是这个成分后来出现的位置现在是一个回指代词。(96d)中的结构只是把属格代词表征为所有格代词性词,并置于其通常所在的名词之前的位置上。因此,正是这个形式成为显性形式的基础,如(96b)所示。

(96) a. [der Bleistift -ACC][der Junge -GEN]
　　　b. [der Junge -DAT][-der Bleistift -ACC][der Junge -GEN]
　　　c. [der Junge -DAT][der Bleistift -ACC][er('he') -GEN]
　　　d. [der Junge -DAT][sein-('his')Bleistift -ACC]

英语也在 NP 成分里出现复写分裂形式,正如例(97a)中斜体所表示的这种直接表述的结构和例(97b)里斜体所表示的复写分裂结构。

(97) a. Now we'll investigate *the more general process of population stabilization*.
(现在我们将对人口零增长更普遍的进程进行调查。)
b. Now we'll investigate *a more general process, that of population stabilization*.
(现在我们将对一个更普遍的进程进行调查,即关于人口零增长的。)

10 结 论

本章阐述了焦点事件连接背景事件的这种特定语义结构的重要性。为了证明这一观点,我们展示了语言可以用一系列不同的句法结构来表征这一语义结构。语言可以用属于几个不同语法范畴的大量词汇形式来表征焦点事件与背景事件的一系列关系。我们使用了"语义对应"的方法,来探讨句法结构与语义形式之间的语义对应现象,并确定它们之间的关系模式,通过对语义对应的探索,我们可以区分两个相似的结构,例如主要从属和次要从属。不同结构的关系模型不仅适用于分句,也适用于名词性成分。我们可以根据语言是否具有连词性复写分裂结构,把语言分为两种类型。

注 释

1. 本章为 Talmy (1978b)的全部重写和扩展版。Talmy (1978b)则是根据论文 "Copy-Clefting"稍作修改而成。该论文刊登于 1975 年 6 月第 17 期的 *Working Papers on Language Universal*,斯坦福大学出版,版权为小利兰斯坦福大学理事会所有。
我要感谢 Haruo Aoki 对本章中的日语表达的帮助。此外,还要向 Kean Kaufmann,Jean-Pierre Koenig 和 Holger Diessel 致谢,感谢他们对改写本的宝贵建议。
2. 这里我们避免采用 *take place*(发生),而是采用 *be* 的形式,例如我们不用(3c)的对应形式 *Her going home took place after her stopping at the store*(她回家发生在她在商店驻足之后),这是因为它们的结构不同。*Take place* 不是用来断言交叉事件关系的。相反,在 *after* 之前的全部成分是整个形式的真正的主句,而该整个形式是个复合句,这一结构将在下一节讨论。
3. Diessel 发现由 *since* 引导的表示'原因'的状语从句大多出现在句首位置,而带有 *because*

的则大多出现在句末。产生这种差别的一个原因是英语中对于'原因'只有一个基本从属连词,但是它有两个异干词(suppletive)形式,即 *since* 和 *because*。每个形式被词汇化,用来分别表征语义成分'原因'与倾向于句首出现的语用成分和倾向于句尾出现的语用成分的合并。

4. 在传统术语中,"连词"(conjunction)既用于"从属连词"(subordinating conjunction),也用于"并列连词"(coordinating conjunction)。这表明有观点认为这两个语法范畴只是一个语法现象的不同变体。但是,在我们的分析中,无论是在句法上还是在语义上,从属连词和并列连词之间没有特定的关系。

5. 注意除了 *then* 的名词性用法外,(47)还有作为副词性代句成分的 *then* 的三个语义不同的形式,分别为表征(47D)、(47H)和(47J)中的'后继''时间点重合'以及'条件'关系的形式。这些形式的意思分别为'在那之后''在那点'以及'在那事件中'。有些语言中具有三种不同的形式对应 *then* 的三个意思,例如依地语中具有 *dernokh*,*demolt* 和 *dan*。

6. 如 *I dried the cups, taking great care*(我擦干杯子,小心翼翼)之类的句子,其可接受性表明(70o)所示的'涉及'关系允许省略对此句的具体表达。但是另一个可能的解释是,这句子被理解为表达'共时'关系。

7. 另一种带有 *only* 的不定式用法,表示焦点事件尤其是在否定视角上,属于'意料之外'的情景,可以出现在更多的交叉事件关系中,如下例所示:

   (i) They were feeling tired, only to go out anyway.
      (他们觉得累了,但还是出去了。)

   (ii) She slept, only to dream about frightening events.
      (她睡觉,却梦见很多可怕的事。)

   (iii) She stepped out of the door, only to turn around at that point and hurl an insult.
      (她迈出门口,却就在那里回头,大声说出侮辱的话。)

8. 根据传统的转换语法,一个标准的复写分裂结构是从一个复合句结构转换而来的,那么以此为据,也可以认为复写分裂的转换是循环的。

第四部分

力与因果关系

第 7 章 语言与认知中的力动态

1 引 言

力动态（force dynamics）这一语义范畴在此前的语言学研究中一直被忽视。力动态是指实体之间力的相互作用，包括力的施加，对施加力的抵抗，对抵抗力的克服，力的阻碍，阻碍的移除以及其他类似情况。[1]

力动态对于语言结构具有十分重要的意义，尽管这一点在此前几乎没有被认识到。首先，力动态是对"致使"（causative）这一传统语言学概念的概括：它将'致使'（causing）分解为更为细致的义元，并将致使自然归入一个语义框架，该框架也包含'使/让'（letting）、'阻碍'（hindering）和'助使'（helping）以及其他一些在同样的语境中通常不被考虑的概念。

另外，力动态在诸多语言层面发挥构建作用。首先，它具有直接的语法表征。在我们的主要例证语言英语中，这种表征不仅出现在连词、介词以及其他封闭类元素构成的子集里，而且更重要的是，力动态还能够描述语法中的整个情态范畴，既包括它们的基本用法，也包括它们的认知情态用法。它在情态领域的解释力几乎是独一无二的。力动态模式还可以合并到开放类的词汇里，从而使许多开放类词汇呈现出系统的关系。力动态在这方面涉及的词汇不仅指物理上力的相互作用，而且通过隐喻扩展，从社会心理"压力"的角度来看，还可以指心理与社会互动。此外，力动态原则可以在语篇中起作用，尤其是它不仅可以引导论证模式，而且还可引导语篇预期及其逆转。

最后，表示力的相互作用的概念系统似乎已根植于语言结构之中，并与其他认知域相关联。事实上，语言系统与概念系统关于力互动的表现类似,这点表现在朴素物理学、心理学、早期科学以及不严谨的现代科学上(尽管与严格意义上的现代科学常常有出入)。总的来说,力动态表现为一种基本的概念系统,通常以力互动的方式在语言学领域构建概念材料。这些领域包括:物理、心理、社会、推理、语篇以及概念和意义的心智模式领域。

从历史角度看,力的相互作用的概念当然不是新话题,尤其是对物理现象力相互作用的研究,在物理学这样的学科中具有很长的研究历史。在物理学之外,也许人们最熟悉的力的应用当属弗洛伊德对精神的研究。他使用精神动力学的概念,如性欲和冲动、抑制和抵抗、自我与本我冲突以及重构平衡的减压模型。不过,据我所知,在 Talmy(1976a)的初步研究之前,力概念在组织语言意义上的系统应用一直被忽视。后来,Talmy(1981)将其初步发展为语言的基本系统。此前,当然也有相关研究。Whorf(1941)引用过肖尼语(Shawnee)的一个词根,并用图表阐释了这个词根所表示的力对抗。心理学家 Fritz Heider 的著作(1958)最近引起了我的注意,他曾经讨论过情态系统中的力的概念。但这些研究既不系统,也不具解释力。最近 Gee and Kegl(1982:348—350)建立了一个力系统,用来解释美国手语中的一些运动概念。Sweetser(1982,1984)采用本文中的力动态框架解释情态动词的认知情态语义。现有理论体系的某些方面也被 Pinker(1989,1997),Jackendoff(1990)和 Brandt(1992)采纳到了他们的理论框架中。

我研究力动态范畴的方法基于认知语义学这一更广阔的领域。这一方法包括如下思想:语言使用一些基本的概念范畴来构建和组织意义,同时排除其他概念范畴发挥同样的作用。发挥作用的范畴在诸多语言中最明显地表现为封闭类形式,或者更宽泛地说,表现为**语法形式**。比如屈折变化与小品词,还有语法范畴、相互关系及构式(参见 I-1 章)。许多这些概念范畴在组织开放类词汇的词汇化模式方面也扮演着重要角色。例如,许多语言都有名词曲折变化,表示名词所指对象的**数**。但是,从来没有曲折变化表示所指对象的颜色。根据类似的观察,我们可以构建两个系统,一个系统包含诸如**颜色**这种从未出现在语言封闭类形式里的概念范畴,另一个系统则是经常出现在封闭类形式里的概念范畴,因而扮演一种基本概念构建的角色。除了数,这个系统还包含了一些被广泛认可的范畴,如体(aspect)、语气(mood)和传信性(evidentiality)。本研究的目的之一是建立力动态范畴,使其作为此类功能独特的基本语义范畴系统中的一个新成员。不仅如此,作为认知科学家和语言学家,我研究语言内部明显存在的语义构建如何与其他认知系统（比如感知形式和推理）的概念组织相联系。在我的其他论文中（Talmy 1983, 1987），我将语言用以图式化和构建时空的系统与视觉感知的诸多特征进行了对比。在此，我还会把语言的力动态如何构建物理学和心理学概念的方式与我们用以分析相同领域内朴素的、科学的心智模式进行对比。

本章内容的顺序与上文介绍力动态特征的顺序一致，即从较基础的形式逐渐过渡到较复杂的形式。我们首先展示对基本力动态的区分及其图式系统（第1、2节），由此引入力动态作为传统致使概念的概括系统（第3节）。接着是语言如何把物理学中力的概念扩展到内部心理相互作用的表达中（第4节）。这一扩展使我们能够系统描述心理动力学中的大量词汇（第5节）。然后把力动态概念进一步扩展到社会交往中，用与心理学一样的社会指称来组织词项（第6节）。到此为止所介绍的参数，使我们能够用力动态术语来考察情态系统（第7节）。对语篇的考察表明了力动态的概念在没有增加变量的情况下如何扩展到语篇因素及更熟悉的现象，这里称之为**矢量逆转**（vector reversal）（第8节）。最后的论述章节（第9节）对比了物理学和心理学植入到语言中力动态系统的概念模式以及与其他认知领域的相应模式。在结论一节（第10节），我们概述了力动态研究的其他路径，这个系统建立在更大的语言环境里，即语言的其他概念系统以及人类概念结构整体。

1.1 范畴阐释

既然力动态是语言学中的一个新范畴，我们最好能给出直接例证。(1)中的最小对立体（minimal pairs）将含力动态与不含力动态的表达在一系列的语义域中进行了对比。

(1) a. be VPing/keep VPing　　　　　　　　　　　　　　［物理的］
　　　i. The ball was rolling along the green.
　　　　（球沿着草坪滚动。）
　　　ii. The ball kept (on) rolling along the green.
　　　　（球沿着草坪持续滚动。）
　　b. not VP/can not VP　　　　　　　　　　　　　　［物理的/心理的］
　　　i. John doesn't go out of the house.
　　　　（约翰不出门。）
　　　ii. John can't go out of the house.

（约翰不能出门。）

  c. not VP/refrain from VPing   [内心的]
   i. He didn't close the door.
    （他没关门。）
   ii. He refrained from closing the door.
    （他忍住没有关门。）

  d. polite/civil   [内心的：词汇化的]
   i. She's polite to him.
    （她礼貌地对待他。）
   ii. She's civil to him.
    （她文明地对待他。）

  e. have (got) to VP/get to VP   [社会心理的]
   i. She's got to go to the park.
    （她必须去公园。）
   ii. She gets to go to the park.
    （她计划去公园。）

  例(1ai)描述了一个与力动态无关的纯粹物理领域的事件。然而(1aii)中使用的 *keep* 却给出了两种力动态模式之中的一种：或者球有趋于静止的趋势，但是由于外力的驱使，比如风、球未能静止；或者球此刻有运动的趋势，但是事实上这一运动正在克服外在的阻力，比如硬草。

  例(1b)中心理层面的力因素加入到物理的力之中。例(1bi)里与力动态无关的表达只是描述了对约翰没有出门这件事的客观的观察。但在例(1bii)里，除了有这一相同的观察外，还阐明了完整的力动态复合体(force-dynamic complex)：约翰**想**出去（可理解为有一种像力一样的、去实践这一行为的趋势），但有某种力或阻碍在阻挠这种趋势，后者比前者强，于是便产生了一个没有明显动作的最终结果。

  例(c)阐明了语言完全可以从心理层面描述力的对抗，这种对抗事实上可以发生在个体的心智中。同样，例(ci)和(cii)表示可以明显观察到的情况，即施事没有行动。但(cii)还另外表达了这种情形是心理冲突的结果，这种冲突发生于施事趋于行动的冲动和该施事对行动的更强烈抑制之间。

  例(d)展示了与例(c)相同类型的力动态对比，但还说明了这种力动态可以被词汇化。例(di)的**有礼貌**是中性的，例(dii)的**文明**显示了此处主语的基本趋势是不想礼貌，但她成功地抑制了这种趋势。

例(e)表明语言还可以把力动态的概念扩展至心理,即社会交往。这两种表达都展示了力动态模式,但属于不同的类型。产生这些类型的原因不同,但却有相同的显性结果。例(ei)中,主语的愿望(力的趋势)并非是去公园,但这被一个不希望她这么做的外在权威反对,而且成功压制。例(eii)里主语的愿望**是**去公园,而足以阻止她这么做的外在环境正在消失或是没有实现,因此允许实现主语的愿望。

2　力动态的基本区分

我们首先介绍最基本的力动态参数,即那些适用于整个系统的参数。本节只讨论它们在物理力领域中的应用。

2.1　恒定力动态模式

两种恒定状态的力对抗贯穿于所有更复杂的力动态模式之中,我们现在研究这种对抗的组成要素。语言对两个施力实体作出了重要的角色区分。其中一个施加力的实体被凸显出来,成为注意焦点,即在相互作用过程中突出的议题是,这个实体是有能力展示其力的趋势,还是不能展示,即力的趋势被克服。与之相关的第二个力实体,则考虑它对第一个实体的作用,是否有效地克服第一个实体的力趋势。生理学有对术语,指某些肌肉中对抗的两个部分,借用这对术语,我把焦点力实体称为**主力体**(**Agonist**),而对抗此实体的力元素称为**抗力体**(**Antagonist**)。² 在全章用来表现力动态模式的图示系统中,主力体(Ago)将用圆圈表示,抗力体(Ant)将用凹形表示,如例(2a)所示。

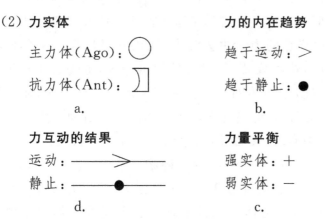

注:左右方向不影响力动态模式,镜像图表表征相同的力动态模式

这与语言表征概念的方式是一样的,我们认为一个实体具有展示力的内在趋势,它才会施加力,这种力可以是持续的,也可以是暂时的,但无论如何都不是外在的。在一个实体具有的力的趋势中,语言再次作了一个双向区分:这种趋势要么趋于运动,要么趋于静止。或者更概括地说,趋向行动或不行动。在图示中,趋于行动的主力体用箭头表示,趋于静止的则用大的黑点表示,置于主力体的大圆圈内,如例(2b)所示。除非必要,在抗力体的符号里不会有任何趋势的标示,因为在这里它是主力体的抗力体。

与这对相对的力相关的另一个概念是它们之间的相对强度。在语言中,尽管有对方的对抗,却仍能展现其趋势的实体为更强的实体。在图表中,更强的实体前有个加号(如有需要,在弱的实体前加上负号),如例(2c)所示。最后,相互作用的实体根据它们的相对强度会产生一个结果,即一个显性变化。正如语言对这种关系图式化那样,这个结果要么有行动,要么没有行动。这仅仅是从主力体角度来评判的,因为主力体的状况是要讨论的焦点。最终状态将用主力体下的线表示,该线要么有一个表示行动的箭头,要么有一个表示无行动的大黑点,如(2d)所示。

有了这些区分,我们就能够描述这四个最基本的力动态模式。这些模式涉及恒定对抗(steady-state opposition),见(3)中的图和例子。下面依次对这些模式进行描述。例(3a)表示内在趋于静止的主力体与外部更强大的抗力体对抗,最后抗力体战胜主力体,迫使其运动。这种模式可归为"致使"(causative)一类,特别是包含持续运动因果关系(extended causation of motion)。(3a)中的句子通过趋向静止但却在风更强大的力作用下迫使小球不断运动的例子说明了这个模式。例(3b)里主力体仍然趋静,但它现在比对抗它的力量更为强大,所以它可以保持它的原有趋势,仍然停留在原处。这种模式属于"尽管"(despite)范畴。在这种情况下,尽管抗力体在反抗,主力体的稳定性占了上风。例(3c)里,主力体现在的内在趋势趋向运动,尽管有个外力在对抗它,但因为主力体力量更强,所以它的趋势得到实现,其结果表现为运动。这个模式也属于"尽管"一类,在这里抗力体作为主力体运动的**阻碍物**。最后,在例(3d)里,虽然主力体还是趋向运动,但这次抗力体比主力体强大,所以有效地阻止了主力体,而不仅仅阻碍它:主力体在原处不动。这个模式仍然表示致使类别,属于持续静止因果关系(extended causation of rest)。[3]

(3) **基本恒定力动态模式**

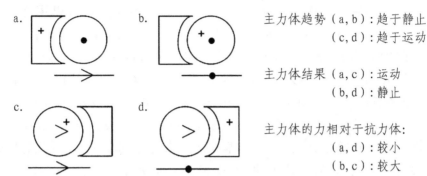

a. The ball kept rolling because of the wind blowing on it.
（因为风在吹向球,球一直在滚动。）

b. The shed kept standing despite the gale wind blowing against it.
（尽管大风一直吹向小茅屋,它依然挺立在那里。）

c. The ball kept rolling despite the stiff grass.
（尽管草地粗糙,球却一直在滚动。）

d. The log kept lying on the incline because of the ridge there.
（由于那里有条垄,原木一直停在斜坡上。）

在这四个力动态模式中,每一对都共有一个因素。图(3)的矩阵(matrix)中所列的图表沿每一条线都有共性。在顶端的一排(a,b)中,主力体最内在的趋向是静止,在下面的一排(c,d)中却是倾向于运动。在左侧的(a,c)一列,力对抗的结果是主力体表现为运动;而在右列(b,d)中,其结果却表现为静止。更加重要的是,对角线(a,d)中,抗力体更加强大,含有持续因果关系因素。在这种情况下,结果状态就会与主力体的内在趋势**相反**。而且这种结果是由于抗力体的出现,否则此种情况也**不会发生**。对角线(b,c)中,主力体较为强大,表达"尽管"因素。事实上,'虽然/尽管'(despite/although)这两个概念本身可以用这个力动态模式中子集的共性进行描述。在此,结果状态和主力体的倾向一致。尽管出现抗力**体**,结果**仍然会发生**。因此,到目前为止,力动态分析了一些基本概念,例如,'尽管'(despite)和'因为'(because of)为相对的一组,还有某些具体概念,如'阻碍'(hindering)和'阻止'(blocking)。这样使当前分析的优势突显出来:它为我们提供了这样的一个框架,其中通常被认为是互不相关的一系列基本概念可以很自然地被放到一起;同时也揭示了它们潜在的特征和实际上的相关性。

正如例(3)所示,某些力动态概念具有语法表征形式,即封闭类表征形式。当主力体作为主语出现时,较强的抗力体角色可以用连词 *because*(因为)或介词短语 *because of*(因为)(在非英语的语言中,往往作为简单的附置词出现)表达,而较弱的抗力体角色可以用连词 *although*(虽然)或介词 *despite*(尽管)来表述。常见的力动态对抗可以用介词 *against*(反对)来表述,正如(3b)或其他句子所示,诸如 *She braced herself against the wind*(她迎风而立)/*They drove the ram against the barricade*(他们推着破域槌撞击街垒)。最能显示力动态存在的单一形式可能是 *keep-ing*(保持)。当然,从术语上讲,这个表达在形式上并非封闭类,因为从句法的角度看,它和任何其他规则动词没什么区别,例如 *hate*(恨)加上 *-ing* 的词缀。然而,其频率和基础性表明它还有具有"名誉上"的助动词的地位,就如同 *have to*(不得不)能够被当成与真正的情态动词 *must*(必须)相似的名誉助动词一样。而且,在语言变化过程中,*keep* 和 *hate* 相比,更有可能被语法化,因为在其他一些语言中,相当于 *keep* 的词已经被语法化,并且也很像 *use to* 一样,起源于规则动词,现在已经在最大的限度内部分地语法化为单一形式。无论 *keep* 是否被看作封闭类,它的力动态作用可以在其他毫无异议的封闭类形式中得以表现,例如副词小品词 *still* 和动词卫星词 *on*,如(4)所示。

(4) a. The ball kept rolling
    (球一直在滚动,
  b. The ball was still rolling   } despite the stiff grass.
    (球仍然在滚动,   尽管有坚硬的草。)
  c. The ball rolled on
    (球继续滚动,

2.2 力动态模式的转换

到此为止,可以添加另外一个因素,即随时间发生的变化,有了这一因素,恒定力动态模式会产生一系列关于状态变化的模式。

2.2.1 作用状态的转换

在一种变化模式中,抗力体没有持续地作用于主力体,而是进入或退出这种作用状态。下面首先考虑抗力体较强的例子(基于(3a,d)),因为这些例子体现得最为明显。如(5)中图表所示,这些变化模式不是由一系列静态瞬像(static snapshot)来表示,而是用常规速记中的箭头来表明抗力体进入或退出作用状态的运动,并用斜线画在表示结果的线上来区分活动状态前后的变化。(5)中用抗力体充当主语的句子为例阐释了这些模式。

(5)

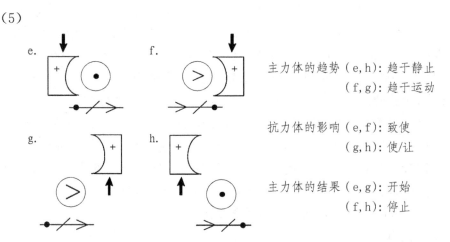

e. The ball's hitting it made the lamp topple from the table.
   (球打在灯上,使灯从桌上翻了下来。)
f. The water's dripping on it made the fire die down.
   (水扑在火上,使火熄灭了。)
g. The plug's coming loose let the water flow from the tank.
   (活塞变松动,让水从水箱里流了出来。)
h. The stirring rod's breaking let the particles settle.
   (搅拌棒折断,让小颗粒沉淀下来。)

我们依次考察以上每个句子。在(5e)模式中,较强的抗力体和内在趋于静止的主力体发生对抗,导致主力体由静止状态转入运动状态。因此,这是致使的另一种模式,且为典型模式,这种类型多与因果关系(causation)范畴有关。如果(3a,d)两种恒定致使类型可以归为**持续因果关系(extended causation)**,当前这种可称为**初始因果关系(onset causation)**,特别是运动的初始因果关系。与此相关的(5f)模式,属于静止的初始因果关系。其中,较强的抗力体和具有运动趋势的主力体发生作用,导致主力体停止。

因此,构成普遍致使范畴的四种模式(3a,d;5e,f)都具有一个共同特征,这个特征在所有其他力动态模式中都没有。用力动态分析来解释因果关系时,这一特征得以显现。该特征是:主力体的最终活动状态和它本身倾向的活动趋势是相反的。在其他的模式中,这两个值是相同的。力动态的解释是:物体具有力的自然趋势,这个趋势除非被持续的或是初始的更为强大的外力克服,否则该物体将展现这个趋势。这是由一系列情景构成的系统,语言将其归入同一概念范畴中,这一范畴称为"致使"(causative)。

下一个模式(5g)是关于'使/让'(letting)概念的。这一概念进一步展示力动态框架的解释力,它系统解释了此前被忽视的一些概念的相关性。在(5g)中,更强的抗力体一直在阻止有运动倾向的主力体,现在抗力体停止阻止,并使主力体展现自己的趋势。这就是典型的使/让(letting),属于运动的初始使/让(onset letting of motion)。在(5h)中相应的就是非典型的使/让,属于静止的初始使/让(onset letting of rest)。在这种情况下,抗力体一直强制使倾向于静止的主力体运动,现在它停止了对主力体的作用并使/让其进入静止状态。致使(causing)范畴被看作是作用的开始或持续这样一个概念,而当前的'使/让'(letting)模式则涉及**作用的终止**。

(5)中列出了力动态的转换模式,矩阵中每一行又分离出一个系统因素。在对角线(e,h)中,主力体倾向于静止的趋势是常量。而在相反的对角线(f,g)上,主力体倾向于运动的趋势为常量。顶行(e,f)表征初始因果关系,而末行(g,h)表征初始使/让。左栏(e,g)表征主力体开始运动,而右栏(f,h)表征其运动停止。因此,各栏中所列模式分别表征与力相关的开始和结束的范畴。[4]

2.2.2 力量强度平衡的转换

本部分开头提到过,抗力体开始或终止对主力体的作用只是力动态模式转换中的一种。我们可以大体总结出另一种形式:抗力体和主力体持续进行对抗,但是力的**平衡**可以在此强彼弱的转换中进行变化。在(5)中每个作用转换模式都有相对应的强度平衡转换模式。可以这样理解这种对应性:不是因为强抗力体的进入或退出才导致其主导地位开始或结束,而是已经存在的抗力体能变得更强大或更弱小,从而导致相同的结果。拿这类模式中的一个为例,在(6)中,此处箭头表明转移强度相对较大。(当然这并不表明实际上力从一实体转移到另一实体)。词项*overcome*(战胜)的一种用法就表征了这个模式,如下图所示。

(6)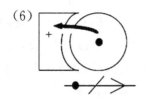

The enemy overcame us as we stood defending the border.
[enemy＝Ant,us＝Ago]
(在我们守卫国境时,敌人战胜了我们。)
[敌人＝抗力体,我们＝主力体]

2.3 次要恒定力动态模式

例(5)中抗力体离开主力体的例子表明,在有些例子中,抗力体缺失。实际上,和(3)中每一种恒定模式(抗力体对抗主力体)相对应的是次要恒定模式,其中抗力体逐渐失去作用。当抗力体较强时有两种模式的'持续使/让'。例(7i)表明持续运动使/让,(7j)则是持续静止使/让。它们和(5g,h)中的'初始使/让'同样构成了普遍'使/让'范畴。由此可知,我们可以根据强抗力体的作用类型对致使/使/让进行分类。致使涉及积极作用:初始因果关系与作用开始相关,持续因果关系与作用持续相关。使/让涉及不发生作用:初始使/让与作用终止相关,持续使/让与不发生作用相关。

(7) i.   j.

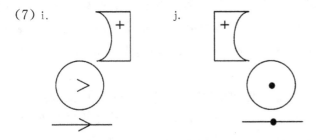

i. The plug's staying loose let the water drain from the tank.
   (塞子松了,让水从水箱中流干了。)

j. The fan's being broken let the smoke hang still in the chamber.
   (风扇坏了,使屋子里的烟久久不散。)

我把当前这组称为"次要恒定模式",因为从概念上讲,它们是基于对基本恒定模式的否定派生出来的。可以说从本质上看,主力体与抗力体的概念是指处于力对抗中的两个实体,对未处于力对抗的主力体与抗力体,它们一定具有对抗的潜能。用 Fillmore(1982)的术语,这些不涉及力对抗的例子和涉及力对抗的例子都预设相同的语义框架。

2.4 力动态模式和施事的关系

首先我要说明,为什么熟悉致使文献的语言学家习惯使用像 *I broke*

the vase(我打碎了花瓶)这类句子来表示致使,而我却使用如例(5)和(7)基于两个分句且无施事者的句子。这样做的原因是,我认为此类无施事者的形式比有施事者形式的句子更为基本。正如 I-8 章中所述,虽然包含施事者的句子句法结构往往更简单,但实际上它又额外涉及一个语义复合体。一个施事者如果想让某具体物理事件发生,比如把花瓶弄碎,他必须触发某项因果序列来导致该事件发生。这一系列动作要求施事者在自己意愿的支配下,移动他的部分或整个身体。这个动作要么直接使意向事件发生,要么导致另一事件的连锁反应,且无论这一连锁反应会花多长时间,最终都会导致意向事件发生。

为了表征此类事件发生的整个过程,许多语言允许只存在包括施事者和最终事件的表达,如英语中的 *I broke the vase*(我打碎了花瓶)。在此,序列中其余的因素由于具有最大普遍值而被隐现(见 I-4 章)。还有一个可以加入到显性表达中的因素就是可以直接导致该最终事件发生的事件,即倒数第二个事件,其他的或者还有(所谓的)工具,如 *I broke the vase (by hitting it) with a ball*(我用球打碎了花瓶)一句所示。这组被凸显的事件,即倒数第二个事件和最终事件,构成了辨别整个施事序列的核心。实际上,作为一个基本的先行结果序列,倒数第二个事件可以从句子中独立分离出来,如 *The ball's hitting it broke the vase*(球打在花瓶上,致使花瓶碎了)。

这就是我们例句中的基本序列类型。其中,所有的致使和其他力动态因素都能被独立分离出来,且在一个包含施事的更大的序列事件中出现时仍然可行。这样,(5)句就立即可以和一个相应的施事句对应起来。如(8)句中就包含了所有相同的力动态特性。

(8) **自发性**　　　　　　　　　　　　**施事性**

　　The ball's hitting it made the lamp topple.　　　　I made the lamp topple by hitting it with the ball.
　　(球打在灯上,使灯倒了。)　　　　(我通过用球撞灯,使灯倒了。)
　　The plug's coming loose let the water flow out.　　I let the water flow out by pulling the plug loose.
　　(活塞变松动,使水流了出来。)　　(我把活塞松开使水流出来。)

2.5　力动态模式下不同的前景化

只要力动态模式出现,所有相关因素必须同时出现。但表达力动态模式的句子可以选择不同因素的组合来表达其指称,无需提及其余因素,且在不同的构式中给这些因素分配不同句法角色。一般来讲,明确提及的因素以及在句子中较早或以更高的格等级出现的因素更加前景化,即更容易吸引注意。对施事句来说,那些没有明确表达的因素仍然隐现,但已经被背景化了。

在表征方面,我们可以用力动态图表中的符号系统来表征明确表达的因素及其句法角色。在这个系统中,我从关系语法(Relational Grammar)中借用符号 1 表示主语,2 表示直接宾语,VP 表示动词构成成分。这一成分的句法特征极富变化,因此 VP 代表抽象的动词词组。未标明的成分通常在构式中没有明确表征。因此有符号标示的完整图表就代表了特定的构式,表示整个句子及所含有的词汇。此外,我使用了以下惯常标记来表示共性:当两种模式只有一个因素不同时,例如运动趋势相对于静止趋势,且其结构相同,那么它们可以用同一图表来表达,并把两个值都标记出来,例如用箭头和点进行标记。[5]

现在来看具体例子,例如,恒定力动态模式(3a,d)由于句法角色的不同而产生前景化不同,这种差异可以用合并图表(9)来表示。我们从(3)已经得知,主力体可因其主语的地位而前景化,而抗力体由于被省略或者用作间接成分(oblique constituent)而被背景化,如(9a)包含不及物动词 *keep* 或介词/连词结构 *because (of)* 的构式所示。或者,在相同的力动态模式中显著性发生逆转,即抗力体作为主语被前景化,而主力体作为直接宾语被背景化,如(9b)含有及物动词 *keep* 或 *make* 的结构所示。

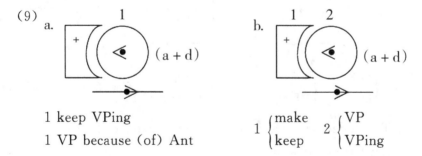

a. The ball kept rolling. / The ball is rolling because of the wind.
（球在持续滚动。/因为风吹,球在滚动。）

b. The wind kept the ball rolling. / The wind is making the ball roll.
（风使球持续滚动。/风使球滚动。）

另一种主要的前景化形式与力动态模式的行为特征有关。如目前例子所示,主力体的行为结果或者其行为趋势能在一个结构中得以明确表征。当然这种在强调重点上有所不同的形式只能应用于致使模式中,因为只在这些模式中才有行为结果和趋势的区分。(10)中的图表包含了我们所见过的所有致使和使/让模式,在这里只有抗力体及表征它们的结构被前景化。(b)和(d)指致使模式中主力体趋势的新结构。请注意,在此,主要的力动态词 *keep* 再次出现,但是和 *from* 一起表示阻止的含义。有了这些附加说明,力动态模式用一个结构框架把更多语言现象联系起来。(见(7)中的(e)和(f)模式的例子)

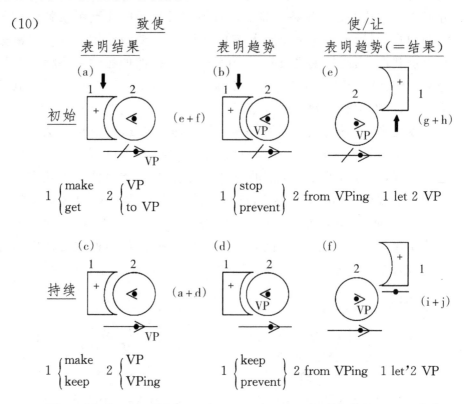

The added soap (a) got the crust to come off. (b) stopped the crust from sticking.
(添加的肥皂(a)使污渍脱落了。(b)阻止污渍黏结。)
The shutting vaive (a) made the gas stay inside. (b) stopped the gas from flowing out.
(闭合阀(a)使气体留在里面。(b)阻止气体外溢。)

The fan (c) kept the air moving. (d) kept the air from standing still.
(风扇(c)保持气体运动。(d)阻碍气体静止。)
The brace (c) kept the logs lying there. (d) kept the logs from rolling down.
(托架(c)使原木静止在那儿。(d)防止原木滚下。)

2.5.1 'Make'(使)与'Let'(使/让)表达形式的不对称性

在英语中,'making'(使)比'letting'(使/让)在句法上更灵活。对于'making',抗力体要么自己单独出现在句中,要么和相关事件一起出现,而'letting'只能和相关事件一起出现,如(11a,b)所示。当'making'和'letting'模式嵌入施事矩阵中的时候,这种不对称就会存在(也见Jackendoff 1976),如(11c,d)。正是由于这个原因,在(10e,f)的'letting'图表中,表示主语地位的1标记抗力体及其活动。

(11) a. i. The piston's pressing against it made the oil flow from the tank.
  (活塞向下压,使油从油箱里流出来。)
  ii. The piston made the oil flow from the tank.
  (活塞使油从油箱里流出来。)
 b. i. The plug's coming loose let the oil flow from the tank.
  (塞子松了,让油从油箱里流了出来。)
  ii. * The plug let the oil flow from the tank.
  (*塞子让油从油箱里流了出来。)
 c. i. I made the oil flow from the tank by pressing the piston against it.
  (我按了活塞,使油从油箱里面流出来。)
  ii. I made the oil flow from the tank with the piston.
  (我通过活塞使油从油箱里面流出来。)
 d. i. I let the oil flow from the tank by loosening the plug.
  (我把塞子松开,让油从油箱里面流出来。)
  ii. * I let the oil flow from the tank with (* of/ * from) the plug.
  (*通过塞子,我让油从油箱里流出来。)

之所以存在这种不对称性,可能因为语言普遍将'工具'看成具有正向作用。证据如下,在谈到把一摞摆好的易拉罐弄翻时,可以用工具格 *with* 短语,如(12)中所示。它既可以指动作的开始(12a),也可以指动作的延续(12b),但不能指动作的终止(12c)。没有其他短语可以指代这种反向作用的工具,如(13)所示。

(12) I toppled the display *with a can*——covers:
(我用一个易拉罐把一排易拉罐打翻了,包括:)
  a. ... by throwing a can at it.
  (我朝那排易拉罐扔过去了一个易拉罐。)
  b. ... by pressing against it with a can.
  (我用一个易拉罐去推那排易拉罐。)
  c. * ... by pulling a can out from the bottom tier.
  (* 我从那排易拉罐的最底层抽出了一个易拉罐。)

(13) * I toppled the display *from/of/... a can*.
(* 我把那排易拉罐弄翻了,从/……一个易拉罐。)

2.6 包含弱抗力体的力动态模式

从我们最初研究基本恒定模式开始,所有讨论过的力动态模式都含有较强的抗力体。但当前的框架还含有八个较弱的抗力体模式。它们是(3b,c)中的两个恒定模式,其中抗力体作用于主力体,与此对应:抗力体进入作用的两个模式,抗力体退出作用的两个模式,最后抗力体不与主力体作用的两个模式。和较强的抗力体相比,这些模式起的作用较小,但是它们中的一些模式在英语中得以很好地表征出来。这当然就是前面所讨论的'尽管/虽然'(despite/although)形式,在这种形式中,主力体作为主语出现。此外,(14)表现了抗力体做主语时的模式,即:(a)抗力体进入对抗(和恒定模式中的(3c)模式一样,现已标记);(b)抗力体撤出对抗;(c)抗力体一直不对抗。这些分别隐含于阻碍(*hinder*)、助使(*help*)和任由(*leave alone*)结构中。

(14)

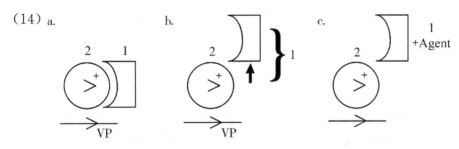

a. Mounds of earth hindered the logs in rolling down the slope. / The benches hindered the marchers in crossing the plaza.
（土堆阻碍了原木向山下滚。/长椅阻碍了游行者穿越广场。）

b. Smoothing the earth helped the logs roll down the slope. / Removing the benches helped the marchers cross the plaza.
（把土堆铲平有助于原木滚下山去。/移开长椅有助于游行的人群穿过广场。）

c. I left the rolling logs alone. /The police left the marchers alone in their exit from the plaza.
（我任由原木滚下去。/警察任由游行的人群退出广场。）

　　动词 *help*（助使）在力动态的语境中存在，这是很重要的一点。在例（15）中已经阐释，英语中有四个及物动词可以直接加不带 *to* 的不定式补语（infinite complement），这四个动词是 *make*, *let*, *have* 和 *help*（即，同样以 -*ing* 形式作为补足成分，但自成一类的非感知动词）。我们已经知道，在基本的力动态模式表达中，*make* 和 *let* 这样的词已包括在其中。Have（让）也有力动态用法，既可表达没有中间意愿实体的间接因果，如 *I had the logs roll down the south slope*（我让原木从南山坡滚了下去），也可像通常一样有中间实体，如 *I had the boy roll the log along*（我让男孩把原木滚开）。现在我们发现，*help* 这个词也有力动态用法。这一发现的重要性在于句法范畴可以和语义范畴联系起来，使得两者相关，进而支持语言结构整合的观点。这种跨层次的范畴联系将在讨论情态动词时进一步介绍。

(15) I made/let/had/helped the logs roll along the ground.
（我使/让/使/助原木在地面上滚动。）

2.7 力动态模式要素的具体化

在目前所谈及的每个力动态模式中，成分要素一直都处于最普遍的层面。具有最小必要特征的（该特征是某一要素所需要的）成分或事件能够将该要素具体化，并在表征该模式的结构中得到相应表达。但这个模式系统还可以扩展。有些力动态模式中的具体要素具有特定身份，语言中存在与这些力动态模式相对应的结构。当这一身份包含一个基本概念，即当该模式的 VP 要素具体为 'be' 或者 'move' 时，与之相对应的结构通常也包含某一基本的词项。这样我们就能找到力动态模式中更多的核心词汇和句法。

因此，我们从 (16) 中所示的具体模式中，找到了诸如 *stay/remain*, *leave*, *hold* 以及 *keep* 这些较显著的英语动词词汇，其相应的表达也保留了某些句法特征。因此，在 (16a, b, c) 模式中，将 VP 具体化为 be，通常能和名词、形容词或方位格连用，如 *He was a doctor/rich/in Miami*（他是个医生/很有钱/住在迈阿密州）。相应结构中的动词也是如此，如 *He remained a doctor/rich/in Miami*（他保持着医生的职业/富裕的生活/在迈阿密）。在 (16d) 中，和 '*move*' 相关的方位词是概括性的。但是如果它也被具体化，比如在其后加上 '*down*' 或 '*out*'，那么就会产生更多的构式。因此，除了 1 *keep* 2 *from moving down/out*（1 阻止 2 下来或出去）之外，不仅仅有 1 *hold* 2 *up*（1 挡住 2），还有 1 *support* 2（1 支持 2）和 1 *confine* 2（1 束缚 2）。

(16) a.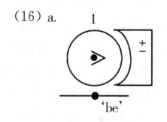
[1 keep being -->]
1 stay/remain

b.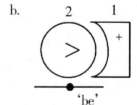
[1 keep 2 being -->1]
1 keep 2

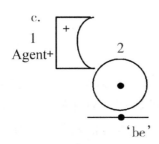 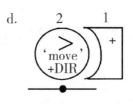

[1 let 2 be -->]   [1 keep 2 from moving+DIR -->]
1 leave 2   1 keep/hold 2 antiDIR

a. [The log kept being on the incline(because of the ridge there). →]
（[原木一直在斜坡上（因为那里有条垄）。→]）
The log stayed on the incline (because of the ridge there).
（原木停在斜坡上（因为那里的一条垄）。）
(tendency:>; Ant:+)
（趋势：>；抗力体：+）
[The shed kept being on its foundation (despite the gale wind). →]
（[小棚子仍然立在地基上（,尽管风很大）。→]）
The shed remained on its foundation (despite the gale wind).
（小棚子仍然立在地基上（,尽管风很大）。）
(tendency:•; Ant:−)
（趋势：•；抗力体：−）

b. [The ridge kept the log being on the incline. →]
（[山脊让原木一直停在斜坡上。→]）
The ridge kept the log on the incline.
（山脊让原木一直停在斜坡上。）

c. [Let the cake be (keep being) in the box! →]
（[让蛋糕（一直）放在盒子里面！→]）
Leave the cake in the box!
（把蛋糕放在盒子里！）

d. [The ridge kept the log from moving ahead. →]
（[山脊阻止原木向前滚动。→]）
The ridge held the log back.
（山脊挡住了原木。）

3 力动态对"致使"的概括

了解了基本的力动态模式及其语言表达形式后,我们现在就可以把整个系统当作一个统一的框架来考察它的特征。对此框架的一种主要理解就是力动态是对语言学文献中传统"致使"概念的概括。传统看法本身也在不断发展。早期的研究,如 McCawley(1968)曾抽象出一个最基本的、统一的因果关系(causation)概念,常常由"CAUSE"表示,并不再支持其他变体。后来的研究,如 Shibatani(1973)和 Jackendoff(1976),发现了一系列更精细的要素。Talmy(1976b,1985b)至少曾对以下概念进行过区分:结果事件因果关系(resulting-event causation),使因事件因果关系(causing-event causation),工具因果关系(instrument causation),行为者因果关系(author causation),施事者因果关系(agent causation),自我施事(self-agency)以及诱使因果关系(inducive causation/致使性施事 caused agency)。但是,以上这些分析的深度还远远不够。虽然它们所揭示的要素已经进入到了更加复杂的致使形式中,但它们都是建立在同一个没有经过分析的原始因果关系概念的基础上。在力动态框架中,这一缺点不复存在。过去曾被认为是不可再细分的概念现在成了一个由新的基本概念组成的复合体。因为这些更细小的基本概念在一个由不同模式组成的系统中重组,现在因果关系可以被看作一套关联系统中的一个概念。

现在我对力动态框架进行详细讨论。首先,力动态分析提供了一个框架,该框架在强抗力体模式中,不仅包括'致使'(causing),也包括'使/让'(letting)。而且,它不仅仅包括这些模式的原型,也包括非原型。这里的原型是指 Lakoff(1987)所定义的概念范畴意义上的原型。因此,力动态分析不但可以包括原型致使,即所有研究都会考虑的'初始行动致使'(onset causing of action),也包括'初始静止致使'(onset causing of rest)。我们可以从所使用的术语清楚地看到既往研究对后一种模式的忽视。Shibatani(1973)所用的术语和当前所用的"初始"(onset)最接近的就是"ballistic causation"(投射体因果关系),这一术语显然不包括导致进入静止状态的含义(见 I-8 章);"初始点因果关系"(beginning-point causation)在这点上更适用。非原型模式的'持续行动致使'(extended causing of action)已经获得了一些认可,如 Shibatani 的"控制性因果关系"(controlled causation)或我早期提出的"时间段因果关系"(extent causation)。

但是两位作者都未曾提及'持续静止致使'（extended causing of rest）模式。至于'使/让'这个概念，除了讨论起因，并不为大多数研究所注意。如果提到，通常都是在讨论它的原型，即'初始行动使/让'（onset letting of action）。尽管 Talmy(1976b)和 Jackendoff(1976)的确涉及了更多模式的分析，但是依然要由目前的力动态分析才能提供包括'初始静止使/让'（onset letting of rest）和'持续行动/静止使/让'（extended letting of action/rest）的合适的矩阵。

力动态框架的另一个主要概括是它将含有强抗力体的致使和使/让例子合为一类，与具有弱抗力体的例子相对。这个更大的框架现在包含了一系列的概念，这些概念通常不和因果关系处于同一个语境中。其中有一般的'尽管'（despite）和'虽然'（although）概念，也有较为特殊的'阻碍'（hindering）、'助使'（helping）、'任由'（leaving alone）概念，以及我们下面将看到的'试图'（trying）。

最后，在交替前景化（alternative foregrounding）概念中，力动态框架不仅能够反映导致结果的致使概念，也能反映阻碍趋势的概念（对情态动词也需注意这一因素，如在"He *must* go（他必须走）/He *may not* stay（他不可以留下）"的不同用法中）。对不同的前景化，目前的力动态框架不仅可以解释施加影响的实体（抗力体）作为主语的结构，还可以解释受影响的实体（主力体）作为主语或作为唯一被提到的参与者的对应结构，如在使用不及物动词 *keep* 时的情况（同样适用于以下所有情态动词）。[6]

例(17)对力动态框架的一般类型进行了总结。这里要强调的是力动态不仅是简单增加了解释案例，它还取代了先前有局限性的概念，被当作一个基本的、更概括、更系统的概念矩阵。

（17）力动态所提供的框架可以包括：
  不仅包含'致使'，而且包含'使/让'
  不仅包含原型的'致使/使/让'，而且包含非原型的：
  原型致使：'初始行动致使'（onset causing of action）（5e）
    很少考虑到：'初始静止致使'（onset causing of rest）（5f）
    有时考虑到：'持续行动致使'（extended causing of action）（3a）
    很少考虑到：'持续静止致使'（extended causing of rest）（3d）
  原型使/让：有时考虑到：'初始行动使/让'（onset letting of action）（5g）
    很少考虑到：其他三类'使/让'（letting）类型（5h）（7i）（7j）

不仅包括较强抗力体类型（'致使/使/让'（causing/letting）），而且包括较弱抗力体类型（'尽管/虽然'（despite/although））'阻碍/助使/任由'（hindering/helping/leaving alone），'试图……'（trying））

不仅包括确定结果的例子,而且包括确定趋势的例子（'致使'（causing）与'阻止'（preventing））

不仅包括施加影响的实体（抗力体）作为主语的例子,而且包括受影响的实体（主力体）作为主语（例如,不及物动词 keep 及情态动词）的例子

4 力动态向心理指称的扩展

和此前的概念框架比较,以上概览的主旨在于展示力动态框架具有概括性。但是从其发展方式来看,这个框架的确有其局限性;其基础概念属于物理领域力的互动。然而,力动态显然在语言中有更为普遍的作用。其概念和特征被语言扩展到对心理因素和心理互动的语义加工上。这种语言心理力动态要素使物理上的推进、阻碍和类似的概念普遍化,成为如'想要'（wanting）和'抑制'（refraining）这样的概念框架。

以'想要'为具体例子,在 *He wants to open the window*（他想要打开窗户）一句中,'想要'似乎成了一种心理上的"压力",朝着一些动作或状态的实现"推进"。作为一种隐喻扩展,它可以用力动态图表中主力体内部表示'倾向于动'的箭头来表示。

4.1 分裂的自我

对于力动态中两个相反的力的概念,如果我们不考虑两个个体之间相互的社会关系,而仍然维持在单一的心理内,我们就会被引到语言中基本的语义构型——**分裂自我（divided self）** 中去。这一概念以如下形式表现出来: *I held myself back from responding*（我不让自己回应）;或者词化并入在一个词汇形式中,如 *I refrained from responding*（我抑制自己回应）。这些表达的意义是:自我的一部分想要做某种动作,另一部分不想让这一动作发生,而且第二部分更强大,所以阻止了行为的发生。当然,到目前为止,这一解释被直接看成基本的力动态形式,在本例中应

用到与力相似的内在心理欲望中。它可以用(18a,b)中的图表表示,这一新特征由虚线框围绕在各因素周围,表示它们是单一心理的组成部分。

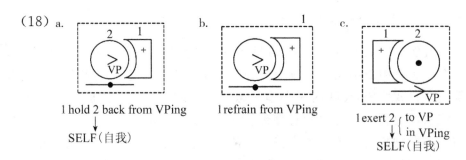

a. He held himself back from responding.
（他不让自己回应。）

b. He refrained from responding.
（他抑制自己回应。）

c. He exerted himself in pressing against the jammed door.
（他努力顶着堵上的门。）

图(18a)中的构式,1 *hold oneself back from VPing* 是对图(16d)的惯用法扩展的结构,但没有将任何力的倾向具体化。图示中力的要素被分别标注:结构的主语可以等同于心理的阻碍部分,扮演抗力体角色,反身直接宾语即愿望部分,扮演主力体角色。图(18b)表达相应的 *refrain* 结构。所有要素都与(18a)一样,唯一的差别是这里没有单独区分主力体和抗力体,而是将整个构型作为一个整体用一个单一的词来表示,主语被视为整体心理。这种模式可以支持更多的词汇化。若这一图表中的动词短语被具体化为'be impolite'(不礼貌),那么这一句型就可以成为 1 *refrain from being impolite*(1 抑制自己不礼貌)的表达基础,或者用词化并入形式'1 be civil'(1 文明)替换一下。后者是力动态表达方法,曾在引言部分与中性的'1 be polite'(1 礼貌)作过对比。也就是说,尽管 *civil* 和 *polite* 都表示外在不粗鲁,但是在这层意义之外,*civil* 还包含了愿望受阻的内在心理力动态复合体模式。

还有另一种力对抗的内部心理模式,那就是图(18c)中'refraining'(克制)的反义词,即'exertion'(施加)。这里,心理的一部分被视为主力体,其特点是想采取不积极的态度(意欲休止),但另一部分作为抗力体克服这一阻挠以导致活动的发生。如在图(18a)中，*exert oneself*（努力）结构是建立在对心理不同组成部分的单独标注基础上的，因此表达中带有反身直接宾语。

4.2 自我的中心和边缘

在图(18)的所有模式中，自我并不是被简单地分割为相对应的部分，而是在一个有组织结构的整体中被分割为扮演不同角色的组成部分。主力体等同于自我愿望，反映内在心理状态。主力体被抗力体克服。抗力体或是扮演阻拦角色——在这种心理环境中，自我有可能受到"压迫"——或者扮演一种激励角色。抗力体代表了一种责任感，或是得体性，体现为外部社会价值的内化。事实上，源于自我和周围环境之间的力动态对抗可能被投射到自我内部各部分之间的对抗。由此，表达愿望的部分被认为是更加中心化，而阻拦或激励一方就更加边缘化。这种语义架构在句法中表现为图(18a,c)中的及物结构：自我的边缘部分被表征为主语施事者，它作用于被表征为直接宾语受事者（反身代词）的自我中心部分。

4.3 有知觉实体中力特征的心理起源

我们已经看到，语言可以将内在力特征赋予没有知觉的物理实体，如风、水坝或滚动的原木。然而，有知觉的实体对力的显性表现通常并不是被看作实体本能所具有的，而是产生于潜在的心理力动态，尤其是来自心理力的'施加'(exertion)构型。例如，请看(19)中两个句子的语义。

(19) a. The new dam resisted the pressure of the water against it.
（新水坝抵住了水的压力。）

b. The man resisted the pressure of the crowd against him.
（那个人抵抗住了人群给他的压力。）

(19a)中无知觉的水坝被认为是由于它坚定稳固的内在物理特征才继续保持矗立在原处。这和(19b)中有知觉的人不同。如果仅考虑该实体的物质体，而不考虑心理组成部分，他就会被视为力动态较弱的主力体，而被人群推到一边。但是心理成分通常包括并看作使人成为一个较强的主力体且能够对抗人群这一要素。它通过持续付出努力，即持续不断地施加力来实现这一目标。在这一过程中，心理中以目标为导向的部分就会克服以休止为导向的部分来实现能量的输出。

心理的组成部分不但可以使客观主力体产生更大的力量，还可以设定它的力趋向。(19b)中的"人"设定自己的身体趋势为静止,而(20)中的"患者"设定他的身体趋势是运动,因此被理解为对抗束缚他的东西。(这一例子中的动词 restrain 与(3d)中力趋势被具体化为'move'的句型相呼应。)如果"病人"仅仅是一个身体,他就会静止不动,不会发生任何力的相互作用。但他有心理,使他具有积极的力趋势,这决定了他会设法获得自由。这个例子也进一步显示了'施加'心理模式的适用性。这一模式不仅涉及主力体,如"人"或"病人",而且也涉及抗力体。这样,(20a)中的"绷带"仅凭其物理性特征显示出阻力,而(20b)中的"护理人员"则使用心理力量来展现阻力。

(20) a. A strap restrained the patient.
（绷带约束了患者。）
b. An attendant restrained the patient.
（护理人员约束了患者。）

在用图示表达这些复杂的力动态关系时,我把一条连线置于作为主力体或抗力体的物质实体和心理'施加'复合体之间。由此产生的完整模式展示在(21a)中,我所使用的简写符号形式展示在(21b,c)中。

(21)

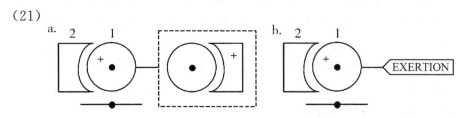

1 [volitionally] resist 2
(1[有特定目的地]抵抗 2)
(The man resisted the pressure of the crowd against him.)
（那个人抵抗住了人群给他的压力。）

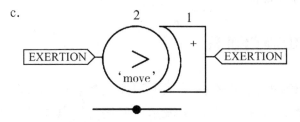

1 [volitionally] restrain 2

(1[有特定目的地]控制 2)
(The attendant restrained the patient.)
(护理人员约束了患者。)

4.4 力动态特征的休止、激活及能产性

另有三个因素隐含在这种心理力动态特征分析中,它们对语言的概念组织有普遍影响。第一个因素是心理中心部分的基础状态,也许是最基础的(或是"无标记的")状态,这就是休止状态。在这种状态中,心理的中心力量元素有一种内在朝向休止的趋势,这种趋势需要心理的较边缘部分消耗能量来克服。没有这些刺激,无法激活任何努力。

第二,语言的语义成分是这样构建的,即把有知觉的实体的物质部分看作本质上为静止,所以需要心理层面的激活。实体自身缺乏内在的力趋势,若被放置在力动态系统中,通常会是一个较弱的主力体。正是心理给实体嵌入了力动态特征,使它能动起来。在图表中,连接心理和物质部分的线可以被看作是表征'激活'的语义组成部分。

第三,心理和物理力动态模式的这一联系本身是力动态模式连接或嵌入的更普遍能力的具体体现。也就是说,一种模式的主力体或抗力体可以充当另外模式中的力实体的能力。此类的复杂结合能够形成像 *Fear kept preventing the acrobat from letting the elephant hold up his tightrope*(恐惧使杂技演员无法让大象拉紧他的绳索)一样的句子。这个句子中最重要的一点是,语言中的力动态系统没有被限制在一系列简单模式中,而呈现出开放的能产性。

因此,从上文分析可以看出,语言将如下特定的力动态模式连接归因于有知觉的实体的心理物理本质:心理较边缘的部分克服较中心部分的内在休止状态,使原本静止的物质组成部分运动起来,从而相对于外部的力实体,有了显著的力表征。

5 复杂体模式中的力动态

在 1.1 部分讨论的力动态模式转变类型涉及随着时间推移的简单变化,属于最基本的体类型,用一个箭头表示。但语言及其所拥有的具体结构和词汇化也可以表示随时间而发生的更复杂的力动态变化模式。为了描述这些模式,我使用条状图来表示模式序列。

我可以举出某一组词项，它们各有自己的结构，该组词项都是建立在一个单一的复杂力动态序列的基础上。在这组词项中，主要有两个因素来区别它们的表达。第一个我称为**阶段**（**phase**）：时间序列中核心注意所关注的位置。第二个是**事实性**（**factivity**）：序列中某部分的发生与否及说话者对它的了解程度。

我们看到 22-图示中用相关连续图展示了 22-公式中"阶段/事实性"模式。在这里，第一阶段(a)在这段时间里把有知觉的抗力体前景化为主语，持续作用于强主力体，意在能使自己在之后的几个阶段中发生作用。抗力体的力趋势在此有标示，因为它在结构中得以明确表达。(a)阶段可能包括之后的(a')部分，在这一过程中，主力体变弱，抗力体变强。恰好在(b)阶段，相对力量对比上发生了关键性的变化。(c)阶段是这一变化的后果，主力体现在被迫产生人们预期的行动。

在 22-公式中，我们看到一系列的结构和结构类型都表示相同的力动态"脚本"。动词 try（尝试）的焦点放在初始阶段而不知其结果，而 $succeed$（成功）和 $fail$（失败）的焦点放在已发生和不发生的结果上。具有副词形式的结构如 $finally$（终于）和 $in\ vain$（徒劳）处于动词结构前后的位置。（注意在动词短语下方的 c 表明了致使的词汇化。）

(22)

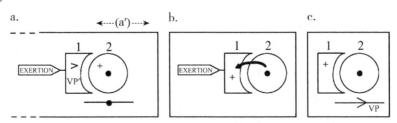

22-公式描述了 22-图示中的 1 和 2；条件：抗力体欲使(a)导致(b—c)

阶段/事实性模式	结构
i. 焦点在(a) (b—c)是否发生是未知的	1 try to $\begin{Bmatrix} \text{make 2 VP} \\ {}_c\text{VP 2} \end{Bmatrix}$ by VP$'$ing
ii. 焦点在(c) (b—c)已经发生	1 $\begin{Bmatrix} \text{succeed in }{}_c\text{VPing} \\ \text{manage to }{}_c\text{VP} \end{Bmatrix}$ 2
	1 finally ${}_c$VP 2

  iii. 焦点在(c)   1 fail to $_c$VP 2
    (b—c)尚未发生   1 VP′ in vain/futilely/to no avail

 i. He tried to open the window by pressing up on it.
  （他尝试通过往上用力提窗户来打开它。）

 ii. He succeeded in opening/managed to open the window.
  （他成功地/设法打开了窗户。）

  He finally opened the window.
  （他终于打开了窗户。）

 iii. He failed to open the window.
  （他没能打开窗户。）

  He pressed up on the window to no avail.
  （他用力提窗户，但是徒劳无效。）

  上文所有的结构都是建立在抗力体前景化为主语的基础上。但是，这一相同的力动态序列构成了主力体作为主语的其他表达方法的基础。这一力动态分析把先前未预料到的关系与表达方法放在一起。22-图示中的相同的连续图同样适用于这一新的组合，只是需要把 1 和 2 的顺序颠倒，"施加"框为可选项并标在括号内。(23)给出了相应的结构和例子。

(23) 22-图示中的 1 和 2 颠倒，"施加"框为可选

 i. 焦点在(a)   1 resist 2('s VP′ing)
  (b—c)是否发生是未知的

 ii. 焦点在(c)   1 $\begin{Bmatrix} \text{give way} \\ \text{yield} \end{Bmatrix}$ (to 2)
  (b—c)已经发生

            1 finally VP

 iii. 焦点在(c)   1 withstand 2 ('s VP′ing)
  (b—c)尚未发生   1 will not VP

 i. The window resisted my pressing on it.
  （窗户抵制了我的按压。）

 ii. The window gave way (to my pressing on it).
  （窗户没抗住我的按压。）

  The window finally opened.
  （窗户终于打开了。）

iii. The window withstood my pressing on it.
（窗户抵住了我的按压。）
The window wouldn't open.
（窗户打不开。）

（23）"施加"框中为可选的原因在于，所有给予抗力体非主语地位的结构并不要求这一抗力体像（22）中的主语抗力体结构一样具有感知性。事实上，这里所涉及的是英语表达方法中的系统空缺。在（3b）型模式中，较弱抗力体作用于处于稳定静止状态的较强主力体，但没有哪个简单形式能用没有知觉的抗力体做主语来表达（3b）模式。[7] 这里需要的表达方式，应像用有知觉的抗力体做主语的 *try* 一样，可以成为类似 wind 一样的词的谓语，如在句子 *The wind tried to overturn the hut*（*风尝试掀翻小屋）中。最接近的可用的表达方法可能是 *The wind blew on the hut with little/no effect/ineffectively*（风吹在小屋上，没有效果）。我们尚不清楚为什么会存在这种空缺。但是清楚的是，这里并不存在语义障碍，因为同一概念可以用非主语抗力体形式表达出来，就像（23）中表达的那样，如 *The hut resisted the wind*（小屋抵住了风）。

6 力动态向社会指称的扩展

我们看到，我们的框架已从物理力的互动延展到心理力的互动，尤其是有知觉实体的心理内的力互动。这里我们看到这一框架可以进一步延展到有知觉的实体之间的心理力互动。也就是说，扩展到社会力互动，或社会力动态。这里一个基本的隐喻类比似乎被植入到语义组织中。这一隐喻的基础是一个物体对另一物体的直接物理力作用，从而使后者显示其特定的行为。与此可以类比的是，一个有知觉的实体发出刺激，包括语言交流，这一刺激又被另一有知觉的实体所感知，成为其自愿行使某一特定行为的原因。这种语言类比从物理的力动态延伸到社会的力动态，如英语中的 *push* 和 *pressure* 这样的词。它们直接应用于社会力动态，见（24）。[8]

(24) a. peer pressure/social pressure
（同行压力/社会压力）
b. He's under a lot of pressure to keep silent.
（他在很大压力下保持沉默。）

c. Our government exerted pressure on that country to toe our line.
(我们的政府向那个国家施压,使其言听计从。)

d. Getting job security relieved the pressure on her to perform.
(有了工作保障,她努力表现的压力降低了。)

e. The gang pushed him to do things he didn't want to.
(绑匪强迫他来做他不想做的事。)

如目前框架所提供的整合所述,我们发现,上一部分所讨论的同一力动态序列——虽然现在增加了对主力体和抗力体的"施加"——为一套新的人际指称词项和结构提供了理据基础。其中如"1 urge 2 to VP"。这里,严格地说,抗力体旨在通过交流来影响主力体行使行为的意向。但是,话语的语义效果是使社会交流成为一种力动态,由抗力体对主力体施加压力以促使主力体行使具体行为。相关的带有"施加"框的连续图表在25-图示中。正像以前一样,图中有对应于不同前景化的结构,它们或由抗力体或由主力体做主语。这些表明,在25-公式中,(i)—(iii)代表与先前相同的阶段/事实性模式。

(25)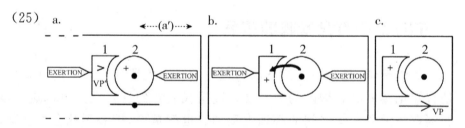

(25-公式)

如所述之 1 和 2

i. 1 敦促 2 to VP

ii. 1 劝说/让 2 to VP

iii. ?[1 抗争 2 (on VPing)]

将 1 和 2 颠倒

1 不情愿 VP

1 $\begin{cases}顺服 \\ 顺从 2\end{cases}$ (on VPing)

1 $\begin{cases}拒绝 \\ 不会\end{cases}$ VP

i. She urged him to leave.
(她敦促他离开。)

He was reluctant to leave.
(他不愿离开。)

ii. She persuaded him to leave.
(她劝说他离开。)
He relented. /He gave in to her on leaving.
(他顺从了。/他顺从她而离开了。)

iii. (She struck out with him on his leaving.)
(她在他离开的问题上与他争执。)
He refused to leave. /He wouldn't leave.
(他拒绝离开。/他不会离开。)

特定的力动态序列应用在我们心理互动和人际交流上的相似性，让我们可以把所有相关的结构放在一个单一的表格中，如图(26)所示。表格直观地显示出展示普遍模式的力动态概念扩展到语义学领域的方式。由于缺乏充分的解释系统，有些模式先前可能没注意到。

(26) (22)和(25)中复杂力动态顺序结构表

Effect on Ago: Physical	Focus at (a): (b—c)'s occurrence unknown	Focus at (c): (b—c) has occurred	Focus at (c): (b—c) has not occurred
Ant=1	1 try to $_c$VP 2	1 $\{$manage to $_c$VP / succeed in $_c$VPing$\}$ 2 1 finally $_c$VP 2	1 fail to $_c$VP 2 1 VP' in vain/futilely/to no avail
Ago=1	1 resist 2	1 $\{$give way / yield$\}$ (to 2) 1 finally VP	1 withstand 2 1 will not VP
Communicative Ant=1	1 urge 2 to VP	1 persuade 2 to VP	[1 strike out (with 2)]
Ago=1	1 be reluctant to VP 1 resist VPing	1 relent 1 give in to 2 1 finally VP	1 $\{$refuse to / will not$\}$ VP

7 情态动词句法范畴所表达的力动态

目前，力动态系统的性质及其扩展形式的探讨让我们可以在这方面对情态动词进行解释。虽然这些情态动词已从许多角度进行过研究，但总的来说，对于其意义核心的基础，也就是力对抗的研究并没有引起关注。下面,我们将展示这一力动态视角。

英语情态动词构成级差语法范畴,如它们所展示的句法和形态特征的程度差异所示,具有更多核心和更多边缘成员。这些特征包括,接动词的非限定形式时不用加 *to*,表示第三人称单数不用加 -*s*、后置的 *not* 以及问句中的主语倒装。(27a)中列出的情态动词及其现在时和过去时形式多少展现了这些性质。(27b)中的形式在句法和词法方面属于一般动词,但意义和用法上与那些真正的情态动词非常相近,因而经常被同样对待,并具有"准"情态动词的地位。在下面的讨论中,更口语化的"*have to*"通常出现频率超过 *must*,且相关因素与之对等。表达纯粹时态和语气的 *will*,*would*,*shall* 将被忽略。

(27) a. can   may   must   —   shall will   need dare   had better
        could might —   ought should would   (durst)
     b. have to   be supposed to   be to   get to

在深入分析之前,我们先看一下例句(28)中情态动词的基本("义务型")用法所展现出的核心力动态所指。因此,正如在介绍中所述,*can* 与 *not* 连用时,*can* 表示主语具有随后的动词所表达的动作趋势,而某种因素反对这一趋势,而且后者较强,阻止了此事件的发生。*May* 在文中与 *not* 连用时,表示同样的力动态构型,但被限制在人际情景中,主要力因素是个体执行特定动作的愿望,对抗因素是实权者的否定。*May not* 表示实权者对主语趋势表达的阻止,而 *must* 和 *had better* 在文中与 *not* 连用,则显示一个活跃的社会压力作用于主语,使其保持原来状态。*Should* 和 *ought* 在效果上相似,都表示说话者对事物好坏的价值判断以及他对行为利弊的信念,从而反对主语的对立行为。*Will/would not* 表示主语由于屈服于外部压力而拒绝所表达的行为。*Need* 与 *not* 连用时,表示主语从外部施加的与其愿望相悖的社会义务中解放出来,可以不执行所表达的行为。*Dare* 指主语对抗外部威胁时的勇气和胆量。在所有这些力量对抗的表达中,情态动词的主语表征主力体,而抗力体通常在所指的情景中只是隐性的,没有提及。

(28) John can/may/must/should/ought/would/need/dare/had better not leave the house.
    (约翰不能/不可以/不许/不应/不应该/不会/不需要/不敢/最好不要离开这所房子。)

通过回顾前文可以看出,情态动词基本用法中的一个显著的语义特点是,它们大多指有知觉的主力体和心理社会方面的互动,而不是物理方面的。只有 can(not) 和 will not 通常有物理所指,如(29a,b)所示。Must/have to 只用于有限的物理领域,如(29d)所示,我怀疑主语的所指对象基本上只局限于很小的空间。

(29) a. The knob wouldn't come off, no matter how hard I pulled.
（不管我如何努力拉,旋钮都拔不出来。）

b. The ball can't sail out of the ballpark with the new dome in place.
（有了新圆顶,棒球不可能飞出球场。）

c. * The ball has to stay in the ballpark with the new dome in place.
（* 有了新圆顶,棒球不得不待在球场内。）

d. An electron has to stay in a particular orbit around the nucleus.
（电子必须在围绕原子核的特定轨道上。）

在另外两种用法中,情态动词却允许无知觉的主语,因此似乎也与社会心理所指的概念相抵触,但可证实这些都与主要发现不相悖。第一种用法如(30)所示。

(30) The cake can/may/must/should/need not/had better stay in the box.
（蛋糕能够/可以/必须/应该/不需/最好放在盒子里。）

这里的主语并不是情景中的主力体。该情景中存在一个真正的主力体,一个有知觉的主力体,只是没有表达出来。这个主力体作为施事,控制着由主语表达的受事。这样,(30)可以被认为是含有情态动词的独特结构,该结构使受事前景化,而使有知觉的主力体背景化。如果用一个恰当的术语来描述产生该结构的过程,那就是**主力体降格**(**agonist demotion**),对于力因素本身,可以称之为被**降格的主力体**(**demoted agonist**)。特别是有主力体降格的句子,如(30)属于(31b)中表征的句型,但指的是(31a)中相应结构所准确表达的情景。

(31) **主力体降格**
　　a. 主力体(＝施事)情态动词 make/let/have 受事 VP⇒
　　b. 受事 情态动词 VP

这样,*The cake must stay in the box*(蛋糕必须放在盒子里)可以被准确地诠释为 *People/You must make/let/have the cake stay in the box*(人们/你必须把蛋糕留在盒子里)。唯一不允许这一附加用法的情态动词是 *dare*：* *The cake dare not stay in the box*(*蛋糕不敢放在盒子里)。这一事实说明,每个情态动词的使用与否都涉及一个真正不同的可区分的构式。

情态动词的第二种允许无知觉主语的用法是关于认知的,如(32)所示。

(32) The pear could/may/must/should/needn't be ripe by now.
　　(梨子可能/也许/一定/应该/不必现在成熟。)

这里涉及的是情态动词在各种命题推理领域的应用,而不是在这些命题本身的语义内容上的应用。事实上情态动词在认知情态用法中不适用于社会交际中的有知觉实体,而适用于推理范围内的各种信念。但每个例子只涉及同一领域的一种特殊用法,而不是无限制地应用于任何无知觉的实体。

对目前分析尤其重要的是,认知感觉完全和情态结合在一起。从历史发展看,英语情态动词的认知情态的用法是在最初的(道义)用法之后获得的。Sweetser(1984)采用过目前的力动态框架来解释最初的情态用法;她认为对于心理社会交际的初始所指历时延展到了推理的语义领域,并被作为隐喻延伸而共时表征出来。也就是说,她把力动态概念看作从人际作用延伸到辩论及辩论者的论点之间的作用,从而限制辩论者得出某种结论。这样,她认为当前的力动态分析仍然有更大的解释力,并能够解释认知及情态语义。

7.1 "扩展的情态系统"

在 2.6 中,我们说过动词 *make/let/have/help* 因为接不定式时不加 *to* 的特征,而形成了可以从句法定义的范畴。作为一个类别,它们都有力动态所指。在这些方面,这一组与情态动词类似,因为情态动词也不带 *to*,并有力动态所指。因此,这两类可被看作为共同形成一个更大的范畴,它们具有相同的句法和语义性质,可被称为"扩展的情态系统"。这一更大的范畴的常规动词成员都把抗力体作为主语,而情态动词都把主力体作为主语,在这一方面,两个下属范畴互补。两个下属范畴类似的进一步证据是如 *I helped push the car*(我帮忙推车)中的 *help*,很可能是英语中唯一一个可以直接跟另一原形动词(而不必加直接宾语 NP)的常规动词,使得它与情态动词的句法性质更为相近。有了扩展的情态系统,英语似乎建立了一个句法范畴,它与力动态的语义范畴部分对应。请看(33)中两类下属范畴的相似性。

(33) He can/may/must/should/would not/need not/dare not/had better
(他可以/可能/必须/应该/不会/不需要/不敢/最好
I made him/let him/had him/helped (him)
(我使他/让他/让他/帮他
—push the car to the garage.
——把车推到车库里。)

一种分析若能将先前无联系的现象联系起来,那么这种分析具有效度。这两种句法范畴目前的联系及它们与一种语义范畴的共同联系正是如此。这种句法—语义联系尤其重要,因为它证实了语言的整合性。先前见过的这种整合性的例子是 Herskovits(1986)和 I-3 章所描述的几何图式与附置词的结合,以及在 I-5 章和 I-6 章所讨论的连词与事件之间关系的结合。而目前扩展的情态系统与力动态的关联又对此作出了重要的补充。

7.2 情态动词与开放类词汇构成力动态矩阵

尽管情态动词大都能表达力动态概念,尤其是表达社会心理特点,但它们并不是唯一有这种特点的词类。开放类词汇形式也可以表达情态动词所表达的概念,其中一些在本章已有所展示。这两种形式在某些方面可以互相补充。情态动词必须以主力体做主语,而没有给抗力体的表达提供句法位置,尽管这一因素在整个所指情景中仍然出现。另一方面,许多开放类动词,确实既涉及一般做主语的抗力体表达,但也涉及通常作为直接宾语的主力体表达。

描述情态动词和其对应开放词类的意义特点时,还有一个因素需要纳入到力动态系统中。到此为止,我们已讨论了主力体的力趋势,并把它作为这一成分的不变性质。但这种力趋势需与偶发力趋势相区别。物理力动态所指在解释偶发性事件时或许需要后者,如(34a)所示,虽然这一点不是很明确。然而，心理力动态所指在解释有知觉实体做决定行为时，则一定需要后者，如(34b)所示。这种偶发力趋势被认为适用于多数情态动词及相关词汇所指，在图示中用表达力趋势的虚线标注。

(34) a. The ball can roll off the table (if it gets jostled).
（球会滚下桌子（如果推它）。）

b. Dad says that she may go to the playground (if she wants).
（爸爸说她可以去操场（如果她想）。）

有了这些补充，我们可以应用先前的图示惯例来表示某些情态动词和相关词汇形式的力动态内容。在(35)中首先显示的是次要恒定状态的例子，在这些例子中，抗力体在主力体路径之外。虽然那些具有静止趋势的模式也有可能存在，但简洁起见，只将带有倾向于行动的力趋势的模式标注出来。物理所指形式和社会心理所指形式间存在类似之处，但先前所注意到的英语中的情态动词在物理形式上的相对不足，似乎也存在于开放类词汇形式中，如(35b)所示。

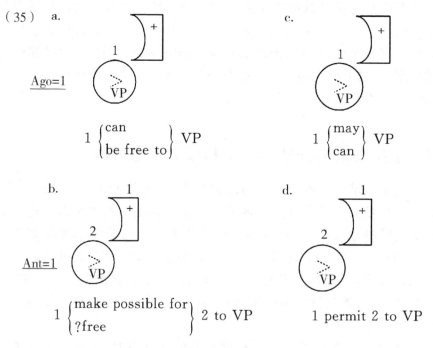

a. A flyball can sail out of this stadium.
（飞球可能飞出体育馆。）

b. The lack of a dome makes it possible for a flyball to sail out of this stadium.
（体育馆没有圆顶，可能会让飞球飞出去。）

c. You may go to the playground.
（你可以去操场。）

d. I permit you to go to the playground.
（我准许你去操场。）

我们可以在(36)中表达对应的矩阵，其中抗力体作用于主力体。由于这些模式都是抗力体更强，因此主力体的力量趋势与结果反向。在不同表达中趋势或结果都可能明确地被提及，因此图表扩大一倍。此外，物理领域的各种形式在英语中没有得到很好的表征。(36)中例句 f 模式的限制已连同(29)一起讨论过。例句 g 和例句 h 模式的问题是表征它们的话语必须预设力量趋势的"偶然性"。例(36g)中"阻止"(preclude)有此作用，但不是常见的词，然而例(36h)却连这也没有，因为"控制/使……成为必要"(constrain/necessitate)不具备所需语义。如果在例(36g)中使用"阻止"(prevent)，在例(36h)中使用"使"(make)，便成了 *The dome prevented flyballs from sailing out of the stadium*（圆顶阻止了飞球飞出体育馆）或 *The dome made flyballs stay in the stadium*（圆顶使飞球待在体育馆中），这同样讲不通。因为，尤其是使用过去时的时候，这两个形式预设主力体已经事实上向抗力体施加了力，这不符合在其他形式中表现出的偶然性。相比之下，(36)和(35)中带有社会心理特征的形式完全由情态动词和常规词汇形式表达，后者包括诸如允许(*permit*)、禁止(*forbid*)或要求(*require*)这样的动词。

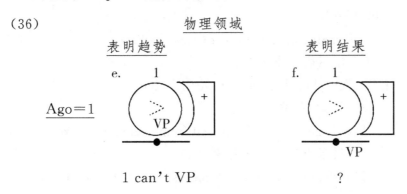

(36) 物理领域

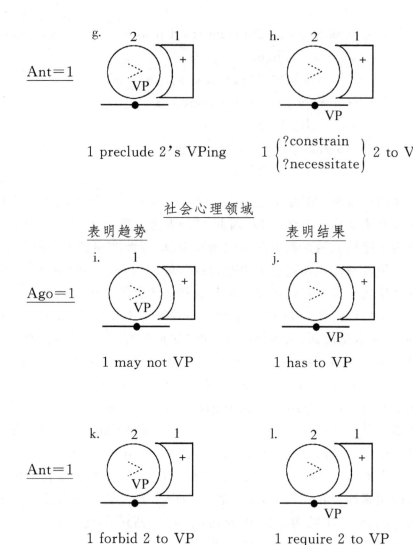

(36 中的例句)

e. A flyball can't sail out of this stadium.
（飞球不能飞出体育馆。）

f. [* A flyball has to stay in this stadium.]
（* 球必须待在体育馆。）

g. The dome precludes a flyball from sailing out of the stadium.
（圆顶阻止飞球飞出体育馆。）

h. The dome ?constrains/?necessitates a flyball to stay in the stadium.
（圆顶?限制/?迫使飞球待在体育馆。）

i. You may not leave the house.
（你不可以离开房子。）

j. You have to stay in the house.
（你必须待在房子里。）

k. I forbid you to leave the house.
（我禁止你离开房子。）

l. I require you to stay in the house.
（我要求你待在房子里。）

7.3 *Should* 的力动态

分析到这里，我们应该更深入地考察几个具体的情态动词，从力动态角度看看这些情态动词的语义结构揭示了什么。*Should* 这个词便于这种考察，因为强烈的力对抗语义是它直接的语义作用的一部分。(37)列出了考察它的语义时所用的例句。我将通过例(38)分析 *should* 结构的一般形式，通过例(39)分析它的语义成分。这里 E 和 E′ 代表有知觉的实体，VP 代表 E 能够有意采取的行动。⁹

(37) a. She should lock her doors when she goes out.
（她出去时应该锁门。）

b. He should spend more time with his children.
（他应该多花些时间陪孩子们。）

(38) E′ holds that E should VP.
（E′认为 E 应该 VP。）

(39) a. E does not VP or has not VPed.
（E 没做 VP 或没做完 VP。）

b. In E′'s belief system, E's VPing would benefit E or others.
（在 E′的信念体系中，E 正在做的 VP 会有利于 E 或其他人。）

c. In E′'s value system, E would be a better person if she or he VPed.
（在 E′的价值体系中，E 如果做过 VP 会成为更好的人。）

d. Because of (b—c), E′ wants E to VP.
（因为(b—c)，E′想让 E 做 VP。）

需要解释(38)中的前三个词的出现。不管表达出来与否,总会有某一实体存在于 should 的整个推理中,包含内隐的信念和价值。通常这个实体是"我",即说话者,或者也许是某一泛化的社会权威概念。这种情况下,(38)中的前三个词在表达中可以省略,产生了像(37)中光杆 should 句这种最常见的显性形式。不过,即使评价实体是"我"或"社会",它也可以像(40)句中的例句那样表达出来。

(40) a. (I think) she should lock the doors when she goes out.
((我认为)她出去时应该锁门。)

b. Do you think he should spend more time with his children?
(你认为他应该多花些时间陪孩子们吗?)

c. He feels I should return the lost money.
(他感觉我应该还回别人丢失的钱。)

请注意(39)中的语义成分,从(a)句到(c)句它们自身并不表达 should 的力动态。它们的语义可以由(41)这样的句子表达,对应(37a)。

(41) I think that she would be benefited and would be a better person if she locked her doors when she goes out.
(如果她出门时锁了门,我认为她会从中受益,会成为很好的人。)

但是这样的形式缺少原来 should 句子中的力动态作用,是因为(39d)中的成分添加了这个至关重要的因素,将 E′ 转变为抗力体,并对作为主力体的 E 施加压力。

Should 结构有另外几个值得注意的语义特征,这同两个有知觉的实体之间的关系有关。在其中一种关系中,E 知道 E′ 的想法。这种情况下,should 的主语是"我"或"你",比如在下述抗力体—主力体对中,我—你、他—你、你—我、他—我等,就像在(I think) you should leave((我认为)你应该离开)中。这里除了(39)的四个因素外,should 句进一步暗示(e)E(主力体)不希望做 VP;(f)与此愿望相反,E 直接受到来自 E′(抗力体)的社会压力。也就是说,主力体的心理是力动态对抗发生的场所,抗力体的意愿是违背自己的。

在像(I think) I should leave((我认为)我应该离开)或 He thinks he should leave(他认为他应该离开)这样的句子中,E′ 和 E 是同一个人,力动态冲突内投射于自我。与之前相同,实体自我设想为分裂的,中心部分代表内在愿望,外围部分代表自我的责任感。

剩下的一种特殊情况便是 E 不知道 E′ 的想法，像（37a,b）中那样。但这里仍然有力动态作用成分，而且它的特点需要明确指出。很明显，E 不可能是多个反作用力的发生场所，因为 E 只能意识到自己的愿望和行为。只有 E′ 可以体会到力动态对抗，在此 E 有新的特点。它使 E′ 的愿望与现实相冲突，而现实同那些愿望不一致。这里，无论是在物理、心理还是交际上，我们看到的冲突形式只是同一概念域内同种力动态之间的冲突。然而这里两个不同域的力动态也被视为相冲突。考虑到 should 结构只有一个句法形式，这里的语言没有区分不同的语义情况，即究竟是同一域还是跨域。

我们来考虑同一现象的另一个例子。如（42a）句，完全可以解释为同一域内的人际间抗力体-主力体的相互作用，这在第 6 节中也有描述：约翰在社会心理压力下妥协了。但像（42b）中的蜥蜴，并不知道外界社会期望，一定不会有什么妥协。它只是按自己的意愿运动。但是，finally 一词说明现实和说话者愿望之间的交叉域冲突。具体来说，说话者希望蜥蜴走开，但这一愿望受到挫败且紧张气氛逐步升级，直到蜥蜴走开的动作发生后才得以解除。

(42) a. John finally agreed. （约翰最终同意了。）
　　　b. The lizard finally moved. （蜥蜴最终走开了。）

7.4 *Have To* 的力动态

我们可以通过另一个情态动词 *must*（必须）及它常见的替代词 *have to*（不得不）进一步理解力动态特征，如（43）所示。这些句子处于一个语义连续体。在（43a）中，有一个暗含的有知觉的外在权威想要这个男孩按所述方式行动，并警告如果不这样做将会产生不愉快的后果。在（43b）中有一个暗含的外在权威就可能产生的后果提出警告，但这个权威不知道逃亡者的具体行为；如果该权威者清楚地意识到逃亡者的行为，他不会希望那样的行为发生。在（43c）中则没有外在权威，仅仅是生活中的紧急事件。

(43) a. The boy had to stay in and do his homework (or else get punished).
　　　（这个男孩必须待在家里做作业（否则会受惩罚）。）
　　　b. The fugitive had to stay in hiding (or risk capture).
　　　（逃亡者必须躲起来（否则有被捕的危险）。）

c. I had to get to the bank before 3:00(or have no cash for the evening).

(我必须三点前到银行(否则今晚就没有现金)。)

为了掌握以上 have to 用法中表现出的基本语义成分的复杂性,可以首先分析例(44)。

(44) a. E wants not to VP

(E 不想做 VP)

b. Not VPing has consequences that E wants even less (the "or else" constituent)

(不做 VP 的后果(用 or else 表达的语义),是 E 更不期待的)

c. E opts to VP as the lesser displeasure

(E 更倾向于做 VP,因为那样更让 E 满意)

d. Some E′ wants E to VP, and would initiate the unpleasant consequences of E's not VPing

(有某个 E′想让 E 做 VP,如果 E 不做,将触发不愉快的后果)

(44)中的分析主要从内部心理决策过程的角度提出,涉及主语位置上的单个心理实体权衡两个不愉快事物的过程。此类过程(无论有意识与否)在心理现实性中也许是上述情况概念化的基础。如果(44)充分,我们可以把(43b)解释成(45)。

(45) The fugitive chose the lesser displeasure of hiding over the greater displeasure of getting caught.

(逃犯选择躲藏而不是被抓,因为后者更让人不悦。)

但很明显,这种解释对(43b) have to 句来说并不充分,因为例句几乎没有说明是否做出决定,而是说明一种外界施压感。(44)该如何变化以表达正确的语义结果呢?这一再概念化的过程涉及一系列具体因素。

首先应注意,对于(43)中句子的语义并没有内在心理分歧,而是在自我和外界之间有冲突感。具体而言,为了避免带来更大不愉快的威胁性后果,自我成分退到了背景中。自我实体能够两害相权取其轻,并将这种能力赋予其他实体,使其具有强制力。这一外在实体是场景中出现的现实实体;或者是被引入情景的抽象虚构实体。所以 have to 情景中出现了一个权威,无论这个权威是现实的还是虚拟的。此外,一个作为抗力体的权威(该抗力体对作为主力体的自我施压)代替了与力无关的心理过程。

在这种再概念化过程中,一个成分的心理效果被归于外在实体这一现象可视为心理投射(*projection*)的一种形式。在这一方面,*have to* 所涉及的一个概念同 4.1 讨论过的 *refrain*(抑制)相反。*Refrain*(抑制)是源于外界的社会压力内投射(*introject*)在内心形成附加成分。因此,之前我们看到语言概念组织中含有分裂的自我这一概念,心理有自己的成分结构,这里我们却看到心理"黑匣子"(psychological *black box*)的概念,其中自我没有内在区分。这就是说,语言结构也可以将心理概念构造为黑匣子,这个匣子的内在结构和过程尚不可知,此处只涉及其作为一个单元同外界单元的相互作用。

概而言之,纠正后的语义对 *have to* 的再概念化描述涉及一种转变,即从内在分裂转向自我—他人区分,从自主的决策过程转向一种外在权威概念(即便权威是虚构的),以及从与力无关的选择过程变为压制型力动态模式。进一步讲,它表明了语言结构不仅包含由分裂的自我产生的内投射概念,也包含了由心理黑匣子产生的外投射概念。

总结本章内容,我们可以保守地说,我们发现了一个与情态动词有关的句法范畴,称为"扩展的情态系统",整个范畴可以用力动态概念来表达。一些情态动词在语义结构矩阵中相互搭配使用,或同开放类词汇一起使用。有些情态动词表现出复杂的力动态构型,突显了许多额外附加的语义因素,这些因素又反过来阐明某些心理的和世界的概念模式是如何一起嵌入到语义组织中来的。

8 语篇中的力动态:论辩与期待

力动态在语篇领域有广泛的应用,在论辩(*argumentation*)过程中尤为显著。这是一种劝说的修辞方式,含有告诫、说服及逻辑推导等行为。这一过程涉及运用论点去支持或反对相对立的观点。从力动态角度理解"辩论空间"(*argument space*),每一论点都会反对或强化对立观点,从而战胜对方或被对方战胜。每一回合的后继结果都能推进当前观点更接近或更远离对立的结论。

每种语言都有一些具体的封闭类表达和结构专门用于这种论辩过程,并且这些封闭类对论辩过程至关重要。作为一个类别,这些形式可称作力动态的**逻辑引导语**(**logic gaters**)。把这些形式和一定的语篇联系在一起,我们可以看到它们起到的作用:形成修辞框架、引导言外之力以及确定逻辑组织。英语的逻辑引导语包括:*yes*(是),*but*(但是),*besides*(另外),*nevertheless*(然而),*moreover*(此外),*granted*(承认),*instead*(相反),*all the more so*(另外),*whereas*(可是),*on the contrary*(与此相反),*after all*(毕竟),*even so*(即使),*okay*(可以),*well*(不错)(*well* 的音发成 *weelll*,含有'我有保留地同意你的观点,但带有附带条件'之义)。例如,*yes but* 的论辩意义可以被描述为:"你最后的论点,就辩护具体结论而言,目前为止是正确的,但隐含一个更为重要的问题,这个问题会导致相反的结论,所以我现在就此问题陈述的论点要好过你的论点。"在以下(46)中,B 的 *yes but* 的回答承认了嗓音美丽以及嗓音美丽对于公众表演的力动态影响这一事实,但随后用音调不准这一更重要的论点否认了这种影响。

(46) A: You know, I think Eric should sing at a recital— he has a beautiful voice.
(知道吗,我认为埃里克该在独唱会上演唱——他嗓音真美。)

B: Yes, but he can't stay on key.
(没错,不过他跑调。)

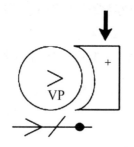

VP=should sing at recital
(VP=应该在独唱会上演唱)

A: beautiful voice   B: off key
（美丽的嗓音）　　（跑调）

其他含有论辩语义的例子有 *moreover*(此外):'我现在的立论加强了刚才的立论,它们共同导出最后的总结论';*granted*(承认):'尽管我刚才反对,但我同意你最后驳倒我总论点的那部分观点,我其余部分的论点依然成立,仍胜过你的总论点'。在 *granted*(承认)的意义中,请注意含有力动态的一系列表达,包括:'尽管'、'同意'、'驳倒'以及'胜过'。力动态论辩体系的广泛性和重要性在此无法详尽描述,但在后面还会有论述。

除了论辩,力动态也作用于其他语篇功能,例如语篇期待(*discourse*

expectation)。这是指语篇参与者短时间内期待下一个话轮(turns)的方向和内容。语篇期待的类型之一,我称之为**矢量逆转**(**vector reversal**)。虽然这一类型众所周知,但在此之前显然没有语言学上的研究。在这种语篇情景中,已达成了明显的可观察到的结果,但其中一个参与者发现他对潜在含义有一套假定,而他的对话者(interlocutor)有一套相反的假定。这样的语义因素排列可通过力动态进行分析,这里以图表形式列出了两个例子。

第一个例子,(47)是从校园电子邮件系统中截取的内容。这里 B 将信息诠释为阻止,即意欲阻止外人阅读此信息。A 纠正了这种误解,表明他是在为其他人省掉麻烦,认为"其他人没必要看"。这里没用连续图表,而用代表结果的虚线表示动作未做。

(47) A titles message:"For Chinese students only."
    (A 将信息题目写为:"只限中国学生。")
    B protests that it is exclusionary.
    (B 抗议说这是排外。)
    A responds that the intent was:"Others need not bother to look."
    (A 回答说其意图是:"其他人没必要看。")

VP＝read the message（VP＝阅读信息）

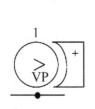 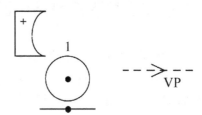

B thinks: 1 must not VP   A means: 1 need not VP
(B 认为:1 不应该做 VP)   (A 的意思是:1 不需要做 VP)

(48)是偶然听到的一个对话,它更为复杂。其中一个对话者使用了毫无诚意的表达方式以示幽默。请注意两个例子在两位说话者的解释下行为结果是一样的,唯一的不同便是在社会情景中他们对隐含的力矢量的理解不一样。("Seder"指逾越节时家庭的宴会仪式。)

(48) A:Did you get invited to a Seder this year?
       (今年逾越节,你收到家宴邀请了吗?)
    B:No. I was spared.
       (没有,我免了。)

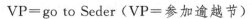

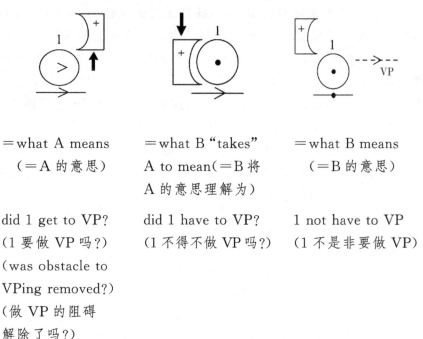

| = what A means
(=A 的意思)

did 1 get to VP?
(1 要做 VP 吗?)
(was obstacle to
VPing removed?)
(做 VP 的阻碍
解除了吗?) | = what B "takes"
A to mean(=B 将
A 的意思理解为)

did 1 have to VP?
(1 不得不做 VP 吗?) | = what B means
(=B 的意思)

1 not have to VP
(1 不是非要做 VP) |

9 隐含在语言学力动态中的物理学和心理学概念模型

正如语言力动态分析所示,特定的物理和心理现象的概念模式也是语义结构的一部分。这些概念模式类似于另外一个认知系统中的模式,我认为这一认知系统是语言认知系统之外的系统,即**理解系统**(**understanding system**)。这一假定的理解系统产生了用来解释或说明某现象域的结构和功能的心智模型,这些心智模型在解释从极具特色的个人报导到具有文化特色的民族语言或是科学理论方面,具有不同的一致性、详尽性或复杂性。因此该理解系统构成了我们朴素的"常识"概念和复杂的理性分析的基础,其中理性是科学和数学传统的基础。总体而言,语言组织结构里的概念模型,与我们朴素世界概念中显而易见的模型,以及历史上早期的科学模型有着惊人的相似性。当代科学中的基本概念结构与日常思维和表达中的基本概念结构是一样的。它们之间的差异在于这些基本概念结构在当代科学中没有完整严谨的概念。

为确定概念结构而进行的研究已有很长的历史,近年来则更活跃。语言学领域内,Whorf(1956)是早期的贡献之一,近年来的著作包括

Talmy（1978c，1987）、Jackendoff（1983）、Langacker（1987）、Lakoff（1987）等，特别是 Lakoff 提出了语言学中的"理想化认知模式的"(ICM's)这种整体认知模型。在其他认知学科中，近年有 Gentner and Stevens（1982）在"心智模型"(mental models)框架结构内，利用受试关于日常现象概念的报告进行研究；Hayes（1985）提出"朴素物理学"(naive physics)的形式研究方法；Hobbs and Moore（1985）采用人工智能的方法提出关于常识的理论。diSessa（1986,1993,1996）关于"直觉物理学"(intuitive physics)的研究，也使用受试报告提取出个体在理解情景时所用的"现象学本原"(phenomenological primitives)，这些研究方法或理论同本章的分析惊人地相似。

目前关于语言学力动态的发现对这一领域的研究做出了大量贡献。这里揭示的诸多概念提供了关于朴素思维(naive thought)的洞察，并提供了它与严谨科学思维的比较。下面我将在这一方面分析一些具体力动态概念，我们先讨论具有物理所指的概念，然后讨论具有心理所指的概念。

9.1 力动态与物理学

下面探讨具有物理指称的力动态概念。

9.1.1 关于优先权、趋势、静止和强度的概念

在力动态中，"主力体"这一概念赋予一个物体在相互作用中的优先地位及特殊的性质，这是其对立面"抗力体"不具备的，即使两者在其他方面是相同的。在以语言为基础的概念化中，这种差异非常自然，但却没有相对应的物理学理论。物理学中相同的物体具有相同的特征：没有哪个物理学原则依据"优先权"(privilege)将相同的物体加以区分。

另外，就语言的认知结构而言，一定情景下的物体被概念化为具有内在的力趋势，或趋向运动，或趋向停止。这一概念与历史上的早期科学理论有关，这些理论涉及物体在运动中的推力或趋向静止的潜势。但是这一概念却与现代物理学有着相当大的不同。物体没有朝向某种活动状态的内在推力，而是继续维持它们当前的速度，除非有外界作用。而且静止不是区别于运动的显著状态，而仅仅是速度为零的状态。

我们接下来考虑"相对较大强度"这一语言学力动态概念，在本章图表中都用加号表示。对这一概念的应用之一是要求有一个更强的抗力

体,以便能够阻止主力体趋向运动的趋势,维持它原地静止。作为语言学概念或作为常识,这非常自然,以至在我们的阐述中没有特别重视。但这同物理学中更为熟悉的一个原则是不同的,即两个相互作用的物体(包括速度为零的两个相接触的物体)彼此必须施加相等的力。如果一个物体与另一物体接触时被施加了更强的力,那么这两个物体会朝着力的方向加速。

9.1.2 因果性概念

力动态及其相关语义模式具有另外一个特征,它们对所指情景中因果关系的实际情况的选择极为有限。我们可以引证两种图式化缩减(schematic reduction)来说明。第一,语言中语法的、构式的以及在某种程度上词汇的结构对因果性的表征极为简单,很少标记出差异性,对一系列的区别不作区分。这种表征从诸如速度、参与范围、扩散方式等特征中抽象出来。例(49)表明了这种忽视具体细节的情况。例句(49a)中,高温导致的毁坏是逐渐缓慢变形以及裂缝不断加长的结果。另一方面,例句(49b)中,下落重物导致的毁坏是指来自某一局部突然的断裂。虽然这两种情景涉及非常不同的因果特征,它们却用相同的语法结构和词汇来表达。在这里,一般来讲,语言构式对因果关系表征的简化图式含有三个组成要素:先前的静止状态、离散的转变状态、后继的静止状态。实际上,语言结构将所发生事件的复杂性和连续性"切分"(chunk)成了简化的图式,这一点同朴素物理学的概念模式非常类似。相比之下,在科学意义上的物理学中,因果关系是一个在最精细量值上相互作用的连续体,没有可操作的进行"话语切分"(chunking)的物理原则。

(49) a. The heat broke the guitar.
   (高温毁坏了吉他。)
   b. A falling radio broke the guitar.
   (落下的收音机毁坏了吉他。)

在第二种图式化缩减形式中,语言不表达因果性,"事件"在因果性范畴之外得以表征。这里的"事件"指的是从事件连续体概念中切分出来的一部分。一般语言构式,如(50a),把事件表现为自发事件,没有因果上的前者或后者,整个事件也没有因果作用过程。在这样的表述中,因果性也许可以被推断出来,但这超出了注意所表征的范围和深度。语言在这方面可达到的限度在(50b)中很明显。这里的句子不可能有其他解释,只能是一个施事在许多物体中以物理方式寻找,然后发现了丢失的物件,但是这个物件被描述成它自己出现在可视范围之内。

(50) a. The book toppled off the shelf. /The ball sailed through the window.
（书从架子上掉下来。/气球从窗户飞了出去。）
b. My cufflink finally turned up at the bottom of the clothes hamper.
（我的袖扣最终出现在洗衣篮底部。）

就本节讨论的关于因果性的语言表征来说,语言在概念上施加于连续事件上的外在切分（chunking）、分离（isolating）和去因果化（decausativizing）同物理学的视角直接形成对比,物理学中一切都是不间断的因果连续体。

9.1.3 阻止、使/让、抵制和克服的概念

有一点很重要,那就是一些最基本的力动态概念,像阻止（blocking）、使/让（letting）、抵制（resistance）和克服（overcoming）,物理学中没有原则上的对应物。这些概念的存在,取决于将时空连续体划出有界部分,并概念化为实体,以及认为实体有运动或静止的内在趋势的观念。例如,水池中的塞子可视为"阻止"流动,去掉塞子则可视为"允许"（permitting）流动,这是因为把水概念化为一个具有运动趋势的统一实体（unified entity）,把塞子下的空间看成是水能够填充的实体,而塞子是两者之间的单一实体。但是在物理学微细结构的视角下考察局部相互作用中的单个粒子和主力体时,这些阻止、使/让的概念便消失了。

抵制和克服的概念也可得到同样的解释。请考虑以下例子。（51a）所引内容出自《科学美国人》中的一篇文章,介绍了分子的原始进化过程,（51b）是从一位化学家的讲话中记下的。

(51) a. "The variant [molecule] that is resistant to this degradation folds in a way that protects the site at which the cleavage would take place."
（"抵制递降分解的变量（分子）会合拢以保护将发生裂变的位置。"）

b. "To get the molecule to react, you have to add energy to overcome its resistance."

("为让分子起反应,你必须添加能量来克服它的抗力。")

在这两个科学语篇的例子中,用来构建概念所使用的术语和我们发现的语言中力动态的术语相同。但这些术语只是为了便于概念化,实际上并不存在于物理学理论体系中。因而就(51a)来说,是我们作为思考者将一系列有联系的原子选出来(这些概念反过来可作为构建的基础),作为一个整体概念(即分子)进行思考。这一系列原子实际上并不具备"实体性"这一物理特征——如(51a)所述——这个系列将自己排列为一个单位以"抵制"其他同类单位,或是一个特殊的空间构造形成"保护",或是原子间的分离会形成"递降分解"。所有能够实际发生的只是某些原子和另外一些原子放在一起后是否发生转换。[10]

9.2 力动态与心理学

请考虑以下具有心理所指的力动态概念。

9.2.1 心理的物理化和身体的激活

现在我们讨论语言如何构建心智概念,把心智作为一种"朴素心理学"(naive psychology)的一种形式,需注意的主要方面是语言将物理力之间的相互作用概念延伸至一个或多个心理之间的行为。也就是说,它在很大程度上将社会心理领域的所指物理化了。我们对这一现象已在第四和第六部分作了详尽论述,即主要讨论了将心理愿望视为力趋势的概念化、力动态对抗中的心理成分以及一个心理(psyche)对另一个心理的社会压力。我们在这里用(52)来证明上述论点。

(52)	不及物的	及物的
物理的	a. The drunk sailed out of the bar. (醉汉晃出了酒吧。)	b. They threw the drunk out of the bar. (他们把醉汉从酒吧里扔了出来。)
意志的	c. The drunk went out of the bar. (醉汉从酒吧里走出来。)	d. They sent the drunk out of the bar. (他们把醉汉从酒吧里送出来。)

在(52a)和(52b)的形式中,受事只涉及物理上的相互作用,分别是不

及物的自发的运动事件和及物的直接致使运动事件。(52c)和(52d)分别与(52a)和(52b)使用相同的句法形式，但受事带有意志。而且并没有事先说明为什么(52c)中的自我施事事件(self-agentive event)应该以同样的句法形式表征自发事件(autonomous event)。但这是英语和其他众多语言常有的情况。自我施事的其他结构也确实存在，这些结构更确切地反映了隐含的语义信息。比如说双论元反身代词形式 *She dragged herself to work*（她硬拖着自己去上班），但多数结构都是单论元，如 *She trudged to work*（她步履艰难地去上班）。同样，在(52d)复杂的心理社会语义情景中，施事通过交流指示另一施事采取一个有意志的行为，这一情景在句法上的建构方式如同(52b)中的直接物理因果关系事件。这些由语言导致的句法类似反映了概念类比。有知觉的意志成分可被看作好像除了物理特征外没有其他特点。因此，(52d)中意志(volition)作为力动态中介因素的作用可在概念上被背景化，这样受事好像被物理力推动一样被迫前行。

语言结构中还存在互补的概念化。在这种概念化下，有知觉实体的物理身体不像其他物质实体，而是被视为较弱的主力体或是与力动态无关。正是实体的心理性赋予身体生命，令它显示出更强的力动态特征。所以，先前的概念化将心理物理化，而当前的概念化则将身体心理化。

9.2.2 内投射和分裂的自我；投射和作为黑匣子的单一自我

心理学的语言模型有另外一个特征，这便是自我可分裂为不同的成分。这种概念化在前面章节详细讨论过。在该情景中，两个成分彼此施加作用力。其中一种情况是，具有愿望的成分被视作更具有中心性，反对这些愿望的成分被视作较为边缘化，且被视为来自外界社会感知物的内投射。前者句法上表现为反身直接宾语，代表受事状态，后者是施事主语。也就是说，哪个心理成分施加影响，哪个成分受到影响，已经被语法化了。让我们考虑一下这些概念和弗洛伊德的"本我"(id)、"超我"(superego)的概念的相似之处。"本我"是自我的深层成分，含有基本的欲望，"超我"源于社会价值的内化，二者是相冲突的。因此弗洛伊德的"本我—超我"冲突同分裂的自我的语法形式相类似。弗洛伊德的思想也许可以部分成为支持语义和句法结构相关概念（也许还包括日常思维模式）的理论。事实上，弗洛伊德的本我—超我冲突可以通过句子的语义和句法结构加以体现，比如：*I held myself from responding*（我不让自己回答)。

语言表征中同样存在不涉及力对抗(force opposition)的分裂自我概念。这样,(53a)与(53b)形成对比。(53a)中自我代表单一实体,(53b)中,自我在概念上被划分成两部分,其中一部分扮演主人的角色,另一部分扮演客人的角色。这两种内在角色是 *serve* 所处的两元性情景中不同社会角色经过内投射而来的,如(53c)所示。(见Ⅱ-1章关于两元性和单元性"角色构成"(personation)类型的讨论。)

(53) a. I went and got some dessert from the kitchen.
(我从厨房取了一些甜点。)

b. I served myself some dessert from the kitchen.
(我从厨房给自己取了一些甜点。)

c. I served her/She served me some dessert from the kitchen.
(我从厨房给她/她从厨房给我取了一些甜点。)

语言结构还包含一种与之互补的概念化,外部概念投射为一种新的自我组成部分,并与原来的自我组成部分产生冲突。这种互补体现在情态词 *have to* 中,其中被投射到外在实体上的自我组成部分与另一个现存的自我组成部分相冲突。当接受投射的实体的整个心理承担了冲突角色时,这一过程就消除了心理的冲突,使整个心理作为统一的黑匣子。[11]

10 未来研究方向

值得注意的是,此前力的概念在语言学以外的学科一直得到关注,在语言中也普遍存在,但力动态的语义范畴却一直被忽视。一旦力动态被人们认识到,那么很明显,它事实上是语言中很重要的概念组织范畴。我们清楚地看到,语言学领域的力动态系统与物理学、心理学、社会学、推理、语篇心理模式领域的所指和概念大体相似。作为一个系统,力动态为未来的研究提供了依据,我在这里仅建议几个未来可能的研究方向。

10.1 力动态系统的参数

虽然我们已经在前面的论述中列出了许多力动态系统的参数,但进一步的参数划分对我们的研究也有很大作用。(54)中总结了我们作出的许多区分,最后五个是可能存在的区分(将在下面予以讨论)。

(54) 力（或者说载力物体）是——

  a. 出现　　　　不出现　　　——即力动态情景与非力动态情景
  b. 中心的　　　边缘的　　　——即主力体与抗力体
  c. 相对较强　　相对较弱　　——即力的作用实现与克服
  d. 趋于运动　　趋于静止　　趋势上
  e. 导致运动　　导致静止　　结果上
  f. 稳定状态　　变化状态　　力作用模式方面
  g. 保持平衡　　平衡转换　　主力体和抗力体的相对力量方面
  h. 发生作用　　不发生作用
  i. 前景化　　　背景化　　　——由不同的句子结构体现
  j. 普遍的　　　特殊的　　　——由特定的句子结构体现
  k. 持久地　　　偶发的
  l. 物理的　　　心理的
  m. 处于与它　　处于与它　　——与分裂的自我相关
    对抗的　　　对抗的
    另一物体　　同一物体
  n. 同一领域　　跨领域　　　与对立方的关系
  o. 单一的　　　连锁的
  p. 集中的　　　分散的
  q. 推动　　　　拉动
  r. 接触生效　　分开生效
  s. 压缩的　　　伸展的
  t. 统一不变的　变化的（梯度的/离散的）

  这里列出的新参数，第一个(54p)是关于从空间和力量上讲，施力物体是集中的还是分散的。之前解释中的大多数例子都是把概念化描写为空间上集中的实体特征，它们所展示的力也集中于一处。例如，(3d)中将原木作为主力体，垄作为抗力体。但有的例子讲的是在空间上分散的抗力体，它们的力量也是分散的。(3c)中作为主力体的球在滚动时碰到的"硬草"这个抗力体，能显示出反向力分散的效果。同样，在(3b)中，是分散且持续不断的"风"作为抗力体，作用于作为主力体的不可移动的小屋。

  下一个参数(54q)区分了最显著的施力形式中 pushing（推）与 pulling（拉）之间的区别。Pushing（推）是本章唯一考虑的施力类型。Pulling（拉），通常见于 *pull*(*on*), *draw*, *attract* 等表达。我们可以很明确地描述

pushing(推)和 pulling(拉)之间的基本区别。这取决于抗力体施加的大部分力是朝向(推)还是远离(拉)主力体的主要部位。在此处和下文中,"主要部位"这一说法基本上可以换成另一个更合适的说法,即"几何中心"。例如,将"我的手"作为抗力体,而将"一个杯子"作为主力体,如果"我的手掌"作用于杯子的后部使它向前滑动,"我"是在'推'杯子,因为手掌的主要部位施加的力是朝向杯子的主要部位。但如果我用一个弯起的手指勾住杯子的把手,把手拉回,那"我"就是在'拉'杯子,因为手掌的主要部位是朝与杯子的主要部位相反的方向施力。不错,"我"是用手的一小部分,即一个手指拉住杯子的一小部分,即通过把手施力。但是前文中我们将"几何中心"指代"主要部分",因此对于'拉'的解释一样行得通。对于静止状态,以上解释也同样适用。这样,即使杯子牢牢地固定在其所处位置不动,区分'推'和'拉'的标准仍与上面所说的相同,尽管现代英语要求加上介词 on,即 *I pushed/pulled on the mug*(我推/拉杯子)。还有一种说法是建立在空间关系而非力的方向上。区分的标准是看在物体运动方向上,抗力体的主要部位是在主力体的主要部位的后面(推)还是前面(拉)。但这一说法仅适用于运动状态,为了扩展到静止状态,需要加上下面这句话:"只有抗力体能使主力体运动的时候才会发生推或拉。"

  对什么是主力体和抗力体,什么是主要部位,即几何中心在什么地方,都有不同的释解。在不同情况下,主力体是被推还是被拉,会因概念的不同而不同。例如,假设我现在坐在桌前,前臂支在桌子上,远离我的身体,但我的手是往后弯的,我通过运动手腕,把一块书镇拿到自己身边。如果这里的抗力体仅指"我的手",那么它的中心位于书镇运动方向的后部,这里'推'的概念是适用的,我可以说"*I pushed the paperweight toward myself*(我将书镇朝自己推过来)"。但如果抗力体指的是我的整个手臂,现在它的中心就位于书镇运动方向的前部,这时,使用'拉'的概念较为妥当,我可以说"*I pulled the paperweight toward myself*(我将书镇朝自己拉过来)"。

  应该注意的是,虽然刚开始人们会这么想,但抗力体和主力体显示的朝向或远离施事身体的任何运动方向并不是区分'推'和'拉'的决定性因素。从上面书镇的例子可以很好地看出这一点。另外,如果我的双手在面前左右移动时,也可以有这样的例子:*I pushed the two paperweights together*(我将两个书镇推到一起)/*I pulled the two paperweights apart*(我将两个书镇拉开)。

下一个参数(54r)关于一个施力物体只能通过与它的受力物体直接接触才能起作用,还是在一段距离之外也产生影响。物理学领域至今只考虑直接接触的情况,包括上面讨论的推和拉(54q)。但是从当前参数来看,也有一种类似于'推'和'拉'的概念,不同之处是,它在一段距离之外起作用,没有直接接触。这类概念包括排斥和吸引(就像磁铁)。在社会及心理领域,力动态被识解为直接作用还是在一段距离之外起作用还不得而知。或许在一种概念化下,一个心理区域与另一个心理区域在"心理空间"(psychological space)上是相邻的。但可以确定的是,关于在一段距离之外的心理行为,其概念化是可能的,例如感情上的排斥和吸引。

参数(54s)是关于抗力体施加给主力体的力是否会导致二者中任何一方的压缩或伸展。要注意,尽管人们常把主力体的压缩和'推'联系起来,而将其伸展和拉联系起来,目前讨论的参数和参数(54q)是完全不同的。例如,压缩弹簧,既可以通过推,也可以通过拉弹簧可以活动的一端,这取决于人与弹簧的位置关系——是在自由端的后面将其向远离自己的方向推开,还是站在固定的一端前面,将自由端向自己拉进。伸展弹簧也与此道理相同。

但我们目前讨论的参数的确与参数(54p)有一定关系。上文讨论参数(54p)时,我们认为,分散的性质与集中相反,适用于抗力体。现在,我们可以看出分散的性质同样适用于主力体。对于被压缩或伸展的主力体来说,例如:*I squeezed the rubber ball* or *I stretched the spring*(我挤皮球或我拉弹簧),主力体不是被概念化成抵抗抗力体力量的单纯的点,而是一个区域,在这个区域里,这种抵抗力是逐渐分散的。

最后,参数(54t)对抗力体或主力体施加的力的强度区分出统一状态和变化状态,而变化状态既可能是梯度的,也可能是离散的。本书中的大多数例子,不管是恒定的还是变化的力动态形式,都假定抗力体和主力体在相互接触时施加给对方的具体的、持续的力。但我们也可以举出一种力的逐渐变化形式:比如与橡皮筋类似,抗力体和主力体离它们原来的位置越远,则其抵抗或者说复原的力量越大。因此,在 *The further I stretched the spring, the harder I had to pull*(我把弹簧拉得越远,我所用的力就越大)中,作为主力体的弹簧和作为抗力体的手是逐渐增加它们的施力强度的。

已经讨论过的力动态模式中,有一种涉及抗力体和主力体之间的力量平衡的转换，即 2.2.2 节讲到的"克服"的例子，这种模式确实涉及了一个实体力量强度上的变化。事实上，这种变化既可能是逐渐的，也可能是离散的剧变。但是，如上述"弹簧"的例子所示，即使没有因某实体占优势而导致的失衡，力量也会发生变化。这样，我们必须将仅适用于力量失衡的参数(g)与目前讨论的仅适用于力量转换的参数分开列出。

毫无疑问，对语言力动态的进一步研究将会产生更多的参数以及一个更大的系统，其中新的参数相互关联。

10.2 力动态的原型

另一条研究主线是关于语言力动态系统的局限性问题。前面所列的参数大体列出了整个系统的自由程度，但我们还能发现一些系统不能展示或者说只能稍微展示的因素，如(55)所示。

(55) 语言编码表明，力的相互作用绝大多数或者说无一例外都包括：
    a. 两个力
        ——不是一个，也不是三个或更多
    b. 两个力以 180 度相对抗
        ——不是成其他角度，从而在新的方向上产生合力
    c. 两个力相对抗
        ——不是朝向同一方向作用(如支撑、推动等同向的例子并不多见。)
    d. 较强的力克服较弱的力
        ——不是两个大小相同的力处于平衡状态互相对抗
    e. 力沿直线起作用
        ——不是沿曲线起作用
    f. 力沿着一条线向前起作用
        ——不是沿同心圆方向向内或向外起作用
        (能够与同心力联系起来的封闭类形式确实存在，例如英语词 *confine*，*contain* 中的拉丁动词前缀 *con-*，但这种情况并不多见。)
    g. 主力体具有恒定的力趋势
        ——不是变化的力趋势
    h. 主力体具有二值力趋势，或者趋于运动，或者趋于静止
        ——不是多值的或连续的

i. 主力体具有二值的结果状态,或者运动,或者静止
   ——不是多值的或连续的

关于语言力动态系统中包含什么,不包含什么,可以提供一个解释性的说明。应该包含的因素基本上是与力相互作用的概念原型一致的,如(56)所示,而偏离这些原型的,则在语言中具有最少表征。原型本身,实际上也可能成为一种重要的概念化模型,在认知的发展和总的概念组织中都能起到一定的作用。

(56) 一个较强的力与一个较弱的力直接对抗,该条件要么全出现,要么全不出现

10.3 力动态与其他图式系统

另一条研究主线是进一步揭示力动态系统与语言中其他语义范畴之间的关系。这方面的研究已经取得了一定进展。目前已经发现至少四个"图式系统"可用来组织所指场景或者言语行为场景,每个系统都在一定程度上相互独立(见I-1章)。第一个图式系统是"构型结构"(configurational structure),通过这一结构,特定的句子元素为某一场景分配一个特定的空间和时间结构。第二个图式系统是"视角点位置"(location of perspective point),即给定关于某一场景的结构框架,语言元素能指导人们从一个特定的视角来充满想象地审视这一框架。第三个图式系统是"注意分布"(distribution of attention):从某一特定位置观察结构完整的特定图式,语言表达能够引导人们将注意最大限度地集中到这一框架内某一选定的因素上。最后,第四个图式系统是力动态:前面提到的基本上属于图式的混合体,现在可以在它们结构框架各元素之间添加彼此相互作用的力。如果说前三个图式系统主要涉及视觉感知系统,力动态则主要涉及动觉感知系统。因此,事实上,在研究中适当考虑力动态的作用,就会有利于消除偏见,即认为在理论构建中只能用建立在视觉基础上的模式。语言学还面临的一个问题是,如何将这四个甚至是更多的图式系统整合到一个统一的语言概念结构中去(参看本卷前言中关于"认知结构中的系统交叉模型"的讨论)。

10.4 语言和其他认知系统

最后,我们需要进一步讨论语言中的概念结构与其他认知领域中的

概念结构的关系。我们已经讨论了力动态与本论题的关系。语言中对物理与心智力量相互作用的概念化与存在于我们心理模式领域中有关的物理和心理特征的常识，在概念上具有密切的对应性。我们还可以观察到语言和其他认知领域之间更多的类似结构。Jackendoff(1987a)和 Talmy (1988b)都阐述了语言图式系统与视觉感知结构之间的对应和不同。此外，语言包含了一种推理系统，它不仅存在于认知形式中，也存在于传信形式中，并能够从语法上做出这样的标注，比如'已知事实'(known as fact)、'推断'(inferred)、'演绎'(deduced)和'视为可能'(considered probable)。这一系统与一般意义上的认知领域的推理似乎类似。语言系统中的语篇功能可以标注类似'已知的'(given)、'新的'(new)和'处于焦点的'(in focus)信息。这与心理学中描述的"定向反应"(orienting responses)系统很类似，后者包括类似的因素如"熟悉的"(familiar)"意外的"(surprising)和"处于注意焦点的"(at the focus of attention)。基于此类观察，我们认为，尽管每一种认知域都有自己独有的结构特点，但在所有的认知领域中存在一个共同的基本的概念结构核心。所以，我们研究的长期目标是，确定人类认知中概念结构的总体特点，这一目标的实现需要认知领域各学科之间的鼎力合作。

注　释

1. 本章内容在 Talmy (1988a)的基础上进行了适当的修订和扩展而成，而 Talmy (1988a)则是根据 Talmy (1985a)适当修订而成。
   特别感谢 Eric Pederson 对原文内容、组织、编辑及图表各方面所提供的帮助，也要感谢 Per Aage Brandt 和 Ray Jackendoff 后来与我进行的有关力动态的讨论。
2. 由于主力体和抗力体在语言中的作用，我将其视为语义角色的概念，赋予它们与施事同样的地位。另外，它们在力的相互作用中所起到的作用可以完全等同于我在空间和时间关系中所命名的"焦点"(Figure)和"背景"(Ground)功能(Talmy,1975,1978a)。
3. 为了使表达清楚，本章中的大部分例句都给出了力的两个要素。在一些更口语化的句子里，可能只包含其中一个力的要素，但仍可以显示出同样的力动态类型。因此，根据语境，这句话 *The shed kept standing*(小屋依然立在那里)与更完整的句子一样，可以清楚地表现(3b)所表示的类型。
4. 语言也可以将开始和结束表征为不依赖于外力作用的自发事件，如在 *The wind started to blow*(开始刮风了)和 *It stopped raining*(雨停了)中。这种情况连同(5)中有力的作用参与的情况共同组成了'开始/结束'范畴。
5. 系统地使用图式化标注的图表来表征语言形式的意义，这是目前正在发展的一种惯例。这一方法最先可能是由 Whorf (1956)开始使用的。其中其他使用这一方法的包括当代学者 Talmy (1972:413—420)(Talmy (1976b)中出现了第一个力动态图表)，Fillmore

(1977)用各种方法对同一图表进行不同标注,而 Langacker（1986,1987）则提出了一个更为详细的系统。我对不同的前景化使用不同的标注,而 Langacker 则用粗线标出了同一个"基体"(base)中的不同"指向"(profiles)。

6. 当然,细化也是力动态框架的一个特征。但至少这与传统的致使研究有极大的相似之处。他们讨论了原因(cause)和其他特定语义材料的词汇化。

7. 其他弱抗力体模式确实隐含于一些没有知觉的抗力体做主语的结构之下,例如包含 *hinder*(阻挡)、*help*(助使)、*leave alone*(任凭)等句子,如 *The grass hindered the rolling ball*(草挡住了滚动的球)。

8. 此类比可从上述基本力动态模式一直扩展到社会力动态领域。例如,下面这句话中表现的'使/让'模式:*He (finally) let her present her opinion*(他最终使/让她陈述了自己的观点)。在这句话中,阻碍和阻碍的消除都存在于交流和阐释领域,由常识引导,并由意识引发,而并没有发生物理作用。

9. I-4 章说明了与事实相反的命题与符合事实的致使命题之间可以互相转化。例如这样的句子 *I would have caught the ball if the car hadn't been in the way*(如果没有车挡着路,我本可以接住球的)和 *I didn't catch the ball because the car is in the way*(我没有接住球,因为车挡着路了)。这两句话意思基本相同。因此,(39)中对 *should* 的语义分析可以通过以下因果形式转化成(b,c)中与事实相反的命题:

   b'. In E''s belief system, E's not VPing is detrimental to E or others.
   （在 E 的信念系统中,他没有做对 E 或他人有害的 VP。）

   c'. In E''s value system, E is a worse person because she or he does not VP.
   （在 E 的价值系统中,E 是个坏人,因为他/她不做 VP。）

   ((39b)中的反事实特点可以通过以下方式表现:... *there would be benefit to E or others if E VPed*（如果 E 做过某事,那会给 E 或他人带来好处）。(b')中的因果特点通过以下方式表现:... *there is detriment to E or others because E does not VP*.（E 没有做对 E 或其他人有害处的 VP。）)

   力动态与因果模式(3a,d;5e,f)之间有对应关系。这里,相对较强的抗力体(可以由原因从句表征)阻挡了主力体的运动趋势,后者通常可以由反事实 *would* 从句中没有实现的因素表征。

10. 这里的问题是,我们怎么利用语言提供的概念模式来思考特征各异的领域。一个解决办法是,我们可以同时拥有一个以上的概念系统,并在需要时随时进行切换。这样,一个天文学家在日常情景中,或许可以认为太阳每天东升西落,但当这一模式会招致矛盾时,也可能转换到另一模式,即认为地球在转动（该例子来自 Edwin Hutchins）。

11. 除了物理学和心理学,其他领域也展现出朴素概念化与复杂的概念化相一致的特点。例如,语言中植入了拓扑理论,这一理论在许多方面与数学有相似之处（见 I-1）。例如,许多封闭类元素与形状无关,如(i)中 *through* 所示,而且大部分封闭类元素与量级无关,不论是形体上的大小还是距离上的远近,如(ii)中 *this/that* 所示:

    (i) I zigzagged/circled *through* the woods.（我沿着 Z 字形路线穿过树林。）

    (ii) *This* speck/planet is smaller than *that* one.（这个斑点/行星比那个小。）

第 8 章　因果关系语义学

1　引　言

本研究把语言表征中广泛存在的因果关系的语义作为一个整体对其进行了界定。[1] 在这一整体中,本研究区分出一系列复杂程度各异的致使情景,并且把这些不同类型的致使情景分解为基本语义元素及其组合方式。这一分析按照语义元素逐渐增多、致使情景由简入繁的方式逐步展开。

具体来说,第二节旨在辨析非语言学的因果关系与语言学中的因果关系,并提取出后者的区别性特征。接下来,第 3 节概括出最基本的致使情景。这些情景或者在句子中表征,或者处于更复杂的语义情景中。第 4 节分析复杂性不断增加的致使情景,这些致使情景由基本的致使情景与其他一些基本的语义成分构成,但不包括施事性成分。第 5 节阐述施事情景,按照从简单形式到复杂形式的顺序展开,重要的是,该情景包含**意向**(intention)概念。最后,第 6 节简单介绍了因果关系语义学中需要未来进一步研究的更多因素。

尽管我们使用的例句主要来自英语,但是我们讨论的语义元素和语义情景是基本的,是所有语言语义基础的重要部分。即,它们构成普遍语义结构的一部分,和具体语言之间的差异相比,属于深层语义学。就本研究中提出的语义概念而言,这些差异主要体现在这些深层概念在表层表达中的位置、明晰度及必要性上。

本研究基本建立在生成语义学和句法学框架之中。笔者为每一类致使情景提出一种深层句法结构以及随后的派生,以形成一个简洁公式来清晰展示语义情景中的语义组成成分及其相互关系,并且在各个语义构型及其显性致使表层句子之间建立一种循序渐进的完整关系。

请注意,本章后半部分开始探讨更口语化的例句。这是因为后半部分讨论的致使情景尽管更复杂,并且包含了许多语义元素的组合,但这些场景(如施事性)却更趋日常口语化。本章前半部分确定的比较简单的语义情景和语义因素本身经常仅在更特殊的环境中单独出现。这里可用一个物理学类比说明。比如一片羽毛从空中飘落这样一个日常事件,该事件包含许多互相交织的物理因素,如摩擦力、浮力和重力,而只有在特殊环境中,比如真空中,其中的一个因素才能与其余因素分离开来。

作为对本章内容的简介,我们按照阐述中出现的大致顺序对不同类型的语义情景列举如下:

自发事件	初始因果关系	受事者
基本因果关系	系列因果关系	自我施事因果关系
事件因果关系	使能因果关系	"目的"
工具因果关系	施事者因果关系	致使性施事
时间点/段因果关系	行为者因果关系	施事链

我们首先用以下例子对这些类型进行初步说明。这些句子被分成几组来阐释不同的致使关系。

依据复杂程度和前景化元素(首先出现)的差异,排序如下[2]:

(1) a. The vase broke.
   (花瓶碎了。)
   (自发事件)

   b. The vase broke from (as a result of) a ball('s) rolling into it.
   (因为球撞到花瓶,结果花瓶碎了。)
   (受因事件致使(基本致使))

   c. A ball's rolling into it broke the vase.
   (球撞到花瓶,花瓶碎了。)
   (使因事件致使)

   d. A ball broke the vase in (by) rolling into it.
   (球撞到花瓶,把花瓶打碎了。)
   (工具致使)

e. I broke the vase in (with my/by) rolling a ball into it.
   （我把（我的/用）球撞到花瓶上了，把花瓶打碎了。）
   （行为者致使，即非意向性结果）

f. I broke the vase by rolling a ball into it.
   （我用球撞到花瓶，把花瓶打碎了。）
   （施事者致使，即意向性结果）

根据系列致使链中连接点数量的差异，分类如下：

(2) a. i. The aerial toppled.
       （天线倒了。）
     ii. The branch fell down on the aerial.
       （树枝倒在了天线上。）
     iii. The wind blew on the branch.
       （风吹树枝。）
     （自发事件）

  b. The branch's falling down on it toppled the aerial.
     （树枝倒在天线上，把天线压倒了。）
     （双事件致使链）

  c. The wind's blowing the branch down on it toppled the aerial.
     （风吹树枝，使树枝倒在天线上，把天线压倒了。）
     （三事件致使链）

根据致使链中的连续程度的差异，分类如下：

(3) a. I slid the plate across the table by pushing on it with a stick.
     （我用棍子推盘子，把它推过桌面。）
     （连续致使链）

  b. I made the plate slide across the table by throwing a stick at it.
     （我朝盘子扔了一根棍子，使盘子从桌面滑过去。）
     （非连续致使链）

根据使因事件和受因事件是否共存的差异，分类如下：

(4) a. I pushed the box across the ice (of the frozen pond).
     （我将箱子推过冰面（结冰的池塘）。）
     [I kept it in motion, going along with it.]
     （我一直推着箱子，往前走。）

（持续因果关系）

　　b. I pushed the box (off) across the ice.
　　　（我把箱子从冰上推过去。）
　　　[I set it in motion and stayed put.]
　　　（我推了一下箱子让它动起来，我原地不动。）
　　　（初始因果关系）

根据是否克服阻力与清除阻碍物的差异，分类如下：

(5) a. I emptied the tub by dipping out the water.
　　　（我舀出水，把浴盆放空。）
　　　[I emptied the tub with a dipper.]
　　　（我用长柄勺把浴盆里的水放空。）
　　　（已然因果关系）

　　b. I emptied the tub by pulling out the plug.
　　　（我拔掉塞子，把浴盆的水放空。）
　　　[* I emptied the tub with a plug.]
　　　（* 我用塞子把浴盆清空。）
　　　（使能因果关系）

根据感知实体自身意向范围的差异，分类如下：

(6) a. I hid the pen somewhere in the kitchen.
　　　（我把笔藏在厨房某处。）
　　　（施事者因果关系）

　　b. I mislaid the pen somewhere in the kitchen.
　　　（我把笔错放在厨房某个地方了。）
　　　（行为者因果关系）

　　c. I lost the pen somewhere in the kitchen.
　　　（我把笔丢在厨房某个地方了。）
　　　（"受事者"情景（非致使））

根据对结果的知晓程度的差异，分类如下：

(7) a. I killed the snail by hitting it with my hand.
　　　（我用手击打蜗牛，把它弄死了。）
　　　（施事者因果关系）

b. I hit the snail with my hand in order to kill it.
（为了杀死蜗牛，我用手击打它。）
（"目的"情景）

根据是否存在自我定向的差异，分类如下：

(8) a. The log rolled across the field.
（原木滚过田地。）
（自发事件）

b. The girl rolled across the field.
（女孩滚过田地。）
（自我施事因果关系）

根据致使链中间环节是否存在自我定向的差异，分类如下：

(9) a. I threw him downstairs.
（我把他扔到楼下。）
（施事者因果关系）

b. I sent him downstairs.
（我派他下楼。）
（诱使因果关系（致使性施事））

根据致使链中自我定向出现的次数的差异，分类如下：

(10) a. The king sent for his pipe.
（国王派人去拿他的烟斗。）
（双成员施事链）

b. The king sent for his daughter (to come).
（国王派人把他的女儿叫过来。）
（三成员施事链）

c. The king had his daughter sent for.
（国王让人派人把他的女儿叫过来。）
（四成员施事链）

本研究结果证实，并不像许多语言学分析所展现的那样，存在单一的因果关系情景概念，而是存在多种类型的因果关系语义情景概念。因此，单一的深层动词'CAUSE'（导致）是无用的，而是用多个深层动词表征相对应的多种致使类型。为了提供最接近的想法，我们使用(1b)到(1f)中的主要动词表征致使类型：例子中出现了五次 broke，每一个都可作为 (1a) 中自发的 break 与五个不同的深层致使动词词化并入而产生的同音形式，分别代表五种不同的致使类型。

(11) a. ...RESULTed-to-break ⟹ ...$_R$broke（结果致使）
 b. ...EVENTed-to-break ⟹ ...$_E$broke（事件致使）
 c. ...INSTRUMENTed-to-break ⟹ ...$_I$broke（工具致使）
 d. ...AUTHORed-to-break ⟹ ...$_{Au}$broke（行为者致使）
 e. ...AGENTed-to-break ⟹ ...$_A$broke（施事者致使）

2 关于致使的详细论述

语义分析中的**致使**（**causative**）术语必须首先与物理世界中因果关系（causation）的科学概念相区别。对于后者，现象整体构成因果关系连续体，连续体中任何在概念上可划界的部分是**事件**（**event**）。事件和自身外部有因果关系，事件内部也包含因果关系。例如，水从水箱中流出这一事件，大致可以认为由水和地球间的万有引力导致，通过分子间的碰撞实现，并且对水滴落的物体表面产生压力。相比之下，一个语言实体，如一个句子，可以将其表达为内外都没有因果关系的自发事件。上述物理事件用语言表达为如下句子：

(12) Water poured from the tank.
 （水从水箱里流出来。）

在本研究中，这类句子实际上（是非致使类型，并且）表达**自发**事件（**autonomous** event）。这里，因果性的某些形式在该情景中由其他句子类型表达，比如 (1) 中的句子类型，因果性的其他形式一般仅作为包含在该情景中的一个元素。例如，在 (13) 中，只有两个事件互相作用时才表达因果性，而不贯穿于两个事件的整个过程中，例如球如何处于滚动运动状态，花瓶如何经历破碎过程。

(13) A ball rolling into it broke the vase.
 （球撞到花瓶，花瓶碎了。）

本研究旨在考察这种语义因果关系（semantic causation）和非因果关系（noncausation）的特征。这里的"语义"指与语言表达相一致的概念（包括关于物质世界的概念)在心智中的组织形式(而非物质世界中现象的组织形式)。

本研究首先确定语义致使情景类型的共同特征及本质。研究步骤为:先分析内容大致相同、与下一个只存在一个因素差异及该组中只有一种致使的情景组;然后用相同的方法分析其他类型的情景组,看结论是否相同。如果对于一种所选情景,一个表层结构可以明确表达致使,且与致使存在广泛的恒常联系,那么这种研究步骤就具有较高的信度。

请注意,总体来说,致使或非致使语义在表层形式上与复合句或含有补语的句子之间没有明确联系,而且与从句长度完全无关。这一点可用(14)中的英语句子说明:几个句子句法结构相同,但语义上的致使性(causativity)各异。

(14) **不表达因果性**　　　　　　　　**表达因果性**

The ice cream melted from the stick.　　The ice cream melted from the heat.
(冰激凌在棍上融化了。)　　(冰激凌受热融化了。)

The log rolled across the field.　　The girl rolled across the field.
(原木滚过田野。)　　(女孩滚过田野。)

The book gathered dust.　　The ball broke the vase.
(书上积了一层灰。)　　(球打破了花瓶。)

I grew a wart in my ear.　　I grew a wort in my pot.
(我耳朵内长了一个疣。)　　(我在盆里种了一株花草。)

I watched the ice cream melt.　　I made the ice cream melt.
(我看着冰激凌融化。)　　(我使冰激凌融化了。)

我们现在开始按照以上步骤进行详细分析。我们考察的第一组情景都含有以下内容:(1)水箱里的水全部从孔口流出来这一事件;(2)一个人,即说话者;(3)此人的行为(第一个情景除外)。对这组情景而言,只有真正的致使情景才能满足表层表达与深层语义结构型式对应的要求,也通常与致使意义相关。如(15)所示,用一个直接宾语,一个 by 引导的从句,一个表示意愿实体的主语,再添加一些细节来表达。

(15) I emptied the tank by VPing.
　　(我通过 VPing 把水箱放空了。)

如果在水排干的过程中此人在水箱旁,但除了也许知道此事发生外,和此事没有进一步关系,即事件进展与此人无关,之后她就不能正确地说:

(16) I emptied the bank.
（我把水箱放空了。）

而最多只能说:

(17) °I saw the tank empty.
（°我看到水箱空了。³）

如果水箱排水时她在场,并且做了某种不影响事件进展的行为,比如写信,她同样不能说:

(18) * I emptied the tank by writing a letter.
（* 我通过写信把水箱放空了。）

但是为了表明事件与写信这种行为的共时性,至多这样说:

(19) °I accompanied the tank's emptying with poetry writing. / writing poetry. /the writing of poetry.
（°水箱放空的过程中,我正在写诗。）

如果事件的特征而非实体被改变,即使此人的行动影响事件的情景,这样的情景也不能用致使表达来表征。这是促使事件发生的情况,比如不能说:

(20) * I emptied the tank by enlarging the hole.
（* 我通过扩大孔口把水箱放空了。）

而只能说:

(21) °I helped the tank empty by enlarging the hole.
（°我通过把孔口扩大,帮助把水箱放空了。）

如果将部分行为替换,情况也是这样:

(22) * I emptied the tank by plugging the old hole and punching two new ones.
（* 通过把原有的孔堵上又打了两个新孔,我放空了水箱。）

与此对比:

(23) °I changed the way the tank emptied by plugging the old hole and punching two new ones.
(°通过把原有的孔堵上又打了两个新孔,我改变了水箱放空的方式。)

当然,事件中什么是次要因素,什么是主要因素是相对的,由实际用词确定。比如,流量对流出这一事件是次要因素,对喷出这一事件却是主要因素,因此相对于流出(flow)范例:

(24) $\begin{Bmatrix} \text{* I made} \\ (\text{* 我使}) \\ \text{°I helped} \\ (\text{°我帮}) \end{Bmatrix}$ the water flow out by enlarging the hole.
水流出了水箱,通过扩大孔口。)

喷出(gush)范例表明,上述两句的可接受程度恰好相反,即:

(25) $\begin{Bmatrix} \text{°I made} \\ (\text{°我使}) \\ \text{* I helped} \\ (\text{* 我帮}) \end{Bmatrix}$ the water gush out by enlarging the hole.
水喷出了水箱,通过扩大孔口。)

上述所有情景的共同点是,不管此人或她的行为怎么样,该事件都会发生,因此必须从语义致使概念中排除。也就是说,其他条件等同时,除了事件经历的任何改变,即使不牵扯任何人或行为,基本事件仍然会发生。

换一个角度看这一问题,至少讨论的事件必须发生。因为没有发生的情况也不能用致使句法结构表达。这样,如果此人实施了在水箱上打孔这一行为,但是水没排出来,他不能说:

(26) * I emptied the tank by punching a hole in it.
(* 我通过在水箱上面打了个孔,把水箱放空了。)

但是可以说:

(27) °I failed to empty the tank by punching a hole in it.
(°我在水箱上面打了个孔,也没能把水箱放空。)

第三种要排除的情况是,此人的行为看似和事件的发生相关,但实际上并没有影响到该事件的发生。比如,如果此人在水箱上打了个孔,但水

没有流出来,同时一只猫踩到了水箱的水龙头上,水从水龙头流了出来,她就不能说:

(28) * I emptied the tank by punching a hole in it.
（*我通过在水箱上打孔把水箱放空了。）

而可能会说:

(29) °I had nothing to do with the tank's emptying in punching a hole in it.
（°我在水箱上打孔和使水箱放空无关。⁴)

最后,如果此人实施某项行为导致事件发生,他最终可以用目标致使结构说:

(30) °I emptied the tank by punching a hole in it.
（°我通过在水箱上打孔把水箱放空了。）

在最后成功地表达致使之后,还得加上一点。被概念化为真正致使的情景不能只凭行为实施和事件发生之间的时间关联来判定。所以,假设这样一种情况,某人的行为在一定时间内确实导致水流出,但是紧接这一时间之前或之后还有其他行为使水不间断流出。比如说,水箱上有两个水龙头,你把其中一个按下一分钟,然后松开,然后我按下我的水龙头一分钟,然后松开,最后你又按下你的水龙头,直到水流干,整个水流过程不间断。这样我仍然可以说"*I emptied the tank partway by holding the tap down*(我中途按下水龙头,把水箱放空了)",虽然我的行为发生的时间和水箱中的水流干的时间不吻合。

总之,如果有一组情景,其中事件 1 与事件 2 的关系由于一系列的不同因素而发生改变,只有当事件 2 确实发生了,并且在其他因素不变的条件下,如果事件 1 不发生,事件 2 就不会发生,这样的情景才是语义上的致使关系。

前面的分析步骤对许多其他情景组类型都不适用,但至少我们可以再描述另一个情景。上例中涉及的复杂致使问题(使能和有意志的施事性)将在后面谈及,下面要谈及的例子可以归入基本致使情景。下面所举的情景包括带叶片的轮子绕中轴转动事件和水流在空间中的喷射事件。只有致使情景才具有这种句法结构,它包括一个简单主句和一个由 *as a result of* 引导的从句,如(31)所示:

(31) The wheel turned as a result of NP's VPing.
    (轮子转动是由于 NP 的 VPing。)

在列表中,分析的顺序与前面的类似,见(32)。

(32) a. $\left\{\begin{array}{l}\text{* The wheel turned as a result of}\\\text{(* 轮子转动是由于}\\\text{°The wheel turned at the}\\\text{same time as}\\\text{(°轮子转动的同时}\end{array}\right\}$ the water jet's shooting into the air. 水流射向了空中。)

b. $\left\{\begin{array}{l}\text{* The wheel turned}\\\text{(*轮子转动}\\\text{°The wheel turned faster}\\\text{(°轮子转动得更快}\end{array}\right\}$ as a result of a stronger water jet's hitting it. 是由于更强的水流冲击它。)

c. $\left\{\begin{array}{l}\text{* The wheel turned}\\\text{(*轮子转动}\\\text{°The wheel turned by}\\\text{a different means}\\\text{(°轮子转动方式改变}\end{array}\right\}$ as a result of the water jet's being replaced by an air jet hitting it. 是由于水流冲击换成了气流冲击。)

d. $\left\{\begin{array}{l}\text{* The wheel turned}\\\text{(*轮子转动}\\\text{°The wheel failed to turn}\\\text{(°轮子没有转动}\end{array}\right\}$ as a result of the water jet's hitting it. 是由于水流击中了它。)

e. $\left\{\begin{array}{l}\text{* The wheel's turning}\\\text{resulted from}\\\text{(*轮子转动是由于}\\\text{°The wheel's turning had}\\\text{nothing to do with}\\\text{(°轮子转动与……无关}\end{array}\right\}$ the water jet's hitting it. 水流击中了它。)

f. °The wheel turned as a result of the water jet's hitting it.
    (°轮子转动是由于水流击中了它。)

3 基本致使情景

上述两个例子说明,满足上一节所述条件句子的语义内容在种类和数量上都有巨大差异。如果所有的语义内容都具有共性,那么这种共性就构成了整个语义内容标准的最简基础。这种语义成分确实可以通过考察一系列的句子实例来推导。我们称其为**基本致使情景**(basic causative situation)。本节后面将探讨基本致使情景的特点。为了简洁和节省篇幅,在本章后半部分,我们不再详述从大量例子中逐步提取基本致使情景的过程,而采用前面得出的结论,用基本致使情景和其他基本情景构建多种复杂的致使情景。

3.1 基本组成

基本致使情景(已经在(1b)和(32f)讨论过)包括三个主要组成部分:一个简单事件(其他语境下的自发事件),直接导致这一事件的事件,以及这两者间的因果关系。作为分析其特点的第一步,这种语义实体在句法上可用(33)中的一种深层结构来表征。在这种结构中,深层语素用大写字母表示,括号里的术语表示其语义成分:

(33) a.

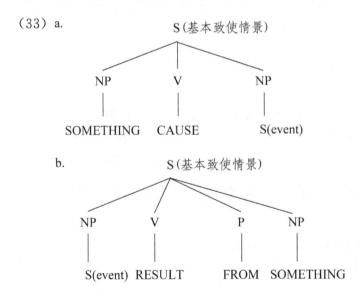

也可以用(34)中不同的表达式表征深层语素。

(34) a.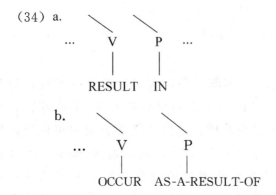

(33)和(34)中的(a)形式和(b)形式在本研究中可互换使用。

3.2 受因事件和使因事件

关于基本情景,另一点要注意的是,简单事件的起因本身也是一个简单事件,而不像(35)中那样是物体,下面的句子就不合规范:

(35) * The window's breaking resulted from a ball.
（*窗户破碎是由于一个球。）

与之相比:

(36) °The window's breaking resulted from a ball's sailing into it.
（°窗户破碎是由于一个球撞了进去。）

也可以用(37)复合句的形式表达。

(37) The window broke as the result of $\begin{cases} \text{* a ball.} \\ \text{* 一个球。} \\ \text{°a ball sailing into it.} \\ \text{°一个球撞入窗户。} \end{cases}$
（窗户破碎是由于

在相关联的结构类型中,下面的(38)与(39)相比还过得去,且与上例对应。

(38) A ball broke the window.
（一个球打破了窗户。）

(39) °A ball's sailing into it broke the window.
（°一个球撞进去打破了窗户。）

但(39)这样的句子似乎总是暗含了更大的形式,其中包含因果事件。

(40) °A ball broke the window in/by sailing into it.⁵
(°一个球通过撞进窗户里,打破了窗户。)

但还有些名词性成分不同于 *ball*(球),可以自然地出现在 *from* 或 *as a result of* 后面,比如(41)中的 *wind*(风),*rain*(雨),*fire*(火)。

(41) The window cracked from the wind/the rain(fall)/a fire.
(窗户破碎是由于风/(下)雨/火。)

但是这些名词表达的是 Fillmore(1971)所说的"forces"(力),其中有些可以认为是从表达整个事件的深层分句合并而来的,如(42)所示:

(42) ... from the air blowing on the Figure
(……由于气流吹在焦点上)
... from the rain (water) falling on the Figure
(……由于雨(水)打在焦点上)
... from flames acting on the Figure
(……由于火焰作用在焦点上)

Fillmore 提出的问题是作用力归为施事还是工具,本研究认为作用力既不是施事也不是工具,而是一个事件。因此,例子 *The wind broke the window*(风打破了窗户)可看作来自句子 *The air's blowing on it broke the window*(风吹在窗户上导致窗户破了)这样的结构,即**事件因果关系**(**event causation**)的例子。这种结构将在本章第 4 节讨论。

因此,鉴于此,(33)中最后一行的深层结构可修正为(43)的形式:

(43) a. S (event) CAUSE S (event)
b. S (event) RESULT FROM S (event)

本书把 (43a)中左侧的 S(事件)叫作**使因事件**(**causing event**),右侧的 S(事件)叫作**受因**(**caused**)或**结果事件**(**resulting event**)(可互换使用)。

3.3 受因事件在使因事件之前

有证据表明,(43)的两种表达式中,(b)是更基本的形式。大量的致使句可以提供句法依据,可以看到,受因事件的表征总是出现在主句中,且能够或者以名词性形式(在名词性词节点下)出现,或者提升为整个主句。另一方面,使因事件总是出现在从属分句中,且总是以名词化的形式

出现。当然,这一点在由(b)形式得来的表层句式结构中表现极为明显,如(44)所示:

(44) The window's breaking occurred as a result of a ball's sailing into it.
(窗户破碎的发生是由于一个球的撞入。)

其中受因事件(窗户破碎)确实在主句中,而使因事件(球撞入窗户)也确实以名词化形式出现在从属分句中。并且,受因事件可以以非名词形式表达并升格为整个复合句中的主句,如(45)所示:

(45) The window broke as a result of a ball's sailing into it.
(窗户破碎了是由于一个球撞入的结果。)

但起因(物理)物体做主语时,情况也是如此:

(46) A ball ⎰caused the window's breaking⎱ in sailing into it.
          ⎱导致窗户破碎⎰
(一个球) ⎰broke the window⎱ (因球撞入窗内。)
          ⎱打破了窗户⎰

其中受因事件仍为主句(可根据需要将它提升为主句),而使因事件仍以名词化形式做从属分句。即便是使因事件做主句(此时没有从属分句),如(47)所示:

(47) A ball's sailing into it ⎰caused the window's breaking.⎱
                       ⎱导致窗户破碎。⎰
(一个球的撞入) ⎰broke the window.⎱
               ⎱打破了窗户。⎰

这时使因事件还是以名词化形式出现,而受因事件的表达式也仍在主句中,仍然能提升而脱离名词形式。下面两例可以提供有力的反证:

(48) A ball's sailing into it resulted in the window's breaking.
(球撞入窗户导致了窗户的破碎。)

或者用反向代词化:

(49) A ball's sailing into the window resulted in its breaking.
(球撞入窗户导致它的破碎。)

其中受因事件表达式必须保持名词形式(甚至可以看作是存在于 *in*

引导的从属分句中)。即便这样,使因事件也必须保持名词形式且不能提升为主句。因此没有和(49)相对的使因事件提升为主句的句子,如(50)所示:

(50) * A ball sailed into the window in its breaking.
　　　(*球撞入窗户,在它破碎时。)

而在受因事件先出现并且提升为主句时,如(51)所示,也没有相应的反向嵌入和反向因果关系的表层表达形式,如(52):

(51) °The window broke *from* a ball's sailing into it.
　　　(°窗户破碎是由于一个球撞入其内。)

(52) * A ball sailed into the window *to* its breaking.
　　　(*球撞入窗户致其破碎。)

我们在带有施事的句子中再次得出同样的结论。见下句:

(53) I broke the window.
　　　(我打破了窗户。)

该句用单(主)句表达了最终受因事件,但是如果暗含且涉及另一事件,此时将用从句表达使因事件。

(54) I broke the window by throwing a ball at it.
　　　(我朝窗户扔了一个球,窗户破了。)

与之相比,没有与受因事件和使因事件表达式位置相反的对应句式,如:

(55) * I threw a ball at the window $\begin{Bmatrix} \text{to} \\ \text{去} \\ \text{to the point of} \\ \text{到……程度} \end{Bmatrix}$ breaking it.
　　　(*我向窗户投一个球　　　　　　　　　　　　　　　打破它。)

诸如(56)中的其他反例可以排除,因为这些句子可以用 *thereby* 结尾,是对包含使因事件的从句的代词化。因此,句首从句就是使因事件的重述,该使因事件把后来所发生的事件代词化。这类句子在 I-6 章中叫"复写分裂句"(copy-clefting)。

(56) a. A ball sailed into the window
（球撞进了窗户）
$\begin{cases} \text{and it broke.} \\ \text{窗户破了。} \\ \text{with the result of its breaking.} \\ \text{导致窗户破碎。} \end{cases}$

b. I threw a ball at the window
（我向窗户投了一个球）
$\begin{cases} \text{and broke it.} \\ \text{把窗户打破了。} \\ \text{(with the result of) breaking it.} \\ \text{（结果是）打破了窗户。} \end{cases}$

因此，这些句子中表达受因事件的表层形式出现在表达与之相关的使因事件的表层形式之前，但缺少表达相反情况的形式。这一模式在讨论依据因果性而做出决定的句子时会再次提到并强调，如（57）所示。

(57) a. We stayed home *because* of the rain pouring down.
（因为雨倾盆而下，我们待在家里。）
* The rain poured down *to-the-point-of-occasioning* our staying home.
（*雨倾盆而下到了让我们待在家里的程度。）

b. We went out *despite* the rain pouring down.
（尽管雨倾盆而下，我们（还是）出去了。）
* The rain poured down *in-futile-oppositiveness-to* our going out.
（*雨倾盆而下，没能阻止我们出去。）

如I-5章所述，这类句法事实伴随的语义现象是：在标准复合句中无法陈述使因事件，而只能预设性地表征。如果要明确表达使因事件，则必须采用复写分裂句的句型。

以上结果表明，（43）的两种形式中，（b）更基本。因为受因事件在主句中得以表征（实质上一直如此），使因事件在从句中得以表征（通常如此），且是预设性的（一直如此）（第 4 节将探讨（43a）这种结构如何派生而来）。从I-5章的角度来看，（43b）形式中，受因事件充当焦点，而使因事件充当背景。因此，确定了基本致使情景的特点之后，可用以下深层结构更准确地表达其句式：

(58)

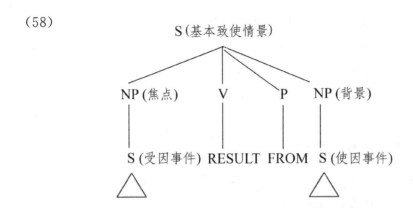

3.4 使因事件的特征

要使两个事件之间存在因果关系,使因事件必须和受因事件有一些共同的成分。否则,就不存在因果关系的概念,如例句(59)。

(59) * The aerial toppled off the roof as a result of a ball's sailing into the pond.
(* 一个球飞进池塘,结果导致天线从房顶倒下来。)

但是,进一步讲,使因事件不可以和受因事件随意共享任一成分,如:

(60) * The aerial plummeted through the air as a result of a ball's sailing through the air.
(* 天线从空中倒下是由于一个球穿越空中。)

但是必须共享受因事件中具有焦点功能的成分。

(61) °The aerial$_i$ plummeted through the air as a result of a ball's sailing into it$_i$.
(°天线_工具_从空中倒下是由于一个球撞在了它_工具_上面。)

此外,在使因事件中,这个共享的成分必须做背景,有其他焦点成分作用其上。这个共有成分本身不能做焦点,否则它会导致自身的运动。[6] 使因事件中焦点和背景之间必须是**作用**(**impingement**)关系。对于非物理事件,我们要恰当理解这种作用关系(第 5 节探讨心理事件的因果关系)。但是对于物理事件,这种力的作用关系涉及接触时施加瞬间的力或施加持续的力。如(61)中所示的是瞬间接触,而(62)中则为持续式的:

(62) °The aerial (eventually) toppled off the roof as a result of

(°天线（最终）倒下房顶是由于

$$\begin{Bmatrix} \text{a branch pressing} \\ \text{一根树枝压} \\ \text{a vine pulling} \\ \text{一根藤条拉} \end{Bmatrix} \begin{matrix} \text{on it.} \\ \text{着它。} \end{matrix}$$

可以排除没有力接触的情况，如：

(63) * The aerial toppled off the roof as a result of a ball sailing past it.

(*天线从房顶倒下是由于一个球从旁边飞过。)

同样要排除的还有产生接触但没有施力的情况。对接触中断情况则有一些限制。从施事句来看这一点，可以看到 *by* 引导的从句既可表示产生接触，也可表示中断接触（如(64a)和(64b)所示），而 *with* 引导的短语则只能表示产生接触（如(64c)）：

(64) a. °I toppled the display by throwing a can at it.
    (°我扔过去一个易拉罐，打翻了展品。)
  b. °I toppled the display by removing a can from its bottom tier.
    (°我从底层抽出一个易拉罐，弄翻了展品。)
  c. I toppled the display with a can $\begin{Bmatrix} \text{that I threw at it.} \\ \text{用扔过去的易拉罐。} \\ \text{* that I removed from its bottom tier.} \\ \text{* 用从底层抽出的易拉罐。} \end{Bmatrix}$
    (我弄翻了展品

用深层语素序列 ACT ON(作用于)表示这种作用关系，那么具有上述特点的使因事件可用(65)中的句法形式表示：

(65)

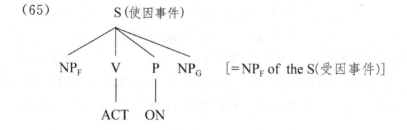

3.5 工具

当我们再次考虑整个基本致使情景时,得出一个重要发现:使因事件中的焦点成分在整个致使情景中反过来又成为**工具(instrument)**。它所承担的功能大多属于'工具'。比如,表达工具的名词性的词通过派生而来,且出现在施事句的 *with* 短语中。另外,在受因事件中做焦点和背景的成分在整个致使情景中也具有同样的功能。[7] 这些层级语义关系在以下基本致使情景的句法表征中详细体现。图中表示语义关系的符号(F,G,I),如果属于使因事件则标注下标 1,属于受因事件则标注下标 2,属于整个致使情景则标注下标 3(也可参见 I-5 章第 6 节):

(66)
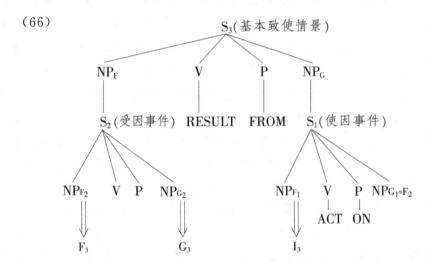

使因事件的焦点同时也是整个因果情景的工具,这就是多重关系嵌入或语义关系派生的一个例子。在后面的例子中,(1)致使情景中的行为者和意愿情景中的意向者(intender)在包含这两个情景的更大情景中充当施事;(2)一个实体(诱使者)相对于另一个充当施事者的实体(被诱使者)也充当施事者。

3.6 动态对抗

通过对比(67)和(68)中的例句,还可以得出基本因果关系情景的另一个语义特征。

(67) The golf ball rolled along the green.
（高尔夫球顺着草坪滚动。）

(67)中的独立句描述一个自发事件(类似于更明显的自发事件,如 The satellite circled around the earth(卫星绕着地球转))。可将该句与(68)句这样的致使句中的主句进行对比,该主句描述有因果关系的结果事件。

(68) a. The ball rolled along the green from the wind blowing on it.
(由于风吹,球在草坪上滚动。)

b. The ball continued to roll along the green from the wind blowing on it.
(由于风吹,球持续在草坪上滚动。)

在(67)中,事件似乎依本身固有性质一直进行,不可阻挡;而在(68)中,球似乎没有滚动的趋势,只是由于外力的作用才滚动。当然,这种特征是按照第2节的公式来判断的,即因果关系就是如果没有另外的事件发生,该事件就不会发生。但除了这种有条件的概括性描述外,还存在与动态对抗描述相对应的语义现实。受因事件的焦点处于和事件中运动相反状态的"自然趋势",而使因事件的工具给焦点施加了力来"克服"这种自然趋势。对于(68)中描述的情景,用这种公式解释的话,就是球有静止的自然趋势,而风吹克服了这种趋势。这种公式的另一种可能性是把动态对抗看作矢量和,其合力成为焦点在受因事件中的运动状态。对于(68)的情景,这意味着球沿着路径滚动是风力的矢量和相反方向较小矢量的合力;这个反向的矢量就是物理学上的"摩擦力"或传统上的"物体停止的趋势"。另外,表层动词 continue(继续)还有另一种表达非致使的用法,如(69)主句所示,可以和(67)和(68b)对比(我们必定能看出其来自一个不同的深层形式),能更清楚地说明上述问题:

(69) The ball continued to roll along the green (down the slope) despite the tall grass hindering it.
(球继续在草坪上(沿着斜坡)滚动,尽管有很高的草阻挡。)

此句中表示的动态对抗刚好和(68b)中相反,如(70)所示:

(70)

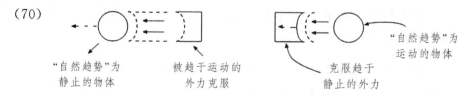

也就是说，球的自然趋势是运动，这种趋势克服了草施加的使球静止的力。或者用矢量术语来说，球沿着它的路径运动是矢量结果，即由于球的动量而产生与运动方向一致的力矢量和与草摩擦产生的较小反向力矢量相加的结果。因此，当(71)中的动词 *continue* 和(68)中的 *continue* 语义相同时，表示真正的因果关系（根据第 2 节的标准），尽管是隐含的。

(71) The ball continued to roll along the green.
（球沿着草坪持续滚动。）

但是当这个句子与例句(69)语义相同时，不表示因果关系。
上述例子均涉及运动，但方位事件既可以因固有属性而发生，如：

(72) The wagon is standing on the platform.
（马车停在平台上。）

也可以是动态对抗的结果，如(73)主句所示：

(73) The wagon ⎧ is standing ⎫ on the incline as a result
（马车 ⎨ 停 ⎬ of a brace pressing
⎪ is continuing ⎪ against it.
⎩ to stand / 继续停 ⎭ （在斜坡上是由于使用了车闸。）

这里可以把运动看作马车的自然趋势，这种自然趋势被车闸施加的力所克服。至少有一个例子可以从词汇层面显示出((72)和(73)之间)这种区别。比如吸盘镖吸在冰箱上这样一个事件。如果认为这个事件是自发的，则可用动词形式 *be stuck* 表示，如(74)：

(74) The (suction-cup) dart is stuck to the refrigerator.
（(吸盘)镖粘在冰箱上。）

但是当同样的事件被看作是由别的事件（不断克服焦点运动的自然趋势）引起时，使用动词 *stick*，如(75)中的小孩子扔出飞镖后大叫：

(75) The dart is sticking to the refrigerator!
（飞镖粘在冰箱上了!）

对于第三种事件类型，比如从静止向运动过渡的非持续事件，很少有自发事件的例子。但可以和之前的例子一样，用动态对抗解释致使运动，如(76)的主句所示：

(76) The ball rolled off its spot from a gust of wind blowing on it.
（一阵风把球吹得滚离了原地。）

与这里讨论的其他语义关系相比,更难以确定的是,如何用深层结构清晰地表达动态对抗这样的语义关系（除暗含 RESULT FROM 部分意义外）,即是否可以像(77)一样对相关从句进行详述呢?

(77) [the ball rolled along the green]—*against its natural tendency to rest*
（[球沿着草坪滚动]——**对抗其静止的自然趋势**）
RESULTed FROM
是由于
[the wind was blowing on the ball]—*overcoming that tendency*
（[风吹着球]——**克服那种趋势**）

或者像(78)一样不对简单使因事件加以说明而对矢量和加以说明?

(78) [the ball rolled along the green] RESULTed FROM
（[球在草坪上滚动]是由于)
[the force of [the wind blew on the ball] exceeded the force of [the ball's tendency to rest acted on the ball]]
（[[风吹着球的]力超过了[球的静止趋势作用其上的]力]）

但是即便确实存在公式,目前还没有足够的句法实例来推断出这种具体的公式。

3.7 时间点延续和时间段延续因果关系

如前所述,致使情景中动态对抗的抽象性同样重要,无论这种情景持续一段时间（包括运动或静止）还是发生在某个时间点。但正是这种时间点和时间段的差异将基本致使情景分为两类,而这种差别本身也值得研究。(79)中的一对句子表达的情景因这种差异而不同,我们从中可以发现若干相关特点。

(79) a. The carton slid across the grass from the wind blowing on it.
（因为风吹,纸盒滑过草地。）
b. The carton slid off its spot from a gust of wind blowing on it.
（因为一阵风,纸盒从原来摆放的地方滑落下去。）

首先,就动态对抗而言,在情景(a)中,焦点静止的趋势持续了一段时间,焦点可能在任何一个时间点上停下来;而力这一工具在整个时间段内克服这种趋势,并且作用于每一个时间点。但是在情景(b)中,运动的阻止及其克服在一个时间点上展现出来。其次,受因事件(纸盒的运动)在(a)句中匀质发生,并持续了一段时间,的确贯穿了每一个时间点。但是在(b)中,运动发生与否都表现在同一个时间点上。我们甚至可以得出这样的结论:受因事件是这两个事件的转换,而不是最终的运动状态。最后,此处(a)中的任何时间点和(b)中单独的一个时间点表现出的因果关系特点是不同的。尽管两种情况都符合因果关系的标准,因为如果没有风吹,纸盒也不会运动,但是在(b)中,使因事件的缺失意味着纸盒保持静止,而在(a)中的某个时间点上,使因事件的缺失暗示纸盒将逐渐静止。

这两类关系类型被称作**时间点延续**因果关系(**point-durational causation**)和**时间段延续**因果关系(**extent-durational** causation)。但我们还不清楚这两类关系如何在深层结构中清晰地体现出来,以及时间点因果关系在部分派生的结构中将会采用什么形式。但是,时间段因果关系可以在中间的派生过程中通过深层语素 CONTINUE(继续)很好地表现出来,如(80)所示:

(80) The carton CONTINUEd (to) slide across the grass from the wind blowing on it.
(纸盒继续滑过草地,因为风吹向它。)

深层动词在进一步的派生中会被省去,从而产生了最初看到的句子形式,即:

(81) The carton slid across the grass from the wind blowing on it.
(纸盒滑过草地,因为风吹向它。)

或是插入表层动词,例如,*continue to*(继续)或 *keep on -ing*(继续),由此产生:

(82) The carton { continued to slide / 继续滑 / kept on sliding / 继续滑 } across the grass from the wind blowing on it.
(纸盒 ... 过草地因为风吹向它。)

深层动词 CONTINUE(继续)也可以和其他特定的语素词化并入,比

如和 *be* 词化并入。

(83) NP CONTINUE to be Adjectival
　　　　　　　　　　　stay,
　　　　　　　　　　　remain

因此,除了 *the soup was hot*(汤是烫的),还出现了:

(84) a. * The soup {continued to be / 继续是 / kept on being / 一直是} hot.
　　　　(* 汤 .... 烫的。)

　　 b. °The soup {stayed / 保持 / remained / 保持} hot.
　　　　(°汤 .... 烫的。)

并且,如先前的例子,经历了和 *be stuck* 合并的过程:

(85) NP CONTINUE *to be stuck to* NP
　　　　　　stay　　*stuck*
　　　　　　　　stick

如下句中:

(86) a. * The dart continued to be stuck to the refrigerator.
　　　　(* 飞镖继续被粘在冰箱上。)
　　 b. ˣThe dart stayed stuck to the refrigerator.
　　　　(ˣ 飞镖仍粘在冰箱上。)
　　 c. °The dart stuck to the refrigerator.
　　　　(°飞镖粘在冰箱上。)

施事结构呈现出如下词化并入结构:

(87) NP AGENT(*ed*) NP *to* CONTINUE *to* Verb
　　　　　　　　　　keep -ing NP

如下句中:

(88) a. ˣI'm making the ball continue to roll.

(×我正在使球继续滚动。)

b. °I'm keeping the ball rolling.

(°我正在使球滚动起来。)

同时还有:

(89) NP AGENT(*ed*) NP *to* CONTINUE *to* be Adjectival

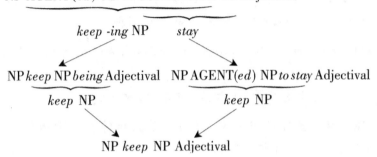

如下句中:

(90) a. ×I made the soup continue to be hot.

(×我让汤持续热着。)

b. *I kept the soup being hot. /×I made the soup stay hot.

(*我让汤热着。/×我使汤保持热度。)

c. °I kept the soup hot.

(°我让汤热着。)

3.8 同时性

为讨论最后一点,请参考下列句子。

(91) a. The carton slid (all the way) across the grass from a (single) gust of wind blowing on it.

(因为一阵风吹向纸盒,纸盒(一路)滑过草地。)

b. The board cracked from the rod pressing into it.

(因为杆子压进木板,木板断裂了。)

分析表明,表面上,这类句子和表达基本致使的句子有着相同的结构,但实际上并非如此。这类句子表达的关系比基本致使情景更复杂,因为除了包括基本致使情景外,还包括其他语义成分。在(91a)中,纸盒的运动可以看作真正的致使情景发生后的自发事件,即一阵风使纸盒运动起来的时间点因果关系(这种更为复杂的情况将在第 4 节 **初始因果关系**(onset causation)中讨论)。此外,在(91b)中,杆子压下来可以看作是一个持续自发事件,只有在某一个时间点上才作为时间点致使情景中的使因事件,诱发木板断裂事件。因此,在(91a)和(91b)中,主句和从句表现出显著的非同步性,但这并不必然反映基本致使情景的任何特点。相反,从这些更复杂的情景中概括抽象出来的时间点延续因果关系,和下面这样的句子表征的时间段延续因果关系同时出现。

(92) The carton slid across the grass from the wind blowing on it (steadily).
(纸盒滑过草地,因为风(持续地)吹向它。)

上句表现出基本致使情景的又一特征:受因事件在使因事件持续期间发生,无论这是时间点还是时间段。

3.9 小　结

我们把已经抽象概括出来的基本致使情景的特征总结如下:

1. 基本致使情景包括三个要素:一个简单事件,导致该事件的事件,以及这两者之间的因果关系。

2. 导致简单事件的事件本身也是一个简单事件。

3. 在整个语义情景中,受因事件是焦点,使因事件为背景(因此,它们在深层结构中分别一前一后被表征);这种因果关系是一种"result from"关系。

4. 使因事件中的背景也是受因事件中的焦点物体。使因事件中的焦点必须与这一物体有施力的接触。这一接触可能是瞬间的,也可能是持续的(可能涉及推或拉),但是不能没有接触。深层形式'ACT ON'(作用于)可以用来表征这些特点。

5. 受因事件中的焦点物体和背景物体在整个致使情景中具有相同的作用。使因事件中的焦点在整个致使情景中为工具。

6. 如果使因事件不发生,受因事件便不会发生。或者,受因事件中的焦点有运动的自然趋势,这与其表现出的状态相反,而且这种自然趋势被使因事件中工具施加的外力克服。或者受因事件是焦点矢量和工具矢量的矢量和。

7. 致使情景可以发生在一个时间点上,或持续一段时间,其特点呈现出相关差异。

8. 受因事件完全在使因事件的时间段内发生。

4 复杂致使情景

探讨了基本致使情景的特点之后,我们接下来研究如何在此致使基础上构建复杂的致使情景。事实上,以下分析中,很多更加复杂的情景是已经讨论过的两个基本语义实体,即自发事件和基本致使情景的特殊嵌入形式和串联形式,而其余情景仅包括另一个语义因素,即意向(intention)。本节研究不含意向性的复杂情景,下一节讨论有意向性的情景。

4.1 一个成分前景化

现在开始系统研究,我们注意到除了(93)表达的基本致使情景外,(94)并没有包含更多的信息或其他事件。

(93) The vase broke from (as a result of) a ball rolling into it.
(花瓶碎了,(由于)一个球撞到了它。)

(94) A ball broke the vase in (by) rolling into it.
(一个球(通过)撞到了花瓶,把它打碎了。)

如果(94)的确更加复杂的话,那是因为它包含了一个与原来的语义成分相关的强调语义成分,即工具(球)。特别是,工具及其与整个致使情景的关系被挑选或是前景化了。这一点可以通过(95a)中的深层句法结构清楚地展现出来,在这一结构中,用语义功能符号 I 代表工具,R 代表受因事件,C 代表使因事件。

(95) a. NP_I $\underline{WAS\text{-the-}''INSTRUMENT\text{-}IN}$ $[S_R \text{ RESULT}ed$
                      'INSTRUMENTed FROM $S_C]$

b. ⇒ NP_I 'INSTRUMENTed $[S_R$ RESULTed
                                        FROM $S_C]$

c. ⇒ NP_I $\underline{\text{'INSTRUMENT}ed\text{-TO-RESULT}}$ S_R WITH$_c$ S_C
                      INSTRUMENTed

d. ⇒ NP_I INSTRUMENTed S_R WITH$_c$ S_C

在这里,(a)中的深层动词短语 BE-THE ″INTRUMENT-IN 在(a)中词化并入为一个深层动词(to)'INTRUMENT(上标号用来区分特定的深层语素的同形异义形式)。在(b)中括号内嵌入的致使结构在(c)中提升为"谓语",主要动词与母句动词毗连。这一附加成分在(d)中词化并入形成一个新的深层动词(to) INTRUMENT,并可以理解为在其他讨论中的"原因"(CAUSE)。WITHc 是一个深层的从属连词(下标 c 代表"连词",作此标记以便区分深层介词 WITH)代替当前情景中的 FROM。插入具体表层形式后,继续派生。

d′. ⇒ a ball INSTRUMENTed [the vase broke] WITH$_c$ [a ball rolled into the vase]

e$_1$. ⇒ a ball INSTRUMENTed the vase to break WITH$_c$ its rolling into it.
  caused   with,
                                                 in, by

(A ball caused the vase to break {with its 通过 / in 进 / by 通过} rolling into it.)
(一个球导致花瓶破碎   撞到花瓶。)

e$_2$. ⇒ a ball INSTRUMENTed-TO-break the vase WITH$_c$ its rolling into it.
         $_1$broke   with,
                                                in, by

(A ball broke the vase {with its 通过 / in 进 / by 通过} rolling into it.)
(一个球导致花瓶破碎   撞到花瓶。)

如(e)所示,WITH 从句的表层形式在英语中均不得体。在最有可能插入深层结构的三个表层连词中有两个都过于书面化,即 *with*(注意,它不允许等名删除)和 *in*。第三个 *by*(用于行为者)似乎总是用在表示意愿性施事的句子中,而不适合含有工具的句子。

(96)中的句子,表层形式中没有表达使因事件的从句,可以认为是深层结构删除该从句后升格而来。

(96) A ball broke the vase.
   (球打碎了花瓶。)

(96′) e′$_2$. a ball INSTRUMENTed-TO-break the vase
              $_1$broke
   WITH$_c$ its ACTing ON it
            ∅

上一节谈到,描述使因事件在受因事件之前的形式,并不是基本致使顺序,如(97),其相反的顺序才是基本的致使顺序。

(97) A ball's rolling into it broke the vase.
(球撞到花瓶,花瓶碎了。)

由于这个句子使因事件前景化,因此这样的形式可以视为与前面的工具致使以相同的方式派生而来的。如下图所示:

(98) a. S_C WAS-the-CAUSING-EVENT-IN [S_R RESULTed
　　　　　　　　　　EVENTed　　　　　　　　FROM S_C]
　　b. ⇒S_C 'EVENTed　　　　[S_R RESULTed FROM$_c$ S_C]
　　c. ⇒S_C EVENTed-TO-RESULT S_R WITH$_c$ S_C
　　　　　　　EVENTEed　　　　　　　　∅
　　d. ⇒S_C EVENTed S_R

在(d)中插入具体的表层形式的话,如下句:

　　d′. ⇒[a ball rolled into the vase] EVENTed [the vase broke]
　　e_1. ⇒a ball's rolling into the vase EVENTed the vase TO break
　　　　　　　　　　　　　　　　　　　　caused　　　　to
　　(A ball's rolling into it cause the vase to break.)
　　(球撞到花瓶,导致花瓶破碎。)
　　e_2. ⇒a ball's rolling into the vase EVENTed-TO-break the vase
　　　　　　　　　　　　　　　　　　　　　　$_E$broke
　　(A ball's rolling into it broke the vase.)
　　(球撞到花瓶,打破了它。)

这种派生的由来解释了上例(97)这类句子中发现的一些特点:表示使因事件的分句保留了名词性结构没有升格,与其他前置的挑选出来的成分,即含有工具和施事的分句是平行的。这样就排除了唯一可能在句末出现使因事件的情况,如(97)句尾没有指明原因,就是因为前置的成分将其删除了。

4.2　初始因果关系

请再看(99)这个歧义句所表征的两种不同的情景:

(99) I pushed the box across the ice.
（我将盒子推过冰面。）

即,(a)我让盒子保持运动,我跟着盒子走；(b)我让盒子运动,我原地不动。例(100)中的两个句子消除了该句的歧义。

(100) a. I $\begin{Bmatrix} \text{slid} \\ \text{brought} \end{Bmatrix}$ the box across the ice by pushing on it (steadily).
（我（一直）将盒子推过/带过冰面。）

b. I $\begin{Bmatrix} \text{slid} \\ \text{sent} \end{Bmatrix}$ the box across the ice by giving it a push.
（我推了盒子一下,让它滑过冰面。）

试比较(101)中两个对应的没有施事的情景。

(101) a. The box slid across the ice from the wind blowing on it (steadily).
（风（一直）吹着盒子滑过冰面。）

b. The box slid across the ice from a gust of wind blowing on it.
（一阵风吹着盒子,盒子滑过冰面。）

我们再次注意到,在情景(a)中,焦点持续运动是由于受到一个持续力的作用,没有这个力它便会停止运动。因此,因果关系贯穿了运动过程的始终("时间段延续因果关系")。但是,在情景(b)中,焦点经过了一段路程,在此期间,运动的发生不是被动的,而是自发的。在情景(b)中,唯一的致使部分是在某个时间点上某种外力使焦点运动起来的情景,这与下面表示非伴随时间点致使情景的句子类似。

(102) a. I $\begin{Bmatrix} \text{slid} \\ \text{got} \end{Bmatrix}$ the box off the spot it was resting on by giving it a push.
（我推了盒子一下,让它从原来停放的地方滑落。）

b. The box slid off the spot it was resting on from a gust of wind blowing on it.
（因为一阵风吹来,盒子从原来停放的地方滑落。）

因此,每个(b)情景都比基本的致使情景更复杂,因为它包含了时间点因果关系以及自发事件。这种复杂情景与语言研究具有具体关联,因为当有自发事件发生在时间点致使后时,且同一物体做焦点,如(103a)所示,(所有?)语言都会转换派生出如(103b)那样具有简单表层结构的句子来表达复杂情景。

(103) a. The box CAME INTO MOTION from a gust of wind blowing on it $\begin{Bmatrix} and\ then \\ whereupon \end{Bmatrix}$ it slid across the ice.

(一阵风把盒子吹得动起来,然后它滑过了冰面。)

b. ⇒⇒ The box slid across the ice from a gust of wind blowing on it.

(盒子滑过了冰面,因为一阵风吹向它。)

应该注意,在深层结构(103a)中,受因事件焦点之外的细节不能像在(102)中的短语 *slid off the spot it was resting on*(从原来停放的地方滑落)那样表达,而只能通过某个深层语素短语概括性地表述为 COME INTO MOTION。因为具体细节在转换为更简单的表层句子结构时将被删除;或者从句法角度讲,这个深层语素没有被删除,而是提升为动词小品词 *off*,这个小品词可以出现在前面的(b)转换形式中,起到消除歧义的作用。

(104) a. I pushed the box off across the ice.

(我把盒子推过冰面。)

b. I slid/sent the box off across the ice…

(我使盒子滑过冰面……)

c. The box slid off across the ice…[8]

(盒子滑过冰面……[8])

受因事件和自发事件之间关系的本质还需要进一步研究。这种关系通过 *ensuing*(接着),*and then*(然后)和 *whereupon*(于是)等词有了初步体现,但是进一步的研究可能会揭示,这种关系包含有序线性时间范围的最初边界点与整个事件范围的关系,如(105)的深层结构所示。

(105) The box CAME TO the BEGINNING POINT of [the box slid across the ice] from a gust of wind blowing on it.

(盒子进入[开始滑过冰面的]开始点,因为有一阵风吹过。)

由于复杂情景包含初始点的概念,同时深层结构词化并入体现为类似致使结构的表层句子,我们不妨称这种关系为**初始因果关系**(onset causation)(Shibatani 称为'ballistic causative'(投射体致使)),尽管严格来讲,只有时间段因果关系和时间点因果关系才是真正的致使。

4.3 系列因果关系

在第 3 节,我们讨论了当一个事件引起另一个事件时,在第一个事件中起焦点作用的物体如何成为与第二个事件中与焦点物体相关的工具。那么,如果第二个事件引起第三个事件的发生,焦点物体又成为与第三个事件焦点物体的工具,以此类推发生了一连串的事件,这种关系被称为**系列因果关系**(serial causation)。这种致使链比基本因果关系情景更复杂,可以视为基本因果关系的概括,包含 n 个事件而不是两个,如(106)顶部大括号所示;或者视为包括基本因果情景的交叉"联系",如(106)底部大括号所示。

(106)　　　3-event causative situation(三事件致使情景)

$$\overbrace{\text{EVENT}_3 \text{ RESULTs FROM } \underbrace{\text{EVENT}_2 \text{ RESULTs FROM EVENT}_1}}$$

　　　　　2nd basic causative situation　　1st basic causative situation
　　　　　　(第二个基本致使情景)　　　　　(第一个基本致使情景)

本来应该全面分析表层句子表达的关系链的长度和类型,从而确定复杂情景关系的最佳深层表征形式(尤其是括号内的深层语素)以及随后的派生形式。但在这里只能通过选择三个连续的致使事件加以说明。表征这三个事件的深层结构如下所示。

(107) a. [the aerial toppled] RESULTed FROM
　　　　([天线倒了]是因为)
　　b. [the branches came down upon the aerial] RESULTed FROM
　　　　([树枝压在了天线上]是因为)
　　c. [the wind blew on the branches]
　　　　(风吹动树枝)

注意:可能有人认为表层的句子可以从这个结构派生出来,但只有几个是可行的,如(108)所示:

(108) ⇒⇒The aerial toppled from
　　　　(天线倒了,是因为
　　　a. * the branches coming down upon it　　　　　　[基本致使]

from the wind blowing on them.
(*风吹动树枝,树枝压在了天线上。)

b. °the branches blowing down upon it. 　[有从句并入的基本致使]

(°树枝压在了天线上。)

c. ˣthe wind bringing the branches down upon it with its blowing on them 　[工具致使]

(ˣ风吹动树枝,树枝压在了天线上。)

d. ˣthe wind's blowing on them bringing the branches down upon it. 　[事件致使]

(ˣ风吹动树枝导致它们压在了天线上。)

e. °the wind blowing the branches down upon it. 　[有从句并入的工具致使]

(°风把树枝吹得压在了天线上。)

注意,如果我们通过把当前工具前景化,来构建工具致使结构(基于108(a)和108(b),这两句中 the branches 是主语),那么得到的句子可接受程度不一。

(109) The branches $_\text{工具}$ toppled the aerial
（树枝$_\text{工具}$压倒了天线）

a. * in coming down upon it from the wind blowing on them.
(*风吹动树枝,树枝压在了天线上。)

b. °in blowing down upon it from the wind.
(°风把树枝吹得压在了天线上。)

还应注意到,上一个工具结构的概括可以用于系列因果关系,因为前一个工具(这里指'the wind')的前景化也具有句法表征形式。这种表征形式以(108c—e)形式为基础,这几句中 the wind 是主语。[9]

(110) The wind$_1$ toppled the aerial
（风$_\text{工具}$刮倒了天线）

c. * in bringing the branches down upon it with its blowing on them.
(*风吹动树枝,树枝压在了天线上。)

d. °in blowing the branches down upon it.

°风吹动树枝,压在了天线上。)

对事件致使结构的概括也可以用于系列因果关系,因为因果关系链的整个前面部分可以以这样的方式前景化。

(111) a. * The branches coming down upon it from the wind blowing on them—
(*风吹动树枝,压在它上面——)

b. °The branches blowing down upon it from the wind—
(°因风,树枝倒在它上面——)

_Etoppled the aerial.
_{事件}压倒天线。)

d. * The wind's blowing on them bringing the branches down upon it—
(*风吹动树枝,把树枝压在它上面——)

e. °The wind's blowing the branches down upon it—
(°风吹动树枝压在它上面——)

_Etoppled the aerial.
_{事件}刮倒天线)

同样,这些句子可接受程度不一。

4.4 连续和非连续系列因果关系

这里所谈的因素与贯穿系列致使情景过程的因果连续性(causal continuity)相关。我们讨论这一因素的句法表现形式。前面的三事件系列因果关系实际上包括因果非连续性(causal discontinuity)。风吹动树枝使树枝变得松动,树枝砸在天线上,天线倒了。但是中间事件(包括树枝从树干脱离,从空中落下,接触到天线)是一个自发事件,也就是说,被概念化为不含因果关系的事件。自发事件通常包含一个处于自由运动状态的物体;在此例中指自由落体;或者在抛出物体的例子中,指物体在空中滑翔。

相比之下,可以用一个对应的例子来说明连续因果关系(continuous causation)。例如,有这样一种情景:没有完全脱离树干的树枝已经接触到天线。那么,风吹动树枝就会使树枝更有力地压在天线上,这个压力反过来使天线倒下。此情形下,表达非连续和连续因果关系的句子,其句法表征既允许词化并入动词,又允许迂回动词形式(Shibatani(1976)中的"词汇"与"产出"形式),如(112)所示:

(112) The wind
（风
$\begin{cases} \text{toppled the aerial} \\ \text{刮倒了天线} \\ \text{made the aerial topple} \\ \text{把天线刮倒} \end{cases}$
in
通过

$\begin{cases} \text{blowing the branches down upon it.} \\ \text{吹落树枝在上面。)} \\ \text{pressing the branches harder against it.} \\ \text{使树枝使劲压在天线上面。)} \end{cases}$

与这些连续和非连续因果关系例子相对应的施事表达也表明因果关系的连续与动词形式无关。

(113) °I
(°我
$\begin{cases} \text{toppled the aerial} \\ \text{弄翻天线} \\ \text{made the aerial topple} \\ \text{把天线弄翻} \end{cases}$
in
通过

$\begin{cases} \text{throwing the branches down upon it.} \\ \text{把树枝扔到天线上。)} \\ \text{pressing the branches against it.} \\ \text{用树枝压天线。)} \end{cases}$

但是,这种形式上的关联性在其他例子中却的确能够显示出来。

(114) a. I
（我
$\begin{cases} °\text{slid the dish} \\ °\text{滑动盘子} \\ ^\times\text{made the dish slide} \\ ^\times\text{使盘子滑} \end{cases}$
across the table by pushing on it with a stick.
过桌子通过用棍子推它。)

b. I
（我
$\begin{cases} *\text{slid the dish} \\ *\text{滑动盘子} \\ °\text{made the dish slide} \\ °\text{使盘子滑} \end{cases}$
across the table by throwing a stick at it.
过桌子通过向它扔个棍子。)

尽管仍需做进一步研究,这些例子的确表明,*make* 通常用在含有说话人认为是自发事件的因果链中;相反,*make* 的词化并入形式则用在说话者认为的持续性因果关系链中。

还有一种语义情景中的例子也能体现这种趋势:某人作为开大门这一动作的施事者。假如她通过摇动连着门上链条的曲柄将大门打开,她很有可能说"I opened the gate(我打开了大门)"。但是如果她按下按钮,按钮发出无线信号,信号不需要借助其他因素而穿越空中,最后传到大门的机械装置,在这种情况下,开门的人很可能说"I made the gate open(我把大门打开了)"。类似情景下,如果一个人用锤子击碎窗户,很可能会说"I broke the window(我打破了窗户)"。但是如果他把门砰的一声关上,这个动作在空气中形成了一阵震荡波,这股震荡波也不需要借助任何外力,直接通过空气传递到玻璃上。这时,很有可能使用 I made the window break(我把窗户打破了)这样的句子。

我们很难分析出使用 make 的因素,因为有很多语义和句法因素都会影响该词的使用。与之相邻的语义场景有助于我们分析出使用 make 的因素。一种语义场景是克服某种特别强大的阻力(尤其是在用力拔出某物的时候),例如,谈到一只顽固的螺钉,如(115)所示。

(115) I made the bolt screw in by twisting it with a heavy wrench.
(我用重型扳手旋拧螺钉,才把它拧了进去。)

这句话中的 make 可以看作是通过词化并入而得来的,这个深层表达可以是:

(116) I countered its resistance sufficiently to AGENT (the bolt to screw in.)
(我克服了很大的阻力才施事(把螺钉拧了进去)。)

或者是:

(117) (I) succeeded in overcoming its resistance thereupon AGENTing (the bolt...)
((我)成功地克服了阻力于是施事(螺钉……))

另一种语义场景是把施事者的方法前景化。(115)中的句子就运用了这一点,但在这里其语义和(118)相似。

(118) It was by twisting it with a heavy wrench that I made the bolt screw in.
(正是使用了重型扳手旋拧,我才把螺钉拧了进去。)

因此，*make* 可以看作从以下深层动词结构中词化并入而来：

(119) (I) used the means specified in AGENTing (the bolt...)
　　　((我)使用了施事(螺钉……)中表明的方法)

其他因素还包括是否存在后续自发事件，以及动词在多大程度上可以通过词化并入表示致使。

4.5　使能因果关系

对比(120)和(121)这两个句子：

(120) The water drained from the tank as a result of the piston squeezing down [on it].
　　　(由于受活塞的挤压，水从水箱流干了。)

该句表示基本致使情景(这一情景可能还必须有一个自动关闭的阀门才合适)：

(121) The water drained from the tank as a result of the plug coming loose.
　　　(由于塞子松动，水从水箱里流干了。)

(121)和(120)的句法结构相同，同时符合致使的条件，也表示某种致使情景：如果塞子不松动，水就不会流干。但不同点在于，(121)后半句描述的焦点物体(水)的运动不是由物体(塞子)(看似与(120)中具有工具功能的物体(活塞)对应)的作用导致的，也就是说，不是通过先产生物理接触、之后再对其施加作用力导致的，而这正是基本因果情景的决定性特点之一。尽管从物理学角度来看，这两种情景类似，因为都含有分子运动和撞击，原理相同。但是我们的语义系统则认为(121)表达的情景比(120)表达的基本致使情景更加复杂。事实上，因为(121)包含了(122)列出的各个组成部分。

(122) a. 已存在的情景：一个实体受到另一实体的限制
　　　　　(水被限制在一个带塞子的水箱里)
　　　b. 新发生的事件：打破实体的限制
　　　　　(塞子松动)
　　　c. 结果情景：限制解除
　　　　　(水可自由流动)

d. 后来发生的事件:先前受限实体的运动
   (水从水箱里流干)

就表层结构而言,只有(b)和(d)在(121)这种类型结构中得以表达,并分别为从句和主句。但是,从形式上却未能反映出这种情景与基本因果关系的不同。但是,这两种情景的差别体现在(120)和(121)中将最后表达的事件前景化的表层结构上。因为,前一种情景表层的主要动词可以是 *make* 或一个词化并入的形式,如(123)所示:

(123) °The piston squeezing down $\begin{Bmatrix} \text{made the water drain} \\ \text{drained the water} \end{Bmatrix}$ from the tank.

(°活塞压下去,使水从水箱里排干/排干水箱。)

但是,对于后一种情景,这两种动词形式都不可行,如(124)所示:

(124) *The plug coming loose $\begin{Bmatrix} \text{made the water drain} \\ \text{drained the water} \end{Bmatrix}$ from the tank.

(*塞子松了,使水从水箱里排干/排干水箱。)

而只能使用动词 *let* 或 *allow*。

(125) °The plug coming loose $\begin{Bmatrix} \text{let} \\ \text{allowed} \end{Bmatrix}$ the water (to) drain from the tank.

(°塞子松了,让/允许水从水箱里流干。)

最后这些动词形式可以识解为(122c)部分的表层表征。因为 *enabling* 和 *let* 这类词的语义相关(将在下文讨论),整个情景称为**使能**因果关系(*enabling* causation)的一种。

我们现在从使能关系的核心开始逐步到整体,一部分一部分地分析使能情景,探究每一阶段的句法表征。因果关系核心由(122)中的(a)和(b)组成,也就是说,由一个基本致使情景和一个具有如下特征的简单事件组成:前者是一个正在进行中的时间段致使情景,在该情景中,工具物体凭借其内在属性克服焦点物体的自然运动趋势。[10]后者是新发生的运动事件,在该事件中焦点物体与先前情景中的工具相同,或是工具的一部分。这个物体从原来的位置移开或消失(或用深层语素表示为'MOVEs ABSENT')。这两个语义实体也许应该在整个深层结构中得以表征。例如(126a)和(126b)所表征的(121)中的情景,尽管这种表征未出现在表层结构。目前为止,在表层结构中得以表征的确实是简单事件的实现,如(126b′)所示。

(126) a. [the water (F) REMAINed in the tank] RESULTed FROM [the tank [walls and plug] (I) pressed in on the water]
[水(F)仍在水箱中]因为[水箱[壁和塞子](I)压水面]

　　b. (PART of) the tank MOVEd ABSENT
　　（水箱(的一部分)水消失了）

　　b′. in particular: the plug came loose
　　（具体地说:塞子松动了）

但这些结构可以压缩为更有提示性的例子,如(127)的表征形式。

(127) a. The water REMAINed in the tank as a result of the tank pressing in on it.
（水留在水箱中,因为水箱对水的压力。）

　　b′. The plug came loose.
　　（塞子松动了。）

一种情景加上一个事件构成了这种因果关系的核心。此外,如果同时考虑该情景和该事件,其语义重要性为:一个情景中曾一直有阻碍,现在阻碍消失了,原来受限的事物因阻碍解除而得到释放(换句话说,如(122c))。整个情景可以用句法结构表达,即将(126)的结构嵌入表达刚才讨论的语义情景的母句中,如(128)。

(128) [the water BECAME FREE FROM S(126a)] RESULTed FROM [S(126b or b′)]

表达还可以更随意一些,如(129)所示。

(129) The water's BECOMing FREE $\begin{Bmatrix} \text{FROM remaining} \\ \text{NOT to remain} \end{Bmatrix}$ in the tank as a result of the tank's pressing in on it RESULTed FROM a tank part's moving away (→ a plug's coming loose).
（水不再留在水箱里,因为不再受水箱限制,这是因为压在水箱的一部分移走了(塞子松动)。）

深层语素表达形式 BECOME FREE FROM/NOT to 表示阻碍解除。[11]根据深层结构(128)，我们得到表层句子(130)。

(130) The water became free $\begin{Bmatrix} \text{not to remain in} \\ \text{不再留在} \\ \text{to drain from} \\ \text{流干} \end{Bmatrix}$ the tank as a result of the plug coming loose.
（水流出……水箱因为塞子松动。）

这个事实表明：目前考虑的这种语义集合(也就是说，不包括其他事件，比如水流干)本身就是语义实体，可以称为**最简**或**基本使能情景**(**minimal** or **basic enabling situation**)。把释放事件前景化后，相对应的语义实体可以用句法表征为(131)。

(131) a. [the plug came loose] EVENTed [the water BECAME FREE NOT to REMAIN...]
（[塞子松动]产生事件[水不再留在……]）

事实上，相应的语义实体可以产生包含 *enable* 一词的句子：

b. ⇒[the plug came loose] EVENTed-TO-BECOME-FREE
  the water $_E$FREEd/ENABLEd
  NOT to REMAIN...
  （[塞子松动]产生事件变得自由水不再留在……）

c. ⇒[the plug came loose] ENABLEd the water NOT to REMAIN in the tank
  （[塞子松动]使得水不再留在水箱中）

d. ⇒The plug coming loose $\begin{Bmatrix} \begin{Bmatrix} \text{freed the water from remaining} \\ \text{不再留在} \\ \text{enabled the water not to remain} \\ \text{使得水不再留在} \end{Bmatrix} \text{in the tank.} \\ \text{水箱。} \\ \begin{Bmatrix} \text{freed} \\ \text{释放} \\ \text{enabled} \\ \text{使得} \end{Bmatrix} \text{the water to drain from the tank.} \\ \text{水从水箱流干。} \end{Bmatrix}$
（塞子松动）

((131b)中的$_E$FREE 和 ENABLE 仅是相关单一深层动词的替代或其他

表征形式。）

最后，在类似(121)这种较完整的语义情景中，正如初始因果关系中"随后发生的事件"(ensuing event)一样，其最末尾的事件和基本使能情景之间具有偶发关系(incidental relation)。这种关系的本质还不清楚。也许，最后的事件应该理解为仅仅依靠自身的自然趋势而发生，或者是未指明的基本因果情景中的受因事件(在这里，例如，地球引力对水的作用是使因事件)。不管最终的解释如何，它们之间的关系可以用一个深层语素来表达，比如 ENSUE UPON。因此，引出本节的完整使能致使情景的深层结构，最终句在(132)中表征。

(132) [the water drained from the tank] ENSUEd UPON [S(128)]
（事件(128)之后，水从水箱中流干。）

在派生过程中，仅保留(132)中第一个括号中的句子及(128)中最后一个括号中的句子，其余均删除，得到的表层句子用(133)再次表征。

(133) The water drained from the tank as a result of the plug's coming loose.
（水从水箱中流干是塞子松动的结果。）

把解除阻碍事件前景化之后，与(125)相对应的完整情景可以表征为(134)。

(134) [S (131)] AND THEN [the water drained from the tank].
（[事件(131)]，随后[水从水箱中流干]。）

这句话的派生过程和前句类似，都是删除其他部分，保留(131c)中第一个括号里的事件，用 ENABLE 作为动词，保留(134)中最后一个括号里的事件。但是派生后得到的表层句子必须包含随后发生的事件，而 *enable* 不能蕴涵这一语义。所以在(134)的派生中，AND THEN 的语义词化并入到新的深层动词中，用 LET 表示。

(135) [the plug came loose] $\underbrace{\text{ENABLEd}\ldots\emptyset\ldots\text{AND THEN}}_{\text{LET}}$

[the water drained from the tank]

这就派生了先前见过的句子，再次列为(136)。

(136) The plug coming loose $\begin{Bmatrix} \text{let} \\ \text{allowed} \end{Bmatrix}$ the water (to) drain from the tank.

(塞子松动了, $\begin{Bmatrix}让\\任由\end{Bmatrix}$ 水从水箱里流空了。)

本研究总的论点是:因果关系首先是事件之间的一种关系,并且仅仅作为附加情况时才包含意志性施事。因此,到目前为止,我们讨论的使能因果关系情景(甚至包括像 *let* 这类词)的本质仅包括没有施事者的事件。但是,这种附属因素当然可以包括进来。虽然我们不在这里讨论施事性的全部问题,但是要注意的是,在其他致使链中只有涉及阻碍解除时,才包含施事,如(137)所示。

(137) I let the water drain from the tank **by pulling the plug loose.**[12]
(我**通过松动塞子**,让水从水箱中流出。)

5 施 事

到目前为止,对致使特征的分析尽管包括了相当复杂的结构,但是还是基本省略了施事(agency)这一概念。这是因为施事大都以前文讨论过的结构为基础。我们现在分析施事与上文谈到的结构之间的相互作用。

5.1 基本组成成分

我们先从一个表征施事情景的最简单的表层句子开始分析。

(138) I killed the snail. (我杀死了蜗牛。)

通过与其相近形式和意义的仔细比较,相继分析出这一情景的组成成分。很明显,这个句子的表层结构看似简单,却掩盖了其情景语义的复杂性。这一点和到目前为止的分析是一致的,复杂程度逐渐提高。

请看例(139)(为方便理解后面的例子,最好把这一例子想象成这样一幅画面:蜗牛趴在一棵树干上,距离地面几英尺高)。开始我们可能会认为在 I(我)和 *kill*(杀死)的所指之间与 *kill* 和 *the snail*(蜗牛)的所指之间存在相同程度的语义关系。为了说明实际情况并非如此,观察这个句子的所指情景就会注意到:毫无疑问,不仅蜗牛发生了变化,即死亡,而且我也做了某事,如用手击打蜗牛。现在我们看到,动词 *kill* 的用法准确与否(对实际场景所指的准确性)依赖于蜗牛发生了什么,而不是"我"做了什么。[13]"我"可以用手做同样的击打动作,但是如果蜗牛没有死,那么 *kill* 这个词的使用就不恰当。另外,除了简单确定主要动词的恰当性之外,最终的事件(蜗牛死亡)是句中唯一说明的部分,而它之前的情景("我"做某事)并没有交代。如果要表达,这一事件必须出现在从句中。可使用一般说法,如:

(139) I killed the snail by doing something to it.
（我通过对蜗牛做了什么使它死亡。）

或者详细表达这一事件的属性,如:

(140) I killed the snail by hitting it with my hand.
（我通过用手击打蜗牛,使它死亡。）

最终情景以及先前情景的位置分别位于主句和从句中,这和第三节讨论过的基本致使情景结构类似。事实上,做事的"结果"可以从"我所做的事情"分离出来,看作独立事件(例如,在(140)这一运动事件中,"我"的手为焦点,而蜗牛为背景)。在最终事件中,分别可以看作"使因"与"受因"的关系。因此,关于施事句可以得出这样的结论:施事句具有基本致使句(140)的结构,可以分离出来表征为(141)。

(141) The snail died as a result of my hand hitting it.
（蜗牛死了,是因为我用手击打了它的结果。）

除(140)之外,作为(139)的另一种表层扩展和语义具体化,(142)与(140)看起来完全相似:

(142) I killed the snail by hitting it with a stick.
（我通过用棍子击打蜗牛,杀死了它。）

在句法上,两句只是最后的名词短语不同;在语义上,两句都含有类似的基本致使情景;该基本致使可以分离出来,表征为(143):

(143) The snail died as a result of a stick hitting it.
（蜗牛死了,是因为棍子击打的结果。）

但是,仔细考虑(142)所描述的情景,就会发现该句所含信息不仅仅是两个成员的因果关系序列。这样,我们注意到棍子的运动不是它自己完成的,而是由"我"的动作(直接或间接)导致的(例如,由"我"的手控制它),因此这个句子现在包含了由三个事件组成的因果关系序列,如(144)所示:

(144) The snail died (蜗牛死了)
　　　as a result of the stick hitting it (是由于棍子击打它)

as a result of my hand manipulating the stick.[14](是由于我的手操纵了棍子。)

因此,我们看到即使不考虑扩展,例(140)这个看上去很简单的施事句,蕴含着由两个或更多事件组成的因果链(如第4节所述)。并且该句进一步蕴含:这个因果链中,"我"身体的某一(些)部位在最早发生的物理事件中是焦点(作为工具作用于(ACTs ON)其他物体)。

请注意,我们使用的术语"身体部位"这一概念,它可以同样指施事者的整个身体(这是描写**自我施事**(**self-agentive**)特点的一个必然选择,后面会探讨)。此外,必要的时候,比如对富于想象的演讲而言,这个概念还可以理解得更广,比如(145)的"心灵感应的力量源"。

(145) He bent the spoon (by exerting pressure on it) with his mind.
(他用意志弄弯了勺子(通过对它施加压力))。

另外,对心理而非物理受因事件而言,"身体部位"的定义需要扩大以包括多种心理官能,比如(146)中的全神贯注。

(146) {I put her out of my thoughts (我把她忘掉 / I turned my attention away from her (我把注意从她身上移开} by concentrating on my work. 通过全神贯注于工作。)

但是,一个施事句隐含的内容远远大于我们所看到的,如(140)。因为如果仅把这些内容当作标准特征,那么我们可以认为,身体部位作为焦点的事件是自发的,或者由任何一种另外的使因事件引起,比如外部因素:一阵风吹在"我"的身体部位上,如(147)所示:

(147) The snail died as a result of the wind blowing my hand against it.
(蜗牛死了,是由于风把我的手吹到它身上的结果。)

或者由身体内部因素如痉挛引起,如(148)所示:

(148) The snail died as a result of my hand hitting it by a spasm.
(蜗牛死了,是由于我的手痉挛打到了它的结果。)

但是(140)的语义明显不能包含这类情景。它的语义蕴含这种情况:身体部位事件是由身体部位所属实体的意志产生的。相应地,这个实体拥有意志的官能。尽管还不清楚这种意志行为应该最终被赋予什么语义地位,但是我们可以暂时把它看作使因事件的一个特殊的非物质变体。那么相应地,(140)和(142)所蕴含的因果链因为另一个更早发生的事件而加长了,如(149)所示:

(149) a. The snail died   as a result of
(蜗牛死了   是由于
　　my hand hitting it   as a result of
　　我的手击打它   是由于
　　　my willing on my hand.
　　　我的意志作用于我的手上。)

b. The snail died   as a result of
(蜗牛死了   是由于
　　the stick hitting it   as a result of
　　棍子打了它   是由于
　　　my hand manipulating the stick   as a result of
　　　我的手操纵了棍子   是由于
　　　　my willing on my hand.
　　　　我的意志作用于我的手上。)

这里,*my*(我的)所指的实体应理解为一种有意志的实体。

当然,神经生理上(与物理表现相关联的)的意志很可能是指神经与肌肉运动事件间广泛存在的因果关系最终导致了身体某部分的运动。但是自然语言为了语义组织的需要,似乎要求把意志的概念作为先于身体部位运动(不是物理表现)唯一的、直接的使因事件。

但即使分析至此,对施事标准特征的描述仍然是不充分的。在(149a)所表达的系列致使情景中,这种额外的意志事件确实使该情景超出了(150)的指称范围。

(150) The snail died as a result of my hand hitting it.
　　(蜗牛死了,是由于我的手击打它的结果。)

(150)仅表示一种基本致使情景。但是(149a)中的三个成员相同的因果链可用两类不同的句子表达出来。两类句子均指明倒数第二个事件(我的手击打蜗牛)包含施事。但是在最终事件上,即蜗牛死了是否也包含施事,这两类句子不同。一类句子指明最终事件没有施事,如(151)所示:

(151) The snail died as a result of my hitting it with my hand.
(蜗牛死了,是由于我的手击打它的结果。)

另一类句子的确表明了施事,如(152)所示:

(152) I killed the snail by hitting it with my hand.
(我通过用手击打蜗牛,杀死了它。)

(当然,这里每一个句子的释义都与我们的讨论相关。)

(151)和(152)所表达情景的差异并不在严格的因果意义上,因为两者都有相同的一组因果关联事件(如(149a)所示)。更确切地说,我们认为施事与(152)的最终事件有关,这是因为实体(拥有意志和身体)的意图让最终事件因它前面的事件而发生。在这里,**意图**(intending)或**意向**(intention)可以理解为一种伴随且独立的心理事件(状态),对由意志行为引起的事件链没有因果关系作用。所以,最后,**施事者**(agent)这一概念的标准特征是有身体(部位)、意志和意向的实体。这个实体的身体部位对意志作出反应,意向作用于这些反应,并且非强制性地作用于其他后续事件。

上面提到的可选择性(optionality)可以称为**意向范围**(scope of intention),即实体希望产生多少因果序列。通过考察那些表达带有最初意志事件的因果链的句子,我们发现,意向总是(如果不是在心理组织上,至少在语义组织上)作用于由意志事件引起的身体部位事件。因此,这种作用自身构成一个施事情景,包含在一个更大的语境中,并且意向还可能进一步作用于更多的后继因果序列。换句话说,意向范围的一端是意志事件的开始,中间没有空白,另一端则位于身体部位事件或者其他任何因果相关事件的末端。

以(149a)中的致使序列为例,意向范围必须从最下面一行开始,通过中间一行延伸,并可能延伸到最上面一行。(151)的意向范围较小:*The snail died as a result of my hitting it with my hand*(蜗牛死了是我用手击打它的结果)。这里,"我有意(至少根据相关解读)用手击打蜗牛"被看作是一个内含的施事情景。但是"我"的意图并不是让蜗牛死,因此这个结果可以识解为意外的、"偶然的"等等。

(152)的意向范围较大:*I killed the snail by hitting it with my hand*(我通过用手击打蜗牛,杀死了它)。这里,"让蜗牛死"也是"我"的意向(还是根据相关解读)。但是不可能出现以下句子或情况:"我"创造让蜗牛死亡的方式,期望后一个事件而不是先前事件的结果发生。

在较长的因果链中,意向范围这个变量及其独立于因果性的特征更为明显。例如,如下情景就含有较长的因果链:我(用意志驱使我的胳膊)挥动球拍,球拍击中地板上的一本书,这本书滑到一边,撞到了一扇法式门上,门上的玻璃碎了。遗憾的是,英语缺乏这种直接表达较长因果关系链的简练的句法形式。所以,下面的例句中多次使用关系从句和并列从句来代替具体的致使结构。但是(153)中的例子还是可以证明意向范围扩大与"客观上"可见的因果性无关的观点。

(153) a. I swung the bat and it hit a book, which slid into the French door and broke the glass.
(我挥动球拍,球拍击中了书,书滑向法式门,打碎了门上面的玻璃。)

b. I hit the book by swinging a bat toward it and it slid into the French door and broke the glass.
(我朝书挥球拍,球拍击中了书,书滑向法式门打碎了玻璃。)

c. I slid the book into the French door by hitting it with a bat I'd swung toward it and it broke the glass.
(我挥动球拍击中书,书滑向法式门,书打碎了玻璃。)

d. I broke the glass of the French door by sliding into it a book, which I'd hit with a bat I'd swung toward it.
(我挥球拍打到了书,让它滑向法式门,从而打碎了玻璃。)

5.2 行为者和施事者

在本节,我们发现:在致使句法结构中,感知实体做主语时,其意向既可以是最终受因事件,也可以不是。这一不同区分了'施事者'(Agent)与'行为者'(Author)的语义概念。根据这一区分,句子(152)还有其他的解读,在这种解读中不用 by,而用其他从属形式是可能的或是更恰当的。

(154) I killed the snail $\begin{Bmatrix} \text{with my} \\ \text{用} \\ \text{in} \\ \text{用} \\ ^{\text{x}}\text{by} \\ ^{\text{x}}\text{通过} \end{Bmatrix}$ hitting it with my hand.
(我杀死了蜗牛, 我的手击打它。)

(154)与(151)都表明最终事件(蜗牛的死)是"我"意向行为的后果,但是其本身并不是有意的。(154)与(151)所表达的情景,本质上可以看作是同义关系。或者,我们也可以认为是突出了有意志的实体,把该实体与情景整体或其最终事件的关系放在了前景位置。后一种语义解读可以用(155)具体表达出来:

(155)"be the entity whose volitional act initiated the causal sequence (which led to the final event) in"
(这一实体的意志行为诱发了因果序列(而导致最终事件))

或者,我们可以用一个术语更简洁地表示其大部分内容,如(156)所示:

(156) "be the Author of."
(作为……的行为者)

将(154)的形式和与其对应的表示施事的句式进行比较,或者更简单地说,比较含有歧义的主句(157)中隐含的两种不同解读结构:

(157) I killed the snail.(我杀死了蜗牛。)

可以发现句首的感知实体在其中一种解读中是**行为者**(Author),他没有使事件发生的意向;而在另一种解读中,这一感知实体是**施事者**(Agent),他有使事件发生的意向。这些语义特征使每个具有不同解读的句法结构与在意向性方面有具体要求的其他句法成分相一致或不一致。所以,含有这两种成分的结构也相应地符合语法或者不符合语法,这些成分如下:

(158) a. **非意向性成分**:句首必须是行为者
　　　　S in/with...
　　　　S... too...
　　　　may S!
　　b. **意向性成分**:句首必须是施事者
　　　　(S by...)
　　　　S in order that...
　　　　NP intend to/refrain from S
　　　　NP′ persuade/force NP to S
　　　　S!

我们可以用(159)中的形式来解释(157)中的主句,以阐释这些附加成分的功能。

(159) I killed the snail by pressing on it *too* hard with my hand.
（我杀死了蜗牛，因为用手按得太重。）

(159)只能让主语 *I*（我）作为让蜗牛死亡的非意向行为者。

(160) I killed the snail *in order to* protect the plant.
（为了保护植物，我杀死了蜗牛。）

而(160)只能让主语 *I*（我）作为让蜗牛死亡的意向施事者。

但是如果主句自身有一个区别性成分，则主句和这些其他成分之间的意向关联就能够最清楚地显现出来。比如说，主要动词有两个词汇形式可具体区分意向性与非意向性（不像 *kill* 意向性不明确），并且语义相近。英语中恰当的例子不多，[15]但是(161)中的主句就是很好的例子，它含有两个足以说明问题的词汇，*mislay*（错放）和 *hide*（藏）。

(161) I { mislaid (unint.) / hid (int.) } the pen [somewhere in the kitchen].
（我 { 错放（无意向） / 藏（有意向） } 笔 ［在厨房某处了］。）

(162)对这些形式进行了解释，其中(a)中第二个大括号内的部分单独表述了语义，但没有区分意向性，两个动词语义不同（因此不是理想的例子），而(b)中的短语则尝试表达两者共同的语义成分。

(162) a. I { put (unint.) / put (int.) } the pen in a place
（我 { 放（无意向） / 放（有意向） } 笔在一个地方了

{ which I can no longer remember or find. / which others cannot see or find. }
{ 我想不起来也找不到的。 / 别人看不到也找不到的。 }

b. ... which is obscure.
... 不太清楚的。）

若把(159)构式中的 S 替换掉，(161)中这对动词不同的句子，仅有一个符合语法。

(163) a. 表示无意向的行为者结构

　　I *accidentally* °mislaid/*hid the pen somewhere in the kitchen.
　　(我意外地把笔°错放/＊藏在厨房某个地方了。)

　　I °mislaid/*hid the pen *in* putting it in some obscure place.
　　(我把笔错放/＊藏在某个不太清楚的地方了。)

　　May you °mislay/*hide your pen so it's never seen again!
　　(希望你把笔°放错地方/＊藏起来,让它永远也找不着!)

b. 表示有意向的施事者结构

　　I *intentionally* *mislaid/°hid the pen somewhere in the kitchen.
　　(我有意把笔＊错放/°藏在厨房某个地方了。)

　　I *mislaid/°hid the pen *by* putting it in some obscure place.
　　(我把笔放在某个不清楚的地方以把它＊放错/°藏起来。)

　　I *mislaid/°hid the pen *so that* it would never be seen again.
　　(我把笔＊放错地方/°藏起来,让它永远不被找到。)

　　I *intend* to *mislay/°hide the pen somewhere in the kitchen.
　　(我想把笔＊放错/°藏在厨房某个地方。)

　　I *refrained* from *mislaying/°hiding the pen in the kitchen.
　　(我克制自己不把笔＊放错/°藏在厨房里。)

　　He *persuaded/forced* me to *mislay/°hide the pen.
　　(他说服/强迫我把笔＊放错地方/°藏起来。)

　　*Mislay/°Hide the pen somewhere in the kitchen!
　　(把笔＊错放/°藏在厨房某处!)

5.2.1 受事者

'施事者'(Agent)和'行为者'(Author)的概念,尤其是行为者必须与**受事者**(**Undergoer**)的概念仔细区别开来,请看下面的三方对比。

(164) a. I$_A$ hid
　　　　(我_{施事者}把笔藏在厨房某个地方了。)

b. I$_{Au}$ misplaced my pen (somewhere in the kitchen).
　　　　(我_{行为者}把笔错放在厨房某个地方了。)

c. I$_U$ lost

(我_{受事者}在厨房某个地方把笔丢了。)

(165) a. The masochist (deliberately) _Abroke his arm by hitting it with a hammer.

(受虐狂（故意地）把自己的胳膊用锤子_{施事者}砸断。)

b. The careless kid (accidentally) _{Au}broke his arm in hitting it playfully with a hammer.

(那个马虎的孩子（无意地）在用锤子砸胳膊玩，把胳膊_{行为者}弄断了。)

c. The hapless fellow (by misfortune) _Ubroke his arm when he fell.

(那个不幸的家伙（倒霉地）跌倒了，把自己的胳膊_{受事者}弄断了。)

含有受事者概念的其他例子见(166)。

(166) a. I caught my sweater on a nail.
(我的毛衣被钉子钩住了。)

b. I developed a wart in my ear.
(我耳朵里长了个疣。)

受事者和行为者一样，并不想让提及的事件发生。受事者也不是实施某种行为使那个事件发生的施事者，相反，事件自动发生并且发生在（HAPPENING TO）受事者身上。换句话说，事件的发生影响了感知实体的个人状态，即主观状态。这里提及这个构式，是因为它看起来容易被误认为是致使结构，但它根本就不是真正的致使结构。（我们的术语"Undergoer"当然不同于 Foley 和 Van Valin（1984）使用的宏观角色"Undergoer"。）

受事者构式的语义引起人们对语言中概念干预的讨论。正如在我们对比物理世界和语义因果关系（第 2 节）、使能（第 4 节）以及意志（第 5.1 节）的理解时指出的那样，对现实更理性的解释可被语义结构的"逻辑"替代。所以，在这里，受事者句法结构的语义力似乎把'影响某人个人状态的自发事件'的语义强加在根据人的实际因果参与程度而变化的情况之上。例如，这个结构把'疣在我身上生长'和'我的笔丢了'这两个情景归成一类。但是很明显，前一个情景没有"我"的施事行为，而后一个情景则可能没有涉及"我"先前的施事行为，例如笔可能是风刮走的。或者，它包含的先前的施事行为跟行为者情景一样，即笔可能是"我"有意把手从口袋里掏出来时掉出来的。

从形式上考虑受事者句法结构的非因果性,确实还有另一种具有相同语义本质的表层结构。但是在这种结构中,事件作为主语,受事者(这个在英语表层表达中实现的程度各异)作为间接成分。因此,前面的例子在新结构中的对应句如(167)所示:

(167) a. i. I broke my arm (when I fell).
((当我摔倒时)我折断了自己的胳膊。)
ii. My arm broke on me (when I fell).
((当我摔倒时)我的胳膊被我折断了。)
b. i. I lost my pen (somewhere in the kitchen).
(我把笔丢在了(厨房的某处)。)
ii. *My pen got lost on me (somewhere in the kitchen).
(* 我的笔(在厨房的某处)被我弄丢了。)
c. i. My sweater caught on a nail/a wart developed on my ear (*on me).
(我的毛衣被钉子钩住了/一个疣长在我的耳朵上(*在我)。)

受事者情景的一个特点是它倾向于暗示包含的事件对于受事者来说是不愉快的,如(168)所示。因此,比"发生在"(happen to)更为具体的说法是,事件可能是"不幸发生在"(mishappen to)或"降临"(befall)在受事者身上。因此,这种结构在其他研究中常被称为"转折语"(adversative)。

此处 UNDERGO 这个术语是比较恰当的,因为它既有一个更一般的语义,相当于"happen to"(发生在),同时也有一个专门的否定意义,相当于"befall"(降临)。

(168) a. *My plants are flourishing on me.
(* 我的植物在我手里长得很繁盛。)
b. °My plants are dying on me.
(°我的植物快死在我手里了。)

从句法上看,该情景的深层结构可以表征为(169)。

(169) S HAPPENed TO NP_U

插入具体表层形式后,可以派生为(170)。

(170) [my arm broke] HAPPENed TO me_U

$\Rightarrow$ my arm $\underbrace{\text{HAPPENed-to-break}}_{\text{broke}}$ $\underbrace{\text{TO}}_{\text{on}}$ me$_U$

(169)中的结构可能是语言中普遍存在的：许多语言都有这种句子（一些语言中大量存在），如(171)中西班牙语的例子。在这些句子中，受事者通常以与格形式出现，因此 TO（对）对应于英语中的 on（在……上），也可以认为产生了一个标记该格的语素。

(171) a. Se me perdió la pluma. 'I lost my pen.'（我丢了我的笔。）
(Lit.: 'The pen lost itself [to] me.')
（直译：笔[被]我弄丢了。）

b. Se me quebró el brazo. 'I broke my arm.'（我折断了我的胳膊。）
(Lit.: 'The arm broke itself [to] me.')
（直译：我的胳膊折了。）

或与(170)相同，或由(170)派生的形式为：

(172) NP$_U$ WAS-the-UNDERGOER-IN [S HAPPENed TO NP$_U$]

派生成(173)：

(173) NP$_U$ UNDERWENT S

(173)中的形式，插入具体表层形式后，继续派生为(174)中的形式。

(174)   I$_U$ UNDERWENT [my arm broke]
$\Rightarrow$ I$_U$ $\underbrace{\text{UNDERWENT-to-break}}_{U \text{broke}}$ my arm

除词化并入外，(174)中的深层动词 UNDERGO 可以产生一些独立的词汇形式，例如（过时的用法）*suffer*（遭受）：

(175) I suffered my arm's breaking.（我遭受了自己胳膊的折断。）

或者 *have*（经受）：

(176)   If you lose your credit cards
or $\underbrace{\text{UNDERGO}}_{\text{have}}$ [they get stolen]
$\Rightarrow$ ... or have them (get) stolen...

5.3 行为者和施事者的句法

上文的语义差异有一定的句法相关性。

5.3.1 基本组成成分

类似(151)那样的句子,如果倒数第二个事件的概括形式能够表征为(177),其中 S_R 表示受因事件(这里指 the snail died(蜗牛死了)),S_a 表示隐含其中的施事情景(这里指 I hit the snail with my hand(我用手打蜗牛),下文将解释该句句法)。

(177) S_R RESULTed FROM S_a

那么,含有行为者的句子(154)的深层派生过程可以如(178)所示,其中(a)中括号外的部分(表达行为者及其与该情景之间的关系)可以认为出现在最初的深层结构中,或者由(177)转换产生。注意:派生过程包括三个不同的且逐步派生的形式,都称为"行为者"(AUTHOR)。第一种形式用双上标符号标记,将主语所指对象的语义角色表征为"行为者"。第二种形式用单上标符号标记,将这个角色行为表征为一次活动。第三种形式没有上标符号,表征这次活动与由此产生的受因事件的结合。

(178) a. ⇒NP_{Au} WAS-the-AUTHOR″-OF [S_R RESULTed FROM S_a]
     b. ⇒NP_{Au} AUTHORed′ [S_R RESULTed FROM S_a]
     c. ⇒NP_{Au} AUTHORed′-TO-RESULT S_R $WITH_c$ S_a
     d. ⇒NP_{Au} AUTHORed S_R $WITH_c$ S_a.

当(d)中插入具体表层形式后,派生过程如下所示:

d′. I AUTHORed [the snail died] $WITH_c$ [I hit the snail with my hand]

e. ⇒I $\underline{AUTHORed\text{-}TO\text{-}die}$ the snail $\underline{WITH}$ my hitting the
          $_{Au}$killed   with,
    snail with my hand   in, by

(I killed the snail ⎰with my 用我的⎱ hitting it with
(我杀死了蜗牛 ⎨in 用 ⎬ my hand.)
                   ⎩by 通过⎭ 手击打它。)

现在根据上文关于施事的分析,对于(152)这种完全可解读为施事句的句子而言,在倒数第二个事件的结构(与(177)或(178a)中的结构相比而言)中,必须额外加上行为者期望最终事件结果发生的意向。扩展后的倒数第二个事件的概括形式可以表征为(179a)或(179b);后者可以看作从前者派生而来,也可以看作派生扩展的最初形式补充前者。既然系列因果关系的语义以及与意向结合之后的语义最好看作两个不同的断言,它们在(a)和(b)中通过两个句法结构来表征(嵌入说明它们之间关系的复合体中,尽管都未标明)。我们用 In 代表意向者(INTENDER)。在施事派生中包括阶段(b)的原因正是这样,它明确表达了行为者的语义关系。施事者是期望事件发生,并引发导致(即动词"authors")事件发生的因果链的实体。我们有对应的句法结构表征这一语义结果。

下面谈的是**语义关系派生**(derivation of semantic relations)的另一实例,这一点已在注释 7 中谈到。这里,作为致使情景的行为者(Au)和"意向"情景的意向者(In)的一个实体,又是更为复杂的施事情景的施事者(Au+In⇒A),而这个更为复杂的施事情景由上述较为简单的致使情景和"意向"情景组合而成。

这样,倒数第二个事件的施事型结构型式和后续派生结构放在一起可以用(179)表示:

(179) a.   [S$_R$ RESULTed FROM S$_a$]
          NP$_{In}$ INTENDed [S$_R$ RESULTed FROM S$_a$]
    b. (⇒)NP$_{Au}'$ AUTHORed [S$_R$ RESULTed FROM S$_a$]
          NP$_{In}$ INTENDed [S$_R$ RESULTed FROM S$_a$]
    c. ⇒ NP$_A'$ AGENTed [S$_R$]
          [S$_R$ RESULTed FROM S$_a$]
    d. ⇒ NP$_A'$ AGENTed-TO-RESULT S$_R$ BY S$_a$
    e. ⇒ NP$_A'$ AGENTed S$_R$ BY S$_a$

在 e 处插入具体表层形式,可以进一步派生出如下句式:

    e′. I AGENTed [the snail died] BY [I hit the snail with my hand]
    f. ⇒I AGENTed-TO-die the snail BY my hitting the snail
             $_A$killed   by
    with my hand
    (I killed the snail by hitting it with my hand.)

(我通过用手击打蜗牛而杀死了它。)

我们发现,表示施事者的名词短语在许多语言中常为句子主语(当然,不考虑被动结构和作格(ergative)形式),而表示行为者的名词短语既可作为句子的主语,也可作为句子的其他成分(如(154)和第(151)的英语情景所示)。这些现象还有待给出语义和认知解释。但是,这种表层结构呈现出来的表象最终至少偏离了这里派生出来的句法结构。因为如(179a)所示,把某个实体描述为意向者的名词结构(这是使实体成为施事的重要附加因素)必须以主语形式出现在句首。但如(178a)所示,根据不同的语义解读,表示行为者的名词结构或者通过非强制转换做主语,或者作为深层结构的可选成分出现在表层表达。

5.3.2 以意愿事件开始的施事情景

现在我们讨论(179)中的 S_a,这种施事情景是最简单、最基本的一类。它涵盖了意愿行为加身体部位事件的一个因果关系序列,可以单独使用,也可以包含在更复杂的施事情景中。我们用 S_V 代表意愿事件,其深层结构可用(180)表示:

(180) a. [S_R RESULTed FROM S_V]
NP$_{In}$ INTENDed [S_R RESULTed FROM S_V]

这种结构,除了用 S_V 替代 S_a 外,与表征倒数第二个事件的(179a)相同。它的派生过程,除在最后一步删除 BY 从句外,也和(179)相同。

e. (⇒)NP$_A$ AGENTed S_R BY S_V.

插入具体表层形式后,继续派生:

e′. I AGENTed [my hand hit against the snail] BY [I WILLed ON my hand].
<u>   </u>
                   ∅

f. I <u>AGENTed-TO-hit</u> my hand against the snail
              $_\wedge$ hit

(I hit my hand against the snail.(我把手击向蜗牛。)
I hit the snail with my hand.(我用手击打蜗牛。))

最后一步看到的这种配价变化我们将在 II-1 章的 2.9 节中进行分析。在当前例子中,表示焦点的名词性词(我的手)被"降格"为 *with* 短语，而表示背景的名词性词（蜗牛 the snail）则被"升格"。正是原来包括焦点名词的降格了的 *with* 短语，当其所在句子（以(180f)为例）嵌套在更大的施事性主句中时，它会被看作充当工具的 *with* 短语。这样一来，原来的焦点功能派生为工具功能。

(181) a. I killed the snail (new F) by hitting my hand (old F) against it.
（我杀死了蜗牛（新焦点），通过用手（旧焦点）击打它。）

b. I killed the snail (new F) by hitting it with my hand (old F⇒I).
（我杀死了蜗牛（新焦点），通过用手（旧焦点⇒工具）击打它。）

5.3.3 施事情景链

至此，我们分析了施事性（agentivity）。这使我们有必要考察更长的施事情景链。由于基本施事结构类型(180f)（*I hit the snail with my hand*）的派生过程和另一个更复杂的施事结构类型(179f)（*I killed the snail by hitting it with my hand*）的派生过程实质相同，所以我们最好把这种派生过程具体看作施事性派生，且具有循环性，可以再次用在更为复杂的施事结构类型中，如(182)所示。

(182) I saved the plant by killing the snail on it with my hand.
（我用手杀死了植物上的蜗牛，挽救了这一棵植物。）

5.3.4 概括性致使成分

本文关于施事的大部分讨论和示例包含由 *by* 引导的分句的句子，如(152)，此处重复为(183)。

(183) I killed the snail by hitting it with my hand.
（我通过用手击打蜗牛杀死了它。）

那么，如何理解仅含有 *with* 短语表示"工具"——其他对施事的解释说明——的句子？如(184)所示。

(184) I killed the snail with my hand. （我用手杀死了蜗牛。）

或者，进一步讲，就像本节开头的例句，两者都不包含的句子又如何理解呢?

　　(185) I killed the snail.(我杀死了蜗牛。)

(183)明确指出"我"用充当焦点的手执行了击打蜗牛的动作。与之相比,句子(184)的语义相当不明确,似乎只是断言"我"的手包括在内。然而进一步分析(184)发现,(184)并非可以解释成只是简单包含手,因为该句无法指代另一些情景,如"我"的手只是悬在那里,或者仅仅是有人抓了一下"我"的手等等。事实上,该句隐含"我"执行了一个动作的语义,在执行动作的过程中,"我"的手发挥了焦点的功能,在与蜗牛接触时施加了力。这一语义能够在深层句法结构中明确表达,并包含在含有深层动词 ACT ON 的 by 分句中,这一分句后来被删除了,如(186)所示:

　　(186) ... by ACTing ON it with my hand.
　　　　　　　　　　　∅

这种深层结构中的 by 分句一般可以概括地表达(183)中由表层 by 分句具体化的部分施事情景。正是这部分情景(这种情景的概括特性在人类经验中既是常见的也是普通的)往往未能明晰地在表层句子中表达,但它们又确实蕴涵在所指情景中。就这部分情景的句法处置而言,仅仅表征其概括特征的深层结构进而被删除。结果,这样生成的句子虽然从功能上来看显得简短,但容易让人产生误解。像(185)句这样更简短的句子,相当大一部分的施事情景没有在表层结构中体现,原因在于,既不知道包含身体哪个部位,也不知道身体部位事件和最终事件在多大程度上影响因果链。然而,毫无疑问的是,(185)有未能具体表达的内容,而句子(183)有明确表达的内容。在本部分开头逐步的分析中,我有意在因果关系事件中把身体某部位置于最后事件之前,这种概括性情景的延伸能够用深层结构来表示,如(187)。

　　(187) ... by ACTing ON it ... with a BODY PART of mine.
　　　　　　　　　　　　　　∅

5.4　自我施事

　　无论从哪个角度分析(188)的语义,它都表达一种简单的自发事件。

　　(188) The log rolled down the slope.
　　　　　　(原木滚下了斜坡。)

此外,(189)从句法方面来看,完全与(188)类似。

(189) The girl rolled across the field.
(女孩滚过了田野。)

然而,(188)却不能用在(158b)的任何施事框架中;而(189)虽然符合自发事件的条件,却可以用在所有施事结构中。

(190) The *log/°girl intentionally rolled...
(*原木/°女孩有意打滚……)

The *log/°girl rolled... in order to get dirty.
(*原木/°女孩打滚……目的是弄脏自己。)

The *log/°girl intends to roll/refrained from rolling...
(*原木/°女孩故意打滚/忍住打滚……)

I persuaded the *log/°girl to roll.
(我说服*原木/°女孩打滚。)

(You,*log/°girl,)roll...!
(你,*原木/°女孩,)打滚……!

句子(191)和(192)相比,所表达的行为具有同样的差异。

(191) The man fell off the cliff.(那人掉下悬崖。)

和(192)相比,(191)表达一个简单的自发事件(以"那人"即他的身体作为焦点)。

(192) The man jumped off the cliff.(那人跳下悬崖。)

很显然,(189)和(192)用主语表达施事者,暗含意向,明显属于施事句。但是,它们和我们上文谈到的施事句明显不同(I killed the snail(我杀死了蜗牛),I hid the pen(我藏了钢笔)),因为这些句子没有直接宾语名词成分,也没有对一些其他物体(如蜗牛或钢笔)进行明显的描述。

下面几对句子可以帮助我们理解这类句子。两句话意思相近,但其中一句是前面提到的无宾语类型,另一句有直接宾语即反身代词,如(193)所示。

(193) a. The man jumped off the cliff.
(那人跳下悬崖。)

b. The man threw himself off the cliff.

（那人纵身跳下悬崖。）

a. I trudged to work.

（我艰难地去工作。）

b. I dragged myself to work.

（我拖着自己的身体去工作。）

a. Lie down!

（躺下！）

b. Leyg zikh avek! （Yiddish）
Lay yourself down!

（让自己躺下！）（依地语）

所有（b）中做直接宾语的反身代词在这里确实具体指某个物体，即施事者的整个身体。因此，它和从句子 *I hit（swung）my hand against the snail*（我用/挥手击打蜗牛）派生出来的基本施事结构中的身体部位名词 *my hand*（我的手）类似，即某个身体"部位"为简单运动事件的焦点，而该运动事件是由施事者的意向直接导致的。对（180e′）作适当改动后，可以派生出可称为**自我施事**（self-agentive）的句法形式，如（194）所示。

(194) e′. I AGENTed [my BODY MOVEd to work]
BY [I WILLed ON my BODY]

f. ⇒I $_A$MOVEd my BODY to work

⇒⇒I dragged myself to work.

g. ⇒I $_A$MOVEd my BODY to work
            WENT

⇒⇒I trudged to work.

在这里，我们使用符号 GO 表征派生出来表示自我施事运动的深层语素（普遍的？）。英语中的这种派生语素必然与表示方向和指示关系的语素词化并入生成 *go* 和 *come* 等表层语素，或与表示方式等的语素词化并入产生 *trudge* 等表层语素。

从语法语义角度看，做主语的名词短语（*I, the man*）这一语言实体（因其认知能力而充当意愿者（willer）和意向者（intender））把后面表示该实体肉体的名词短语（my body）代词化及反身代词化。我们最初可能认为这不符合共指概念，但实际上，这是一种规范而非个例，因为在大多数有反身代词的句子中都可以发现这种不一致性。例如，（195）可以清楚表明这一点。

(195) I saw a bug on myself.
(我在自己身上看见了一只臭虫。)

此处，I 指我的感知能力，myself 指我的身体。这点在下面对上句的解释中表现得更加清晰(可能同样反映了(195)的深层结构)。

(196) My consciousness experienced-the-image-of a bug on my body.
(我的意识经历了臭虫在我身上的意象。)

在该句中，真正的共指成分包括在两次出现的 my 中，明确指出了某本质实体不能再分解的概念。

我们需要进一步研究，指代实体中某一部分的名词短语究竟在何种情况下能够把指代自我实体的另一部分的名词短语代词化及反身代词化。(这个实体的整个自我应包括她的心理和她的身体，甚至他不能预先排除在某些语言中，实体的自我还包括她的财产及亲属)。例如，在下面一系列表示位移运动的句子中，受意愿控制的身体部分依次逐渐变小，不受意愿控制的身体部分依次逐渐变大，而仅仅最后一句允许反身代词化。

(197) a. The dog dragged $\begin{Bmatrix} °\text{his catch} \\ °它的猎物 \\ *\text{himself} \\ *它自己 \end{Bmatrix}$ along.
(狗拖着 ... 走。)

b. The dog dragged $\begin{Bmatrix} °\text{his lame leg} \\ °它的瘸腿 \\ *\text{himself} \\ *它自己 \end{Bmatrix}$ along.
(狗拖着 ... 走。)

c. The (half-paralyzed) dog dragged $\begin{Bmatrix} °\text{his rear half} \\ °它的后半身 \\ °\text{himself} \\ °它自己 \end{Bmatrix}$ along.
((半身瘫痪的)的狗拖着 ... 走。)

下列句子中也是如此：

d. i. I lifted my infant son (≠*myself) off the floor with one hand.
(我单手把还是婴儿的儿子(≠*我自己)从地板上举起来。)

ii. I lifted my numb leg (≠*myself) off the floor with one hand.
(我单手把自己麻木的腿(≠*我自己)从地板上举起来。)

iii. I lifted myself (=°all of my body except the hand itself) off the floor with one hand (pushing down).
（我单手（向下撑）把自己的身体（=°除手之外的我的整个身体）从地板上撑起来。）

5.5 目的和未决完成

（199）这种表示**目的**（**Purpose**）的句子，通常认为和（198）这种表示施事的句子无关。

(198) I killed the snail by hitting it with my hand.
（我通过用手击打蜗牛，杀死了它。）

(199) I hit the snail with my hand (in order) to kill it. [16]
（我用手击打蜗牛（为了）杀死它。）

而实际上，根据上文施事成分分析来看，上面两例是紧密相关的。因为在两例中，"用我的手击打蜗牛"是一次意愿行为引起的一件意向事件（即一个简单施事情景），并且击打导致蜗牛死亡是意愿行为。语义内容上唯一的差异（不是强调重点或前景化方面的差异）在于（198）对蜗牛死亡这一结果作了肯定描述，而（199）并未表示是否导致死亡。

实际上，我们可以从以下三个方面进行比较：在如 *The snail died as a result of my hitting it with my hand*（蜗牛死了，因为我用手击打它）这样的句子中，已知因果关系的范围大于意向范围；在如（198）这样的施事句子中，二者范围相等，扩展度相等；但是在如（199）这样的目的句中，意向范围超越已知的因果关系程度。

就句法表征而言，（199）的深层结构应该不同于（198）的深层结构，如（179a）所示。两者的不同在于所描述的实际发生的因果序列的数量。因此，（199）应包含以下两个构成结构。

(200) S_a
　　　NP_{In} INTENDed $[S_R$ RESULTed FROM $S_a]$

为了便于进一步分析这些结构，我们将其分为不含施事从句的目的句，如（199）所示，以及含有非施事从句的目的句，如（200）及口语化的目的句，如（201）所示。

(201) I hit the snail with my hand so (that) it should die.
(我用手击打蜗牛(以致)其死亡。)

(202) I hung the clothes out $\begin{cases} \text{so they would dry} \\ \text{以便它们晾干} \\ \text{to dry} \\ \text{晾干} \end{cases}$.[17]
(我把衣服挂在外面

现在,我们把 *as a result (of that)* 或 *thereby* 等表层表达放在(200)和(202)句尾,得体性大小有别,即这里缺少的成分可能是因为它们已从之前的结构中删除。这个句法特征表明,(200)中的两处嵌入结构在下列深层'目的'主句结构中密切相关：

(203) S_a WITH [NP_{In} INTENDed [S_R RESULTed FROM S_a]]

插入具体表达之后,其表层结构的派生过程可表示为：

(204) a.   I hung the clothes out
with [I INTENDed that they would dry as a result of that]

$b_1. \Rightarrow \cdots$

$\underbrace{\text{WITH my}}_{\varnothing} \underbrace{\text{INTENDing}}_{\text{intending}}$ that they would dry

$\underbrace{\text{as a result of that}}_{\text{thereby}}$

(I hung the clothes out, intending that they would dry thereby.)
(我把衣服挂在外面,希望它们晾干。)

$b_2. \Rightarrow \cdots$

$\underbrace{\text{WITH the INTENTION}}_{\text{in order, so}} \underbrace{\text{on my part}}_{\varnothing}$ that they would

dry $\underbrace{\text{as a result of that}}_{\text{thereby}}$

(I hung the clothes out so that they should dry (thereby).)
(我把衣服挂在外面,(以便)它们晾干。)

表示意愿的语义单独分离之后,当意愿的延展超越一定效度时,其表征就出现在其他位置,例如,出现在词化并入动词 *wash*(洗净)和 *rinse*(涮

净)的语义中,这种用法可以大致用(205)表示:

(205) perform certain actions in order to remove the $\begin{Bmatrix} \text{dirt} \\ \text{soap} \end{Bmatrix}$ from
(执行某动作以便把污渍/肥皂从……清除)

因此,使用这些动词来指与隐含的意向相冲突的情景是不恰当的,如句子(206)所示:

(206) * I washed the shirt in dirty ink.
(* 我把衬衫放在脏墨水中洗。)

然而通过对比,$soak$(浸泡)和 $flush$(冲洗)等动词(和前面动词十分接近)没有暗指超出实际意向的语义,可以恰当地用在相同语境中。

(207) a. °I soaked the shirt in dirty ink.
(°我把衬衫浸泡在脏墨水中。)
b. °I flushed dirty ink through the shirt.
(°我把脏墨水从衬衫上冲洗掉。)

$Wash$(洗净)类动词可从另一角度与 $clean$(洗净)等动词进行对比,后者实现了其他动词的意图。

(208) a. °I washed the shirt, but it came out dirty.
(°我洗了衬衫,但结果是脏的。)
b. * I cleaned the shirt, but it came out dirty.
(* 我洗净了衬衫,但结果是脏的。)

我们发现动词 $soak$,$wash$ 及 $clean$ 构成意向范围及意向实现逐渐递增的序列。暂且忽略其差异,下列表达也明显构成意义递增序列:$throw\ toward/throw\ to/throw\ IND.OBJ$。如(209):

(209) I threw the ball to ward °him/°the tree.
(我把球朝°他/°树扔去。)

(209)中的 $throw\ toward$ 没有明确表达超出投掷物飞行(轨迹)的这种物理事实的意向,但是在例句(210)中:

(210) I threw the ball to °him/*the tree.
(我扔球给°他/*树。)

句中的 $throw\ to$ 进一步明确表示了施事者的意向是要另一个实体对投掷物的飞来作出接住它的反应(当然同样也明确该实体也是施事,希望并能够接住投掷物)。这表明(210)通过(211)词化并入而来。

(211) I threw the ball toward him for him to catch.
（我把球朝他扔去让他接住。）

最后，与 *throw to* 相比，*throw* 后加间接宾语，尽管也许可能不完全如此，不过似乎更表明投掷物被接住了。

(212) $\begin{Bmatrix} °\text{I threw the ball to him} \\ °\text{我扔了球给他} \\ ^{\times}\text{I threw him the ball} \\ ^{\times}\text{我扔给了他球} \end{Bmatrix}$ but he missed it.
可他没接住。

这说明 *I threw him the ball*（我扔给了他球）是根据下列结构词化并入派生而来。

(213) I threw the ball toward him for him to catch, which he did.[18]
（我把球朝他扔去让他接住，他做到了。）

还有其他几组例子在表征最终意向性事件是否真实发生上有所不同，不像(198)—(199)，这些例子在形式上相似（可能由特定派生方式产生），因而容易引起误解，如下所示：

(214) a. They beckoned me toward them.（他们招手让我过去。）
　　　　［**最后事件/发生的事情未知**］
　　　　They lured me toward them.（他们诱我过去了。）［**最后事件/发生的事情实现**］
　　b. I instructed the maid to clean the kitchen.（我指示佣人清理了厨房。）［**最后事件/发生的事情未知**］
　　　　I had the maid clean the kitchen.（我让佣人清理了厨房。）
　　　　［**最后事件/发生的事情实现**］

为展示深层结构根源，(214a)最下面的句子可通过派生得出（它从下一部分借用(to) INDUCE 代替(to) AGENT，用于第二施事情景），如下：

(215) a. they INDUCEd [I come toward them] by PRESENTing ALLUREMENTs to me
　　　　⇒ they by-PRESENTING-ALLUREMENTs , INDUCEd-to-come
　　　　　　　　　　　　　　　　lured

me toward them

而(214a)的上面一句可通过下列派生得出：

b. they PRESENTed-BECKONs, INTENDing [I come toward them]
⇒ they $\underbrace{\text{PRESENTed-BECKONs, INTENDing-to-come}}_{\text{beckoned}}$ me toward them

5.6 致使性施事

至此，我们已经分解出了构成施事的各语义要素。在本节中，这种施事被表征为一个事件，具体来说，是其他事件导致的认知事件。为此，我们在这里分析出构成这些认知事件及其因果关系的语义要素。

在准备该节内容时，我们注意到，尽管本研究对因果关系的语义分析主要应用于物理事件，但其大部分也同样适用于心理事件。下列导致某人伤心这种心理事件的致使句(类似于(1)中的情景)范例可从一定程度上说明这一点。

(216) a. I became sad as a result of news of his death coming to me.
（因为他的死讯传给我，我变得很悲伤。）

b. News of his death coming to me $_E$saddened me/$_E$made me (feel) sad.
（他的死讯传给我，让我 事件悲伤/事件使我感到悲伤。）

c. News of his death $_I$saddened me (in coming to me).
（他的死讯让我悲伤（传到我这里）。）

d. She $_{Au}$saddened me in giving me news of his death.
（因为告诉了我他的死讯，她 行为者让我悲伤。）

e. She $_A$saddened me by giving me news of his death.
（通过告诉我他的死讯，她 施事者让我悲伤。）

那么，因为施事的标准组成要素即实体的意志与意向也是心理事件，那么，人们可能会认为，如悲伤这样的情景是由其他事件反过来导致的结果。此处，某事件(直接或间接地)使某实体施加意愿于其身体上(或身体部位)和意向上，进而导致某事件(至少是身体或身体部位的运动)。我们称此类语义现象为**致使性施事**（**caused agency**）或**诱导性施事**（**inducive agency**）（其他研究也用"instigative"（煽动性）这一术语）。的确，这种语义现象的本质在句子(217)描述的情景中十分明显。如前所述,使因事件(烟进入双眼)是最早的事件,如(a)和(b)句,可依次由施事者引起,如(c)句。

(217) a. The squirrel left its tree as a result of smoke getting in its eyes.
(松鼠离开了树,因为烟进入它的双眼。)

b. Smoke getting in its eyes $_E$ made the squirrel leave its tree.
(烟进入松鼠的双眼$_{事件}$使它离开了树。)

c. I $_A$ made the squirrel leave its tree by fanning smoke in its eyes.
(我$_{施事者}$把烟扇进松鼠的双眼使它离开了树。)

5.6.1 心理致使结构

此前我们确定了施事的语义结构包含一组固定的语义成分,即含有意向性的事件、意志和身体部位。同样,我们需要确定心智内部因果链是否包含任何决定性组成成分,这些成分导致了施事者的最终情绪状态或行动。现在看来,整个过程中各种心理事件都可能发生,例如,对(216)来说,噩耗传来使"我"听到并理解这条消息,这(在"我感受到与死者有某种联系"这个背景下)引起某种失落感,进而导致"我"悲伤。在整个因果链中,各种心智事件确实都可以在表层结构中表达,如以下各句对(217b)的表述(位于句首短语后的,在主语从句中重述先前因果事件的其余部分,可省略)。

(218) a. Smoke getting in its eyes—
(烟进入它的双眼——)

b. Feeling pain from smoke getting in its eyes—
(因烟进入它的双眼,它感到疼痛——)

c. Wanting to stop feeling pain from smoke getting in its eyes—
(想停止因烟进入它双眼而导致的疼痛——)

d. Deciding to move as a result of wanting to stop feeling pain from smoke getting in its eyes—made the squirrel leave its tree.
(想停止因烟进入它双眼而导致的疼痛,决定移动,使松鼠离开了那棵树。)

此处最后一行关于做出'决定'的部分经历了以下三个渐进的过程。

(219) a. Weighing alternative courses of action as a result of wanting to stop feeling pain from smoke getting in its eyes—
(权衡想停止因烟进入它双眼导致的疼痛而采取的几条行动路线——)

b. Settling on moving as the best course of action as a result of weighing the alternatives because of wanting to stop feeling pain from smoke getting in its eyes—
(权衡因为想停止因烟进入它双眼导致的疼痛而采取的行动路线后,决定把离开作为最佳方案——)

c. Intending to move as a result of settling on that as the best course of action by weighing the alternatives because of wanting to stop feeling pain from smoke getting in its eyes—
——made the squirrel leave its tree.
(权衡因为想停止因烟进入它双眼导致的疼痛而采取的行动路线后,决定把离开作为最佳方案,并有离开的意向——)
(——使松鼠离开了那棵树。)

但是大部分此类语义差异与其说在结构上与普遍语义组织一致,似乎倒不如说表达了说话者的意思。

再深入思考,我们发现,另外两个因素可能具有结构性作用。在因果关系顺序从外部开始,无论经过多少步骤到达感知实体的情景中,有一个可能的因素来决定语义结构:对实体起(感觉的、信息的等)作用(IMPINGEMENT)的事件(例如消息传到"我"这里,烟进入"我"眼中)。另一个可能的因素是某个认知或经历这个作用事件(如"我"听到并理解传到"我"这里的消息)的内部事件(可能是最先发生的)。

为了确定第二个因素,我们简要看一组与致使性施事有关的情景,从中可提取出标准的焦点成分,然后考察这些成分是否也可归因于致使性施事。这种成分是一种可称为**意图**(intent)的事件,与我们一直讨论的**意向**(intention)事件有区别。后者蕴含已实施行为的结果的预期,且包含在一个不同主语补足语的结构中,特别在 that 从句中:

(220) I intended that they would become politically independent as a result of my establishing a fund for their operation.
(我想由于我为他们的行动设立了基金,他们在政治上会变得独立。)

前者蕴含人们的一种期望：即当前头脑中的想法所要引起的后续动作，且包含在一个相同主语补足语结构中，特别是由 to 引导的：

(221) I intended to establish a fund for their operation later that week.
（我想在那周后几天为他们的行动设立基金。）

我们已经探讨了包含意图成分的标准情景之一。这就是"决定"情景，该情景中，一个实体权衡可供选择的行动并选择其中之一后，进入意图状态（以执行后续行动），如(222)所示。

(222) The squirrel decided to leave its tree as a result of smoke getting in its eyes.
（松鼠决定离开树，因为烟进入其双眼。）

另一类情景是'劝说'(persuasion)，在此，实体进入意图状态（以执行某项特定后续动作），原因是其他实体对动作过程提出不同意见（或在更普遍的情景下执行不同的动作），如(223)所示：

(223) I persuaded him to leave the building.
（我劝他离开大楼。）

对说话者来说，persuade（劝说）并没有说明是否实现了意图。原因在于接下来这句 but he later changed his mind and stayed（但是他后来改变主意留下来了）是可能的。

第三种情景是'意向劝说'(intended persuasion)（包括祈使句），在这种情景下，实体进入某种意图状态（以执行某后续动作）是由其他实体提出的理由、指示等意向引起的（我们所指的原意），如(224)所示：

(224) a. I urged/instructed/ordered her to leave the building.
（我督促/指示/命令她离开大楼。）
b. Leave the building!
（离开大楼！）

(222)到(224)句中的主要动词在这里被认为由词化并入深层成分产生，大致有以下形式。这些形式包括对'意图'的描述，用深层动词 INTEND'标记。这里用单个上标符号标出以便和代表'意向'概念的深层动词 INTEND 区别开。

(225) a. (for NP1)
  <u>by CHOOSing this ALTERNATIVE , (to) COME-to-INTEND'</u>
  (to...)   decide

b. (for NP2)
  <u>by-PRESENTing-ARGUMENTs , (to) AGENT-to-INTEND'</u>
  (NP1 to...)   persuade

c. (for NP2)
  <u>(to) GIVE-DIRECTIONs, INTENDing-to-AGENT-to-INTEND'</u>
  (NP1 to...)   order

致使性施事和这些情景的不同之处在于它包含最终动作的实际执行。但致使性施事可能将这些情景中的某些意义合并起来。在这种情况下，它也可能把'意图'（intent）（执行最终动作）事件作为某种固定结构成分。这种意义合并的证据中有如下两个发现：促成'决定'情景的事件不仅可以通过 as a result of（由于）引入句子中，而且可以通过 because (of)（因为）引入（实际上这是最佳方式）。但对致使性施事情景来说也是如此。

(226) The squirrel { decided to leave / 决定离开 / left / 离开 } its tree / 树 { as a result of / 由于 / because of / 因为 } smoke getting in its eyes.
（松鼠……烟进入其双眼。）

这表明整个'决定'情景，与其'意图'成分一起，在这里合并了。比较它们的语义可知，如下例所示：

(227) I instructed the maid to clean the kitchen.
  （我指示女佣清扫厨房。）

例(227)中表达的'意向劝说'情景完全包括在（还可能同表示'意愿'成分的结构一起包括在）下列表示致使性施事情景的句子中：

(228) I had the maid clean the kitchen.
  （我让女佣清扫了厨房。）

该句除了明确女佣实际上被'劝服'外，还表示她最终执行了指令。

从以上考察的各种情景中,我们能识别大概三种类型,每种类型由一些表层动词表达。对于'意向劝说'情景,它不能蕴含意图,使用的动词有 *urge*(督促)、*instruct*(指示)、*order*(命令)等。对于'劝说'情景,它可以蕴含意图但不一定有动作的执行,使用的动词有 *persuade*(劝说),*convince*(劝服),*talk into*(说服),*decide*(someone to)(决定),*determine*(someone to)(决心)等。另外,对'致使性施事'情景来说,它能蕴含动作的执行,使用的动词有 *induce*(导致)、*cause*(引起)、*get*(到达)、*have*(有)、*make*(使)和 *force*(强制)等等。

5.6.2 个别致使性施事动词之间的差异

在最后一组英语动词中,似乎没有一个动词(尽管 *induce*(导致/引起)可能是最接近的动词之一)能相对"纯粹"地表示施事因果关系,即在因果关系的类型、方式等方面没有更明确的说明。但这里我们可以简单考察一下某些此类动词的附加特殊含义。

动词 *get*(让)一般可接在施事之后,但不能接在使因事件之后,而至少对某些说话者来说,*cause*(导致)一般表现出相反模式。

(229) a. Smoke getting in its eyes $\begin{Bmatrix} \text{induced} \\ \text{*got} \\ \text{caused} \end{Bmatrix}$ the squirrel to leave its tree.

(双眼进烟导致/*让/导致松鼠离开了树。)

b. I $\begin{Bmatrix} \text{induced} \\ \text{got} \\ \text{*caused} \end{Bmatrix}$ the squirrel to leave its tree by fanning smoke in its eyes.

(我把烟扇进松鼠双眼导致/让/*导致它离开了树。)

更确切地说,当整个情景中出现某一实体(句首施事者就是这种例子),且该实体认为致使动作是合适的或可取的,*get* 就出现,如下句:

(230) The forecast of rain for the following week finally got him to fix the roof.

(下周有雨的天气预报最终让他修缮了房顶。)

这样的实体可能是说话者(例如我,认为他没有修缮房屋是可耻的)或者是受影响的施事者(例如他,需要也想让天气预报成为他的借口)。

同样地,动词 have(让)后面也必须跟一个施事者,但不能和 by 搭配。

(231) a. * My giving her instructions had the maid clean the kitchen.

(*我给佣人的指示是让她打扫厨房。)

b. °I had the maid clean the kitchen (* by giving her instructions).

(°我让佣人打扫了厨房(*通过给她指示)。)

除此之外,have 还说明致使关系通过给出应遵循的指令来实现(即它表明了交流和理解想法的情景)。因此,如果受影响的施事者不是有知觉的实体(比如婴儿或是动物),那么这种用法就是不恰当的。

(232) * I had the squirrel leave its tree.

(*我让松鼠离开了那棵树。)

作为表示施事性致使行为的动词,have 自然也要求补语主语和动词是施事性的。(因此也可加进(158b)的相似成分列单中。)

(233) I had him $\begin{Bmatrix} *\text{misplace} \\ °\text{hide} \end{Bmatrix}$ the pen somewhere in the kitchen.

(我让他把钢笔*错放/°藏在厨房的某个地方。)

其他表达这种致使性施事的动词也需满足这个要求,但不能用在(233)这样的句子中,因为它们还有其他无此要求的用法(比如,°I induced/made/got him to misplace the pen(°我诱使/使/让他错放我的笔))。动词 make 似乎说明致使是通过威胁的方式实现的(即可能会引起痛苦)。

(234) a. I $\begin{Bmatrix} °\text{got} \\ °\text{made} \end{Bmatrix}$ him (to) clean the garage by threatening to cut his allowance (if he didn't).

(我通过威胁说降低他的津贴(如果他不做的话),°让/°使他清理车库。)

b. I $\begin{Bmatrix} °\text{got} \\ *\text{made} \end{Bmatrix}$ him (to) clean the garage by promising to raise his allowance (if he did).

(我通过许诺涨他的津贴(如果他做的话),°让/*使他清理车库。）

总体而言，语言中的每个致使动词或屈折变化对其使用的致使情景类型都有特定的要求。这类致使动词类型包含的一些具体结构因素有所不同。(235)提供了一个初步的列表，提出了一系列能够用来确定致使元素条件的因素。

(235) a. 工具/事件引起的致使性物理(i)/心理(ii)事件
  i. A rock (flying into it) broke the window.
   （一块（飞来的）石头打破了窗户。）
  ii. A knife (flying at him) scared the spy.
   （一把（飞过来的）刀把间谍吓坏了。）
 b. 施事者致使性物理(i)/心理(ii)事件
  i. Pat broke the window by throwing a rock at it.
   （帕特朝窗户扔了块石头，窗户破了。）
  ii. Pat scared the spy by throwing a knife at him.
   （帕特朝间谍扔过去一把刀，把间谍吓坏了。）
 c. 工具/事件致使施事性物理(i)/心理(ii)事件
  i. Money (offered to her) induce Pat to break the window.
   （（给帕特的）钱诱使她打破了窗户。）
  ii. Money (offered to her) induce Pat to scare the spy.
   （（给帕特的）钱的引诱，使她恐吓了间谍。）
 d. 施事者致使施事性物理(i)/心理(ii)事件
  i. I induced Pat to break the window by offering her money.
   （我给了帕特一些钱，诱使她把那扇窗户打破了。）
  ii. I induced Pat to scare the spy by offering her money.
   （我给了帕特一些钱，诱使她把那个间谍吓走了。）

在这里，如前文所述，*have* 只适用于(d)类。*make* 适用于所有类型，尽管用于每种类型的意思不同。例如：注意以下两句的不同：*the rock made the window break*（那块石头使窗户碎了）以及 *John made the window break*（约翰让窗户碎了）。就像 Zimmer (1976) 所发现的，土耳其语中致使动词的屈折变化除了(c)类都适用，这样就使某些研究者如 Givón (1975) 和 Brennenstuhl and Wachowicz (1976) 抽取出层级"控制"概念，其中某些常见，某些不常见。

5.6.3 诱 使

从句法上看,致使性施事首先可以通过在任何致使主句中嵌入施事结构来表征。例如,出现在 RESULT FROM(因为)之前,或者在(to) EVENT 或(to) AGENT 之后,如(236a)所示。然而,我们可能需要致使性施事情景中关键语义成分的组合出现在某单一位置上,这也许与人类认知中一组相似的因素对应,这些因素被称为'inducing'(诱使)的概念。相应地,句法表征的后一阶段可以从包含早先的主句致使动词——例如,EVENT 或 AGENT 以及嵌套结构的 AGENT 动词——的词化并入中派生出来,该词化并入可以表征为 $_E$INDUCE(for to EVENT to AGENT),或 $_A$INDUCE(for to AGENT to AGENT),如(236b)所示。此阶段之后的派生/衍生过程则如(236)的其余部分所示。

(236) a.   I AGENTed [he AGENTed [the snail died]] by...-ing...
    b. ⇒ $_A$INDUCEd [he AGENTed [the snail died]] by...-ing...
    c_1. ⇒ I by-MAKing-THREATs, $_A$INDUCEd [he $_A$killed
            made
     the snail]
    c_2. ⇒ I by-GIVing-INSTRUCTIONs, $_A$INDUCEd [he
             had
   killed the snail]
    $d_{1,2}$. ⇒ I made/had him kill the snail.
     (我使/让他杀死了蜗牛。[19])

两个名词性词本来在各自的分句中表示一个情景的施事者关系中的实体,但经过这个派生,一起用在同一个分句中。这个分句表示:这两个名词性词中的一个将其实体表征为与整个致使性施事情景具有新型的派生关系(这一观点在注释 8 和 5.3.1 节中讨论过)。这一受影响的名词性词可以表示诱使施事者,即这里的"我",将诱使施事者(inducing Agent)变为**诱使者(Inducer)**: *I*(A⇒I-er)。或者表示被诱使施事者,这里即"他",将被诱使施事者(induced Agent)变成**被诱使者(Inducee)**: *him*(A⇒I-ee)。第二个变化发生的可能性更大。因为各种语言的语法证据表明:诱使者名词性词在句法上应该和只有一个施事的情景同等对待:表示诱使者的名词性词充当主语,而表示被诱使者的名词性词则"降级"为下一层的格(参见 Comrie 1976)。诱使者名词性词在阿楚格维语中会加上该语言特有的施事标记。被诱使者名词性词如果单独在分句中存在也是这样。诱使者名词性词出现在表层结构,而被诱使者名词性词在很多情况下都被省略,例如英语结构 *I had a shirt made*(我让人做了件衬衣)或者依地语结构 *ikh hob gelozn makhn a hemd*('I had [another/others] (to)-make a shirt')(我让人做了件衬衣)。

应注意的是,根据本研究中所作出的区分,文献中从格等级角度讨论过的致使现象仅仅是关于致使性施事情景的,如(237)中的法语例子:

(237) a. *Jean* mangera la pomme
　　　　 John will-eat the apple
　　　　 "John will eat the apple."
　　　　 (约翰将要吃苹果。)

　　　b. Je ferai　　　　manger la pomme à *Jean*
　　　　 I will-make　　 to-eat the apple to John
　　　　 "I will make/have John eat the apple."
　　　　 (我将要让约翰吃苹果。)

但也有其他类型的因果关系的例子。例如,明显的施事情景,在法语中:

　　　c. *La flèche* traversera　　　l'air.
　　　　 the arrow will-go-through the air.
　　　　 "The arrow will go through the air."
　　　　 (箭将要穿过天空。)

　　　d. Je ferai　　　　traverser　　　l'air à *la flèche*
　　　　 I will-make to-go-through the air to the arrow
　　　　 "I will make the arrow go through the air."
　　　　 (我要使箭穿过天空。)

以及在中文中(这里给出的是翻译形式,除了特殊的介词语素'把'(*bǎ*)):

　　　e. ball enter box
　　　　 "The ball entered the box."
　　　　 (球进入盒子。)

　　　f. I 'ba' ball kick-enter box
　　　　 "I kicked the ball into the box."
　　　　 (我把球踢进盒子。)

5.6.4 致使性施事动词内其他词化并入现象

除已经讨论过的一系列动词(如 *get*, *make*, *have* 等,既词化并入诱使这一事实,又词化并入诱使施事者发出某个行动的手段或方式)外,英语中还有许多其他表层动词进一步表示词化并入,用来说明被诱使的特定行为。其中一个是 *send*(打发),它的诱使事实和诱使方式的词化并入特征和 *have* 非常接近。但它还能表示受影响的施事者'去'(goes)(一个自我施事行为)。这一语义在句法上可以解释为嵌入句的动词提升为谓语动词。

(238) a. I by-GIVing-INSTRUCTIONs-$_A$INDUCEd [the maid HAD go to the store for cigarettes]

(我 通过-给-指示-$_{施事者}$诱使[佣人去商店买香烟])
                            使

b. ⇒I HAD [the maid go to the store for cigarettes]
(我让佣人去商店买香烟。)
⇒(I had the maid go to the store for cigarettes.)
(我 让[佣人去商店买香烟])

c. ⇒I HAD-go the maid to the store for cigarettes
       sent
(我 让-去佣人 去 商店 买香烟)
       打发
⇒(I sent the maid to the store for cigarettes.)
(我打发佣人去商店买香烟。)

英语中其他此类动词有 *drive*(驱使), *chase*(追逐), *smoke* (*out*)(熏出), *scare* (*away*)(吓走), *lure*(引诱), *attract*(吸引), *repel*(抵抗)。与 *send* 不同,这些动词中的大多数表示诱使的特殊手段或方式。*Lure* 已在上文探讨过,另一个例子是 *drive*:

(239) by-CREATing-UNPLEASANTNESS-(for—),
(to) $_A$INDUCE-to-go-(THENCE)
            $_A$drive

下列句子中的 *drive*,除了作为主要动词外,还可表示方向和方式。

(240) I drove the squirrel from its tree by fanning smoke in its eyes.
（我把松鼠赶下那棵树，通过把烟扇进它的眼睛里。）

从(235)表中列出的因素来看，这些动词有不同的用法。有些动词，如 *drive*，主语可以是施事者、行为者、工具或者使因事件（因此与 *make* 相似），比如：

(241) $\underbrace{\text{in-BEing-UNPLEASANTNESS-(for—)},}_{}$
 $\underbrace{\text{(to }_I\text{INDUCE-to-go-(THENCE))}}_{_I\text{drive}}$

在这里，drive 用作工具，如(242)所示。

(242) The smoke drove the squirrel from its tree.
（烟将松鼠从树上赶了下来。）

有些则如 *send* 一样（正如它词化并入的 *have*），需要施事者做主语。

(243) My need for cigarettes $\begin{Bmatrix} °\text{made/*had the maid go} \\ °\text{使}/*\text{让佣人去} \\ *\text{ sent the maid} \\ *\text{ 打发佣人} \end{Bmatrix}$ to the store 去商店
（我对香烟的需求
for a pack.
买一包。）

其他诸如 *attract*(吸引)和 *repel*(抵抗)则在本质上需要工具或者使因事件做主语，如(244)所示。

(244) (The inclusion of) the rodeo attracted crowds to the fair.
（(增加)竞技表演把观众吸引到集市上去。）

在有施事者的句子中，最好把 *by* 从句识解为含有"设法做到"(managing (to))和"成功"succeed (in)的动词隐含语义（因此，和表示这一语义被删除的深层动词一起构建）。

(245) The owner attracted [＜MANAGEd TO/SUCCEEDed IN (attracting)] crowds to the fair by including a rodeo.
（店主通过增加竞技表演[〈设法/成功地(吸引)]把观众吸引到集市上去。）

对致使性施事而言，还有比上述例子词化并入程度更深的现象。这里,除了(a)诱使的事实,(b)诱使的手段或方式,以及(c)被诱使的对象之外,(d)被诱使者(即受影响的施事者)也通过词化并入来表达。这样的例子在钦定版《圣经》的古英语中很普遍。

(246) The king built walls around the city.
（国王围着城市修建了城墙。）

这里的动词可以被认为是通过(247)更深层成分词化并入而来。

(247)　　　　(b)　　　　(a)　　　　(d)　　　　(c)
　　　　by-INSTRUCTing, INDUCEd-ENTITIES-to-build
　　　　　　　　　　　　　　built

　　　　or HAD-ENTITIES-build
　　　　　　　　built

更多现代英语中的例子有:

(248) a. She took all her furniture with her when she moved to New York.
　　　　[that is, where professional movers did the actual transporting]
（她搬去纽约的时候带走了所有的家具。）
（也就是说,专门的搬家公司搬的）

b. I cleaned my suit (at the cleaner's).
（我洗了我的西装(在洗衣店)。）

5.6.5 致使性施事链

在前文所探讨的情景中,一个有意向的施事者行为导致了另外一个有意向的施事者行为,这种情景可以称为**施事链**(**chain of agency**)。前文所述的情景是包含两个成员的施事链,但也存在多于两个的情况。词化并入了三个成员的施事链的例子如(249)所示。

(249) I had a specialist examine her.
（我让一位专家给她做检查。）

该句的意思可以由(250)更加完整地表征出来:

(250) I had the hospital staff have a specialist examine her.[20]
（我让医院的工作人员安排了一位专家给她做检查。）

这里的动词可以看作从(251)的深层成分中得出：

(251) $\underbrace{\text{HAD-ENTITIES-HAVE}}_{\text{had}}$

句子词化并入表征的施事链，可以部分是实际发生的，部分是有目的的，如以下例子：

(252) The king sent for his daughter (from the garden).
（国王派人去（花园）请公主。）

该句可以理解为三个成员或四个成员施事链，在这个施事链中，事实上只有前两个施事情景已经发生，该句可扩展为：

(253)　　　　(1)　　　(2)　　　　　　　　　　　(3)
　　　The king had his aides go instruct (the governess to instruct)
　　　　　　　　　　　(4)
　　his daughter to come to him (from the garden).
　　（国王让随从告诉（贴身女仆告诉）去（花园）请公主来见他。）

这个句子有一个后续形式，可作为本研究讨论越来越复杂的致使情景的尾声，也夸张地表明语言词化并入能力。

(254) The king had his son sent for from the front.
（国王让人把王子从前线叫回来。）

该句的释义可扩展为：

(255)　　　　(1)　　　(2)　　　　　　　　　　　　　(3)
　　　The king had his aides have a messenger (riding to the front) go
　　　　　　　　　　(4)　　　　　　　　(5)
　　instruct the general to instruct his son to come to him from the front.
　　（国王让随从找一个信使（骑马去前线）告诉将军，让他命令王子从前线回来见国王。）

6　其他致使因素

因果关系语义学中还有大量的问题（有些问题才被发现）尚待探讨，

这些问题的重要性和复杂程度不尽相同。相对简单的是(256a)中用 in 代替 as a result of 的现象,以及(256b)中没有明显的由 by 引导的名词性结构的被动语态。

(256) a. He died in an auto accident.
（他死于一场车祸。）

b. He was killed in an auto accident.
（他在一场车祸中被致死。）

较为复杂的诸如(257)中的句子是成分因果关系次事件以及相互联系的施事的复合体(有明确的结构),如(257)所示:

(257) a. I helped the wounded soldier through the debris.
（我帮助伤兵走出废墟。）

b. I sat the guests around the table.
（我把客人安排在桌边坐下。）

c. I fed the baby.
（我喂宝宝。）

要了解这种复合体,可将上述最后一个例子中的情景分割成几个部分及其互动,如(258)所示:

(258) I, at various times partly determined by my monitoring of the shifting stage in the baby's eating process during a sitting, conveyed food to and into the baby's mouth, using physical stimulation to induce it to open this when kept closed, and the baby opened its mouth each time in response to visual or tactile cues, otherwise "mouthing" and swallowing the food irregularly, during the sitting.
（在照料宝宝进食过程中,什么时间喂食,部分取决于我对宝宝吃东西过程中变化阶段的观察。我把食物送到宝宝的嘴边并喂进宝宝嘴里,如果嘴巴是闭着的,我就用一些生理刺激诱使它张开,宝宝每次对视觉或触觉线索产生反应都张嘴,照料期间在其他情景下,宝宝把食物不规律地含在嘴里或者吞下去。）

另外一项需研究的是那些通过施事句法表征的情景。但在这种情景中，一旦施事者开始一个事件后，这个事件就会自动进行下去。下列句子展示了这种情景的两种类型。

(259) a. i. I'm drying the clothes.
（我正在晒衣服。）
ii. I'm thawing the meat.
（我正在解冻肉。）
iii. I'm burning a candle in his memory.
（在他的回忆中我正在燃烧一支蜡烛。）
iv. I'm boiling the water.
（我正在烧水。）
v. I'm growing corn in that field.
（我正在那片田里种玉米。）
b. i. We're cooling down the blast furnace.
（我们正在给刚烧过的壁炉降温。）
ii. I'm draining the water from the tank.
（我正在放干池子里的水。）

这里，我把衣服晾出去它自己会干，肉只要一拿出冰箱自己会解冻，蜡烛一点燃自己会继续燃烧，水放在炉子上会自己烧开，玉米一旦种下会自己生长。如(260a)所示的句法结构表征这种开始后便自动进行下去的情景，与用于表征有持续因果输入的且更容易预测所指的句法结构如(260b)所示是一样的。

(260) a. I'm drying the shirt outside on the clothesline.
（我在屋外的晾衣绳上晒衣服。）
b. I'm drying the shirt by flatting it in the air.
（我正在把衣服铺平来晾干它。）

需要解释的是，(261)中的(b)句可重新阐述为有 let 的使能结构(enabling construction)，但(a)句则不能。

(261) a. *I let the candle burn by lighting it.
（*我让蜡烛燃烧，通过点燃它。）
*I let the water boil by setting it on the fire.

（＊我让水烧开,通过把它放在火上。）
*I let the corn grow by planting it.
（＊我让玉米生长,通过种下它。）

b. °We let the blast furnace cool down by extinguishing the fire.
（°我们让鼓风炉冷却,通过扑灭炉火。）
°I let the water drain from the tank by pulling the plug.
（°我让水箱里的水流掉,通过拔起塞子。）

有一个更重要的问题需要注意,即致使概念中的梯度问题。在由表层句子结构表达的因果性程度和性质上,存在一个明显的连续体。这个连续体从严格的致使关系到完全的自发关系,后者如下例中的(b)形式所示：

(262) a. i. I became sad *as a result of* hearing news of his death.
（我变得很悲伤,因为听到他的死讯。）

ii. Hearing news of his death *caused* my becoming sad.
（听到他的死讯使我变得很悲伤。）

b. i. I became sad *in response to* hearing news of his death.
（我变得很悲伤,是听到他的死讯的反应。）

ii. Hearing news of his death *occasioned* my becoming sad.
（听到他的死讯使我变得很悲伤。）

c. I became sad. （我变得很悲伤。）

这种连续体与本章从所有或无的离散因素角度对因果关系的句法和语义的理论处理方式相对立。如果不考虑梯度性和离散性,我们能够得出这样的结论:连续体中的一个句子从交织的致使和自发结构的更深层序列中词化并入而来,这些结构包含(状语的)各种伴随情况的语义。因此,(262b)中的句子可看作严格意义上的致使结构和自发结构的压缩,即:(1)严格意义上的致使结构,说明我听到他的死讯在我的头脑中产生(使形成)一个特定的背景或基础('使发生');(2)严格意义上的自发结构,说明我悲伤的心情源自背景(作为一种"回应")。这种研究方法可以从这样的句子中得到一些佐证,即:句子整体表达一种特殊的间接因果概念,如上面(b)中的句子;但同时也清楚地阐述了带有附加"状语"语义的致使与自发结构组成部分,例如：

(263)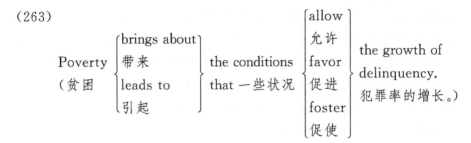

第一组大括号里的两个动词短语都说明了事实上的因果关系，lead to 也表明这种因果关系是持续的、递增的、累积的。第二组大括号里的动词则都表示真正的自发事件，跟随在直接因果关系链上的中断（这个中断几乎是个过渡界面）之后。此外，第二组大括号里的系列动词则表明，要将后发事件继续下去需要准备更多的"物质内容"。

可孤立的简单事件周围的致使情景中，究竟哪部分必须（或不需要）在表层结构中表达，是语言内及跨语言变异研究的另一重要问题。例如：在一个顾客询问商店老板某件商品价格的情景中，提及哪种角色是开放的，即可以两个参与者角色都不提及，也可以只提及一方或是提及双方。

(264) a. How much is this?
（这个多少钱？）
b. i. How much do you charge for this?
（这个您要多少钱？）
ii. How much do I pay for this?
（这个我付多少钱？）
c. i. How much are you charging me for this?
（这个您收我多少钱？）
ii. How much do I pay you for this?
（这个我付您多少钱？）

句中有动词词组 turn up（找到）时，同样可自由提及或不提及参与者。

(265) a. The cufflink I'd been looking for for a week finally turned up at the bottom of the clotheshamper.
（我找了一个星期的袖扣，最终在衣橱下面找到了。）
b. I finally turned up the cufflink I'd been looking for for a week at the bottom of the clotheshamper.
（我终于在衣橱下面找到了我找了一个星期的袖扣。）

如(265a)所示,尽管句子所指的情景中没有提及参与者,但一定包括有意志的感知实体的活动。如果需要提及,有动词 *find*(发现)的英语句子——与有 *turn up* 的句子类似——只能用(265b)的形式,表明参与的实体。同样,谈到"我"手里的玻璃杯掉到地上这一情景时,一个规范的(而不是哲学的、科学的、幽默的或者儿童用语的)英语句子必须提及"我"的参与。

(266) a. *The glass fell.
(＊玻璃杯掉了。)

b. °The glass fell out of my hand/°I dropped the glass.
(°杯子从我手中掉了。/°我把玻璃杯掉了。)

而印地语(Hindi)的口语中,则使用等同于(266a)的句子。

与上述问题相对应的是,事件周围情景的一部分与事件距离的远近可在表层表述为直接相关。至少,责任这个概念,作为一个个案,可以归因于距离很远的实体。例如,在一部科幻电影中,某人被认为要对沉船负责,原因是他绑架了神秘小岛上的两个本地人,而本地人唤来的巨型生物游过海洋在追逐该人途中撞上了船只。

注 释

1. 本章对 Talmy (1976b)稍作修订,但原作的大部分内容都未改动。因此,本章展示的仍是这些理论的最初形式,尽管这些理论在后面的著作中有所发展(本书其他章也涉及了这些理论)。例如,力动态的观点。本章同时保留了当时公认的语言学研究方法的特点,如转换语法和生成语义学。尽管如此,除保留这些历史以外,其分析组成致使性及划分种类的语义因素仍然有效。更具体地说,本章的主要目的是逐步按成分分析构成语言学致使性现象的语义复合体,并分析这些成分之间的关系。语义成分的相互关系在这里以派生的形式表征,也可通过其他术语来理解。比如,通过概念结构以及词汇语义结构。
原作中的大部分术语都已更新,以与我当前用法和本卷中各章的用法相一致。但关于力动态的概念未作修改,仍保留最初形式。
2. 关于(1b)中的例子,我的英语方言允许使用 *from* 来引出表示原因的分句。不能接受这个用法的读者可替换成 *as a result of*。
在日常话语中,所有格-'s 无需出现在名词化分句中。因为没有致使关系受到影响,所以在口语中通常省略。
关于最后这个问题,很多例子仍然显得有些书卷气,从而降低了论点的力度。但之所以还使用这些例子,是因为它们通常比口语体更能够在表层结构反映其深层结构,相反,其口语形式则通常通过更多派生而来。

3. 以下是我在本章所使用的表示句子"可接受程度"的符号:星号(*),按照惯例,指语法不规范或不可接受的句子;上标 x(ˣ)表示边缘句子;可接受的句子有时用上标小圈(°)表示,代表"可以"。

4. 这种情况为早期"诗歌创作"情景中的个案,但在这里分开考虑,因为它的事件可以都发生也可以不发生。

5. 同样,下文将详细阐释,如(i)的施事者致使句:

    (i) I broke the window with a hammer. (我用锤子砸坏了窗户。)

    不仅表明了因果关系参与对象,还至少说明了一个(ii)中的因果关系事件。

    (ii) I broke the window by ACTing ON it with a hammer.

    (通过用一个锤子作用于窗户,我砸坏了它。)

    此外,还提供了对(iii)的说明:

    (iii) I broke the window, by hitting it with a hammer.

    (我通过用锤子敲窗户,砸碎了它。)

6. 与这一原则相悖的例子,如(i):

    (i) The aerial$_i$ toppled off the roof as a result of its$_i$ wobbling.

    (天线$_{工具}$从房顶上掉下来,因为它的$_{工具}$不断摇晃。)

    可被看成暗含了一个形式,表达了作用于对象的行为,例如(ii):

    (ii) The aerial$_i$ toppled off the roof as a result of its$_i$ wobbling's acting on it$_i$.

    (天线$_{工具}$从房顶上掉下来,因为它的$_{工具}$摇晃作用于它$_{工具}$。)

    还可以增加其他的具体信息,如(iii):

    (iii) The aerial$_i$ toppled off the roof as a result of the wobbling it underwent (from the wind) loosening it.

    (天线$_{工具}$从房顶上掉下来,因为它所经历的(风对它的)摇晃将它变松了。)

7. 用派生的术语来说,至少存在四种派生过程:(i)句法结构派生、(ii)词汇形式派生、(iii)句法关系派生、(iv)语义关系派生。前三种在文献中被广泛认可并且前两种研究得最多。第四种在这里和下面用实例说明。

8. 关于 off 如何升格,以及从(103a)到(103b)如何转换,在 Talmy(1975b)中的"分句词化并入"中有论述。

9. 除了 BE-the-INSTRUMENT-IN(或 BE-the-IMMEDIATE-INSTRUMENT-IN)外,该句的深层结构还应该有其他的母体动词,例如:BE-a-MEDIATE-INSTRUMENT-IN。

10. 通常,如(114)所示,这样是克服"移动"这一自然趋势,也就是将焦点保持在本来的位置。然而相反的力动态情景,即:让焦点运动也有可能,如下例:

    (i) The stirring rods breaking let the ingredients settle (thereby ruining the experiment).

    (搅拌棒断了,让原料都停了下来(因此将实验毁了)。)

11. 我们假定解除限制成分是一个独立的语义环境。但应该注意到,这会产生一个问题,即:复杂的致使情景仅由简单事件和基本致使情景组成。这是因为(128)的主语分句所说明的情景,不属于任何一种。

12. 这里出现的 let,加了表示使能事件的 by 分句,类似(125)有同样用法的主语从句。但应区分此处的 let 和它的一个同音异义形式,标记为 let′。这个另外的 let′ 只加一个施事者作为主语,表示他抑制住不去阻止或想着不去阻止一个已经发生的事件。
  (i) I let' the water drain from the tank. (我让'水从水箱里流干。)
     ...because I didn't care if it ruined the rug. (因为我不介意它把毯子毁掉。)
     ...because my attention was turned elsewhere. (因为我的注意在别处。)
     Let' 加 by 分句有一定困难,因为 by 分句需要确定制止的方式。
  (ii) I let' the water drain from the tank *by not putting the plug back in.
     (我让'水从水箱*流走,通过不把塞子塞回去。)

13. 当然,使用 kill 而不用 die 需要我做一些事,但在只包括一个词汇形式的情况下,I 和动词的这种紧密关系甚至都是缺失的。比如:The snow melted(雪融化了)/I melted the snow(我融化了雪)。

14. 对于表层表征,更先前发生的事件在(142)中并未指明,也无法在附加的分句中表达。
  (i) *I killed the snail by hitting it with a stick by manipulating the stick with my hand.
     (* 我杀死了一只蜗牛,通过用棍子击打它,通过用手操纵那个棍子。)
  在连续带有两个 with 的分句缩减形式中也不行:
  (ii) *I killed the snail by hitting it with a stick with my hand.
     (* 我杀死了一只蜗牛,通过用手用一根棍子击打它。)
  但却可以用以下的缩减句子来表达:
  (iii) °I killed the snail by hitting (swinging) it with a stick against it with my hand.
     (°我杀死了一只蜗牛,通过用我手上的棍子击打它。)

15. 另一对行为者/施事者的动词是:
  (i) I spilled/poured the water over the embers. (我把水洒/泼在余烬上。)
     但这组动词并不理想,因为 pour 对于一些人来说也有行为者的解读,而 spill 则不一定要求在最终的非意向性事件之前有意向性的因果关系序列,像 mislay(放错)那样。
     与英语不同,僧伽罗语(Singhalese)的动词(显然,除了表示'落下'含义以外的所有动词)有两种形式,一种表示非意向性,另一种表示意向性。

16. 此处不能混淆的是对这个形式的非目的解读——当缺少 in order 而 to 分句又是降调的时候,尤其容易诱发这种解读——这可以被释义为类似以下的形式(或从类似以下的形式派生而来):
  (i) I hit the snail with my hand as the method by which I killed it.
     (我用我的手击打蜗牛,作为杀死它的方式。)

17. 标准英语中目的分句的引导词(即,不包括特殊表达如 for the aim of)既有书面的又有口语的。其中表施事的有:

  (i) I hung the clothes out { (in order) that I might / (为了) 我能 / (in order) to / (为了) / so (that) I might / 以便 我能 / so as to / 目的是 } dry them (thereby).
     (我把衣服晾在外面 ... 让它们干(从而)。)

（我把衣服晾在外面，这样我能/为了/以便我能/目的是让它们干(以此方式)。）

表非施事的有：

(ii) I hung the clothes out $\begin{Bmatrix} \text{(in order) that they would} \\ \text{(为了)} \quad \text{它们能} \\ \text{so (that) they would} \\ \text{以便它们} \\ \text{(for them) to} \\ \text{(让他们)} \end{Bmatrix}$ dry (thereby).
干(从而)。

（我把衣服晾在外面，这样它们能/以便它们能/让它们干(以此方式)。）

18. 或者，以下面一对表层结构为模式：

    (i) a. I threw the ball to go into the basket at the other end of the court.
       （我扔球，为让它进入球场另一端的篮筐里。）

       b. I threw the ball into the basket at the other end of the court.
       （我把球扔入球场另一端的篮筐里。）

    两者的区别在于预期的最后事件是否已经发生。根据这一模型，句子 *I threw the ball to him*（我把球扔向他）可以认为由以下深层结构中派生而来：

    (ii) I threw the ball to go into his GRASP.（我把球扔向他，让球进入他的掌控中。）

    而 *I threw him the ball*（我把球扔给他）来自：

    (iii) I threw the ball into his GRASP.（我把球扔入他的掌控中。）

    深层名词 GRASP 可理解为表征了尚待确定的复杂结构的合并。

19. 这些语义学概念的标记如 MAKE THREATs（制造威胁），GIVE INSTRUCTIONs（发出指令），PRESENT ARGUMENTs（展示论点）以及之前出现的，仅仅是作为论述标记(discursive counters)，不是严格意义上的深层语素，每一个表示一个离散的可区分的概念(当然，这里使用的 MAKE,GIVE 和 PRESENT 不能理解为反映表层用法)。

20. 如果存在一个中间阶段，那么从(250)到(249)合并程度的增加，会更好地显示。(i)中所列的类似句子确实构成一个三阶段系列。

    (i). a. I arranged with the hospital staff to have a specialist examine her.
       （我让医院工作人员安排一个专家给她做检查。）

       b. I arranged to have a specialist examine her.
       （我安排让专家给她做检查。）

       c. I arranged a specialist's examining her.
       （我让专家给她做检查。）

英汉术语对照表

1. ablative 夺格
2. ablative absolute 夺格独立语
3. ablative absolute construction 夺格独立语结构
4. absolute universal 绝对共性（特征）
5. abstract level of palpability 可触知性的抽象层面
6. abstractedness 抽象化（特征）
7. abstraction 抽象化
8. accent 口音
9. access path 接近路径
10. accessibility to consciousness 意识可及性
11. accommodation 适应，调变
12. accommodation pattern 适应模式
13. accompaniment 伴随行动
14. accomplishment term 完成词
15. accomplishment verb 完成动词
16. accumulation 聚合体，聚集体
17. achievement term 达成词
18. achievement verb 达成动词
19. act 动作
20. action 动作，行为，行动
21. action correlation 行为关联
22. action verb 行为动词
23. actionability 行动力
24. actionalizing 行为化
25. action-dominant language 行为主导型语言
26. activating process 激活过程
27. active-determinative principle 活性支配原则
28. activity 活动
29. activity term 活动词语
30. activity verb 活动动词；动态动词（dynamic verb）的一种，指表示动作一类的动词。
31. actor 行动者
32. actualization 现实化
33. actualizing 行为化
34. additive/additionality 附加，添加
35. addressee 受话人
36. addresser 发话人
37. adjunct 附加语
38. adposition 附置词
39. adpositional systems 附置词系统
40. advent paths 显现路径
41. adverbial adjunct 副词性附加语
42. adverbial clause 副词性分句，状语从句
43. adverbial pro-clause 副词性代句成分
44. adversative 转折词，转折语
45. adversative conjunction 转折连词
46. after image 残留影像
47. agency 施事，施事性，行动者
48. agent 施事者，施事

49. agent causation 施事因果（关系）
50. agent causative 施事致使
51. agent-distal object pattern（见 emanation）施事者远端物体模型
52. agentive 施事（性）的
53. agentive clause 施事句
54. agentive matrix 施事矩阵
55. agentive situation 施事情景
56. agentive structure 施事结构
57. agentivity 施事性
58. agglutinating language 粘着语，粘着型语言（如芬兰语、匈牙利语、土耳其语、日语等）
59. agonist 主力体（参见 antagonist）
60. agonist demotion 主力体降格
61. aktionsart 体态
62. alignment path 直线排列路径
63. American sign language(ASL) 美国手语
64. anaphoric form 回指形式
65. anchor/anchoring 定位体，定位
66. animation 激活，有生化
67. antagonist 抗力体（参见 agonist）
68. anteriority 先前关系，前位性
69. anticipatory projection 预期投射
70. antifulfillment satellite 反向完成卫星语素
71. antisequential 反向
72. apparent motion 似动
73. approval/disapproval response 赞同/反对回应
74. approximate-precise parameter 相似-精确参数
75. argument 论元
76. argumentation 论辩
77. argument-predicate relation 论元-谓项关系
78. artificial scotoma 人造盲点
79. ascription of entityhood 实体性归属
80. aspect 体

81. aspect-causative 体致使
82. aspect system 体系统
83. aspectual type 体类型
84. assertion 断言
85. associated attributes 关联特征，附属特征
86. association function 关联功能
87. associative 联想
88. asymmetric relations in Figure and Ground 焦点和背景的不对称关系
89. asymmetry 不对称/非对称
90. asymmetry in directedness 指向性的非/不对称性
91. asymetry of motion 运动的非/不对称性
92. asymmetry of parts 组成部分的非/不对称性
93. Atsugewi 阿楚格维语
94. attained-fulfillment verb 完全完成义动词
95. attention 注意
96. attentional system 注意系统
97. author 行为者
98. author causation 行为者因果（关系）
99. author causative 行为者致使
100. author domain（见 domain, narrative）行为者域
101. autonomous events 自发事件
102. away 离开
103. away phase 离开相位
104. axial properties 轴线特征
105. axiality 轴线性
106. Aztec 阿兹特克语
107. background（参照）背景
108. backgrounded（被）背景化
109. backgrounding 背景化
110. ballistic causation 投射体因果关系
111. ballistic causative 投射体致使
112. Bantu 班图语
113. base phase 基点相位，基础相位
114. baseline 基准线
115. baseline within a hierarchy 层级基准线

116. basic causation 基本因果关系
117. basic causative situation 基本致使情景
118. basic enabling situation（见 minimal enabling situation）基本使能情景
119. basic-divergent model 基本–偏离模型
120. BE_LOC (be located) 方位，位于，处所
121. beginning-point causation 初始点因果关系
122. biasing 偏好
123. bilateral symmetry 双边对称性
124. bipartite conceptualization 二元虚实概念化
125. bipartite partitioning 二元分割
126. blending type of cultural patterns 混合型文化模式
127. blocked complement 受阻补足语
128. blocking 力的阻碍，阻止
129. body English 体态英语
130. borrower 借入语
131. borrowing pattern 借用模式
132. boundary 界限
133. boundary coincidence 界限重合
134. boundedness, state of（见 unboundedness）有界（状态）
135. bounding（见 debounding）有界化
136. bravado 夸口
137. bulk 形体
138. bulk neutral（见 neutrality）形体无关性
139. cancelability 可取消性
140. case hierarchy 格层级（体系）
141. case-frame setup 格框架配置
142. causal chain 致使/因果链
143. causal-chain event frame 因果链事件框架
144. causal-chain windowing 因果链视窗开启
145. causal continuity 因果连续性
146. causal continuum 因果连续体
147. causal discontinuity 因果非连续性
148. causal domain 致使/因果域
149. causal sequence 因果序列
150. causal structure 致使结构
151. causality 因果性
152. causation 因果关系
153. causative 致使（式），致使动词，致使句
154. causative situation 致使情景
155. causativity 致使性
156. cause 使因，原因
157. causee 受因者
158. caused agency 致使性施事
159. caused event 受因事件
160. causer 使因者
161. causing 致因，致使，使因
162. causing event 使因事件
163. causing event causative 使因事件致使
164. causing-event causation 使因事件因果关系
165. causing-event causative 使因事件致使
166. cause-result principle 因果原则
167. ceive 感思
168. ception 感思
169. ceptual 感思的
170. certainty 确定性
171. chain of agency 施事链
172. chaining（见 nesting）链式嵌套
173. change 变化
174. chunking（语言）板块
175. chunking 话语切分，话语划分
176. circumstance 场景
177. clarity 清晰度
178. clause 分句，小句，从句
179. clause conflation 分句合并
180. cleft sentence 分裂句，强调句，断裂句，强调句式
181. cline 渐变体，连续体
182. closed-class 封闭类
183. closed-class elements 封闭类成分
184. closed path 封闭路径

185. closed-class forms 封闭类形式
186. closed-class semantics 封闭类语义学，(见 semantics of grammar 语法语义学)
187. closure neutral 闭合度无关性
188. coactivity 共同活动
189. co-event 副事件
190. co-event gerundive 副事件动名词
191. co-event satellite 副事件卫星语素
192. co-event verb 副事件动词
193. co-extension path 共同延展路径
194. cognitive anchoring 认知锚定
195. cognitive culture system 认知文化系统
196. cognitive dynamism 认知动态论/性
197. cognitive model 认知模型
198. cognitive pattern 认知模式
199. cognitive representation 认知表征
200. cognitive splicing 认知接合
201. cognitive systems 认知系统
202. cognitivism 认知论
203. coherence 连贯
204. collective nouns 集合名词
205. combination 合并，组合
206. combinatory structure 组合结构
207. comitative 伴随格/体
208. communication 交际
209. communicative goals 交际目的
210. communicative means 交际方式
211. comparison frame 对比框架
212. compartmentalization type of cultural accommodation 文化适应的分类处理类型
213. complement 补语，补足项
214. complement structure 补语结构
215. complementizer 标补语，(引导补语分句的)补语化成分
216. completive aspect 完成体
217. complex 复合体
218. complex event(参见 unitary event)复元事件
219. complex sentence 复合句
220. componential 成分组合
221. componential level 成分组合层次
222. componentialization 组合成分化
223. composite 合成体；复合的
224. composite Figure 复合焦点
225. composite Ground 复合背景
226. compound sentence 并列复合句
227. conative 意动的
228. conative verb 意动动词
229. concept structuring systems 概念构建系统
230. conception 概念,概念化
231. conceptual alternativity 概念可选性
232. conceptual coherence 概念连贯性
233. conceptual manipulation 概念加工
234. conceptual partitioning 概念分割/切分
235. conceptual representation 概念表征
236. conceptual separability 概念可分性
237. conceptual splicing 概念接合
238. conceptualization 概念化
239. concert 一致行动
240. concessive/concession 让步
241. concomitance 伴随关系（副事件与主事件的关系之一）
242. concrete level of palpability (见 palpability) 可触知性具体层面
243. concurrence 共时(关系)
244. concurrent result 伴随结果关系
245. conditionality 条件关系,条件性
246. configuration 构型
247. configurational structure 构型结构
248. confirmation 确认
249. confirmation satellite 确认义卫星语素
250. conflate 词化并入
251. conflation 词化并入
252. conformation (见 motion-aspect formulas) 构形,几何构形
253. conjunction 连词

254. conjunctional pro-clause 连词性代句成分
255. conjunctivization 连词化
256. connective 连词,连接词
257. connective copy-cleft 连接词复写-分裂
258. connective phrase 连词短语
259. connectivity 连通性
260. consequence 结果关系（副事件与主事件的关系之一）
261. constant argument 恒定论元
262. constitutive relation 组合关系
263. construal 识解
264. constructional fictive motion 构式型虚构运动
265. content/structure parameter 内容/结构参数
266. contiguity 毗邻性
267. contingency 依存性
268. contingency principle 依存原则
269. contingent concurrence 依存性共时
270. continuous 连续的
271. continuous causation 连续因果关系
272. continuous causative chain 连续致使/因果链
273. continuous-discrete parameter 连续-离散参数
274. contour 轮廓,大体形式
275. controlled causation 控制性因果关系
276. conversion 转换
277. convertibility 可转换性
278. coordinate clause 并列分句
279. coordinate sentence 并列句
280. coordinating conjunction 并列连词
281. copy-cleft phrase 复写分裂短语
282. copy-cleft sentence 复写分裂句
283. core schema 核心图式
284. coreferential possessive form 共指所有格形式
285. correlation 相互关系
286. cosequential 同向
287. count nouns 可数名词
288. counterfactual 虚拟的,非真实的
289. CR（cognitive representation）认知表征
290. cross-event relation 交叉事件关系
291. cross-related events 交叉关联事件
292. cultural impairment 文化损伤
293. cultural universals 文化普遍性
294. culture acquisition 文化习得
295. cycle event frame（参见 phase windowing）循环事件框架
296. cycle of culture 文化循环
297. distal perspective 远距离视角
298. dative 承受格,与格
299. debounding 无界化
300. decausativizing 去因果化
301. deep morpheme 深层语素（词素）
302. degree of manifestation 展示度
303. deictic center 指示中心
304. deictic component of path 路径指示成分
305. deictic word 指示词
306. deixis 指示语
307. demonstration 示范行动
308. demonstrative path 指示路径
309. demoted agonist 降格主力体
310. deontic modality 义务情态（参见 epistemic modality）
311. deictic 指示,指示词
312. deictic verb 指别动词,指示性动词
313. densely constrained 极度受限
314. departure 出发
315. departure phase 出发相位
316. dependent variable 因变量
317. derivation of semantic relations 语义关系派生
318. diachronic hybridization 历时混合,历时混合的过程
319. differentiation, degree of 区分度
320. diminutive inflection （语法上）指"小"的

屈折变化
321. direct 直视
322. directedness 指向性
323. direction of viewing 观察方向
324. directional constituent 方位成分
325. directional suffix 方向后缀
326. disapproval/approval response 反对/赞同回应
327. discontinuous causation 非连续因果关系
328. discontinuous causative chain 非连续致使/因果链
329. discontinuity（见 disjuncture）非连续性
330. discourse expectation 语篇期待
331. discrete 离散的
332. discretizing 离散化
333. disjunct mode of representation 离散的表征模式
334. disjunctiveness 离散性
335. disjuncture 分离
336. disposition 配置
337. disposition of a quantity 量的配置
338. distal 远距
339. distal perspective 远距离视角
340. distributed-concentrated parameter 分散-集中参数
341. distribution of an actor 行为者分布
342. distribution of attention 注意分布
343. divided self 分裂自我
344. dividedness 分离状态
345. domain 认知域,域
346. donor 借出语
347. donor object 施体
348. dotting 置点
349. doublet 双式词,成对词
350. dummy 填充词,假位
351. dummy verb 形式动词
352. durational causation 持续性因果关系
353. dyad 二元体
354. dyadic 二元型
355. dyadic personation type 二元型角色类型
356. dyad formation 二元构建
357. Dyirbal 迪尔巴尔语（使用于澳大利亚东北部的一种语言）
358. dynamic opposition 动态对立
359. dynamism 动态性/论
360. dysphasias 失语症,言语障碍症
361. earth-based 基于地球
362. echo question 反问句
363. effected object 结果宾语,又作 object of result（结果宾语）
364. effectuating causation 已然性因果关系
365. elaboration 阐释
366. Emai 依麦语（非洲的一种语言）
367. emanation 散射型（虚构运动）
368. embedding 嵌入
369. enablement 使能,使能条件关系
370. enabling causation 使能因果关系
371. enabling situation 使能情景
372. enclosure 封闭体
373. encompassive secondary reference object（参见 reference object）包围型次要参照物
374. ensuing event 随后发生的事件
375. entail 蕴涵
376. entailment 蕴涵关系
377. entity 实体
378. envelope 包络
379. epistemic modality 认识情态（参见 deontic modality）
380. epistemic sequential structure 认识顺序结构
381. equality 等同性
382. equational sentence 等式句,等价句
383. equi-NP deletion 等同名词短语删略,等名删除（Equi）
384. ergative 作格

385. ergative verb 作格动词
386. Euclidean "欧几里得"几何学的
387. event 事件
388. event causation 事件因果关系
389. event complex 事件复合体
390. event frame 事件框架
391. event integration 事件融合
392. event of correlation(行动)关联事件
393. event of realization 实现事件
394. event of state change 状态变化事件
395. event of time contouring 体相事件
396. event-specifying nominals 事件具体化名词
397. evidentials 传信语
398. evidentiality 传信性
399. evidential suffix 传信后缀
400. exceptive counterfactuality 虚拟例外
401. exemplar 代表
402. expectation 期待
403. experienced 体验对象
404. experienced fictive motion 体验型虚构运动
405. experiencer 体验者,感事,经历者
406. experiencer domain 经历者域
407. experiential complex 体验复合体
408. explanation types 解释类型
409. exposure type of cultural imparting 文化传承的接触类型
410. expressive forms 表情表达式
411. extendability in ungoverned direction 扩展方向不定
412. extended causation 持续因果关系
413. extended causation of motion 持续运动因果关系
414. extended causing of action 持续行动致使
415. extended causing of rest 持续静止致使
416. extended causation of rest 持续静止因果关系
417. extended causative 持续致使
418. extended letting of motion 持续运动使/让
419. extended letting of action 持续行动使/让
420. extended letting of rest 持续静止使/让
421. extended prototype verb 扩展的原型动词
422. extension, degree of 延展度
423. extent causation 时间段延续因果关系
424. extent event 时间段事件
425. extent-durational causation 时间段延续因果关系
426. external concurrent event 外部并发事件
427. external secondary reference object 外在型次要参照物
428. extertion 施加
429. extrajection 外投射
430. factive motion 事实运动
431. factive representation 事实表征
432. factive stationariness 事实静止
433. factivity 事实性
434. factual 事实的
435. factuality 事实性
436. factuality event frame 事实性事件框架
437. factuality windowing 事实性视窗开启
438. fictive absence 虚构缺失
439. fictive change 虚构变化
440. fictive motion 虚构运动
441. fictive path 虚构路径
442. fictive presence 虚构存在
443. fictive stasis 虚构停滞
444. fictive stationariness 虚构静止
445. fictivity 虚构性
446. field based 基于参照物场的
447. field linguists 田野(调查)语言学家
448. field-based reference object 基于场境的参照物
449. figural entity 焦点实体

450. figure 焦点
451. figure entity 焦点实体
452. figure event 焦点事件
453. figure object 焦点物
454. figure-encountering path 接近焦点路径
455. figure-ground windowing 焦点背景视窗开启
456. final phase 终端相位
457. fine structure 微观结构
458. finite clause 限定分句
459. finite type 限定类型
460. Finno-Ugric 芬兰—乌戈尔语
461. first-order object 第一序列物体
462. fixity 不变
463. focus of attention 注意焦点
464. force and causation 力与因果（关系）
465. force dynamics 力动态
466. force-dynamic complex 力动态复合体
467. force opposition 力对抗
468. foregrounded (被)前景化,前景化的
469. foregrounding 前景化
470. frame 框架
471. frame-relative motion 相对框架运动
472. framing event 框架事件
473. framing satellite 框架卫星语素
474. framing verb 框架动词
475. freeze-frame phenomenon 定格现象
476. fulfilled verb 完成义动词
477. fulfillment 完成
478. fulfillment satellite 完成义卫星语素
479. full complement 完全补足项
480. fully abstract level 完全抽象层面
481. fully concrete level 完全具体层面
482. fundamental figure schema 基本焦点图式
483. fundamental ground schema 基本背景图式
484. further-event satellite 其他事件卫星语素
485. gap 视窗闭合
486. gapped 闭合视窗,视窗闭合
487. gapping 闭合视窗,视窗闭合
488. general fictivity 普遍虚构
489. general fictivity pattern 普遍虚构模式
490. general parameters of narrative structure 叙事结构的普通变量
491. general visual fictivity 普遍视觉虚构
492. generativity 能产性,生成性
493. generic 类属
494. generic verb 类属动词
495. genericity 概括性
496. geometric complex 几何图形复合体
497. geometry 几何图式,几何结构,几何图形
498. gerund 动名词
499. gerundive 动名词
500. gerundive type 动名词类型
501. gerundive-type subordinating conjunction 动名词类从属连词
502. Gestalt 格式塔
503. Gestalt formation 格式塔化
504. Gestalt level of synthesis 格式塔合成层次
505. Gestalt psychology 格式塔心理学
506. ghost physics 幽灵物理学
507. global frame (of reference) 整体(参照)框架
508. goal 目标
509. gradient verb 梯度动词
510. gradient zone 梯度区
511. graduated 级差性
512. grammatical 语法类
513. grammatical complexes 语法复合体
514. grammatical constructions 语法构式
515. grammatical forms 语法形式
516. grammatical specifications 语法标注
517. grammatically marked cognitive operations 有语法标志的认知操作

518. granularity 精细度,颗粒度
519. ground 背景
520. ground based 基于背景的
521. ground entity 背景实体
522. ground event 背景事件
523. ground object 背景物
524. ground-based reference object 基于背景的参照物
525. guidepost-based 基于路标的
526. guidepost-based reference object 基于路标的参照物
527. Hausa 豪萨语
528. head constituency 中心词构成
529. hearer 听话人,听话者
530. hedging 模糊限制语
531. helping 助使
532. Hermann grid 赫尔曼栅格
533. heterophenomenology 异质现象学
534. hierarchy 层级体系
535. hindering 阻碍
536. Hindi 印地语
537. Hokan 霍卡语言
538. home 起源
539. home phase 初始相位
540. hybrid formation 混合形式
541. hybrid system 混合系统
542. hybridization 混合
543. ICM 理想化认知模式
544. id 本我
545. id-ego conflict 本我-自我冲突
546. id-superego conflict 本我-超我冲突
547. idealization 理想化
548. ideational complex 概念复合体
549. ideational sequential structure 概念顺序结构
550. identifiability 可识别度
551. identificational space 身份空间
552. identity 身份
553. illocutionary act 言外行为
554. illocutionary flow 言外之力
555. illocutionary force 言外之意,言外之力
556. image-constructing processes 意象构建过程
557. imaging systems 意象系统
558. imagistic ception 意象感思
559. imitation 模仿行动
560. impingement 作用
561. implicational universal 蕴含共性
562. implicature 隐含意义
563. implicated-fulfillment verb 隐含完成义动词
564. implied-fulfillment verb 隐含完成义动词
565. implicit-explicit parameter 隐性-显性参数
566. in between 中间区域
567. inchoative 起始体
568. inchoative verb 起始动词
569. inclusion principle 包含原则
570. incongruity effects 不一致效果/不协调效果
571. incorporated valence 并合价
572. incorporate 词化编入
573. incorporation 词化编入
574. independent variable 自变量
575. individually shared schema 个体共有图式
576. individually shared schema for group cooperation 个体共有的群体合作模式
577. individually shared schema summated over the group 个体共有的群体集合图式
578. individually shared metaschema of group differentiation 个体共有的群体差异元模式
579. individually shared schema acquisition from a group 来自群体的个体共有图式习得

580. induced agent 被诱使施事
581. induced motion 诱使运动/诱动
582. inducee 被诱使者
583. inducer 诱使者
584. inducing agent 诱使施事
585. inducive agency 诱使性施事
586. inducive causation 诱使因果关系
587. inexact reduplication 不精确复制
588. infinite complemnet 不定式补语
589. infinitival form 不定式形式
590. inflection 屈折形式
591. initial phase 初始相位
592. initial windowing 初始视窗开启
593. inner story world 内部故事世界
594. instigative agency 煽动性施事
595. instrument 工具
596. instrument causation 工具型因果关系
597. instrument causative 工具型致使
598. intended event 期望的事件
599. intended outcome 期望的结果
600. intender 意愿者
601. intending 意图
602. intensity 强度
603. intent 意图
604. intention 意向
605. integration 融合
606. interlocking type of multipart relations 连接性整合
607. interrelational complex 相互关系复合体
608. interrelationship event frame 相互关系事件框架
609. interrelationship windowing 相互关系视窗开启
610. intersection type of accommodation 交叉型融合
611. intonation contour 语调升降曲线
612. intracategorial conversion 范畴内转换
613. intrinsicality 内在性
614. intrinsic-fulfillment verb 固有完成义动词
615. introject 内投射
616. introjections 内投射
617. introjection type of semantic blend 内投射型语义整合
618. intromission 插入
619. intuitive physics 直觉物理学
620. inventory 集合,库藏,清单
621. inverse pair 逆转对子
622. inverse form 逆转形式
623. inverse sentence 逆转句
624. isolating language 孤立语
625. iterative 反复
626. Jívaro 希瓦罗语
627. juggling 曲解
628. junctural pause 连音停顿
629. junctural transition 连音过渡
630. juxtapositions 并置
631. Kaluli 卡鲁利语
632. Kikiyu 东非库吉尤语
633. Klamath 克拉马斯语
634. Kwakiutl 夸扣特尔语
635. Lahu 拉祜语
636. landmark 界标,路标
637. left-dislocation 左移位
638. letting 使/让
639. level of attention 注意层次
640. level of baseline within a hierarchy 层级中的基准线层次
641. level of exemplarity 代表性层次
642. level of palpability 可触知性层次
643. level of particularity 具体性层级
644. levels of synthesis 合成层次
645. lexeme 词汇单位,词位
646. lexical 词汇类
647. lexical class 词汇语类
648. lexical complexes 词汇复合体
649. lexical doublet 词汇双式词
650. lexical form 词汇形式

651. lexicalization 词汇化
652. lexicalized implicature 词汇化隐含意义
653. line of sight 视线
654. linear figure 线状焦点
655. linguistic causation 语言因果
656. listener 听话人（speaker 说话人）
657. local frame（of reference）局部（参照）框架
658. localizability 位置性
659. location 位置，方位
660. location of perspective point 视角点位置
661. locative 方位格，位置格
662. locative constituent 位置成分
663. locative event 方位事件
664. locution 以言指事
665. logic gaters 逻辑引导语
666. logic tissue 逻辑组织
667. macro-event 宏事件
668. macro-role 宏观角色
669. magnification 放大
670. magnitude neutral 量值无关
671. main clause 主句
672. main clause event 主句事件
673. main event 主事件
674. manner 方式，方式关系（副事件与主事件的关系之一）
675. mapping of attention 注意映射
676. mass（of material）物量
677. mass nouns 不可数名词
678. matrix 主句
679. matrix clause 主句
680. matrix sentence 主句
681. matrix verb（matrix-clause verb 的简称）主句动词
682. Mayan 玛雅语
683. medial 中距,中间
684. medial phase 中间相位
685. melding 认知合并

686. mental imagery 心理意象
687. mental models 心智模型
688. meta-entity 元实体
689. meta-Figure 元焦点
690. meta-Ground 元背景
691. meta-pattern 元模式
692. metaphor 隐喻
693. meta-schema 元图式
694. mid-level morpheme 中间层次语素
695. minimal enabling situation 最简使能情景
696. minimal pairs 最小对立体,最小音位对
697. monad 一元体
698. monad formation（参见 dyad formation）一元构建
699. monadic 一元型
700. monadic personation type 单元型角色类型
701. monoclause 单分句
702. mood 语气
703. moot-fulfillment verb 未然完成义动词
704. morpheme 语素,词素
705. motility 运动性
706. motion event 运动事件
707. motion event frame 运动事件框架
708. motion situation 运动情境
709. motion-aspect formulas 运动一体公式
710. motivational sequential structure 动机顺序结构
711. motor control 运动控制
712. move 移动,运动
713. moving 运动的,移动的
714. multipart relations 多部分关系
715. multiple conflation 多重词化并入
716. multiple figures 多元焦点
717. multiple specification 多重语义解读
718. multiple-embedding 多重嵌入
719. multiplex 复元体
720. multiplexing 复元化

721. multiplexity 多元体
722. naïve physics 朴素物理学
723. narrative cognitive system 叙事认知系统
724. narrative domain 叙述域
725. narrative structure 叙事结构
726. Navaho 纳瓦霍语
727. negative additionality 否定附加
728. nested secondary subordination 嵌套次要从属关系
729. nesting 嵌套加工, 嵌套
730. neutrality 无关性
731. Nez Perce 内兹佩尔塞语
732. nominal 名词性词, 名词性成分
733. nominal pro-clause 名词性代句成分
734. nonagentive 非施事的
735. noncontiguity 非毗邻性
736. nonfinite category 非限定范畴
737. nonfinite connective 非限定连接
738. nonhead constituency 非核心词成分
739. nominalized clause 名词化分句
740. number 数
741. object 物体, 宾语
742. object-dominant language 事物主导型语言
743. objectivity 客观性
744. objectivization 客观化
745. obligatoriness 限制性, 强制性
746. obligatory complement 强制性补足语
747. oblique case 间接格/旁格
748. oblique constituent 间接成分
749. oblique object 间接宾语
750. oblique phrase 间接短语
751. observer-based 基于观察者的
752. observer-based motion 基于观察者的运动
753. obtent 注意内容
754. occupy 占据
755. Ojibwa 奥吉布瓦语
756. online cognitive processing 在线认知加工
757. onset causation 初始因果关系
758. onset causing of action 初始行动致使
759. onset causing of rest 初始静止致使
760. onset letting of action 初始行动使/让
761. onset letting of motion 初始运动使/让
762. open-class forms 开放类形式
763. open path 开放路径
764. operation 加工
765. optional complement 选择性补足语
766. orientation path 方向路径
767. orienting responses 定向反应
768. ostension 明示性
769. overcoming 克服
770. over-fulfillment satellite 超然完成卫星语素
771. overlapping systems model 系统交叉模型
772. overlapping systems model of cognitive organization 认知组织的系统交叉模型
773. overspecificity 过度细化
774. Pac Man figure 豆精灵
775. palpability 可触知性
776. palpability-related parameters 可触知性相关参数群
777. parameter of accessibility 可及性参数
778. parameter of actionability 行为力参数
779. parameter of certainty 确定性参数
780. parameter of clarity 清晰度参数
781. parameter of identifiability 可识别性参数
782. parameter of intensity 强度参数
783. parameter of localizability 定位参数
784. parameter of objectivity 客观性参数
785. parameter of palpability 可触知性参数
786. parameter of stimulus dependent 刺激依赖性参数
787. paratactic copy-cleft 并列复写分裂

788. part-for-whole representation 部分代整体的表征
789. partial overlap 部分重叠
790. participant-interaction event frame 参与者互动事件框架
791. participant-interaction windowing 参与者互动视窗开启
792. participle clause 分词分句
793. particle 小品词
794. particular parameters 特定参数
795. particularity 具体性
796. partition（语义）分割
797. part-whole (relationship) 部分与整体（关系）
798. path 路径
799. path deixis 路径指示词
800. path event frame and windowing 路径事件框架及其视窗开启
801. path satellites 路径卫星语素
802. path singularity 路径奇点
803. path structure 路径结构
804. path verbs 路径动词
805. pattern 模式
806. patient 受事，受事者
807. pattern of alignment 匹配模式，对应模式
808. pattern of attention 注意模式
809. pattern paths 模式路径
810. pattern-forming cognitive system 模式形成认知系统
811. paucal 几个，指数（number）范畴的子集，系有些语言如阿拉巴语表示"几个"物体这一概念的数的范畴
812. pejorative inflection 轻蔑语屈折变化
813. percepetion 感知
814. personation 角色构成
815. personation envelope 角色构式包络
816. perspectival distance 视角距离
817. perspectival location 视角位置
818. perspectival mode 视角模式
819. perspectival motility 视角的运动性
820. perspective 视角
821. perspective point 视角点，视点
822. pervasive system 普遍系统
823. phase 相位，阶段
824. phase windowing 相位视窗开启
825. phenomenological primitives 现象学本原
826. phenomenology 现象学
827. phosphene effect 光幻视效应
828. pied-pipping 伴随移位
829. placement 放置
830. pleonastic 冗余
831. pleonastic satellite 赘述卫星语素
832. pleonastic verb 赘述动词
833. plexity 量级
834. pluralization 复数化
835. point event 点事件
836. point figure 点状焦点
837. point-durational causation 时间点延续因果关系
838. point event 时间点事件
839. polarity 极性
840. Polynesian 波利尼西亚语
841. polysynthesis 多式综合
842. polysynthetic language 多式综合语
843. polysynthetic verb 多式综合动词
844. Pomo 波莫人（美国加利福尼亚北部的北美印第安部落），波莫人讲的霍次语
845. position class 词序类别
846. portion excerpting 部分抽取
847. posteriority 先后关系
848. precedence 优先
849. precedence marking 先后次序标记
850. precursion 先发关系（副事件与主事件的关系之一）
851. precursor-result sequence 先因后果序列
852. preselecting 预选

853. presupposition 预设
854. preterminal structure 终端前结构
855. primary circumstance 主要场景
856. primary object 首要目标
857. primary reference object 首要参照物（参见 secondary reference object）
858. probe 探测，探测物
859. pro-clause 代句成分
860. producer 叙事者
861. producer of narrative 叙事者
862. pro-form 替代形式
863. profiles 指向
864. progression 进行
865. projection 投射
866. projection of knowledge 知识投射
867. projector 射体
868. projector based 基于射体的
869. projector-based reference object 基于投射体的参照物
870. prominence 突显性
871. prompting event 促使事件
872. pronominalization 代词化
873. proposition 命题
874. prospect path 前景路径
875. prospective 前视
876. prototype 原型
877. prototype effect 原型效应
878. prototypicality 原型性
879. proximal 近距
880. proximal perspective 近距视角
881. pseudo-cleft sentence 假分裂句
882. psychological black box 心理黑匣子
883. psychological reference 心理所指
884. psychological sequential structure 心理顺序结构
885. psychological structure 心理结构
886. punctifying 聚点化
887. punctual coincidence 时间点重合
888. punctual event 时间点事件
889. purpose 目的（关系）
890. purpose forms 目的形式
891. quantification 量化
892. quasi-topological notion 准拓扑概念
893. queue-based 基于队列
894. radiation 辐射型
895. radiation path 辐射路径
896. reality status 真实性状态
897. realization 实现
898. reason 原因
899. reassurance 再确认
900. receiver 接受者
901. reciprocal 相互照应
902. reciprocity 相互关系
903. reconceptualization 再概念化
904. reconstitute 重建
905. recycling of culture 文化再循环
906. reduction 消减
907. reference 指称
908. reference complex 参照复合体
909. reference entity 参照实体
910. reference field 参照场
911. reference frame 参照框架
912. reference object 参照物
913. reference point 参照点
914. referent 所指，所指事物，所指对象
915. referential semantics 指称语义学
916. region 区域
917. reflexively dyadic 反身二元型
918. reflexively transitive 反身及物的
919. reification 具体化
920. reinterpretation 重新解释
921. relational grammar 关系语法
922. relative clause 关系从句
923. relative temporal location 相对时间位置
924. repose 休止
925. representation 表征
926. representational momentum 表征动量
927. representative 表征性的

928. resection 语义切除,语义削减
929. resistance 抵制
930. rest 静止
931. result 结果
932. resultant 结果,结果状态
933. resultative 结果体
934. resulting event 结果事件
935. resulting-event causation 结果事件因果关系
936. resulting-event causative 结果事件致使
937. resumptive 重述
938. retrospective 后视
939. return 返回
940. return phase 返回相位
941. reverse convertibility 逆向可转换性
942. reverse enablement 逆向使能关系(副事件与主事件的关系之一)
943. reverse Ground-Figure precedence 反向背景焦点优先
944. reverse pair 逆转对
945. role derivation 角色衍生
946. root usage 根用法
947. salience 显著性
948. Samoan 萨摩亚语
949. satellite 卫星语素,卫星词,附加语
950. satellite framed 卫星框架
951. satellite-framed language 卫星框架语言
952. scene 场景
953. scene partitioning 场景分割
954. schema 图式
955. schema juggling 图式歪曲,图式曲解,图式变换
956. schematic categories 图式范畴
957. schematic reduction 图式化缩减
958. schematic pictorial representation 图式化图像表征
959. schematic systems 图式系统
960. shematization 图式化
961. schematization process 图式化过程
962. scope of intention 意向范围
963. scope of perception 感知范围
964. script 行为图式
965. second-order meta-object 第二序列元物体(参见 first-order object)
966. secondary reference object 次要参照物(参见 primary reference object)
967. secondary subordination 次要从属关系
968. selected windows of attention 注意选择窗口
969. selection type of cultural accommodation 文化适应的选择类型
970. self-agentive 自我施事
971. self-agentive causation 自我施事因果关系
972. self-contained motion 自足运动
973. self-direction 自我导向
974. self-referencing event 自指事件
975. self-referencing locative event 自指方位事件
976. self-referencing motion event 自指运动事件
977. semantic alignment 语义对应,语义匹配
978. semantic borrowing 语义借用
979. semantic causation 语义因果关系
980. semantic conflict 语义冲突
981. semantic event 语义事件
982. semantic primitive 语义基元
983. semantic relations 语义关系
984. semantic resolution 语义解决方案
985. semantic space 语义空间,语义结构
986. semantic structure 语义结构
987. semantic subtraction 语义消减
988. semantics of grammar 语法语义学(同 closed-class semantics 封闭类语义学)
989. semiabstract level 半抽象层面
990. semiconcrete level 半具体层面
991. Semitic 闪族语
992. sender 发出者

993. sensing 感知，感知到
994. sensing of a reference frame 参照框架感知
995. sensing of force dynamics 力动态感知
996. sensing of object structure 物体结构感知
997. sensing of path structure 路径结构感知
998. sensing of projected paths 投射路径感知
999. sensing of structural future 结构未来感知
1000. sensing of structural history 结构历史感知
1001. sensorimotor 感觉运动
1002. sensory modality 感知形态
1003. sensory path 感知路径
1004. sentient entities 感知实体
1005. sequence 序列
1006. sequence principle 顺序原则
1007. sequential event frame 续发事件框架
1008. sequential mode 顺序模式
1009. sequential structure 顺序结构
1010. sequentializing 顺序化
1011. serial causation 系列因果关系
1012. shadow paths 影子路径
1013. shape 形状
1014. shape neutral 形状无关
1015. Shawnee 美国肖尼族印第安人；肖尼语
1016. shift 转换，转移
1017. shifting force dynamic patterns 力动态转换模式
1018. simultaneity 同时性
1019. simple sentence 简单句
1020. simplex verb 单纯动词
1021. singhalese 僧伽罗语
1022. single-argument 单谓元
1023. singulative 单数成分
1024. site arrival 地点到达型
1025. site deixis 地点指示语
1026. site manifestation 地点显现型
1027. situated 放置
1028. situation 情景
1029. source 来源格
1030. Southwest Pomo 西南波莫语
1031. spatial array 空间排列
1032. spatial disposition 空间配置
1033. spatial path domain 空间路径域
1034. spatial structure 空间结构
1035. spatiotemporal homology 时空同源性，时空同源
1036. speaker 说话人，说话者
1037. speaker-based 基于说话者
1038. specificity 详略度
1039. speech-act type 言语行为类型
1040. stasis 不变
1041. state 状态
1042. staticism 静止论
1043. state change 状态变化
1044. state of boundedness 界态
1045. state of dividedness 离散性，离散状态
1046. state of progression 进行状态
1047. state term 状态词
1048. state verb 状态动词
1049. stationary 静止的
1050. staticism 静态论
1051. staticity 静止
1052. steady-state force dynamic patterns 恒定力动态模式
1053. steady-state opposition 恒定对抗
1054. stimulus 刺激物
1055. stimulus-dependence 刺激依赖性
1056. strata, narrative 叙述层次，叙事层级
1057. strength of attention 注意强度
1058. structural conformation 结构构型
1059. structural selectivity 结构选择性
1060. subevent 子事件
1061. subordinate clause 从句，从属分句
1062. subordinate event 从属事件

1063. subordinating conjunction 从属连词
1064. subordinating conjunctional complex 从属连词复合体
1065. subordinating conjunctional phrase 从属连词短语
1066. subordinating preposition 从属介词
1067. subordinating prepositional complex 从属介词复合体
1068. subordination 主从关系
1069. subordinator 从属词
1070. subsequence 后发关系
1071. substance neutral 物质无关
1072. substitution principle 替代原则
1073. substitution 替代
1074. superego 超我
1075. superimposition 叠加
1076. support 支撑
1077. surface complexes 表层表达复合体
1078. surpassment 超越行动
1079. Swahili 斯瓦希里语
1080. synchrony 共时性
1081. synoptic mode 全局模式
1082. synopticizing 全局化
1083. synthetic language 综合语，综合型语言
1084. synthetic structure 综合结构
1085. Tagalog 塔加拉族语
1086. Tamil 泰米尔语
1087. targeting path 目标路径
1088. telepresence 远程呈现
1089. telic 终结，有终点的
1090. temporal contouring 体相
1091. temporal inclusion 时间包含
1092. temporal sequence 时间顺序
1093. temporal structure 时间结构
1094. terminalizing 终点化
1095. theme 主题，主位
1096. three-event causative chain 三事件致使链
1097. Tibeto-Burman 藏缅语
1098. token 标记
1099. token neutral 标记无关
1100. token sensitivity 标记敏感性
1101. topology 拓扑
1102. topological 拓扑性
1103. trajector 射体
1104. transition 转变
1105. transition type 转变类型
1106. transitivity envelope 及物性包络
1107. translational motion 位移运动
1108. transposition 移位
1109. trial 三数
1110. two-event causative chain 双事件致使链
1111. type-of-geometry 几何类型
1112. Tzeltal 泽尔托尔语
1113. unboundedess 无界性
1114. undergoer 受事者
1115. underfulfillment satellite 未然完成卫星语素
1116. underspecificity 不够细化
1117. understanding system 理解系统
1118. undirectionality 单向性
1119. unintended outcome 非期望的结果
1120. uniplex 单元体
1121. unit excerpting 单元抽取，单元摘选
1122. unitary event（参见 complex event）单元事件
1123. universal 普遍性
1124. upper form 上位形式
1125. vague-clear parameter 模糊-清晰参数
1126. valence 配价
1127. valence alternative 配价选择，配价变化
1128. variable 变量
1129. vector 矢量
1130. vector reversal 矢量逆转
1131. verb complex 动词复合体
1132. verb-framed languages 动词框架语言

1133. verb satellite 动词卫星语素
1134. veridicality 真实性
1135. viewing time 观察时间
1136. virtual motion 虚拟运动
1137. virtual reality 虚拟现实
1138. visual path 视觉路径
1139. volition 意志
1140. volitional agency 意志性施事
1141. volume 容体
1142. Warlpiri（亦可作 Walpiri, Warlbiri, Elpira, Ilpara 及 Wailbri）沃匹利语（沃匹利人的帕玛-努甘语言，以其相对自由的词序知名。沃匹利人为澳大利亚中北部和中部的传统游牧原住民）
1143. window 视窗开启，开启视窗
1144. window of attention 注意视窗
1145. windowed 开启视窗，视窗开启
1146. windowing 开启视窗，视窗开启
1147. windowing of attention 注意视窗开启
1148. Wintu 温图语
1149. Yana 雅拿语，雅拿人
1150. Yiddish 依地语
1151. zero-conjunction gerundive form 零连词动名词形式
1152. "zero" forms 零形式

参考文献

Babcock, Mary, and Jennifer Freyd. 1988. Perception of dynamic information in static handwritten forms. *American Journal of Psychology* 101:111—130.

Bennett, David C. 1975. *Spatial and temporal uses of English prepositions: An essay in stratificational semantics*. London: Longman.

Bierwisch, Manfred. 1988. On the grammar of local prepositions. In *Syntax, semantics, and the lexicon*, edited by Manfred Bierwisch, Wolfgang Motsch, and Ilse Zimmerman. Berlin: Akademie-Verlag.

Boas, Franz. 1938. Language. In *General anthropology*, edited by Franz Boas et al. Boston: Heath.

Boyer, Pascal. 1994. Cognitive constraints on cultural representations: Natural ontologies and religious ideas. In *Mapping the mind: Domain specificity in cognition and culture*, edited by Lawrence Hirschfeld and Susan Gelman. New York: Cambridge University Press.

Brandt, Per Aage. 1992. *La charpente modale du sens: Pour une simio-linguistique morphogenitique et dynamique*. Amsterdam: Benjamins.

Brennenstuhl, Waltraud, and Krystyna Wachowicz. 1976. On the pragmatics of control. In *Proceedings of the Second Annual Meeting of the Berkeley Linguistics Society*. Berkeley, Calif. : Berkeley Linguistics Society.

Brugman, Claudia. 1988. *The story of Over: Polysemy, semantics, and the structure of the lexicon*. New York: Garland.

Bucher, N. M., and S. E. Palmer. 1985. Effects of motion on the perceived pointing of ambiguous triangles. *Perception and Psychophysics* 38:227—236.

Bybee, Joan. 1985. *Morphology: A study of the relation between meaning and form*. Amsterdam: Benjamins.

Carey, Susan. 1985. *Conceptual change in childhood*. Cambridge, Mass. : MIT Press.

Carlson, Greg. 1980. *References to kinds in English*. New York: Garland.

Clark, Herb. 1973. Space, time, semantics, and the child. In *Cognitive development and the acquisition of language*, edited by Timothy E. Moore. New York: Academic Press.

Comrie, Bernard. 1976. The syntax of causative constructions: Cross-language similarities and divergences. In *Syntax and semantics* (vol. 6): *The grammar of causative constructions*, edited by Masayoshi Shibatani. New York: Academic Press.

Cooper, Lynn A., and Daniel L. Schacter. 1992. Dissociations between structural and episodic representations of visual objects. *Current Directions in Psychological Science* 1(5):141—146.

Dennett, Daniel C. 1991. *Consciousness explained*. Boston: Little, Brown.

Diessel, Holger. 1996. Processing factors of pre- and postposed adverbial clauses. In *Proceedings of the Twenty-Second Annual Meeting of the Berkeley Linguistics Society*. Berkeley, Calif.: Berkeley Linguistics Society.

diSessa, Andrea. 1986. Knowledge in pieces. In *Constructivism in the computer age*, edited by George Forman and Peter Pufal. Hillsdale, N.J.: Erlbaum.

——. 1993. Toward an epistemology of physics. *Cognition and Instruction* 10(2—3):105—225; Responses to commentary, 261—280. (Cognition and Instruction, Monograph No. 1.)

——. 1996. What do "just plain folk" know about physics? In *The handbook of education and human development: New models of learning, teaching, and schooling*, edited by David R. Olson and Nancy Torrance. Oxford, England: Blackwell.

Dixon, Robert M. W. 1972. *The Dyirbal language of North Queensland*. London: Cambridge University Press.

Engel, Stephen A., and John M. Rubin. 1986. Detecting visual motion boundaries. In *Proceedings of the IEEC Workshop on Motion: Representation and Analysis*. IEEE Computer Society, May 7—9, Charleston, S.C.

Fauconnier, Gilles. 1997. *Mappings in thought and language*. New York: Cambridge University Press.

Fillmore, Charles. 1968. The case for case. In *Universals in linguistic theory*, edited by Emmon Bach and Robert T. Harms. New York: Holt, Rinehart and Winston.

——. 1971. Some problems for case grammar. In *22nd Annual Roundtable*, no. 24. Georgetown University.

——. 1975. An alternative to checklist theories of meaning. In *Berkeley Studies in Syntax and Semantics* (vol. 1). Berkeley: University of California Press.

——. 1977. Topics in lexical semantics. In *Current issues in linguistic theory*, edited by Roger Cole. Bloomington: Indiana University Press.

——. 1982. Frame semantics. In *Linguistics in the morning calm*, edited by the Linguistic Society of Korea. Seoul: Hanshin.

Fillmore, Charles, and Paul Kay. Forthcoming. *Construction grammar*. Stanford, Calif.: CSLI Publications.

Fodor, Jerry. 1983. *Modularity of mind: An essay on faculty psychology*. Cambridge,

Mass.: MIT Press.

Foley, William, and Robert D. Van Valin, Jr. 1984. *Functional syntax and universal grammar*. Cambridge, England: Cambridge University Press.

Freyd, Jennifer. 1987. Explorations of representational momentum. *Cognitive Psychology* 19 (3):369—401.

Gee, James, and Judy Kegl. 1982. Semantic perspicuity and the locative hypothesis. In *Proceedings of the Eighth Annual Meeting of the Berkeley Linguistics Society*. Berkeley, Calif.: Berkeley Linguistics Society.

Gentner, Dedre, and Albert Stevens, eds. 1982. *Mental models*. Hillsdale, N.J.: Erlbaum.

Gibson, James Jerome. 1966. *The senses considered as perceptual systems*. Boston: Houghton Mifflin.

Givón, Talmy. 1975. Cause and control: On the semantics of interpersonal manipulation. In *Syntax and semantics* (vol. 4), edited by John Kimball. New York: Academic Press.

Goldin-Meadow, Susan. 1979. Structure in a manual communication system developed without a conventional language model: Language without a helping hand. In *Studies in neurolinguistics* (vol. 4), edited by H. Whitaker and H. A. Whitaker. New York: Academic Press.

Goldin-Meadow, Susan, and Carolyn Mylander. 1990. Beyond the input given: The child's role in the acquisition of language. *Language* 66(2):323—355.

Gruber, Jeffrey S. 1965. Studies in lexical relations. Doctoral dissertation, MIT, Cambridge, Mass. Reprinted as part of *Lexical structures in Syntax and Semantics*, 1976. Amsterdam: North-Holland.

Hayes, Patrick. 1985. Second naive physics manifesto. In *Formal theories of the commonsense world*, edited by Jerry Hobbs and Robert Moore. Norwood, N.J.: Ablex.

Heider, Fritz. 1958. *The psychology of interpersonal relations*. New York: Wiley.

Herskovits, Annette. 1982. Space and the prepositions in English: Regularities and irregularities in a complex domain. Doctoral dissertation, Stanford University, Stanford, Calif.

——. 1986. *Language and spatial cognition: An interdisciplinary study of the prepositions in English*. Cambridge, England: Cambridge University Press.

——. 1994. "Across" and "along": Lexical organization and the interface between language and spatial cognition. Manuscript.

——. 1997. Language, spatial cognition, and vision. In *Spatial and temporal reasoning*, edited by O. Stock. Dordrecht: Kluwer.

Hill, Clifford. 1975. Variation in the use of 'front' and 'back' in bilingual speakers. In *Proceedings of the First Annual Meeting of the Berkeley Linguistics Society*. Berkeley, Calif.: Berkeley Linguistics Society.

Hobbs, Jerry, and Robert Moore, eds. 1985. *Formal theories of the commonsense world*. Norwood, N.J.: Ablex.

Jackendoff, Ray. 1976. Toward an explanatory semantic representation. *Linguistic Inquiry* 7 (1):89—150.

——. 1977. Toward a cognitively viable semantics. In *Georgetown University round table on languages and linguistics*, edited by C. Rameh. Washington, D. C.: Georgetown University Press.

——. 1983. *Semantics and cognition*. Cambridge, Mass.: MIT Press.

——. 1987a. On beyond zebra: The relation of linguistic and visual information. *Cognition* 26:89—114.

——. 1987b. *Consciousness and the computational mind*. Cambridge, Mass.: Bradford/MIT Press.

——. 1990. *Semantic structures*. Cambridge, Mass.: MIT Press.

Jacobs, Melville. 1958. *Clackamas Chinook Texts*. Bloomington: Indiana University Research Center in Anthropology, Folklore, and Linguistics.

Jakobson, Roman. 1971. Boas' view of grammatical meaning. In *Selected works of Roman Jakobson* (vol. 2). The Hague: Mouton.

Jepson, Allan, and Whitman Richards. 1993. *What is a percept*? University of Toronto Department of Computer Science, Technical Report RBCV-TR-93—43.

Keenan, Edward L., and Bernard Comrie. 1977. Noun phrase accessibility and universal grammar. *Linguistic Inquiry* 8:63—99.

Keil, Frank. 1989. *Concepts, kinds, and cognitive development*. Cambridge, Mass.: MIT Press.

Kellogg, Rhoda. 1970. *Analyzing children's art*. Palo Alto, Calif.: Mayfield.

Koenig, Jean-Pierre, and Beate Benndorf. 1998. Meaning and context: German 'aber' and 'sondern'. In *Discourse and cognition: Bridging the gap*, edited by Jean-Pierre Koenig. Stanford, Calif.: CSLI.

Kuno, Susumu. 1973. *The structure of the Japanese language*. Cambridge, Mass.: MIT Press.

——. 1987. *Functional syntax: Anaphora, discourse, and empathy*. Chicago: University of Chicago Press.

Lakoff, George. 1987. *Women, fire, and dangerous things: What categories reveal about the mind*. Chicago: University of Chicago Press.

Lakoff, George, and Mark Johnson. 1980. *Metaphors we live by*. Chicago: University of Chicago Press.

Landau, Barbara, and Ray Jackendoff. 1993. "What" and "where" in spatial language and spatial cognition. *Behavioral and Brain Sciences* 16(2):217—238.

Langacker, Ronald W. 1979. Grammar as image. In *Linguistic Notes from La Jolla* 6. San Diego: University of California.

——. 1986. An introduction to cognitive grammar. *Cognitive Science* 10(1):1—40.

——. 1987. *Foundations of cognitive grammar* (2 vols). Stanford, Calif.: Stanford

University Press.

Leech, Geoffrey. 1969. *Towards a semantic description of English*. New York: Longman, 1969.

Levelt, Willem. 1984. Some perceptual limitations on talking about space. In *Limits in perception*, edited by A. J. van Doorn, W. A. van de Grind, and J. J. Koenderink. Utrecht: VNU Science Press.

——. 1996. Perspective taking and ellipsis in spatial descriptions. In *Language and space*, edited by Paul Bloom et al. Cambridge, Mass.: MIT Press.

Levinson, Stephen C. 1992. Vision, shape, and linguistic description: Tzeltal body-part terminology and object description. Working paper No. 12, Cognitive Anthropology Research Group, Max Planck Institute, Nijmegen.

——. 1996a. Frames of reference and Molyneux's question: Crosslinguistic evidence. In *Language and space*, edited by Paul Bloom et al. Cambridge, Mass.: MIT Press.

——. 1996b. Relativity in spatial conception and description. In *Rethinking linguistic relativity*, edited by John Gumperz and Stephen C. Levinson. Cambridge, England: Cambridge University Press.

Leyton, Michael. 1988. A process-grammar for shape. *Artificial Intelligence* 34:213—243.

——. 1992. *Symmetry, causality, mind*. Cambridge, Mass.: MIT Press.

Linde, Charlotte. 1993. *Life stories: The creation of coherence*. New York: Oxford University Press.

Linde, Charlotte, and William Labov. 1975. Spatial networks as a site for the study of language and thought. *Language* 51:924—939.

Marr, David. 1982. *Vision: A computational investigation into the human representation and processing of visual information*. San Francisco: Freeman.

Matsumoto, Yo. 1996. Subjective motion and English and Japanese verbs. *Cognitive Linguistics* 7(2):183—226.

McCawley, James. 1968. Lexical insertion in a transformational grammar without deep structure. In *Papers from the Fourth Regional Meeting of the Chicago Linguistic Society*. Chicago: Department of Linguistics, University of Chicago.

——. 1976. Remarks on what can cause what. In *Syntax and Semantics* (vol. 6): *The grammar of causative constructions*, edited by Masayoshi Shibatani. New York: Academic Press.

Morrow, Daniel. 1986. Grammatical morphemes and conceptual structure in discourse processing. *Cognitive Science Journal* 10(4):423—455.

Nadel, Lynn, and John O'Keefe. 1978. *The hippocampus as a cognitive map*. Oxford, England: Clarendon Press.

Neisser, Ulrich. 1967. *Cognitive psychology*. New York: Meredith.

Oh, Sang-Ryang. 1994. Korean numeral classifiers: Semantics and universals. Unpublished doctoral dissertation, State University of New York at Buffalo.

Palmer, Stephen E. 1980. What makes triangles point: Local and global effects in configurations of ambiguous triangles. *Cognitive Psychology* 12:285—305.

———. 1983. The psychology of perceptual organization: A transformational approach. In *Human and machine vision*, edited by Jacob Beck, Barbara Hope, and Ariel Rosenfeld. New York: Academic Press.

Palmer, Stephen E., and N. M. Bucher. 1981. Configural effects in perceived pointing of ambiguous triangles. *Journal of Experimental Psychology: Human Perception and Performance* 7:88—114.

Pederson, Eric. 1993. Geographic and manipulable space in two Tamil linguistic systems. In *Spatial information theory*, edited by A. U. Frank and I. Campari. Berlin: Springer Verlag.

Pentland, Alexander P. 1986. Perceptual organization and the representation of natural form. *Artificial Intelligence* 28:293—331.

Petitot, Jean. 1995. Morphodynamics and attractor syntax: Dynamical and morphological models for constituency in visual perception and cognitive grammar. In *Mind as motion*, edited by T. Van Gelder and R. Port. Cambridge, Mass.: MIT Press.

Petitot, Jean, and René Doursat. 1997. Dynamical models for cognitive linguistics: From visual Gestalten to cognitive morphology. *Documents du CREA*, Paris.

Pinker, Steven. 1989. *Learnability and cognition*. Cambridge, Mass.: MIT Press.

———. 1994. *The language instinct*. New York: Morrow.

———. 1997. *How the mind works*. New York: Norton.

Regier, Terry. 1992. The acquisition of lexical semantics for spatial terms: A connectionist model of perceptual categorization. Doctoral dissertation, University of California, Berkeley.

Rosch, Eleanor. 1978. Principles of categorization. In *Cognition and categorization*, edited by Eleanor Rosch and Barbara Lloyd. Hillsdale, N. J.: Erlbaum.

Rubin, John M. 1986. Categories of visual motion. Doctoral dissertation, MIT, Cambridge, Mass.

Rudzka-Ostyn, Brygida, ed. 1987. *Topics in cognitive linguistics*. Amsterdam: Benjamins.

Sapir, Edward. 1921. *Language*. New York: Harcourt, Brace, Jovanovich.

Segal, Erwin M., and Judith F. Duchan. 1997. Interclausal connectives as indicators of structuring in discourse. In *Processing interclausal relations for the production and comprehension of text*, edited by J. Costermans and M. Fayol. Hillsdale, N. J.: Erlbaum.

Shibatani, Masayoshi. 1973. A linguistic study of causative constructions. Doctoral dissertation, University of California, Berkeley. Available from the Indiana University Linguistics Club, Bloomington, Indiana.

———, ed. 1976. *Syntax and Semantics* (vol. 6): *The grammar of causative constructions*. New York: Academic Press.

Slobin, Dan I. 1985. Crosslinguistic evidence for the language-making capacity. In *The crosslinguistic study of language acquisition* (vol. 2), edited by Dan I. Slobin. Hillsdale, N. J.: Erlbaum.

——. 1997. The origins of grammaticizable notions: Beyond the individual mind. In *The crosslinguistic study of language acquisition* (vol. 5), edited by Dan I. Slobin. Mahwah, N. J.: Erlbaum.

Slobin, Dan I., and Ayhan A. Aksu. 1982. Tense, aspect, and modality in the use of the Turkish evidential. In *Tense-aspect: Between semantics and pragmatics*, edited by P. J. Hopper. Amsterdam: Benjamins.

Smith, Barry. 1995. On drawing lines on a map. In *Spatial information theory: A theoretical basis for GIS*, edited by Andrew U. Frank and Werner Kuhn. New York: Springer.

Sweetser, Eve. 1982. A proposal for uniting deontic and epistemic modals. In *Proceedings of the Eighth Annual Meeting of the Berkeley Linguistics Society*. Berkeley, Calif.: Berkeley Linguistics Society.

——. 1984. Semantic structure and semantic change: A cognitive linguistic study of modality, perception, speech acts, and logical relations. Doctoral dissertation, University of California, Berkeley.

Talmy, Leonard. 1972. Semantic structures in English and Atsugewi. Doctoral dissertation, University of California, Berkeley.

——. 1975a. Figure and ground in complex sentences. In *Proceedings of the First Annual Meeting of the Berkeley Linguistics Society*. Berkeley, Calif.: Berkeley Linguistics Society.

——. 1975b. Semantics and syntax of motion. In *Syntax and Semantics* (vol. 4), edited by John P. Kimball. New York: Academic Press.

——. 1976a. Communicative aims and means—synopsis. *Working Papers on Language Universals* 20:153—185. Stanford, Calif.: Stanford University.

——. 1976b. Semantic causative types. In *Syntax and semantics* (vol. 6): *The grammar of causative constructions*, edited by Masayoshi Shibatani. New York: Academic Press.

——. 1977. Rubber-sheet cognition in language. In *Papers from the Thirteenth Regional Meeting of the Chicago Linguistic Society*. Chicago: Chicago Linguistic Society.

——. 1978a. Figure and ground in complex sentences. In *Universals of human language* (vol. 4): *Syntax*, edited by Joseph H. Greenberg. Stanford, Calif.: Stanford University Press.

——. 1978b. Relations between subordination and coordination. In *Universals of human language* (vol. 4): *Syntax*, edited by Joseph H. Greenberg. Stanford, Calif.: Stanford University Press.

——. 1978c. The relation of grammar to cognition-a synopsis. In *Proceedings of TINLAP-2*, edited by David Waltz. New York: Association for Computing Machinery.

———. 1981. Force dynamics. Paper presented at conference on Language and Mental Imagery. May 1981, University of California, Berkeley.

———. 1982. Borrowing semantic space: Yiddish verb prefixes between Germanic and Slavic. In *Proceedings of the Eighth Annual Meeting of the Berkeley Linguistics Society*. Berkeley, Calif. : Berkeley Linguistics Society.

———. 1983. How language structures space. In *Spatial orientation: Theory, research, and application*, edited by Herbert L. Pick, Jr. and Linda P. Acredolo, 225—282. New York: Plenum Press.

———. 1985a. Force dynamics in language and thought. In *Papers from the Twenty-First Regional Meeting of the Chicago Linguistic Society*. Chicago: Chicago Linguistic Society.

———. 1985b. Lexicalization patterns: Semantic structure in lexical forms. In *Language typology and syntactic description* (vol. 3): *Grammatical categories and the lexicon*, edited by Timothy Shopen. Cambridge, England: Cambridge University Press.

———. 1987. Lexicalization patterns: Typologies and universals. Berkeley Cognitive Science Report 47.

———. 1988a. Force dynamics in language and cognition. *Cognitive Science* 12:49—100.

———. 1988b. The relation of grammar to cognition. In *Topics in cognitive linguistics*, edited by Brygida Rudzka-Ostyn. Amsterdam: Benjamins.

———. 1991. Path to realization: A typology of event conflation. In *Proceedings of the Seventeenth Annual Meeting of the Berkeley Linguistics Society*. Berkeley, Calif. : Berkeley Linguistics Society.

———. 1992. Noun. In *International encyclopedia of linguistics* (vol. 3), edited by William Bright. Oxford, England: Oxford University Press.

———. 1995a. The cognitive culture system. *The Monist* 78:80—116.

———. 1995b. Narrative structure in a cognitive framework. In *Deixis in narrative: A cognitive science perspective*, edited by Gail Bruder, Judy Duchan, and Lynne Hewitt. Hillsdale, N. J. : Erlbaum.

———. 1996a. Fictive motion in language and "ception." In *Language and space*, edited by Paul Bloom, Mary Peterson, Lynn Nadel, and Merrill Garrett. Cam bridge, Mass. : MIT Press.

———. 1996b. The windowing of attention in language. In *Grammatical constructions: Their form and meaning*, edited by Masayoshi Shibatani and Sandra Thompson. Oxford, England: Oxford University Press.

———. 1999. Lexicalization patterns. In *Language typology and syntactic description*, 2nd ed. , edited by Timothy Shopen. Cambridge, England: Cambridge University Press.

Tversky, Barbara. 1996. Perspective in narrative comprehension and production. In *Language and space*, edited by Paul Bloom, Mary Peterson, Lynn Nadel, and Merrill Garrett. Cambridge, Mass. : MIT Press.

Ultan, Russell. 1978. Some general characteristics of interrogative systems. In *Universals of human language* (vol. 4), edited by Joseph Greenberg et al. Stanford, Calif.: Stanford University Press.

Ungerleider, L. G., and M. Mishkin. 1982. Two cortical visual systems. In *Analysis of visual behavior*, edited by D. J. Ingle, M. A. Goodale, and R. J. W. Mansfield. Cambridge, Mass.: MIT Press.

Vandeloise, Claude. 1991. *Spatial prepositions: A case study from French*. Chicago: University of Chicago Press.

Vendler, Zeno. 1968. *Linguistics and philosophy*. Ithaca, N. Y.: Cornell University Press.

Whorf, Benjamin Lee. 1956. Languages and logic. In *Language, thought, and reality*. Cambridge, Mass.: MIT Press. (Originally published 1941.)

———. 1956. *Language, thought, and reality*. Cambridge, Mass.: MIT Press.

Wierzbicka, Anna. 1975. Why 'kill' does not mean 'cause to die': The semantics of action sentences. *Foundations of Language* 13:491—528.

Winer, G., and J. Cottrell. 1996. Does anything leave the eye when we see? Extramission beliefs of children and adults. *Current Directions in Psychological Science* 5(6):137—142.

Zimmer, Karl. 1976. Some remarks on Turkish causatives. In *Syntax and semantics* (vol. 6): *The grammar of causative constructions*, edited by Masayoshi Shibatani. New York: Academic Press.

Zubin, David, and Lynne E. Hewitt. 1995. The deictic center: A theory of deixis in narrative. In *Deixis in narrative*, edited by Judith Duchan, Gail A. Bruder, and Lynne E. Hewitt. Hillsdale, N. J.: Erlbaum.

Zubin, David, and Soteria Svorou. 1984. Orientation and gestalt: Conceptual organizing principles in the lexicalization of space. With S. Choi. In *Lexical semantics*, edited by David Testen, Veena Mishra, and Joseph Drogo. Chicago: Chicago Linguistic Society.